Das Konzept des Selbstbestimmungsrechts der Völker

Europäische Hochschulschriften

Publications Universitaires Européennes
European University Studies

Reihe II
Rechtswissenschaft

Série II Series II
Droit
Law

Bd./Vol. 3822

PETER LANG
Frankfurt am Main · Berlin · Bern · Bruxelles · New York · Oxford · Wien

Frauke Mett

Das Konzept des Selbstbestimmungsrechts der Völker

Eine Arbeit unter besonderer Berücksichtigung der Auflösung der Sowjetunion und des Zerfalls Jugoslawiens

PETER LANG
Europäischer Verlag der Wissenschaften

Bibliografische Information Der Deutschen Bibliothek
Die Deutsche Bibliothek verzeichnet diese Publikation in der Deutschen Nationalbibliografie; detaillierte bibliografische Daten sind im Internet über <http://dnb.ddb.de> abrufbar.

Zugl.: Bielefeld, Univ., Diss., 2003

D 361
ISSN 0531-7312
ISBN 3-631-51402-6

www.peterlang.de

In Liebe und Dankbarkeit meinen Eltern,
Holger, Annika und Tina.

Vorwort des Autors

Die thematische Bearbeitung dieser Dissertation habe ich im Herbst 2002 abgeschlossen. Ich möchte mich bei allen Personen bedanken, die mir während der Doktorarbeit mit Rat und Tat zur Seite gestanden haben.

Dankbar bin ich insbesondere meinen Eltern, die mir diese Arbeit ermöglichten.

Einen besonderen Dank möchte ich an meinen Doktorvater, Herrn Prof. Dr. Christoph Gusy, richten. Er hat es mir ermöglicht, mich in dieser Dissertation mit dem Thema zu befassen, das mir schon lange Zeit besonders am Herzen lag. Danken möchte ich ihm besonders dafür, daß er meine sehr freie Arbeitsweise unterstützte und es mir ermöglichte das Thema der Arbeit fortzuentwickeln und es dadurch von einer Arbeit über Teilaspekte zu einer umfassenden Arbeit über das Selbstbestimmungsrecht werden zu lassen.

Zu Danken ist ihm und Frau Dr. Katja Ziegler für Ihre wertvollen Anregungen. Die Gespräche mit Ihnen haben es ermöglicht meine Gedanken zu ordnen und an einem kritischen Diskussionspartner zu überprüfen.

Für die sehr kompetente und freundliche Hilfe während meiner Recherchen bedanke ich mich bei dem Personal des Osteuropainstituts München.

Danken möchte ich auch Annika Bornemann und Christina Klein, die mit ihren hilfreichen Anregungen eine große Hilfe bei der sprachlichen Gestaltung der Arbeit waren.

Für die Umsetzung des Layouts möchte ich mich bei Dipl. Ing. Holger Eßer bedanken.

Inhaltsverzeichnis

Abkürzungsverzeichnis

AJIL	American Journal of International Law
APZ	Aus Politik und Zeitgeschichte
ArchVR	Archiv des Völkerrechts
ASSR	Autonome Sozialistische Sowjetrepublik
AVNOJ	Antifaschistischer Rat der Volksbefreiung Jugoslawiens
Bd.	Band
BDGV	Berichte der Deutschen Gesellschaft für Völkerrecht
BYIL	British Yearbook of International Law
Co	Cooperation
CSK	Comité Spécial du Katanga
Doc.	Document
EA	Europa Archiv
EAH	Encyclopedia of American History
EAPH	Encyclopedia of American Political History
EG	Europäische Union
EILR	Emory International Law Review
EJIL	European Journal of International Law
ELM	Eritean Liberation Movement
ELF	Eritrean Liberation Front
EN	Ethnos-Nation
EPIL	Encyclopedia of Public Internationa Law
EPLF	Eritrean People's Liberation Front
EPRDF	Ethiopian People's Revolutionary Democratic Front
EPZ	Europäische Politische Zusammenarbeit
ER	Europa Recht
EU	Europäische Union
FA	Foreign Affairs
FRD	Friendly Relations Declaration
FRJ	Föderative Republik Jugoslawien
Gebr.	Gebrüder
GUS	Gemeinschaft Unabhängiger Staaten
GYIL	German Yearbook of International Law
HILJ	Harvard International Law Journal
HRQ	Human Rights Quarterly
Hrsg.	Herausgeber
HV	Humanitäres Völkerrecht
HVN	Handbuch der Vereinten Nationen
ICJ	International Court of Justice
ICLQ	International and Comarative Law Quarterly
ILM	International Law Materials
Inc	Incororation
IPBPR	Internationaler Pakt über Bürgerliche und Politische Rechte
JVA	Jugoslawische Volksarmee
KPdSU	Kommunistische Partei der Sowjetunion
KSZE	Konferenz für Sicherheit und Zusammenarbeit in Europa
LDK	Democratic League of Kosovo

MJECL	Maastricht Journal of European and Comarative Law
MJIL	Michigan Journal of International Law
NiLR	Netherlands International Law Review
OAU	Organisation of African Unity
OLF	Oromo Liberation Front
ONUC	United Nations Troops in the Congo
OSZE	Organisation für Sicherheit und Zusammenarbei in Europa
ÖZöRV	Österreichische Zeitschrift für öffentliches Recht und Völkerrecht
PS	Politische Studien
NATO	North Atlantic Treaty Organisation
NP	Nationalities Papers
PLO	Palestine Liberation Organization
PNC	Palestine National Council
RF	Russische Föderation
RSFSR	Russische Sozialistische FöderativeSowjetrepublik
SFRJ	Sozialistische Föderative Republik Jugoslawien
SRBH	Sozialistische Republik Bosnien-Herzegowina
SSR	Sozialistische Sowjetrepublik
StGB	Strafgesetzbuch
SWAPO	South West Africa People's Organization
TPLF	Tigray People's Revolutionary Liberation Front
UCK	Kosovo Liberation Army
UdSSR	Union der Sozialistischen Sowjetrepubliken
U.N.	United Nations
UNPROFOR	United Nations Protection Force
UNSCOP	United Nations Special Committee on Palestine
UNYB	United Nations Year Book
US/USA	United States of America
VDK	Volksdeputiertenkongreß
VJIL	Virginia Journal of International Law
VN	Vereinte Nationen
WVK	Wiener Vertragsrechtskonvention
YJIL	Yale Journal of International Law
ZaöRV	Zeitschrift für außländische öffentliches Recht und Völkerrecht
ZöR	Zeitschrift für öffentliches Recht

A. *Einleitung*

Die 1990er Jahre waren die Jahre einschneidender weltpolitischer Veränderungen. Der Ost-West-Konflikt, der die Weltpolitik seit dem Ende des Zweiten Weltkrieges bestimmt hatte, fand mit den Demokratisierungsbestrebungen in den Ländern des Warschauer Paktes ein plötzliches Ende. Schneller als die meisten zu hoffen gewagt hatten, fiel der „Eiserne Vorhang", der Ost und West trennte. Gleichzeitig mit den Demokratisierungsbestrebungen kam es in den ehemaligen Ländern des Ostblocks zu einer Nationalisierung der Politik. In den als Vielvölkerstaaten gegründeten Staaten dieser Hemisphäre wurde die Demokratisierung mit einer Betonung des Ethnischen verbunden. Was unter den kommunistischen Regimen Jahrzehnte lang als überwunden galt, brach sich nun erneut eine Bahn an die Oberfläche – ein ethnischer Nationalismus. Mit ihm verband sich in der Tschechoslowakei, in der Sowjetunion und in Jugoslawien die Forderung nach dem Selbstbestimmungsrecht „der Völker" dieser Staaten. Es entstand eine Gemengelage aus Demokratisierung der Gesellschaft, ethnischem Nationalismus und Auflösungstendenzen. Im Verlauf dieser Forderungen kam es zur Auflösung der Tschechoslowakei und der Sowjetunion sowie zum Zerfall Jugoslawiens. Während diese Prozesse in der Tschechoslowakei und weitgehend auch in der Sowjetunion[1] friedlich verliefen, kam es in Jugoslawien zu einem Europa erschütternden Bürgerkrieg. Dieser war gekennzeichnet durch ethnische Säuberungen, Menschenrechtsverletzungen und einen unvorstellbaren ethnischen Hass. Da der ethnische Nationalismus zumindest in der Tschechoslowakei und Jugoslawien ein Grund für die Auflösung des Gesamtstaates war und gerade die Vertreter des ethnischen Nationalismus sich wiederholt auf das Selbstbestimmungsrecht der Völker beriefen, wurde der Eindruck erweckt, es gebe ein Recht ethnischer Völker auf Selbstbestimmung. Gleichzeitig wurden die Grenzen der Nachfolgestaaten der Tschechoslowakei, der Sowjetunion und Jugoslawiens gerade nicht ethnisch bestimmt. Vielmehr wurden die alten Verwaltungsgrenzen beibehalten. Außerdem haben nicht alle nach Unabhängigkeit strebenden Gruppen in den 1990er Jahren diese Unabhängigkeit in die Tat umsetzen können. Die Nachfolgestaaten der Sowjetunion und Jugoslawiens sahen sich, wie zuvor die Gesamtstaaten, Selbstbestimmungsforderungen kleiner Einheiten gegenüber. Hierzu gehören insbesondere Berg-Karabagh, Tschetschenien, die Serben in Kroatien und Bosnien-Herzegowina sowie der Kosovo. Auch bei diesen wirkten sich, wie bei Jugoslawien, vor allem ethnische Konflikte aus. Keine dieser Einheiten hat bis heute ihre Unabhängigkeit erreicht. Festzuhalten bleibt, daß sich, während der seit 1991 einsetzenden Staatsauflösungsprozesse, alle nach Unabhängigkeit strebenden Einheiten auf das Selbstbestimmungsrecht der Völker beriefen. Zusammengenommen mit der Wieder-

[1] Zum Konflikt kam es auf dem Gebiet der Sowjetunion erst im Zuge des Berg-Karabagh Konfliktes und des Tschetschenienkrieges.

vereinigung der beiden deutschen Staaten und der Unabhängigkeit Eritreas erscheinen die 1990er Jahre als das Jahrzehnt des Selbstbestimmungsrechts. Nach der Dekolonialisierungswelle der 1960er und 1970er Jahre kam es ein weiteres Mal im 20. Jahrhundert zu einer Zeit der Selbstbestimmung der Völker. Die Tatsache, daß vielen nach Unabhängigkeit strebenden Einheiten gleichzeitig das Recht auf Loslösung verwehrt wurde, zeigt aber auch die Begrenztheit des Selbstbestimmungsrechts.

Die sich andeutende Ambivalenz gibt Anlaß, noch einmal das Selbstbestimmungsrecht der Völker zu beleuchten. Insbesondere soll in dieser Arbeit nachgewiesen werden, daß dem Selbstbestimmungsrecht ein auf der territorial bestimmten Trägerschaft basierendes Konzept zugrundeliegt. Der Nachweis, daß dem Selbstbestimmungsrecht ein solches Konzept zugrundeliegt, orientiert sich an der konventionellen Darstellung des Selbstbestimmungsrechts. Auf eine Darstellung, die sich an dem nachzuweisenden Konzept orientiert, wurde verzichtet, um dem Leser das Nachvollziehen der Argumentation durch die Anwendbarkeit bekannter Denkmuster zu vereinfachen.

Im ersten Teil der Arbeit wird eine kurze Einführung in die dem Selbstbestimmungsrecht zugrundeliegenden philosophischen Konzepte und deren Anwendung in der Geschichte gegeben. Dabei wird herausgestellt, daß es nicht einen, sondern zwei philosophische Ausgangspunkte des Selbstbestimmungsrechts gab. Zum einen das aus der Aufklärung entstandene demokratische Selbstbestimmungskonzept, das seine Anwendung vor allem auf bereits festgelegte territorial bestimmte Gebiete fand. Zum anderen das nationale Selbstbestimmungskonzept, das als maßgebende Einheit das ethnisch bestimmte Volk betrachtete. Ziel dieser Einführung ist es, dem Leser zu verdeutlichen, daß diese beiden unterschiedlichen Ausgangspunkte der Grund dafür sind, daß das Selbstbestimmungsrecht heute in einem Konflikt zwischen territorialer und ethnisch-nationaler Ausrichtung steht. Der zweite Teil der Arbeit stellt die Entwicklung des Selbstbestimmungsrechts der Völker bis 1990 dar, wohingegen der dritte Teil die Entwicklung nach 1990 darstellt. Das Jahr 1990 wurde als Trennlinie für die Darstellung ausgewählt, weil die 1990er Jahre als Jahrzehnt von dem Selbstbestimmungsrecht geprägt sind und eine solche zeitliche Einordnung für den Leser als am eingängigsten angesehen wurde. In der Darstellung der Entwicklung des Selbstbestimmungsrechts der Völker vor 1990 soll vor allem dargelegt werden, daß es ein dem Selbstbestimmungsrecht zugrundeliegendes Konzept seit der Dekolonialisierung gibt, daß einheitlich und kontinuierlich angewendet wurde. Dazu wird zunächst nachgewiesen, daß das Selbstbestimmungsrecht heute als Recht anerkannt ist. Innerhalb dieses Nachweises des Rechtscharakters des Selbstbestimmungsrechts wird auch das Problem der Chartaauslegung dargestellt. Daran schließt sich eine Eingangsdefinition des Selbstbestimmungsrechts an.

In Kapitel 2 wird das Selbstbestimmungsrecht der Kolonialvölker dargestellt. Neben der Darstellung des uti-possidetis-iuris-Prinzips liegt das Schwergewicht dieses Kapitels auf dem Nachweis, daß sich bereits zur Zeit der Entkolonialisierung aus der territorialen Bestimmung der Trägerschaft ein Verbot des Totalausschlusses von Teilen der Bevölkerung von dem Selbstbestimmungsakt ergab. Weiter wird nachgewiesen, daß es, zwischen dem Selbstbestimmungsrecht der Völker in seiner Anwendung auf die Entkolonialisierung sowie der Souveränität und territorialen Integrität der Staaten, keinen Konflikt gibt.

In Kapitel 3 folgt die Darstellung des Selbstbestimmungsrechts der Staatsvölker, wobei der Schwerpunkt auf dem inneren Selbstbestimmungsrecht des Staatsvolkes liegt. Dabei soll nicht nur dargestellt werden, daß sich dieses Recht auch gegen die eigene Regierung richtet, sondern auch, daß sich aus der territorialen Bestimmung der Trägerschaft Anforderungen an die Regierungsform ergeben. Denn wenn die Trägerschaft allein territorial bestimmt werden darf, ergibt sich daraus, daß die Regierung keinen Teil des Staatsvolkes aus anderen Gründen, wie zum Beispiel Ethnie oder Religion, von einer Entscheidung über die politische Form ausschließen darf.

Das vierte Kapitel befaßt sich mit dem gerade zu Beginn der 1990er Jahre diskutierten Selbstbestimmungsrecht innerstaatlicher Gruppen. Dabei wird anhand von Beispielsfällen nachgewiesen, daß administrativen Teilen eines Staates vor 1990 kein Selbstbestimmungsrecht zukam. Gleiches wird danach für ethnische Völker nachgewiesen, wobei deutlich gemacht wird, daß das dem palästinensischen Volk in der Welt allgemein zugesprochene Selbstbestimmungsrecht diesem nicht aufgrund seiner Ethnie zukommt. Innerhalb des Kapitels über das Selbstbestimmungsrecht innerstaatlicher Gruppen soll auch diskutiert werden, inwieweit es zu einem originären Erwerb des Selbstbestimmungsrechts innerstaatlicher Gruppen kommen kann. Dabei werden der Erwerb durch schwere Menschenrechtsverletzungen, durch ein Machtvakuum und durch die tatsächliche Auflösung des Staates untersucht.

Das fünfte Kapitel befaßt sich mit der Existenz partikularen Völkerrechts. Dabei soll ein kurzer Überblick über die Entwicklungen innerhalb der sozialistischen Gemeinschaft und der KSZE gegeben werden.

Im dritten Teil der Arbeit werden die Entwicklungen des Selbstbestimmungsrechts in den Jahren von 1990 bis 2000 dargestellt. Das Jahr 2000 wurde als Endpunkt der Betrachtungen gewählt, da 1999 der zweite Tschetschenienkrieg begonnen hatte. Insoweit konnte die internationale Reaktion auf diesen erneuten Krieg in die Bewertung einfließen. Dieser Teil der Arbeit wird durch ein Kapitel über die völkerrechtliche Anerkennung eingeleitet. Danach folgt die Auflösung der Tschechoslowakei. Die Unabhängigkeit Eritreas von Äthiopien erfolgte zwar ebenfalls in den 1990er Jahren. Um die Darstellung nicht auseinanderzureißen, wird die Entwicklung der eritreischen Unabhängigkeit aber einheitlich im ersten Teil der Arbeit dargestellt.

Das dritte Kapitel befaßt sich mit der Auflösung der Sowjetunion. Dabei wird mit einer kurzen Einführung in die Gründung der Sowjetunion begonnen. Danach sollen sowohl die Ursachen als auch der geschichtliche Verlauf der Auflösung der Sowjetunion dargestellt werden. Dem folgt die Darstellung der Sezessionsbestrebungen Tschetscheniens und Berg-Karabaghs. Sowohl die Auflösung als auch die Sezessionsbestrebungen Tschetscheniens und Berg-Karabaghs werden dann unter dem Gesichtspunkt des Selbstbestimmungsrechts der Völker völkerrechtlich bewertet. Bei dieser Bewertung spielt die Reaktion der Staatengemeinschaft eine entscheidende Rolle.

Dem gleichen Aufbaukonzept folgt auch der im vierten Kapitel dargestellte Zerfall Jugoslawiens. Dabei soll aber nicht der oben bereits erwähnte Bürgerkrieg im Mittelpunkt der Darstellung stehen. Vielmehr soll auch dieses Kapitel an der Frage nach dem Selbstbestimmungsrecht der Völker und seiner Anwendung auf den Zerfall Jugoslawiens ausgerichtet sein. Die historischen Zusammenhänge und die Gründe für den Zerfall sollen daher nur insoweit dargestellt werden, als es dem Verständnis für den Zerfall dieses Staates dient. Neben dem eigentlichen Zerfall werden auch hier die Sezessionsbestrebungen dargestellt, die bisher nicht zum Erfolg geführt haben. Wie bei der Sowjetunion wird es insbesondere von Interesse sein, mit welcher Begründung die Republiken Jugoslawiens unabhängig werden durften und den Serben Kroatiens und Bosnien-Herzegowinas sowie den Kosovaren dieses Recht verwehrt wurde. Dieses ist insbesondere aufgrund der Diskussion um ein Selbstbestimmungsrecht ethnischer Völker von besonderem Interesse. Diese Arbeit endet mit einer Darstellung des dem Selbstbestimmungsrecht der Völker zugrundeliegenden Konzepts.

B. *Die Ursprünge des heutigen Selbstbestimmungsrechts und deren Anwendung in der Geschichte*

Das Selbstbestimmungsrecht der Völker, so wie es in der heutigen Völkerrechtswissenschaft diskutiert wird, hat zwei Ursprünge: den demokratischen und den nationalen.[2] Dadurch, daß dem Selbstbestimmungsrecht diese beiden unterschiedlichen Ursprünge zugrunde liegen, ergeben sich viele der heutigen Definitionsschwierigkeiten. Denn je nachdem welchen Ursprung man für seine Definition des Selbstbestimmungsrechts als philosophische Grundlage anerkennt, verschieben sich die Inhalte und Ziele. Aus diesem Grund sollen die beiden Ursprünge des Selbstbestimmungsrechts, deren jeweilige Entstehung und der zwischen ihnen bestehende Zusammenhang aufgezeigt werden.

Damit ein Selbstbestimmungsrecht der Völker entstehen kann, ist es notwendig, daß das Subjekt, das Volk, überhaupt als möglicher Rechtsträger wahrgenommen wird. Vor dem Zeitalter der Aufklärung wurde „das Volk" grundsätzlich nicht wie heute als irgendwie geartete Einheit betrachtet, sondern war lediglich die Summe der dem Fürsten gehörenden Untertanen, die sich je nach Gebietsverlust oder -gewinn veränderte. Ein Zusammengehörigkeitsgefühl gab es nur in den kommunalen Einheiten, nicht aber bezogen auf den Staat oder die Sprache. Dies ist vor allem mit der Tatsache zu erklären, daß der Souverän, der Herrscher, und dessen Souveränität auf das Territorium bezogen war. Die Souveränität bestand unabhängig von den im Gebiet lebenden Menschen. Diese waren sozusagen lebendes Inventar des Territoriums. Aus diesem Grund erfolgte ein Souveränitätswechsel immer dann, wenn sich das von dem Fürsten beherrschte Territorium änderte. Eroberung, Heirat und Abtretung waren anerkannte Gründe für einen Souveränitätswechsel. Eine Befragung der Bevölkerung war unnötig.[3]

---

2 Es sollen hier diese für die geistesgeschichtlichen Phänomene eingebürgerten Bezeichnungen genutzt werden, auch wenn sie im Grunde genommen ungenau sind. Aber zumindest der deutsche Leser weiß somit grundsätzlich um was es sich dabei handelt.

3 Wambaugh, A Monography on Plebiscites, S. 2.

I. Der demokratische Ursprung des Selbstbestimungsrechts

1. Der Ursprung

Diese Sichtweise änderte sich mit der Aufklärung. Grundüberlegung der Aufklärung ist der Gedanke, daß die Gesellschaft von freien und gleichen Menschen gegründet wird, und daß daher die Regierungsgewalt auf das Volk zurückgeht. Das Volk ist entweder selbst die Regierung[4] oder hat zumindest bestimmte Rechte gegenüber der Regierung.[5] Damit der Grundgedanke der Gesellschaft möglich war, mußte das Volk zusammenwirken und sich als Einheit empfinden. Die Aufklärung machte nicht nur den Gedanken an das Selbstbestimmungsrecht der Völker möglich, indem sie Menschen als Gruppe definierte, sondern ist auch die Grundlage des heute als demokratisches Konzept bekannten Inhalts des Selbstbestimmungsrechtes. Ausgangspunkt der Aufklärung und damit des demokratischen Konzeptes des Selbstbestimmungsrechts ist der Gedanke, daß die Menschen zunächst in einem Naturzustand leben, in dem sie alle frei, gleich und unabhängig sind.[6] Um ihr Leben, ihre Freiheit und ihr Eigentum zu schützen,[7] haben die Menschen qua Vertrag die Gesellschaft gegründet.[8] Dabei geben alle Mitglieder der Gesellschaft ihre Macht, die sie im Naturzustand haben, an die Gesellschaft ab[9] und kommen überein diese Macht durch die Mehrheit ausüben zu lassen und sich einem Machthaber zu unterwerfen. Allerdings besteht innerhalb der Aufklärer Uneinigkeit darüber, wer dieser Machthaber sein soll. Exemplarisch sollen hier die Theorien von Rousseau und Locke gegenübergestellt werden.

Rousseau geht davon aus, daß immer nur das Volk das Staatsoberhaupt und damit die Legislative ist.[10] Eine Abtretung dieser Gesetzgebungsmacht ist nicht möglich.[11] Der Fürst, und damit die Exekutive, wird durch das Staatsoberhaupt, also das Volk, bestimmt[12] und kann, wann immer es dem Volk beliebt, ein- oder abgesetzt werden.[13] Die Exekutive muß immer den allgemeinen Willen (volonté

---

4 So Rousseau, als bedeutender französischer Vertreter der Aufklärung, der davon ausging, daß alleine das Volk Souverän war und die Legislative darstellen konnte.

5 So Locke, als bedeutender angelsächsischer Vertreter der Aufklärung.

6 Locke, Über die Regierung, Abhandlung I, § 51; Abhandlung II, § 95; Rousseau, Der Gesellschaftsvertrag, 1. Buch, 2. Kapitel.

7 Locke, Über die Regierung, Abhandlung II, § 85, 88, 131, 134.

8 Locke, Über die Regierung, Abhandlung II, § 14, 95; Rousseau, 1. Buch, 6. Kapitel.

9 Locke, Über die Regierung, Abhandlung II, § 99; Rousseau, 1. Buch, 6. Kapitel.

10 Rousseau, Der Gesellschaftsvertrag, 2. Buch, 6. Kapitel, 7. Kapitel.

11 Rousseau, Der Gesellschaftsvertrag, 3. Buch, 15. Kapitel.

12 Rousseau, Der Gesellschaftsvertrag, 3. Buch, 1. Kapitel.

13 Rousseau, Der Gesellschaftsvertrag, 3. Buch, 18. Kapitel.

générale) umsetzen.[14] Der Staat löst sich dann auf, wenn der Fürst den Staat nicht mehr nach den durch das Volk beschlossenen Gesetzen verwaltet und sich die gesetzgebende Gewalt anmaßt. Reißt die Regierung in dieser Weise die Obrigkeit an sich, so umfaßt der Staat nur noch die Regierung und die Bürger sind durch den Bruch des Gesellschaftsvertrages wieder in ihrer natürlichen Freiheit.[15]

Locke kennt dagegen die Konsequenz der automatischen Staatsauflösung beziehungsweise der automatischen Staatsverkleinerung nicht.[16] Dies liegt darin begründet, daß die Gesetzgebungskompetenz nicht unbedingt beim Volk verbleibt, sondern das Volk diese an die Regierung abtritt.[17] Insoweit wird der Begriff der Regierung in seiner Bedeutung dahingehend erweitert, daß er nicht nur die Exekutive, sondern auch die Legislative und Judikative umfaßt.[18] Darüber hinaus hat das Volk nicht das Recht die Regierung nach seinem Belieben ein- oder abzusetzen. Allerdings ist die Regierung von der Zustimmung der Regierten abhängig[19] und muß ihre Macht stets zum Wohle des Volkes ausüben, denn nur das ist vom Gesellschaftsvertrag gedeckt.[20] Das Volk kann die Regierung deshalb dann, aber auch nur dann, absetzen, wenn sie durch willkürliche Akte das in sie gesetzte Vertrauen bricht. [21] Das Vertrauen ist dann gebrochen, wenn die Regierung nicht mehr dem Zweck der Gesellschaftsgründung dient. Dieser wird darin gesehen, Leben, Freiheit und Eigentum besser zu schützen, als es im Naturzustand jedem Einzelnen alleine möglich ist.[22] Kommt es zu einem solchen Vertrauensbruch, steht dem Volk ein Widerstandsrecht gegen die Regierung zu.[23]

---

14 Rousseau, Der Gesellschaftsvertrag, 3. Buch, 1. Kapitel.

15 Rousseau, Der Gesellschaftsvertrag, 3. Buch, 10. Kapitel.

16 Locke, Über die Regierung, Abhandlung II, § 211ff.

17 Locke, Über die Regierung, zum Beispiel: Abhandlung II, § 106; Abhandlung II, § 132.

18 Dies bedeutet aber nicht, daß die drei Gewalten von einer einzigen Körperschaft ausgeübt werden. Vielmehr vertritt auch Locke bereits die Gewaltentrennung (Locke, Über die Regierung, Abhandlung II, § 143). Entscheidend ist aber, daß das Volk nicht mehr direkter Inhaber der Gesetzgebungskompetenz ist.

19 Der Gedanke, daß die Legitimität der weltlichen Obrigkeit letztlich in der Zustimmung der Regierten liegt, kam bereits im 14. Jahrhundert auf. Rabl, Das Selbstbestimmungsrecht der Völker, S. 32.

20 Locke, Über die Regierung, Abhandlung I, § 92, Abhandlung II, § 131.

21 Locke, Über die Regierung, Abhandlung II, § 149.

22 Locke, Über die Regierung, Abhandlung II, § 90, 95.

23 Das Widerstandsrecht besteht dann nicht, wenn eine andere Abhilfemöglichkeit besteht (Locke, Über die Regierung, Abhandlung II, § 207). Denn Widerstand ist immer mit Gewaltanwendung verbunden und diese darf nur dort ausgeübt werden, wo einem Menschen die Berufungsmöglichkeit auf das Gesetz verwehrt wird. Diese Einschränkung auf die Ausnutzung des Rechtsweges wird man später immer wieder in Rechtsfiguren des Völkerrechtes finden.

Für das Selbstbestimmungsrecht ergeben sich durch diese Gedanken Rousseaus und Lockes zwei Anwendungsgebiete. Das erste Anwendungsgebiet betrifft das Verhältnis des Volkes zu anderen Staaten beziehungsweise anderen Völkern. War vor der Aufklärung die Souveränität an das Territorium gebunden, so daß ein König über ein Territorium und damit automatisch auch über dessen Einwohner herrschte, [24] so war dieser Ansatz nicht mit dem Gedanken der Volkssouveränität beziehungsweise der Zustimmung der Regierten vereinbar. Da die Grundlage der Regierungsgewalt die Zustimmung des Volkes zu dieser Regierung war, war die Souveränität über ein Gebiet an die Zustimmung der betroffenen Bevölkerung gebunden. Eine Verschiebung von Territorien von einem Staat zum anderen durch Heirat, Abtretung oder Eroberung, war nicht mehr möglich. [25] Außerdem hatte durch diese Annahme kein Staat mehr das Recht, sich in die inneren Angelegenheiten eines anderen Staates einzumischen. Insofern ergibt sich aus dem Gedanken der Volkssouveränität ein **äußeres Selbstbestimmungsrecht**.

Das zweite Anwendungsgebiet betrifft das Verhältnis zwischen Regierung und Volk und somit das **innere Selbstbestimmungsrecht**. Das Volk hatte das Recht die Staatsform frei zu bestimmen. Außerdem ergab sich aus der Abhängigkeit der Regierung vom Volk ein Widerstandsrecht des Volkes gegen die Regierung beziehungsweise das Recht des Volkes die Regierung jederzeit abzusetzen.

Zusammenfassend kann festgehalten werden, daß sich das innere und äußere Selbstbestimmungsrecht nach dem demokratischen Konzept des Selbstbestimmungsrechts der Völker aus dem Gedanken der Zustimmung der Regierten ergibt. Die Gemeinschaft ist selbstbestimmungsberechtigt, weil sich Individuen zu dieser Gemeinschaft zusammengeschlossen haben. Über die Geschicke der Gemeinschaft bestimmt allein die Mehrheit.

24 Wambaugh, A Monography on Plebiscites, S. 2.

25 Locke, Über die Regierung, Abhandlung II, § 175; Zur Unveräußerlichkeit der Staatshoheit: Rousseau, Der Gesellschaftsvertrag, 2. Buch, 1. Kapitel.

2. *Umsetzung in der Geschichte*

Eingang in das politische Leben fand das demokratische Konzept der Selbstbestimmung in der amerikanischen und französischen Revolution sowie im amerikanischen Bürgerkrieg. Von besonderem Interesse ist, daß die gerade vorgestellten Ausprägungen der Aufklärung tatsächlich umgesetzt wurden und dadurch unterschiedliche Argumentationsstränge für die Berechtigung zur Revolution verfolgt wurden.

Der **amerikanische Unabhängigkeitskampf** basierte auf einem Konflikt über die Verfassungsrechte der amerikanischen Kolonien gegenüber ihrem Mutterland Großbritannien. Großbritannien sah in den amerikanischen Kolonien dem Mutterland untergeordnete Teile des Empires, deren alleinige Aufgabe es sei dem Mutterland insbesondere wirtschaftliche Vorteile zu sichern.[26] Aufgrund der Unterordnung der Kolonien, sollten diese durch das englische Parlament regiert werden, das durch britische Regierungsbeamte in den Kolonien vertreten war. Diesen Regierungsbeamten und dem britischen Parlament waren nach britischer Auffassung auch die Lower Houses, also die Repräsentanten der Amerikaner, in den einzelnen Kolonien, unterstellt. Die Amerikaner hatten aber kein Wahlrecht bezüglich des britischen Parlaments, so daß sie den britischen Nichtwählern gleichgestellt waren. Diese Unterordnung der Kolonien unter das Mutterland wurde von den Amerikanern mit ihrem wirtschaftlichen Erstarken nicht mehr akzeptiert. Vielmehr gingen sie von der Gleichberechtigung der amerikanischen Kolonien mit dem Mutterland aus. Die Rechtfertigung des amerikanischen Unabhängigkeitskampfes war deutlich von der Philosophie Lockes geprägt. Grundüberlegung der Unabhängigkeitskämpfer war, daß die amerikanischen Kolonien keine Kolonien im eigentlichen Sinne seien, sondern daß die ersten Siedler neue, von Großbritannien unabhängige Gesellschaften mit eigenen Verfassungen gegründet hätten. Die Mitglieder dieser Gesellschaften besaßen danach volle Gesetzgebungskompetenz und damit die volle Souveränität.[27] In den Augen der Unabhängigkeitskämpfer hätten diese Gesellschaften sich aus freien Stücken mit Großbritannien zu einer Union vereint und den gleichen König als Oberhaupt gewählt. Diese Vereinigung habe aber nicht zu einer Eingliederung der Amerikaner in das britische Volk geführt, sondern die Amerikaner hätten ihre Eigen-

---

26 Dieser Gedankengang basiert auf dem Merkantilismus, der die Grundlage der Kolonialbestrebungen der europäischen Staaten war. Danach sollten die Kolonien die autarke Existenz der Staaten sichern (Braun, Nationalstaat als politische Fiktion und als Realität, S. 31, 34).

27 Thomas Jefferson, Draft of Instructions to the Virginia Delegates in the Continental Congress, in: Boyd, The Papers Of Thomas Jefferson I, S. 121 (122); Declaration of the Causes and Necessity for Taking Up Arms, Jefferson's Composition Draft, in: Boyd, The Papers Of Thomas Jefferson I, S. 193; The Declaration as Adopted by Congress, S.213 (214).

ständigkeit und damit Teile ihrer Gesetzgebungskompetenz behalten. Die Unabhängigkeitskämpfer sahen in den Menschen der amerikanischen Kolonien ein vom Mutterland abgegrenztes, eigenständiges „Volk", das unabhängig von dem „britischen Volk" selbstbestimmungsberechtigt sei. Wie auch Locke, gingen die Unabhängigkeitskämpfer davon aus, daß das Volk seine Regierung nur in Ausnahmefällen absetzen dürfe. Ein solcher Ausnahmefall lag, nach der Überzeugung der Unabhängigkeitskämpfer, dann vor, wenn die Regierung über eine lange Zeit hinweg ihre Kompetenzen mißbrauche und überschreite[28] und nicht mehr dem Wohl der Allgemeinheit diene[29]. In einem solchen Fall stünde dem Volk ein Widerstandsrecht zu, das mit Waffengewalt durchgesetzt werden dürfe.[30] Diese Voraussetzungen waren nach der Überzeugung der Unabhängigkeitskämpfer durch die verfassungswidrige Anmaßung der Gesetzgebungskompetenz durch das englische Parlament und die Invasion Englands in die Kolonien, sowie durch die Beschränkung der Handelsmöglichkeiten gegeben.[31]

Die **französischen Revolutionäre** verfolgten dagegen den Gedanken der Volkssouveränität Rousseaus und brauchten daher die Revolution nicht zu rechtfertigen. Da das Volk jederzeit die Regierung absetzen konnte, konnte es auch jederzeit rebellieren. Durch die Revolution setzte das Volk lediglich seinen Anspruch auf die Gesetzgebungsmacht durch. Anders als die amerikanische Revolution, die sich alleine innerstaatlich auswirkte, setzte man in Frankreich die Gedanken der Aufklärung auch im Verhältnis zu anderen Völkern um. Die französischen Revolutionäre folgerten aus dem Grundsatz, daß die Regierung vom Volk bestimmt wird, daß sich auch der räumliche Geltungsbereich der innerstaatlichen Ordnung nach dem Volkswillen bestimme. Daher wurden Grenzveränderungen von der Zustimmung der betroffenen Bevölkerung abhängig gemacht.[32] Dieser Grundsatz fand seine erste Anwendung in den Fällen von Avignon und Comtat Venaissin. Obwohl diese beiden Gebiete als in Frankreich liegende Enklaven des Papstes große strategische Bedeutung hatten, weigerte sich die Konstituierende Versammlung zwei Jahre lang die Gebiete zu annektieren. Erst nachdem freie Plebiszite in den Gebieten abgehalten worden waren, wurden die Gebiete an

28 Declaration Of Independence, in: Boyd, The Papers Of Thomas Jefferson I, S. 429 (430).

29 Declaration Of dependence, in: Boyd, The Papers Of Thomas Jefferson I, S. 429.

30 Declaration Of Causes and Necessity for Taking Up Arms, in: Boyd, The Papers Of Thomas Jefferson I, S. 213 (213,118).

31 Zur Begründung: Declaration Of Independence, in Boyd, The Papers Of Thomas Jefferson I, S. 429 (430 f.).

32 Brühl-Moser, Die Entwicklung des Selbstbestimmungsrechts der Völker, S. 5; Thürer, Das Selbstbestimmungsrecht der Völker, S. 17, Heidelmeyer, Das Selbstbestimmungsrecht der Völker, S. 11; Rabl, Das Selbstbestimmungsrecht der Völker, S. 9; Wambaugh, A Monography On Plebiszites, S. 2.

Frankreich angeschlossen.[33] Auch in der folgenden Zeit versuchte Frankreich Gebietserwerbe durch ein Plebiszit der betroffenen Bevölkerung zu legitimieren. Aus dem Grundsatz, daß Gebietsveränderungen der Zustimmung der betroffenen Bevölkerung bedürften, leiteten die Führer der Revolution auch das Verbot von Eroberungskriegen ab. Dieses Verbot wurde unter Artikel VI in die Verfassung vom 3. September 1791 aufgenommen.[34] Der zweite Grundsatz, der sich für die französischen Revolutionäre aus der Aufklärung für die zwischenstaatlichen Beziehungen ergab, war die Freiheit und Gleichheit der Völker. Daraus ergab sich ein unveräußerliches Recht auf Souveränität der Völker und ein Interventionsverbot in Bezug auf die Angelegenheiten fremder Völker und Staaten.[35]

Allerdings wurde in den Augen der französischen Revolutionäre das Interventionsverbot durch den Grundsatz der « intervention révolutionnaire » beschränkt. Danach sollte es der französischen Armee möglich sein, unterdrückten Völkern bei deren Kampf gegen die Könige zu Hilfe zu kommen und sie zu befreien.[36] Eine solche Intervention sollte auch gegen den geäußerten Willen der betroffenen Bevölkerung erlaubt sein, solange „die Befreiung" dem „wahren" Willen der Bevölkerung entspräche.[37] Dies war an den Gedanken Rousseaus angelehnt, daß die Mehrheit des Volkes in Abstimmungen nicht immer den « volonté générale », sondern durch Beeinflussung einen Privatwillen bezeuge, und daß dann dem allgemeinen Willen Geltung verschafft werden müßte.[38] Allerdings ist die tatsächliche Begründung in dem Machtstreben und den Geldnöten Frankreichs zu sehen. Dem Machtstreben der französischen Republik fiel auch der Grundsatz zum Opfer, daß die betroffene Bevölkerung Gebietsänderungen zustimmen muß. Zwar wurden auch nach Avignon und Comtat Venaissin noch Plebiszite durchgeführt, allerdings wurden diese seit 1792 durch militärischen

---

33 Wambaugh, A Monography On Plebiszites, S. 5,6; Thürer, Das Selbstbestimmungsrecht der Völker, S. 17 f.

34 Zuvor war es in dem Dekret vom 22. Mai 1790 festgehalten worden: „4. ...L'assemblée nationale déclarant à cet effet que la nation française renonce a entreprendre aucune guerre dans la vue de faire des conquêtes, et qu'elle n'emploiera jamais ses forces contre la liberté d'aucun peuple." Aus Wambaugh, A Monography On Plebiszites, S. 177 (178). Wambaugh, A Monography On Plebiszites, S. 5 f.: Die Revolutionäre taten später alles um ihre Eroberungen mit diesem Prinzip übereinstimmen zu lassen.

35 Thürer, Das Selbstbestimmungsrecht der Völker, S. 16 f.; Brühl-Moser, Die Entwicklung des Selbstbestimmungsrechts der Völker, S. 5; Decker, Das Selbstbestimmungsrecht der Nationen, S. 79.

36 Exemplarisch: Decker, Das Selbstbestimmungsrecht der Nationen, S. 80.

37 Thürer, Das Selbstbestimmungsrecht der Völker, S. 17; Brühl-Moser, Die Entwicklung des Selbstbestimmungsrechts der Völker, S. 5 f.; Wambaugh, A Monography On Plebiszites, S. 8; Sureda, The Evolution Of The Right Of Self-Determination, S. 18; Heidelmeyer, Das Selbstbestimmungsrecht der Völker, S. 12; Decker Günter, Das Selbstbestimmungsrecht der Nationen, S. 81 f.

38 Siehe allgemein: Rousseau, Der Gesellschaftsvertrag, 2. Buch, 3. Kapitel.

Druck, geschickte Formulierung der Abstimmungsfrage und Bestimmung der Stimmberechtigten beeinflußt.[39]

Im **amerikanischen Bürgerkrieg** (1861-1865) kämpften die Südstaaten[40] für ihre Unabhängigkeit von den Vereinigten Staaten. Der Bürgerkrieg war der Höhepunkt eines seit langem zwischen den sogenannten Sklavenstaaten und den Nordstaaten schwelenden Konfliktes. Dabei ging es nicht alleine um die Frage der Sklaverei.[41] Es war auch ein grundsätzlicher Konflikt um die Wirtschaftsordnung[42], den Lebensstil, moralische und religiöse Werte und insbesondere um das verfassungsrechtliche Verhältnis zwischen der Föderation und den Einzelstaaten.[43] Auslöser des Bürgerkrieges war die 1860 stattfindende Wahl Abraham

---

39 Thürer, Das Selbstbestimmungsrecht der Völker, S. 18, Wambaugh, A Monography on Plebiscites, S. 45 ff.

40 South Carolina (Austritt am 20.12.1860), Mississippi (9.1.1861), Florida (10.1.1861), Alabama (11.1.1861), Georgia (19.1.1861), Louisiana (26.1.1861) und Texas (1.2.1861) als Gründungsmitglieder der Konföderation und Virginia, Arkansas, North Carolina und Tennessee als Mitglieder nach dem Fort Sumter Issue

41 Abraham Lincoln sagte noch in seiner Antrittsrede, daß er die Institution der Sklaverei dort nicht antasten würde, wo sie bereits existiere.

42 Der Süden war ein fast rein agrarisch geprägter Wirtschaftsraum, der sich auch in den 1850er Jahren noch voll auf die Produktion von Baumwolle, Tabak, Reis und Zucker konzentrierte. Eine Industrialisierung, wie sie im Norden stattfand, gab es nicht oder nur ansatzweise. Sie war nach der „Panik von 1857“ noch rückläufig. Der Norden befand sich zwar auch in einem agrarischen Zustand , aber durch den Ausbau der Eisenbahn fand eine starke Industrialisierung statt, die dazu führte, daß die USA in den späten 1850er Jahren nach Großbritannien zu dem zweitgrößten industriellen Produzenten der Welt wurden. Mit diesem Unterschied in der Wirtschaft ging auch eine grundsätzlich andere Wirtschaftspolitik einher. Die Nordstaaten wollten hohe Zölle, um ihren einheimischen Markt zu schützen und verlangten von der Föderation, daß sie durch staatliche Maßnahmen die Infrastruktur verbesserte. Der Staat sollte die Bedingungen für eine gute industrielle Produktion schaffen. Der Süden wollte einen Staat, der sich möglichst wenig in die Wirtschaft einmischte. Insbesondere sollten keine föderalen Gelder für die Infrastruktur im Norden ausgegeben werden. Auch hohe Zölle wurden vom Süden abgelehnt, denn dieser war auf die Einfuhren aus dem Ausland und aus dem Norden für alle verarbeiteten Güter angewiesen und wollte einen möglichst großen Wettbewerb. Gerade bei der Zollpolitik kam es immer wieder zu Streitigkeiten (siehe: Johnson, in: Murrin u.a., Liberty, Equality, Power - A History Of The American People, Volume I: To 1877, S. 380 f.). An diesen wirtschaftspolitischen Fragen, nicht allein an der Abschaffung der Sklaverei, entzündete sich der Kompetenzstreit (siehe: Johnson, A History Of The American People, S. 434).

43 Allerdings ist die Bedeutung der Sklaverei in dem Konflikt zwischen den Süd- und Nordstaaten bis heute in der Geschichtswissenschaft umstritten. So weist Eric Foner darauf hin, daß die Abschaffung der Sklaverei das einende Element der republikanischen Partei gewesen sei und von daher auch der wichtigste Streitpunkt zwischen den Süd- und Nordstaaten. Siehe: Foner, Slavery And The Republican Ideology, in:

Lincolns als erklärtem Sklavereigegner zum Präsidenten der Vereinigten Staaten und der damit verbundenen Angst der Südstaaten, daß die Sklaverei und ihr Lebensstil durch eine repressive föderale Politik unmöglich gemacht würde. Die Südstaaten gründeten ihre Sezession sowohl auf das Recht auf Sezession als auch auf das Widerstandsrecht.[44]

Nach der sogenannten Sezessionstheorie[45] war die Union ein freiwilliger Pakt zwischen souveränen Staaten. Durch die Ratifizierung der Verfassung und den Eintritt in die Union, hätte jeder Staat lediglich die Bundesregierung autorisiert als sein Vertreter ganz bestimmte Souveränitätsfunktionen wahrzunehmen. Die Staaten hätten aber ihre grundsätzliche Souveränität behalten. Aus diesem Grund könne auch jeder Staat zu jeder Zeit durch seinen eigenen Konvent von diesem Pakt mit den anderen Staaten zurücktreten und seine volle Souveränität wieder herstellen.

Die Nordstaaten sahen dagegen die Sezession als verfassungswidrig an. Es gebe aus der Verfassung heraus kein Recht auf Sezession. Die Verfassung von 1789 hätte eine Union geschaffen, die ein Ausdruck der Selbstregierung sein sollte. Ein uneingeschränktes Sezessionsrecht würde aber zu Chaos und Anarchie führen. Die Verfassung basiere gerade auf der Annahme, daß die Mehrheit entscheide. Wenn aber jeder ausscheiden könne, dann wäre das das Ende jeglicher Regierung. Im Übrigen wurde von einigen Unionisten, wie zum Beispiel Lincoln, vertreten, daß die Staaten vor der Gründung der USA nie souverän gewesen seien. Vielmehr seien sie Kolonien oder Territorien gewesen.[46] Außerdem hätte kein Staat Mitglied der Vereinigten Staaten werden können, wenn er nicht die uneingeschränkte Souveränität der Bundesregierung anerkannt hätte. Das Argument der Südstaaten war ein rein verfassungsrechtliches Argument, das nichts damit zu tun hatte, ob es generell ein Recht eines Staatsteils auf Sezession oder Selbstbestimmung in weiterem Maße gab. Die Einwände der Nordstaaten verdeutlichten ein Problem, das ein Sezessionsrecht in einem demokratischen Staat mitsichbringt, nämlich daß sich eine Minderheit in einem demokratischen Prozeß der Mehrheit grundsätzlich beugen muß.

Der zweite Argumentationsstrang der Südstaaten ging dahin, daß, selbst wenn diese Annahme der Nordstaaten richtig und die Union nach ihrer Verfassung un-

---

Banner/Hackney/Bernstein, Understanding The American Experience - Recent Interpretations, S. 475 (479 f.).

44 Siehe dazu: McPherson, in: Murrin u.a., Liberty, Equality, Power - A History Of The American People, Volume I: To 1877, S. 485 ff.

45 Die Grundlagen dieser Theorie wurden bereits in dem Streit im Jahr 1828, der um das Recht der Einzelstaaten föderale Gesetze ging, vertreten. Murrin u.a., Liberty, Equality, Power - A History Of The American People, Volume I: To 1877, S. 381.

46 Der Unterschied liegt darin begründet, daß Kolonien die Gebiete gewesen sind, die unter der Schutzmacht eines europäischen Landes gestanden hatten.

auflöslich sei, die Südstaaten ein Recht auf Rebellion hätten. Sie machten das Widerstandsrecht geltend, daß bereits Locke und die amerikanischen Unabhängigkeitskämpfer vertreten hatten: Das Recht, sich gegen eine Regierung zu wehren, die ihre Rechte und Freiheiten gefährde. Interessanterweise wurde dem von den Nordstaaten entgegengehalten, daß das Widerstandsrecht kein Recht im eigentlichen Sinn sei, sondern lediglich ein moralisches Recht, soweit es für einen moralisch gerechtfertigten Zweck eingesetzt werde. Die Sezession des Südens habe aber gerade keinen solchen Zweck. Zum einen sei Sklaverei gerade nicht moralisch und zum anderen sei der Auslöser die Nichtakzeptanz einer Mehrheitsentscheidung und dies könne im Sinne der Demokratie nicht moralisch sein. Das Sezessionsbestreben der Südstaaten schlug fehl. Sie verloren den Krieg. Insoweit hatte sich ihre Auffassung von dem Sezessionsrecht nicht durchgesetzt und wird heute in den Vereinigten Staaten auch nicht mehr ernstlich vertreten.

Weder die französische Revolution noch der amerikanische Unabhängigkeitskampf oder der amerikanische Bürgerkrieg führten zu einer Definition des Rechtsträgers, also des Volkes. Die Trägerschaft war in der Theorie der Aufklärung zunächst abstrakt bestimmt. Dies lag auch in der Theorie selbst begründet. Die Gemeinschaft war durch den freiwilligen Zusammenschluß ihrer Mitglieder entstanden. Einer weiteren Bestimmung bedurfte es insoweit nicht. Im amerikanischen Unabhängigkeitskampf und der französischen Revolution stellte sich die Frage nach der Trägerschaft nicht in besonderem Maße. Als Volk wurde in der französischen Revolution das französische Staatsvolk und im amerikanischen Unabhängigkeitskampf die Bevölkerung der amerikanischen Kolonien angesehen. Dies hatte aber keinen philosophischen Hintergrund, sondern lag in der Tatsache begründet, daß es sich um innerstaatliche Konflikte handelte. Die Revolutionen waren eine Frage des Rechtsinhaltes, der sich aus der Volkssouveränität ergab. Sie waren dagegen nicht eine Frage der Rechtsträgerschaft, denn die Berechtigten waren schon durch die vorhergehende Staatsgründung beziehungsweise durch die Abgegrenztheit der Gebiete vom Mutterland und dem Zweck des Kampfes vorgegeben.

II. Der nationale Ursprung des Selbstbestimmungrechts

Bereits aus der heute oft betont ethnisch bezogenen Diskussion über die Trägerschaft des Selbstbestimmungsrechts wird ersichtlich, daß das demokratische Konzept nicht der einzige Ursprung des Selbstbestimmungsrechts sein kann. Im Gegenteil, aus dem Gedanken der Souveränität des Volkes ergab sich für Europa eine weitere Frage: Wer oder was ist die Einheit, die über ihr Schicksal entscheiden darf?

Der im 19. und Anfang des 20. Jahrhunderts aufkommende Nationalismus versuchte darauf eine Antwort zu geben. In seiner weitesten Form beinhaltet der Nationalismus die Annahme, daß die Menschheit natürlicherweise in verschiedene Nationen geteilt ist und diese Nationen Grundlage des Staates sein sollten.[47] Die Nation ist eine eigene Persönlichkeit mit einem eigenen, sich von anderen Nationen unterscheidenden Charakter. Damit beinhaltet jeder Nationalismus die Elemente Partizipation/Integration und Aggression/Abgrenzung.[48] Die Entstehung des Nationalismus in Europa basiert auf verschiedenen Einflüssen, wie der Entstehung des Sprachbewußtseins, der Machtpolitik der Herrschenden, Fremdherrschaft und dem Gedanken der Volkssouveränität. Ein den Nationalismus fördernder Faktor war die Tatsache, daß es kein Herrscher in Europa schaffte, den ganzen Kontinent unter seiner Herrschaft zu einigen. Dadurch, daß diese einigende Macht fehlte, begannen die europäischen Völker nicht sich zu assimilieren, sondern betonten die zwischen ihnen bestehenden Unterschiede.[49]

Das Bewußtsein etwas anderes im Vergleich zu anderen zu sein erwachte durch die **Förderung der Volkssprachen**. Diese waren zunächst nur Gebrauchswerkzeuge des täglichen Lebens. In Wissenschaft und Politik herrschte Latein als Sprache vor. Latein war auch die Schriftsprache. Insofern waren sich die europäischen Intellektuellen über die Grenzen hinweg näher als ihrem jeweiligen Volk. Mit der Entwicklung der Volkssprachen zu Schriftsprachen und deren Gebrauch in der Literatur und an den Herrscherhäusern erwachte ein Bewußtsein für die Einheit und die Besonderheit der Angehörigen einer Sprache und damit ein Selbstbewußtsein.[50] Mit der Entstehung des Selbstbewußtseins als Sprachfamilie begann aber auch die Abgrenzung zu anderen Sprachen.

Die Unterstützung eines Sprachfamilienbewußtseins durch die Herrscher ging einher mit dem Aufkommen des **Merkantilismus**. Nach der Theorie des Mer-

---

47 Smith, Theories of Nationalism, S. 21.

48 Langswiesche, Nationalismus im 19. Und 20. Jahrhundert: zwischen Partizipation und Aggression, S. 9.

49 Cobban, The Nation State and National Self-Determination, S. 31.

50 Rabl, Das Selbstbestimmungsrecht der Völker, S. 32 f.

kantilismus war die politische und militärische Macht des Staates abhängig von der ökonomischen Stärke seiner Bürger. Es wurde durch eine absolutistische Wirtschaftspolitik versucht den Staat möglichst autark werden zu lassen und bei gleichzeitiger Beschränkung der Importe die einheimische Wirtschaft zu stärken.[51] Durch den Merkantilismus geriet der Gesamtstaat in den Mittelpunkt der machtpolitischen Überlegungen. Allerdings gab es bis zur französischen Revolution keine Verbindung zwischen Kultur oder Sprache und dem politischen Staat.[52] Vielmehr basierte die Gründung aller bis dahin entstandenen Staaten Europas nicht auf einem Nationalprinzip, sondern auf reiner Macht- und Eroberungspolitik der Herrschenden.[53]

Die Umsetzung des Gedankens der **Volkssouveränität,** und damit des demokratischen Konzeptes des Selbstbestimmungsrechts, machte es notwendig, daß sich das Staatsvolk als ein Volk verstand, das einen gemeinsamen Willen hatte. Dieser gemeinsame Wille mußte das Gesamtinteresse und nicht bloße Einzelinteressen verkörpern. Das Volk mußte ein Zugehörigkeitsgefühl, eine Loyalität, gegenüber den staatlichen Institutionen entwickeln.[54] Dieses wurde zum einen durch die Betonung der Gemeinsamkeiten innerhalb des Staatsvolkes, also durch Partizipation/Integration erreicht.[55] Zum anderen erfolgte die Bildung des Selbstbewußtseins durch die Förderung des Glaubens an nationale Unterschiede,[56] also durch Aggression/Abgrenzung. Damit kam es zur Verbindung zwischen Volkssouveränität und Nationalismus. Das Gemeinschaftsgefühl wurde erst nach der Staatsgründung hervorgerufen. Der Staat ging somit der

---

51 Braun, Nationalstaat als politische Fiktion und als Realität, S. 31. Dieses Streben nach autarker Existenz war neben dem Sendungsbewußtsein späterer Zeit der Grund für die Kolonialisation. Die Kolonien dienten alleine dazu, daß Mutterland mit Rohstoffen zu versorgen und Endprodukte abzunehmen.

52 Carr, Nationalism and After, S. 2; Cobban, The Nation State and National Self-Determination, S. 35.

53 Cobban, The Nation State and National Self-Determination, S. 27. Dies ist damit zu begründen, daß die Souveränität dem Herrscher zustand und sich rein territorial bestimmte. Das Volk war bloßes Objekt der Regierung und es bedurfte keines Einheitsgefühls zwischen den Regierten, um die Herrschaft zu sichern. Insoweit gab es nur regionale Loyalitäten im Volk, nicht aber eine Loyalität dem Staat gegenüber. Bis zur französischen Revolution waren daher Staaten wie zum Beispiel Frankreich, Spanien, England und Portugal geschaffen worden, die aus verschiedenen Ethnien bestanden, die zwangsweise zusammengehalten wurden.

54 Cohler, Rousseau and Nationalism, S. 35.

55 Aber auch die Integration beinhaltet aggressive Elemente. Denn die Mitglieder, die sich nicht integrieren wollten, wurden als Fremde ausgeschlossen. Eine Homogenisierung wurde nicht nur durch die Schaffung gemeinsamer Abgrenzungskriterien nach außen, sondern auch durch die Vernichtung von Fremdem, nicht Homogenem in Inneren erreicht. Langewiesche, Nationalismus im 19. und 20. Jahrhundert: zwischen Partizipation und Aggression, S. 11.

56 Cobban, The Nation State and National Self-Determination, S. 32 f.

Nationsgründung voraus und nicht andersherum. Diese Situation, in der die Nationsbildung und die entsprechende kulturelle Identität der Bevölkerung durch einen Staat und ein bestimmtes Staatsterritorium geprägt war, bestand neben Frankreich auch in England, Spanien und Portugal.[57] In diesen Fällen schaffte der Staat seit der französischen Revolution eine homogenisierte Bevölkerung.[58]

Diese Situation, in der es einer Staatsgründung nicht bedurfte, wirkte sich entscheidend auf die nationale Theorie aus. Ich möchte diese als **territorialen Nationalismus** bezeichnen. Danach ist die Nation vor allem eine Gemeinschaft, die sich willentlich durch den Gesellschaftsvertrag zusammengefunden hat.[59] Sie umfaßt alle Bewohner eines Territoriums, die sich subjektiv der Nation zugehörig fühlen. Die Konstruktion der Nation wird als Willensakt durch den Souverän, das Volk, verstanden, der sich in einer Verfassung und gemeinsamen politischen Institutionen niederschlägt. Nation bezeichnet damit das politische System, den politischen Verband, den Staat. Der Nationsbegriff war staatstragend.[60] Dieser Nationalismus stand unter dem Ziel der Änderung oder Erhaltung einer politischen Ordnung im Staat[61] und zeigte damit seinen zeit- und entwicklungsgeschichtlichen Zusammenhang mit dem demokratischen Konzept.

Die Möglichkeit der Nationsschaffung durch einen Willensakt blieb aber allen Gruppen verwehrt, die unter Fremdherrschaft standen. Dies traf sowohl für die Niederländer als auch für die Staaten in Zentral- und Osteuropa, wie zum Beispiel Deutschland[62], Italien[63] und Polen,[64] zu. Diese Gebiete standen Anfang des 19. Jahrhunderts entweder unter napoleonischer oder russischer Herrschaft. Daß diese Herrschaft von der Bevölkerung überhaupt als Fremdherrschaft empfunden wurde, ist sowohl auf den oben beschriebenen Sprachnationalismus, als auch auf die aufkommende deutsche Romantik zurückzuführen.[65] Kleist, die Gebrüder Grimm, Brentano, von Arnim, und insbesondere Arndt, Müller,

---

57 Schneckener, Das Recht auf Selbstbestimmung, S. 43.

58 Schneckener, Das Recht auf Selbstbestimmung, S. 25 f.,43 f.

59 Smith, Theories of Nationalism, S. 198.

60 Schneckener, Das Recht auf Selbstbestimmung, S. 38.

61 Vielleicht könnte man sogar sagen, daß nicht die Ziele durch den territorialen Nationalismus erreicht werden sollten, sondern daß dieser praktisch ein Anhang zur eigentlichen Theorie war, die die Staatsordnung betraf.

62 Deutschland war im 19. Jahrhundert zum einen in viele kleine Fürstentümer zerteilt und zum anderen nach den Friedensschlüssen von Preßburg (1805 französisch-österreichischer Frieden), Tilsit (1807 französisch-preußischer Friede: Preußen westlich der Elbe ging an Frankreich; Danzig und die aus der polnischen Teilung stammenden Besitzungen bis auf Westpreußen gingen an Rußland) und Schönbrunn (1809 auch französisch-östrreichische Friedensregelung) unter napoleonischer Herrschaft.

63 Italien war wie Deutschland sowohl geteilt, als auch seit 1796 unter französischer Herrschaft. 1796 eroberte Napoleon Oberitalien.

64 Polen war 1772 zwischen Preußen, Rußland und Österreich aufgeteilt worden.

65 Cobban, The Nation State and National Self-Determination, S. 40.

Schenkendorf und Körner haben dabei auf der Grundlage der Arbeiten von Herder und Fichte den Widerstand gegen die Selbstentfremdung des Volkes durch geistige und machtpolitische Fremdbestimmung und durch die Zerstückelung des als Einheit empfundenen Volkskörpers durch eine Vielzahl von Partikularfürstentümer vertreten.[66] Herder war der Ansicht, daß die Nationen nicht bloß lose Gemeinschaften einzelner Staatsbürger, sondern vom „Volksgeist" geprägte organische Individualitäten seien.[67] Dieser Volksgeist komme in der jeweiligen Sprache zum Ausdruck.[68] Die kulturell bestehende Nation ging seiner Meinung der Staatsgründung voraus.[69] Mit diesem Gedankengang war der Grundstein dafür gelegt, daß die Nation selbst als Person betrachtet wurde, die ihre Rechte aus sich selbst heraus besaß. Durch die Fremdherrschaft wurde eine Willensäußerung des Volkes über die Gründung eines Staates als Ausdruck der Nation verhindert.

Sicher auch aus diesem Grund entwickelte sich hier das ethnische Nationsbild. Danach ist die Nation eine objektiv-kulturelle Einheit, die durch Sprache, Abstammung, Sitten und Kultur bestimmt wird.[70] Die Nation existiert unabhängig von der Entscheidung der Individuen ihr anzugehören, denn die einzelnen sind qua ius sanguinis Mitglieder der Nation.[71] Selbstbestimmung bezieht sich hier auf das Ziel, eine als homogen „vorgestellte" Gemeinschaft zu verstaatlichen.[72] Durch die Zielsetzung der Staatsgründung wird der Nationalstaat als Gutes in sich selbst bewertet. Damit ist aber der eigentliche Ausgangspunkt der Volkssouveränität, der immer auch etwas mit der staatlichen Organisation/Regierungsform zu tun hatte, verlassen. Der **ethnische Nationalismus** erwies sich als potente politische Kraft, die Revolten gegen das napoleonische und das habsburgische Empire hervorrief und zu einer Veränderung der Landkarte Europas zwischen 1830 und 1878 führte.[73] Maßgeblichen Einfluß hatte der ethnische Nationalismus insbesondere auf die Vereinigung Italiens 1870 und Deutschlands im Jahre 1871. In anderen Staaten führte er zu einer Aufspaltung, wie bei der Umgestaltung Österreich-Ungarns in eine Doppelmonarchie, der

---

66 Rabl, Das Selbstbestimmungsrecht der Völker, S. 39f.

67 Kluke, Selbstbestimmung 1963, S. 23f.

68 Schneckener, Das Recht auf Selbstbestimmung, S. 40.

69 Cobban, Nation State and National Self-Determination, S. 118.

70 Schneckener, Das Recht auf Selbstbestimmung, S. 39; Cobban, Nation State and National Self-Determination, S. 115; Heidelmeyer, Das Selbstbestimmungsrecht der Völker, S. 13.

71 Schneckener, Das Recht auf Selbstbestimmung, S. 39.

72 Schneckener, Das Recht auf Selbstbestimmung, S. 44.

73 Orentlicher, Separation Anxiety: International Responses to Ethno-Separatist Claims, YJIL Bd. 23 (1998), S. 1 (14).

Aufspaltung der schwedisch-norwegischen Personalunion 1905[74] und der Auflösung des ottomanischen Weltreiches.[75] Aus den Befreiungs- und Einigungsbewegungen entwickelte sich das Nationalitätsprinzip. Nach Johann Kaspar Bluntschli besagt es: „Jede Nation ist berufen und berechtigt, einen Staat zu bilden. Wie die Menschheit in eine Anzahl von Nationen geteilt ist, so soll die Welt in eben so viele Staaten zerlegt werden. Jede Nation ein Staat. Jeder Staat eine Nation."[76] Wenn jede Nation einen Wert in sich darstellt, setzt dies nicht notwendigerweise ein Rangverhältnis voraus. Allerdings zeigte sich schnell, daß durch die Abgrenzung von anderen Nationen der eigenen positive und den anderen Nationen negative Merkmale zugeschrieben wurden. Mit der Hervorhebung der Nation als Wert an sich war damit die Grundlage zur Entstehung des Sendungsbewußtseins und zur faschistischen Form des Nationalismus bereitet.

Gemeinsam war dem territorialen und ethnischen Nationalismus die Ansicht, daß die Nation ein Subjekt mit eigenem sich von anderen Nationen unterscheidendem Charakter war.[77] Außerdem wurde die Nation als Begründung für die Eigenständigkeit, die Unabhängigkeit und den geforderten territorialen Umfang des Staates genutzt. Beide Formen führten zu einer Homogenisierung der Bevölkerung.[78] Dies wird insbesondere in der Unterdrückung von Minderheitssprachen deutlich, die sowohl in Ländern erfolgte, die in der Tradition des ethnischen Nationalismus standen, wie Italien[79], als auch in Ländern, die in der Tradition des territorialen Nationalismus standen, wie Frankreich[80].[81]

Obwohl sich die beiden Nationalismustheorien weitgehend parallel aber unabhängig voneinander entwickelten,[82] wurden sie auch miteinander verbunden.[83]

---

74 Heidelmeyer, Das Selbstbestimmungsrecht der Völker, S. 15. Die Unionskrise wurde durch einen Streit um die konsularische Vertretung ausgelöst. Wambaugh, A Monography On Plebiscites, S. 165f.

75 Ordentlicher, Separation Anxiety: International Responses to Ethno-Separatist Claims, YJIL Bd. 23 (1998), S. 1 (14).

76 Johann Kaspar Bluntschli, Allgemeine Staatslehre, S. 107

77 Carr, Nationalism And After, S. 9.

78 Braun, Nationalstaat als politische Fiktion und als Realität, S. 36.

79 Zum Beispiel: Verbot der deutschen Sprache in Südtirol nach dessen Anschluß an Italien.

80 Zum Beispiel: Verbot der Bretonischen Sprache. Bis heute leugnet Frankreich die Existenz ethnischer Minderheiten in Frankreich.

81 Auch dies ist ein Argument dafür, daß jeder Nationalismus beide Elemente enthält. Sowohl die Abgrenzung gegen das Fremde nach innen und außen, also das aggressive Element, als auch die Integration.

82 Absatz aus Orentlicher, Separation Anxiety: International Responses to Ethno-Separatist Claims, YJIL Law Bd. 23 (1998), S. 1 (13); Cobban, The Nation State and National Self-Determination, S. 34 „A new Meaning, as I have said, had been acquired by the nation during the second half of the eighteenth century, a development parallel with, although distinct from, the rise of the democratic idea of the state."

Die liberalen Nationalisten[84] gingen, wie die Vertreter des ethnischen Nationalismus, davon aus, daß sich die Nation durch objektive Kriterien bestimmen ließe und daß jede Nation einen eigenen Staat haben sollte. Allerdings wurde der Nationalstaat nicht aus sich selbst heraus als gut angesehen, sondern deshalb weil die Vertreter dieses liberalen Nationalismus davon ausgingen, daß homogene Nationalstaaten die stabilste mögliche Staatseinheit seien[85] und in ihnen die Demokratie am besten zu verwirklichen wäre.[86] Nationalstaaten sollten die größte persönliche Freiheit für ihre Bewohner bringen und Despotismus, Imperialismus und Kriegen ein Ende bereiten.[87] Der wohl bekannteste Vertreter dieses liberalen Nationalismus ist John Stuart Mill, der 1865 seine „Betrachtungen über die Repräsentativverfassung" veröffentlichte.[88] Darin definierte er Volkstum als eine Gemeinschaft, die auf den Elementen Abstammung, Territorium, Sprache, Religion und Identität der politischen Überlieferung, Besitz einer Nationalgeschichte und infolgedessen auf einem gemeinsamen politischen Erinnerungsgut basiert.[89] Aus diesem Erinnerungsgut soll sich eine Wertüberzeugung ergeben, deren Wurzeln nicht so sehr auf dem Gebiet verstandesmäßiger Erkenntnis, sondern in den Bezirken des Gefühls und der Empfindung zu suchen seien: „Gemeinsamkeit des Stolzes und der Scham, Freude und Grimm, verbunden mit ein und den selben geschichtlichen Ereignissen."[90] Für eine solche Gemeinschaft verlangt Mill den nationalen Staat. Dabei ist dieser homogene Nationalstaat, das heißt die Übereinstimmung von Staats- und Volksbodengrenze, Vorbedingung für die Errichtung und Erhaltung freiheitlicher Staatseinrichtungen; nur im national homogenen Staat können sie gedeihen.[91]

Diese Überzeugung leitete auch den amerikanischen Präsidenten Thomas Woodrow Wilson[92]. Wilson wollte unter dem Eindruck des ersten Weltkrieges

---

83 Und den verschiedenen Erscheinungsformen: Alter, Nationalism, S. 16 ff.; Mommsen, The Varieties Of The Nation State In Modern History: Liberal, Imperialist, Fascist And Contemporary Notions Of Nation And Nationality, S. 210 (211), in: Michael Mann, The Rise And Decline Of Nation State, 1990.

84 Die Verbindung beider Nationalismustheorien soll hier als liberaler Nationalismus bezeichnet werden.

85 Whelan, The Self-Determination of Peoples in European Legal Practice, MJECL Bd. 3 (1996), S. 5 (9).

86 Decker, Selbstbestimmungsrecht, S. 23, der feststellt: „Wahre Demokratie ist ohne nationale Selbstbestimmung nicht möglich, und nationale Selbstbestimmung läßt sich ohne Demokratie nicht verwirklichen."

87 Orentlicher, Separation Anxiety: International Responses to Ethno-Separatist Claims, YJIL Bd. 23 (1998), S. 1 (13).

88 John Stuart Mill, Considerations On Representative Government.

89 John Stuart Mill, Considerations On Representative Government, S. 120.

90 John Stuart Mill, Considerations On Representative Government, S. 120.

91 Mill, Considerations On Representative Government, S. 122.

92 28.12.1856 - 3.2.1924; Präsidentschaft: 1913 - 1921.

eine Ordnung schaffen, die einen dauerhaften Weltfrieden garantieren half. Der Weltfrieden setzte aber seiner Überzeugung nach eine Staatenwelt voraus, die aus stabilen Staaten besteht.[93] Die Basis einer jeden stabilen Ordnung sollte die Zustimmung der Regierten sein.[94] Die öffentliche Gewalt bedurfte seiner Meinung nach einer demokratischen Legitimation. Selbstbestimmung war für ihn vor allem die innere Selbstbestimmung im Sinne des demokratischen Konzeptes.[95] Wenn aber die öffentliche Gewalt demokratisch legitimiert sein mußte, ergab sich daraus auch, daß sich ihre räumliche Reichweite, also die Staatsgrenzen, durch die Zustimmung der Regierten bestimmte.[96] Damit beinhaltete das Selbstbestimmungsprinzip auch eine äußere Komponente. Dieses demokratische Konzept verband er mit der Überzeugung, daß die ethnischen Völker grundsätzlich in einem homogenen Staat leben wollten.[97] Der homogene, ethnisch bestimmte Nationalstaat war Wilsons Meinung nach die Einheit, die von den Menschen unter demokratischen Verhältnissen gewählt werden würde und die daher auch der beste Garant für Demokratie war.[98] Daß der Nationalstaat keinen Wert in sich selbst darstellte, sondern der Errichtung von Demokratie dienen sollte, zeigt sich schon darin, daß das externe Selbstbestimmungsrecht, also die Gründung eines eigenen Staates, von Wilson dann als unwichtig angesehen wurde, wenn der Staat, in dem das Volk lebte, demokratisch war.[99] Da der Nationalstaat der Zustimmung der Regierten entsprach, war er der stabilste Staat. Den Weltfrieden und die Demokratie wollte Wilson aber nicht alleine durch die Selbstbestimmung der Völker erreichen, sondern er ergänzte den

93 Rabl, Das Selbstbestimmungsrecht der Völker, S. 79: In der Mount-Vernon-Rede vollständiger Wortlaut siehe Dickinson S. 196 ff. sagt er, „what we seek is the reign of law, based upon the consent of the governed and sustained by the organized opinion of mankind“.

94 Cassese, Self-Determination Of Peoples, S. 19.

95 Klein, Das Selbstbestimmungsrecht der Völker und die deutsche Frage, S. 19; Hannum, Autonomy, Sovereignty and Self-Determination, S. 30; Hannum, Rethinking Self-Determination, VJIL Bd. 34 (1993), S. 1 (8); Cassese, Self-Determination Of Peoples, S. 19.

96 Rabl, Das Selbstbestimmungsrecht der Völker, S. 81.

97 Zur Verbindung der beiden Nationalismustheorien durch Wilson: Rabl, Das Selbstbestimmungsrecht der Völker, S. 75; Hannum, Autonomy, Sovereignty, And Self-Determination, S. 30; Hannum, Rethinking Self-Determination, VJIL Bd. 34 (1993), S. 1 (8); Saladin, Self-Determination, Minority Rights, And Constitutional Accommodation: The Example Of The Czech And Slovak Federal Republic, MJIL Bd. 13 (1991/92), S. 172 (179f); Himmer, The Achievement Of Independence In The Baltic States And Its Justifications, EILR Bd. 6 (1992), S. 253 (278).

98 Decker, Das Selbstbestimmungsrecht der Nationen, S. 22f; Wambaugh, A Monography On Plebiscites, S. 31.

99 Saladin, Self-Determination, Minority Rights, And Constitutional Accommodation: The Example Of The Czech And Slovak Federal Republic, MJIL Bd. 13 (1991/92), S. 172 (179f); Pomerance, Self-Determination In Law And Practice, S. 3.

Grundsatz des Selbstbestimmungsrechts durch die Forderung, daß die kommende Friedensregelung der materiellen Gerechtigkeit genügen müsse.[100] Das Selbstbestimmungsrecht sollte nur dort verwirklicht werden, wo es den Frieden nicht gefährdete. Es war kein Selbstzweck, nicht das Ziel, sondern lediglich eines von mehreren Mitteln zur Erreichung des Weltfriedens. Daraus wird deutlich, daß Wilson in der Selbstbestimmung der Völker keinen Rechtsgrundsatz sah. Es war lediglich ein politisches Prinzip. Mit dieser Ansicht stimmte er mit der allgemeinen Meinung während und nach dem ersten Weltkrieg überein.[101]

---

100 Rabl, Das Selbstbestimmungsrecht der Völker, S. 83. Er sagte: „All well-defined national aspirations shall be accorded the utmost satisfaction that can be accorded them *without introducing new or perpetuating old elements of discord and antagonism that would be likely in time to break the peace of Europe and consequently of the world."* Zitiert nach: Hannum, Rethinking Self-Determination, VJIL Bd. 34 (1993), S. 1 (4).

101 Klein, Das Selbstbestimmungsrecht der Völker und die deutsche Frage, S. 19; Orentlicher, Separation Axiety: International Responses To Ethno-Separatist Claims, YJIL Bd. 23 (1998), S. 1 (31).

III. Geschichtliche Entwicklung im Zuge des Ersten Weltkrieges

1. Der Erste Weltkrieg und die Friedensregelung

Am Ende des Ersten Weltkrieges und mit dem Abschluß der Pariser Friedensverträge waren in Europa viele neue Staaten entstanden, die ihre Gründung alle auf das Selbstbestimmungsprinzip der Völker stützten. Gleichzeitig lösten sich die großen Vielvölkerstaaten wie Österreich-Ungarn, Rußland und das osmanische Reich auf. Deutschland verkleinerte sich stark. Das Selbstbestimmungsprinzip war aber nicht zu einem Recht erstarkt. Vielmehr war die Entstehung der Staaten nach dem ersten Weltkrieg ein Konglomerat aus verschiedenen Gründen, die bei näherem Hinsehen nur sekundär mit dem Selbstbestimmungsrecht zu tun hatten. Richtig ist aber, daß zu keiner Zeit vor dem Ersten Weltkrieg das Selbstbestimmungsprinzip so häufig genannt wurde wie in dessen Verlauf und kurz danach. Im Krieg geschah dies vor allem aus taktischen Gründen. Sowohl die Alliierten, als auch die Mittelmächte versuchten durch Unterstützung von Unabhängigkeitsbestrebungen im Innern des Gegners diesen zu schwächen. So erklärten Deutschland, Österreich und Ungarn ihre Unterstützung für den Unabhängigkeitskampf der Iren[102] und ihre Mißbilligung der „Unterwerfung Nordafrikas durch England, Frankreich und Italien".[103] Die Alliierten erklärten bereits am Anfang des Krieges die Befreiung und Sicherung der kleinen Staaten zum Kriegsziel, denn die Besetzung Belgiens und Serbiens durch die Mittelmächte paßte in dieses Argumentationsschema.[104] Bereits am 30.12.1916 wurde die Anerkennung des Nationalitätenprinzips als Voraussetzung für einen Friedensschluß bezeichnet.[105] Was darunter nach Ansicht der Alliierten zu verstehen war, wurde in verschiedenen Noten im Verlauf des Krieges verdeutlicht. Danach sollte die türkische Herrschaft über fremde Völker möglichst bald beendet, und Arabien, Armenien, Mesopotamien, Syrien und Palästina als eigenständige Nationalitäten anerkannt werden.[106] Polen sollte als unabhängiger Staat geschaffen werden, der die gesamten polnischen Bevölkerungsteile umfassen sollte, die dem polnischen Staat angehören wollten. Die Schaffung des polnischen Staates wurde für die westeuropäische Sicherheit als dringend erforderlich angesehen. Außerdem sollte die Vereinigung aller Italiener und die Schaffung eines rumänischen Staates angestrebt werden. Auch die Slawen und Tschechoslowaken soll-

---

102 Am Ostermontag 1916 (24.4.) begann der Aufstand der Iren gegen das home-rule-Gesetz. Roger Casement, einer der geistigen Führer des irischen Aufstandes, kam aus dem deutschen Exil. Die deutsche Hilfe selbst war schlecht geplant und kam zu spät.

103 Rabl, Das Selbstbestimmungsrecht der Völker, S. 56 f.

104 Cobban, The Nation State And National Self-Determination, S. 49.

105 Wortlaut in: Decker, Das Selbstbestimmungsrecht der Nationen, S. 99.

106 Rabl, Das Selbstbestimmungsrecht der Völker, S. 57 f.

ten befreit werden.[107] Für die deutschen Überseegebiete wurde eine für die Einwohner annehmbare Verwaltung gefordert, die vor allem deren Ausbeutung zugunsten europäischer Kapitalisten oder Regierungen verhindern sollte.[108] Diesen Äußerungen standen aber die von Frankreich, Großbritannien, Rußland und Italien vor dem Kriegseintritt Amerikas zu Lasten Deutschlands, Österreich-Ungarns und der Türkei abgeschlossenen Geheimverträge[109] diametral entgegen. Sie zeigen, daß das Selbstbestimmungsprinzip tatsächlich mehr als Sprengmittel gegen den Feind als als anerkanntes Prinzip angesehen wurde. Nach diesen Geheimverträgen wäre Welsch- und Deutsch-Südtirol, Triest, Görz-Gradiska, Istrien, der Dodekanes, Dalmatien und ein Protektorat über Albanien Italien zugefallen. Konstantinopel und die Meerengen, Südkurdistan, und Nordostanatolien sollten an Rußland fallen. Frankreich sollte nicht nur Elsaß-Lothringen, sondern auch das Saargebiet und benachbarte Landstriche erhalten. Aus den verbleibenden linksrheinisch-deutschen Gebieten sollte ein autonomes und neutrales Staatswesen errichtet werden. Syrien sollte französisch, Mesopotamien britisch und Libyen italienisch werden oder bleiben.[110] Die Wünsche der jeweiligen Bevölkerung und deren Nationalität spielten dabei keine Rolle.

Aber obwohl die Alliierten die Aufstände der Nationalitäten, die in der österreichisch-ungarischen Doppelmonarchie, Deutschland, Rußland und der Türkei lebten, sicher durch ihre Propaganda gefördert haben, waren diese Aufstände doch vor allem die Konsequenz aus dem Freiheitsstreben der Nationalitäten selbst und dem für sie günstigen Kriegsverlauf. Einige dieser neuen Staaten hatten sich daher schon gegründet, lange bevor die Alliierten sich in Versailles zusammensetzten um die Friedensregelung auszuhandeln. So erfolgten die tschechoslowakische und rumänische Unabhängigkeitserklärung bereits im Oktober und die jugoslawische Unabhängigkeitserklärung im November 1918. Die Friedenskonferenz mußte keine neuen Staaten schaffen, denn diese hatten sich

---

107 Rabl, Das Selbstbestimmungsrecht der Völker, S. 57.

108 Alleine diese Forderung zeigt schon, daß es sich bei diesen Kriegszielen doch vor allem um Propaganda handelte, denn die Alliierten waren nicht im Entferntesten dazu bereit, die Ausbeutung ihrer eigenen Kolonien einzustellen. Auch ist dieses Anstreben einer neuen Verwaltung, und nicht etwa der Unabhängigkeit ein weiterer Beweis dafür, daß das Selbstbestimmungsprinzip weitgehend als auf Europa allein anwendbar angesehen wurde. Dies wird durch die Bemerkung General Snuts deutlich, in der es heißt: „The German colonies in the Pacific and Africa are inhabited by barbarians, who not only cannot possibly govern themselves, but to whom it would be impracticable to apply any idea of political self-determination in the European sense." Cobban, The Nation State And National Self-Determination, S. 61.

109 Brit.-franz.-russ.-ital. Vertrag von London, 26.4.1915; brit.-franz.-russ. Abkommen über die Türkei (1915 und 1916); franz.-russ. Abkommen über Deutschland, 14.2.1917; Rabl, Das Selbstbestimmungsrecht der Völker, S. 58.

110 Rabl, Das Selbstbestimmungsrecht der Völker, II, S. 58.

selbst gegründet. Alles was der Friedenskonferenz zu tun blieb, war die Anerkennung der geschaffenen Fakten und die Festlegung der Grenzen. Selbst dabei waren sie in ihrer Entscheidung nicht frei, denn die Völker Mittel- und Osteuropas hatten zumindest in Ansätzen Fakten geschaffen.[111] Es zeigt sich spätestens in Versailles, daß die Alliierten und die staatsgründenden Völker Europas eine durchaus unterschiedliche Auffassung von der Bedeutung des Selbstbestimmungsprinzips hatten. Mit den Erklärungen zur Staatsgründung waren zwar häufig auch verfassungsrechtliche Aussagen über die Gestaltung der neuen Staaten verbunden, diese waren aber lediglich Beiwerk. Das Selbstbestimmungsprinzip und die staatliche Einheit als solche waren das Ziel, nicht Mittel zum Zweck. Sie wurden als allein wesentlich empfunden. Insoweit folgten diese Nationen dem nationalen Konzept des Selbstbestimmungsprinzips. Dagegen geht schon aus den Äußerungen der Alliierten während des Krieges hervor, daß für sie das Selbstbestimmungsprinzip nur ein Prinzip unter vielen war, daß gerade nicht Selbstzweck, sondern vielmehr Mittel zur Erreichung einer dauerhaften und für sie gerechten Friedensregelung sein sollte.[112] Als weiteres Prinzip, das die Alliierten bei der Regelung territorialer Fragen leitete, ist der Gerechtigkeitsgesichtspunkt, wie die Wiedergutmachung zuvor begangenen Unrechts, zu nennen. Unter diesem Prinzip stand die Abtretung Elsaß-Lothringens von Deutschland an Frankreich.[113] Außerdem ließen sich die Alliierten von Sicherheitsinteressen der einzelnen Länder leiten. Dies war einer der Gründe für die Angliederung Südtirols an Italien.[114] Auch die wirtschaftliche Lebensfähigkeit der neuen Staaten spielte bei der Grenzziehung eine Rolle, weshalb sowohl Jugoslawien als auch Polen einen Zugang zum Meer erhalten sollten. Auch historische Gesichtspunkte wurden in Versailles und bei der Grenzziehung berücksichtigt. So wurden die Grenzen der Tschechoslowakei nach der Gestalt des Herrschaftsraumes der Krone von Böhmen gezogen.[115] Da das Selbstbestimmungsprinzip weder das einzig anzuwendende Prinzip in der Friedensregelung

---

111 Cobban, The Nation State And National Self-Determination, S. 55 f.

112 So steht bereits im Memorandum der britischen Regierung über die territoriale Regelung von 1916, daß das Ziel ein dauerhafter Frieden ist. Als grundlegende Voraussetzung für einen dauerhaften Frieden wird dabei angesehen, daß nationalen Bestrebungen vollständig zum Durchbruch verholfen wird, *soweit dies praktikabel ist* (aber eben nicht immer). Das Nationalitätenprinzip sollte daher *eines der führenden Prinzipien* (aber eben nicht das einzige) für die Regelung der territorialen Fragen nach dem Krieg sein. Zitiert in: Decker, Das Selbstbestimmungsrecht der Nationen, S. 98 f.; Cobban, The Nation State And National Self-Determination, S. 52.

113 Diese Regelung hatte auch Wilson bereits in Punkt 8 seiner Vierzehn Punkte-Rede 1918 als notwendig festgehalten.

114 Ein anderer Grund für die Anerkennung des italienischen Anspruchs auf Südtirol war, daß Südtirol Italien bereits in dem brit.-franz.-russ.-ital. Geheimvertrag von London 1915 zugesichert worden war.

115 Heidelmeyer, Das Selbstbestimmungsrecht der Völker, S. 43.

war,[116] noch sein sollte, wurden weder bei allen Territorialfragen Plebiszite durchgeführt, noch wurden die durchgeführten Plebiszite als bindend angesehen.[117] Im übrigen war es auch unmöglich, für jedes Volk einen eigenen Staat zu schaffen. Bereits bei der tatsächlich verwirklichten Lösung gelang es nicht Grenzen zu ändern, oder einen neuen Staat zu errichten, ohne neue Minderheiten zu schaffen.[118] Zwar gab es nach der neuen Grenzziehung weniger Minderheiten als vor dem Krieg,[119] so daß Europa eher dem Bild der Nationalstaaten entsprach. Die Minderheiten lebten aber in Ländern, die nach eigener Definition gerade deshalb existenzberechtigt waren, weil sie homogene Nationalstaaten waren. Dieses wurde auch auf der Versailler Friedenskonferenz als friedensbedrohend angesehen. Die Sorgen vor der erneuten Unterdrückung von Minderheiten bewahrheitete sich umgehend. Die neuen Nationalstaaten begannen sofort nach der Staatsgründung mit einer repressiven Politik ihren Minderheiten gegenüber.[120] Aus diesem Grund schufen die Alliierten ein Minderheitenschutzsystem, welches vom Völkerbund überwacht wurde. Allerdings bestand dies nicht in der Aufnahme von Schutzbestimmungen in die Satzung des Völkerbundes, was die Rechte der Minderheiten **aller** Mitgliedstaaten geschützt hätte. Vielmehr wurden die Mittelmächte in den Friedensverträgen zur Garantie bestimmter Minderheitenrechte verpflichtet.[121] Außerdem verpflichteten die Al-

---

116 Und es schon gar keine Vorrangstellung anderen Prinzipien gegenüber hatte. Cobban, The Nation State And National Self-Determination, S. 84.

117 Cobban, The Nation State And National Self-Determination, S. 73.

118 Eine allgemeine anerkannte Definition, was genau eine Minderheit ist, gibt es bis heute nicht. Aber als Minderheiten wurden wohl geschlossen siedelnde Gemeinschaften angesehen, die zahlenmäßig kleiner sind als die staatstragende Gruppe, die den Staat nicht dominieren und die sich von der Mehrheitsbevölkerung durch ethnische, religiöse, sprachliche und/oder kulturelle Eigenheiten unterscheiden und sich der Eigenart ihrer Gruppe sowohl bewußt sind, als diese auch erhalten wollen (Thürer, Das Selbstbestimmungsrecht der Völker, S. 31; Hannum, Autonomy, Sovereignty, And Self-Determination, S. 50).

119 Vor dem Krieg waren wohl die Hälfte der europäischen Bevölkerung Minderheiten beziehungsweise als nicht staatstragende Bevölkerung anzusehen. Nach 1919 waren es nur noch ein Viertel (Hannum, Autonomy, Sovereignty, And Self-Determination, S. 53). Aber Polens Minderheit machte 30,4% der Bevölkerung aus, die der Tschechoslowakei 34,7%, Rumäniens 25% (Cobban, The Nation State And National Self-Determination, S. 86). In Jugoslawien machten die Minderheiten knapp 50% der Bevölkerung aus (Hannum, Autonomy, Sovereignty, And Self-Determination, S. 55).

120 Cobban, The Nation State And National Self-Determination, S. 87.

121 Österreich: St. Germain-Vertrag 1919 in Art. 62ff.; Bulgarien: Neuilly-sur-Seine-Vertrag von 1919 in Art. 49 ff.; Ungarn: Trianon-Vertrag 1920 in Art.54 ff.; Türkei: Lausanne-Vertrag von 1923 in Art. 38 ff. Brühl-Moser, Die Entwicklung des Selbstbestimmungsrechts der Völker, S. 26 (Fußnote 92); Erler, Minderheitenrecht, in: Wörterbuch des Völkerrechts II, S. 531 (532).

liierten die neuen Staaten in besonderen Minderheitenschutzverträgen[122] zu ähnlichen Rechtsgarantien und machten die Aufnahme Litauens (1922), Lettlands (1923), Estlands (1923), Albaniens (1921) und des Iraks (1932) in den Völkerbund von der Abgabe entsprechender einseitiger Erklärungen abhängig. Es wurden aber auch bilaterale Minderheitenschutzverträge abgeschlossen, so zum Beispiel der Vertrag zwischen Finnland und Schweden über den Schutz der aaländischen Bevölkerung.[123] In diesem Vertragssystem wurden den Minderheiten keine Gruppenrechte, wie zum Beispiel eine wirtschaftliche oder politische Autonomie, verliehen. Vielmehr garantierte dieses Vertragssystem den Angehörigen der Minderheiten die klassischen Minderheitenrechte, wie Leben und Freiheit, Gleichbehandlung mit beziehungsweise als Staatsbürger, Recht auf Staatsangehörigkeit, Recht die eigene Sprache benutzen zu dürfen, Recht eigene Institutionen zu errichten und zu unterhalten, sowie die Pflicht der Staaten, die Minderheitenschulen mit einer „angemessenen" finanziellen Unterstützung auszustatten. Sinn dieser Verträge war also der Schutz der Minderheiten vor Zwangsassimilation und damit der Erhalt ihrer Gruppenidentität, die Gewährleistung der Gleichberechtigung und die Sicherung politischer Teilhaberechte.[124] Dieses Minderheitenschutzsystem war keine Ausprägung des Selbstbestimmungsprinzips.[125] Vielmehr war es ein Ersatz, denn es sollte die Mitglieder der Gemeinschaften schützen, deren Selbstbestimmungsbestrebungen durch die

---

122 Polen: Versailler-Vertrag 1919; Tschechoslowakei: St. Germain-Vertrag 1919; Jugoslawien: St.Germain-Vertrag 1919; Rumänien: Pariser-Vertrag 1919; Griechenland: Sèvres-Vertrag 1920; Lerner, The Evolution Of Minority Rights In International Law, Comments ,in: Brölmann/Lefeber/Zieck, Peoples And Minorities In International Law, S.77 (83).

123 Vertrag über die Aalandinseln zwischen Schweden und Finnland 1921. Weitere Verträge waren: Vertrag zwischen Polen und der freien Stadt Danzig 1920 in Chapter 4; deutsch-polnischer Vertrag über Oberschlesien 1922; Pariser Vertrag über das Memelgebiet 1924.

124 Lerner, The Evolution Of Minority Rights In International Law, Comments ,in: Brölmann/Lefeber/Zieck, Peoples And Minorities In International Law, S.77 (84). Die Rechte, die für die Minderheiten in den Verträgen festgeschrieben wurden, standen über dem nationalen Recht, so daß Gesetze, die gegen diese Rechte verstießen, nichtig waren. Wollte ein Staat eine Vertragsklausel abändern, brauchte er die Erlaubnis der Mehrheit des Völkerbundrates. Der Rat war berechtigt sich mit Vertragsverletzungen zu befassen, die ihm von einem Mitglied des Rates mitgeteilt wurden und nötigenfalls die notwendigen Maßnahmen zu ergreifen. Obwohl Minderheiten als Gruppe seit 1920 ein Petitionsrecht hatten, sollte dies nicht als Beweis für die Anerkennung ihrer internationalen Rechtspersönlichkeit gewertet werden. Lerner, The Evolution Of Minority Rights In International Law in: Brölmann/Lefeber/Zieck, Peoples And Minorities In International Law, S.77 (85).

125 So auch Cassese, Self-Determination of Peoples, S. 26; Hannum, Autonomy, Sovereignty, And Self-Determination, S. 54.

Siegermächte in Versailles nicht berücksichtigt worden waren.[126] Das Minimum, was nötig gewesen wäre damit die Minderheitenschutzverträge als Ausprägung des Selbstbestimmungsprinzips gewertet werden könnten, wäre, daß es sich vor allem um Gruppenrechte gehandelt hätte. Das Selbstbestimmungsprinzip bezieht sich auf Gruppen, nicht auf Individuen. Die Minderheitenschutzverträge stellten dagegen einen Schutz von Einzelpersonen gegen ihren Staat dar. Sie sollten sicherstellen, daß Menschen, die einer Minderheit angehörten, ihre kulturelle beziehungsweise religiöse Identität wahren konnten.[127]

---

126 Hannum, Autonomy, Sovereignty, And Self-Determination, S. 54.

127 Heidelmeyer, Das Selbstbestimmungsrecht der Völker, S. 55: Einige Autoren weisen auf die Verknüpfung zwischen Selbstbestimmungs- oder Nationalitätsprinzip und dem Minderheitenschutz durch die Schutzverträge nach dem ersten Weltkrieg (siehe Zusammenstellung bei: Kraus, Das Recht der Minderheiten) in ideengeschichtlicher, naturrechtlicher oder sonst theoretisch vorausgesetzter Form hin. Daß der Minderheitenschutz aber gerade ein „aliud" gegenüber dem Selbstbestimmungsrecht ist, das eben erst dort einsetzen soll, wo die Verwirklichung des Selbstbestimmungsrechts durch entsprechende Gestaltung der politischen Landkarte versagt, ergibt sich auch aus dem Aalandgutachten. Darin weist die Kommission darauf hin, daß der Grundsatz der Minderheiten mit dem Selbstbestimmungsprinzip in Zusammenhang steht. Den beiden Grundsätzen sei der Zweck einer Bevölkerung die freie Entwicklung ihres Charakters zu sichern gemein. Daraus ergibt sich aber, daß es eben zwei Grundsätze sind und nicht nur einer mit verschiedenen Ausprägungen. (Bericht der Kommission, in: Raschhofer, Selbstbestimmungsrecht und Völkerbund, S. 41). Der Minderheitenschutz ergänzt das Selbstbestimmungsrecht. Vgl. auch das dort zitierte Memorandum der österreichischen Regierung vom 14.4.1929: „Minderheitenrecht ist begrifflich nicht ein Teil des Selbstbestimmungsrechts, sondern ein Gegensatz hierzu. Es ist ein Ersatz, der der Minderheit hierfür geboten wird, daß ihr das Selbstbestimmungsrecht nicht gewährt werden konnte oder nicht gewährt wurde." (Den gleichen Standpunkt haben die Minderheiten selbst gegenüber dem Völkerbund immer wieder vertreten.). Von daher kann man nicht davon sprechen, daß das Selbstbestimmungsprinzip in den Minderheitenschutzbestimmungen seinen Niederschlag gefunden hat, so wie es sowohl Thürer als auch Brühl-Moser tun (Thürer, Das Selbstbestimmungsrecht der Völker, S. 31; Brühl-Moser, Die Entwicklung des Selbstbestimmungsrechts der Völker, S. 31). Das Schutzsystem litt im übrigen an erheblichen Mängeln, die schlußendlich auch zu seinem Mißerfolg führten. Insbesondere wurde es nur den neuen und besiegten Staaten auferlegt. Die Alliierten ließen sich selbst nicht durch Verträge an den Schutz der eigenen Minderheiten binden. Dieses verstärkte gerade in den neuen Staaten die Abneigung gegen die Verträge und den Minderheitenschutz im Allgemeinen. Die Verträge wurden als Einmischung in die inneren Angelegenheiten und als Beschneidung ihrer staatlichen Souveränität angesehen. Sie fühlten sich als Staaten zweiter Klasse.

2. *Der Völkerbund und das Aalandgutachten*

Daß das Selbstbestimmungsprinzip in der Zeit des Ersten Weltkrieges und danach nicht über den Status eines politischen Prinzips ohne Bindungskraft hinaus kam, zeigt auch der Völkerbund. Der Völkerbund war vornehmlich von Wilson initiiert worden. Obwohl Wilson in Punkt 3 seines Satzungsentwurfs eine sehr vorsichtige Formulierung des Selbstbestimmungsprinzips gewählt hatte,[128] fand dieses in der endgültigen Fassung keinen Niederschlag. Die Satzung des Völkerbundes schwieg sich vielmehr über das Selbstbestimmungsprinzip aus. Dafür lautet Artikel X: „Die Bundesmitglieder verpflichten sich, die Unverletzlichkeit des Gebiets und die bestehende politische Unabhängigkeit aller Bundesmitglieder zu achten und gegen jeden äußeren Angriff zu wahren. Im Falle eines Angriffs, der Bedrohung mit einem Angriff oder einer Angriffsgefahr nimmt der Rat auf die Mittel zur Durchsetzung dieser Verpflichtung Bedacht."[129] Dieser Wortlaut schloß auch nach Ansicht Wilsons ein Recht des Staatsvolkes auf Teilhabe an der Regierung nicht aus.[130] Inwieweit ein äußeres Recht oder Prinzip auf Selbstbestimmung in der Völkerbundära bestand, ergibt sich aus dem Fall der Aalandinseln. In diesem hatte der Völkerbund zu entscheiden, ob die Bewohner des Aaland-Archipels ein Recht darauf hatten, sich von Finnland abzuspalten und eine Union mit Schweden einzugehen. Die Inselgruppe, die am Eingang zum finnischen Golf liegt, war aufgrund ihrer Lage immer von besonderem

128 Artikel 3 lautete: „The Contracting Powers unite in guaranteeing to each other political independence and territorial integrity; but it is understood between them that such territorial readjustments, if any, as may in the future become necessary by reason of changes in present racial conditions and aspirations or present social and political relationships, pursuant to the principle of self-determination, and also such territorial readjustments as may in the judgement of three-fourths of the Delegates be demanded by the welfare and manifest interest of the peoples concerned, may be effected if agreeable to those peoples; and that territorial changes may in equity involve material compensation. The Contracting Powers accept without reservation the principle that the peace of the world is superior in importance to every question of political jurisdiction or boundary." Zitiert nach Cassese, Self-Determination of Peoples, S. 23, Fußnote 35

129 RGBl 1919, S. 717 (725 f.).

130 Für Wilson bestand eine Verbindung zwischen dem Prinzip der nationalen Souveränität und der Selbstbestimmung der Völker. Dieses geht zum Beispiel aus seiner Rede vom 24. September 1919 hervor. Darin sagte er: „Then there was the question as to whether it interfered with self-determination; that is to say, whether there was anything in the guarantee of Article X about territorial integrity and political independence which would interfere with the assertion of the right of great populations anywhere to change their governments ... There is absolutely no such restraint ... We do not guarantee any government against anything that may happen within its own borders or within its own sovereignty." Damit hatte Wilson aber nur etwas über das Recht des Staatsvolkes gesagt, seine Regierung zu wechseln, also über das innere Selbstbestimmungsprinzip.

strategischen Interesse sowohl für Schweden als auch für Rußland gewesen.[131] Von 1157-1809 gehörte die Inselgruppe zum Königreich Schweden. In dieser Zeit entwickelte sich die kulturelle Zugehörigkeit der Bevölkerung zu Schweden, die sich in der schwedischen Sprache, Kultur und Tradition ausdrückte. Nach ihrer Besetzung durch russische Truppen wurden die Inseln zusammen mit Finnland[132] 1908 im Vertrag von Frederiksham von Schweden an Rußland abgetreten. Finnland[133] wurde in Rußland ein autonomes Groß-herzogtum. Während der inneren Unruhen in Rußland, die auf die Revolution folgten, erklärte Finnland im Dezember 1917 seine Unabhängigkeit. Die Bewohner der Aalandinseln hatten sich zwar gemeinsam mit den Finnen für die Unabhängigkeit von Rußland ausgesprochen, wollten aber von Anfang an ihren Wiederanschluß an Schweden.[134] Dieser Wille wurde 1918 und 1919 in zwei Volksabstimmungen bestätigt. Finnland lehnte eine Abspaltung der wichtigen Inseln ab, Schweden unterstützte die Forderung der Aaländer naturgemäß. Die dadurch zwischen den beiden Staaten auftretenden Spannungen belasteten den Frieden in der baltischen Region. Aus diesem Grund[135] brachte die britische Regierung den Streitfall unter Berufung auf Artikel 11 der Völkerbundsatzung vor den Völkerbundrat.[136] Finnland vertrat die Rechtsauffassung, daß die Aalandfrage alleine in seine innerstaatliche Zuständigkeit fiele. Wäre diese Auffassung zutreffend gewesen, hätte sich der Völkerbund gemäß Artikel 15 VIII der Satzung nicht mit der

---

131 Zur Geschichte der Aalandinseln und zum Gutachten des Völkerbundes siehe allgemein: Barros, The Aaland Islands Question; Gregory C.N., The Neutralisation Of The Aaland Islands, AJIL Bd. 17 (1923), S. 63-76; ; Modeen, Aaland Islands, in: Bernhardt (Hrsg.), EPIL Bd. 12 (1990), S. 1; Modeen, Völkerrechtliche Probleme der Aaland-Inseln, ZaöRV Bd. 37 (1977), S. 607 ff.; Hermann Raschhofer, Selbstbestimmungsrecht und Völkerbund, Köln 1969, S. 39 ff.; Menzel, Aaland-Inseln, in: Wörterbuch Völkerrecht I, S. 21 f., 23 f.; Müller/Wildhaber, Praxis des Völkerrechts, S. 147 ff.; Sureda, The Evolution Of The Right Of Self-Determination, S. 29 ff., 111ff., 233 ff.; Mack, Der völkerrechtliche Konflikt, S. 137 ff.; Brühl-Moser, Die Entwicklung des Selbstbestimmungsrechts der Völker, S. 32 ff.; Thürer, Das Selbstbestimmungsrecht der Völker, S. 57 ff.; Hannum, Autonomy, Sovereignty, And Self-Determination, S. 370 ff.; Hannum, Rethinking Self-Determination, VJIL Bd.34 (1993), S.1 (8 ff.).

132 Zu dem es seit 1634 verwaltungstechnisch gehörte.

133 Einschließlich der Aaland-Inseln.

134 Bericht der Kommission vom 5.9.1920, in: Raschhofer, Selbstbestimmungsrecht und Völkerbund, S. 49.

135 Und weil Großbritannien einer der Vertragspartner über die Demilitarisierung der Aalandinseln war.

136 Artikel 11 gibt jedem Mitglied des Völkerbundes das Recht, die Aufmerksamkeit der Völkerbundversammlung oder des Völkerbundrates auf jedweden, die internationalen Beziehungen betreffenden Umstand zu lenken, der den internationalen Frieden oder die gute Verständigung zwischen den Völkern zu stören droht.

Frage beschäftigen dürfen.[137] Die Frage, ob die Loslösung der Inseln in die alleinige innere Zuständigkeit des finnischen Staates fiel, wurde von einem Juristenkomitee[138] untersucht und verneint. Zwar sei es, so das Komitee, richtig, daß das Selbstbestimmungsprinzip der Völker mit der Sezession als seinem Hauptinhalt nicht als Recht im Völkerrecht anerkannt sei.[139] Daher sei das Recht, über staatliches Gebiet zu verfügen ausschließlich ein Souveränitätsrecht jedes Staates.[140] Diese Regelung sei aber nur anwendbar, soweit sich der Staat endgültig als souveräner Staat konstituiere und ein unabhängiges Mitglied der Staatengemeinschaft geworden sei, und auch nur so lange, als er diese Eigenschaft besitze.[141] In der Phase der Umwandlung seien die territorialen Fragen aber von internationalem Interesse und daher keine inneren Angelegenheiten. In einem solchen Zustand habe sich Finnland in der Zeit seiner Gründung nach der Unabhängigkeitserklärung von 1917 befunden.[142]

---

137 Artikel 15 VIII lautet: „If the dispute between the parties is claimed by one of them, and is found by the Council, to arise out of a matter which by international law is solely within the domestic jurisdiction of that party, the Council shall so report, and shall make no recommendation as to its settlement."

138 Der Völkerbundrat beauftragte am 12.7.1920 ein Juristenkomitee mit der Frage, da der Internationale Gerichtshof noch nicht existierte.

139 Dabei wird festgehalten, daß gerade im Hinblick darauf, daß die Selbstbestimmung der Völker keinen Eingang in die Völkerbundsatzung gefunden habe, die verschiedentliche Bekräftigung des Grundsatzes in einer Anzahl von Verträgen nicht genüge, um ihn zum Recht zu machen. Bericht der Kommission vom 5.9.1920 ,in: Raschhofer, Selbstbestimmungsrecht und Völkerbund, S. 39.

140 Bericht der Kommission vom 5.9.1920, in: Raschhofer, Selbstbestimmungsrecht und Völkerbund, S. 40.

141 Bericht der Kommission vom 5.9.1920, in: Raschhofer, Selbstbestimmungsrecht und Völkerbund, S. 40 f.

142 Bericht der Kommission vom 5.9.1920, in: Raschhofer, Selbstbestimmungsrecht und Völkerbund, S. 45.

3. Ergebnis

Nach dem Kommissionsbericht stellt sich die juristische Lage bezüglich des Selbstbestimmungsrechts der Völker zwischen dem Ersten und Zweiten Weltkrieg wie folgt dar: Ein Recht auf Selbstbestimmung eines ethnischen oder anders bestimmten Volkes gab es nicht. Das Recht über die Abspaltung von einem Staat zu entscheiden, kam als Ausdruck der Souveränität der Staaten alleine dem Staat zu und war daher eine innere Angelegenheit jedes Staates. Dies galt aber nur insofern, als daß der Staat endgültig souverän konstituiert war und blieb. In einer Situation der Gründung, der Umwandlung oder des Zerfalls eines Staates, war diese Lage nicht eine innere Angelegenheit des Staates. Vielmehr war die Situation im Staat eine internationale Angelegenheit, deren Regelung sich im Interesse des Friedens unter anderem nach dem Prinzip der Selbstbestimmung der Völker bestimmte. Folglich konnte das Selbstbestimmungsprinzip in einem solchen Fall Anwendung finden. Dies sollte insbesondere dann gelten, wenn ein sich selbst gerade abspaltender Staatsteil ebenfalls in dieser Gründungsphase mit Sezessionswünschen konfrontiert wurde. Ein Staatsteil, der sich selbst gerade unter Nichtanwendung des positiven Rechts von einem Staat abspaltet, konnte danach den Grundsatz dieses positiven Rechts, den der Souveränität, nicht in Anspruch nehmen, um einen Bevölkerungsteil zum Verbleib in seinem Staatsverband gegen dessen Willen zu zwingen.[143] Darin zeigt sich aber vor allem das Verbot widersprüchlichen Verhaltens.

[143] Bericht der Kommission vom 5.9.1920, in: Raschhofer, Selbstbestimmungsrecht und Völkerbund, S. 47.

IV. Das sozialistische Konzept von Selbstbestimmung, Souveränität und proletarisch-sozialistischem Internationalismus

1. *Das Selbstbestimmungskonzept*

Das sozialistische Selbstbestimmungskonzept spielt für diese Arbeit aus zwei Gründen eine Rolle. Zum einen waren die Sowjetunion und Jugoslawien zum Zeitpunkt ihrer Auflösung sozialistische Staaten. Während der Auflösung wurde immer wieder das Selbstbestimmungsrecht der Völker als Rechtfertigung für die Auflösung genannt. Es ist also interessant gerade das in diesen Staaten vertretene Konzept zu untersuchen und für eine Bewertung der Ereignisse im Kopf zu behalten. Zum anderen waren es die sozialistischen Länder, die für die Aufnahme des Selbstbestimmungsrechtes der Völker in die UN Charta eintraten und das Recht zu Beginn der Entkolonialisierung in der Diskussion hielten. Insoweit ist es wichtig zu wissen, was diese Länder unter diesem Recht verstanden.

Grundlage des sozialistischen Selbstbestimmungsrechts ist die sozialistische Gesellschaftslehre. Das sozialistische Selbstbestimmungsrecht ergibt sich aus der Gesellschaftsentwicklung heraus, der die Welt nach der kommunistischen Lehre zwangsweise unterliegt. Es entsteht in der kapitalistischen Frühphase. Die Frühphase des Kapitalismus ist davon geprägt, daß die Bourgeoisie zur Entwicklung der Produktionsmittel heimische Märkte schaffen muß. Aus diesem Grund ist die Schaffung von Nationalstaaten notwendig. Da der Nationalstaat für den Übergang vom Feudalismus zum Kapitalismus notwendig ist und die Selbstbestimmung der Nationen Mittel zur Erreichung dieses Übergangszieles ist, kommt der Selbstbestimmung der Nationen Rechtscharakter für diese Phase zu. Im Laufe der kapitalistischen Entwicklung konzentriert sich das Eigentum an den Produktionsmitteln. Zur weiteren Produktionssteigerung müssen internationale Märkte geschaffen werden. Es entstehen große zollfreie Wirtschaftsräume und eine internationale Politik. Diese Wirtschaftsräume werden durch den Zwang der Großmächte geschaffen und bedeuten die Unterdrückung von Nationen. Dies ist die Phase des Imperialismus.[144] Endziel der Entwicklung ist aber die klassenlose Gesellschaft, in der weder politische Herrschaftsorganisationen noch soziale Gruppen und nationale Identitäten existieren. Da es in der klassenlosen Gesellschaft gerade keine Unterdrückung mehr gibt, müssen Zusammenschlüsse freiwillig erfolgen. Daher bleibt auch in der Phase des Imperialismus das Selbstbestimmungsrecht bestehen.

---

144 Beide Tendenzen, sowohl die der Schaffung von Nationalstaaten, als auch die der Auflösung dieser Nationalstaaten in imperialistischen Großstaaten, bezeichnete Lenin als Universalgesetze des Kapitalismus. Berndt, Entwicklung und Konzeption des Selbstbestimmungsrechts der Völker bei Lenin, S. 151.

Aus dieser gesellschaftlichen Einbettung ergeben sich Träger, Inhalt und Durchführungsmodalitäten des sozialistischen Selbstbestimmungsrechts. Das Selbstbestimmungsrecht steht nach sozialistischem Verständnis den Nationen und nicht dem Staat zu. Eine Nation ist nach der anerkannten Definition von Stalin eine geschichtlich gewachsene, stabile Gemeinschaft von Menschen, die auf der Grundlage von Sprache, Territorium, Wirtschaftsleben und Mentalität entstanden ist.[145] Der Nationsstatus wird nicht von der Staatlichkeit abhängig gemacht. Folglich ist Nation nicht gleichbedeutend mit Staatsvolk. Im Gegenteil, gerade Völker, die noch keinen eigenen Staat haben, sind anspruchsberechtigt. Dazu zählen sowohl Nationen in Vielvölkerstaaten, als auch Kolonialvölker.[146] Dies ergibt sich insbesondere auch aus dem Hauptinhalt des sozialistischen Selbstbestimmungsrechts. Hauptinhalt des sozialistischen Selbstbestimmungsrechts ist das Sezessionsrecht,[147] also das Recht sich von einem bestehenden Staat abzuspalten. Ein Staatsvolk kann sich aber denknotwendig nicht von seinem eigenen Staat abspalten. Das Staatsvolk kann sich lediglich auflösen, was zum Untergang des Staates führt. Ein weiterer Grund dafür, daß nicht der Staat Träger des Selbstbestimmungsrechts ist, ergibt sich aus dem sozialistischen Verständnis des Staates als Organisationsform. Danach ist der Staat die Organisation der politischen Macht mit der die ökonomischen Grundlagen der herrschenden Klasse geschützt und gefestigt werden sollen.[148] Der Staat vermag immer nur die Herrschaft einer Klasse auszudrücken. Wäre der Staat Träger des Selbstbestimmungsrechts, würde das Selbstbestimmungsrecht die Herrschaft einer Klasse, also möglicherweise auch die Herrschaft einer Minderheit über die Mehrheit, festigen. Diese Verfestigung wäre nicht mit der kommunistischen Theorie zu vereinbaren. Träger des Selbstbestimmungsrechts ist immer die Gesamtnation, also alle die Nation bildenden Menschen und nicht lediglich die Werktätigen einer Nation.[149] Neben dem Sezessionsrecht ist weiterer Inhalt das

---

145 Stalin, Marxismus und nationale Frage in Stalin, Werke, Bd. II, S. 296.

146 Bracht, Das Selbstbestimmungsrecht der Völker in der sowjetischen Völkerrechtslehre, in: Meissner (Hrsg.), Das Selbstbestimmungsrecht der Völker in Osteuropa und China, S.9 (15).

147 Bracht, Das Selbstbestimmungsrecht der Völker in der sowjetischen Völkerrechtslehre, in: Meissner (Hrsg.), Das Selbstbestimmungsrecht der Völker in Osteuropa und China, S. 9 (10); Lenin zitiert in Meissner, Sowjetunion und Selbstbestimmungsrecht, Dokument 20; Lenin, Die sozialistische Revolution und das Selbstbestimmungsrecht der Nationen, in: Lenin, Ausgewählte Werke, S. 170 (173).

148 Berndt, Entwicklung und Konzeption des Selbstbestimmungsrechts der Völker bei Lenin, S. 94f.

149 Lenin in Meissner, Sowjetunion und Selbstbestimmungsrecht, Dokument 64; Meissner, Sowjetunion und Selbstbestimmungsrecht, S. 49; Bracht, Das Selbstbestimmungsrecht der Völker in der sowjetischen Völkerrechtslehre, in Meissner (Hrsg.), Das Selbstbestimmungsrecht der Völker in Osteuropa und China, S.9 (15); Berndt, Entwicklung und Konzeption des Selbstbestimmungsrechts der Völker bei Lenin, S. 104. Eine Ein-

Recht jeder Nation seinen politischen, wirtschaftlichen, sozialen und kulturellen Status frei zu bestimmen, sowie der Anspruch jeder Nation auf Existenzsicherung und Beseitigung von Fremdherrschaft.[150] Inhalt des Rechtes, seinen politischen Status frei zu bestimmen ist, neben der Sezession, sowohl ein Recht auf Föderation und territoriale Autonomie,[151] als auch die Bildung eines eigenen Staates beziehungsweise die freie Verbindung zweier Staaten. Ausgeübt wird das Selbstbestimmungsrecht grundsätzlich in den Formen des Plebiszits, der nationalen Befreiungsrevolution und des Befreiungskrieges.[152]

Es bleibt aber dem Proletariat und damit der dieses alleinig vertretenden kommunistischen Partei überlassen, ob der Anspruch auf Sezession geltend gemacht oder unterstützt werden soll. Das Ziel der dialektischen Entwicklung ist die kommunistische Gesellschaft. Das bedeutet, daß alles dieser Entwicklung dienen muß. Ein Recht besteht, weil der von ihm geschaffene Zustand grundsätzlich der Errichtung des Zieles dient. Ob dieser Zustand dieses im Einzelfall tut, also die Verwirklichung des Anspruchs zweckmäßig ist, kann nur die dem Endziel verpflichtete kommunistische Partei beurteilen.[153] Das bedeutet, daß das Recht zwar grundsätzlich besteht, die Unterstützung aber davon abhängig ist, ob die Partei die Verwirklichung des Rechts vom Standpunkt der Interessen der ganzen gesellschaftlichen Entwicklung und des Klassenkampfes des Proletariats für den

---

schränkung der Trägerschaft auf die Werktätigen einer Nation ist von Lenin explizit abgelehnt worden. Insoweit sind anderslautende Darstellungen, die sich auf die früher von Stalin (siehe Stalin, Referat auf dem 3. Allrussischen Kongreß ,in: Stalin, Werke Bd. 4, S. 26 (27) und Bucharin (Bucharin, Programm der Kommunisten (Bolschewiki), S. 82) vertretende Meinung beziehen, falsch. So etwa: Rabl, Das Selbstbestimmungsrecht der Völker, S. 97.

150 Meissner, Sowjetunion und Selbstbestimmungsrecht, S. 52.

151 Lenin lehnte ein Recht auf Autonomie und Föderation zunächst kategorisch ab (Lenin, zitiert in Meissner, Sowjetunion und Selbstbestimmungsrecht, Dokument 129; Lenin, Werke Bd. 20, S. 31,32; Berndt, Entwicklung und Konzeption des Selbstbestimmungsrechts der Völker bei Lenin, S. 113 f.). Allerdings mußte er nach 1917 erkennen, daß er nur dann eine Chance hatte den Großraum Rußland zu erhalten, wenn er den nach Unabhängigkeit strebenden Gebieten einen föderalen Staatsaufbau und Autonomie versprach (Berndt, Entwicklung und Konzeption des Selbstbestimmungsrechts der Völker bei Lenin, S. 116 f.). Seit dem ist das Recht auf diese innere Form der Selbstbestimmung Inhalt des sozialistischen Selbstbestimmungsrechts (Meissner, Sowjetunion und Selbstbestimmungsrecht, S. 59; Stalin, zitiert nach Meissner, Sowjetunion und Selbstbestimmungsrecht, Dokument 5; Hellmann, Die russische Revolution, München 1964, S. 340, 342 f.).

152 Bracht, Das Selbstbestimmungsrecht der Völker in der sowjetischen Völkerrechtslehre, in: Meissner (Hrsg.), Das Selbstbestimmungsrecht der Völker in Osteuropa und China, S.9 (16).

153 Meissner, Sowjetunion und Selbstbestimmungsrecht, S. 33.

Kommunismus für zweckmäßig hält.[154] Bei dieser Abwägung sind die Interessen des Sozialismus höher zu bewerten, als die Interessen des Selbstbestimmungsrechtes der Völker.[155] Dieses mag aus dem westlichen Verständnis von Rechten höchst merkwürdig erscheinen und hat dazu geführt, daß westliche Völkerrechtler das sozialistische Selbstbestimmungskonzept als reines Machtmittel interpretiert und ihm die Ernsthaftigkeit abgesprochen haben.[156] Der weite Inhalt und die gleichzeitige Einschränkung der Ausübung sind vielmehr logische Folge der Ideologie und insbesondere der Rechtsauffassung im Kommunismus.[157] Da die Produktionsverhältnisse alles bestimmen, führt jeder Wandel in den Produktionsverhältnissen auch zu einem Wandel des Rechts. Es gibt kein unwandelbares Recht, und vor allem existiert ein Recht in diesem System nie um seiner selbst Willen, sondern ist immer abhängig von der gesellschaftlichen Entwicklung und dem Stadium in dem sich eine Gesellschaft gerade befindet.[158] So ist auch das Selbstbestimmungsrecht in erster Linie ein Anspruch, begründet in den ökonomischen Verhältnissen, dem für eine gewisse Zeit[159] Verbindlichkeit zukommt.[160] Da die Geschichte zwangsläufig auf die kommunistische Endgesellschaft zuläuft, werden Rechte nur deshalb und sofern anerkannt, als sie für diese Entwicklung notwendig sind. Die Rechte sind den Interessen dieser gesellschaftlichen Entwicklung unterworfen, sie dienen ihr. Da die geschichtliche Entwicklung vom Klassenkampf geprägt ist, sind die Rechte den Interessen des Klassenkampfes unterworfen. In diesem System ist es denknotwendig, daß das Selbstbestimmungsrecht der Zweckmäßigkeit unterstellt wird.

---

154 Lenin, Resolution der Aprilkonferenz über die nationale Frage, Ausgewählte Werke, Bd. II, S. 51 f. Bracht, Das Selbstbestimmungsrecht der Völker in der sowjetischen Völkerrechtslehre, in: Meissner, Das Selbstbestimmungsrecht der Völker in Osteuropa und China, S. 9 (10 f.);Stalin, zitiert in Meissner, Sowjetunion und Selbstbestimmungsrecht, Dokument 5.

155 Lenin, zitiert nach Bracht, Das Selbstbestimmungsrecht der Völker in der sowjetischen Völkerrechtslehre, in: Meissner, Das Selbstbestimmungsrecht der Völker in Osteuropa und China, S. 9 (11).

156 So beispielhaft: Thürer, Das Selbstbestimmungsrecht der Völker, S. 26.

157 Auch wenn hier natürlich nicht abgesprochen werden soll, daß das Selbstbestimmungsrecht von Politikern sozialistischer Länder häufig als Machtmittel mißbraucht wurde. Dies liegt aber nicht am sozialistischen Konzept, sondern ist ein allgemeines Phänomen internationaler Politik und damit auch „westlichen“ Politikern nicht fremd. Der Mißbrauch eines Rechts in der Politik hat aber nicht unbedingt die Ungültigkeit des ganzen Konzeptes zur Folge.

158 Böckenförde, Die Rechtsauffassung im kommunistischen Staat, S. 20 f.

159 Zur zeitlichen Bedingtheit des Rechts: Berndt, Entwicklung und Konzeption des Selbstbestimmungsrechts der Völker bei Lenin, S. 164.

160 Berndt, Entwicklung und Konzeption des Selbstbestimmungsrechts der Völker bei Lenin, S. 174 f.

2. *Das Recht auf Souveränität*

Das Selbstbestimmungsrecht der Nationen ist nach kommunistischer Völkerrechtslehre die Grundlage für das Recht auf Souveränität. „Die sowjetische Konzeption von der Souveränität fußt auf dem Recht der Nationen auf Selbstbestimmung bis zur Lostrennung und Bildung selbständiger Staaten. Der Souveränität liegt das Prinzip zugrunde, daß Nationen gleichberechtigt und souverän sind und niemand sich in ihr inneres Leben einmischen darf."[161] Da das Selbstbestimmungsrecht der Nationen Grundlage der Souveränität ist, sind auch Nationen die primären Rechtsträger. Diese Souveränität der Nationen wird nationale Souveränität genannt.[162] Die nationale Souveränität steht, genauso wie seine Grundlage, jeder Nation unabhängig davon zu, ob sie einen eigenen Staat bildet oder nicht.[163] Sie ist das Recht auf Selbstbestimmung und selbständige Entwicklung.[164] Insoweit unterscheidet sie sich von dem Recht auf Souveränität der westlichen Völkerrechtslehre. Danach ist Rechtsträger der Souveränität allein der Staat. Er ist originärer Rechtsträger, da sich das Recht auf Souveränität gerade nicht aus dem Selbstbestimmungsrecht ableitet. Im sozialistischen Völkerrecht ist der Staat vor allem eine Organisationsform. Bildet eine Nation (oder bilden mehrere Nationen zusammen) einen Staat, dann kommt diesem als Organisation dieser Nation (oder dieser Nationen) im Ver-hältnis zu anderen Staaten ebenfalls Souveränität zu. Diese Souveränität des Staates wird staatliche Souveränität genannt.[165] Die staatliche Souveränität ist nach der kommunistischen Völkerrechtslehre also kein originäres, sondern ein vom Selbstbestimmungsrecht der Nation abgeleitetes Recht.

Aus dem Recht auf Souveränität ergibt sich das Gebot der Nichteinmischung in die inneren Angelegenheiten sowohl der einzelnen Nationen als auch der Staaten. Allerdings muß bei diesem Gebot berücksichtigt werden, daß die Staaten immer nur die herrschenden Klassen vertreten und daher die diesen Staaten zustehenden Rechte immer solche der jeweils herrschenden Klasse sind. Folglich steht in einem kapitalistischen Staat das Souveränitätsrecht der aus einer Minderheit bestehenden Bourgeoisie zu. Da die Nation aber immer durch die Mehrheit der ihr angehörenden Menschen vertreten wird, kann es nach kommunistischer Lehre in einem kapitalistischen Land zu einem Widerspruch

---

161 Garanin, Völkerrecht zitiert nach: Meissner, Sowjetunion und Selbstbestimmungsrecht, Dokument 568.

162 Meissner, Sowjetunion und Selbstbestimmungsrecht, Dokument 569, 570.

163 Meissner, Sowjetunion und Selbstbestimmungsrecht, Dokument 570.

164 Meissner, Sowjetunion und Selbstbestimmungsrecht, Dokument 569, 570.

165 Durdenewskij/Lasarew, Für den Frieden zwischen den Völkern, in: Meissner, Sowjetunion und Selbstbestimmungsrecht, Dokument 569, Jewgenjew, Kozevnikov (Hrsg.) Völkerrecht, Akademielehrbuch, in: Meissner, Sowjetunion und Selbstbestimmungsrecht, Dokument 570.

zwischen der Staatssouveränität und der Souveränität der Nation kommen. Dieser Widerspruch ist der Grund dafür, daß trotz des grundsätzlich bestehenden Nichteinmischungsgebotes, sozialistische Länder Befreiungsbewegungen in kapitalistischen Ländern dann unterstützen dürfen, wenn und soweit diese die Mehrheit der Nation vertreten. Da die Souveränität des Staates abgeleitet ist von der Souveränität der Nation, liegt keine Einmischung vor, wenn diese Nation durch ihre Vertreter um Hilfe bittet. Dagegen ist nach kommunistischer Überzeugung in einem sozialistischen Staat die herrschende Klasse die Mehrheit. Daher ist in einem solchen Staat die Staatssouveränität gleichzeitig die Souveränität der Nation. Anders als in einem kapitalistischen Staat kann es daher in einem sozialistischen Staat keinen Widerspruch zwischen der Souveränität der Nation und der Staatssouveränität geben.[166] Folglich kann es auch keine Situation geben, in der die Nation gegen ihren eigenen Staat um Hilfe bittet, es sei denn, daß eine Minderheit versucht, die Macht zu übernehmen. Diese Argumentationslinie führt dazu, daß sich zwar grundsätzlich sozialistische Länder in die inneren Angelegenheiten kapitalistischer Länder einmischen können, nicht aber andersherum.

Allerdings wird diese Einmischungsmöglichkeit grundsätzlich durch die Theorie der friedlichen Koexistenz beschränkt. Danach sollen Staaten verschiedener Gesellschaftsordnungen friedlich nebeneinander existieren bis das sozialistische Lager die Überhand gewonnen hat. Auch dieses Prinzip ist dabei grundsätzlich ein Ergebnis des Selbstbestimmungsrechts, denn jede Nation ist berechtigt seine eigene Gesellschaftsordnung festzulegen.

166 Garanin, Völkerrecht, in: Meissner, Sowjetunion und Selbstbestimmungsrecht, Dokument 568.

C. *Die Entwicklung bis 1990*

In diesem Teil der Arbeit soll gezeigt werden, daß es, entgegen der gängigen Meinung, auch vor 1990 ein durchgehend angewandtes, dogmatisches Konzept gab, welches dem Selbstbestimmungsrecht der Völker zugrunde lag. Zunächst soll allerdings der Rechtscharakter des Selbstbestimmungsrechts dargestellt werden. Der Nachweis des Konzepts des Selbstbestimmungsrechts der Völker vor 1990 schließt sich in dem Kapitel „Inhalt des Selbstbestimmungsrechts" an. Darin wird zunächst eine Eingangsdefinition zum inneren und äußeren Selbstbestimmungsrecht gegeben. Dieser Eingangsdefinition folgt die Bestimmung des Selbstbestimmungsrechts in Bezug auf Kolonialvölker, Staatsvölker und Gruppen innerhalb bestehender Staaten. Damit zeichnet diese Arbeit den gängigen Aufbau einer Darstellung über das Selbstbestimmungsrecht der Völker nach. Dieser Aufbau wurde gewählt, um dem Leser eine ihm bekannte Konstante an die Hand zu geben und dadurch das Verständnis der Argumentation zu vereinfachen. Gleichzeitig zeigt sich in diesem Aufbau die Entwicklung, die das Selbstbestimmungsrecht bis 1990 genommen hat.

I. Die Wandlung der Selbstbestimmung der Völker von einem politischen Prinzip zu einem Recht

Daß die Selbstbestimmung der Völker heute ein Recht ist, ist unstrittig.[167] Umstritten ist aber, wodurch das Prinzip zu einem Recht wurde. Dieser Frage kommt eine grundsätzliche Bedeutung für den Umfang des Rechtes auf Selbstbestimmung zu. Denn ein Recht im Völkerrecht entsteht dadurch, daß sich die Staaten und heute insbesondere auch die VN darauf verständigen, daß etwas ein Recht sein soll. Inhalt, Träger und Umfang eines Rechtes ergeben sich allein durch die Anerkennung dieses Rechtes durch alle Staaten oder zumindest durch einen Teil für die Mitglieder dieses Teils. Das Völkerrecht ist durch seine Vielzahl nebeneinander wirksamer Rechtsquellen gekennzeichnet. Rechte können sich daher sowohl ausschließlich aus einer Rechtsquelle, zum Beispiel einem völkerrechtlichen Vertrag, als auch aus mehreren Rechtsquellen ergeben. Dabei ist der Inhalt und der Umfang eines Rechtes auch im Völkerrecht für jede Rechtsquelle zu ermitteln. Sowohl Inhalt als auch Umfang eines Rechtes können dabei von Rechtsquelle zu Rechtsquelle von einander abweichen.[168] Es ist daher für den Inhalt und den Umfang des Selbstbestimmungsrechts sehr wohl entscheidend festzustellen, nach welchen Völkerrechtsquellen die Selbstbestimmung der Völker ein Recht ist.

---

167 Quane, The United Nations And The Evolving Right To Self-Determination, ICLQ Bd. 47 (1998), S. 537 (558); Kooijmans, Tolerance, Sovereignty And Self-Determination, NILR 1996, S. 211 (212); Teles/Castro, Portugal And The Right Of Peoples To Self-Determination, ArchVR Bd. 34 (1996), S. 2 (8); Murswiek, Die Problematik eines Rechtes auf Sezession – neu betrachtet, ArchVR Bd. 31 (1993), S. 307 (308); Klein, Völker und Grenzen im 20. Jahrhundert, Der Staat Bd. 32 (1993), S. 357 (361); Luchterhand, Das Recht Berg-Karabaghs auf staatliche Unabhängigkeit aus völkerrechtlicher Sicht, ArchVR Bd. 31 (1993), S. 30 (31); Jones, Human Rights, Group Rights, And Peoples' Rights, HRQ 1999, S. 80 (95 ff.);

168 Ob ein solches Abweichen im Einzelfall unzulässig ist, zum Beispiel wegen eines Verstoßes gegen eine ius cogens Norm, ist eine hier zunächst nicht zu beantwortende Frage. Siehe dazu S. 194 ff.

1. Charta der Vereinten Nationen:

Das Selbstbestimmungsprinzip fand durch seine Erwähnung in der Atlantik-Charta vom 14.8.1941 erneut Eingang in die internationale Politik.[169] In dieser Erklärung legten der amerikanische Präsident Roosevelt und der britische Premier Churchill gemeinsame Prinzipien ihrer Politik fest. In Ziffer 2 der Erklärung war festgehalten, daß keine territorialen Veränderungen ohne Zustimmung der betroffenen Bevölkerung erfolgen sollen. In Ziffer 3 war das Recht eines jeden Volkes statuiert, sein Regierungssystem frei zu wählen.[170] Die Atlantik-Charta war von den Staaten aber nicht als bindende Erklärung oder als Ausdruck einer Rechtsüberzeugung gedacht.[171]

Ausgangspunkt für die moderne Entwicklung des Selbstbestimmungsrechtes nach dem zweiten Weltkrieg ist vielmehr die Charta der Vereinten Nationen. Anders als noch in der Satzung des Völkerbundes fand das Selbstbestimmungsprinzip Aufnahme in die Charta der VN. In Artikel 1 Ziffer 2 heißt es:

> „*The Purposes of the United Nations are:*
>
> *To develop friendly relations among nations based on respect for the principle of equal rights and* self-determination of peoples, *and to take other appropriate measures to strengthen universal peace.*" [172]

In Artikel 55 heißt es weiter:

> „*With a view to the creation of conditions of stability and well-being which are necessary for peaceful and friendly relations among nations based on respect for the principle of equal rights and* self-determination of peoples, *the United Nations shall promote: ...*"[173]

Ob sich aus dieser Bezugnahme für die Völker ein Recht auf Selbstbestimmung ergibt, oder ob die Charta lediglich ein Prinzip enthält, läßt sich alleine aus dem Wortlaut der Artikel nicht bestimmen.

---

169 Zur Atlantik-Charta: Heidelmeyer, Das Selbstbestimmungsrecht der Völker, S. 121 ff.; Klein, Das Selbstbestimmungsrecht der Völker und die deutsche Frage, S. 30.

170 Insoweit erinnert die Erklärung, die bis zum Ende des Zweiten Weltkrieges von über 50 Staaten anerkannt wurde, an die vierzehn Punkte von Woodrow Wilson.

171 Heidelmeyer, Das Selbstbestimmungsrecht der Völker, S. 122. Dies wird auch dadurch deutlich, daß das Selbstbestimmungsprinzip der Völker keinen Eingang in den Dumbarton Oaks-Entwurf der Charta der Vereinten Nationen fand (Ausgearbeitet auf einer Konferenz vom 1.8.-7.10.1944 durch die Großmächte USA, Großbritannien und China). Daß das Selbstbestimmungsprinzip schlußendlich doch in Artikel 1 Ziffer 2 und Artikel 55 der Charta genannt wird, ist auf die Sowjetunion zurückzuführen, die den heutigen Wortlaut vorschlug. (Russel/Muther, A History Of The United Nations Charter 1958, S. 810 f.).

172 Hervorhebung durch die Verfasserin.

173 Hervorhebung durch die Verfasserin.

Die englische Originalfassung spricht von einem Prinzip der Selbstbestimmung der Völker und nicht von einem Recht. Dies spricht dafür, daß die Charta kein Recht gewährt. Dies um so mehr, als in der Charta das Wort „Recht" sehr wohl gebraucht wird, so zum Beispiel in der Präambel: „... to reaffirm faith in fundamental human *rights*, in the dignity and worth of the human person, in the equal *rights* of men and women and of nations large and small ..." und in Artikel 5: „... may be suspended from the exercise of the *rights* and privileges of membership ...". Allerdings lautet es in der französischen Fassung: „ sur le respect du principe de l'égalité de droits des peuples et de leur *droit* à disposer d'eux-mêmes". In der französischen Fassung wird somit von einem Recht gesprochen, so daß sich die Wortlaute der beiden Fassungen unterscheiden. Gemäß Artikel 111 der Charta ist diese in ihrem chinesischen, französischen, russischen, englischen und spanischen Wortlaut verbindlich.[174] Keinem der authentischen Texte ist dabei ein Vorrang eingeräumt worden. Nach Artikel 33 III WVK ist davon auszugehen, daß die Ausdrücke eines Vertrages in jeder authentischen Fassung die gleiche Bedeutung haben. Berücksichtigen könnte man insofern, daß die Fassung des französischen Textes eine Übersetzung des englischen Textes ist.[175] Wenn aber die Gleichrangigkeit der authentischen Texte durch einen Rückgriff auf den Urtext nicht umgangen werden soll, so kann dieses lediglich ein Anhaltspunkt sein. Außerdem ist alleine das Wort „Prinzip" noch kein Beweis dafür, daß es sich nicht um ein Recht handelt.[176] Auch Artikel 2 der Charta spricht von Prinzipien. Deren Rechtscharakter wird nicht bestritten.[177]

Da der Wortlaut der Charta keine eindeutige Antwort bezüglich des Rechtscharakters der in Artikel 1 und 55 bestimmten Selbstbestimmung der Völker gewährt, müssen die Artikel ausgelegt werden.

---

174 Man spricht insofern von authentischen Fassungen des Vertragstextes. Welche Sprachen als authentische Fassungen gelten, legen die Vertragsparteien regelmäßig im Vertrag fest, so wie hier in Artikel 111 der Charta. Die Übersetzungen in andere Sprachen, selbst, wenn es eine Sprache eines Mitgliedstaates ist, sind nicht verbindlich und heißen regelmäßig amtliche Übersetzungen. Zur Auslegung der Vorschrift sind nur die authentischen Texte zu berücksichtigen.

175 Thürer, Das Selbstbestimmungsrecht der Völker, S. 85 (Fußnote).

176 So auch Doehring, Das Selbstbestimmungsrecht der Völker als Grundsatz des Völkerrechts, S. 16 f.

177 Thürer, Das Selbstbestimmungsrecht der Völker, S. 85.

a) Der fehlende Rechtscharakter der Selbstbestimmung nach Artikel 31 WVK

Die Charta der VN ist ein multilateraler, völkerrechtlicher Vertrag. Die Auslegungsregeln für völkerrechtliche Verträge sind grundsätzlich in der Wiener Vertragsrechtskonvention (WVK) festgehalten. Danach sind alle völkerrechtlichen Verträge einheitlich zu behandeln[178] und gemäß Artikel 31 Absatz 1 WVK nach Treu und Glauben in Übereinstimmung mit der gewöhnlichen, ihren Bestimmungen in ihrem Zusammenhang zukommenden Bedeutung und im Lichte ihres Ziels und Zwecks auszulegen.[179] Allerdings trat die WVK erst 1980 in Kraft, so daß sie nicht direkt auf die Charta Anwendung finden kann.[180] Die Auslegungsregeln der WVK sind aber Ausdruck des völkerrechtlichen Gewohnheitsrechtes und damit als solches auch für die Charta verbindlich.[181] Bei einer Auslegung der Charta der VN nach den in Artikel 31 I WVK festgehaltenen Auslegungsregeln ergibt sich, daß die Selbestbestimmung der Völker in der Charta mit ihrem Inkrafttreten am 26.6.1945 keinen Rechtscharakter hatte. Der entscheidende Einwand gegen die Rechtsnatur des Selbstbestimmungsprinzips ist die Existenz der Kapitel XI und XII der Charta.[182] In diesen Kapiteln über die Gebiete ohne Selbstregierung und das Internationale Treuhandsystem wird das Selbstbestimmungsrecht weder explizit genannt, noch auf die Artikel 1 Ziffer 2 und 55 der Charta verwiesen. Vielmehr wird die Fremdverwaltung dieser Gebiete geregelt und damit grundsätzlich für zulässig erklärt. Den Verwaltungsmächten wird dabei lediglich auferlegt die Selbestregierung zu fördern. Eine Pflicht zur Schaffung unabhängiger Gebiete gibt es dagegen nicht. Alleine das Zulassen einer Fremdverwaltung gegen den Willen der betroffenen Bevölkerung würde eine

---

178 Artikel 5 WVK.

179 Der authentische Text von Artikel 31 I WVK lautet: „A treaty shall be interpreted in good faith in accordance with the ordinary meaning to be given to the terms of the treaty in their context and in the light of its object and purpose."

180 Artikel 4 WVK lautet: ...the Convention applies only to treaties which are concluded by States after the entry into force of the present Convention with regard to such States.

181 *Libyen/Shad-Beschluß*, ICJ Reports 1994, S. 6 (21f.), para 41wobei es nicht um die Charta der VN ging, sondern um wesentlich ältere Verträge; Ress, Auslegung der Charta ,in: Simma (Hrsg.), Charta der Vereinten Nationen, Rdnr. 9; Klein, Die Internationalen Organisationen als Völkerrechtssubjekte, in: Vitzthum (Hrsg.), Völkerrecht, 4. Abschnitt, Rdnr. 39; zur allgemeinen gewohnheitsrechtlichen Geltung der Artikel 31 ff. WVK: Shaw, International Law, S. 656; von Heinegg, Auslegung völkerrechtlicher Verträge, in: Ipsen (Hrsg.), Völkerrecht, Rdnr. 11.

182 So auch Simpson, The Diffusion Of Sovereignty: Self-Determinations In The Post-Colonial Age, in: Sellers (Hrsg.), The New World Order, S. 35 (39); Klein mit dem Hinweis, daß der Versuch, das Selbstbestimmungsprinzip explizit in diesen Kapiteln zu verankern, an dem Widerstand der Westmächte scheiterte. Klein, Vereinte Nationen und Selbstbestimmungsrecht, in: Blumenwitz/Meissner (Hrsg.), Das Selbstbestimmungsrecht der Völker und die deutsche Frage, S. 107 (108).

Verletzung eines Rechtes dieser Bevölkerung auf Selbstbestimmung darstellen.[183] Eine solche Regelung wäre nicht mit Artikel 1 Ziffer 2 und Artikel 55 der Charta zu vereinbaren, wenn diese ein Recht auf Selbstbestimmung beinhalten würden. Es ist aber nicht von einer inkonsistenten Chartaregelung auszugehen. Daher kann nicht davon ausgegangen werden, daß die Gründer der Charta in den Artikeln 1 und 55 der Charta ein Recht auf Selbstbestimmung festschreiben wollten.

Allerdings zeigt bereits die Aufnahme des Selbstbestimmungsprinzips in Artikel 1 Ziffer 2 und Artikel 55 der Charta, daß es sich bei dem Selbstbestimmungsprinzip auch 1945 bereits um ein rechtlich bindendes Prinzip handelte. Für die rechtliche Verbindlichkeit des Selbstbestimmungsprinzips spricht sowohl der Wortlaut des Artikel 1 Ziffer 2 als auch der Zusammenhang mit den Zielen der Organisation und dem wichtigen Tätigkeitsfeld der internationalen wirtschaftlichen und sozialen Kooperation.[184]

b) Problem der Chartaauslegung

Aber würde die Auslegung im Sinne des Artikels 31 WVK der Charta gerecht? Die Charta der Vereinten Nationen ist nicht ein einfacher multilateraler Vertrag, in dem Rechte und Pflichten der Parteien festgelegt werden. Vielmehr ist durch die Charta eine internationale Organisation entstanden. Die Charta hat damit Verfassungscharakter und enthält sowohl institutionelle (z.B. Kompetenznormen), als auch substantielle Normen (so auch Artikel 1 Ziffer 2 und Artikel 55) und Verfahrensnormen. Für die Verfahrensnormen mag eine reine Auslegung im Sinne der Artikel 31 ff WVK sachgerecht sein, aber für die institutionellen und substantiellen Normen ist das nicht der Fall. Bei der Auslegung der Charta ist vielmehr ihr besonderer Charakter unter den völkerrechtlichen Verträgen zu beachten. Dieser ergibt sich daraus, daß durch die Charta eine internationale Organisation mit einer eigenen auch vom IGH[185] anerkannten Rechtspersönlichkeit geschaffen wurde, die nicht nur auf Dauer, sondern insbesondere darauf angelegt ist, eine große Anzahl neuer Staaten aufzunehmen und durch Organe zu handeln, die in einer gewissen Unabhängigkeit von den Mitgliedstaaten agieren. Der auf Expansion ausgelegte Charakter und die Tatsache, daß die Charta vor allem einer weiten Auslegung beziehungsweise einer Ent-

---

183 Der Versuch der Sowjetunion, auch bezüglich der Kolonialgebiete den Selbstbestimmungsgrundsatz zu verankern, wurde von den Westmächten abgewehrt. Klein, Vereinte Nationen und Selbstbestimmungsrecht, in: Blumenwitz/Meissner (Hrsg.), Das Selbstbestimmungsrecht der Völker und die deutsche Frage, S. 107 (108).

184 Thürer, Das Selbstbestimmungsrecht der Völker, S. 94. Siehe Thürer, Das Selbstbestimmungsrecht der Völker, S. 82 für weitere Autoren die ein bindendes Prinzip annehmen. Raschhofer, Selbstbestimmungsrecht, Staatslexikon VII Spalte 28 (32).

185 *Reparation For Injuries Suffered In The Service Of The United Nations-Beschluß*, ICJ Reports 1949, S. 174 (179).

wicklung zugängliche Prinzipien formuliert, macht eine **dynamische Auslegung** notwendig.[186] Dies wird dadurch verstärkt, daß die Charta „für die Ewigkeit" geschaffen wurde. Damit ist es aber notwendig, sie auch für neue Realitäten und Tätigkeitsfelder offen zu halten. Die dynamische Auslegung bedeutet, daß bei der Auslegung nicht auf den Zeitpunkt des Vertragsschlusses abzustellen ist, sondern auf den Zeitpunkt der Interpretation.[187] Diese Änderung des maßgeblichen Zeitpunktes hat *vier Konsequenzen.*

Erstens kommt es bei der Ermittlung der Wortbedeutung nicht auf die Bedeutung an, die das Wort im Zeitpunkt des Vertragsschlusses hatte, sondern auf die Bedeutung, die es im Zeitpunkt der Auslegung hat.

Zweitens stellt sich die Frage nach der Bedeutung der Organpraxis und des mitgliedschaftlichen Verhaltens nach Vertragsschluß für die Auslegung.[188] Bei der Auslegung der Charta ist zu berücksichtigen, daß die Charta eine Organisation mit einer eigenen Rechtspersönlichkeit geschaffen hat. Die Organe dieses Rechtssubjektes beginnen mit dem Inkrafttreten des Vertrages mit diesem und durch diesen zu arbeiten. Bei diesem täglichen Umgang müssen sie die Charta auslegen. Dieses war bereits den Gründern der VN bewußt. Im Kommissionsbericht IV/2 an die Gründungskonferenz vom 12.5.1945 heißt es zum Thema „Interpretation der Charta":

> *„In the course of the operations from day to day of the various organs of the Organisation, it is inevitable that each organ will interpret such parts of the Charter as are applicable to its particular functions. This process is inherent in the functioning of any body which operates under an instrument defining its functions and powers."*[189]

Die Organpraxis hat tatsächlich einen großen Einfluß auf die Interpretation der Charta und ist daher zumindest ein wichtiger Hinweis auf die Vertragsrealität, so

---

186 So auch: Shaw, International Law, S. 658f; Amerasinghe, Interpretation Of Texts In Open International Organisations, BYIL Bd. 65 (1994), S. 175 (203).

187 Von Heinegg, Die völkerrechtlichen Verträge als Hauptrechtsquelle, in: Ipsen (Hrsg.), Völkerrecht, Kapitel 3, § 11, Rdnr. 21. Dies ist für die Charta vom IGH anerkannt: *Namibia-Beschluß*, ICJ Reports 1971, S. 16 (31), para 53; und wird von der Literatur angenommen. Für andere: Doehring, Self-Determination, in: Simma (Hrsg.), Charter Of The United Nations - A Commentary, Rdnr. 1.

188 Unter normalen Umständen steht die Auslegung nur den Parteien und den von diesen zur Interpretation vertraglich berechtigten Organen zu (Von Heinegg, Die völkerrechtlichen Verträge als Hauptrechtsquelle, in: Ipsen (Hrsg.), Völkerrecht, Kapitel 3, §11, Rdnr. 1, 3).

189 Zitiert nach: Ress, Auslegung der Charta, in: Simma (Hrsg.), Charta der Vereinten Nationen, Rdnr. 21.

daß die Vertragspraxis bei der Auslegung nicht außer Betracht bleiben und als Interpretationshilfe dienen kann.[190]

Drittens spielt das Verhalten der politischen, mitgliedschaftlich besetzten Organe (Sicherheitsrat und Generalversammlung), neben seiner Berücksichtigung als Interpretationshilfe, auch im Rahmen des Artikels 31 III lit. b WVK eine Rolle.[191] In Artikel 31 III lit. B WVK heißt es: „There shall be taken into account, together with the context: any subsequent practice in the application of the treaty which establishes the agreement of the parties regarding its interpretation." Darunter fällt zum einen eine einheitliche Praxis der Mitgliedstaaten bezüglich der Auslegung selbst. Aber auch in dem Verhalten der politischen Organe kann ein Auslegungskonsens der Mitgliedstaaten zum Ausdruck kommen. Dafür bedarf die Praxis der Konsistenz und Dauer und darf nicht auf den Widerstand einer Gruppe von Mitgliedstaaten stoßen.[192] Heute kann man sicher sagen, daß die Organpraxis die entscheidende Rolle bei der Bestimmung des Inhalts der Charta bezüglich des Selbstbestimmungsrechts spielt.[193] Dabei werden die Grenzen zwischen reiner Auslegung und Fortentwicklung der Charta verwischt.[194]

Viertens kann sich die Auslegung bezüglich eines Artikels ändern, so daß ein Satzungsprinzip, welches im Ausgang kein Recht war, zu einem Recht werden kann. Dieses Potential zur Inhaltsänderung ergibt sich daraus, daß die Praxis nach Vertragsschluß bei der Auslegung berücksichtigt wird. Das Verhalten der Organe kann sich aber im Laufe der Zeit ändern.

---

190 Thürer, Das Selbstbestimmungsrecht der Völker, S. 64 f.; Ress, Auslegung der Charta, in: Simma (Hrsg.), Charta der Vereinten Nationen, Rdnr. 21, Allgemein zu Gründungsverträgen: Klein, Die Internationalen Organisationen als Völkerrechtssubjekte, in: Vitzthum (Hrsg.), Völkerrecht, 4. Abschnitt, Rdnr. 42.

191 Köck, Zur Interpretation völkerrechtlicher Verträge, ZöR (Österreich) Bd. 53 (1998), S. 217 (235).

192 *Namibia-Beschluß*, ICJ Reports 1971, S. 16 (22), para 22; Ress, Auslegung der Charta, in: Simma (Hrsg.), Charta der Vereinten Nationen, Rdnr. 31f; Klein, Vertragsauslegung und „spätere Praxis" Internationaler Organisationen, in: Bieber/Ress (Hrsg.), Die Dynamik Europäischen Gemeinschaftsrechts, 1987, S. 101 (105); Bernhardt, Interpretation In International Law, in: Bernhardt (Hrsg.), EPIL Bd. 7, S. 318 (323); Karl, Vertrag und spätere Praxis im Völkerrecht, 1983, S. 189 f.; Klein, Die Internationalen Organisationen als Völkerrechtssubjekt, in: Vitzthum (Hrsg.), Völkerrecht, 4. Abschnitt, Rdnr. 41.

193 Klein, Statusverträge im Völkerrecht, S. 107 (für Zuständigkeit der Organe).

194 Dies ist grundsätzlich nicht unzulässig. Allgemein dazu: Ress, Die Bedeutung der nachfolgenden Praxis für die Vertragsinterpretation nach der Wiener Vertragskonvention, in: Bieber/Ress (Hrsg.), Die Dynamik des Europäischen Gemeinschaftsrechts, S. 49 (69 ff.); Ress, Auslegung der Charta, in: Simma (Hrsg.), Charta der Vereinten Nationen, Rdnr. 5, 33.

c) Dynamische Auslegung, Organpraxis und mitgliedschaftliches Verhalten bezüglich der Rechtwerdung

Die Charta ist daher auf Grund ihres besonderen Charakters dynamisch auszulegen. Dynamische Auslegung bedeutet, daß es bei der Beurteilung nicht auf den Zeitpunkt des Vertragsschlusses und den damaligen Willen der Vertragspartner ankommt, sondern daß eine Beurteilung unter Berücksichtigung des gesamten Rechtssystems zum Zeitpunkt der Interpretation stattfindet.[195] Dies hat, wie gerade gezeigt wurde, zur Folge, daß sich die Auslegung einer Chartavorschrift im Laufe der Zeit ändern kann. Die Grenze jeder Auslegung ist aber der Wortlaut. Die erste Frage muß also sein, ob der Wortlaut der Charta eine Fortentwicklung des Selbstbestimmungsprinzips zu einem Recht überhaupt zuläßt. Diese Frage ist deshalb von Bedeutung, weil ansonsten keine Fortentwicklung der Charta durch das Verhalten der Mitgliedstaaten, sondern eine Änderung der Charta vorliegen würde. Ob eine Änderung der Charta durch einen Auslegungskonsens zulässig ist, ist höchst fraglich. Im vorliegenden Fall gibt der Wortlaut aufgrund der unterschiedlichen Wortwahl in den authentischen Texten aber keine eindeutige Antwort auf die Frage, ob es sich um ein Recht oder aber um ein Prinzip handelt.[196] Die zweite hier zu beantwortende Frage muß also lauten, ob unter Berücksichtigung der dynamischen Auslegung die Charta 1990 ein Recht auf Selbstbestimmung der Völker enthält.

Im Laufe der Zeit kann es zu einem Auslegungskonsens durch die Praxis im Sinne des § 31 Ziffer 3 lit. b WVK dahingehend gekommen sein, daß Artikel 1 Ziffer 2 und Artikel 55 sowie die Kapitel XI-XIII der VN-Charta 1990 so ausgelegt werden, daß sie ein Recht auf Selbstbestimmung der Völker enthalten. Ein solcher Auslegungskonsens durch die Praxis der Mitgliedstaaten kann durch reines Staatsverhalten entstehen, er kann sich aber auch in dem Verhalten der mitgliedschaftlich besetzten, politischen Organe der VN zeigen. Dafür ist aber eine gewisse Konsistenz und Dauer im organschaftlichen Verhalten nötig und die Praxis darf nicht auf den Widerstand einer Mitgliedsgruppe stoßen.[197] Das Verhalten dieser Organe wird dann den Mitgliedstaaten als eigenes Verhalten zugerechnet, beziehungsweise das Verhalten der Organe ist Ausdruck des mitgliedstaatlichen Verhaltens.[198]

---

[195] Ress, Auslegung der Charta, in: Simma (Hrsg.), Charta der Vereinten Nationen, Rdnr. 3, 19 f., 27.

[196] Seite 57

[197] Ress, Auslegung der Charta, in: Simma (Hrsg.), Charta der Vereinten Nationen, Rdnr. 31f.

[198] Ress, Auslegung der Charta, in: Simma (Hrsg.), Charta der Vereinten Nationen, Rdnr. 27 ff.

Bei der dynamischen Auslegung der Artikel über die Selbstbestimmung der Völker kommt den Resolutionen der Generalversammlung eine entscheidende Bedeutung zu. Bei der Beurteilung der Zurechnung von Resolutionen ist zu beachten, daß die Resolutionen der Generalversammlung grundsätzlich nicht bindend sind. Dies kann dazu führen, daß Staaten in der Generalversammlung in einer bestimmten Weise abstimmen, ohne an eine bindende Kraft zu denken. Sie stimmen aus politischen oder wirtschaftlichen Gründen in einer bestimmten Weise ab und nicht aus einer Rechtsüberzeugung heraus. Daher müssen sowohl die Abstimmungsmodalitäten, als auch die Überzeugungen der Staaten Beachtung finden.

Seit der Resolution 545 (VI) vom 5.2.1952 wird in den Resolutionen der Generalversammlung im Zusammenhang mit der Selbstbestimmung der Völker von einem Recht gesprochen. In dieser Resolution wird die Menschenrechtskommission der Vereinten Nationen aufgefordert Empfehlungen über die internationale Achtung des *Rechts* der Völker auf Selbstbestimmung vorzulegen. Die Resolution 637 (VII) vom 10.12.1952 heißt „The *Right* of Peoples and Nations to Self-Determination". Erster Höhepunkt dieser Entwicklung in den Resolutionen der Generalversammlung ist die Resolution „Declaration on the Granting of Independence to Colonial Countries and Peoples" 1514 (XV) vom 14.12.1960.[199] In dieser Resolution wird die Aufrechterhaltung der Kolonialherrschaft als Verstoß gegen die Satzung der Vereinten Nationen bezeichnet und festgehalten, daß alle Völker das Recht auf Selbstbestimmung haben. Allein die Änderung der Bezeichnung von Prinzip in Recht ist nicht ausreichend, um anzunehmen, daß die Mitglieder der Vereinten Nationen zu einem Auslegungskonsens zugunsten eines Rechts auf Selbstbestimmung gekommen sind. Aber es ist zumindest ein starkes Indiz. Ist eine Bezeichnung, wie hier das Wort Prinzip, eingeführt, so wird man nur dann konstant ein anderes Wort benutzen, wenn man auch einen anderen Inhalt damit verbindet und diesen hervorheben will. Daher ist davon auszugehen, daß mit „Recht auf Selbstbestimmung" auch wirklich ein Recht gemeint ist. Die Resolution 1514 wurde mit 89 Ja-Stimmen und 9 Enthaltungen[200] angenommen. Ihr Inhalt ist die Entkolonialisierung. Insofern ist sie also eine Auslegung nicht nur der Artikel 1 Ziffer 2 und Artikel 55 VN-Charta, sondern auch der Kapitel XI-XIII, die ein evolutives Konzept enthalten. Bei der Resolution 1514 (XV) kann von einem Auslegungskonsens gesprochen werden, der mit dem Wortlaut der Charta vereinbar ist. Aber selbst, wenn man aufgrund der Enthaltungen hier nicht von einem Auslegungskonsens sprechen wollte, muß man die Resolution als organschaftliches Verhalten als solches bei

---

199 Siehe zur Auslegung der Charta durch die Organe bezüglich dieser Resolution: Thürer, Das Selbstbestimmungsrecht der Völker, S. 147.

200 Portugal, Spanien, Südafrika, Großbritannien, USA, Australien, Belgien, Dominikanische Republik und Frankreich.

der dynamischen Auslegung beachten. Der Praxis ist für die Anwendung der Satzungskapitel XI-XIII besondere Bedeutung zuzumessen, da diesen ein evolutives Konzept zugrundeliegt. Die Mitglieder haben mit der Unterzeichnung der Charta den Kolonialismus als Rechtsinstitut von nur vorübergehendem Charakter anerkannt und die Befugnisse der VN durch die Resolution 742 (VIII) vom 27. November 1953 und die Resolution 1541 (XV) vom 15. Dezember 1960 stark erweitert.[201] Sie sind zur Beachtung der Praxis der Organe verpflichtet, soweit diese ihre Kompetenzen nicht überschreiten und sich der Inhalt der Praxis mit den Kapiteln XI-XIII und Artikel 1 Ziffer 2 der Charta vereinbaren läßt und nicht gegen anderweitige Chartabestimmungen verstößt. Diesen Kriterien genügt die Entkolonialisierungsresolution.[202]

In der Entschließung 35/35 B vom 14.11.1980 in Ziffer 2 erklärt die Generalversammlung ihren „festen Widerstand gegen Akte fremder militärischer Intervention, Aggression und Okkupation, da diese zur Unterdrückung des Rechts der Völker auf Selbstbestimmung und anderer Menschenrechte in verschiedenen Teilen der Welt führen.“

Entscheidende Bedeutung kommt der Resolution 2625 (XXV) vom 24.10.1970 mit dem Namen „Declaration on Principles of International Law Concerning Friendly Relations and Co-operation Among States in Accordance with the Charter of the United Nations“[203] zu. Das Selbstbestimmungsrecht ist im fünften Abschnitt der FRD geregelt. Dort heißt es:

„*The* principle *of equal rights and self-determination of peoples*

---

[201] Thürer, Das Selbstbestimmungsrecht der Völker, S. 148.

[202] So im Ergebnis auch Thürer, Das Selbstbestimmungsrecht der Völker, S. 150.

[203] Allgemein als „Friendly Relations Declaration" bezeichnet und daher mit FRD abgekürzt; G.A. Res.2625 (XXV), U.N. GAOR; 25th Sess., Supp. No28, at 121, U.N. Doc. A/8028 (1970), zitiert in: Thürer, Das Selbstbestimmungsrecht der Völker, S. 179 f.); weitere Literatur: Brühl-Moser, Die Entwicklung des Selbstbestimmungsrechts der Völker, S. 69 ff.; Thürer, Das Selbstbestimmungsrecht der Völker, ArchVR Bd. 22 (1984), S. 113 (123 f.); Gaetano, Friendly Relations Resolution, in: Bernhardt (Hrsg.), EPIL Bd. 9, S. 135 ff.; Rumpf, UNO-Prinzipien im Widerspruch, in: von Münch (Hrsg.), Staatsrecht - Völkerrecht - Europarecht, Festschrift für Jürgen Schlochauer zum 75. Geburtstag, S. 577 (588 f.); Ermacora, Die Selbstbestimmung im Lichte der UN-Deklaration betreffend die völkerrechtlichen Grundsätze über die freundschaftlichen Beziehungen und die Zusammenarbeit zwischen den Staaten entsprechend der Charta, Internationales Recht und Demokratie 1972, S. 55 ff.; Rosenstock, The Declaration Of Principles Of International Law Concerning Friendly-Relations: A Survay, AJIL Bd. 65 (1971), S. 713 ff.

By virtue of the principle *of equal rights and self-determination of peoples enshrined in the Charter of the United Nations, all peoples have the* right *freely to determine, without external interference, their political status and to pursue their economic, social and cultural development, and every State has the duty to respect this right in accordance with the provisions of the Charter."* [204]

Die Bedeutung der FRD ergibt sich aus ihrer Entstehungsgeschichte. In den sechziger Jahren beschloß die Generalversammlung ein mit Juristen besetztes

---

204 Weiter heißt es: „Every State has the duty to promote, through joint and separate action, realisation of the *principle* of equal rights and self-determination of peoples, in accordance with the provisions of the Charter, and to render assistance to the United Nations in carrying out the responsibilities entrusted to it by the Charter regarding the implementation of the *principle*, in order:

(a) to promote friendly relations and co-operation among States; and

(b) to bring a speedy end to colonialism, having due regard to the freely expressed will of the peoples concerned;

and bearing in mind that subjection of peoples to alien subjugation, domination and exploitation constitutes a violation of the *principle*, as well as a denial of fundamental human rights, and is contrary to the Charter.

Every State has the duty to promote through joint and separate action universal respect for and observance of human rights and fundamental freedoms in accordance with the Charter.

The establishment of a sovereign and independent State, the free association or integration with an independent State or the emergence into any other political status freely determined by a people constitute modes of implementing the *right* of self-determination by that people.

Every State has the duty to refrain from any forcible action which deprives people referred to above in the elaboration of the present *principle* of their *right* to self-determination and freedom and independence. In their actions against, and resistance to, such forcible action in pursuit of the exercise of their *right* to self-determination, such peoples are entitled to seek and to receive support in accordance with the purposes and principles of the Charter.

The territory of a colony or other non-self-governing territory has, under the Charter, a status separate and distinct from the territory of the State administering it; and such separate and distinct status under the Charter shall exist until the people of the colony or non-self-governing territory have exercised their *right* of self-determination in accordance with the Charter, and particularly its purposes and principles.

Nothing in the foregoing paragraphs shall be construed as authorising or encouraging any action which would dismember or impair, totally or in part, the territorial integrity or political unity of sovereign and independent States conducting themselves in compliance with the *principle* of equal rights and self-determination of peoples as described above and thus possessed of a government representing the whole people belonging to the territory without distinction as to race, creed or colour.

Every State shall refrain from any action aimed at the partial or total disruption of the national unity and territorial integrity of any other State or country." (Hervorhebungen durch Verfasserin).

Komitee damit zu beauftragen, auf der Grundlage der Charta und der Praxis der Vereinten Nationen und der Staaten den Inhalt sieben Rechtsprinzipien[205] zu formulieren.[206] Obwohl über die FRD in der Generalversammlung nicht abgestimmt wurde, ist sie Ausdruck des 1970 anerkannten Völkerrechts, denn zum einen war gerade dies die Aufgabe des Komitees, zum anderen war dieses Komitee sowohl geographisch als auch in Bezug auf die verschiedenen Rechtssysteme paritätisch besetzt und hielt sich (und das ist wohl das wichtigste) streng an das Konsensprinzip. Es wurde folglich nur das in die FRD aufgenommen, was alle Mitglieder des Komitees für allgemein verbindliches Recht hielten. Die FRD ist daher ein Ausdruck dessen, was alle Mitglieder der Vereinten Nationen als die rechtliche Bedeutung der sieben Prinzipien anerkennen. Sie entspricht folglich dem hier untersuchten Auslegungskonsens. Nun spricht die FRD aber sowohl von dem Recht auf Selbstbestimmung, als auch von dem Prinzip der Selbstbestimmung der Völker. Auffallend ist, daß meistens dann von Prinzip gesprochen wird, wenn auf den Wortlaut der Charta als Einleitung zurückgegriffen wird. Die Kombination von Recht und Prinzip bezüglich der Selbstbestimmung der Völker ist aber kein Ausdruck dessen, daß sich die Delegierten nicht einig waren oder sie aber eben doch kein Recht auf Selbstbestimmung zugestehen wollten. Vielmehr ist es ein Zeichen dafür, daß das Recht auf Selbstbestimmung aus dem Selbstbestimmungsprinzip entstanden ist. Außerdem könnte es ein Zeichen dafür sein, daß das Recht einen begrenzteren Umfang hat als das Prinzip.[207] Das Kapitel über die Selbstbestimmung und die Kombination von Prinzip und Recht scheint die Funktion zu haben, genau zu definieren, was von dem Prinzip nun Rechtscharakter hat und was nicht.

Durch Anwendung der dynamischen Auslegung, unter besonderer Berücksichtigung des organschaftlichen Verhaltens, enthält die Charta der VN in Artikel 1 Ziff 2 und in Artikel 55 ein Recht auf Selbstbestimmung der Völker.

---

205 Grundsätze des Gewaltverbots, der friedlichen Streitbeilegung, des Interventionsverbotes, der internationalen Zusammenarbeit, der Gleichberechtigung und Selbstbestimmung der Völker, der souveränen Gleichheit der Staaten und von Treu und Glauben.

206 Resolution 1815 (XVII) vom 18.12.1962 und Resolution 1966 (XVIII) vom 16.12.1963

207 Dieses wird dadurch deutlich, daß es zum Beispiel heißt: „...by virtue of the principle..., all people have the right..." und „... in the *elaboration* of the present principle of their right to self-determination".

2. *Menschenrechtspakte*

1966 nahm die Generalversammlung der Vereinten Nationen ohne Gegenstimmen den VN-Pakt über wirtschaftliche, soziale und kulturelle Rechte und den VN-Pakt über staatsbürgerliche und politische Rechte an und öffnete diese zur Unterzeichnung und Ratifikation durch die Staaten. Damit schloß sie eine Entwicklung ab, zu der sich die Mitgliedstaaten entschlossen hatten: die Ausformulierung einer „bill of rights" durch die dem Wirtschafts- und Sozialrat unterstehende Menschenrechtskommission. In beiden Pakten beginnt Artikel 1 Ziffer 1 übereinstimmend mit:

„*All people have the* right *to self-determination ...*"

Beide Pakte traten 1976 nach der Ratifikation durch jeweils 35 Staaten[208] in Kraft und binden insoweit die Staaten, die die Pakte ratifiziert haben. Deshalb könnte man davon ausgehen, daß das Selbstbestimmungsrecht der Völker mit der Aufnahme in Artikel 1 der Pakte und deren Inkrafttreten unproblematisch zum geltenden Vertragsrecht gehört.[209] Vereinzelt wird aber vertreten, daß es sich, aufgrund der systematischen Stellung des Selbstbestimmungsrechts zwischen der Präambel und dem zweiten Teil mit seinen Menschenrechtskatalogen, um eine Art erweiterte Präambel handelt, die gerade keinen Rechtscharakter hat.[210] Dem ist nicht zuzustimmen. Zum einen ist es nicht einsichtig, warum die Generalversammlung das Selbstbestimmungsrecht im ersten Teil der Pakte regeln sollte, wenn es Teil der nicht bindenden Präambel sein soll. Vielmehr ist davon auszugehen, daß durch die Stellung als einziger Inhalt des ersten Teils, die zentrale Bedeutung des Selbstbestimmungsrechts als Grundlage für die Verwirklichung der Menschenrechte hervorgehoben werden sollte. Für den Rechtscharakter der Selbstbestimmungsregelung in den Pakten spricht auch, daß durch die Pakte ein allgemein anerkannter Standard in rechtlich verbindliche Normen umgesetzt werden sollte.[211] Wäre es nicht darum gegangen, auch bezüglich des Selbstbestimmungsrechts neues Recht zu setzen, dann wären die zahlreichen und hitzigen Debatten über die Aufnahme des Selbstbestimmungsrechts in die

---

208 Artikel 48 VN-Konvention über staatsbürgerliche und politische Rechte und Artikel 27 VN-Konvention über wirtschaftliche, soziale und kulturelle Rechte.

209 So auch: Baer, Der Zerfall Jugoslawiens im Lichte des Völkerrechts, S. 201, daraus: Blumenwitz, JOR Bd. 32 (1991), S. 11; Kimminich, Rechtscharakter und Inhalt des Selbstbestimmungsrechts, in: Blumenwitz/Meissner (Hrsg.), Das Selbstbestimmungsrecht der Völker und die deutsche Frage, S. 37 (40); Doehring, Das Selbstbestimmungsrecht der Völker als Grundsatz des Völkerrechts, S. 18; Veiter, Die Entwicklung des Selbstbestimmungsrechts, in: Blumenwitz/Meissner (Hrsg.), Das Selbstbestimmungsrecht der Völker und die deutsche Frage, S. 9 (30).

210 Partsch, Selbstbestimmung, in: Wolfrum (Hrsg.), Handbuch der Vereinten Nationen, Rdnr. 14.

211 Thürer, Das Selbstbestimmungsrecht der Völker, S. 120.

Menschenrechtskonventionen nicht verständlich gewesen. Dies wird noch dadurch verstärkt, daß das dritte Komitee der Generalversammlung den Selbstbestimmungsartikel 1955 nur mit 33 zu 12 Stimmen bei 13 Enthaltungen annahm. Dies geschah nachdem in der ursprünglichen Version „All peoples and all nations *shall* have the right to self-determination“ das Wort „shall“ gestrichen wurde und dadurch ein das Recht registrierender Satz entstand.

3. *Völkergewohnheitsrecht*

Neben der Regelung des Selbstbestimmungsrechts in der Charta der Vereinten Nationen und den Menschenrechtspakten, also im Vertragsrecht, ist das Selbstbestimmungsrecht 1990 aber auch Teil des Völkergewohnheitsrechts.[212] Das Völkergewohnheitsrecht (customary international law[213]) ist der Teil der internationalen Regeln, der seine bindende Kraft nicht daraus erhält, daß sich Staaten in Verhandlungen darauf geeinigt haben an bestimmte Regeln gebunden zu sein (Verträge). Vielmehr ergibt sich die Bindungswirkung aus dem rechtserheblichen, gleichförmigen Verhalten der Staatengemeinschaft. Die Regeln des Gewohnheitsrechtes können mit dem bestehenden Vertragsrecht übereinstimmen, müssen es aber nicht. Grundlage einer Regel des Völkergewohnheitsrechtes ist das gleichförmige Verhalten mehrerer Staaten. Dieses muß auf der Überzeugung der Staaten beruhen, daß sie rechtlich zu diesem Verhalten berechtigt oder verpflichtet sind (opinio juris).[214]

Auch bei der Bildung des Völkergewohnheitsrechts spielt die Praxis der Vereinten Nationen, insbesondere die Resolutionen der Generalversammlung, eine entscheidende Rolle. Zwar sind die Resolutionen der Generalversammlung nicht bindend, aber in der Generalversammlung ist, bis auf wenige Ausnahmen, die gesamte Staatengemeinschaft repräsentiert.[215] Themen werden hier in einem breiten Forum diskutiert, Meinungen und Überzeugungen von Staaten geäußert. Insofern ist gerade die Generalversammlung ein Forum für die Bildung neuen Gewohnheitsrechtes. Faßt diese Staatengemeinschaft bezüglich eines Themas wiederholt und gleichförmige Beschlüsse, die von einer überwältigenden Mehrheit getragen werden, werden diese Beschlüsse dauerhaft und gleichbleibend sowohl durch die Organe, als auch durch die Staaten angewendet. Wird dabei von einer rechtlichen Verpflichtung ausgegangen,[216] so sind diese Resolutionen

---

212 Für andere: Heintze, Völkerrechtssubjektivität von Völkern, in: Ipsen (Hrsg.), Völkerrecht, Kapitel 6, § 27, Rdnr. 3; Thürer, Selbstbestimmungsrecht der Völker, ArchVR Bd. 22 (1984), S. 113 (123).

213 Allgemein zum Völkergewohnheitsrecht siehe: Vitzthum, Begriff, Geschichte und Quellen des Völkerrechts, in: Vitzthum (Hrsg.), Völkerrecht, Rdnr. 132 ff.; Shaw, International Law, S. 56 ff.

214 Brühl-Moser, Die Entwicklung des Selbstbestimmungsrechts der Völker, S. 81; *Nicaragua-Beschluß*, ICJ-Reports 1986, S. 14 (97), para 183.

215 Bis 1990 sind 159 Staaten Mitglied der VN geworden. 2000 waren es bereits 189 Staaten.

216 Der IGH hat in seinem *Nicaragua-Beschluß* (ICJ-Reports 1986, S. 14 (99 f.), para 188) festgehalten: „opinio juris may, though with all due caution, be deduced from, inter alia,...the attitude of States towards certain General Assembly resolutions, and particularly resolution 2625 (XXV). The effect of consent to the text of such resolutions cannot be understood as merely that of a „reiteration or elucidation" of the treaty commitment undertaken in the Charter. On the contrary, it may be understood as an

Ausdruck des, beziehungsweise **Indiz** für bestehendes Völkergewohnheitsrecht.[217] Aber selbst wenn eine Resolution bei ihrer Annahme nicht Ausdruck des zu diesem Zeitpunkt bestehenden Gewohnheitsrechtes ist, kann sie der Ausgangspunkt für die Entwicklung einer diesbezüglichen Regel sein. In einem solchen Fall kann die Resolution eine Hilfe für die genaue Festlegung des Inhalts der neuen völkerrechtlichen Regel werden. Es ist umstritten, ob zum Beispiel die Entkolonialisierungserklärung von 1960 bei ihrer Annahme überhaupt Ausdruck des damals bestehenden Völkergewohnheitsrechtes war.[218] Selbst Staaten, die ihr zustimmten, betonten, daß sie in ihr lediglich ein Aktionsprogramm sähen.[219] Aber selbst wenn man dieser Meinung folgt, ist heute nicht mehr zu bestreiten, daß diese Resolution Ausgangspunkt für die Entkolonialisierung war. Bereits ein Jahr später wurde durch die Resolution 1654 (XVI) vom 27.11.1961 ein Entkolonialisierungsausschuß zur Durchführung der Resolution 1514 eingesetzt.[220] Die in der Entkolonialisierungserklärung verankerten Prinzipien fanden ihre Verwirklichung in der konsequenten Entkolonialisierungspraxis in der Folgezeit. Während der Entkolonialisierung wurde immer wieder auf die Entkolonialisierungserklärung als Rechtsgrundlage Bezug genommen.[221] Praktisch alle Kolonien sind bis 1990 in die Unabhängigkeit entlassen worden, so daß eine einheitliche Staatenpraxis existiert. 1990 bestand die einheitliche Rechtsüberzeugung, daß der Inhalt der Resolution 1514 und die auf sie gestützte

---

acceptance of the validity of the rule or set of rules declared by the resolution by themselves." Folglich besteht eine Vermutung dafür, daß das Abstimmungsverhalten der Staaten in der Generalversammlung auf die rechtliche Überzeugung der Staaten schließen läßt.

217 So auch: Thürer, Das Selbstbestimmungsrecht der Völker, S. 148 f. Dieser verlangt aber zusätzlich, daß die Resolutionen im Einklang mit der außerhalb der Vereinten Nationen geübten Praxis stehen müssen. In dieser Absolutheit ist diese These aber nicht korrekt. Es ist sicher ein Indiz gegen das Bestehen einer gewohnheitsrechtlichen Regel, wenn es eine andere Praxis gibt. Aber grundsätzlich kann man nicht zwischen der Praxis innerhalb und außerhalb der Vereinten Nationen unterscheiden, denn auch das Verhalten der Staaten in den Vereinten Nationen ist ja Staatsverhalten. Insofern besteht weder für das außerhalb noch für das Verhalten innerhalb der Vereinten Nationen ein Vorrang. Es bleibt dann zu untersuchen, ob eines der beiden Verhalten von einer Rechtsüberzeugung getragen wird und wenn welches.

218 Tomuschat, Self-Determination In A Post-Colonial World, in: Tomuschat (Hrsg.), Modern Law of Self-Determination, S. 1 (1); Pomerance, Self-Determination In Law And Practice, S. 12, Thürer, Das Selbstbestimmungsrecht der Völker, S. 149; Halperin/Scheffer/Small, Self-determination In The New World Order, S. 21.

219 Siehe Thürer, Das Selbstbestimmungsrecht der Völker, S. 149, Fußnote 79.

220 Die Resolution wurde mit 97 Ja-Stimmen bei keiner Gegenstimme und nur noch vier Enthaltungen (durch Frankreich, Südafrika, Spanien und Großbritannien) angenommen.

221 Auflistung der in dieser Hinsicht ergangenen Resolutionen in: Gros Espiell, The Right To Self-Determination: Implementation Of United Nations Resolutions, U.N.Doc.E/CN.4/Sub.2/405/Rev.1 (1980), S. 46ff.

Entkolonialisierungspraxis rechtlich verbindlich sei, so daß der Inhalt der Resolution 1990 als Völkergewohnheitsrecht bezeichnet werden kann.[222]

Bereits bei der Auslegung der Charta der Vereinten Nationen wurde auf die große Bedeutung der FRD eingegangen.[223] Auf Grund ihrer Zielsetzung, ihres Inhaltes und der Anwendung des Konsensprinzips, muß auch sie als Ausdruck des Völkergewohnheitsrechtes angesehen werden.[224]

Wie oben dargestellt worden ist, binden die Menschenrechtspakte als Vertragsrecht unmittelbar nur die Unterzeichnerstaaten. Allerdings ist heute insbesondere unter der Berücksichtigung der großen Zahl an Staaten[225], die die Konventionen ratifiziert haben, klar, daß sie Kristallisationspunkt für die Bildung von Völkergewohnheitsrecht geworden sind.[226]

---

222 Das Völkergewohnheitsrecht in Bezug auf die Resolutionen bestätigt auch der IGH: *Namibia-Beschluß,* ICJ-Reports 1971, S. 16 (31), para 52; *Westsahara-Beschluß,* ICJ Reports 1975, S. 12 (32 f.), para 56 ff. So auch: Brühl-Moser, Die Entwicklung des Selbstbestimmungsrechts der Völker, S. 84; Thürer, Das Selbstbestimmungsrecht der Völker, S. 150; Klein, Völker und Grenzen im 20. Jahrhundert, Der Staat 32 (1993), S. 357 (361).

223 Seite 65 ff.

224 Delaney, Article 2(7) Of The United Nations Charter: Hindrance To The Self-Determination Of Western Sahara And Eritrea, EILR Bd. 4 (1990), S. 413 (424); Thürer, Das Selbstbestimmungsrecht der Völker, ArchVR Bd. 22 (1984), S. 113 (124); Worku, Das Selbstbestimmungsrecht der Völker, HV Bd. 5/6 (1992/'93) S. 92 (92).

225 Luchterhand, Das Recht Berg-Karabaghs auf staatliche Unabhängigkeit aus völkerrechtlicher Sicht, ArchVR Bd. 31 (1993), S. 30 (32).

226 Thürer, Das Selbstbestimmungsrecht der Völker, ArchVR Bd. 22 (1984), S. 113 (123).

II. Der Inhalt des Selbstbestimmungsrechts der Völker bis 1990

Wie eben dargestellt wurde, ist das Selbstbestimmungsrecht der Völker in verschiedenen Foren und durch verschiedene Rechtsquellen zu einem Recht geworden. Im folgenden Abschnitt soll keine an den einzelnen Rechtsquellen orientierte Definition des Selbstbestimmungsrechts gegeben werden. Vielmehr soll der Inhalt des Selbstbestimmungsrechts anhand seiner Anwendungsbereiche vor 1990 dargestellt werden. Dabei ergibt sich der Inhalt, der Umfang und die Trägerschaft des Selbstbestimmungsrechts aus der Reaktion der internationalen Gemeinschaft, denn ob und inwieweit ein Recht besteht, bestimmt sich danach, was die rechtssetzenden Subjekte als solches anerkennen. Auch insoweit spielen die VN und deren Mitgliedstaaten eine entscheidende Rolle.

1. Eingangsdefinition

Das Selbstbestimmungsrecht, das sich bis 1990 entwickelt hat, ist das Recht eines „Volkes“[227] seinen politischen Status frei zu bestimmen und seine wirtschaftliche, soziale und kulturelle Entwicklung zu verfolgen. Dieses einheitliche Recht wird in den wissenschaftlichen Darstellungen meistens in ein äußeres und ein inneres Selbstbestimmungsrecht zerlegt, um die Darstellung des Rechtsinhaltes zu gliedern. Dabei haben sich unter der gleichen Bezeichnung zwei verschiedene Anknüpfungspunkte für die Definition des äußeren und inneren Selbstbestimmungsrechts ergeben. Ein Anknüpfungspunkt ist die Rechtsbeziehung, also das Verhältnis zwischen dem Berechtigten und dem Verpflichteten des Selbstbestimmungsrechts. Danach bezeichnet die äußere Selbstbestimmung die Anwendung und Rechtsfolgen des Selbstbestimmungsrechts im Verhältnis zu Drittstaaten und internationalen Organisationen - Es wird also auf das äußere Verhältnis abgestellt. Die innere Selbstbestimmung bezeichnet hingegen die Anwendung und die Rechtsfolgen des Selbstbestimmungsrechts im Verhältnis der Staaten zu den eigenen Bürgern. Anknüpfungspunkt ist insoweit das innere Verhältnis.

Zur Abgrenzung des inneren und äußeren Selbstbestimmungsrechts kann aber auch auf den Status selbst abgestellt werden. Danach bezeichnet das äußere Selbstbestimmungsrecht den Teil der Selbstbestimmung, der den durch das „Volk“ zu wählenden äußeren Status betrifft, also die Frage nach der Staatlichkeit als solcher. Dagegen ist der innere Status, also die Frage nach der Staatsform, Inhalt des inneren Selbstbestimmungsrechtes.

---

[227] Hier soll zunächst noch offenbleiben, wer Volk im Sinne des Selbstbestimmungsrechts der Völker ist. Aufgrund der Abstraktheit des Begriffs, wurde dieser in Anführungsstriche gesetzt.

Regelmäßig kommen beide Definitionsansätze zu einer gleichen Zuordnung der zu beurteilenden Sachverhalte zum inneren oder äußeren Selbstbestimmungsrecht. Die Frage nach der Berechtigung zur Gründung eines unabhängigen Staates betrifft die Rechtsbeziehung des „Volkes“ zu anderen Völkerrechtssubjekten und ist daher nach dem ersten Definitionsansatz eine Frage des äußeren Selbstbestimmungsrechts. Zum gleichen Ergebnis kommt auch der zweite Definitionsansatz, da die Frage nach der Gründung eines eigenen Staates den äußeren Status des „Volkes“ betrifft. Zu einer übereinstimmenden Einteilung kommen die beiden Ansätze auch dann, wenn es um die Frage nach möglichen Rechten des „Volkes“ gegen seine Regierung geht. Nach beiden Definitionsansätzen kommt es zu einer Zuordnung zum inneren Selbstbestimmungsrecht, da Rechte gegen die Regierung sowohl das innere Rechtsverhältnis, als auch den inneren Status betreffen.

Zu unterschiedlichen Ergebnissen kommen die beiden Definitionsansätze aber in dem Fall, in dem ein Drittstaat oder aber eine internationale Organisation auf die Staatsform innerhalb eines Staates einwirken. Ein Beispiel wäre das Verbot einer bestimmten Staatsform, oder das Einwirken auf die Staatsform durch eine internationale Organisation. Stellt man auf den Verpflichteten des Selbstbestimmungsrechts ab, so ist dies zum Beispiel eine internationale Organisation. Damit geht es um die Rechtsfolgen und die Anwendung des Selbstbestimmungsrechts im Verhältnis zu anderen Völkerrechtssubjekten und damit um ein Außenverhältnis. Ob das „Volk“ ein Abwehrrecht gegen die Einmischung der Organisation aus dem Selbstbestimmungsrecht heraus hat, wäre nach dem ersten Definitionsansatz eine Frage des äußeren Selbstbestimmungsrechts. Stellt man dagegen mit dem zweiten Definitionsansatz auf die Statusbestimmung ab, so ist die Frage nach der Abwehr der Einmischung in die Staatsform eine Frage des inneren Selbstbestimmungsrechts. Die Zuordnung zum inneren oder äußeren Selbstbestimmungsrecht hat aber keine Auswirkung auf den Rechtsumfang des dem „Volk“ zustehenden Selbstbestimmungsrechts. Es wird ein einheitliches Recht beurteilt, und nicht zwei unterschiedliche Rechte. Es ist ausschließlich ein Problem der Einordnung unter eine Darstellungshilfe. Insoweit kann die Entscheidung über den Definitionsansatz frei getroffen werden.

Die Einordnung anhand des Statuskriteriums hat den Vorteil, daß man die Einwirkung auf die Staatsform unter dem Aspekt des inneren Selbstbestimmungsrechts als geschlossenes Ganzes beurteilen kann. Ein Abstellen auf den Verpflichteten würde dagegen dazu führen, daß ein Einwirken auf die Staatsform sowohl im inneren als auch im äußeren Selbstbestimmungsrecht zu diskutieren wäre. Daher soll in dieser Arbeit dem zweiten Definitionsansatz gefolgt werden, so daß die äußere Selbstbestimmung die Frage nach dem Recht eines Volkes auf die Bestimmung seines äußeren Status im Verhältnis zu anderen Völkerrechtssubjekten bezeichnet. Die innere Selbstbestimmung betrifft dagegen die Frage, ob und in welcher Form das „Volk“ ein Recht auf die Bestimmung der Staats- und Regierungsform hat, und gegen wen sich dieses Recht richtet.

2. *Das Selbstbestimmungsrecht als Recht der Kolonialvölker*

Der erste und wohl bisher größte Anwendungsbereich des Selbstbestimmungsrechts der Völker nach 1945 ist die Entkolonialisierung. Diese hat das Selbstbestimmungsrecht nach 1945 entscheidend geprägt und soll als Ausgang der Entwicklung des Selbstbestimmungsrechts daher als erstes dargestellt werden.

Die Entkolonialisierung bezeichnet die Befreiung der von den europäischen Mächten abhängigen und von ihnen verwalteten Gebiete in Asien und Afrika. Angelegt wurde die Entkolonialisierung bereits in den Kapiteln XI-XIII der VN-Charta. Die Charta unterschied dabei zwischen Hoheitsgebieten ohne Selbstregierung[228] und den Treuhandgebieten[229]. Letztere waren grundsätzlich aus dem Mandatssystem des Völkerbundes hervorgegangen.[230] Dabei geht aus den Kapiteln XI-XIII der VN Charta hervor, daß zur Zeit ihrer Entstehung Kolonialherrschaft noch nicht als Verstoß gegen das Völkerrecht betrachtet wurde. Die Kapitel stellen Anforderungen an die Ausübung der Herrschaft durch die Verwaltungsmächte auf, und fordern insoweit eine Entwicklung hin zu Selbstregierung. Eine Entwicklung kann aber nur zugelassen werden, wenn der bestehende Zustand nicht als völkerrechtswidrig erachtet wird. Die Kapitel XI-XIII der Charta sind noch von dem Glauben an den „sacred trust" gekennzeichnet, der in Artikel 22 der Völkerbundsatzung zum Ausdruck kommt. Nach diesem war es die heilige Aufgabe der zivilisierten Nationen, die Errungenschaften dieser Zivilisation an die unterentwickelten Völker dieser Erde weiterzugeben. Die Völker selbst wurden als nicht in der Lage angesehen, ihr eigenes Wohlergehen und ihre Entwicklung in die Hand zu nehmen.[231] Der Endpunkt der Entwicklung war auch nach dem „sacred trust" und der Charta der VN die Selbstregierung.[232]

Dies war der Ansatzpunkt für die Entkolonialisierung in den 1950er Jahren.[233] Das Konzept einer Entwicklung hin zur Selbstregierung, wie es noch in der

---

228 Geregelt in Kapitel XI.

229 Geregelt in Kapitel XII.

230 Artikel 77 I VN-Charta lautet: „The trusteeship system shall apply to such territories in the following categories as may be placed thereunder by means of trusteeship agreements: a) territories now held under mandate; b)territories which may be detached from enemy States as a result of the Second World War; and c) territories voluntarily placed under the system by States responsible for their administration."

231 Noch in den Diskussionen in San Francisco sagte der Delegierte Großbritanniens: „Ziehen Sie diese hilfreiche Hand zurück, so fallen diese Gebiete rapide in die Barbarei zurück." UNCIO-Dokumente VIII, S. 144 f. (zitiert nach: Thürer, Das Selbstbestimmungsrecht der Völker, S. 139, Fußnote 43); Heidelmeyer, Das Selbstbestimmungsrecht der Völker, S. 195; Das Selbstbestimmungsrecht der Nationen, S. 140.

232 Stanley zitiert in: Heidelmeyer, Das Selbstbestimmungsrecht der Völker, S. 197.

233 Warum kam es aber überhaupt plötzlich zu einer verstärkten Entkolonialisierung? Grundlage der Entkolonialisierung ist das sich ändernde Menschenbild und die damit aufkommenden Menschenrechte. Die Menschen der Welt begannen unter dem Eindruck

Charta angelegt ist, wurde mit der Entkolonialisierungsresolution 1514 (XV) vom 14. Dezember 1960 aufgehoben. Diese Resolution wurde zur Grundlage des Entkolonialisierungskonzeptes.[234] Ergänzend kamen die Faktorenliste im Anhang zur Resolution 742 (VIII) vom 27. November 1953, die Leitprinzipien in Resolution 1541 (XV) vom 15. Dezember 1960 und die FRD hinzu.[235] Aus diesen Resolutionen und der auf sie gestützten Entkolonialisierungspraxis der VN ergibt sich für das Selbstbestimmungsrecht der Völker in seinem kolonialen Zusammenhang der folgende Inhalt:

---

des nationalsozialistischen Rassenterrors darüber nachzudenken, ob es Unterschiede in der Wertigkeit von Menschen anhand ihrer Rassenzugehörigkeit geben durfte und konnte. Wo eine solche Überzeugung in ihren Extremen hinführt, war der Welt gerade erst in grauenvoller Weise vor Augen geführt worden. Die Überzeugung, daß jeder Mensch die gleichen Fähigkeiten und Rechte habe, entzog aber der kolonialen Theorie des Sacred Trust die Grundlage. Wenn es keinen Unterschied zwischen den Menschen gab, so mußten auch die afrikanischen und asiatischen Völker ein Recht darauf haben, ihr Schicksal selbst zu bestimmen. Insbesondere konnte man sie nicht mehr als „Kindsvölker" behandeln, die einfach nicht über die Fähigkeit verfügten, für sich selbst zu sorgen. Dieses geänderte Menschenbild kommt auch in den ersten zwei Absätzen der Präambel der Resolution 1514 heraus: „Mindful of the determination proclaimed by the peoples of the world in the Charter of the United Nations to reaffirm faith in fundamental human rights, in the dignity and worth of the human person, in the equal rights of men and women and of nations large and small and to promote social progress and better standards of life in large freedom, Conscious of the need for the creation of conditions of stability and wellbeing and peaceful and friendly relations based on respect for the principles of equal rights and self-determination of all peoples, and of universal respect for, and observance of, human rights and fundamental freedoms for all without distinction as to race, sex, language or religion." Zu diesem geänderten Menschenbild kam aber hinzu, daß die Aufrechterhaltung des Kolonialsystems zum einen als eine Gefährdung des Weltfriedens angesehen wurde (Präambel der Resolution 1514, 4) und zum anderen davon ausgegangen wurde, daß sie die soziale, kulturelle und ökonomische Entwicklung der betroffenen Gebiete verhindere (Präambel der Resolution 1514, 7). Mit letzterer Annahme erfüllte das Kolonialsystem selbst unter der Zugrundelegung des sacred trust nicht mehr seine von diesem bestimmte Aufgabe und widersprach auch noch dem Kapitel IX der VN-Charta. Begründen ließ sich diese Auffassung schon alleine mit dem Sinn und Zweck, den die Kolonien unter dem Merkantilismus für die Verwaltungsmächte hatten; sie dienten alleine der Ausbeutung für die heimische Wirtschaft. Mit ersterer Annahme aber widersprach das System sogar den Zielen der VN. Die Bedrohung des Weltfriedens ergab sich insbesondere aus den Unabhängigkeitskämpfen, die überall in den Kolonien entbrannten.

234 *Westsahara-Beschluß*, ICJ-Reports 1975, S. 12, para 57.

235 *Westsahara-Beschluß*, ICJ-Reports 1975, S. 12, para 57, 58.

a) Träger des Selbstbestimmungsrechts

Träger des antikolonialen Selbstbestimmungsrechts sind die Völker, die unter Kolonialherrschaft stehen.[236]

Seit der Resolution 1514 wird dabei kein Unterschied zwischen den Hoheitsgebieten ohne Selbstregierung, Treuhandgebieten und allen anderen Gebieten, die noch keine Unabhängigkeit erlangt haben, gemacht.[237] Seit dieser Resolution wird einheitlich von Kolonien gesprochen. Für die Bestimmung, welche Gebiete Kolonien im Sinne der VN sind, hat die Resolution 1541 eine heute anerkannte Vermutung aufgestellt. Es spricht immer dann eine Vermutung dafür, daß eine Kolonie vorliegt, wenn das Gebiet durch Meerwasser von dem Verwaltungsstaat getrennt ist (salt water theory) und es sich außerdem ethnisch und/oder kulturell von der Bevölkerung des Verwaltungsstaates unterscheidet.[238] Diese Vermutung gilt dann als bestätigt, wenn das Verhältnis zwischen dem fraglichen Gebiet und dem Verwaltungsstaat, insbesondere durch Elemente administrativer, politischer, juristischer, ökonomischer oder historischer Art, ein Verhältnis der Subordination ist.[239]

Als Völker im Sinne der Trägerschaft des Selbstbestimmungsrechts kommen sowohl die jeweiligen ethnischen Völker, als auch die Gesamtbevölkerung jeder Kolonie in Betracht. Die VN haben sich seit dem Fall Britisch-Togolands[240] eindeutig für eine **territorial bestimmte Trägerschaft** entschieden.[241] Diese Definition wurde auch von ihren Mitgliedstaaten getragen. Träger des antikolonialen Selbstbestimmungsrechts ist immer die Gesamtbevölkerung einer Kolonie. Die einzelnen ethnischen Völker oder die ethnischen Völker[242] völlig unabhängig

---

236 Paragraph 1 und 2 der Resolution 1514 (XV).

237 Resolution 1514, Punkt 5.

238 Resolution 1541, Prinzip IV.

239 Resolution 1541, Prinzip V.

240 Britisch-Togoland war wie die meisten Kolonien, ein künstliches Gebilde und zerfiel in einen eher europäisch geprägten südlichen und einen traditionell islamischen nördlichen Teil. Obwohl die „visiting mission“ empfahl, das Gebiet für das abzuhaltende Plebiszit nach den beiden Ethnien zu trennen, wurde das Gebiet als Einheit behandelt und nach dem Plebiszit an die Goldküste angeschlossen, obwohl eine kompakt siedelnde Gruppe des südlichen Teils sich gegen die Angliederung ausgesprochen hatte. UNYB 1955, S. 316; 1956, S. 354 ff.; Thürer, Das Selbstbestimmungsrecht der Völker, S. 129 f.

241 Ausnahmen hierzu sind: Palästina, Britisch-Kamerun, Ruanda-Urundi (Resolution 1746 (XVI)) und bei den Gilbert und Ellice Inseln. Vergleiche hierzu auch: Clark, Self-Determination And Free Association - Should The United Nations Terminate The Pacific Islands Trust?, HILJ Bd. 21 (1980), S. 1 ff. Die territoriale Bestimmung der Trägerschaft wird insoweit auch in der Literatur vertreten: Quane, The United Nations And The Evolving Right To Self-Determination, ICLQ Bd. 47 (1998), S. 537 (552).

242 Also zum Beispiel das Volk der Somalis, dessen Siedlungsraum in den Grenzen von fünf Kolonien liegt.

von den Kolonialgrenzen sind dagegen nicht Träger des Selbstbestimmungsrechts.[243] Dem stehen auch nicht die Fälle von Ruanda-Urundi und Britisch-Kamerun entgegen. In beiden Fällen entschieden sich die VN, das jeweilige Gebiet nicht in seinen kolonialen Grenzen bestehen zu lassen.[244] Ruanda und Urundi wurden jeweils selbständige Staaten. Der Norden Britisch-Kameruns wurde Nigeria, der Süden wurde Kamerun angegliedert. In beiden Fällen entsprach dies dem ermittelten Willen der Bevölkerung.[245] Trotzdem kann man nicht sagen, daß in diesen Fällen eine Ausnahme zu der territorial bestimmten Trägerschaft vorlag. Britisch-Kamerun wurde während der Kolonialherrschaft nicht einheitlich verwaltet: der nördliche Teil wurde zusammen mit Nigeria, der südliche Teil wurde als eigene Einheit verwaltet.[246] Ruanda-Urundi bestand aus zwei Königreichen, die durch Belgisch-Kongo lediglich gemeinsam verwaltet wurden.[247]

Aber auch wenn der Träger des antikolonialen Selbstbestimmungsrechts die Gesamtbevölkerung der jeweiligen Kolonie ist, muß näher bestimmt werden, wie sich Veränderungen in der Zusammensetzung der Bevölkerung während der Kolonialzeit auf die Trägerschaft auswirken. Die Bevölkerung eines bestimmten Gebietes ist naturgemäß keine statische Einheit. Veränderungen ergeben sich sowohl durch Geburten und Tod, als auch durch Immigration und Emigration. Insofern mußte neben der Frage, ob das Volk territorial oder ethnisch zu bestimmen ist, auch definiert werden, auf welchen Zeitpunkt für die territoriale Bestimmung abzustellen war. Außerdem mußte entschieden werden, ob, trotz der territorialen Bestimmung, Teile der in der Kolonie lebenden Bevölkerung

---

243 Dieses wird teilweise aus Punkt 4 und 7 der Resolution 1514 geschlossen, in denen es heißt: „4...dependent peoples..., and the integrity of their national territory shall be respected. 7..., and respect for the sovereign rights of all peoples and their territorial integrity". Diese Auslegung ist aber nicht zwingend. Vielmehr kann auch die territoriale Integrität ethnischer Völker geschützt werden. Insoweit sind diese Vorschriften also gerade kein Beweis dafür, daß die Gesamtbevölkerung und nicht die jeweiligen ethnischen Völker einer Kolonie Träger des Selbstbestimmungsrechts sind. Bezüglich der Trägerschaft der Gesamtbevölkerung: Mojekwu, Self-Determination: The African Perspective, in: Alexander/Friedlander (Hrsg.), Self-Determination: National, Regional, And Global Dimension, S. 221 (228); Murswiek, Offensives und defensives Selbstbestimmungsrecht, Der Staat Bd. 23 (1984), S. (543), Anmerkung 62); Brownlie, African Boundaries, S. 9; Cassese, Self-Determination of Peoples, S. 72.

244 Für Britisch-Kamerun: Resolution 1350 (XIII) bezüglich der Plebiszite; für Ruanda-Burundi: Resolution 1746 (XVI).

245 In Britisch-Kamerun wurden nach den Verwaltungsgebieten getrennte Plebiszite abgehalten, und in Ruanda-Urundi erfolgten von den VN überwachte Wahlen, die den Wunsch nach einer Trennung der beiden Gebiete verdeutlichten. Siehe dazu: Sureda, The Evolution Of The Right Of Self-Determination, S. 51.

246 Shaw, The Heritage Of States: The Principle Of Uti Possidetis Juris Today, BYIL Bd. 67 (1996), S. 75 (141); Shaw, Title To Territory In Africa, S. 112 f.

247 Sureda, The Evolution Of The Right Of Self-Determination, S. 168, Fußnote 8.

aus dem Selbstbestimmungskörper ausgeschlossen bleiben sollten, und ob andere, deren Wohnsitz außerhalb der Kolonie lag, trotzdem zu dem Selbstbestimmungskörper zu zählen waren. Diese Fragen stellten sich, da es unter den Kolonialherren zum Teil zu massiven Einwanderungswellen gekommen war und gleichzeitig Ausweisungen oder aber Flüchtlingsströme zu einer Abwanderung der ursprünglichen Bevölkerung geführt hatten. Nach dem Willen der VN stellt die Gesamtbevölkerung als Träger des Selbstbestimmungsrechts die Bevölkerung dar, die im Zeitpunkt der Entkolonialisierung ihren festen Wohnsitz in der Kolonie hat.

Diese grundsätzliche Regelung unterliegt aber einigen Einschränkungen. Die Kolonialmacht darf den Träger des Selbstbestimmungsrechts nicht durch eine von ihr gesteuerte, systematische Einwanderung und die Ausweisung oder Umsiedlung der ursprünglichen Bevölkerung zu verändern versuchen.[248] Das bedeutet, daß als einheimische Bevölkerung vor allem die Bevölkerung gilt, die bereits vor der Kolonialisierung dort gelebt und das Gebiet nicht freiwillig dauerhaft verlassen hat. Dies ergibt sich aus der Resolution 2228 (XXI) vom 20. Dezember 1960 bezüglich Französisch-Somaliland, Resolution 2707 (XXV) vom 14. Dezember 1970 (Ziffer 5 lit. b) bezüglich der portugiesischen Kolonien und aus der Weigerung der Generalversammlung, ein in Französisch-Somaliland von Frankreich durchgeführtes Referendum als gültige Ausübung des Selbstbestimmungsrechts anzuerkennen, da das Abstimmungsergebnis durch Ausweisung großer Teile der Bevölkerung manipuliert worden sei; in der Resolution 2356 (XXII) vom 19. Dezember 1967 forderte sie Frankreich auf:

> *„to create the political conditions necessary for accelerating the implementation of the right of the people to self-determination and independence, including the full exercise of political freedoms, and to allow the return of all refugees to the territory."*

Folglich wurde schon damals ein Recht auf Rückkehr von Flüchtlingen in ihr Heimatland angenommen. Dies zumindest, soweit dadurch die Ausübung des Selbstbestimmungsrechts sichergestellt wurde. Das Rückkehrrecht ergibt sich daraus, daß der Träger des Selbstbestimmungsrechts vor einer Manipulation geschützt werden muß. Durch das Recht auf Rückkehr wird sichergestellt, daß durch Vertreibung oder Kriege verursachte Veränderungen der demographischen Zusammensetzung keine Auswirkungen auf die Ausübung des Selbstbestimmungsrechts des territorial bestimmten Trägers haben. Ansonsten könnte die Entscheidung über den Status durch die Vertreibung bestimmter Bevölkerungsgruppen beeinflußt werden. Das bedeutet gleichzeitig, daß eine solche Veränderung der Bevölkerung eine Verletzung des Selbstbestimmungsrechts darstellt, wenn sie während der Entscheidung über den Status noch Bestand hat. Offen-

248 Resolution 2189 (XXI) vom 23. Dezember 1966 siehe in: Thürer, Das Selbstbestimmungsrecht der Völker, S. 144.

bleiben soll hier, ob Inhaber des Rechtes auf Rückkehr die Flüchtlinge selbst sind oder aber das Gesamtvolk. Im letzteren Fall wären die Flüchtlinge Begünstigte eines Rechtes, daß dem Gesamtvolk zum Schutz seines Rechtes auf Selbstbestimmung zusteht. Da diese Entscheidung für das Selbstbestimmungsrecht nicht relevant ist, soll sie nicht getroffen werden.

Gleichzeitig sind aber auch Einwanderer Teil der selbstbestimmungsberechtigten Bevölkerung, soweit sie sich nicht aufgrund einer die Negierung des Selbstbestimmungsrechts bezweckenden Ansiedelungspolitik der Verwaltungsmacht in der Kolonie niedergelassen haben. Dies geht bereits daraus hervor, daß in den Plebisziten der VN in den Kolonien die weiße Bevölkerung grundsätzlich nicht vom Stimmrecht ausgeschlossen wurde.[249] Auch der Fall der Fiji Inseln spricht für eine Einbeziehung der Einwanderer in die Trägerschaft des Selbstbestimmungsrechts. Ende 1966 wurde die Bevölkerung der Inselgruppe auf 480.000 Personen geschätzt. Davon waren 200.900 Fijis, 240.000 Inder, 10.600 Europäer, 5.600 Chinesen und 13.600 andere pazifischer Abstammung.[250] Die Einwanderer überstiegen die Zahl der ursprünglichen Bevölkerung folglich deutlich. Trotzdem verlangte die Generalversammlung Wahlen auf der Basis „one man, one vote" mit dem Hinweis, daß Fijis alle Einwohner der Inselgruppe seien.[251] Durch die Bestimmung, daß auch weiße Siedler Teil des selbstbestimmungsberechtigten Volkes sein sollten, wurde die territoriale Bestimmung der Trägerschaft untermauert.

b) Uti-possidetis-iuris-Prinzip[252]

Die territoriale Bestimmung des Trägers des Selbstbestimmungsrechts hing damit zusammen, daß sich die VN dazu entschlossen hatten, die Unabhängigkeit grundsätzlich nur innerhalb der durch die Kolonialmächte gezogenen Grenzen zu gewähren.[253] Die Kolonialgrenzen wurden als unantastbar erklärt. Das bereits

---

249 Auch bezüglich Südrhodesiens verlangten die VN immer die Beteiligung der gesamten Bevölkerung und nicht etwa den Ausschluß der weißen Bevölkerung. Siehe zu diesem Fall: Seite 88 ff.

250 Sureda, The Evolution Of The Right Of Self-Determination, S. 179.

251 Resolution 2185 (XXI) und 2350 (XXII).

252 Zur Entwicklung des uti-possidetis-iuris-Prinzips: Franck, Postmodern Tribalism And The Right To Secession, in: Brölmann/Lefeber/Zieck (Hrsg.), Peoples And Minorities In International Law, S. 3 (4 ff.); Cukwurah, The Settlement Of Boundary Disputes In International Law, S. 112 ff.; Klabbers/Lefeber, Africa: Lost Between Self-Determination And Uti Possidetis, Brölmann/Lefeber/Zieck (Hrsg.), Peoples And Minorities In International Law, S. 37 (54 ff.); Baer, Der Zerfall Jugoslawiens Im Lichte des Selbstbestimmungsrechts, S. 165 ff.; Simmler, Das uti possidetis-Prinzip, S. 34-36, 46 ff.

253 Die VN mußten sich zwischen zwei möglichen Auslegungen der Trägerschaft entscheiden: der ethnisch - oder der territorial bestimmten Trägerschaft. Insofern hat das uti-possidetis-iuris-Prinzip die Auslegung des Selbstbestimmungsrechts in Richtung der

bei der Unabhängigkeit der südamerikanischen Kolonien Ende des 19. Jahrhunderts angewandte uti-possidetis-iuris-Prinzip[254] wurde zur Grundlage der Entkolonialisierung gemacht. Dieses Prinzip besagt, daß die Grenzen im Augenblick der Unabhängigkeit einer Kolonie zu internationalen Grenzen werden, unabhängig davon, ob sie Territorien der gleichen Kolonialmacht in verschiedene administrative Bereiche gliedern oder aber Grenzen zwischen verschiedenen Kolonialmächten sind.[255] Wie im Fall der spanischen Kolonien in Südamerika,[256] sollte das uti-possidetis-iuris-Prinzip auch in der Dekolonialisierung durch die VN vor allem den Frieden und die internationale Sicherheit schützen.[257] Die Wahrscheinlichkeit ist groß, daß es ansonsten zu Kämpfen zwischen den einzelnen ethnischen Gruppen innerhalb der Kolonien um Territorien ge-

---

territorialen Trägerschaft beeinflußt. So auch der IGH, wenn er feststellt: „... and to take account of it in the interpretation of the principle of self-determination of peoples." *Burkina Faso/Mali-Beschluß* ICJ Reports 1986, S. 554 (567), para 25.

254 Dieses kam ursprünglich aus dem römischen Recht und war eine vorübergehende Besitzzuweisung an den letzten fehlerfreien Besitzer. Vergleiche: Kaser, Römisches Privatrecht, S. 10; Simmler, Das uti possidetis-Prinzip, S. 34.

255 Der IGH hielt in seinem Burkina Faso/Mali-Beschluß fest: „The essence of the principle of uti possidetis lies in its primary aim of securing respect for the territorial boundaries at the moment when independence is achieved. Such territorial boundaries might be no more than delimitations between different administrative divisions or colonies all subject to the same sovereign. In that case the application of the principle of uti possidetis resulted in administrative boundaries being transformed into international frontiers in the full sense of the term." *Burkina Faso/Mali-Beschluß* ICJ Reports 1986, S. 554 (566), para 23. Dabei soll hier nicht diskutiert werden, inwieweit eine Staatensukzession dann vorlag, wenn die Kolonialgrenzen durch internationale Verträge zwischen den Kolonialmächten festgelegt worden sind (vertreten durch Baer, Der Zerfall Jugoslawiens im Lichte des Völkerrechts, S. 182 f., Brownlie, African Boundaries, S. 9). Eine solche Diskussion erübrigt sich, da das uti-possidetis-iuris-Prinzip zum gleichen Ergebnis kommt.

256 Das uti-possidetis-iuris-Prinzip galt nicht zwischen Brasilien und den anderen Ländern, denn Brasilien ist eine portugiesische Kolonie gewesen. Hier fand das uti-possidetis-de-facto-Prinzip Anwendung.

257 Thürer, Das Selbstbestimmungsrecht der Völker, S. 130; Brühl-Moser, Die Entwicklung des Selbstbestimmungsrechts der Völker, S. 49; Cassese, Self-Determination of Peoples, S. 73. In Lateinamerika spielte allerdings ein anderes Problem eine ebenso große Rolle für die Anwendung des uti-possidetis-iuris-Prinzips. Weite Teile der einzelnen südamerikanischen Staaten waren zu damaliger Zeit weder erforscht, noch standen diese Gebiete unter einer effektiven Verwaltung. Nach dem sonst angewendeten uti-possidetis-de-facto-Prinzip hätte dies bedeutet, daß es zum Entstehen von terra nullius gekommen wäre, welche die Möglichkeit eröffnet hätte, daß andere europäische Staaten dort eine neue Kolonie schaffen. Das uti-possidetis-de-facto-Prinzip besagt nämlich, daß Grenzen ohne Rücksicht auf Rechtsakte und Titel ausschließlich nach dem effektiven Besitz gezogen werden, und ein Souveränitätsanspruch die effektive Herrschaftsgewalt über das betreffende Gebiet voraussetzt. Baer, Der Zerfall Jugoslawiens im Lichte des Völkerrechts, S. 168, 186.

kommen wäre, für die kaum eine andere Lösung als das Auskämpfen geblieben wäre, da die Stammesgebiete vor der Kolonialisation nur selten eine gewisse nachweisbare Konstanz hatten. Abgesehen davon, wären aber auch Streitigkeiten zwischen den einzelnen Staaten vorprogrammiert gewesen,[258] die ebenfalls nicht auf einer festen Entscheidungsgrundlage hätten gelöst werden können. Auch wenn durch diese Lösung ethnisch sehr heterogene Staaten entstanden sind, war dies die einzig gangbare Lösung.

Das Selbstbestimmungsrecht und das uti-possidetis-iuris-Prinzip stehen durch die territoriale Bestimmung der Trägerschaft des Selbstbestimmungsrechts in einem Verhältnis der gegenseitigen Ergänzung und nicht etwa im Konflikt zueinander. Der Gedanke, daß das uti-possidetis-iuris-Prinzip eine Schranke bezüglich der vollen Ausübung des Selbstbestimmungsrechts im kolonialen Bereich darstellt, greift zu kurz und ist daher nicht aufrechtzuerhalten. Die Bewertung des uti-possidetis-iuris-Prinzips als Schranke des Selbstbestimmungsrechts setzt voraus, daß grundsätzlich ethnische Völker ein Selbstbestimmungsrecht bei der Entkolonialisierung gehabt haben, dieses aber nur in den Schranken des uti-possidetis-iuris-Prinzips ausgeübt werden durfte. Der Träger des Selbstbestimmungsrechts wurde aber bereits als solcher territorial und gerade nicht ethnisch bestimmt. Ethnische Völker sind wärend der Entkolonialisierung nicht als Rechtsträger des Selbstbestimmungsrechts durch die Staatengemeinschaft anerkannt worden.Das Recht ethnischer Völker wurde daher nicht beschränkt, sondern bestand erst gar nicht, so daß es eine volle Ausübung über das uti-possidetis-iuris-Prinzip hinaus gar nicht geben konnte. Die beiden Prinzipien stehen daher nicht in einem Konflikt, sondern ergänzen sich.[259]

Allerdings wurde die Anwendung des uti-possidetis-iuris-Prinzips zunächst von einigen afrikanischen Staaten nicht als dauerhafte Lösung der Grenzfragen angesehen. Vielmehr sollte ihrer Meinung nach das uti-possidetis-iuris-Prinzip nur das Unabhängigwerden der Kolonien überhaupt ermöglichen. Diese Staaten gingen davon aus, daß es nach der Unabhängigkeit zwischen den neuen Staaten zu einer gerechteren Grenzziehung kommen müßte.[260] Dabei wurde insbesondere an eine Zusammenführung der ethnischen Völker gedacht und damit auch

---

258 So wie sie zwischen Somalia und Äthiopien und Kenia erfolgten, weil Somalia alle auf fünf Länder verteilten Somalis in einem Staat vereinigen wollte. Zu Somalia und dem Konflikt siehe: Buchheit, Secession, S. 176 ff.; Day, Border And Territorial Disputes, S. 111, 114 ff., 131 ff.; Cukwurah, The Settlement Of Boundary Disputes In International Law, S. 104; Touval, The Boundary Politics Of Independent Africa, S. 212 ff.

259 Shaw vertritt diesbezüglich sogar den Standpunkt, daß das uti-possidetis-iuris-Prinzip integraler Bestandteil des antikolonialen Selbstbestimmungskonzeptes sei: Shaw, Title To Territory, S. 187 f., 191 f.

260 Baer, Der Zerfall Jugoslawiens im Lichte des Völkerrechts, S. 173; Über Pan-African-Ideology: Touval, The Boundary Politics Of Independent Africa, S. 18 ff.

an ein ethnisch bestimmtes Selbstbestimmungsrecht. Dieses war aber nicht der einzige Gesichtspunkt. Vielmehr sollte es allgemein zu einem Ausgleich der Interessen kommen, bei dem auch vorkoloniale Zugehörigkeiten[261] und wirtschaftliche Gesichtspunkte eine Rolle spielten.

Abgesehen davon, daß es sich insoweit um Einzelmeinungen handelte, wurde diese Ansicht von den meisten Staaten sehr schnell aufgegeben.[262] In dieser Aufgabe kann aber kein Rechtsverzicht gesehen werden. Die internationale Staatengemeinschaft erkannte ein Selbstbestimmungsrecht ethnischer Völker gerade nicht an. Insoweit konnten die Staaten auch nicht auf ein solches Recht verzichten. Darüber hinaus ist auch äußerst fraglich, inwieweit diese Staaten selbst davon ausgingen, daß ethnischen Völkern ein Selbstbestimmungsrecht zustünde. Selbst Marokko, daß an einer Revision der Grenzen festhielt, erkannte ein Selbstbestimmungsrecht ethnischer Völker im eigenen Land oder in den von ihm beanspruchten Territorien nicht an. Ausdruck fand die Anerkennung der kolonialen Grenzen durch die afrikanischen Staaten bereits in Artikel 3 III der Charta der Organisation of African Unity (OAU). Festgeschrieben wurde dies explizit in der OAU-Resolution 16 (1) (1964) von Kairo. Darin werden die Kolonialgrenzen, so wie sie zur Zeit der Unabhängigkeit bestanden haben, als greifbare Realität bezeichnet, zu deren Anerkennung sich alle Mitgliedstaaten verpflichten.[263] Auch diese Verabschiedung war von dem Gedanken getragen, daß die neuen Staaten vor allem stabil sein müßten und die Entkolonialisierung nicht Quelle neuer Streitigkeiten sein sollte. Man hatte insoweit Angst vor einer „Balkanisierung“ des afrikanischen Kontinents.[264] Eine Anpassung der Grenzen an die ethnischen Gegebenheiten wäre im Hinblick auf die Vielzahl der Völker auch kaum möglich gewesen und hätte zur Vernichtung ganzer Staaten geführt.[265] Aufgrund der Zusammensetzung der Assembly kommt dieser Resolution entscheidende Bedeutung für die Klärung der Rechtslage in Afrika nach der Entkolonialisierungswelle zu. Die Resolution stellt die Anwendung einer universalen Regel für die Entkolonialisierung auf Afrika da.[266]

---

261 Wie im Fall West-Sahara und Marokko.

262 Mit Ausnahme von Somalia und Marokko.

263 Präambel und Paragraph 2 der Resolution 16 (1) von 1964 angenommen in Kairo durch die Assembly of Heads of State and Government of the Member States of the OAU. Der Text ist abgedruckt in: Brownlie, Basic Documents On African Affairs, S. 361 f.

264 Darunter wird die Aufsplitterung einer Region in immer kleinere Einheiten verstanden. Neuberger, National Self-Determination In Postcolonial Africa, S. 93 ff. Im Übrigen: Baer, Der Zerfall Jugoslawiens im Lichte der Völkerrechts, S. 185; Buchheit, Secession, S. 104; McEwen, International Boundaries of East Africa, S. 33 f.; Brownlie, African Boundaries, S. 9 f.

265 Brownlie, African Boundaries, S. 7.

266 *Burkina Faso/Mali-Beschluß* ICJ Reports 1986, S. 554 (565 f.), insbesondere para 21, 24.

Damit kann festgehalten werden, daß das uti-possidetis-iuris-Prinzip eine völkergewohnheitsrechtliche Norm ist,[267] die die Grenzen dauerhaft festlegt, in dem sie alle territorialen Titel auf die Grenzen im Zeitpunkt der Unabhängigkeit begrenzt und weitergehende territoriale Ansprüche ausschließt.[268] Insofern ist jede ehemalige Kolonie vor territorialen Ansprüchen anderer Staaten geschützt, mögen sie nun mit einem angeblich existenten ethnischen Selbstbestimmungsrecht, mit einem historischen Titel oder aber mit dem effektiven Besitz begründet werden. Alle diese Ansprüche bringt das uti-possidetis-iuris-Prinzip zum Erlöschen. Es ist insofern ein Prinzip, daß der Stabilität territorialer Verhältnisse und damit der Friedenssicherung zwischen den Staaten dient.[269] Es schreibt die Grenzen eines Staates aber nicht für immer fest. Vielmehr kann jeder Staat seine Grenzen im Konsens mit den anderen davon betroffenen Staaten, zum Beispiel durch Vertrag, ändern. Damit ist auch etwas zum Verhältnis zwischen dem uti-possidetis-iuris-Prinzip und der territorialen Integrität gesagt. Die territoriale Integrität des Staates ist das „Nachfolgerecht". Es schützt die Staaten, nachdem das uti-possidetis-iuris-Prinzip die Grenzen festgelegt und vor anderen Titeln geschützt hat, davor, daß diese Grenzen dann gewaltsam geändert oder verletzt werden.

Das uti-possidetis-iuris-Prinzip ist Bestandteil des Völkergewohnheitsrechts bezüglich der Entkolonialisierung. Die Frage, ob es auf alle Fälle der Unabhängigkeit Anwendung findet, hat sich erst mit den Geschehnissen in Jugoslawien und der Sowjetunion ergeben. Daher soll diese Frage später in dem dafür relevanten Zusammenhang erörtert werden.[270] Festzuhalten bleibt, daß das Prinzip im Einklang mit der territorialen Bestimmung des Trägers des Selbstbestimmungsrechts steht und diese territoriale Bestimmung ergänzt und unterstützt.

---

267 So auch Cassese, Self-Determination of Peoples, S. 192, Shaw, Peoples, Territories And Boundaries, EJIL Bd. 8 (1997), S. 478 (494).

268 *Burkina Faso/Mali-Beschluß* ICJ Reports 1986, S. 554 (668), para 30.

269 Kaikobad, Some Observations On The Doctrine Of Continuity And Finality Of Boundaries, BYIL Bd. 54 (1983), S. 119 (127); Shaw, Peoples, Territorialism And Boundaries, EJIL Bd. 8 (1997), S. 478 (495).

270 Es soll aber schon einmal auf einen Kommentar des IGH verwiesen werden. Darin heißt es: „Nevertheless the principle is not a special rule which pertains solely to one specific system of international law. It is a general principle, which is logically connected with the phenomenon of the obtaining of independence, wherever it occurs. Its obvious purpose is to prevent the independence and stability of new States being endangered by fractricidal struggles provoked by the challenging of frontiers following the withdrawal of the administering power." *Burkina Faso/Mali-Beschluß* ICJ Reports 1986, S. 554 (565), para 20.

c) Inhalt des äußeren Selbstbestimmungsrechtes der Kolonialvölker

Der Schwerpunkt des Selbstbestimmungsrechts in der Entkolonialisierung lag in der Verwirklichung des äußeren Selbstbestimmungsrechts. Das äußere Selbstbestimmungsrecht ist das Recht eines Volkes den äußeren Status frei zu bestimmen. Angewendet auf die Kolonialvölker ist es das Recht den äußeren Status des Kolonialgebietes frei zu bestimmen.

In Punkt 2 der Resolution 1514 heißt es:

> „*All peoples have the right to self-determination; by virtue of that right they freely determine their political status and freely pursue their economic, social and cultural development.*“[271]

In Punkt 5 heißt es weiter:

> „*Immediate steps shall be taken, in Trust and Non-Self-Governing Territories or all other territories which have not yet attained independence, to transfer all powers to the peoples of those territories, without any conditions or reservations, in accordance with their freely expressed will and desire, without any distinction as to race, creed or colour, in order to enable them to enjoy complete independence and freedom.*“

Daraus könnte man schließen, daß den Trägern des antikolonialen äußeren Selbstbestimmungsrechts alleinig ein Recht auf die Errichtung eines unabhängigen Staates zusteht. Die einen Tag später verabschiedete Resolution 1541 beschreibt aber neben der Errichtung eines souveränen, unabhängigen Staates auch die freie Vereinigung mit einem unabhängigen Staat und die Eingliederung in einen solchen als mögliche Ausübungsmodalitäten des antikolonialen Selbstbestimmungsrechtes. Dieses wird auch durch die FRD bestätigt. Dort heißt es:

> „*The establishment of a sovereign and independent State, the free association or integration with an independent State or the emergence into any other political status freely determined by a people constitute modes of implementing the right of self-determination by that people.*“

Die Annahme, daß alleiniger Inhalt des antikolonialen Selbstbestimmungsrechts die Errichtung eines unabhängigen Staates sei, würde auch der bereits in der Resolution 1514 abgegebenen Grunddefinition widersprechen. Wenn die Völker gerade selbst ihren politischen Status bestimmen sollen, dann darf ihnen auch nicht die Entscheidung abgenommen werden, ob dieser politische Status überhaupt die Gründung eines unabhängigen Staates sein soll. Dies wäre eine er-

---

271 Dabei handelt es sich um die Definition, die bereits 1955 für die Menschenrechtspakte verabschiedet wurde.

neute Unfreiheit. Es zeigt sich darin, daß es beim Selbstbestimmungsrecht eben nicht vorrangig um einen bestimmten Status geht, sondern um eine Entscheidungsmöglichkeit.

Trotzdem darf nicht übersehen werden, daß die Unabhängigkeit die mit Abstand am häufigsten durchgesetzte Variante des antikolonialen Selbstbestimmungsrechts ist.[272] Dies kann nicht immer auf den klaren Wunsch der betroffenen Bevölkerung zurückgeführt werden. In den VN ist vielmehr die Unabhängigkeit die bevorzugte und am stärksten unterstützte Lösung gewesen. Die starke Präferenz der VN für die Unabhängigkeit läßt sich mit der Geschichte der Entkolonialisierung und den dabei auftretenden Schwierigkeiten gerade in den 1950er Jahren erklären.

Mit der Gründung der VN bat diese die Kolonialmächte im Rahmen deren Berichtspflicht aus Artikels 73 lit. e VN-Charta um eine Aufstellung der Gebiete, die die Kolonialmächte als Hoheitsgebiete ohne Selbstregierung ansahen. Nach dieser Anfrage wurden den VN 74 solcher Gebiete freiwillig gemeldet.[273] Es entsprach der Sichtweise der Kolonialmächte, daß die Kolonien, nach dem sie erobert worden waren, als überseeische Besitzungen einen gewissen Sonderstatus im Staat innehatten und nicht als gleichberechtigte Teile des Staates angesehen wurden.[274] Während die VN die Berichtspflicht in ein Aufsichts- und Kontrollsystem umwandelten, begannen die Kolonialmächte die Berichterstattung über die ihnen unterstehenden Territorien unter dem Hinweis einzustellen, daß diese die volle Selbstregierung oder einen der Verwaltungsmacht ebenbürtigen Status erlangt hätten.[275] Bereits 1948 waren nur noch 63 Gebiete als Hoheitsgebiete ohne Selbstregierung gemeldet, obwohl sich im Verhältnis der Kolonien zu den Verwaltungsmächten nichts oder nur wenig geändert hatte. Diese Praxis veranlaßte die Generalversammlung dazu, sich selbst die Kompetenz zu geben, zu beurteilen welche Gebiete Gebiete ohne Selbstregierung seien. Dabei sprach sie sich bereits in der Faktorenliste von 1953 dafür aus, daß vor allem die Unabhängigkeit die Lösung ist, die dem wirklichen Willen der Bevölkerung entspreche.[276] Die Präferenz für die Unabhängigkeit läßt sich also

---

272 Es wurden 12 Kolonien in einen Staat integriert: Niederländische Antillen und Surinam, Alaska, Hawaii, Tokelau, Wallis und Futuna Inseln, Britisch-Togoland, der Norden Britisch-Kameruns, der Süden Britisch-Kameruns, Nord Borneo und Sarawak, West-Irian, Mariana Inseln und die Kuling Inseln. 7 Kolonien gingen eine Assoziation mit anderen Staaten ein: Puerto Rico, Grönland, Cook Inseln, Niue, Marshall Inseln, die Föderation Mikronesien und Palau.

273 Thürer, Das Selbstbestimmungsrecht der Völker, S. 132, Fußnote 20.

274 Brilmayer, Secession And Self-Determination, YJIL Bd. 16 (1991), S. 177 (196).

275 Thürer, Das Selbstbestimmungsrecht der Völker, S. 132.

276 Ziffer 5 und 6. Trotzdem ließ sie sehr wohl andere Lösungen zu. In den Fällen von Puerto Rico (Resolution 748 (VIII) vom 27. November 1953), Grönland (Resolution 849 (IX) vom 22. November 1954), den Niederländischen Antillen und von Surinam

damit erklären, daß alle anderen Lösungen sehr anfällig für Manipulationen durch die Verwaltungsmacht waren und dies eine durchaus begründete Befürchtung war. Inhalt des äußeren Selbstbestimmungsrechtes ist damit das Recht auf freie Statusbestimmung, sei es nun die Errichtung eines unabhängigen Staates, die freie Vereinigung mit einem freien Staat oder aber die Eingliederung in einen solchen oder jeder andere Status.

d) Ausübung des äußeren Selbstbestimmungsrechtes

Dieser Inhalt des äußeren Selbstbestimmungsrechts muß durch das Volk bestimmt werden. Dabei treten zwei Probleme auf. Das erste ist die Frage, wie es sich auswirkt, wenn Teile der Bevölkerung von der Entscheidung in irgend einer Form ausgeschlossen werden. Das zweite Problem ist, wie das Volk die Bestimmung des Status vornehmen muß.

aa) Ausübung durch das ganze Volk

Das Problem des Ausschlusses eines Teils der Bevölkerung von der Entscheidung über den Status stellte sich bei der Entkolonialisierung Südrhodesiens[277].

Südrhodesien gehörte seit 1889 zu dem Einflußgebiet Großbritanniens. Dabei wurde es von 1889 bis 1922 durch die Britische Südafrika Gesellschaft verwaltet und wurde danach durch ein Referendum unter der weißen Bevölkerung zu einer eigenständigen britischen Kolonie. Unter der Verfassung von 1923 erhielt Südrhodesien eine weitreichende Selbstverwaltung in inneren Angelegenheiten. Diese Selbstverwaltung wurde durch die Verfassung von 1961 weiter ausgebaut und reduzierte die britische Einflußnahme in die inneren Abgelegenheiten auf ein Minimum.[278] Allerdings war die Einflußnahme durch das britische Parlament weiter möglich, auch wenn das Parlament eine Erklärung abgab, keine Gesetze im Bereich der inneren Angelegenheiten Südrhodesiens mehr ohne die Zustimmung der südrhodesischen Regierung zu erlassen. Zwar brachte diese Verfassung eine gewisse Beteiligung der schwarzen Bevölkerung mit sich, doch war durch die weiter bestehenden Reglementierungen zur Verleihung des Wahlrechtes und der Festlegung bestimmter Verteilungszahlen in der Assembly die weiße Dominanz festgeschrieben.[279] Die Voraussetzungen für die Wahlberech-

---

(Resolution 945 (X) vom 15. Dezember 1955), sowie Alaska und Hawaii (Resolution 1469 (XIV) vom 12. Dezember 1959) ließ sie die Assoziation oder Integration zu.

277 Die Kolonie hieß Südrhodesien, diese benannte sich 1964 um in Rhodesien. Da die internationale Gemeinschaft ebenfalls weiterhin von Südrhodesien sprach, soll dieser Terminus beibehalten werden.

278 Morvay, Rhodesia/Zimbabwe, in: Bernhardt (Hrsg.), EPIL Bd. 12 Geographic Issues, S. 119 (320).

279 Siehe zur Südrhodesischen Geschichte und den verschiedenen Verfassungen: Morvay, Rhodesia/Zimbabwe, in: Bernhardt (Hrsg.), EPIL Bd. 12 Geographic Issues, S. 119 ff.; Green, Southern Rhodesian Independence, ArchVR Bd. 14 (1969/70), S. 155 (162 f.).

tigung waren nicht direkt an die Hautfarbe gebunden, sondern an die wirtschaftliche Kapazität und das Bildungsniveau des Einzelnen. Diese Voraussetzungen wurden aber fast ausschließlich von der weißen Bevölkerung erfüllt.[280] Die schwarze Bevölkerung hatte keinerlei Chancen sich die politisch relevante Ausgangsposition zu erarbeiten. Obwohl die südrhodesische Gesetzgebung weitgehend keinen Bezug auf die Hautfarbe nahm, handelte es sich daher trotzdem um ein rassendiskriminierendes System.[281] Im Laufe der 1960er Jahre führten Großbritannien und die südrhodesische Regierung Verhandlungen über eine Unabhängigkeit der Kolonie. Dabei konnten sich die Verhandlungspartner nicht über die Frage der Beteiligung der schwarzen Bevölkerung an der Regierung des unabhängigen Landes einigen. Die britische Regierung wollte, daß das Ende des rassendiskriminierenden Systems garantiert werde, wohingegen die rhodesische Regierung dieses erhalten wollte.[282] Die Angst vor einer Abschaffung dieses Systems durch Großbritannien im Zuge der Entkolonialisierung des Landes führte am 11. November 1965 zu der einseitigen Unabhängigkeitserklärung[283] Südrhodesiens durch das sogenannte Smith-Regime.[284] Diese Unabhängigkeit ging mit der Verabschiedung der neuen Verfassung einher, in der die wenigen politischen Rechte der schwarzen Bevölkerung faktisch aufgehoben wurden. Damit lag die gesamte Staatsgewalt in den Händen der Weißen, die nur vier Prozent der Gesamtbevölkerung ausmachten.[285] Großbritannien sah diese Unabhängigkeitserklärung und damit auch die Verfassung von 1965 als nichtig

---

280 Denn obwohl die Verleihung der Wahlrechte vor allem an wirtschaftliche Kriterien gebunden war, kann dieses nur im Licht des „Land Apportionment Act of 1943" verstanden werden. Dieser bestimmte, daß die Hälfte des agrarisch best nutzbaren Landes der weißen Bevölkerung vorbehalten war. Außerdem bekam ein schwarzer Arbeiter nur ein zwölftel des Lohnes, den ein weißer Arbeiter für die gleiche Arbeit bekam McDougal/Reisman, Rhodesia And The United Nations: The Lawfulness Of International Concern, AJIL Bd. 62 (1968), S. 1 (4, Fußnote 19).

281 Gowlland-Debbas, Collective Responses To The Unilateral Declarations Of Independence Of Southern Rhodesia And Palestine: An Application Of The Legitimizing Function Of The United Nations, BYIL Bd. 1990, S. 135 (137).

282 McDougal/Reisman, Rhodesia And The United Nations: The Lawfulness Of International Concern, AJIL Bd. 62 (1968), S. 1 (2)

283 Unilateral Declaration of Independence. Seit damals wird im Zusammenhang mit der Entkolonialisierung unter dieser Bezeichnung tatsächlich die damalige Unabhängigkeitserklärung Südrhodesiens verstanden. Zur Motivation der Südrhodesischen Regierung: Gowlland-Debbas, Collective Responses To The Unilateral Declarations Of Independence Of Southern Rhodesia And Palestine: An Application Of The Legitimizing Function Of The United Nations, BYIL Bd. 1990, S. 135 (137).

284 Ian Smith war der Führer der „Rhodesian Front", die zur Zeit der Unabhängigkeitserklärung die Regierung stellte. Er wurde Premierminister nach der Unabhängigkeitserklärung.

285 Morvay, Rhodesia/Zimbabwe, in: Bernhardt (Hrsg.), EPIL Bd. 12 Geographic Issues, S. 119 (320).

an. Es reagierte seinerseits mit dem Entzug der Selbstregierung durch den „Southern Rhodesia Act“ und einer Änderung der Verfassung von 1961, die ansonsten als die weiter gültige Verfassung betrachtet wurde.[286] Durch die von Großbritannien vorgenommene Verfassungsänderung, wurde Südrhodesien nach britischen Verfassungsrecht wieder zu einer Kolonie. Weder die VN noch irgend ein Staat erkannten die Unabhängigkeit Südrhodesiens an. Vielmehr erklärte die Generalversammlung der VN in verschiedenen Resolutionen, daß die einseitige Unabhängigkeitserklärung nicht dem Selbstbestimmungsrecht des südrhodesischen Volkes gerecht werden würde. Es heißt dort:

> *„9. ... and, in any case, not to recognize any government in Southern Rhodesia which is not representative of the majority of the people;“*[287]

und

> *„Considering that any independence without a government elected by a majority of the people of Zimbabwe is contrary to the provisions and objectives of resolution 1514 (XV), ...*
>
> *1. Calls upon the Government of the United Kingdom of Great Britain and Northern Ireland not to grant independence to Southern Rhodesia unless it is preceded by the establishment of a government based on free elections by universal adult suffrage and on majority rule;“*[288]

und

> *„6. Considers that any independence without majority rule in Southern Rhodesia is contrary to the provisions of General Assembly resolution 1514 (XV) ...“*[289]

Auch der Sicherheitsrat der VN hat sich verschiedentlich mit der Südrhodesien-Frage beschäftigt und dabei festgehalten:

> *„... to allow the people of Southern Rhodesia to determine their own future consistent with the objectives of General Assembly resolution 1514 (XV).“*[290]

Diese Reaktion der VN liegt darin begründet, daß die Gründung eines unabhängigen Staates unter dem Ausschluß eines Teils der Bevölkerung nicht die

---

286 Green, Southern Rhodesian Independence, ArchVR Bd. 14 (1969/70), S. 155 (163 f.) mit der rechtlichen Begründung.

287 GA Resolution 2022 (XX) vom 5. November 1965.

288 GA Resolution 2379 (XXIII) vom 25. Oktober 1968.

289 GA Resolution 2383 (XXIII) vom 7. November 1968.

290 Sicherheitsrat Resolution 217 vom 20. November 1965, Nr. 7; so auch sinngemäß: Sicherheitsrat Resolution 253 vom 29. Mai 1968, Nr. 2.

Ausübung des Selbstbestimmungsrechts durch das Volk ist. Wie oben bereits dargestellt wurde,[291] ist der Träger des Selbstbestimmungsrechts das Kolonialvolk, welches territorial bestimmt wird. Wird bei der Bestimmung des äußeren Statusses ein Teil der Bevölkerung von vornherein von der Entscheidung ausgeschlossen, hat gerade nicht das gesamte Volk die Entscheidung getroffen. Eine Ausübung des Rechts liegt nicht vor. Wird nur ein Teil des Rechtsträgers an der Entscheidung beteiligt, werden damit nicht mehr die für die Bestimmung des Trägers anerkannten Kriterien, nämlich die kolonialen Grenzen, angewandt. Vielmehr erfolgt die Bestimmung des Trägers in diesem Moment nach Kriterien wie Hautfarbe, Ethnie und anderen Kriterien. Ein so bestimmter Rechtsträger ist gerade nicht selbstbestimmungsberechtigt. Aus der territorialen Bestimmung der Trägerschaft ergibt sich also das **Verbot des Ausschlusses von Teilen der Bevölkerung von der Entscheidung über den Status.** Damit aber von einer unzulässigen Bestimmung der Trägerschaft ausgegangen werden kann, muß es sich um einen Ausschluß von der Entscheidung als solche handeln. Es darf nicht lediglich eine Diskriminierung bei oder nach der Entscheidung vorliegen. Die Bewertung eines konkreten Falles kann sich daher als problematisch erweisen.

Aus dem Fall Südrhodesiens ergibt sich, wann von einem solchen das Selbstbestimmungsrecht verletzenden Ausschluß eines Teils der Bevölkerung von der Entscheidung ausgegangen werden muß. Kennzeichnend für die Smith-Regierung war, daß sie der Mehrheit der Bevölkerung aufgrund ihrer anderen Ethnie nicht dieselben politischen Rechte zubilligte, wie der von der Regierung vertretenen weißen Bevölkerung. Unabhängig davon, daß sich das Regime für die weiße Bevölkerung als Demokratie darstellte, schloß das Regime die schwarze Bevölkerung eben gerade von dieser Demokratie aus. Die schwarze Bevölkerung stand außerhalb der staatlichen Mitbestimmungsrechte. Dieser Status war beabsichtigt. Sinn und Zweck des Regimes war es nicht, das Wohl der Gesamtbevölkerung und jedes Einzelnen zu fördern, sondern das Gemeinwohl bezog sich ausschließlich auf die weiße Bevölkerung. Der Erhaltung dieses ausgrenzenden Systems sollte auch die Erklärung der Unabhängigkeit dienen. Diese war insofern Teil des Systems und damit auch eine Entscheidung alleine durch die innerhalb dieses Systems stehenden Bevölkerung. Die schwarze Bevölkerung hatte daher nicht an der Entscheidung mitgewirkt, sie war ausgeschlossen von dieser Entscheidung. Insofern war die Entscheidung über die Unabhängigkeit nicht einmal im Ansatz ein Ausdruck des Rechts der Gesamtbevölkerung.[292] Als allgemeine Regel läßt sich daraus ableiten, daß bei einer Entscheidung über den äußeren Status einer Kolonie immer dann ein die Trägerschaft des Selbstbestimmungsrechts verletzender Ausschluß vorliegt, wenn die

---

291 Seite 78 ff.

292 McDougal/Reisman, Rhodesia And The United Nations: The Lawfulness Of International Concern, AJIL Bd. 62 (1968), S. 1 (18).

Vertretungskörperschaft die, oder das System, welches die Unabhängigkeit erklärt, nicht die Gesamtbevölkerung repräsentiert, sondern nur einen Teil dieser Bevölkerung. Repräsentation ist dabei nicht im Sinne einer demokratischen Wahl oder der Beteiligung jedweder Gruppe der Gesamtbevölkerung an der Regierung zu verstehen. **Vielmehr bedeutet Repräsentation in diesem Sinne, daß die Regierung die Interessen der Gesamtbevölkerung vertreten muß und nicht einen Teil des Volkes von der Gemeinschaft ausschließt.** Sie muß die Interessen des gesamten Volkes zum Wohle der Gemeinschaft und jedes Einzelnen vertreten wollen und insoweit muß auch die Entscheidung über den äußeren Status diese Repräsentation symbolisieren.

Daß insbesondere der Ausschluß eines Bevölkerungsteils aufgrund einer angeblichen Minderwertigkeit der Rasse eine Verletzung des Selbstbestimmungsrechts darstellt, ergibt sich aber nicht nur aus der territorialen Bestimmung der Trägerschaft, sondern auch aus der Grundlage der VN-Charta und der Entkolonialisierung als solcher. Grundlage der Charta ist der Gedanke, daß alle Menschen, unabhängig von ihrer Herkunft, ihres Glaubens und ihrer Hautfarbe, gleich sind. Dieses Menschenbild geht aus der Präambel der Charta hervor und wird durch das in Artikel 1 Ziffer 2 enthaltene **Prinzip der Gleichheit der Völker** zum Ziel der VN. Die Rassendiskriminierung verstößt also in erster Linie gegen das Prinzip der Gleichheit der Völker.

Auch das Selbstbestimmungsrecht der Völker ist Ausdruck dieses neuen Menschenbildes. Der Inhalt eines Rechtes bestimmt sich immer auch durch seine Grundlagen. Daher muß der Inhalt des Selbstbestimmungsrechts die Durchsetzung dieses Menschenbildes fördern. Dies ist nur möglich, wenn das Selbstbestimmungsrecht verhindert, daß Rassendiskriminierung stattfindet. Beide Prinzipien sind in Artikel 1 Ziffer 2 der Charta vereint, so daß sichergestellt ist, daß keinem Volk das Recht auf Selbstbestimmung aufgrund einer angeblichen Minderwertigkeit vorenthalten werden kann.[293]

Die Entkolonialisierung ist die notwendige Folge dieses neuen Menschenbildes. Die Gleichheit aller Menschen konnte nur dadurch umgesetzt werden, daß die Kolonien abgeschafft und den Einwohnern das Recht zugesprochen wurde, sich selbst zu regieren. Denn der Grundgedanke des Kolonialsystems ist gerade die angebliche Höherwertigkeit der europäischen gegenüber der nichteuropäischen Bevölkerung. Dieser Gegensatz zwischen den Menschenbildern und politischen Systemen ist auch in der Resolution 1514 (XV) ausgedrückt. Darin wird darauf hingewiesen, daß Rechte allen Menschen unabhängig von ihrer Rasse zustehen.[294] Gleichzeitig wird klargestellt, daß es nicht allein um die Abschaffung des Kolonialismus als äußeres Symptom geht, sondern um alle Phänomene, die

---

293 Wolfrum, Article 1, in: Simma (Hrsg.), Charter Of The United Nations, Rdnr.12.

294 Präambel 2. Absatz, operativer Teil Nr. 5.

auf dem Menschenbild der angeblichen Höherwertigkeit einer „Rasse“ beruhen.[295]

Das Smith-Regime war Ausdruck des alten kolonialen Menschenbildes. Es baute die Berechtigung seines Systems darauf auf, daß die schwarze Bevölkerung minderbegabt und daher minderwertig sei. Es war ein System, daß nur durch den Kolonialstatus Südrhodesiens aufgebaut werden konnte und aus dieser Zeit stammte. Dieses System war die oben angesprochene Segregations- und Diskriminierungspraxis, die mit dem Kolonialismus assoziiert wurde - die Minderwertigkeit und damit Minderberechtigung der afrikanischen und asiatischen „Rasse“. Hätte man dem Smith-Regime erlaubt, sich auf das Selbstbestimmungsrecht zu berufen, um eine Abschaffung dieses diskriminierenden Systems durch die Kolonialmacht Großbritannien zu verhindern,[296] hätte dies dem Sinn und Zweck des antikolonialen Selbstbestimmungsrechts widersprochen. Dann wäre das Selbstbestimmungsrecht als Rechtfertigung für die systematische Unterdrückung der Mehrheit der Bevölkerung benutzt worden.

Auch der operative Teil der Resolution 1514 (XV) geht auf die Rassengleichheit als Voraussetzung der Entkolonialisierung ein. In Punkt 5 heißt es:

> *„... to transfer all powers to the peoples of those territories, without any conditions or reservations, in accordance with their freely expressed will and desire,* ***without any distinction as to race, creed or colour****, in order to enable them to enjoy complete independence and freedom.“*[297]

Insofern zeigt sich, daß die territoriale Bestimmung der Trägerschaft des Selbstbestimmungsrechts der Gleichheit aller Menschen und damit den Grundlagen der durch die Charta der VN vertretenen neuen Weltordnung dient und daher besonderen Schutz verdient. Aus der territorialen Bestimmung der selbstbestimmungsberechtigten Körperschaft ergibt sich das Verbot eines Ausschlusses eines Teils der Bevölkerung aufgrund von Kriterien, die mit der territorialen Bestimmung der Trägerschaft nicht übereinstimmen oder diese unterstützen.

bb) Form der Ausübung

Wurde eben die Auswirkung der Trägerschaft behandelt, so sollen nun die Anforderungen an die Ausübungshandlung, also das Bestimmen des Statusses, geklärt werden. Das Bestimmen setzt eine Entscheidungsfindung voraus. Dies ist

295 In Absatz 9 der Präambel heißt es: „Believing that the process of liberation is irresistible and that, in order to avoid serious crises, an end must be put to colonialism and all practices of segregation and discrimination associated therewith...“.

296 McDougal/Reisman, Rhodesia And The United Nations: The Lawfulness Of International Concern, AJIL Bd. 62 (1968), S. 1 (18).

297 Hervorhebung durch die Verfasserin.

aber insofern problematisch, weil wie bei allen Gruppenrechten, auch beim Selbstbestimmungsrecht der Träger aus verschiedenen Individuen besteht. In einem solchen Fall stellt sich insbesondere die Frage, ob **eine Pflicht zur demokratischen Legitimation** der Entscheidung über den Status besteht. Aus dem zweiten Absatz der Resolution 1514 geht hervor, daß die Völker aus dem Selbstbestimmungsrecht heraus ein Recht haben, ihren politischen Status *frei zu bestimmen*. Dies heißt zum einen, daß das Volk, das seinen Status bestimmt, dies frei von äußerer Einmischung tun können muß.[298] Ob aber das Volk die Entscheidung über den äußeren Status in einem demokratischen Prozeß zu fällen hat, erscheint fraglich.[299] Der IGH hat in seiner Entscheidung über den Westsahara-Fall in para 55 bestätigt, daß das Recht auf Selbstbestimmung eine freie und authentische/ernsthafte Äußerung des Willens des betroffenen Volkes voraussetzt.[300] Von dieser Prämisse scheint auch die FRD auszugehen, in dem sie die schnelle Beendigung des Kolonialismus *unter Berücksichtigung des frei geäußerten Willens* der betroffenen Bevölkerung verlangt.[301] Aber setzt dies auch einen demokratischen Prozeß in Form einer Mehrheitsentscheidung voraus? Die Resolutionen der Generalversammlung im Fall Südrhodesien lassen einen solchen Schluß für die Ausübung der Unabhängigkeit zu.[302] Die Anerkennung als Staat wurde Südrhodesien danach mit der Begründung verweigert, daß die Ausübung des Rechtes auf Selbstbestimmung nur durch eine demokratisch gewählte Regierung erfolgen könne. Die Nichtanerkennung ist insbesondere deshalb bemerkenswert, weil nach der konservativen Staatswerdungstheorie im Fall Südrhodesiens ein Staat vorlag.[303] Es gab ein bestimmtes Territorium, eine bestimmte Bevölkerung und eine Regierung, die die tatsächliche Herrschaft in dem Land innehatte und von äußerer Kontrolle unabhängig war.[304] Die Voraussetzung der Ausübung der Unabhängigkeit durch eine demokratisch gewählte Regierung wurde aber in vielen anderen Entkolonialisierungsfällen nicht gefordert. Der Unterschied zu anderen Fällen der

---

298 Heintze, Völker im Völkerrecht, in: Ipsen (Hrsg.), Völkerrecht, Kapitel 6, § 27, Rdnr. 18.

299 Ist also ein Plebiszit oder die Wahl eines Entscheidungsgremiums notwendig?

300 „The above provisions, in particular paragraph 2, thus confirm and emphasize that the application of the right of self-determination requires a free and genuine expression of the will of the peoples concerned." Paragraph zwei bezieht sich insofern auf die Resolution 1514.

301 Selbstbestimmungsprinzip zweiter Absatz: „... b) to bring a speedy end to colonialism, having due regard to the freely expressed will of the peoples concerned."

302 Dies wurde oben schon angedeutet, Seite 90.

303 So auch: Gowlland-Debbas, Collective Responses To The Unilateral Declarations Of Independence Of Southern Rhodesia And Palestine: An Application Of The Legitimizing Function Of The United Nations, BYIL Bd. 1990, S. 135 (135).

304 Dies sieht man schon dadurch, daß sich das Smith-Regime von 1965-1979 an der Macht halten konnte.

Unabhängigkeit ehemaliger Kolonien liegt darin, daß die Unabhängigkeit Südrhodesiens dem Machterhalt der weißen Siedler und damit der weiteren Unterdrückung und Ausbeutung der schwarzen Bevölkerung dienen sollte. Das Selbstbestimmungsrecht kann nur durch die gesamte Bevölkerung verwirklicht werden. Wie gezeigt wurde, war die Ausübung des Selbstbestimmungsrechts nicht durch die gesamte Bevölkerung und somit unter Verletzung der Trägerschaftsbestimmung erfolgt. Neben Südrhodesien gab es aber auch in Afrika andere undemokratische Regime. Die Durchführung demokratischer Wahlen war in diesen Fällen nicht zur Voraussetzung der Gründung unabhängiger Staaten gemacht worden.

Der Unterschied liegt insofern darin, daß nicht von der heutigen, mehrheitlich undemokratisch geprägten Staatsform in Afrika darauf geschlossen werden kann, daß dies von Beginn der Unabhängigkeit der einzelnen Länder an so gewesen ist. Vielmehr ist gerade Südrhodesien der Beweis dafür, daß sich viele undemokratische Regime erst zu solchen entwickelten. Die meisten Machthaber, wie eben auch der spätere Präsident Mugabe von Simbabwe[305], sind zunächst in demokratischen Wahlen von der Bevölkerung in ihr Amt gewählt worden.[306] Der erste Unterschied liegt folglich darin, daß während der Unabhängigkeitserklärungen nicht unbedingt von der Entstehung eines undemokratischen Regimes ausgegangen werden konnte.[307] Außerdem behaupteten selbst die undemokratischen Regime, die gesamte Bevölkerung zu repräsentieren. Diese Repräsentanz der gesamten Bevölkerung war aber gerade nicht das Ziel des Smith-Regimes. Dieses wollte nur die weiße Bevölkerung repräsentieren und setzte diese Rassenunterdrückung bereits vor der Unabhängigkeitserklärung gesetzlich um. Von daher hatten die VN mit ihrer Bewertung recht, daß diese Unabhängigkeit kein Ausdruck des Selbstbestimmungsrechts des südrhodesischen Volkes war, denn das Volk von Südrhodesien bestimmte seinen Status nicht. Da die schwarze Bevölkerung die Mehrheit der Bevölkerung stellte, konnten die VN mit der Forderung nach einem demokratischen System in Südrhodesien sicherstellen, daß das Selbstbestimmungsrecht von einem richtig bestimmten Träger ausgeübt würde. Insofern war die Forderung nach einem demokratischen innerstaatlichen System ein Mittel zum Zweck. Die VN haben für die wirksame Aus-

305 Wie sich Südrhodesien später nannte.

306 Mugabe gewann die ersten Parlamentswahlen im Februar 1980 und diese wurden von Wahlbeobachtern Großbritanniens und des Commonwealth für frei und fair erklärt. Morvay, Rhodesia/Zimbabwe, in: Bernhardt (Hrsg.), EPIL Bd. 12 Geographic Issues, S. 119 (330).

307 Dies zeigt sich auch in Ländern wie Namibia, das trotz eines erbitterten Freiheitskampfes nach der Unabhängigkeit nicht nur eine demokratische Staatsform errichtete und erhielt, sondern in der die Befreiungsbewegung SWAPO trotz einer absoluten Mehrheit sowohl die weiße Partei als auch die für den Anschluß an Südafrika kämpfende Miliz an der Regierung beteiligte.

übung der Unabhängigkeit daher nicht die Voraussetzung aufgestellt, daß die Unabhängigkeit nur durch eine demokratisch gewählte Regierung erfolgen könne. Vielmehr ist Voraussetzung für die wirksame Ausübung, daß der die Unabhängigkeit fordernde Vertretungskörper das Volk als Ganzes repräsentiert und daß eine Vermutung dafür spricht, daß die Mehrheit des Volkes diesen Vertretungskörper unterstützt. Es kann sich daher bei der Ausübung der Unabhängigkeit sehr wohl um eine undemokratische, nicht aber um eine einen Teil der Bevölkerung ausschließende Regierung handeln.[308]

Es bleibt die Frage zu beantworten, ob die Durchsetzung des Selbstbestimmungsrechts die Durchführung eines Plebiszits oder anderer Formen der Äußerung des Willens der Bevölkerung erfordert. In Resolution 1541 heißt es insoweit:

> „*Free assoziation should be the result of a free and voluntary choice by the peoples of the territory concerned* expressed through informed and democratic processes.“[309] *und*
>
> „*Integration should have come about in the following circumstances:*
>
> ...*b) The integration should be the result of the* freely expressed wishes *of the territory's peoples acting with full knowledge of the change in their status, their wishes having been* expressed through informed and democratic processes, *impartially conducted and based on universal adult suffrage. The United Nations could, when it deems it necessary, supervise these processes.*“[310]

---

308 Sureda, The Evolution Of The Right Of Self-Determination, S. 241. Dies wird auch durch den Fall der Fiji Inseln bestätigt (siehe zum Fall Sureda, The Evolution Of The Right Of Self-Determination, S. 179 ff.). Hier waren die Verhältnisse umgekehrt zu denen in Südrhodesien. Die Einwanderer stellten im Vergleich zur Urbevölkerung den größeren Bevölkerungsanteil. Zum Schutz der Ureinwohner hatte Großbritannien als Verwaltungsmacht ein die indogene Bevölkerung schützendes Wahlverfahren eingeführt. Dies wurde von den VN mit dem Hinweis darauf, daß die gesamte Bevölkerung repräsentiert werden müßte, abgelehnt. Wahlen wurden außerdem in Aden und Äquatorial Guinea abgehalten oder gefordert.

309 Prinzip 7.

310 Prinzip 9. Dagegen wird in Punkt 3 der Resolution 1514 (XV) bezüglich der sofortigen Unabhängigkeit gefordert: „Inadequacy of political, economic, social or educational preparedness should never serve as a pretext for delaying independence." Dies steht zu dem in beiden Prinzipien geforderten Informations- und Bildungsstand der Bevölkerung im Widerspruch. Allerdings hat dieses zum einen mit dem Unterschied zwischen der Unabhängigkeit und den anderen Verwirklichungsformen zu tun. Zum anderen gibt es keinen Fall, in dem ein Plebiszit mit dem Hinweis verschoben wurde, die Bevölkerung sei noch nicht bereit, eine solch weitreichende Frage wie die Assoziation mit oder die Integration in einen anderen Staat entscheiden zu können. Im Gegenteil im Fall West-

Auffallend ist, daß es in Resolution 1541 (XV) keine Verfahrensvorschriften für eine Entscheidung über die Unabhängigkeit eines Gebietes gibt. Hier kommt wieder die bereits in der Faktorenliste anklingende Vermutung zum tragen, daß die Unabhängigkeit dem wirklichen Willen der Bevölkerung entspricht, und daß nur bei der Verwirklichung eines anderen Status sichergestellt werden muß, daß dieser auch tatsächlich mit dem Willen der Bevölkerung übereinstimmt. Damit findet aber eine Verschiebung von der Notwendigkeit der tatsächlichen Äußerung des Willens hin zu der Ermittlung des Willens statt. Das Gewicht liegt damit mehr auf dem Resultat (Feststellen des wirklichen Willens), als auf dem Prozeß (demokratische Mehrheitsentscheidung).

Insgesamt läßt sich eine Rangordnung feststellen, bei der die Anforderungen an den Willensermittlungsprozeß von Unabhängigkeit über Assoziation hin zur Integration steigen. Dies ist logisch sehr wohl nachvollziehbar. Die Unabhängigkeit führt dazu, daß die betroffene Bevölkerung einen eigenen, souveränen Staat erlangt. Sie ist mit Gründung des Staates vor jeder weiteren Einmischung von außen durch die klassischen Völkerrechtsregeln geschützt. Die Assoziation mit einem anderen Staat bedeutet die auf einem Vertrag beruhende Integration eines abhängigen Gebietes in einen unabhängigen Staat. Das Territorium gibt in diesem Fall seinen internationalen Status auf und verliert damit den Schutz des Völkerrechts.[311] Auch die Integration in einen bestehenden Staat führt zu einem vollständigen Verlust der Völkerrechtssubjektivität. Vom Rechtsstatus her führen die Integration und Assoziation also zu einer Verschlechterung des völkerrechtlichen Status im Vergleich zum Kolonialstatus, denn der Kolonialstatus ist durch eine völkerrechtliche Sonderstellung gekennzeichnet.[312] Insofern ist es grundsätzlich richtig, daß um so höhere Anforderungen zu stellen sind, je stärker der zu wählende Status zu einem Rechtsverlust der betroffenen Bevölkerung führt. Sieht man sich die Praxis der VN an, so kann man feststellen, daß die VN immer dann auf die Durchführung von Plebisziten bestanden, wenn es beim be-

---

Irians wurde ein Plebiszit abgehalten, aber nicht in der Form „one man, one vote", sondern unter Zugrundelegung des indonesischen musjawarah-Systems. Die Begründung für dieses Abstimmungssystem lag in der angeblichen politischen Unterentwicklung der Bevölkerung. Siehe: Pomerance, Self-Determination In Law And Practice, S. 34; Cassese, Self-Determination of Peoples, S. 84; zum Ganzen: von Mangoldt, Die West-Irian-Frage und das Selbstbestimmungsrecht der Völker, ZaöRV Bd. 31 (1971), S. 197 ff. Insgesamt muß der Fall West-Irian als eine Verwehrung des Selbstbestimmungsrechtes gewertet werden: Sureda, The Evolution Of The Right Of Self-Determination, S. 228, 316 ff.; Cassese, Self-Determination of Peoples, S. 84.

311 Thürer, Das Selbstbestimmungsrecht der Völker, S. 133.

312 Seite 104.

troffenen Gebiet nicht um Unabhängigkeit, sondern um Assoziation oder Integration ging.[313]

Im Übrigen ließ die Generalversammlung aber bei der Erlangung der Unabhängigkeit auch die Vermutung genügen, daß die Unabhängigkeit dem wirklichen Willen der Bevölkerung entspräche. Eine weitere Annahme der Generalversammlung scheint zu sein, daß von einem ausgedehnten Unabhängigkeitskampf auf einen Unabhängigkeitswillen der Bevölkerung geschlossen werden könne. Dies wird insbesondere darin deutlich, daß bestimmte Unabhängigkeitsbewegungen wie die POLISARIO in der Westsahara, die SWAPO in Namibia und die PLO in Palästina von den VN ungeprüft als Repräsentanten der Bevölkerung anerkannt wurden.

Allerdings kann trotz der eben aufgezeigten Praxis der VN kaum davon ausgegangen werden, daß das antikoloniale Selbstbestimmungsrecht auch tatsächlich ein Recht auf eine bestimmte Verfahrensweise gewährt.[314] Die Praxis ist zu stark von der Entscheidung im Einzelfall geprägt. Daran ändert auch nicht, daß

---

313 So schlug die Visiting Mission im Fall von Kamerun vor, daß zwar ein Plebiszit in Südkamerun, nicht aber in Nordkamerun abgehalten werden sollte. Sie begründete dies damit, daß es im Norden keine Meinungsunterschiede in der Bevölkerung über die Zukunft ihres Landesteiles gäbe, welche ein Plebiszit rechtfertigten oder nötig machen würden. Die Visiting Mission stellte fest, daß es mit dem Willen des Nordens als Ganzes im Einklang stehe, wenn dieser Teil der nördlichen Region Nigerias angegliedert werden würde (T/1440 para 181; in: Sureda, The Evolution Of The Right Of Self-Determination, S. 296). Sie legte den Schwerpunkt folglich auf die Ermittlung des wirklichen Willens und nicht auf den Willensäußerungsprozeß. Die Generalversammlung schloß sich dieser Meinung aber nicht an, sondern hielt die Entscheidung über den Anschluß an Nigeria für zu wichtig, um kein Plebiszit in Nordkamerun abzuhalten. Daher entschied die Generalversammlung, daß sowohl in Süd-, als auch in Nordkamerun Plebiszite zu erfolgen hätten (Resolution 1350 (XIII)). Weitere Beispiele für die Durchführung von Plebisziten über die Frage der Selbstbestimmung ohne Unabhängigkeit sind West-Irian (Integration in Indonesien. von Mangoldt, Die West-Irian-Frage und das Selbstbestimmungsrecht der Völker, ZaöRV Bd. 31 (1971), S. 197 ff.); Cook-Inseln (Assoziation mit Neuseeland. Sureda, The Evolution Of The Right Of Self-Determination, S. 63); Puerto Rico (sonstiger politischer Status. Clark, Self-Determination And Free Association - Should The United Nations Terminate The Pacific Islands Trust?, HILJ Bd. 21 (1980), S. 1 ff. (42)). Eritrea ist insoweit eine Ausnahme, da es ohne eine plebiszitäre Entscheidung der Bevölkerung mit Äthiopien assoziiert wurde, obwohl die Mehrheitsverhältnisse im Land nicht eindeutig für die Assoziation sprachen. Allerdings muß insoweit der frühe Zeitpunkt der „Entkolonialisierung" Eritreas beachtet werden. Eritrea war bereits Thema des Friedensvertrages mit Italien vom 10.2. 1947 und wurde 1952 ein föderaler Teil Äthiopiens. In diesem Zeitpunkt waren die Resolutionen 1514 (XV) und 1541 (XV) noch gar nicht erlassen. Zur Geschichte Eritreas siehe insbesondere: Gayim, The Eritrean Question, S. 50 ff., 152 ff., 417 ff.

314 Also insbesondere ein Recht auf Plebiszite, Referenden und Optionen.

die Resolution 1541 bestimmte Anforderungen stellt. Bezüglich dieser Anforderungen hat zwar der IGH bemerkt, daß sie die Umsetzung des wesentlichen Merkmals des Selbstbestimmungsrechts seien,[315] aber daß sie bindendes Recht geworden sind, davon kann anhand der Praxis nicht ausgegangen werden.[316] Völkerrecht ist geworden, daß das Volk seinen Status frei von der Einmischung von außen bestimmen muß, daß die wirksame Ausübung ein System ohne Ausschluß von Bevölkerungsteilen von der Entscheidung voraussetzt und daß der wirkliche Wille der Bevölkerung ermittelt[317] und beachtet werden muß. [318] Wie dies zu erfolgen hat, das wird zwar in der Resolution 1541 geregelt, insofern ist sie aber lediglich Ausdruck des Selbstbestimmungsprinzips und nicht des Selbstbestimmungsrechts in seinem kolonialen Zusammenhang.

e) Konsumtionstheorie

Lange Zeit wurde mit dem antikolonialen Selbstbestimmungsrecht die Konsumtionstheorie in Verbindung gebracht.[319] Danach sollte das Selbstbestimmungsrecht nach der einmaligen Ausübung durch die Kolonialvölker untergehen. Diese Theorie wurde daraus hergeleitet, daß die Staatengemeinschaft Sezessionswünsche, die nach der Unabhängigkeit eines kolonialen Gebietes dort aufkamen, nicht unterstützte. Seit der Annahme der FRD durch die Generalversammlung und dem Inkrafttreten der Menschenrechtspakte ist aber unstreitig, daß das Selbstbestimmungsrecht allen Völkern zusteht.[320] Somit muß der Inhalt

---

315 *Westsahara-Beschluß*, ICJ-Reports 1975, S. 12, para 57.

316 So auch: Brühl-Moser, Die Entwicklung des Selbstbestimmungsrechts der Völker, S. 98, Heintze, Völker im Völkerrecht, in: Ipsen (Hrsg.), Völkerrecht, Kapitel 6, § 27, Rdnr. 18 f.

317 Dies wird auch aus para 59 der Entscheidung des IGH zum Westsahara-Beschluß deutlich. Darin heißt es: „The validity of the *principle* of self-determination, defined as the need to pay regard to the freely expressed will of the peoples, is not affected by the fact that in certain cases the General Assembly has dispensed with the requirement of consulting the inhabitants of a given territory. Those instances were based either on the consideration that a certain population did not constitute a „people" entitled to self-determination or on the conviction that a consultation was totally unnecessary, in view of special circumstances." *Westsahara-Beschluß*, ICJ Reports 1975, S. 12, para 59.

318 Resolution 1514 (XV); Resolution 2625 (XXV); *Westsahara-Beschluß* ICJ-Reports 1975, S. 12, para 55 ff.; Cassese, Self-Determination of Peoples, S. 88ff.

319 Neuberger, National Self-Determination In Postcolonial Africa, S. 17; Oeter, ZaöRV Bd. 52 (1992), S. 741 (748); McEwen, International Boundaries Of East Africa, S. 34; Heraclides, The Self-Determination Of Minorities In International Politics, S. 21; Shaw, Title to Territory In Africa, S. 104.

320 In beiden Instrumentarien heißt es „all people have the right to self-determination..." Beide Instrumentarien sind universeller Natur. Insoweit kann gegen die universelle Geltung des Selbstbestimmungsrechts anders als bei der Entkolonialisierungserklärung auch nicht ein eingeschränkter Anwendungsbereich des Textes insgesamt geltend gemacht werden.

des Selbstbestimmungsrechts aber über die Freiheit von kolonialer Unterdrückung hinausgehen und damit muß es ein Recht sein, daß gerade nicht mit seiner einmaligen Ausübung untergeht. Die Vertreter der Konsumtionstheorie vermischen verschiedene Fragen und sind in gewisser Hinsicht ungenau. Inhalt des Selbstbestimmungsrechts ist die Freiheit, seinen politischen Status frei zu wählen. Daraus ergibt sich für das Selbstbestimmungsrecht in seinem kolonialen Zusammenhang das Recht auf einen eigenen Staat für die Kolonialvölker. Träger dieses Rechtes sind nicht ethnische Völker, sondern die in den einzelnen Kolonien zusammengefaßte Bevölkerung. Die Annahme, daß das Selbstbestimmungsrecht untergeht, weil die einzelnen ethnischen Völker in einer Exkolonie kein Recht auf Sezession haben, verkennt, daß die ethnischen Völker ein solches Recht in der Entkolonialisierung nie hatten. Sie waren nie Träger des Selbstbestimmungsrechts. Ihr Recht ist also auch nicht untergegangen.

Berechtigt ist die Frage nach dem Untergang des Selbstbestimmungsrechts nur bezüglich der Kolonien, die nicht unabhängig wurden, sondern entweder in einen anderen Staat integriert, oder mit einem anderen Staat assoziiert wurden. Aus der Faktorenliste geht hervor, daß, bei einer freiwilligen Beschränkung der Souveränität, die Freiheit der Bevölkerung des assoziierten Teils gewahrt bleiben soll, zu jeder Zeit diesen Status durch demokratische Willensäußerung zu ändern.[321] Daraus müßte man schließen, daß die jeweilig getrennte Trägerschaft bei in einem Staat zusammengeschlossenen Kolonialvölkern bestehen bleibt.[322]

Aus der Praxis der VN im Fall **Eritreas** ergibt sich etwas anderes. Wie viele andere Kolonien in Afrika auch, hatte es vor der Kolonialisation durch Italien keinen „Staat Eritrea" gegeben. Das Gebiet war vielmehr Spielball der regionalen Fürsten und Könige und hatte lange Zeit unter dem Einfluß Ägyptens und später des osmanischen Reiches gestanden.[323] Mit der Eröffnung des Sueskanals wurde das Gebiet für die europäischen Staaten interessant, und 1889 deklarierte Italien das Gebiet offiziell zu seiner Kolonie.[324] Diese wurde dann im Laufe des zweiten Weltkrieges von den Alliierten erobert, und stand durch den Friedensvertrag mit Italien bis zum 15.9.1952 unter britischer Verwaltung.[325] Allerdings war bereits in diesem Vertrag bestimmt, daß eine dauerhafte Lösung gefunden werden

321 Zweiter Teil lit.A Ziffer 3.

322 So Thürer, Das Selbstbestimmungsrecht der Völker, S. 135.

323 Zur vorkolonialen Geschichte und den ethnischen Zusammensetzungen siehe zum Beispiel: Tseggai, The History Of The Eritrean Struggle, in: Cliffe/Davidson (Hrsg.), The Long Struggle Of Eritrea For Independence And Constructive Peace, S. 67 ff. der darauf hinweist, daß die Nationsbildung Eritreas auf die Erfahrung aller ethnischen Völker Eritreas vor der Kolonialisierung durch die Europäer zurückgeht (S. 68); Gayim, The Eritrean Question, S. 50 ff.

324 Tseggai, The History Of The Eritrean Struggle, in: Cliffe/Davidson (Hrsg.), The Long Struggle Of Eritrea For Independence And Constructive Peace, S. 70.

325 Gayim, The Eritrean Question, S. 64.

sollte. Sollten sich die Alliierten nicht einigen können, sollte der spätere Status Eritreas durch die VN bestimmt werden. Dies geschah nach langen Diskussionen in der Generalversammlung durch die Resolution 390 (V)A vom 2.12.1950. Diese bestimmte, daß Eritrea zusammen mit Äthiopien eine Föderation bilden sollte. Diese Föderationslösung wurde als Kompromiß sowohl zwischen den widerstreitenden Interessen innerhalb der Generalversammlung, als auch zwischen denen der Bewohner Eritreas selbst angesehen.[326] Die Generalversammlung setzte gleichzeitig einen Kommissar der VN für Eritrea ein,[327] der einen Verfassungsentwurf für Eritrea erarbeiten sollte, die eritreische Versammlung in ihren Beratungen über diesen Entwurf unterstützen und die Verfassung nach deren Ratifikation bestätigen sollte.[328] Die eritreische Versammlung beriet über den Verfassungsentwurf zwischen dem 12.5. und dem 10.7.1952 und nahm diesen an. Nachdem die Verfassung durch die eritreische Versammlung angenommen worden war, wurde sie von dem Kommissar bestätigt und vom äthiopischen Parlament ratifiziert. Schon bald nach der Bildung der Föderation begann das eritreische Volk für seine Unabhängigkeit zu kämpfen. Die VN haben sich nie durch eine Resolution zu diesem Unabhängigkeitskampf geäußert. Auch haben die VN nie von Äthiopien die Übermittlung von Informationen über Eritrea als Kolonie verlangt und Äthiopien hat diese auch nicht freiwillig an die Generalversammlung übermittelt. Zwar ist es grundsätzlich richtig, daß das Schweigen der VN zu einer bestimmten Situation nicht unbedingt bedeutet, daß sie diese Situation auch als rechtmäßig erachten. Aber die VN waren

326 Innerhalb der Generalversammlung wurden verschiedene Lösungen favorisiert: Großbritannien wollte Eritrea entlang der Glaubenslinien zwischen dem Sudan und Äthiopien aufteilen, die sozialistischen Länder und einige arabische Länder forderten die sofortige (oder - nach einer Übergangszeit unter Trusteeship - spätere) Unabhängigkeit, Äthiopien erhob die Forderung nach einer ungeteilten Eingliederung Eritreas in sein Staatsgebiet, andere Länder verlangten zunächst eine Verwaltung durch Großbritannien oder Italien. Diese verschiedenen Lösungen waren gekennzeichnet durch die Machtinteressen der einzelnen Staaten in der Region und weniger durch die Belange der Bevölkerung. Allerdings war die eritreische Bevölkerung selbst uneinig über die Zukunft des Landes. Einigkeit bestand nur insoweit, als daß alle Gruppen die Einheit Eritreas verlangten und somit die Teilungspläne Großbritanniens ablehnten. Ansonsten vertrat ungefähr die Hälfte der Bevölkerung die Union mit Eritrea (die eritreischen Christen), vertreten durch die „Union Party", und die andere Hälfte wollte die Unabhängigkeit, welche hauptsächlich durch die „Democratic Front" vertreten wurde. Allerdings wurden diese Werte niemals durch ein Referendum ermittelt, sondern durch Anhörungen der politischen Vertreter und Gemeindevertreter durch die Kommission der Vier Mächte und die Kommission der VN. Dabei bestand insbesondere in der Kommission der VN zwischen den Mitgliedern Uneinigkeit über die Mehrheitsverhältnisse.

327 Herr Eduardo Anze Matienzo wurde am 14.12.1950 durch die Generalversammlung gewählt.

328 Gayim, The Eritrean Question, S. 152, Resolution 390 (V) Paragraphen 11-15.

im Bereich der Kolonien immer darauf bedacht, über alle Kolonien Informationen durch die Verwaltungsmächte zu erhalten. Sie haben immer wieder Informationen von Verwaltungsmächten angemahnt. Insofern kann sehr wohl aus der Nichteinforderung von Informationen von Äthiopien über Eritrea darauf geschlossen werden, daß die VN in Eritrea einen Staatsteil Äthiopiens sahen und keine koloniale Situation. Daher muß davon ausgegangen werden, daß die Staatenwelt die Trägerschaft des eritreischen Volkes am Selbstbestimmungsrecht als mit der Abstimmung über die Verfassung und die Bildung der Föderation als untergegangen betrachtete.[329]

Es bleibt also festzuhalten, daß das Selbstbestimmungsrecht in seinem kolonialen Zusammenhang ein kontinuierliches Recht ist, das nicht untergeht, sondern in das Recht des Staatsvolkes auf Selbstbestimmung übergeht. Erfolgt allerdings im Rahmen der Entkolonialisierung eine freiwillige, also eine mit dem Willen der Bevölkerung übereinstimmende Assoziation oder Integration der selbstberechtigungsbefugten Einheit mit einem anderen Staat, so geht die alleinige Trägerschaft dieser Einheiten unter und neuer Träger wird das Gesamtvolk des gegründeten Staates. Die früheren Träger haben nicht automatisch aus dieser alten Trägerschaft heraus das Recht, sich ohne das Einverständnis der anderen Staatsteile abzulösen.[330]

f) Konflikt zwischen der Souveränität der Staaten und dem Selbstbestimmungsrecht

Das Selbstbestimmungsrecht der Völker in seinem kolonialen Zusammenhang könnte in seiner Ausübung gegen die Souveränität und die territoriale Integrität der Staaten verstoßen. In diesem Fall stünden die beiden Normen in einem

---

329 In der Literatur wird weitgehend vertreten, daß die erzwungene Zustimmung zu der Verfassung durch die eritreische Versammlung und das fehlende Referendum nicht als Voraussetzung zur Entkolonialisierung im Sinne der Faktorenliste ausreichte, und daher das eritreische Volk weiter als Kolonialvolk Träger des antikolonialen Selbstbestimmungsrechts gewesen wäre. So: Gayim, The Eritrean Question, S. 441 ff.; Selassie, The Law Of Self-Determination And The Eritrean Case, in: Selassie, Eritrea And The United Nations And Other Essays, S. 73 (80 ff.); Fenet, The Right Of The Eritrean People To Self-Determination, in: Cliffe/Davidson (Hrsg.), The Long Struggle Of Eritrea For Independence And Constructive Peace, S. 33 (38). Auch wenn diese Annahme rechtlich richtig ist, hat die Staatengemeinschaft die Freiwilligkeit unterstellt. Von daher muß für die hier zu untersuchende Frage, ob die Trägerschaft nach der Ausübung des antikolonialen Selbstbestimmungsrechts durch Zusammenschluß mit einem anderen Staat untergeht, von dieser Prämisse ausgegangen werden. Eine andere Frage ist diejenige, ob Eritrea als administrativer Teil einer Föderation ein Selbstbestimmungsrecht hatte. Dies soll aber erst zu einem späteren Zeitpunkt diskutiert werden (Seite 150 ff.).

330 Die Frage, ob sich ein solches Recht aus anderen Gründen, wie zum Beispiel einem föderalen Status, ergeben kann, ist später zu beantworten (Seite 136 ff.).

Konfliktverhältnis zueinander. Ein solcher Konflikt könnte auf zwei Ebenen bestehen: Es könnte ein Konflikt zwischen dem Recht der Staaten auf territoriale Integrität und dem Recht des Volkes auf Selbstbestimmung, durch die Ausübung des Selbstbestimmungsrechts in Form der Gründung eines neuen Staates, vorliegen. Außerdem könnte eine Verletzung des Rechtes auf Souveränität der Staaten dadurch vorliegen, daß sich die VN mit der Entkolonialisierung im allgemeinen und den jeweiligen konkreten Fällen beschäftigen und sich im weitesten Sinne einmischen.

aa) Der Konflikt mit der territorialen Integrität

Das Recht auf territoriale Integrität des Staates ist das Recht auf die Unversehrtheit seiner Gebietshoheit, also die Erhaltung seines territorialen Kompetenzbereiches.[331] Gesteht das Völkerrecht einem Volk das Recht zur Abspaltung von einem bestehenden Staat zu, so stehen diese beiden Rechte grundsätzlich in einem Spannungsverhältnis, denn die Ausübung des Selbstbestimmungsrechtes durch Abspaltung führt zu einer Verkleinerung des Staatsgebietes. Daraus ergibt sich aber gleichzeitig, daß ein Konflikt zwischen dem Selbstbestimmungsrecht und der territorialen Integrität **nur** dann entsteht, wenn das Gebiet, das als eigener Staat konstituiert werden soll, überhaupt zum Staatsgebiet des betroffenen Staates gehört. Der Staat muß folglich einen legalen Titel auf das Gebiet erheben können. Dieser Titel muß ihm das Recht zusprechen, über das fragliche Gebiet zu verfügen.[332]

Als Erwerbstitel der Kolonialmächte bezüglich der Kolonien wurde ursprünglich der Rechtstitel der „Entdeckung“ angesehen. Das klassische europäische Völkerrecht unterschied zwischen den europäischen und allen übrigen Ländern und sah die überseeischen Länder als herrenlos an, selbst dann, wenn sie bewohnt und regiert wurden.[333] Die Entdeckung und Inbesitznahme eines solchen „herrenlosen“ Gebietes durch ein europäisches Land machte dieses europäische Land zum Eigentümer des „entdeckten“ Gebietes. Dieser Erwerbstitel konnte aber dem durch die Charta aufgestellten Menschenbild und dem Grundsatz der universellen Gleichheit der Völker nicht entsprechen. Daher wurde ihm die Legalität abgesprochen.[334] Aus dieser Illegalität des Erwerbstitels ergibt sich die heutige Überzeugung, nach der die Kolonien einen besonderen, vom Verwaltungsstaat zu unterscheidenden Territorialstatus haben und zwar auch dann, wenn nach dem Recht des Verwaltungsstaates die Kolonien integraler Bestand-

---

331 Mack, Der völkerrechtliche Konflikt, S. 127; Hailbronner, Der Staat und der Einzelne als Völkerrechtssubjekte, in: Vitzthum (Hrsg.), Völkerrecht, 3. Abschnitt, Rdnr. 102.

332 Mack, Der völkerrechtliche Konflikt, S. 125.

333 Sureda, The Evolution Of The Right Of Self-Determination, S. 352; Murswiek, Offensives und Defensives Selbstbestimmungsrecht, Der Staat Bd. 23 (1984), S. 523.

334 Murswiek, Offensives und Defensives Selbstbestimmungsrecht, Der Staat Bd. 23 (1984), S. 523 (542).

teil seines Staatsgebietes sind. **Den Kolonien kommt damit eine völkerrechtliche Sonderstellung zu, die der Stellung von Staaten im Völkerrecht gleichkommt.** Dieser Sonderstatus der kolonialen Gebiete führt dazu, daß das Prinzip der territorialen Integrität auf seiten des Verwaltungsstaates durch die Ausübung des antikolonialen Selbstbestimmungsrechts nicht verletzt wird, denn der Kolonialstaat hat keinen legalen Titel auf das Gebiet, und damit gehört das Gebiet völkerrechtlich nicht zu seinem Staatsgebiet. Diese Überzeugung ist einer der zentralen Punkte des Selbstbestimmungsrechts in seinem kolonialen Zusammenhang. Sie wurde in verschiedenen Resolutionen der Generalversammlung bestätigt.[335] Die territoriale Integrität der Staaten wird durch die Resolution 1514 (XV) geschützt. Darin wird nicht nur den Staaten, sondern auch den Kolonien diese territoriale Integrität zugestanden. In Absatz 6 heißt es insoweit „die territoriale Integrität eines Landes" (und eben nicht eines Staates), und in Absatz 7 wird die Respektierung „der souveränen Rechte aller Völker und deren territoriale Integrität" angemahnt. Ein Konflikt zwischen der territorialen Integrität des Verwaltungsstaates und dem antikolonialen Selbstbestimmungsrecht liegt daher nicht vor.

bb) Verletzung der staatlichen Souveränität

Dieser völkerrechtliche Sonderstatus der Kolonien spielt auch für den zweiten Konflikt eine Rolle. Hierbei geht es um die Frage, inwieweit sich andere Staaten, aber insbesondere auch die VN, in die Entkolonialisierung der Kolonien einmischen durften. Die Verwaltungsmächte erklärten insbesondere zu Beginn der Entkolonialisierung immer wieder, daß die Kolonien Teil ihres Staatsgebietes seien. Der Hinweis darauf, daß die kolonialen Gebiete Teil des eigenen Staates seien, ermöglichte es den Verwaltungsmächten die Einrede der inneren Angelegenheit zu erheben.[336] Diese Einrede entsteht aus dem Recht jedes Staates auf Souveränität. Die Souveränität ist die Grundnorm des heutigen Völkerrechts.[337] Sie bedeutet, daß der Staat nur dem Völkerrecht untergeordnet ist. Er ist frei von der Befehlsgewalt eines anderen Staates oder eines anderen Völkerrechtssubjektes.[338] Daraus ergeben sich bestimmte Rechte und Pflichten zu denen auch das Prinzip der Nichteinmischung in die inneren Angelegenheiten

---

335 Resolution 2625 (XXV) vom 24. Oktober 1970, Prinzip 5, Abschnitt 6.

336 Zu diesem Einwand und der Entwicklung im Bereich der Kolonien: Chen, Self-Determination As A Human Right, in: Reisman/Weston (Hrsg.), Toward World Order And Human Dignity, S. 198 (219 ff.).

337 Hannum, Autonomy, Sovereignty, and Self-Determination, S. 14; Brownlie, Principles of Public International Law, S. 287.

338 Gloria, Der Staat im Völkerrecht, in: Ipsen (Hrsg.), Völkerrecht, Kapitel 5, § 26, Rdnr. 13; Vitzthum, Begriff, Geschichte und Quellen des Völkerrechts, in: Vitzthum (Hrsg.), Völkerrecht, 1. Abschnitt, Rdnr. 73; Mack, Der völkerrechtliche Konflikt, S. 121; Shaw, International Law, S. 149.

der Staaten gehört.[339] Zu den inneren Angelegenheiten gehören alle die Aktivitäten des Staates, bei denen die Zuständigkeit des Staates nicht durch internationales Recht gebunden ist.[340] Die inneren Angelegenheiten der Staaten sind auch durch die Resolution 2625 (XXV), die Resolution 2131 (XX) vom 21. Dezember 1965 und durch Artikel 2 Ziffer 7 der Charta der VN geschützt. In Artikel 2 Ziffer 7 heißt es:

> *„Nothing contained in the present Charter shall authorize the United Nations to intervene in matters which are essentially within the domestic jurisdiction of any State or shall require the Members to submit such matters to settlement under the present Charter; but this principle shall not prejudice the application of enforcement measures under Chapter VII."*

Das Argument der Verwaltungsstaaten, daß durch die Aktivitäten der VN in ihre inneren Angelegenheiten eingegriffen werde, ist in zwei Punkten unzutreffend. Aus dem territorialen Sonderstatus der Kolonien ergibt sich, daß es sich bei der Entkolonialisierung nicht um eine innere Angelegenheit des Staates handeln kann. Vielmehr ergibt sich durch das Nichtbestehen eines legalen Titels und der damit zusammenhängenden Trennung der Territorien, eine **Internationalisierung des Verhältnisses zwischen dem Verwaltungsstaat und der Kolonie.**[341] Dadurch, daß die Gebiete der Kolonien als vom Verwaltungsstaat verschieden angesehen werden, ist das Verhältnis zwischen ihnen auf der internationalen Ebene angesiedelt und es handelt sich somit um ein quasi-zwischenstaatliches Verhältnis. Insofern können sich die VN auch mit der Entkolonialisierung beschäftigen, ohne gegen die Souveränität der Staaten zu verstoßen.

Aber selbst wenn man davon ausginge, daß die Kolonien Teil des Staatsgebietes der jeweiligen Verwaltungsmacht wären, hieße das noch nicht automatisch, daß es sich bei der Ausübung des Selbstbestimmungsrechts um eine innere Angelegenheit der Staaten handelt, und die VN sich daher nicht mit dieser beschäftigen dürften. Die inneren Angelegenheiten sind die Bereiche des Staatslebens, in denen die Zuständigkeit des Staates nicht durch Völkerrecht gebunden ist.[342] Der Umfang der inneren Angelegenheiten ist damit vom Völkerrecht abhängig und variiert je nach dessen Entwicklung. Kein Staatshandeln ist fester Bestand-

---

339 Shaw, International Law, S. 151.

340 Brownlie, Principles of Public International Law, S. 291.

341 Dies ist bereits in der Charta angelegt, in der es Regelungen zu Treuhandgebieten und Gebieten ohne Selbstregierung gibt. Diese Regelungen hätte es nicht geben dürfen, wäre das Verhältnis zwischen dem Verwaltungsstaat und der Kolonie ein rein innerstaatliches Verhältnis.

342 Zur Beschränkung der Souveränität durch völkerrechtliche Regeln im Zusammenhang mit dem Selbstbestimmungsrecht: Murswiek, Offensives und Defensives Selbstbestimmungsrecht, Der Staat Bd. 23 (1984), S. 523 (539).

teil der inneren Angelegenheiten.[343] So liegt nie eine innere Angelegenheit eines Staates vor, wenn die Vorgänge im Staat den Zielen und Prinzipien der Charta entgegenlaufen, oder die Vorgänge eine Gefahr für den internationalen Frieden und die internationale Sicherheit darstellen.[344] Aber auch andere Fragen werden heute als internationale Angelegenheiten angesehen, die früher zu den inneren Angelegenheiten zählten. Das wichtigste Beispiel ist die Behandlung der eigenen Staatsangehörigen. Eine Bindung an das Völkerrecht besteht dann, wenn völkerrechtliche Rechte und Pflichten betroffen sind. In einem solchen Fall ist die Zuständigkeit des Staates durch das Völkerrecht gebunden. Das antikoloniale Selbstbestimmungsrecht ist genau wie die Menschenrechte und das Verbot der Rassendiskriminierung ein solcher Fall der Bindung an das Völkerrecht.[345] Da ein internationales Verhältnis vorliegt, und der Staat durch das völkerrechtliche Selbstbestimmungsrecht an das Völkerrecht gebunden ist, ist die Entkolonialisierung keine innere Angelegenheit der Staaten. Die VN verstoßen nicht gegen die Souveränität der Staaten, wenn sie sich mit der Entkolonialisierung beschäftigen. Es liegt kein Konflikt zwischen der Souveränität des Verwaltungsstaates und dem Selbstbestimmungsrecht in seinem kolonialen Zusammenhang vor.

g) Inneres Selbstbestimmungsrecht

Die VN haben generell nicht darauf geachtet, was für ein politisches System nach der Entkolonialisierung in einem Gebiet herrschte. Dies wird alleine durch einen Blick auf die politischen Verhältnisse in Afrika seit der Entkolonialisierung klar. Eine gewisse Verknüpfung scheint zwischen innerem und äußerem Selbstbestimmungsrecht im Falle Südrhodesiens erfolgt zu sein, da sich dort das innerstaatliche Regierungssystem auf die Ausübung des äußeren Selbstbestimmungsrechts auswirkte.

Aus den oben bereits zitierten Resolutionen scheint sich insofern ein Recht auf eine demokratische Staatsform zu ergeben. Aber wie bereits bei der Form der Ausübung des äußeren Selbstbestimmungsrechts dargestellt wurde, kann man aus dem Selbstbestimmungsrecht kein Recht auf eine demokratische Legitimation der Entscheidung über den äußeren Status herleiten. Es ist deshalb sehr

---

343 Shaw, International Law, S. 151; Brownlie, Principles of Public International Law, S. 291.

344 Brownlie, Principles of Public International Law, S. 294, Delaney, Article 2 (7) Of The United Nations Charter: Hindrance To The Self-Determination Of Western Sahara And Eritrea, EILR Bd. 4 (1990), S. 413 (419). Aus diesem Grund hat die Generalversammlung auch häufig in der Anfangszeit der Entkolonialisierung den Verweis in ihre Resolutionen aufgenommen, daß die Situation in einer bestimmten Kolonie oder der Kolonialismus als solcher eine Gefahr für den Frieden und die internationale Sicherheit sei (so auch in der Präambel der Resolution 1514).

345 Brownlie, Principles of Public International Law, S. 294.

fraglich, ob sich eine Pflicht zur Demokratie aus dem inneren Selbstbestimmungsrecht ergibt. Dagegen spricht grundsätzlich, daß es sich beim Selbstbestimmungsrecht um ein einheitliches Recht und eben nicht um zwei voneinander getrennte Rechte handelt. Diese Frage kann aber im Rahmen der Entkolonialisierung gar nicht beantwortet werden. Die Entkolonialisierung beschäftigte sich denknotwendig nur mit dem äußeren Selbstbestimmungsrecht der Völker, da sie das Verhältnis zwischen den Kolonien und den Kolonialmächten betraf. Die Frage nach der inneren Ordnung stellt sich erst nach der äußeren Statusbestimmung und ist insofern eine Frage der inneren Ordnung eines Staates. Es handelt sich also um das innere Selbstbestimmungsrecht des Staatsvolkes. Dieses wird zu einem späteren Zeitpunkt behandelt.[346]

h) Ergebnis

Für den kolonialen Zusammenhang kann das Selbstbestimmungsrecht der Völker als das Recht des Kolonialvolkes, seinen äußeren Status frei zu bestimmen, definiert werden.

Grundlage dieses Rechtes ist die Annahme, daß den Kolonien ein völkerrechtlicher Sonderstatus zukommt, der der Stellung der Staaten im Völkerrecht entspricht. Dieser Sonderstatus führt dazu, daß das Verhältnis zwischen den Kolonien und den jeweiligen Verwaltungsmächten ein internationales Verhältnis ist. Einen Konflikt zwischen dem Selbstbestimmungsrecht der Völker und der Souveränität der Staaten gibt es daher im kolonialen Zusammenhang nicht.

So wie der territoriale Bestand der Staaten durch die territoriale Integrität geschützt wird, wird der territoriale Bestand der Kolonien durch das uti-possidetis-iuris-Prinzip geschützt. Insoweit kann man die Bevölkerung einer Kolonie als „Staatsvolk im Werden" bezeichnen.[347]

Sowohl der Sonderstatus der Kolonien, als auch das uti-possidetis-iuris-Prinzip stehen mithin im Gleichklang mit der territorialen Bestimmung der Trägerschaft des Selbstbestimmungsrechts. Träger des Selbstbestimmungsrechts sind nicht ethnische Völker, sondern die jeweilige Gesamtbevölkerung einer Kolonie.

Dieser Träger hat das Recht, seinen äußeren Status als Gründung eines souveränen und unabhängigen Staates, als freie Vereinigung mit einem unabhängigen Staat, als freie Eingliederung in einen solchen Staat oder als einen anderen Status zu bestimmen. Das Recht auf Selbstbestimmung geht nicht unter, sondern besteht in dem Recht des Staatsvolkes auf Selbstbestimmung fort.

Dieses Recht richtet sich sowohl nach außen gegen andere Staaten als auch nach innen. Dabei ergibt sich aus der territorialen Bestimmung des Trägers des

---

346 Seite 111 ff.

347 Zum Begriff des „**Staatsvolkes im Werden**" siehe Gusy, Selbstbestimmung im Wandel, ArchVR Bd. 30 (1992), S. 385 (400).

Selbstbestimmungsrechts, daß kein Teil der Bevölkerung von der Entscheidung ausgeschlossen werden darf. Eine Pflicht zu einer demokratisch bestimmten Vertretungskörperschaft oder zu einer demokratischen Verfahrensweise zur Ermittlung des tatsächlichen Willens der Bevölkerung kann aus dem Selbstbestimmungsrecht der Völker dagegen nicht hergeleitet werden.

Ob die Bevölkerungen der Kolonien ein inneres Selbstbestimmungsrecht haben, ist eine Frage, die sich nach der Entscheidung über den äußeren Status stellt. Sie ist als Frage nach dem inneren Selbstbestimmungsrecht des Staatsvolkes später zu behandeln.[348]

---

[348] Seite 111 ff.

3. *Das Selbstbestimmungsrecht als Recht der Staatsvölker*

Das Selbstbestimmungsrecht der Völker wurde aber nicht ausschließlich im Zusammenhang mit der Entkolonialisierung angewendet. Als zentraler Träger des Selbstbestimmungsrechts der Völker haben sich nach der Entkolonialisierung vielmehr die Staatsvölker herauskristallisiert.[349] Dieses ergibt sich bereits aus der Staatsbezogenheit der Charta der Vereinten Nationen. Bereits in der Präambel heißt es insoweit: „We the peoples of the United Nations determined ...“ Diese Formulierung kann sich nur auf Staatsvölker beziehen, denn nur diese haben durch ihre Regierungen die Vereinten Nationen geschaffen.[350] Sowohl in den jeweiligen Artikeln 1 der Menschenrechtspakte, als auch in der Entkolonialisierungsresolution und der FRD heißt es übereinstimmend, daß das Selbstbestimmungsrecht allen Völkern zusteht. Konnte man dies bei der Entkolonialisierungsresolution vielleicht noch als „alle Kolonialvölker“ auslegen, ist dies bei den universell geltenden Menschenrechtspakten und der FRD nicht mehr möglich.[351] Daß sich „Völker“ in diesem Sinn zumindest auch auf Staatsvölker bezieht, wird dadurch deutlich, daß die Generalversammlung in den 1980er Jahren militärische Interventionen in verschiedenen Resolutionen als einen Verstoß gegen das Selbstbestimmungsrecht der Völker bewertet hat.[352] Militärische Interventionen in dieser Zeit fanden im zwischenstaatlichen Bereich

349 So zum Beispiel: Gusy, Selbstbestimmung im Wandel, ArchVR Bd. 30 (1992), S. 385 (390ff.); Heintze, Völker im Völkerrecht, in: Ipsen (Hrsg.), Völkerrecht, Kapitel 6, § 28, Rdnr. 6; Klein, Das Selbstbestimmungsrecht der Völker und die deutsche Frage, S. 41; Partsch, Selbstbestimmung, in: Wolfrum (Hrsg.), Handbuch der Vereinten Nationen, Rdnr. 21; Thürer, Das Selbstbestimmungsrecht der Völker, ArchVR Bd. 22 (1984), S. 113 (126); Bothe, The German Question And The Right to Self-Determination, in: Ginther/Isak (Hrsg.), Self-Determination in Europe, S. 63 (66); Tomuschat, Self-Determination In A Post-Colonial World, in: Tomuschat (Hrsg.), Modern Law Of Self-Determination, S. 1 (16); Cassese, Self-Determination of Peoples, S. 59; Cassese, The Self-Determination of Peoples, in: Henkin (Hrsg.), The International Bill Of Rights, S. 92 (95). Nur noch absolut vereinzelt wird das Gegenteil behauptet. So etwa: Espiell, The Right To Self-Determination - Implementation Of United Nations Resolutions, UN Doc. E/CN. 4/SUB.2/405/Rev. 1 (1980), S. 8 (13).

350 Dies geht auch aus dem weiterführenden Text hervor, in dem es heißt: „ Accordingly, our respective Governments...“.

351 In Punkt 1 der Resolution 37/42 vom 3. Dezember 1982 heißt es: „Reaffirms that the universal realization of the right of all people, **including** those under colonial, foreign and alien domination, to self-determination is a fundamental condition...” (Hervorhebung durch den Autor) Wenn diese Völker unter Fremdherrschaft in die Trägerschaft eingeschlossen sein sollen, dann müssen aber denknotwending auch andere Völker zur Trägerschaft gehören.

352 zum Beispiel: Präambel und Punkt 2 und 5 des operativen Teils von Resolution 37/42 vom 2. Dezember 1982; Präambel der Resolution 36/10 vom 28.10 1981.

statt,[353] so daß ein Verstoß gegen das Selbstbestimmungsrecht durch die Intervention nur dann vorliegen kann, wenn Staatsvölker Träger dieses Rechtes sind. Außerdem ergibt sich die Trägerschaft der Staatsvölker daraus, daß das Selbstbestimmungsrecht ein kontinuierliches Recht ist.[354] Wenn das Recht mit der Ausübung durch die Kolonialvölker nicht untergeht, müssen die durch die Entkolonialisierung geschaffenen Staatsvölker Träger des Selbstbestimmungsrechts sein. Aus dem Grundsatz der Gleichheit der Völker ergibt sich dann, daß alle Staatsvölker Träger des Selbstbestimmungsrechts sind.

a) Äußeres Selbstbestimmungsrecht des Staatsvolkes

Inhalt des äußeren Selbstbestimmungsrechts ist das Recht des Staatsvolkes seinen äußeren Status frei zu bestimmen.[355] Es ist insofern vor allem ein Abwehrrecht gegen von Außen kommende Angriffe auf seine Unabhängigkeit. Insoweit entspricht es dem Recht des Staates auf Souveränität und Integrität, nur steht es einem anderen Rechtsträger zu. Rechtsträger des Selbstbestimmungsrechts der Völker ist das Staatsvolk, wohingegen der Träger des Rechtes auf Souveränität der Staat als solcher ist. Das Staatsvolk und der Staat stellen insoweit zwei verschiedene Völkerrechtssubjekte dar. Dies ergibt sich schon daraus, daß das Recht des Staates auf Souveränität bestand, bevor das Selbstbestimmungsrecht des Staatsvolkes als Völkerrechtsnorm anerkannt worden ist. Das Selbstbestimmungsrecht des Staatsvolkes unterstützt das Recht des Staates auf Souveränität und hat die gleiche Schutzrichtung.[356] So stellen die militärische Intervention in, oder die Annexion eines fremden Staates, Verletzungen sowohl des Rechtes des Staates auf Integrität und Souveränität, als auch Verletzungen des Rechtes auf Selbstbestimmung des Staatsvolkes dar.[357]

---

353 Es sei hier auf den Einmarsch Vietnams in Kambodscha, der Sowjetunion in Afghanistan und Südafrikas in seine Nachbarländer hingewiesen.

354 So auch Heintze, Selbstbestimmungsrecht und Minderheitenrechte im Völkerrecht, S. 24.

355 Dies geht aus der Formulierung der FRD hervor, in der es heißt: „By virtue of the principle of equal rights and self-determination…, all people have the right freely to determine, without external interference, their political status and to pursue their economic, social and cultural development,…", Gusy, Selbstbestimmung im Wandel, ArchVR Bd. 30 (1992), S. 385 (398).

356 Klein, Das Selbstbestimmungsrecht der Völker und die deutsche Frage, S. 45; Murswiek, Offensives und Defensives Selbstbestimmungsrecht, Der Staat Bd. 23 (1984), S. 523 (538 und Fußnote 42).

357 Zu letzterem siehe: Präambel und Punkt 2 und des operativen Teils der Resolution 37/42 vom 3. Dezember 1982; Cassese, The Self-Determination Of Peoples, in: Henkin (Hrsg.), International Bill Of Rights, S. 92 (101); Partsch, Selbstbestimmung, in Wolfrum (Hrsg.), Handbuch der Vereinten Nationen. Dieser Gedanke wird auch vom IGH in seinem *Nicaragua-Beschluß*, IGH 1986, S. 14 (133), para 263 vertreten: „The finding of the United States Congress also expressed the view that the Nicaraguan

b) Inneres Selbstbestimmungsrecht des Staatsvolkes

Dadurch daß Träger des Selbstbestimmungsrechtes der Völker nicht der Staat, sondern das Staatsvolk selbst ist, stellt sich die Frage, ob dem Staatsvolk neben dem äußeren Selbstbestimmungsrecht auch ein inneres Selbstbestimmungsrecht zusteht. Das innere Selbstbestimmungsrecht ist in diesem Zusammenhang das Recht des Staatsvolkes, seine innere Ordnung frei zu bestimmen. Dieses Recht besteht unzweifelhaft als Abwehrrecht des Staatsvolkes gegen Einmischungen in seine Staatsform durch andere Staaten und Staatsorganisationen, also mit der Schutzrichtung nach außen. Auch insoweit besteht eine Deckung der Rechtsinhalte zwischen dem Selbstbestimmungsrecht und der Souveränität. Man kann daher bereits hier festhalten, daß die Souveränität des Staates ihr Spiegelbild in dem Selbstbestimmungsrecht des Staatsvolkes findet. Interessanter ist aber die Frage, ob das innere Selbstbestimmungsrecht des Staatsvolkes auch Rechte des Staatsvolkes gegen seine eigene Regierung begründet.[358]

aa) Bestehen des Rechtes gegen die eigene Regierung

Ob das innere Selbstbestimmungsrecht auch ein Recht gegen die eigene Regierung beinhaltet, und damit auch eine innere Stoßrichtung aufweist, ist umstritten. Dieser Streit ist auf die nicht expliziten Formulierungen in den Menschenrechtspakten und der FRD, sowie auf die Tatsache zurückzuführen, daß sich die Staatenpraxis fast ausschließlich mit dem äußeren Selbstbestimmungsrecht befaßt. In den Menschenrechtspakten heißt es übereinstimmend:

Government had taken „significant steps towards establishing a totalitarian Communist dictatorship". However the regime in Nicaragua being defined, adherence by a State to any particular doctrine does not constitute a violation of customary international law; to hold otherwise would make nonsense of the fundamental principle of State sovereignty, on which the whole of international law rests, **and** (own emphasis) the freedom of choice of the political, social, economic and cultural system of a State. Consequently, Nicaragua" domestic policy options, even assuming they correspond to the description given of them by the Congress finding, cannot justify on the legal plane the various actions of which the Respondent complained. The Court cannot contemplate the creation of a new rule opening up a right of intervention by one State against another on the ground that the latter has opted for some particular ideology or political system." Daraus sieht man aber gleichzeitig, daß es kein Recht auf Demokratie geben kann, denn das Volk kann auch eine nichtdemokratische Staatsform wählen. Es gibt dieses Recht auf Wahl.

358 Teilweise wird in der Literatur die Existenz des inneren Selbstbestimmungsrechts als solches bestritten. Dabei ist aber darauf hinzuweisen, daß diese Autoren den anderen Definitionsansatz für das Selbstbestimmungsrecht vertreten. Diese Autoren ordnen die Frage nach der Einmischung in die innere Staatsordnung von außen dem äußeren Selbstbestimmungsrecht zu, so daß eine Verkürzung des Inhalts des inneren Selbstbestimmungsrechts auf die Rechte gegen die eigene Regierung eintritt.

„All people have the right of self-determination. By virtue of that right they freely determine their political status ...“

In der FRD lautet der entsprechende Abschnitt:

„... all people have the right freely to determine, without external interference, their political status ...“

Insbesondere aus dem Satzteil „ohne äußere Einmischung“ in der FRD und der Tatsache, daß die folgenden Absätze sich ausschließlich mit der Umsetzung des äußeren Selbstbestimmungsrechts befassen, wurde geschlossen, daß es kein inneres Selbstbestimmungsrecht des Staatsvolkes gegen die eigene Regierung gäbe.[359] Zwar ist dem zweiten Einwand zuzugestehen, daß das Schwergewicht des in der FRD geregelten Selbstbestimmungsrechts auf dem äußeren Selbstbestimmungsrecht liegt. Daraus läßt sich aber nicht schließen, daß es gar keine innere Schutzrichtung des Selbstbestimmungsrechts geben kann. Diese Gewichtung entspricht vielmehr der damaligen Wichtigkeit für die internationale Praxis, in der mit der Entkolonialisierung das äußere Selbstbestimmungsrecht von entscheidender Bedeutung gewesen ist. Der Satzteil „ohne äußere Einmischung“ beschränkt das Recht im übrigen nicht notwendigerweise auf das äußere Selbstbestimmungsrecht. Vielmehr wird durch seine Stellung im Satz deutlich, daß die Selbstbestimmung eben *auch* ohne äußere Einmischung geschehen soll.

Diese Bewertung wird durch den 7. Absatz der FRD gestützt. Darin heißt es, daß sich nur derjenige Staat auf seine Souveränität und territoriale Integrität berufen kann, der sich selbst in Übereinstimmung mit dem zuvor beschriebenen Selbstbestimmungsrecht verhält und **somit** eine Regierung hat, die das ganze Volk des Territoriums repräsentiert.[360] Eine Regierung muß folglich bestimmten Anforderungen genügen, um nicht einen Verstoß gegen das Selbstbestimmungsrecht darzustellen. Da das Verhältnis zwischen Regierung und Volk aber Teil des inneren Selbstbestimmungsrechts des Staatsvolkes ist, muß das innere Selbstbestimmungsrecht auch existent sein.

Dabei begegnet der These, nach der die „saving clause“ nicht den generellen Inhalt des Selbstbestimmungsrechts, sondern eine Ausnahme vom generellen Inhalt bestimmt, und aus diesem Grund in der FRD kein inneres Selbstbestimmungsrecht gegen die Regierung geregelt ist,[361] zwei Einwänden. Eine solche

359 Cassese, Self-Determination of Peoples, S. 109 f., Fußnote 14; Doehring schließt die Möglichkeit eines Rechtes gegen die eigene Regierung scheinbar völlig aus, Doehring, Das Selbstbestimmungsrecht der Völker, in: Simma (Hrsg.), Charta der Vereinten Nationen, S. 15, Rdnr. 16.

360 Hervorhebung durch die Verfasserin. Der Inhalt dieses Absatzes soll später noch genauer dargestellt werden.

361 (Cassese, Self-Determination of Peoples, S. 109 f., Fußnote 14). Die Argumente mit denen Cassese die Regelung eines inneren Selbstbestimmungsrechts in der FRD ab-

Auslegung wird zum einen nicht vom Wortlaut getragen. Der Wortlaut ist insoweit: „... States conducting themselves in compliance with the principle of equal rights and self-determination of Peoples as **described above** and **thus** possessed of a government representing. ...“[362] Die Verbindung von „dem oben Beschriebenen“ mit dem „somit“ macht deutlich, daß der Inhalt der saving clause bereits Inhalt der Definition des Selbstbestimmungsrechts ist und es sich eben nicht um eine Ausnahme handelt.[363]

Die Annahme eines existenten Selbstbestimmungsrechts gegen die Regierung wird auch durch die Grundlagen des Rechtes selbst getragen. Denn wenn das Selbstbestimmungsrecht dem Staatsvolk als Träger zusteht, dann muß sich dieses Recht gegen alle richten, die seine Verwirklichung beschränken können. Legt die Regierung eines Staates die Staatsform eigenmächtig fest, oder ändert sie die Staatsform eigenmächtig, so hat nicht das Volk den politischen Status festgelegt. Eine Regierung kann also die Ausübung des Rechtes vereiteln. Daher muß sich das Selbstbestimmungsrecht auch gegen die Regierung des eigenen Staates richten.[364] Diese Wertung entspricht auch der Tatsache, daß das Selbstbestimmungsrecht ein permanentes Recht ist, und eben nicht mit der Staatsgründung untergeht.[365]

Diese Argumentation muß naturgemäß auch für die Menschenrechtspakte gelten,[366] und wird durch die Auslegung durch den IPBPR-Menschenrechts-

---

lehnt, sind auch insoweit nicht ganz verständlich, als er annimmt daß sich ein inneres Selbstbestimmungsrecht aus dem Wort freely in den Artikeln 1 der Menschenrechtspakte ergibt. (Cassese, Self-Determination of Peoples, S. 52 f.) Dieses Wort findet sich aber auch in der FRD.

362 Hervorhebung durch die Verfasserin.

363 Aber selbst wenn man mit den Vertretern der These davon ausginge, daß der 7. Abschnitt der FRD eine Ausnahme darstellt, so bleibt festzuhalten, daß jede Ausnahme immer ein Teil der Regel ist und daß dann ein inneres Selbstbestimmungsrecht gegen die Regierung für diesen Ausnahmetatbestand vorliegt.

364 Im Ergebnis auch: Arangio-Ruiz, The UN-Declaration On Friendly Relations And The System Of The Sources Of International Law, S. 140; Thornberry, The Democratic Or Internal Aspect Of Self-Determination With Some Remarks On Federalism, in: Tomuschat (Hrsg.), Modern Law Of Self-Determination, S. 101 (114 f.); Oeter, Selbstbestimmungsrecht im Wandel, ZaöRV Bd. 52 (1992), S. 741 (757).

365 S. 102 ff. Heintze, Völker im Völkerrecht, in: Ipsen (Hrsg.), Völkerrecht, Kapitel 6, § 30, Rdnr. 1. Allerdings halte ich entgegen Heintze die Existenz des inneren Selbstbestimmungsrechts nicht für sich aus dieser Tatsache zwangsläufig ergebend. Denn der permanente Charakter des Selbstbestimmungsrechts ergibt sich aus dem Recht selbst. Insbesondere besteht dieser permanente Charakter nicht nur bezüglich des inneren Selbstbestimmungsrechts, sondern auch das äußere Selbstbestimmungsrecht ist ein permanentes Recht.

366 Rosas, Internal Self-Determination, in: Tomuschat (Hrsg.), Modern Law Of Self-Determination, S. 225 (243).

ausschuß getragen. Dieser hat in seiner allgemeinen Bemerkung 12/21 in para 4 gefordert:

> *„With regard to paragraph 1 of article 1 State parties should describe the constitutional and political processes which in practice allow the exercise of this right.“*[367]

Verfassungsrechtliche und politische Prozesse innerhalb eines Staates haben aber Einfluß auf das innere Selbstbestimmungsrecht. Insoweit muß davon ausgegangen werden, daß auch die Menschenrechtspakte ein inneres Selbstbestimmungsrecht gewähren.[368] Bezüglich der Menschenrechtspakte ist zusätzlich zu berücksichtigen, daß sie Rechte gegen die Regierung regeln. Es ist insoweit unwahrscheinlich, daß ausgerechnet Artikel 1 ein solches Recht nicht gewährt.[369] Das Selbstbestimmungsrecht ist daher auch ein Recht gegen die eigene Regierung.[370]

bb) Inhalt des inneren Selbstbestimmungsrechtes gegen die eigene Regierung

Wenn das Selbstbestimmungsrecht das Recht jedes Volkes ist, seinen politischen Status frei zu wählen, und sich dieses Recht als inneres Selbstbestimmungsrecht auch gegen die Regierung des eigenen Staates richtet, dann erfaßt das innere Selbstbestimmungsrecht die Beziehungen zwischen einem Volk und seiner eigenen Regierung und berechtigt das Volk zur freien Gestaltung der staatlichen Ordnung.[371]

---

367 Zitiert nach Nowak, U.N. Covenant On Civil And Political Rights - CCPR-Commentary (1993), S. 857.

368 So auch: Cassese, Self-Determination of Peoples, S. 52f; Rosas, Internal Self-Determination, in: Tomuschat (Hrsg.), Modern Law Of Self-Determination, S. 225 (243f); Gusy, Selbstbestimmung im Wandel, ArchVR Bd. 30 (1992), S. 385 (405).

369 Rosas, Internal Self-Determination, in: Tomuschat (Hrsg.), Modern Law Of Self-Determination, S. 225 (243). Das Selbstbestimmungsrecht gehört somit nicht nur aufgrund seiner Trägerschaft, sondern auch aufgrund seines Anspruchsgegners zu den nach dem zweiten Weltkrieg entstandenen neuen Rechten, bei denen nicht ausschließlich Staaten Anspruchsgegner oder Anspruchsberechtigte sind. Dieses kann aber kein Argument gegen das Recht an sich sein. Das ergibt sich schon aus der Existenz der individuellen Menschenrechte. Die Zeiten eines reinen Staatsvölkerrechtes sind seit dem Inkrafttreten der Charta der VN endgültig vorbei.

370 So auch Doehring, Formen und Methoden der Anwendung des Selbstbestimmungsrechts, in: Blumenwitz/Meissner (Hrsg.), Das Selbstbestimmungsrecht der Völker und die deutsche Frage, S. 61 (63 ff.).

371 Heintze, Völker im Völkerrecht, in: Ipsen (Hrsg.), Völkerrecht, Kapitel 6, § 30, Rdnr. 1.

aaa) Pflicht zu Demokratie

Damit stellt sich aber sofort die Frage nach der Pflicht zu Demokratie. Insbesondere in der westlichen Literatur wird häufig vertreten, daß ein Recht auf die freie Entscheidung über die Staatsform nur durch demokratische Strukturen gewährleistet werden kann und es daher ein Recht auf Demokratie gebe.[372] Gemeint ist aber nicht das Recht auf Demokratie, sondern vielmehr die Pflicht zu einer demokratischen Staatsform. Ein solcher Gedankengang übersieht aber, daß es gerade die Staatsform ist, die von dem Volk überhaupt erst frei bestimmt werden soll. Es ist die Entscheidung des Volkes, ob es eine Demokratie will oder nicht.[373] Insofern hat das Volk das Recht sich für jede Staatsform zu entscheiden, nicht nur für die Demokratie, sondern auch für jede andere Staatsform. Es gibt also *auch* ein Recht auf Demokratie. Aber die Demokratie ist nicht die einzige Staatsform, die das Volk im Rahmen seines Selbstbestimmungsrechts wählen kann. Das bedeutet, daß aus dem Selbstbestimmungsrecht nicht das Verbot aller anderen Staatsformen erwächst. Eine Pflicht, den Staat demokratisch zu organisieren, gibt es daher nicht.

Fraglich ist aber, ob die Ermittlung des Willens des Volkes nur durch demokratische Mittel möglich ist. Dies ist aber eine Frage der Ausübung des Selbstbestimmungsrechts und nicht eine Frage des Inhalts dieses Rechtes. Daß der Inhalt des Selbstbestimmungsrechts[374] gerade die freie Entscheidung über die Regierungsform ist, wurde auch durch den Nicaragua-Beschluß des IGH bestätigt. Der IGH hielt insoweit fest:

---

372 Zum Teil wird aus diesem Gedankengang dann auch ein Argument gegen das Bestehen eines inneren Selbstbestimmungsrechts entwickelt. Wenn das innere Selbstbestimmungsrecht ein Recht auf Demokratie, oder zumindest auf demokratische Entscheidungsprozesse bezüglich der Staatsform, enthält, und in der Welt mehrheitlich undemokratische (im westlichen Sinne) Regierungsformen bestehen, dann kann es kein inneres Selbstbestimmungsrecht geben. Zum Recht auf Demokratie: Rosenstock, The Declaration Of Principles Of International Law Concerning Friendly Relations: A Survey, AJIL Bd. 65 (1971), S. 713 (732); Kooijmans, Tolerance, Sovereignty And Self-Determination, NILR 1996 S. 211 (212); Paust, Self-Determination: A Definitional Focus, in: Alexander/Friedlander (Hrsg.), Self-Determination: National, Regional, And Global Dimensions, S. 3 (7 f.); Brühl-Moser, Die Entwicklung des Selbstbestimmungsrechts der Völker, S. 73. Cassese, The Self-Determination Of Peoples, in: Henkin (Hrsg.), The International Bill Of Rights, S. 92 (97), der dieses Ergebnis aus dem Zusammenspiel von Artikel 1 mit den anderen Artikeln des Paktes über politische und bürgerliche Rechte entnimmt.

373 In diesem Sinn auch: Heintze, Selbstbestimmungsrecht und Minderheitenrechte im Völkerrecht, S. 93 ff.

374 Ob äußeres oder inneres Selbstbestimmungsrecht ist insoweit egal.

„However the regime in Nicaragua be defined, adherence by a State to any particular doctrine does not constitute a violation of customary international law; to hold otherwise would make nonsense of the fundamental principle of State sovereignty, on which the whole international law rests, and the freedom of choice of the political, social, economic and cultural system of a State."[375]

Eine Pflicht zu Demokratie kann es folglich aus dem Selbstbestimmungsrecht heraus nicht geben.[376] Dies würde die Entscheidungsmöglichkeit des Volkes einschränken. Dieses Ergebnis fügt sich auch in das übrige Völkerrecht ein. Das Völkerrecht der Nachkriegszeit bis 1990 ist durch den Ost-West-Konflikt und damit den Ideologienkonflikt zwischen westlicher Demokratie und Sozialismus/Kommunismus geprägt. Grundlage eines in diesem Konflikt funktionierenden Völkerrechts mußte der Pluralismus der Ideologien sein. Das Völkerrecht durfte grundsätzlich keine Bewertung der Staatsformen vornehmen.[377]

Dies wird auch durch die Charta der VN bestätigt. Diese macht in Artikel 4 Ziffer 1 die Aufnahme eines Staates gerade nicht davon abhängig, daß der Staat eine bestimmte Regierungsform hat, sondern alleine davon, ob er friedensliebend ist. Zwar könnte man argumentieren, daß sich die Pflicht zur Demokratie aus dem in Artikel 1 Ziffer 2 festgelegten Selbstbestimmungsrecht ergibt und die neuen Mitglieder nach Artikel 4 Ziffer 1 dieses als Aufnahmevoraussetzung akzeptieren müssen. Gegen eine solche Auslegung spricht aber, daß bereits bei der Ausarbeitung der Charta die Forderung, daß die VN-Mitglieder demokratische Regierungsformen haben müßten, als Einmischung in die inneren Angelegenheiten zurückgewiesen wurde.[378] Diese Auslegung könnte sich natürlich im Laufe der Zeit geändert haben. Aber für eine solche Änderung ist bis 1990 kein Anzeichen gegeben. Die Aufnahme eines Staates wurde nie aufgrund einer undemokratischen Regierungsform abgelehnt.

Erhärtet wird dies durch die Reaktion der Staatengemeinschaft auf die irakische Invasion Kuwaits. Der Sicherheitsrat forderte in seiner Resolution 662 (1990) die Wiederherstellung der rechtmäßigen, nicht aber einer demokratischen Regierung.[379] Es wurden auch nach der Befreiung Kuwaits weder von den VN noch von den Staaten Versuche unternommen, in Kuwait ein demokratisches System zu errichten. Eine Pflicht zur Demokratie gibt es also aus dem inneren Selbstbestimmungsrecht des Volkes heraus nicht. Ein Volk kann sich auch für eine Diktatur oder Monarchie als Staatsform entscheiden.

---

375 *Nicaragua-Beschluß* ICJ Reports 1986, S. 14 (133), para 263.

376 Für andere: Doswald-Beck, The Legal Validity Of Military Intervention By Invitation Of The Government, BYIL Bd. 56 (1985), S. 189 (207).

377 Heintze, Völker im Völkerrecht, in: Ipsen (Hrsg.), Völkerrecht, Kapitel 6, § 30, Rdnr. 5.

378 Ginther, Artikel 4, in: Simma (Hrsg.), Charta der Vereinten Nationen, S. 118, Rdnr. 21.

379 Gleiches gilt auch für Afghanistan.

bbb) Recht auf eine das ganze Volk repräsentierende Regierung

Daraus kann aber nicht der Schluß gezogen werden, daß in der politischen Praxis jedes Regime den Anforderungen des inneren Selbstbestimmungsrechts entspricht.[380] Die Staatengemeinschaft hat mit dem Vorwurf der Verletzung des Selbstbestimmungsrechts auf das Apartheidsregime in **Südafrika**[381] reagiert. Sowohl der Sicherheitsrat als auch die Generalversammlung haben insoweit Resolutionen verabschiedet, die das Apartheidsregime als Verletzung des Selbstbestimmungsrechts bezeichneten.[382] Diese Verurteilung wird dann verständlich und läßt sich in das System des Selbstbestimmungsrechts einordnen, wenn das Apartheidsregime in Südafrika näher betrachtet wird.

Das Apartheidsregime basierte auf einer Politik der Rassentrennung. Diese entstand aus einer Mischung der wirtschaftlichen Ausbeutung der afrikanischen

380 Für eine solche Annahme sprechen die vielen Diktaturen, die in der Welt existieren. Beispiele sind dabei das Pol Pot-Regime (roten Khmer) in Kambotscha, das Pinochet-Regime in Chile und einige afrikanische Regime, die mit großer Grausamkeit ihren Machterhalt betrieben. All diesen Regimen wurde von Seiten der Staatengemeinschaft nie der Vorwurf gemacht, gegen das innere Selbstbestimmungsrecht zu verstoßen.

381 Die Republik Südafrika wurde 1910 als Union Südafrika aus den englischen Kolonien Kap und Natal und den ehemaligen Burenrepubliken Transvaal und Oranje Freistaat als britisches Dominion als freiwilliger Zusammenschluß gebildet. Die Union war Folge des sogenannten Burenkrieges in dem Transvaal und Oranje Freistaat als burische unabhängige Länder gegen ihre Umwandlung in britische Kolonien gegen Großbritannien kämpften, diesen Kampf aber 1902 verloren. Bis 1931 unterstanden die Dominion außenpolitisch noch dem Britischen Reich, waren ansonsten aber unabhängig. Dieser Zwitterstatus wurde mit dem Statut von Westminster 1931 aufgehoben und die Dominion wurden formell dem Mutterland gleichgestellt und bekamen das Recht eigener Außenpolitik. Insoweit war Südafrika auch Gründungsmitglied der VN. 1961 wurde Südafrika zur Republik und tritt aus dem Commonwealth aus. Ein Überblick über die südafrikanische Geschichte findet sich in: Rüsen/Vörös-Rademacher (Hrsg.), Südafrika, S. 219ff.

382 Das Apartheidsystem wurde sowohl von der Generalversammlung als auch vom Sicherheitsrat verurteilt. In Sicherheitsratsresolution 417 vom 31. Oktober 1977 heißt es: „Affirming the right to the exercise of self-determination by all the people of South Africa as a whole, irrespective of race, colour or creed." In Resolution 556 bestimmt der Sicherheitsrat: „Reaffirming the legitimacy of the struggle of the oppressed people of South Africa for the *full exercise of the right to self-determination* and the establishment of a non-racial democratic society in an unfragmented South-Africa,...". Weiter heißt es in Punkt 6 der gleichen Resolution: "Demands the immediate eradication of apartheid as the necessary step towards the full exercise of the right of self-determination in an unfragmented South Africa,..." Außerdem sprach die Generalversammlung der südafrikanischen Regierung die Berechtigung ab, daß südafrikanische Volk zu vertreten (Resolution 3151 G (XXVIII), Ziffer 11).

Bevölkerung, dem Willen der Weißen zur Machterhaltung[383] und der seit der Mitte des 19. Jahrhunderts in Europa und Nordamerika weit verbreiteten Auffassung von der Ungleichheit der Rassen und dem damit einhergehenden Überlegenheitsgefühl der weißen Bevölkerung.[384] Seine gesetzlichen Grundlagen wurden bereits mit Ausschluß der afrikanischen Bevölkerung vom Wahlrecht in den burischen Republiken und dem Native Land Act von 1913 gelegt. Allerdings wurde die Diskriminierungspolitik erst mit dem Wahlsieg der NP 1948 zu der von den VN verurteilten Apartheidspolitik systematisiert.[385] Grundprinzip dieser Politik war die möglichst vollständige Trennung der Rassen.

Diese Trennung erfolgte zum einen im sozial Bereich.[386] Ziel dieser sozialen Trennung war die Beseitigung der Gelegenheiten, bei denen sich Weiße und Nichtweiße als gleichberechtigt begegnen konnten und die Schaffung einer durchgehenden Situation der Über- und Unterordnung. Als Höhepunkt dieser Politik kann wohl die gesetzlich festgelegte Pflicht für südafrikanische Bürger, sich einer bestimmten „Rasse" zuteilen zu lassen,[387] das Verbot des außer-

---

383 Hagemann, Die Entstehung und Entwicklung der Apartheid - eine Skizze, in: Rüsen/Vörös-Rademacher (Hrsg.), Südafrika, S. 17 (18).

384 Fisch, Geschichte Südafrikas, S. 107, 272. Aus dieser Mischung entwickelten insbesondere die burischen Intellektuellen in den 1920'er und 1930'er Jahren eine Ideologie, die von dem Gedanke der Ungleichheit der Rassen getragen wurde. Anders als im Nationalsozialismus sollte diese Ungleichheit aber nicht naturgegeben sein, sondern sich aus der unterschiedlichen Geschichte jedes Volkes ergeben. Der unterschiedliche Entwicklungsstand sollte es danach erfordern, daß das zivilisierte Volk die anderen Völker solange förderte, bis diese den selben Entwicklungsstand erreicht hätten. Insoweit entsprach diese Theorie dem sacred trust Gedanken. Dafür sollte aber eine getrennte Entwicklung der Völker nötig sein, was dann auch die Segregationspolitik begründete (Dieser Ansatz wurde auch in den USA vertreten - Stichwort: Trennung der Schulen). Fisch, Geschichte Südafrikas, S. 272f, 289.

385 Die diskriminierende Politik, die vor 1948 stattfand, wird als Segregationspolitik bezeichnet. Hagemann, Die Entstehung und Entwicklung der Apartheid - eine Skizze in: Rüsen/Vörös-Rademacher, Südafrika, S. 17 (17).

386 Bekannte Phänomene dieser sozialen, oder auch kleinen Apartheid sind die getrennten Parkbänke, Schulen und Ambulanzen die durch den Separate Amenities Act eingerichtet wurden.

387 Population Registration Act von 1950. Alle Bürger mußten sich danach rassisch nach bestimmten Kriterien in vier Gruppen einteilen lassen: Weiße (hierzu gehörten interessanterweise auch Japaner), Asiaten (worunter insbesondere Chinesen und Inder vielen), Mischlinge und Schwarze. Zu den Unterscheidungskriterien gehörte der äußere Anschein und als was die Umwelt den jeweiligen Bürger wahrnahm. So wurde als Weißer definiert, wer: a) offensichtlich wie eine weiße Person aussieht und im allgemeinen nicht als farbige Person aufgenommen wird; oder b) der allgemein als weiße Person aufgenommen wird, obwohl er offensichtlich nicht wie eine weiße Person aussieht. Siehe: Heintze, Allgemeines völkerrechtliches Verbot der Rassendiskriminierung, in: Ansbach/Heintze (Hrsg.), Selbstbestimmung und das Verbot der Rassendiskriminierung im Völkerrecht, Kapitel 3, S. 80 (80).

ehelichen Geschlechtsverkehrs zwischen Weißen und Nichtweißen,[388] das Verbot der Mischehen,[389] sowie die vollständige Wahlrechtsabschaffung[390] für Nichtweiße bezeichnet werden.

Die Trennung der Rassen erfolgte aber auch räumlich. Dabei ging es um eine möglichst vollständige Trennung der Lebensbereiche, die zu einer Zuteilung von Wohngebieten in den Städten[391] und zur Zuteilung bestimmter Gebiete im ländlichen Bereich[392] führte. Es wurde den Angehörigen der verschiedenen „Rassen" verboten, Grundeigentum in einem anderen als dem ihnen zugewiesenen räumlichen Bereichen zu erwerben. Eine vollständige Trennung konnte aber naturgemäß nicht stattfinden, da die südafrikanische Wirtschaft auf die schwarzen Arbeitskräfte angewiesen war. Ein Aufenthaltsrecht in Gebieten, die der weißen Bevölkerung zugewiesenen waren, gab es aber nur für die arbeitenden Angehörigen der schwarzen Bevölkerung. Wer keine Arbeit hatte, durfte sich gemäß des Native Laws Amendment Act von 1952 nicht länger als 72 Stunden in einem städtischen Gebiet aufhalten. Um dies zu kontrollieren, wurde das Paßgesetz, das bereits zuvor bestanden hatte, 1952 durch den Abolition Of Passes Act[393] verschärft. Danach mußte praktisch die gesamte erwachsene schwarze Bevölkerung ständig einen Paß bei sich tragen.

Den Höhepunkt fand diese räumliche Trennung in der Bantustans - Politik.[394] Danach sollten die sogenannten Homelands ab 1959 zu unabhängigen Staaten

---

[388] Das erste Gesetz über Beschränkungen des außerehelichen Geschlechtsverkehrs zwischen Angehörigen verschiedener Rassen, der Immorality Act, war bereits 1927 erlassen worden und wurde 1950 und 1957 verschärft.

[389] Prohibition Of Mixed Marriages Act 1949. Diese Rassenreinhaltungsgesetze waren von der oben beschriebenen Theorie nicht mehr gedeckt, sondern weisen eindeutig darauf hin, daß von einer naturgegebenen Minderwertigkeit der schwarzen Rasse ausgegangen wurde. Insofern wird der von Fisch behauptete Unterschied zum Nationalsozialismus relativiert.

[390] Durch die Verfassung von 1910 hatte jede der Kolonien, die sich in der südafrikanischen Union zusammenschlossen ihr Wahlrecht behalten können. Dadurch waren bereits vor 1948 Nichtweiße nur in der Kapprovinz wahlberechtigt. Seit 1936 durften die Schwarzen in der Kapprovinz nur noch gesondert drei weiße Abgeordnete wählen. Ab 1956 konnten auch die Mischlinge nur noch gesondert vier weiße Abgeordnete wählen. 1959 wurde dann das Wahlrecht der Schwarzen ganz abgeschafft. 1968 wurde das Wahlrecht der Mischlinge beseitigt.

[391] Native Urban Areas Act 1923. Dieser betraf aber zunächst ausschließlich Schwarze. Die Trennung aller Rassen erfolgte durch den Group Areas Act von 1950. Dieser erlaubte es dem Staat, bestimmte Gebiete bestimmten Rassen zum Wohnen oder für Geschäftstätigkeiten zuzuweisen.

[392] Beginn mit dem Native Land Act von 1913.

[393] Durch dieses Gesetz wurden die Pässe außerdem in „reference books" umbenannt, daher erhielt es den Namen Gesetz zur Abschaffung der Pässe.

[394] Bereits vor 1948 hatte es sogenannte Reservate der Schwarzen gegeben. Diese schwarzen Landstriche waren eigentlich aus der Unfähigkeit der weißen Siedler im 19. Jahr-

entwickelt werden. Die Bildung dieser Staaten erfolgte nach sprachlich-ethnischen Gesichtspunkten. Sinn war es, die schwarze Bevölkerung in Südafrika zu Ausländern zu machen und dadurch ihre Diskriminierung nicht mehr mit ihrer Hautfarbe, sondern mit ihrem Ausländerstatus begründen zu können. Vorbereitet wurde dies durch den Black Homeland Citizenship Act von 1971. Durch diesen wurden alle südafrikanischen Staatsangehörigen schwarzer Hautfarbe, also auch die, die seit Generationen in den nun der weißen Bevölkerung vorbehaltenen Gebieten lebten, zu Bürgern der Homelands gemacht. Von 1976 bis 1981 wurden vier Homelands, Transkei, Ciskei, Bophutatswana und Venda, formell unabhängig.[395] Diese Politik führte seit den sechziger Jahren zu massenhaften Zwangsumsiedlungen von Angehörigen der schwarzen Bevölkerung aus Gebieten, die der weißen Bevölkerung vorbehalten waren, in die Homelands. Nach privaten Schätzungen wurden bis 1983 3,5 Millionen Menschen deportiert.[396]

Verschiedentlich wurde in der Anwendung des Selbstbestimmungsrechts auf Südafrika eine Übertragung des Entkolonialisierungskonzeptes gesehen.[397] Es wurde angenommen, daß das Selbstbestimmungsrecht deshalb auf Südafrika Anwendung fände, weil die Staatengemeinschaft in ihm eine Art „inneren Kolonialismus" sehen würde.[398] Grundlage dieser Annahme waren die Tatsachen, daß es sich bei Südafrika um eine ehemalige Kolonie handelte, in der die alten kolonialen Machtstrukturen erhalten worden waren, und daß die Verurteilungen zeitlich in die Entkolonialisierungsphase fielen. Folgte man dieser Meinung, so wäre das Apartheidsregime kein Beispiel für eine Verletzung des inneren Selbstbestimmungsrechts. Allerdings lassen weder die Resolutionen des Sicherheitsrates noch die der Generalversammlung einen solchen Schluß zu. Es wird darin nirgendwo ein Vergleich mit dem Kolonialsystem gezogen. Im Gegenteil, in den

---

hundert entstanden, sich das gesamte Land anzueignen. Sie wurden aber bei der Trennung der Rassen äußerst nützlich, da sie als schwarze Gebiete ausgezeichnet werden konnten, und der Regierung eine Grundlage für die räumliche Trennung der Rassen gaben. Sie wurden dann nach 1948 in Homelands oder auch Bantustans umbenannt und erhielten nach und nach Selbstverwaltungsrechte (Bantu Authorities Act von 1951 Promotion Of Bantu Self-Government Act von 1959). Allerdings wurde die Macht dabei unter Berufung auf traditionelle Regierungsformen auf Häuptlinge übertragen, die von der Regierung eingesetzt wurden.

395 Die sechs weiteren Homelands blieben Teil der Südafrikanischen Republik. Dies waren: Gazankulu, Kwangwane, Kwa-Ndebele, Kwazulu, Lebowa und Qwaqwa.

396 Fisch, Geschichte Südafrikas, S. 315.

397 Brühl-Moser, Die Entwicklung des Selbstbestimmungsrechts der Völker, S. 63.

398 Ginther, Die völkerrechtliche Stellung nationaler Befreiungsbewegungen im südlichen Afrika, ÖZöRV Bd. 32 (1982), S. 131 (135); Ginther, Das Anerkennungsverbot der Homelands - Überlegungen zur Anerkennungspolitik im südlichen Afrika, GYIL Bd. 23 (1980), S. 323 (324); Gusy, Selbstbestimmung im Wandel, ArchVR Bd. 30 (1992), S. 385 (401) Fußnote 65.

alljährlichen Resolutionen der Generalversammlung zur universellen Realisierung des Selbstbestimmungsrechts der Völker werden koloniale Herrschaft, Apartheid und Okkupation nebeneinander genannt,[399] so daß davon auszugehen ist, daß es sich um drei verschiedene Verletzungen des Selbstbestimmungsrechts handeln muß. Das Entkolonialisierungskonzept läßt sich auch gar nicht auf Südafrika übertragen. Ausformung des Entkolonialisierungskonzeptes ist die Internationalisierung des Verhältnisses zwischen der Verwaltungsmacht und den Kolonien. Es handelt sich um die Anwendung des äußeren Selbstbestimmungsrechts. Eine solche Internationalisierung ist im Falle Südafrikas aber nicht möglich, denn es handelt sich gerade nicht um die Unterdrückung durch eine äußere Macht, sondern um eine Unterdrückung der Mehrheit durch eine Minderheit im Staat selbst. Eine solche Übertragung ist auch nicht notwendig.

Das Apartheidsregime Südafrikas verstößt vielmehr gegen das Selbstbestimmungsrecht, weil es einen Teil des Staatsvolkes von der Entscheidung über den inneren Status ausschließt. Und dadurch die Entscheidung nicht durch den tatsächlichen Rechtsträger getroffen wird. Träger des Selbstbestimmungsrechts ist im staatlichen Zusammenhang das Staatsvolk. Das Staatsvolk ist territorial zu bestimmen. Es ist die auf dem Gebiet eines Staates dauerhaft ansässige Bevölkerung.[400] Dieser Gesamtbevölkerung steht das Selbstbestimmungsrecht zu und das Recht muß vom ganzen Volk ausgeübt werden. Wird bei der Bestimmung des inneren Status ein Teil der Bevölkerung von vornherein von der

---

399 So heißt es zum Beispiel in der Resolution 101/41 (Importance of the universal realization of the rights of peoples to self-determination and of the speedy granting of independence to colonial countries and peoples for the effective guarantee and observance of human rights) unter Punkt 2: „Reaffirming the legitimacy of the struggle of peoples for their independence, territorial integrity, national unity and liberation from colonial domination, apartheid and foreign occupation by all available means,…"

400 Die Bestimmung, wer zur dauerhaft ansässigen Bevölkerung gehört, ist und muß dabei grundsätzlich den Staaten überlassen werden und erfolgt durch die Staatsangehörigkeitsgesetze. In ihnen stellen die Staaten Kriterien für die Einordnung zur dauerhaft ansässigen Bevölkerung auf. Eine besondere Rolle spielt dabei die dauerhafte Verbindung zu einem Staat. Viele Staaten stellen dabei auf die Geburt ab. Wer in einem Staat geboren wird, ist zur Erlangung der Staatsangehörigkeit zumindest berechtigt, wenn er sie nicht direkt erlangt. Daß andere Staaten auf die Herkunft abstellen, könnte als Gegenbeweis dafür gewertet werden, daß das Staatsvolk territorial zu bestimmen ist, denn das Abstellen auf die Abstammung weist auf eine ethnische Bestimmung hin. Allerdings muß dabei beachtet werden, daß alle Staaten auch die Einbürgerung aufgrund dauerhaftem Aufenthalts in dem Staat kennen. Daß die Staatsangehörigkeit in einem Zusammenhang mit der Bestimmung des Volkes steht, zeigt sich auch daran, daß die Verleihung der Staatsangehörigkeit an eine Person, die gar keine Verbindung zu dem Staat hat, im Fall der doppelten Staatsangehörigkeit international nicht wirksam wird. Siehe: Nottebohm-Fall (Liechtenstein –Guatemala ICJ-Reports 1955, S. 4 ff., in: Harris, Cases And Materials On International Law, S. 563 ff.)

Entscheidung ausgeschlossen, hat gerade nicht das gesamte Volk die Entscheidung getroffen. Eine Ausübung des Rechtes liegt nicht vor. Wird nur ein Teil des Rechtsträgers an der Entscheidung beteiligt, dann wird dieser Rechtsträger nicht mehr nach dem für dessen Bestimmung anerkanntem Kriterium, in diesem Fall der Zugehörigkeit zu der innerhalb der Staatsgrenzen dauerhaft lebenden Bevölkerung, bestimmt. Die Bestimmung erfolgt nach anderen Kriterien, wobei häufig Kriterien wie Hautfarbe, ethnische Zugehörigkeit oder Glaube zu einer ethnischen Bestimmung des das Selbstbestimmungsrecht ausübenden Körpers führen. Ein so bestimmter Rechtsträger ist nicht als Staatsvolk selbstbestimmungsberechtigt. Aus der territorialen Bestimmung des Trägers des Selbstbestimmungsrechts ergibt sich also das Verbot des Ausschlusses von Teilen des Staatsvolkes von der Entscheidung über den inneren Status.

Dieses Verbot muß auf die politischen Systeme und damit auf die Regierungen durchschlagen. Wenn der Ausschluß von Teilen der Bevölkerung als solcher verboten ist, dann muß auch ein politisches System verboten sein, dessen Inhalt dieser Ausschluß ist. Ein politisches System wird aber immer von der Regierung umgesetzt. Eine Regierung, die auf einem politischen System basiert, das Teile des Staatsvolkes von der Entscheidung über diese Ordnung ausschließt, ist nicht die Vertretung des ganzen Staatsvolkes, sondern nur des Teils, der nicht von der Entscheidung ausgeschlossen ist. In diesem Sinne muß auch die saving clause der FRD verstanden werden. Darin heißt es:

> „*Nothing in the foregoing paragraphs shall be construed as authorizing or encouraging any action which would dismember or impair, totally or in part, the territorial integrity or political unity of sovereign and independent States conducting themselves in compliance with the principle of equal rights and self-determination of peoples as described above and thus* ***possessed of a government representing the whole people belonging to the territory without distinction as to race, creed or colour.***“[401]

Ein Staat steht also nur dann im Einklang mit dem Selbstbestimmungsrecht, wenn er eine Regierung hat, die das ganze Volk des Territoriums unabhängig von Rasse, Glauben oder Hautfarbe repräsentiert.[402] Repräsentation bedeutet insofern, daß die Regierung Ausdruck des Willens des gesamten territorial bestimmten Volkes sein muß. Die gesamte Bevölkerung muß die Entscheidung für eine bestimmte innerstaatliche Ordnung getroffen haben und die Regierung muß

---

401 Generalversammlungsresolution 2625 (XXV) vom 24.10.1970; Fünfter Abschnitt. Hervorhebung durch die Verfasserin.

402 So auch: Hannum, Rethinking Self-Determination, VJIL Bd. 34 (1993), S. 1 (17, 33); Shaw, Peoples, Territorialism And Boundaries, EJIL Bd. 8 (1997), S. 478 (483); Thürer, Das Selbstbestimmungsrecht der Völker, S. 188.

für diesen Entscheidungsträger stehen. Die Regierung muß die Vertretung des ganzen Volkes sein.

Dies war in Südafrika nicht der Fall. Die schwarze Bevölkerung hat niemals an der Entscheidung über die innere Ordnung teilgenommen. Über die innere Ordung hat nur die ethnisch bestimmte weiße Bevölkerung entschieden. Aus dem territorial zu bestimmenden Staatsvolk war also durch die rassendiskriminierenden Gesetze eine ethnisch bestimmte Ausübungskörperschaft geworden, die von der südafrikanischen Regierung vertreten wurde. Südafrika hat durch sein System und die dieses System umsetzende Regierung gegen das Selbstbestimmungsrecht des territorial bestimmten südafrikanischen Volkes verstoßen.

Aus dem Verbot des Ausschlusses von Teilen des Staatsvolkes von der Entscheidung ergibt sich also auch ein Verbot von nicht das ganze Volk repräsentierenden politischen Systemen und Regierungen. Solche Systeme und Regierungen stellen einen Verstoß gegen das Selbstbestimmungsrecht des Staatsvolkes durch den eigenen Staat dar.

ccc) Verletzung durch den Ausschluß von Minderheiten

Daß sich ein Verbot des Ausschlusses von Teilen der Bevölkerung von der Entscheidung über die innere Ordnung aus der territorialen Bestimmung der Trägerschaft ergibt, wurde mit dem Beispiel Südafrikas bewiesen. Dieses Ergebnis ist aber insoweit besonders eklatant, als die Mehrheit des selbstbestimmungsberechtigten Staatsvolkes von der Entscheidung über die innere Ordnung ausgeschlossen worden war. Das politische System und die Regierung konnten daher unter keinen Umständen Ausdruck des Willens des Staatsvolkes sein. Es stellt sich aber die Frage, ob diese Bewertung auch dann zutrifft, wenn nicht die Mehrheit des Staatsvolkes von der Entscheidung über die innere Ordnung ausgeschlossen wird, sondern eine Minderheit. Insoweit wären die **Minderheiten Begünstigte eines Rechtes, dessen Träger das Gesamtvolk** wäre.[403] Zweifel daran könnten aufgrund der Staatenpraxis gerechtfertigt sein. Sowohl die Afroamerikaner als auch die native americans und die Aborigines wurden von ihren Heimatstaaten diskriminiert. Trotzdem wurde weder den USA noch Kanada oder Australien jemals durch die Staatengemeinschaft ein Verstoß gegen das innere Selbstbestimmungsrecht ihrer Staatsvölker vorgeworfen. Im Folgenden soll daher untersucht werden, ob diese Minderheiten durch ihre Heimatstaaten von der Entscheidung über die innere Ordnung ausgeschlossen wurden. Nur dann könnten diese Fälle gegen ein Verbot des Ausschlusses von Minderheiten als Inhalt des inneren Selbstbestimmungsrechts sprechen.

---

[403] Ob diese Minderheiten daneben auch selbst Träger eines Selbstbestimmungsrechts sind soll in einem späteren Kapitel behandelt werden (Seite 180 ff.).

Das stärkste Gegenargument für die Auslegung, daß der Totalausschluß einer Minderheit eine Verletzung des inneren Selbstbestimmungsrechts des Staatsvolkes sein kann, wurde häufig in der Stellung der Afroamerikaner in den USA gesehen.[404] Bis 1960 waren zum Beispiel in 100 untersuchten Südstaaten-Counties lediglich 5% der sich im wahlfähigen Alter befindenden Afroamerikaner in den Wahllisten registriert. In weiten Teilen der Südstaaten herrschte Rassentrennung im öffentlichen Leben.[405] Allerdings muß die hinter dieser Diskriminierung stehende Gesetzgebung beachtet werden. Seit der Zeit der Reconstruction (1865-1877) bestand nach der Verfassung der USA Gleichberechtigung zwischen den Rassen. Der 14. Verfassungszusatz erklärte die Afroamerikaner zu Staatsbürgern und der 15. Verfassungszusatz von 1870 garantierte, daß das Wahlrecht der Bürger der Vereinigten Staaten aufgrund der Rasse, Hautfarbe oder früherer Dienstverhältnisse weder verweigert noch eingeschränkt werden durfte. Verfassungsrechtlich herrschte folglich Gleichberechtigung und gerade kein Ausschluß der schwarzen Minderheit.[406] Diese verfassungsrechtliche Gleichstellung der Afroamerikaner wurde durch die Südstaaten durch rassenneutrale Gesetze unterlaufen. Auch hier waren grundsätzlich alle gleichermaßen wahlberechtigt, allerdings wurde die Registrierung auf einer Wählerliste von Wahlsteuern und Analphabetentests abhängig gemacht.[407] Da die Afroamerikaner durch ihre Vergangenheit als Sklaven zum Großteil Analphabeten waren und das Pro-Kopf-Einkommen sehr gering war, waren sie in den seltensten Fällen in der Lage, die Anforderungen zu erfüllen. Hinzu kamen der Terror durch den Ku Klux Klan[408], der durch Gewalt und Einschüchterung eine Registrierung verhinderte, und die diskriminierende Anwendung der Vor-

---

404 Zur Diskriminierung der Afroamerikaner in der Politik, der Gesellschaft und den Gesetzen siehe: Synnestvedt, The White Response To Black Emancipation; Pettigrew (Hrsg.), Racial Discrimination In The United States; Sitkoff, The Struggle For Black Equality 1954-1992.

405 So herrschte eine gesetzlich festgeschriebene Segregation im Bildungs- und Gesundheitssystem, im Transportwesen sowie in allen öffentlichen Einrichtungen und au öffentlichen Plätzen (Wenzel, Segregation/Desegregation, in: Wersich (Hrsg.), USA-Lexikon, S. 655 (656).

406 Dies wirkte sich dann auch während der Reconstruction in einer regen Wahlbeteiligung der Afroamerikaner und deren Vertretung in den Südstaatenregierungen aus. Diese Zeit wird auch als „black reconstruction" bezeichnet (Rüdiger Wersich, Reconstruction, in: Wersich (Hrsg.), USA-Lexikon, S. 634 (635); Holt, Race And Racism, in: Greene (Hrsg.), EAPH Volume III, S. 1042 (1048)).

407 Argersinger, Electoral Processes, in: Greene (Hrsg.), EAPH Volume II, S. 489 (508); Mauch, Suffrage/Disfranchisement, in: Wersich (Hrsg.), USA-Lexikon, S. 695 (696).

408 Der Ku Klux Klan wurde 1866 gegründet und durch den Ku Klux Klan Act verboten: Morris, EAH S. 298.

schriften durch die lokalen Behörden.[409] Allerdings zeigt das Beispiel Süd-rhodesiens, daß auch ein faktischer Ausschluß eines Teils der Bevölkerung, durch zum Beispiel rassenneutral formulierte Gesetze, ein Verstoß gegen das Selbstbestimmungsrecht sein kann. Es kommt alleinig darauf an, ob tatsächlich ein Teil des Staatsvolkes durch den Staat von der Entscheidung ausgeschlossen wird. Ein solcher, tatsächlicher Ausschluß lag in den Südstaaten unzweifelhaft vor. Allerdings spricht dies aus zwei Gründen nicht gegen die Annahme, daß auch der Ausschluß einer Minderheit von der Entscheidung über den inneren Status eine Verletzung des Selbstbestimmungsrechts des Staatsvolkes ist.

Zum einen erscheint fraglich, ob dieser Ausschluß durch den Staat / durch die Regierung erfolgte, diese also der richtige Anspruchsgegner ist. Völkerrechtlich vertretungsberechtigt ist die Bundesregierung der USA. Die Bundesregierung und die Bundesverfassung vertraten aber die Gleichstellung der Afroamerikaner und deren Recht an den Wahlen teilzunehmen. Die Afroamerikaner im Norden und Westen der USA konnten dementsprechend frei wählen. Begründet in dem föderalen Aufbau der USA, erfolgte der Ausschluß also regional begrenzt durch die Regierungen einzelner Bundesstaaten. Es ist daher fraglich, ob sich die Bundesregierung / der Staat dieses Verhalten überhaupt als eigene Verletzung zurechnen lassen mußte. Für eine Zurechnung spricht aber erstens, daß es sich um ein Verhalten von Staatsorganen handelte und zweitens, daß die Bundesregierung die diskriminierende Praxis der Bundesstaaten nicht verhindert hat.

Aus letzterem ergibt sich gleichzeitig das zweite und entscheidende Argument dagegen, daß die Diskriminierung der Afroamerikaner ein Beweis dafür ist, daß der Ausschluß einer Minderheit kein Verstoß gegen das Selbstbestimmungsrecht ist. Denn die Diskriminierung der Afroamerikaner wurde zu großen Teilen in der zweiten Hälfte der 1960er Jahre durch das Eingreifen sowohl des Supreme Courts, als auch der Bundesregierung beseitigt. 1964 wurde durch den 24. Verfassungszusatz die Wahlsteuer für Bundeswahlen für verfassungswidrig erklärt. Der Supreme Court weitete dieses Verbot auf alle Wahlen aus. Durch den Voting Rights Act von 1965[410] wurden die Analphabetentests verboten und Bundesbeamte in bestimmten Fällen für die Registrierung vorgeschrieben, um einen weiteren faktischen Ausschluß zu verhindern. Diese Verhinderung weiterer Diskriminierung durch die Bundesregierung geht mit der Entwicklung der Selbstbestimmung der Völker zu einem Recht durch die Praxis der VN zeitlich einher. Wie oben gezeigt worden ist,[411] ist die Selbstbestimmung der Völker nicht schon

---

409 Eine gute Darstellung der Repressalien anhand der Geschichte des civil rights movements findet sich zum Beispiel in: Sitkoff, The Struggle For Black Equality 1954-1992, S. 106, 111, 161ff.

410 Hierzu: Wenzel, Voting Rights Act, in: Wersich (Hrsg.), USA-Lexikon, S. 742; Argersinger, Electoral Processes, in: Greene (Hrsg.), EAPH Volume II, S. 489 (510).

411 Seite 59 ff.

mit dem Erlaß der Charta ein Recht geworden. Dazu wurde sie erst durch die Praxis der internationalen Gemeinschaft, die 1970 mit der Verabschiedung der FRD festgeschrieben wurde. Man muß wohl festhalten, daß die Gleichheit der Menschen auch nach dem Erlaß der Charta der VN erst in den Köpfen vieler Menschen europäischer Abstammung verankert werden mußte. Dies zeigt gerade die Entwicklung in den USA ganz deutlich. Als die FRD verabschiedet wurde, gab es den Ausschluß der Afroamerikaner in den Südstaaten nicht mehr.[412] Ein Argument gegen das Verbot eines Ausschlusses von Minderheiten von der Entscheidung über den inneren Status aus dem inneren Selbstbestimmungsrecht heraus, kann aus dem Verhältnis der USA zu seiner schwarzen Minderheit nicht hergeleitet werden. Vielmehr entsprach das Regierungssystem der USA, was diese Minderheit anging, ab Ende der 1960er Jahre dem inneren Selbstbestimmungsrecht des Staatsvolkes, wie es oben definiert wurde.

Eine Verletzung des inneren Selbstbestimmungsrechts des Staatsvolkes durch die Regierung der USA ist auch nicht in der Behandlung der Native Americans[413] nach 1945 zu sehen. Seit 1924 sind alle Indianer Bürger der USA[414] und durch den 15. Verfassungszusatz wird ihnen auch das volle Wahlrecht garantiert. Sie werden folglich nicht von der Repräsentation ausgeschlossen. Der Streit zwischen den indianischen Nationen und dem Staat geht gerade darum, daß die indianischen Nationen für sich in Anspruch nehmen **nicht** gleich zu sein und **nicht** im vollen Maße dem Souverän der USA zu unterliegen.[415] Sie kämpfen gegen die vollständige Eingliederung in die amerika-

---

412 Wobei in den Südstaaten Afroamerikaner weiterhin diskriminiert wurden und werden. Aber es besteht eben ein Unterschied zwischen der reinen Diskriminierung (so schlimm diese auch immer für die Betroffenen und das Rechtsbewußtsein des Landes sein mögen) und dem Ausschluß von der Entscheidung über die innere Ordung.

413 Zu dem Verhältnis siehe: Prucha, Indian Relations, in: Greene (Hrsg.), EAPH Volume II, S. 609 ff.; Lyons/Mohawk/Deloria/Hauptman/Berman/Grinde/Berkey/Venables, Exiled In The Of The Free; : Schiedermair, Indian Reservations, in: Wersich (Hrsg.), USA-Lexikon; Deloria, Custer Died For Your Sins; Taylor, The Bureau Of Indian Affairs, S. 3 ff., 107 ff.; Bolz, Indians/Native Americans, in: Wersich (Hrsg.), USA-Lexikon, S. 381 ff.; Dippie, The Vanishing American.

414 Indian Citizen Act von 1924.

415 Dieser Anspruch entspringt dem Verhältnis der indianischen Nationen zum amerikanischen Staat in der Geschichte. Die ersten weißen Siedler waren aufgrund ihrer geringen Zahl und ihrer Unfähigkeit alleine in der neuen Welt zu überleben auf die Zusammenarbeit mit den indianischen Nationen an der Ostküste angewiesen. Sie schlossen mit diesen Verträge über die Abtretung von Land ab. Das Recht der indianischen Nationen an dem von ihnen bewohnten Land wurde weder von den Briten noch den USA bestritten und sie wurden auch nach der Unabhängigkeitserklärung als gleichberechtigte fremde Nationen angesehen, mit denen zur Grenzsicherung Friedensverträge ausgehandelt wurden (Berkey, United States-Indian Relations: The Constitutional Basis, in: Lyons u.a. (Hrsg.), Exiled In The Land Of Free, S. 187 (192 f., 195)). Zu einer ersten Änderung kam es dann ab den Indianerkriegen 1812 und 1813, nach deren Ende die

Indianer östlich des Mississippis keine militärische Gefahr mehr darstellten. Der amerikanische Staat sah sich gegenüber den indianischen Völkern innerhalb seines Staatsgebietes nun als übergeordneter Souverän an und der Kongreß nahm für sich in Anspruch, über sie Gesetze erlassen zu können. Diese Änderung im Rechtsbild von völlig außerhalb der Souveränität des amerikanischen Staates stehenden Nationen zu abhängigen Nationen zeigte sich in dem Indian Removal Act von 1834 und den anschließenden Fällen vor dem Supreme Court (Cherokee Nation v. Georgia und Worcester v. Georgia). Darin wurde das Argument der Cherokee, sie seien eine fremde Nation, abgelehnt und die Doktrin der „dependent domestic nations" aufgestellt. Allerdings bestätigte das Gericht den Vorrang der indianischen Verträge und der diese umsetzenden Bundesgesetze vor staatlichen Gesetzen. Die Sonderstellung der indianischen Nationen wurde lange Zeit nicht bestritten. Die Verträge, die aufgrund der Indian Removal Act abgeschlossen wurden, erkannten uneingeschränkt an, daß die vertragschließenden Nationen solche seien. Die USA erkannten in diesen Verträgen die Souveränität der Nationen über das Land westlich des Mississippis an und erklärten, daß kein Staat oder Territorium jemals Ansprüche auf dieses Land erheben würde. Die zugrundeliegende Konstruktion, daß die indianischen Nationen einen Teil des ihnen gehörenden Landes an die USA abtraten und der amerikanische Staat dafür Garantien übernahm, daß ihre Souveränität in dem ihnen verbleibenden Rest nicht angetastet würde, blieb Grundlage aller Verträge, selbst als die Indianer in Reservate verdrängt wurden. Vielleicht hat gerade die Anerkennung dieses Rechts auf das Land zu den grausamen Vernichtungsfeldzügen geführt, die vor allem von an der Grenze siedelnden Siedlern und den Einzelstaaten, in denen Indianer lebten, durchgeführt wurden. Von schätzungsweise 4-10.000.000 Native Americans, die in dem heutigen Gebiet der USA vor der Ankunft der Europäer gelebt hatten, lebten 1890 nur noch schätzungsweise 250.000. Dabei wurden nicht nur ganze Stämme vernichtet (am bekanntesten ist wohl der Sand Creek-Fall von 1864). Vielmehr wurden auch einige der Epidemien durch eine absichtliche Infektion mit Krankheiten wie den Pocken (insoweit biologische Kriegführung gegen Zivilisten) ausgelöst. Die Sonderstellung der indianischen Nationen wurde auch aufrechterhalten, nachdem alle Native Americans zu Bürgern der USA erklärt wurden. Daß es im Verhältnis der indianischen Nationen und den USA vor allem um die Aufrechterhaltung und den Umfang dieser souveränen Sonderstellung geht, zeigt auch die Reaktion auf die „Einbürgerung" 1924 und die Terminationsbewegung in den 1950'er Jahren. Letztere hatte zum Ziel, die Indianer in die amerikanische Gesellschaft zu assimilieren und sie den gleichen Gesetzen zu unterstellen und ihnen die gleichen Rechte und Pflichten zu gewähren, wie allen anderen Bürgern. Insofern entsprach dieses genau dem Idealbild des inneren Selbstbestimmungsrechts des Staatsvolkes. Diese wurde aber von den indianischen Nationen genauso abgelehnt, wie die Einbürgerung und insbesondere der damit verbundenen Pflicht zum Wehrdienst im Zweiten Weltkrieg. Beides wurde als Beschneidung ihrer Souveränität betrachtet. Auch heute stellt sich also nicht die Frage nach einem Ausschluß, sondern es geht um die Frage, ob die indianischen Nationen überhaupt Souveräne sind und wenn, ob sie solche innerhalb oder aber außerhalb des amerikanischen Souveräns sind. Damit verbunden ist die Frage, ob die abgeschlossenen Verträge über der Verfassung stehen und der Kongreß dadurch nicht die gleiche Gesetzgebungsmacht über das indianische Land hat, wie er es über anderes in Privatbesitz befindliches Land hat. Siehe hierzu insbesondere: Deloria, The Application Of The Constitution To American Indians, in: Lyons u.a. (Hrsg.), Exiled In nische Gesellschaft.[416] Es handelt sich insofern nicht um eine Frage des Ausschlusses von der Entscheidung über die innere Ordnung. Ebenso verhält es sich auch im Streit zwischen den native americans und Kanada. Diese sind seit 1960 unbedingte Staatsbürger Kanadas, und damit auch wahlberechtigt.[417]

Die Aborigines Australiens[418] waren bis in die 1980er Jahre hinein weitreichenden Diskriminierungen unterworfen. Ihnen wurden bis in die 1960er Jahre alle Bürgerrechte verwehrt. Sie durften im Bund seit dem Commonwealth

---

The Land Of The Free, S. 281 ff.; Hauptman, Congress, Plenary Power, And The American Indian, 1870-1992, in: Lyons u.a. (Hrsg.), Exiled In The Land Of Free, S. 317 ff.

416 Dies ist die typische Streitfrage zwischen den Ureinwohnern und den sie beherbergenden Staaten. Dadurch, daß die Ureinwohner durch ihre systematische Vernichtung nur noch einen maginalen Teil der Bevölkerung stellen, kommt eine absolute Gleichstellung häufig ihrer Vernichtung als Volk und damit ihrer kulturellen Identität gleich.

417 Auch hier ist der Beginn der europäisch-indianischen Beziehungen hauptsächlich von Verträgen zwischen irgendwie als souverän angesehenen Einheiten gekennzeichnet (Carter, Canada And Its Native Peoples, in: Bumstedt, Inerpreting Canada's Past Volume II, S. 189 (189)). 1876 wurde der Indian Act erlassen, der nach vielen Änderungen auch heute noch gilt. Er legte, neben den Verträgen, die Grundlage für den rechtlichen Sonderstatus, der den Native Americans in Kanada auch heute noch zukommt. Danach war die Gewährung der Bürgerrechte davon abhängig, daß ein unter diesem Gesetz als Indianer registrierter Native American, diesen Status aufgab. Damit wurde der Begriff des Indianers mehr ein rechtlicher als ein ethnischer. So kam es auch zu Zwangsaberkennungen des Status, zum Beispiel mit der Erlangung eines universitären Abschlusses oder eines Berufes oder bei einer Heirat einer indianischen Frau mit einem Mann, der nicht Statusindianer war (abgeschafft nach dem Beschluß der Menschenrechtskommission der VN 1981 siehe dazu: Miller, Skyscrapers Hide The Heavens, S. 241 f.). Der Indian Act führte zu einem Ausschluß aus der Gesellschaft und beinhaltete Regelungen, die den Native Americans, so wie Kindern, die Fähigkeit absprach, ihre Angelegenheiten selbst zu regeln. Durch ihn wurde versucht die Native Americans zwangsweise zu assimilieren, was auch den Entzug ihrer Kinder mit dem Zweck enthielt, sie dem stammeskulturellen Einfluß zu entziehen. So entschied auch hier ein Bureau for Indian Affairs wie das Land genutzt wurde. Die Stämme hatten weder die Möglichkeit das Land selbständig zu verkaufen, noch es zu beleihen. Die Angehörigen der Präriestämme durften ihre Reservate nur mit der Zustimmung des Büros verlassen (zur Passregelung: Miller, Skyscrapers Hide The Heavens, S. 191 f.). 1927 wurde sogar das Sammeln von Geld zur Ermöglichung einer Klage verboten (McMillan, Native Peoples And Cultures Of Canada, S. 314); Miller, Skyscrapers Hide The Heavens, S. 217). Insofern hat eine starke Diskriminierung der Native Americans stattgefunden. Seit 1960 dürfen allerdings alle Native Americans ohne Einschränkung wählen (McMillan, Native Peoples And Cultures Of Canada, S. 314)

418 Australien wurde 1901 als Commonwealth aus den vormals eigenständigen Kolonien Victoria, Queensland, Western Australia, New South Wales, South Australia, Northern Territory und Tasmania gegründet.

Franchise Act von 1902 nicht wählen.[419] Ihnen wurde keine volle Rechtsfähigkeit gewährt: ihr Vermögen wurde fremdverwaltet,[420] sie hatten kein Aufenthaltsbestimmungsrecht, keinerlei Anrecht auf staatliche Renten oder irgendeine staatliche Unterstützung, die europäisch stämmigen Australiern zustand.[421] Sie durften nicht ohne Erlaubnis heiraten[422] und ihnen konnte nach freiem Belieben der Behörden die Kinder entzogen werden.[423] Sie durften nur mit Erlaubnis arbeiten und ihre Löhne wurden künstlich niedrig gehalten. Bis in die 1960er Jahre konnten sie noch öffentlich ausgepeitscht werden, und die Reservatsunterbringung kann nicht anders bezeichnet werden, denn als Internierung mit vollständigen Spiel- und Tanzverboten, dem Öffnen von Briefen durch die Reservatsverwaltung und dem Verbot frei mit Besuchern des Reservates zu reden oder sich zu verteidigen.[424] Australien war damals ein apartheidsähnliches, rassendiskriminierendes System, welches nicht nur Aborigines, sondern alle Menschen, die asiatischer, afrikanischer oder pazifischer Abstammung waren, diskriminierte. Die rechtliche Grundlage dafür bildete nicht die Verfassung des Bundes, sondern die einfachen Gesetze sowohl des Bundesstaates als auch der Einzelstaaten.[425] Zwar wurden sie 1948, wie alle Australier, Staatsbürger durch den Nationality and Citizenship Act, dies hatte aber keine Konsequenzen auf ihre staatsbürgerlichen Rechte.[426] Der Vergleich mit den Praktiken Südafrikas zeigt, daß die Regimes vergleichbar waren. Beide verweigerten einer Gruppe des Staatsvolkes, aufgrund ihrer rassischen Zugehörigkeit und in dem Glauben an die „Überlegenheit der weißen Rasse", die Teilhabe am Staatsleben. Der Unterschied liegt vor allem darin, daß Südafrika die Mehrheit und Australien eine Minderheit des Staatsvolkes diskriminierte.

---

419 Der franchise act bestimmte: „No aboriginal native of Australia Asia Africa or the Islands of the Pacific except New Zealand shall be entitled to have his name placed on an Electoral Roll unless so entitled under section forty-one of the Constitution." Der Hinweis auf Kapitel 41 der australischen Verfassung bedeutete, daß die Aborigines wahlberechtigt waren, die auch in ihrem Staat wahlberechtigt waren. Einige Einzelstaaten schlossen die Aborigines nicht von vornherein aus. Allerdings wurde diese Regelung von den Wahlbeamten des Bundes unterlaufen, so daß bis 1962 praktisch kein Aboriginie auf den Bundeswahllisten stand (Chesterman/Galligan, Citizens Without Rights, S. 89).

420 Chesterman/Galligan, Citizens Without Rights, S. 175

421 Chesterman/Galligan, Citizens Without Rights, S. 85 f.

422 Chesterman/Galligan, Citizens Without Rights, S. 131, 175 f.

423 Chesterman/Galligan, Citizens Without Rights, S. 127, 139.

424 Chesterman/Galligan, Citizens Without Rights, S. 126, 128 f.

425 Die Verfassung des Bundesstaates war neutral formuliert und ließ Rassendiskriminierung auf Bundes- und Einzelstaatsebene zu, befahl sie aber auch nicht. Chesterman/Galligan, Citizens Without Rights, S. 6, 7, 59.

426 Chesterman/Galligan, Citizens Without Rights, S. 119 f.

Daß Australien für diese Politik nicht in Resolutionen der VN verurteilt wurde, ist aber noch kein Beweis dafür, daß keine Verletzung des Selbstbestimmungsrechts des Staatsvolkes darin gesehen wurde. Vielmehr änderte Australien diese Politik in den 1960er Jahren, unter anderem aufgrund der internationalen Reaktionen. Im Mai 1961 informierte zum Beispiel der ghanesische VN-Gesandte den Leiter der australischen Gesandtschaft darüber, daß die Frage der Behandlung der Aborigines möglicherweise auf die Agenda der Generalversammlung gesetzt werden würde.[427] 1962 erhielten alle Aborigines das Wahlrecht auf Staats- und Bundesebene. Insgesamt wurden die Restriktionen bis in die 1980er Jahre vollständig abgebaut. 1975 ratifizierte die australische Regierung den 1966 von ihr unterzeichneten Internationalen Pakt über die Abschaffung der Rassendiskriminierung in jeder Form und erließ im gleichen Jahr den diesen Pakt umsetzenden Racial Discrimination Act. Ab Mitte der 1970er Jahre konzentrierte sich die Diskussion auf die Anerkennung der indogenen Landrechte. Australien hörte auf die Aborigines von der politischen Teilhabe auszuschließen als die internationale Gemeinschaft begann, das innere Selbstbestimmungsrecht des Staatsvolkes zu diskutieren.

Insoweit gab es bis 1990 keine Staatenpraxis, die sich mit dem Ausschluß einer Minderheit von der Entscheidung über die innere Ordnung befaßte, so daß darüber nur theoretische Überlegungen angestellt werden können.

Das Verbot des Ausschlusses von Teilen des Staatsvolkes von der Entscheidung über die innere Ordnung ergibt sich, wie gezeigt worden ist, aus der territorialen Bestimmung des Trägers des Selbstbestimmungsrechts. Wenn Teile des Staatsvolkes von der Bestimmung der inneren Ordnung aufgrund von Kriterien wie Hautfarbe, ethnischer Zugehörigkeit oder Religion ausgeschlossen werden, so wird im Umkehrschluß auch der als entscheidungsbefugt angesehene Teil der Bevölkerung nach diesen Kriterien bestimmt. Das bedeutet, daß ein ethnisch oder religiös bestimmter Entscheidungskörper vorliegt und eben nicht mehr das territorial bestimmte Staatsvolk. Diese Wertung ergibt sich unabhängig davon, ob eine Mehrheit oder aber eine Minderheit von der Entscheidung über den inneren Status ausgeschlossen wird. Für die Verletzung des Selbstbestimmungsrechts ist nicht die Tatsache, ob die gefällte Entscheidung von der Mehrheit des Staatsvolkes getragen ist entscheidend. Dies wäre auch bei dem Ausschluß einer Minderheit von der Entscheidung möglich. Für das Selbstbestimmungsrecht entscheidend ist vielmehr, daß der Träger falsch bestimmt wurde, daß nicht das Staatsvolk, sondern ein ethnisch oder religiös bestimmtes Volk die innere Ordnung bestimmt. Diese falsche Bestimmung ist aber unabhängig davon, ob eine Mehrheit oder eine Minderheit ausgeschlossen wird. Es bleibt ein falsch bestimmter Träger. Daß sich diese falsche Bestimmung möglicherweise gar nicht

427 Brief des Außenministeriums und des Staasministeriums an australische Diplomaten zitiert in: Chesterman/Galligan, Citizens Without Rights, S. 161.

politisch auswirkt, weil die Mehrheit des Staatsvolkes eine weitgehende Diskriminierung einer Minderheit begrüßt, ist insoweit unerheblich. Ob diese Minderheit ein eigenes Selbstbestimmungsrecht hat, soll später betrachtet werden. Festzuhalten bleibt, daß das Verbot des Ausschlusses von Teilen des Staatsvolkes von der Entscheidung über die innere Ordnung absolut gilt und damit unabhängig davon ist, ob eine Mehrheit oder eine Minderheit ausgeschlossen wird. Auch dieses Ergebnis wird durch die saving clause der FRD gestützt, in der gerade nicht verlangt wird, daß die Mehrheit des Staatsvolkes durch die Regierung vertreten wird, sondern daß das ganze Staatsvolk vertreten wird.

Dieses Ergebnis wird auch durch die Grundlagen der VN gestützt. Durch diese Auslegung des Selbstbestimmungsrechts, steht das Selbstbestimmungsrecht im Einklang mit den Menschenrechten und baut ein umfassendes Schutzsystem vor einer Ungleichbehandlung unterschiedlicher Ethnien auf. Der Nachsatz, ohne Unterscheidung nach Rasse, Hautfarbe oder Religion, wird in abgewandelter Form immer dann genutzt, wenn es um die Garantie von Menschenrechten geht. So enthält zum Beispiel auch die Präambel der Deklaration über die Rechte von Personen, die einer nationalen, ethnischen, religiösen oder sprachlichen Minderheit angehören, in ihrem ersten Absatz einen solchen Nachsatz. Darin heißt es:

> *„Reaffirming that one of the main purposes of the United Nations, as proclaimed in the Charter of the United Nations, is to achieve international cooperation in promoting and encouraging respect for human rights and for fundamental freedoms for all* ***without distinction as to race, sex, language or religion*** *...“*[428]

Der Verweis darauf, daß die Menschenrechte allen Menschen ohne Unterscheidung zukommen, ist eine Bekräftigung des Grundsatzes der Gleichberechtigung aller Menschen. Diese Betonung der Gleichheit aller Menschen, welche heute eine der Grundfesten der VN ist, ist eine Reaktion auf den Faschismus. Der Rassenhaß beziehungsweise die rassistische Intoleranz werden heute aufgrund ihrer verheerenden Auswirkungen als Gefährdung des Weltfriedens angesehen. So heißt es in der Resolution über Maßnahmen gegen totalitäre Ideologien der Generalversammlung vom 4.12.1986:

---

[428] Resolution 47/135 vom 18.12.1992, Absatz 1 der Präambel. Hervorhebung durch die Verfasserin.

„Reaffirming that all totalitarian or other ideologies and practices, including Nazi, Fascist and neo-Fascist, based on racial, ethnic or other exclusiveness or intolerance, hatred, terror or systematic denial of human rights and fundamental freedoms, or which have such consequences, are incompatible with the purposes and principles of the Charter, may jeopardize world peace and constitute obstacles to friendly relations between States and to the realization of human rights and fundamental freedoms.“[429]

Jede Ausgrenzung von der politischen Teilhabe erfolgt aufgrund einer angeblichen Minderwertigkeit der Ausgegrenzten. Wenn man von einem absoluten Verbot einer solchen Ideologie ausgeht, dann muß sich dies in der Gestalt auf das Selbstbestimmungsrecht auswirken, daß auch die Ausgrenzung einer Minderheit zur Verletzung des Selbstbestimmungsrechts des Staatsvolkes führt. Dieses ist insofern nicht aus der Luft gegriffen, als schon während der Entkolonialisierung der Zusammenhang zwischen der Gleichheit der Menschen und Völker und dem Selbstbestimmungsrecht wiederholt deutlich wurde. Ein Selbstbestimmungsrecht für alle kann nur in einer Welt garantiert werden, in der alle Menschen als gleich angesehen werden. In der oben genannten Resolution der Generalversammlung vom 4.12.1986[430] wird diesbezüglich festgehalten:

„Deeply alarmed at the existence of groups and organizations which still propagate totalitarian ideologies and practices, including Nazi, Fascist and neo-Fascist ones, which violate human rights and fundamental freedoms, in particular the rights to self-determination, to life, liberty and security of person and freedom from discrimination, and which thereby constitute a threat to the purposes and principles laid down in the Charter, ...“[431]

Aus diesem Absatz ergibt sich, daß diese Regimes die explizit genannten Menschenrechte und Grundfreiheiten immer verletzten. Hätte es sich nur um eine beispielhafte Aufzählung der möglicherweise verletzten Rechte handeln sollen, dann wäre dies durch ein „may“ zum Ausdruck gebracht worden. Insoweit verletzt ein auf rassistischer Intoleranz basierendes Regime das Selbstbestimmungsrecht. Ein auf Rassenhaß gegründetes Regime kann aber sehrwohl die Mehrheit des Staatsvolkes repräsentieren und nur eine Minderheit ausschließen. Beweis dafür ist der Prototyp des auf Rassenhaß gegründeten Regimes: der deutsche Nationalsozialismus zwischen 1933-45. Er schloß Minderheiten per definitionem aus der völkischen Gemeinschaft der Deutschen aus. Die große Mehrheit des Volkes wurde von diesem Regime dagegen in dem hier ge-

429 Resolution 41/160 vom 4.12.1986, Absatz 6 der Präambel.

430 Resolution 41/160 vom 4.12.1986: „Measures to be taken against Nazi, Fascist and neo-Fascist activities and all other forms of totalitarian ideologies and practices based on racial intolerance, hatred and terror”.

431 Resolution 41/160 vom 4.12.1986, Absatz 3 der Präambel.

brauchten Sinn repräsentiert. Wenn aber jedes auf rassistischer Intoleranz gegründete Regime das Selbstbestimmungsrecht verletzt, dann liegt eben auch eine Verletzung des inneren Selbstbestimmungsrechts des Staatsvolkes vor, wenn dieses Regime nur eine Minderheit ausschließt.

Das innere Selbstbestimmungsrecht umfaßt das Verbot des Ausschlusses eines Teils des Staatsvolkes von der Entscheidung über die innere Ordnung im Staat, unabhängig davon, ob es sich bei dem Teil um eine Mehrheit oder eine Minderheit der Bevölkerung handelt. Daraus ergibt sich, daß sowohl das politische System, als auch die dieses System umsetzende Regierung das ganze Staatsvolk repräsentieren müssen, um nicht einen Verstoß gegen das Selbstbestimmungsrecht darzustellen. Repräsentation in diesem Sinne bedeutet, daß die Regierung Ausdruck des Willens des ganzen territorial bestimmten Volkes sein muß. Die Entscheidung über die innere Ordnung muß vom gesamten Volk getroffen worden sein und die Regierung muß die Vertretung dieses territorial bestimmten Entscheidungsträgers sein.

cc) Konsequenzen der Rechtsverletzung durch die Regierung

Dagegen, daß der Adressat des inneren Selbstbestimmungsrechts auch die Regierung ist, wurde verschiedentlich vorgebracht, daß die Verletzung dieses Rechtes durch die Regierung keine Konsequenzen habe und daher die Regierung nicht Adressat des Selbstbestimmungsrechts sein könne. Dies ist aber insoweit nicht richtig, als die Rechtsverletzung durch die Regierung sehr wohl Konsequenzen hat. Die Konsequenz ist, daß sich eine Regierung, die dieses Recht verletzt, gerade nicht vor äußerer Einmischung mit dem Hinweis auf die inneren Angelegenheiten schützen kann. Vielmehr hat die Staatengemeinschaft, aufgrund der Verletzung eines internationalen Rechtes, die Möglichkeit, gegen den Staat vorzugehen. Dies wird auch durch die saving clause der FRD gestützt.

In dem Fall, in dem eine Minderheit von der Repräsentation ausgeschlossen wird, stellt sich die Frage nach dem Recht der Minderheit auf Sezession als Konsequenz ihres Ausschlusses. Allerdings ist nicht die Minderheit Träger des verletzten Rechtes. Dies ist vielmehr das Staatsvolk. Die Minderheit ist Begünstigte eines Rechtes, daß einem anderen, dem Staatsvolk, zusteht. Die Sezession der Minderheit würde insoweit dem Zweck, nämlich dem Staatsvolk als solches die Entscheidung über die politische Ordnung zu überlassen, nicht dienen. Im Gegenteil, es würde zu einer Aufspaltung des Staatsvolkes führen. Das Recht soll die Mitwirkung des gesamten Staatsvolkes sichern. Aus der Verletzung dieses Teilnahme-/oder auch Vornahmerechtes, kann sich daher denknotwendig kein Sezessionsrecht für die Minderheit entwickeln. Wenn dem Staatsvolk die Teilnahme in seiner Gesamtheit verweigert wird, kann die Konsequenz nicht die Sezession des ausgeschlossenen Teils sein. Vielmehr muß die Konsequenz die vollständige Teilnahme sein. Aus diesem Grund kann es aus einem Ausschluß von der Entscheidung über die innere Ordnung kein Recht auf Sezession für eine Minderheit geben.[432]

c) Ergebnis

Das Selbstbestimmungsrecht der Völker steht den Staatsvölkern ebenso zu wie den Kolonialvölkern. Staatsvölker sind aus dem Selbstbestimmungsrecht berechtigt ihren äußeren und inneren politischen Status frei zu bestimmen.[433] Nach dem Abschluß der Entkolonialisierung sind die Staatsvölker zu den Hauptträgern des Selbstbestimmungsrechts geworden. Wie bei den Kolonialvölkern ist auch bei den Staatsvölkern der Träger des Rechtes auf Selbstbestimmung territorial zu bestimmen. Selbstbestimmungsberechtigt ist die auf dem Staatsgebiet dauerhaft ansässige Bevölkerung, unabhängig von Hautfarbe, Ethnie, Religion oder anderen nicht territorialen Unterschieden, die in der Bevölkerung bestehen.

Aus dieser territorialen Bestimmung des Trägers des Selbstbestimmungsrechts ergibt sich das Verbot des Ausschlusses von Teilen der Bevölkerung von der Entscheidung über den Status. Aus diesem Ausschlußverbot leitet sich das Verbot eines einen solchen Ausschluß praktizierenden, politischen Systems und einer diesen Ausschluß umsetzenden Regierung ab. Das Bestehen eines solchen Systems oder einer solchen Regierung stellt eine Verletzung des Selbstbestimmungsrechts des Staatsvolkes durch dessen eigenen Staat dar. Dabei ist es irrelevant, ob eine Minderheit oder eine Mehrheit des Staatsvolkes ausgeschlossen wird. Entscheidend für das Vorliegen einer Verletzung des Selbstbestimmungsrechts ist alleine die falsche Bestimmung des Entscheidungskörpers. Die Entscheidung über den Status muß von dem territorial bestimmten Volk getroffen werden, ohne daß ein Teil von der Entscheidung von vornherein ausgeschlossen wird. Ein politisches System, und damit die dieses System umsetzende Regierung, muß daher Ausdruck des Willens des ganzen territorial bestimmten Volkes sein. Das System und die Regierung müssen für das ganze Volk stehen, es repräsentieren.

Das Selbstbestimmungsrecht führt daher zu einem Schutz von Minderheiten vor einem Ausschluß von der Entscheidung über die politische Ordnung. In diesem Sinne muß eine Regierung auch diese Minderheiten repräsentieren. Die Minder-

---

432 Im Ergebnis auch: Thornberry, The Democratic Or Internal Aspect Of Self-Determination With Some Remarks On Federalism, in: Tomuschat (Hrsg.), Modern Law Of Self-Determination, S. 101 (118). Dieses beantwortet natürlich nicht die Frage, was passiert, wenn die ausschließende politische Ordnung gerade vom Staatsvolk geschaffen wurde. In diesem Fall liegt keine Verletzung des inneren Selbstbestimmungsrechts des Staatsvolkes vor. Die Konsequenz eines solchen Ausschlusses ist folglich hier noch nicht zu erörtern (siehe Seite 186 ff.).

433 Przetacznik, The Basic Collective Human Right To Self-Determination Of Peoples And Nations As A Prerequisite For Peace, Revue de droit international Bd. 69 (1991), S. 263.

heiten sind aber lediglich Begünstigte eines Rechtes, dessen Träger das Staatsvolk ist. Sie werden lediglich vor einem Ausschluß geschützt, der ihnen die Teilnahme an der Entscheidung von vornherein verwehrt. Teilhaberechte an der Regierung, Autonomierechte oder sogar ein Sezessionsrecht können sich dagegen nicht aus dieser Begünstigtenstellung ergeben. Das Verbot des Ausschlusses soll nur sicherstellen, daß der Entscheidungskörper tatsächlich das territorial bestimmte Staatsvolk ist. Es können sich daher nur solche Konsequenzen für Minderheiten ergeben, die die territoriale Bestimmung sichern. Die eben beschriebenen Rechte würden aber die Rechte des Staatsvolkes einschränken. Insoweit könnten diese Rechte einer Minderheit nur dann zustehen, wenn diese selbst Träger des Selbstbestimmungsrechts ist.

Ob Gruppen, die Teil eines Staatsvolkes sind, über ihren Begünstigtenstatus hinaus ein eigenes Selbstbestimmungsrecht zusteht, daß dann mit dem Selbstbestimmungsrecht des Staatsvolkes konkurriert, soll im nächsten Kapitel erörtert werden. Über das Gebot einer das ganze Volk repräsentierenden Regierung hinaus, ergeben sich aus dem Selbstbestimmungsrecht der Völker keine weiteren Anforderungen an die innere Ordnung eines Staates. Dies ergibt sich bereits aus dem Inhalt des inneren Selbstbestimmungsrechts, der freien Bestimmung des inneren Status. Wenn das Staatsvolk frei ist, seine innere Ordnung zu wählen, dann muß diese Wahl auch tatsächlich frei sein. Eine Pflicht zu einer demokratischen Staatsform kann es daher aus dem Selbstbestimmungsrecht heraus nicht geben.

Davon zu unterscheiden ist die Frage, ob das Selbstbestimmungsrecht der Völker nur durch demokratische Mittel, wie das Plebiszit ausgeübt werden kann. Insoweit hat es aber bis 1990 keine Rechtsentwicklung gegeben.

4. *Das Selbstbestimmungsrecht als Recht von Gruppen innerhalb eines bestehenden Staates*

Daß Gruppen innerhalb eines bestehenden Staates Begünstigte des Rechtes des Staatsvolkes sein können, wurde eben festgestellt. Neben dieser Begünstigtenstellung könnten sie aber auch selbst Träger eines Selbstbestimmungsrechtes sein. Würde bestimmten Gruppen innerhalb eines bestehenden Staates ein Selbstbestimmungsrecht zukommen, so hätte dies entscheidende Konsequenzen für die davon betroffenen Staaten. Aus einem solchen Selbstbestimmungsrecht im Staat könnten sich zum einen Teilhaberechte an der Regierung dergestalt ergeben, daß die selbstbestimmungsberechtigte Gruppe zum Beispiel ein Anrecht auf einen Teil der Regierungssitze hätte. Aus dem Recht, den inneren Status zu bestimmen, könnten sich außerdem Autonomierechte für die entsprechende Gruppe ergeben.

Die im Zusammenhang mit dem Selbstbestimmungsrecht von Gruppen wichtigste Frage ist aber die nach dem Recht auf Sezession. Wenn einer Gruppe innerhalb eines bestehenden Staates ein Selbstbestimmungsrecht zuerkannt wird, dann müßte diese Gruppe aus diesem Selbstbestimmungsrecht heraus auch das Recht haben, ihren äußeren Status frei zu bestimmen. Daraus würde sich das Recht von dem Staat zu sezessieren ergeben. Das Sezessionsrecht der Gruppe stünde aber in einem Konflikt zum Selbstbestimmungsrecht des Staatsvolkes und zu dem Recht des Staates auf territoriale Integrität. Eine Lösung dieses Konfliktes wäre auf verschiedenen Wegen möglich. Zum einen könnte das Sezessionsrecht der innerstaatlichen Gruppe dem Selbstbestimmungsrecht des Staatsvolkes und dem Recht des Staates auf territoriale Integrität vorgehen. Dies würde zu einer Neuordung der Staatenwelt und zu einer weitgehenden Aufgabe staatlicher Stabilität führen. Auf der anderen Seite könnte das Sezessionsrecht der innerstaatlichen Gruppen grundsätzlich hinter dem Recht des Staatsvolkes und dem Recht des Staates auf territoriale Integrität zurücktreten. In jüngerer Zeit wurde in diesem Zusammenhang verschiedentlich diskutiert, ob dieses Sezessionsrecht dann nicht wieder aufleben würde, wenn es zu schweren Menschenrechtsverletzungen durch den Staat an der Gruppe käme.

Die Frage, ob Gruppen, die selbst Teil eines Staatsvolkes sind, ein eigenes Selbstbestimmungsrecht zukommt, ist daher für die Staatengemeinschaft von entscheidender Bedeutung. Sie soll hier anhand des Rechtes dieser Gruppen auf Sezession diskutiert werden. Entscheidend für die Frage, inwieweit innerstaatliche Gruppen ein Recht auf Selbstbestimmung haben, ist die Anerkennung dieses Rechtes durch die Staatengemeinschaft. Das Recht auf Selbstbestimmung kann sich bezüglich der Charta nur aus der Staaten- und Organpraxis im Rahmen der dynamischen Auslegung ergeben. Dies trifft auch für die Bestimmung des Inhalts und des Trägers dieses Rechtes zu. Auch aus dem Wortlaut der

Menschenrechtspakte und der FRD läßt sich nicht eindeutig schließen, daß innerstaatliche Gruppen Träger dieses Rechtes sind. Auch insofern kommt es also entscheidend auf die Anerkennung dieser Gruppen als Rechtsträger durch die Staaten- und Organpraxis an.

Die Frage nach einem Recht auf Sezession ergibt sich insbesondere für zwei Gruppen in einem Staat. Das sind zum einen die Gruppen, die eine administrativ abgegrenzte Existenz in einem Staat besitzen. Darunter fallen alle Gebiete, die als Einheit innerhalb eines Staates verwaltet werden. Neben diesem territorialen Ansatz, eine Gruppe in einem Staat zu definieren, kann aber auch auf ethnische Kriterien abgestellt werden. Als Träger eines Selbstbestimmungsrechts kommen daher auch Völker im ethnischen Sinne in Betracht. Da die bisher diskutierten Träger des Selbstbestimmungsrechts territorial bestimmt waren, soll zunächst die Trägerschaft von administrativ abgegrenzten Teilen eines Staates untersucht werden. Danach wird dargestellt, ob auch Völker im ethnischen Sinne Träger eines Selbstbestimmungsrechts sind. Aufgrund der neueren Diskussion wird zum Schluß die Auswirkung von schweren Menschenrechtsverletzungen auf das Selbstbestimmungsrecht von Gruppen innerhalb eines Staates dargestellt.

a) Administrativ abgrenzbare Teile

Die Rechtslage bezüglich eines Rechtes administrativ abgegrenzter Teile auf Sezession soll anhand der Fälle Katanga, Biafra, Eritrea und Bangladesch dargestellt werden. Von diesen vier Gebieten war bis 1990 nur Bangladesch unabhängig geworden. Entscheidend für das Bestehen eines Rechtes administrativ abgegrenzter Teile eines Staates auf Sezession ist, ob ein solches Recht durch die Staatengemeinschaft anerkannt wurde. Eine solche Anerkennung kann sich nur aus der Reaktion der Staaten auf die Sezessionswünsche ergeben.

aa) Kongo - Katanga

Der erste Fall, in dem für einen territorialen Teil eines bestehenden Staates die Sezession von diesem erklärt wurde, war Katanga. Bevor die Geschichte des Unabhängigkeitskampfes Katangas gegen den Kongo dargestellt wird, muß darauf hingewiesen werden, daß dies nach der bis heute verfügbaren Literatur erfolgte. Wie die neueste Diskussion im belgischen Parlament über die tatsächlichen Vorgänge während dieser Zeit zeigt, sind die wahren Ausmaße der damaligen internationalen Verwicklung in den Bürgerkrieg heute noch nicht abzusehen, so daß auch hier eine objektive Geschichtsbewertung nur schwerlich möglich erscheint.[434]

---

434 Um eine möglichst ausgewogene Darstellung der stark vom kalten Krieg beeinflussten Ereignisse zu erreichen, wurde darauf geachtet, sowohl westlich orientierte Literatur, als auch Literatur aus dem Ostblock auszuwerten.

Katanga ist eine der 6 Provinzen der am 30.6.1960 in die Unabhängigkeit entlassenen Republik Kongo. Der Kongo war in den heute bestehenden Grenzen 1885 als Freistaat Kongo im persönlichen Besitz des belgischen Königs gegründet worden und ab 1909 belgische Kolonie. Während dieser Kolonialherrschaft wurde der Kongo in die 6 Provinzen Katanga, Oriental, Kasai, Leopoldville, Equator und Kivu eingeteilt. Vom 20.1. - 20.2.1960 fanden in Brüssel die Unabhängigkeitsverhandlungen am Runden Tisch zwischen Vertretern der belgischen Regierung, des belgischen Parlamentes und Vertretern der kongolesischen Parteien statt. In diesen Verhandlungen einigte man sich auf den 30.6.1960 als Datum für die Unabhängigkeit und beschloß 16 Resolutionen, die den zukünftigen Aufbau des Kongo und das Verfahren zur Unabhängigkeit regelten. Auf der Grundlage dieser Resolutionen verabschiedete das belgische Parlament am 19.5.1960 die « Loi Fondamentale Relative aux Structures du Congo ». In Artikel 6 wurde der Kongo als einheitlicher, demokratischer Staat in den zum Zeitpunkt der Unabhängigkeit existierenden Grenzen beschrieben und Artikel 7 hielt den Bestand der 6 Provinzen fest. Am 29.6.1960 unterzeichneten die belgische und kongolesische Regierung einen Freundschaftsvertrag, in dem der belgischen Regierung ein militärisches Engagement durch ihre im Kongo stationierten Truppen nur auf explizites Verlangen durch den Verteidigungsminister des Kongos erlaubt wurde.[435] Auf diesen Vertrag wurde später immer wieder hingewiesen, wobei man allerdings festhalten muß, daß dieser nie durch das kongolesische Parlament ratifiziert wurde.

Direkt nach der Unabhängigkeitserklärung des Kongo kam es im ganzen Land zu Aufständen von Armeeangehörigen, die sich auch gegen belgische Staatsangehörige richteten. Der Premierminister der Provinz Katanga Tshombé ersuchte daraufhin die belgische Regierung, um ein Eingreifen in Katanga durch belgische Truppen. Die belgische Regierung verstärkte am 8.7.1960 ihre im Kongo stationierten Truppen und diese griffen ab dem 10.7.1960 in allen Teilen des Kongo ein, ohne daß die Regierung des Kongo dieses verlangt oder autorisiert hatte.[436] Am 12.7. reagierte die kongolesische Regierung auf das Ausrücken der belgischen Truppen mit einem Ersuchen um militärische Hilfe an die VN. Dieses Ersuchen richtete sich ausdrücklich nur auf die Beseitigung der Aggression durch Belgien, nicht aber auf eine Hilfe seitens der VN bei der Lösung der innerstaatlichen Situation.[437] Dieser Verweis auf die innerstaatliche

---

[435] « Toute intervention militaire des forces belges stationnées dans les bases du Congo ne pourra avoir, lieu que sur demande expresse du Ministre congolais de la Défense Nationale. » Abgedruckt in: Simmonds, Legal Problems Arising From The United Nations Military Operations In The Congo, S. 30.

[436] Die belgische Regierung begründete dies damit, daß sie durch die Militäraktionen ihre Staatsangehörigen schützen mußte, da kein anderer Schutz ihnen zuteil wurde.

[437] In dem Dokument S/4382 heißt es: „The essential purpose of the requested military aid is to protect the national territory of the Congo against the present external aggression

Situation bezog sich insbesondere auf Katanga, das sich am 11.7., also einen Tag nach dem Ausrücken der belgischen Truppen, für unabhängig erklärt hatte und dabei für sich in Anspruch nahm, Träger des Selbstbestimmungsrechts der Völker zu sein.

Die ökonomische und politische Situation Katangas vor der Unabhängigkeit war für die Sezession von entscheidender Bedeutung. Katanga kam innerhalb des Kongos wirtschaftlich eine herausragende Stellung zu. In Katanga lebten lediglich 13 % der Gesamtbevölkerung des Kongos.[438] Trotz der geringen Bevölkerungsdichte Katangas, machte der aus dieser Region stammende Teil der Staatseinkünfte vor der Unabhängigkeit rund 60% aus. 1957 stammten alleine 80 % der geförderten Bodenschätze des Kongos aus Katanga. Der Anteil Katangas an der wirtschaftlichen Produktion des Kongo war so groß, daß der Kongo ohne Katanga wirtschaftlich kaum überlebensfähig war.[439] Dreh- und Angelpunkt im Verständnis der Machtverhältnisse und Interessen in Katanga sind dabei die Konzessionen, die der Staat an Privatunternehmen vergab, und seine Beteiligungen an diesen Unternehmen. Begründet wurde das Konzessionssystem zu Beginn der Kolonialzeit. Der Staat vergab dabei Landkonzessionen an Privatunternehmen, wobei das Land im Eigentum des Staates verblieb, die Verwaltungs- und Nutzungsrechte aber den Unternehmen zustanden. In Katanga stand so ein Drittel des Provinzgebietes seit 1891 durch Konzession dem «Comité Spécial du Katanga (CSK) » zu. Diese Konzession beinhaltete auch das Recht zum Abbau der Bodenschätze.[440] Durch Verträge von 1900 und 1901 wurde zwischen dem Staat und der CSK eine gemeinsame Verwaltung des Landes und der Minen vereinbart. Weiter sollten die Gewinne zu je 50 % geteilt werden und der Staat ein Drittel der Vorstandsmitglieder der CSK ernennen. Gleichzeitig war der Staat aber zu zwei Dritteln an der CSK beteiligt. Der CSK gehörten wiederum 25 % der Union Minière, die eine der erfolgreichsten Berg-baugesellschaften der Welt war und zwischen 25-50 % des gesamten Steueraufkommens des Kongos vor der Unabhängigkeit abführte.[441] Als Staat fungierte dabei der Kongo, der aber vor der Unabhängigkeit praktisch mit dem belgischen Staat gleichzusetzen war. Aus diesem Geflecht aus Beteiligungen und Staatseinnahmen ergab sich mit der Unabhängigkeit ein enormer Interessen-

---

which is a threat to international peace. ...the purpose of the aid requested is not to restore the internal situation in the Congo but rather to protect the national territory against the act of aggression posed by Belgian metropolitan troops.

438 Heraclides, The Self-Determination Of Minorities In International Politics, S. 60.

439 Siehe zur wirtschaftlichen Situation in Katanga und dem Kongo: Franck/Carey, The Legal Aspects Of The United Nations Action In The Congo, S. 5.

440 In vielen Fällen behielt sich der Staat diese Rechte vor, da der Abbau von Bodenschätzen nicht als Teil der Landrechte verstanden wurden. Diese waren praktisch die Rechte, an der Nutzung der Oberfläche (Merriam, Congo, S. 13).

441 Merriam, Congo, S. 37 f.

konflikt zwischen der Provinzregierung und der Zentralregierung. Verbliebe Katanga nach der Unabhängigkeit beim Kongo, so wäre es sehr wahrscheinlich gewesen, daß ein Großteil der Steuern an die Zentralregierung hätten abgeführt werden müssen. Entscheidender war aber, daß dann der an den Unternehmen beteiligte Staat der Kongo wäre, und damit auch alle Gewinne an die Zentralregierung gingen. Würde Katanga aber unabhängig, so verblieben sowohl die Beteiligungen, als auch die Steuern in der Hand der katangesischen Regierung.

Führende politische Kraft in Katanga war auch vor der Unabhängigkeit die Partei Conakat des späteren Präsidenten Katangas Tshombé. Diese trat seit ihrer Gründung Ende der 1950er Jahre für die weitere enge Kooperation mit Belgien und einen föderalen Staatsaufbau ein. Das Eintreten für eine enge Kooperation mit Belgien ist mit der Tatsache zu erklären, daß ein weiterer wirtschaftlicher Erfolg der Region auf das belgische Know How angewiesen war. Dieses Eintreten für den weiteren zentralen Einfluß Belgiens brachte der Conakat die Unterstützung der Union Minière ein. Den föderalen Aufbau nach der Unabhängigkeit stellte sich die Conakat als eine Föderation zwischen allen kongolesischen Provinzen und Belgien vor, wobei jede Einheit ihre volle interne Autonomie behalten sollte.[442] Ein solcher Aufbau war aber politisch überhaupt nicht denkbar und kam praktisch einer Aufspaltung des Kongos in seine Provinzen gleich. Insoweit ist es nicht verwunderlich, daß bereits bei der Unabhängigkeitskonferenz Stimmen laut wurden, die eine Sezession Katangas forderten.[443] Die Conakat hatte zwar ihre größte Anhängerschaft unter den Ba-Lunda, eine ethnische Ausrichtung gehörte aber nicht zu ihrem politischen Programm. Dies zeigt schon ihr Wahlslogan: Katanga für die Katangesen.[444] Es kann bereits hier festgehalten werden, daß die Sezession Katangas keine Sezession eines ethnischen Volkes war.[445] Die Conakat pflegte aber nicht nur Verbindungen zur Union Minière, sondern auch zu den in Katanga lebenden Belgiern. Diese traten ebenfalls für eine Sezession Katangas vom Kongo ein und berieten die Conakat politisch.[446] Insofern spielte ein externer Faktor eine große Bedeutung bei der Sezession. Ohne die Unterstützung durch das belgische Mi-

442 siehe: Merriam, Congo, S. 135.

443 Merriam, Congo, S. 134.

444 Biebuyck/Douglas, Congo - Tribes & Parties, S. 22. Vielmehr kanalisierte die Conakat die Befürchtungen aller Katangesen vor einer Dominanz und dem weiteren Zuzug von Menschen aus anderen Regionen des Kongos. Diese als Fremde empfundenen Menschen machten rund 38 % der Bevölkerung Katangas aus und hatten vor allem die Facharbeitsplätze inne. Heraclides, The Self-Determination Of Minorities In International Politics, S. 60 f.

445 Dies wird schon dadurch deutlich, daß die Ba-Lunda zwar das Mehrheitsvolk Katangas waren, daß ihr zusammenhängendes Verbreitungsgebiet aber weit über Katanga hinausging. Das Verbreitungsgebiet der Ba-Luba reichte dafür weit nach Katanga hinein (Biebuyck/Douglas, Congo - Tribes & Parties, S. 22; Merriam, Congo, S. 25).

446 Heraclides, The Self-Determination Of Minorities In International Politics, S. 63.

litär hätte eine Sezession, zumindest zu diesem Zeitpunkt, nicht stattgefunden. Die Sezession hatte ihren Ursprung wohl zumindest auch in der Angst der katangesischen Regierung, ihren Reichtum durch die beschriebenen Einnahmen an die Zentralregierung zu verlieren. Inwieweit Präsident Tshombé, trotz dieser Eigeninteressen, vor allem eine Marionette Belgiens war, das um seinen Zugriff auf die Bodenschätze fürchtete, kann nach heutigem Wissenstand nicht beurteilt werden. Die Sezession endete am 15.1.1963 durch die Eroberung Katangas durch VN - Soldaten.[447]

Katanga ist zu keiner Zeit von einem Staat anerkannt worden. Die Staatenwelt setzte sich aufgrund der Einrichtung von ONUC durch den Sicherheitsrat vor allem innerhalb der VN mit der Sezession auseinander.[448] Katanga wurde nie Mitglied der VN. Nachdem die kongolesische Regierung am 12.7.1960 den Generalsekretär der VN Hammarskjöld um militärische Hilfe gegen die Militärintervention Belgiens ersucht hatte, erließ der Sicherheitsrat am 14.7.1960 die erste Resolution bezüglich des Kongos. Darin wurde die belgische Regierung aufgefordert, ihre Truppen aus dem Kongo zurückzuziehen und der Generalsekretär ermächtigt, der kongolesischen Regierung militärische Hilfe zu leisten. Daraufhin wurde ONUC ins Leben gerufen. Bereits zu diesem Zeitpunkt wurde klar, daß der Kongo zu einem Spielball im Ost-West-Konflikt zu werden

---

447 Zum Verlauf siehe zum Beispiel: Kacza, Die Kongo-Krise 1960-1965.

448 Auch wenn man nicht sagen kann, daß es keine Einmischung in die Sezession gab. Der Hauptunterstützer Katangas war Belgien. 1960 und zu Beginn 1961 versorgte es Katanga nicht nur mit militärischem Equipment und Beratern, sondern stellte auch die staatliche Infrastruktur sicher. Es behandelte Katanga, als hätte es Katanga de facto anerkannt.
Aber spätestens mit der Wahl einer neuen Regierung 1962, in der Spaak Außenminister wurde, begann Belgien seine Unterstützung abzubauen. Daß Belgien Katanga nicht de jure anerkannte lag wohl hauptsächlich daran, daß es seinen Einfluß auf den Rest des Kongos durch eine solche Anerkennung verloren hätte. Begründet wurde die Nichtanerkennung damit, daß eine solche Anerkennung Tshombé noch stärker als eine westliche Marionette erscheinen lassen hätte und damit, daß der Rest des Kongos ohne Katanga wirtschaftlich nicht lebensfähig gewesen wäre. Heraclides, The Self-Determination Of Minorities In International Politics, S. 70 f.
Andere Unterstützer Katangas waren Frankreich, Großbritannien, Rhodesien, Kongo-Brazaville, Südafrika und Portugal. Die Unterstützung lag auch hier hauptsächlich in der Lieferung von Waffen und der Nichtunterstützung der VN. Der Grund für die Unterstützung war aber nicht die Annahme eines Rechtes auf Sezession , sondern vielmehr machtpolitische Gründe. Alle diese Staaten wollten sich einen Einfluß auf die großen Reichtümer Katangas sichern und die westlichen Staaten hatten eine paranoide Angst davor, daß mit Lumumba der Kongo dem Kommunismus unterstellt werden könnte. Durch die Unterstützung Tshombés versuchte man die Regierung Lumumbas zu schwächen und diesen möglichst von der Macht zurückzudrängen. Der Ostblock und die USA unterstützten dagegen die Zentralregierung.

drohte.[449] Sowohl der Ostblock als auch der Westen versuchten ihren Einfluß auf den Kongo durch die kongolesische Regierung oder kongolesische Politiker auszudehnen.

Vor diesem Hintergrund ist die zweite, vom Sicherheitsrat am 22.7.1960 erlassene Resolution zu sehen. In dieser wurde darauf hingewiesen, daß der Sicherheitsrat die Republik Kongo als Einheit zur Aufnahme in die VN vorgeschlagen hat und daß die belgische Regierung auch weiterhin verpflichtet sei, ihre Truppen aus dem Kongo zurückzuziehen. Gleichzeitig wurde aber in Absatz 2 bestimmt, daß Staaten alles unterlassen sollen, was die Wiederherstellung von Recht und Gesetz beeinträchtigen oder die territoriale Integrität und die politische Unabhängigkeit des Kongos unterlaufen könnte.[450] In dieser Resolution wurde zwar auf die Einheit der Republik Kongo eingegangen, doch ist dies nur im Zusammenhang mit der zu dieser Zeit in den VN vorherrschenden Meinung der absoluten Neutralität bezüglich, und der Nichteinmischung in innere Konflikte des Kongos zu sehen. So stellte Hammarskjöld fest, daß die VN auf keinen Fall Partei im inneren Konflikt des Kongo werden dürften. Trotzdem untersagte Präsident Tshombé der ONUC am 27.7.1960, mit der Drohung eines allgemeinen Aufstandes, den Einmarsch nach Katanga. Am 4.8.1960 erließ die katangesische Versammlung eine die Loi Fundamentale ablösende Verfassung. Erst nachdem der Sicherheitsrat am 9.8. in seiner dritten Resolution erklärt hatte, daß die VN-Truppen im Kongo keine Partei im inneren Konflikt würden oder in diesen eingreifen oder benutzt werden würden, dessen Ergebnis zu beeinflussen,[451] stimmte Tshombé der Stationierung von ONUC-Truppen zu. Trotz der nun eigenen Verfassung Katangas, wurde die Republik Kongo am 20.9.1960 als Einheit zur Mitgliedschaft in den VN zugelassen.

Ab der Resolution vom 21.2.1961 begann sich die Politik der VN zu ändern. In dieser ging der Sicherheitsrat unmittelbar auf die innere Situation des Kongo ein und begründete dieses mit der Tatsache, daß diese Situation eine Gefährdung der internationalen Sicherheit und des Weltfriedens sei. Die Sezession Katangas wurde aber nicht Thema der Resolution. Auf die Sezession wurde erst in der Resolution vom 24.11.1961 eingegangen. Darin heißt es:

---

449 Allerdings weniger in der Frage der Sezession Katangas als solcher, sondern vielmehr in der gleichzeitig ausgetragenen politischen Krise innerhalb der Zentralregierung. In dieser kämpfte der Premierminister Lumumba mit der Unterstützung der Sowjetunion gegen Präsident Kasavubu und General Mobutu mit der Unterstützung der USA um die innenpolitische Macht. Siehe hierzu: Kacza, Die Kongo-Krise 1960-1965; Merriam, Congo.

450 Sicherheitsratsresolution 145 (1960) vom 22.7.1960.

451 Sicherheitsratsresolution 146 (1960) vom 9.8.1960: „...4. Reaffirms that the United Nations Force in the Congo will not be a party to or in any way intervene in or be used to influence the outcome of any internal conflict, constitutional or otherwise; ...".

„Deploring all armed action in opposition to the authority of the Government of the Republic of the Congo, specifically secessionist activities armed action now being carried on by the Provincial Administration of Katanga with the aid of external resources and foreign mercenaries, and completely rejecting the claim that Katanga is a sovereign independent nation, ...

1. Strongly deprecates the secessionist activities illegally carried out by the provincial administration of Katanga, with the aid of external resources and manned by foreign mercenaries;

8. Declares, that all secessionist activities against the Republic of the Congo are contrary to the Loi fundamentale and Security Council decisions and specifically demands that such activities which are now taking place in Katanga shall cease forthwith; ...“

Mit dieser Resolution hat der Sicherheitsrat ein Recht Katangas auf Selbstbestimmung in Form der Sezession explizit abgelehnt. Diese Ansicht bestätigten die VN durch den Einsatz der ONUC-Truppen zur Beendigung der Sezession. Daraus ergibt sich aber kein Widerspruch zu dem vorherigen Verhalten der VN. Der Sicherheitsrat hatte auch in vorherigen Resolutionen immer auf die Einheit der Republik Kongo hingewiesen. Daß er die Sezession nicht sofort beendete, lag alleine an dem Prinzip der Nichteinmischung in die inneren Angelegenheiten der Mitgliedsstaaten. Dieses in Artikel 2 VII der VN-Charta festgelegte Prinzip verbietet den VN eine Intervention in Sachverhalte, die eine innere Angelegenheit der Staaten darstellen. Als solche innere Angelegenheit wurde nicht nur der Machtkampf in der Zentralregierung, sondern auch die Sezession Katangas angesehen. Erst als die Sezession als eine Bedrohung der internationalen Sicherheit betrachtet wurde, konnten sich die VN damit beschäftigen. Hätte der Sicherheitsrat Katanga ein völkerrechtliches Recht auf Sezession aufgrund eines Selbstbestimmungsrechts zuerkannt, dann hätte er sich von Beginn an mit dieser Sezession beschäftigen können; dann aber nur als Unterstützung Katangas gegen die Regierung im Kongo.[452] Auch die OAU sah den Konflikt im Kongo als

[452] Am 8.3.1961 hatte eine Kongo-Konferenz stattgefunden. Auf dieser wurde beschlossen eine Konföderation zu schaffen und den Kongo in eine Reihe separater Staaten aufzuspalten. Daraufhin verlangten rund **vierzig** Regionen des Kongo in selbständige Staaten umgewandelt zu werden (Kacza, Die Kongo-Krise 1960-1965). Alleine dieses zeigt bereits die Gefahren, die die Anerkennung einer Sezession hervorruft. Zum Teil wurde aufgrund der Wahlergebnisse davon ausgegangen, daß Tshombé und die Conakat keinen Rückhalt bei der Mehrheit der Bevölkerung hatten. Dies alleine darauf zu stützen, daß die Conakat von den 484 Sitzen im Provinzparlament nur 84 Sitze erlangte, ist aber nicht ganz korrekt. Die Wahlen waren sehr stark lokal bestimmt. Es gewannen vor allem lokale Kandidaten, die nicht durch eine bestimmte Partei aufgestellt worden waren. Allerdings gewannen im weiteren 191 lokale Kandidaten einen Sitz, die die Conakat politisch unterstützten und ihr sehr nahe standen. Insgesamt hatte die Conakat im Parlament also eine ihre Politik unterstützende Mehrheit von 275 Sitzen (die größte

innere Angelegenheit an und versuchte, aufgrund der Auswirkungen des Konflikts auf die Nachbarstaaten, eine friedliche Einigung zwischen den Kontrahenten herbeizuführen. Katanga wurde auch von der OAU nie als Staat anerkannt.[453]

bb) Nigeria - Biafra

In der internationalen Öffentlichkeit fand auch der Sezessionsversuch der Östlichen Region von Nigeria besondere Aufmerksamkeit. Diese Region hatte am 30.5.1967 ihre Unabhängigkeit von der Föderalen Republik Nigeria[454] ausgerufen und sich den Namen Republik Biafra gegeben. Nigeria war am 1.10.1960 von Großbritannien in die Unabhängigkeit entlassen worden. Wie im Kongo rührte dabei der föderale Staatsaufbau Nigerias bereits aus der Kolonialzeit her. Erst 1914 waren die beiden Protektorate Süd- und Nordnigeria zu einem Protektorat zusammengeschlossen worden, wobei bis zu Beginn des 20. Jahrhunderts auch Südnigeria noch gespalten war.[455] Die erste Verfassung Nigerias sah drei Regionen vor: Nord-, West- und Ostnigeria. Diese Regionen entsprachen in etwa den Verbreitungsgebieten der drei größten Stammesgruppen: die Haussa/Fulani in Nordnigeria, die Yoruba in Westnigeria und die Ibo in Ostnigeria.[456] 1963 kam noch eine vierte Region hinzu, die Mitte-Westregion.[457]

Damit ist bereits eines der Hauptprobleme Nigerias und des Unabhängigkeitskampfes Biafras angeschnitten. Wie alle mittel- und südafrikanischen Staaten, besteht auch Nigeria aus einer Vielzahl von Stämmen. Es wird von knapp 250

Konkurrenzpartei der Conakat, die Balubakat erhielt nur 27 Sitze; 38 weitere Sitze gingen an andere Parteien und 144 Sitze an Kandidaten, die alleine auf lokaler Basis gewählt wurden und keinerlei Verbindung mit einer Partei hatten). Merriam, Congo, S. 99.

453 Siehe hierzu und zu der Schwerpunktsetzung auf die Lösung des innerstaatlichen Konflikts als Bürgerkrieg: Organization Of African Unity Third Extraordinary Session Of Council Of Ministers, Addis Ababa, September 1964, Final Resolution, in: Hoskyns, Case Studies In African Diplomacy: I, S. 19; Organization of African Unity, Fourth Extraordinary Secession Of The Council Of Ministers, New York, December 1964 OAU Document, ECM/Res. 7 (iv), in: Hoskyns, Case Studies In African Diplomacy: I, S. 48.

454 Federal Republic of Nigeria.

455 Zur Kolonialgeschichte Nigerias siehe: Sklar/Whitaker, The Federal Republic Of Nigeria, in: Carter (Hrsg.), National Unity And Regionalism In Eight African States, S. 7 (insbesondere S. 18 f.; 21); Lütke Entrup, Nigeria, S. 3 ff.;

456 Zu den Mehrheiten in den einzelnen Regionen: Sievers, Nigeria, S. 59, 69, 81, 96.

457 Zum Verfassungsaufbau Nigerias siehe: Sklar/Whitaker, The Federal Republic Of Nigeria, in: Carter (Hrsg.), National Unity And Regionalism In Eight African States, S. 7 (56 ff.).

verschiedenen Sprachfamilien ausgegangen.[458] Bereits vor der Unabhängigkeit war es zwischen den drei Hauptstämmen zu Konflikten gekommen, die nicht nur ethnisch, sondern auch religiös und entwicklungstechnisch/kulturell bestimmt waren. Die Haussa/Fulani waren moslemisch und agrarisch geprägt. Dazu war der westliche Bildungsstand sehr gering. Die Ibo waren dagegen vornehmlich Christen und durch die Missionierung frühzeitig mit westlicher Bildung in Berührung gekommen.[459] Dies erleichterte die Zusammenarbeit für die Kolonialmacht, daher übernahmen sie bereits zu Kolonialzeiten einen Großteil der Verwaltungsposten und beherrschten den immer wichtiger werdenden Handel und die Wirtschaft. In den einzelnen Regionen und damit Stämmen befürchtete man von einer der anderen Regionen und damit von einem der anderen Stämme dominiert zu werden.[460]

---

458 Zu den verschiedenen Stämmen siehe: Sklar/Whitaker, The Federal Republic Of Nigeria, in: Carter (Hrsg.), National Unity And Regionalism In Eight African States, S. 7 (11 ff.).

459 Siehe zu den verschiedenen politischen Systemen und dem Vorsprung des Südens aufgrund der Christianisierung: Hanisch, Bürgerkrieg in Afrika?, S. 38 ff.

460 Diese Angst und allgemein das afrikanische Denken in Stammeszugehörigkeiten trifft in Europa immer wieder auf Unverständnis und soll hier, soweit das überhaupt in der Kürze auch nur ansatzweise möglich ist, erklärt werden. Nigeria ist, wie fast alle afrikanischen Staaten, eine Stammesgesellschaft. Das bedeutet, daß sich alle Loyalitäten auf den eigenen Stamm und nicht auf den Staat, die Region oder eine politische Gesinnung ausrichten. Die erste Pflicht eines jeden ist die Verpflichtung dem Stamm gegenüber. Dieses Denken entstammt dem Jahrhunderte langen Versorgungs- und Überlebenssystem, das in Afrika noch bis zur Unabhängigkeit der meisten Länder die einzige Absicherung für den Einzelnen war. Überleben konnte der Einzelne nur innerhalb des Stammes und der Stamm wiederum nur, wenn alle für dessen Fortkommen arbeiteten. Diese Verpflichtung dem Stamm gegenüber sicherte das Überleben. Dem Stamm ging es besser, wenn es einem Einzelnen besser ging. Und dem Einzelnen ging es besser, wenn es dem Stamm besser ging. Die Europäer haben nie versucht ein anderes Überlebenssystem einzuführen, andere Loyalitäten zu entwickeln. Vielmehr nutzten sie zum einen diese Stammesloyalitäten für die Beherrschung ihrer Gebiete aus, indem sie einen Stamm bevorzugten und ihn zur Unterdrückung der anderen nutzten. Zum anderen entband es sie von der Pflicht für das Wohlergehen der einzelnen Schwarzen zu sorgen. Das System der Stammesversorgung hatte damit einen immensen wirtschaftlichen Vorteil für die Europäer. Mit der Unabhängigkeit konnten diese Loyalitäten naturgemäß nicht einfach abgeschaltet werden. Sie wurden auf den modernen Staat übertragen. Jobs, Verträge, Stipendien und andere Privilegien wurden auf der Basis der Stammeszugehörigkeit vergeben. Jeder stellte möglichst nur Personen seines Stammes ein. Die Parteien gründeten sich in Nigeria auf ethnischer und weniger auf politischer Basis im nichtafrikanischen Sinne. Ihr politisches Programm war vor allem der Machterhalt oder der Machtgewinn eines bestimmten Stammes. Die Übernahme der Regierung durch eine Partei bedeutete immer die Machterlangung für den durch diese Partei vertretenen Stamm. Die Stämme, die an der Regierung beteiligt waren, besetzten die gesamte öffentliche Verwaltung mit Stammesangehörigen. Daher hatte die Machtübernahme durch

Nachdem Nigeria zunächst eine demokratische (zivile) Regierung hatte,[461] kam es im Januar 1966 zum ersten Militärputsch, der General Ironsi an die Macht verhalf.[462] Während dieses hauptsächlich von Ibo-Offizieren durchgeführten Putsches[463] kamen fast ausschließlich Personen ums Leben, die aus der Nordregion stammten. Unter ihnen waren auch der aus dem Norden stammende ehemalige Premierminister Tafawa Balewa und der Premierminister der Nordregion Ahmadu Bello. Dieses führte in der Nord- und Westregion zu einer wachsenden Sorge vor einer Ibodominanz.

Daraufhin erfolgte der zweite Militärputsch durch General Gowon im Juli 1966. General Gowon ging zunächst davon aus, daß Nigeria nicht mehr als Einheit erhalten bleiben sollte und dachte über die Sezession des Nordens nach. Im September wurde daraufhin eine Verfassungskonferenz in Lagos einberufen. Nach den dort geäußerten Vorstellungen sowohl der Nord-, als auch der Ost- und Westregion sollte eine neue Verfassung ein Recht der Regionen auf Sezession enthalten.[464] Allerdings rückten die Delegierten der Nordregion bereits auf der Konferenz von diesem Sezessionsrecht zugunsten einer starken Zentralregierung ab.[465] Die Konferenz kam insgesamt zu keinem Ergebnis. In dieser Zeit kam es im Norden zu Massakern an den dort lebenden Ibo mit mehreren 10.000 Toten. Rund zwei Millionen Menschen flohen in die Ostregion. Dies erhöhte die Angst der Ibo bei einem Verbleib in Nigeria politisch an Macht einzubüßen. Hinzu

---

einen Stamm oder Angehörige eines Stammes, für alle übrigen Stämme verheerende Auswirkungen, waren sie doch damit von Jobs, Aufträgen durch die öffentliche Hand etc. ausgeschlossen. Damit erklärt sich aber auch die ständige Angst vor Dominierung. Eine gute Beschreibung des Denkens findet sich in: Amadi, Sunset In Biafra, S. 10, 21; Ekeh, Citizenship And Political Conflict: A Sociological Interpretation Of The Nigerian Crisis, in: Okpaku (Hrsg.), Nigeria: Dilemma Of Nationhood, S. 76 (90 ff.).

461 Hierzu auch: Heraclides, The Self-Determination Of Minorities In International Politics, S. 83.

462 Nicht übersehen werden darf aber das dieser Militärputsch von der Bevölkerung aufgrund des totalen Versagens der Zivilregierung und dem im Land herrschenden Chaos überwiegend begrüßt wurde. Entrup, Nigeria, S. 21.

463 Auch General Ironsi gehörte dem Stamm der Ibo an.

464 Kirk-Greene, Crisis And Conflict In Nigeria, Volume I, Document 60, subject 5. Der Vorschlag der Nordregion auf dieser Konferenz geht zum Beispiel davon aus, daß Nigeria in eine Assoziation der Regionen umgewandelt werden solle, in der die Regionen ein Recht auf Sezession haben. Zitat: „Right of self-determination of all people in the country must be accepted and a referendum or plebiscite shall be the method through which the wishes of the people concerned shall be ascertained. These rights include the right of any State within the country to secede. But the implementation of these principles shall not delay the determination of the future of Nigeria. All necessary guarantees shall, however, be written in the future constitution to establish the right of self-determination by any section." Zitiert nach: Panter-Brick (Hrsg.), Nigerian Politics And Military Rule: Prelude To The Civil War, S. 156; Buchheit, Secession, S. 166 f.

465 Kirk-Greene, Crisis And Conflict In Nigeria, Volume I, Document 56.

kam der Wunsch der Nord- und Westregion, Nigeria in eine größere Anzahl von Staaten zu gliedern. Bevorzugte die Ostregion früher eine größere Anzahl an Staaten, um die Dominanz des Nordens zu zerstören[466], so vergrößerte dieser Plan jetzt die Sorge der Ibo. Dies lag insbesondere daran, daß der Plan vor allem eine Aufteilung der Ostregion in Verbindung mit der Schaffung einer starken Zentralregierung vorsah.[467] Trotz weiterer Gespräche kam es im Mai zum Bruch.

Am 26.5.1967 erteilte die Beratende Versammlung der Ostregion Premierminister Ojukwu den Auftrag, Ostnigeria zur Republik Biafra zu deklarieren. Am 27.5.1967 teilte General Gowon durch Dekret Nigeria in zwölf Staaten auf[468] und verhängte den Ausnahmezustand, sowie eine absolute Wirtschaftsblockade Biafras. Am 30.5.1967 erklärte sich die Ostregion als Republik Biafra für unabhängig.[469] Daraufhin begann ein knapp dreijähriger Krieg,[470] in dem die Zivilbevölkerung Biafras, insbesondere durch die Wirtschaftsblockade, extremen Leiden ausgesetzt war. Zeitweilig verhungerten 6000 Menschen pro Tag.[471] Der nigerianischen Regierung wurde in diesem Zusammenhang vorgeworfen, die Ibo bewußt verhungern zu lassen. Es ist der erste Krieg der jüngeren Geschichte, in dem die Erzeugung einer Hungersnot als Kampfmittel ge-

---

466 Dabei wurde in der West- und Ostregion davon ausgegangen, daß nur der übergroße Norden in mehrere Staaten aufgeteilt würde.

467 Durch diese Maßnahmen wollten die Nord- und Westregion eine Ibo-Dominanz verhindern und sicherstellen, daß sie an dem Ölreichtum der Ostregion teilhaben konnten. Daß diese Befürchtungen der Ibo nicht aus der Luft gegriffen waren zeigt sich in den heutigen Problemen Nigerias. Tatsächlich erhalten die Bewohner der ölreichen Gebiete praktisch nichts von den Gewinnen aus der Ölförderung. Die Gewinne fließen sämtlich der Zentralregierung zu, die sie insbesondere in die Regionen leitet, in der die eigenen Stämme leben.

468 Dabei wird die Nordregion in sechs und die Ostregion in drei neue Staaten aufgeteilt. Hinzukommen die Mitte-Westregion, Lagos und die Westregion. Die Aufteilung erfolgt nach ethnischen Gesichtspunkten. Siehe: Kirk-Greene, Crisis And Conflict In Nigeria, Volume I, Document 111.

469 Die Berechtigung zur Unabhängigkeit wurde insbesondere mit einem angeblichen Genozid an den Ostnigerianern vor und nach der Unabhängigkeit begründet. Dieser Genozid hätte die Grundlage der nigerianischen Gesellschaft und der Zusammengehörigkeit zerstört. Heraclides, The Self-Determination Of Minorities In International Politics, S. 89 f.

470 Zum Verlauf des Krieges siehe zum Beispiel: Stremlau, The International Politics Of The Nigerian Civil War 1967-1970, S. XV ff.; Kirk-Greene, Crisis And Conflict In Nigeria, Volume II, War And Peace: July 1967-January 1970, S. 1 ff.

471 Kirk-Greene, Crisis And Conflict In Nigeria, Volume II, Document 186. Dies ist der Hintergrund für das heutige Sprichwort: Du siehst ja aus wie ein Biafrakind (Für jemanden der sehr dünn ist).

gen die Zivilbevölkerung eingesetzt wurde.[472] Der Krieg endete am 12.1.1970 mit der Kapitulation Biafras.

Die **VN** haben sich zu keiner Zeit mit der Frage nach einem Selbstbestimmungsrecht Biafras, der Staatlichkeit Biafras oder überhaupt mit der Situation in Nigeria beschäftigt. Der damalige Generalsekretär U. Thant begründete dies damit, daß kein Mitgliedstaat die Frage vor den Sicherheitsrat oder die Generalversammlung gebracht habe. Dies ist zwar richtig, doch hätte auch der Generalsekretär nach Artikel 99 der VN-Charta die Möglichkeit gehabt, die Frage vor den Sicherheitsrat zu bringen. Die Staaten gingen, aufgrund des Fehlens einer militärischen Einmischung durch andere Staaten, von einer inneren Angelegenheit Nigerias aus. Damit verneinte die Staatengemeinschaft ein Recht Biafras auf Sezession. Hätte Biafra als Träger des Selbstbestimmungsrechts der Völker ein solches Recht auf Sezession gehabt, so wäre der Angriff der nigerianischen Armee eine Verletzung dieses völkerrechtlichen Rechtes gewesen und hätte die VN ermächtigt, sich mit der Situation zu befassen.

Die **OAU** hat sich dagegen intensiv mit der Situation in seinem Mitgliedstaat Nigeria befaßt. Ein Sezessionsrecht Biafras wurde bereits 1967 auf der OAU-Konferenz in Kinshasa verneint. In der dort verabschiedeten Resolution vom 14.9.1967 wird das Prinzip der Souveränität und territorialen Integrität hervorgehoben und jedwede Sezession abgelehnt. Im übrigen wird die Situation als innere Angelegenheit Nigerias bezeichnet.[473] Diese Ablehnung einer Sezession wurde auch in dem Kommunikee der OAU-Mission in Lagos wiederholt.[474] Ob Biafra Träger des Selbstbestimmungsrechts sei, wurde nicht erörtert.

In den drei Jahren seiner möglichen Existenz wurde Biafra nur von fünf Staaten anerkannt. Diese waren: Tansania (13.4.1968), Haiti (24.3.1968), Gabun (8.5.1968), Elfenbeinküste (15.5.1968) und Sambia (20.5.1968). Eine gewisse Unterstützung erfuhr Biafra von Portugal und Frankreich. Aufschlußreich für die Frage, ob die anerkennenden Staaten auch ein generelles Sezessionsrecht Biafras anerkennen, sind die Begründungen für die Anerkennung. Weder Tansania noch Sambia gingen in ihren Begründungen davon aus, daß administrative Teile eines Staates Träger des Selbstbestimmungsrechts seien und ihnen daraus ein Se-

---

472 Dies wird bis heute von der nigerianischen Regierung bestritten. Die häufige Behinderung des Internationalen Roten Kreuzes wurde denn auch damit begründet, daß die Transporte für Waffenlieferungen an die Rebellen mißbraucht werden würden.

473 Resolution abgedruckt in: Kirk-Greene, Crisis And Conflict In Nigeria, Volume II, Document 134.

474 Dort heißt es: „...The Mission reaffirmed the decision of the OAU Summit embodied in its resolution condemning all secessionist attempts in Africa. The Mission also reaffirmed that any solution of the Nigerian crisis must be in the context of preserving the unity and territorial integrity of Nigeria." Kirk-Greene, Crisis And Conflict In Nigeria, Volume II, Document 135.

zessionsrecht zukomme. Vielmehr wird in der Begründung Tansanias[475] die grundsätzliche Geltung des uti-possidetis-juris-Prinzips und der Integrität eines Staates hervorgehoben. Dieses soll aber dann keine Geltung mehr haben, wenn ein Volk als ganzes in einem Staat aus ethnischen, stammesgeschichtlichen oder religiösen Vorurteilen heraus von diesem Staat diskriminiert, verfolgt und getötet wird. Ein solcher Staat erfülle nicht mehr die Grundaufgaben, für die er geschaffen wurde, nämlich die Sicherheit und das Wohlergehen seiner Staatsbürger zu schützen. In diesem Fall habe dieses Volk das Recht seine Zustimmung zu dem Staat zurückzunehmen und sich durch die Schaffung eines eigenen Staates zu schützen. Insoweit entspricht die Argumentation der von Locke und Jefferson bezüglich eines Widerstandsrechtes.[476] Dieser Fall war, nach Ansicht Tansanias, in Nigeria durch die Verfolgung und Ermordung der Menschen aus der Ostregion eingetreten.[477] Insofern lag nach Ansicht Tansanias ein Recht auf Sezession aufgrund schwerer Menschenrechtsverletzungen gegen eine ethnische Gruppe vor, welches später behandelt werden soll.[478]

Auch Sambia[479] ging von einer grundsätzlichen Geltung der Integrität der afrikanischen Staaten aus, hielt aber wie Tansania ein weiteres Zusammenleben der beiden Parteien, aufgrund der schweren Menschenrechtsverletzungen, für unmöglich.[480] Damit hatte auch Sambia Biafra nicht als generellen Träger des Selbstbestimmungsrechts anerkannt. Frankreich hat verschiedentlich von einem Recht auf Selbstbestimmung im Zusammenhang mit Biafra gesprochen, Biafra aber nicht anerkannt, die Anerkennung aber auch nicht ausgeschlossen.[481]

Dagegen unterstützten sowohl Großbritannien, als auch die Sowjetunion die Zentralregierung durch Waffenlieferungen. In einer Debatte des House Of Commons stellte der Außenminister Großbritanniens fest, daß Nigeria das Recht habe, die Sezession abzulehnen.[482] Die britische Regierung sah in Biafra keinen Träger eines Selbstbestimmungsrechts und lehnte die Sezession daher ab.

---

475 Statement of The Government Of Tanzania, 13.4.1968 abgedruckt in: Kirk-Greene, Crisis And Conflict In Nigeria, Volume II, Document 148.

476 Seite 23; 25 f.

477 Insoweit folgte Tansania also dem Genozid-Argument Biafras.

478 Seite 184 ff.

479 Einen Auszug aus der Anerkennungserklärung von Gabun findet sich in: Ijalaye, Was „Biafra" At Any Time A State In International Law?, AJIL Bd. 65 (1971), S. 551 (554).

480 Kirk-Greene, Crisis And Conflict In Nigeria, Volume II, Document 155.

481 Siehe zum Beispiel Interview mit de Gaulle abgedruckt in: Kirk-Greene, Crisis And Conflict In Nigeria, Volume II, Document 181; Französische Regierungserklärung abgedruckt in: Kirk-Greene, Crisis And Conflict In Nigeria, Volume II, Document 166.

482 Kirk-Greene, Crisis And Conflict In Nigeria, Volume II, Document 195, auch: 196.

Andere Staaten erließen ein Waffenembargo.[483] Dieses kann aber nicht als eine Bewertung der rechtlichen Lage angesehen werden. Es sollte dadurch vielmehr die Fortsetzung der bewaffneten Auseinandersetzungen nicht unterstützt werden und auf eine Lösung des Problems am Verhandlungstisch hingewirkt werden.[484]

Der sofortige militärische Erfolg der Zentralregierung, der einen Sieg Biafras als äußerst unwahrscheinlich erscheinen ließ, machte es für die Staatengemeinschaft unnötig, sich mit der Rechtmäßigkeit der Sezession zu beschäftigen. Trotzdem kann man aus den Reaktionen und der Nichtanerkennung Biafras durch einen Großteil der Staaten und die VN schließen, daß ein Recht Biafras als administrativ abgegrenzter Teil Nigerias auf Selbstbestimmung und damit ein Recht auf Sezession abgelehnt wurde.[485] Der Großteil der Reaktionen war auf die schweren Menschenrechtsverletzungen an der Zivilbevölkerung zurückzuführen. Ob schwerste Menschenrechtsverletzungen überhaupt zu einem Rechtserwerb führen, soll später diskutiert werden.[486]

cc) Eritrea

Im September 1952 kam es mit der Verabschiedung des „Federal Act" durch König Haile Selassie von Äthiopien zur Bildung einer Föderation zwischen Äthiopien und Eritrea. Diese Föderation war von der Generalversammlung der VN in Resolution 390 (A) vom 2.12.1950 als Lösung für die Frage, wie die frühere italienische Kolonie Eritrea nach dem Zweiten Weltkrieg weiter regiert be-

483 27.5.1968 Tschechoslowakei (Embargo für Waffen an die Zentralregierung), 12.6.1968 Frankreich (Embargo für Waffen an die Zentralregierung), 5.7.1968 Belgien (Embargo für Waffen an die Zentralregierung), USA (Embargo für Waffen an beide Parteien).

484 Häufig wird es auch aufgrund der öffentlichen Empörung über die schweren Menschenrechtsverletzungen erlassen worden sein.

485 Auch enthielt die nigerianische Verfassung ein solches Recht nicht. Ob die Verankerung eines Selbstbestimmungsrechts oder Sezessionsrechtes in einer nationalen Verfassung überhaupt zum Entstehen eines Selbstbestimmungsrechts in Form des Sezessionsrechtes unter Völkerrecht führen kann, braucht von daher hier nicht erörtert zu werden. Zu bemerken bleibt aber, daß alleine die Tatsache, daß über eine Verfassungsänderung verhandelt wurde, für sich allein genommen nicht zu einem Recht auf Sezession führen kann (weder unter nationalem Recht noch unter Völkerrecht). Auch ein Recht aus gutem Glauben heraus kann im Fall von Biafra nicht angenommen werden. Buchheit geht zwar davon aus, daß die Regierung Biafras im guten Glauben davon ausgehen konnte, daß eine Sezession in Nigeria von den Parteien anerkannt wäre (Buchheit, Secession, S. 174). Ich halte aber schon die Annahme einer Gutgläubigkeit für falsch. Es ist zwar richtig, daß die Delegationen der großen Regionen in ihren Vorschlägen zu einer Verfassungsänderung zunächst alle ein Sezessionsrecht befürworteten, dieses wurde aber bereits auf der ersten Konferenz nicht aufrechterhalten.

486 Seite 184 ff.

ziehungsweise verwaltet werden sollte, vorgeschrieben worden.[487] Zuvor hatte der durch die VN eingesetzte VN-Kommissar Eduardo Anze Matienzo eine Verfassung für Eritrea ausgearbeitet. Diese wurde am 10.7.1952 von der eritreischen Nationalversammlung angenommen und am 11.8.1952 durch den König bestätigt. Ein Recht auf Sezession enthielt der Federal Act nicht.

Diese föderale Regelung wurde allerdings von Anfang an durch Äthiopien unterlaufen. Bereits an dem Tag, an dem er den Federal Act ratifizierte, erließ Haile Selassie die Order 6 und 7. Mit diesen Gesetzen wurde Eritrea dem äthiopischen Empire einverleibt, die Geltung der äthiopischen Verfassung von 1931[488] auf Eritrea ausgeweitet und den äthiopischen Ministern gestattet die föderalen Aufgaben zu übernehmen. Insgesamt wurden die föderalen Institutionen mit den äthiopischen gleichgesetzt, wobei in den Vertretungskörperschaften die Eritrer nur in Höhe ihres Bevölkerungsanteils[489] und nicht etwa mit 50% vertreten waren. Äthiopisches Recht wurde zu föderalem Recht erklärt. Die eritreische Selbstregierung wurde durch die immer stärker werdende Einflußnahme Addis Abebas und die beginnende militärische Unterdrückung erodiert.[490] Mit der Order 27 vom 15.11.1962 wurde Eritrea zu einem Teil des Zentralstaates Äthiopien und die Föderation wurde somit aufgelöst.[491] Dieser Auflösung war eine Sitzung des eritreischen Parlamentes vorausgegangen, in dem dieses die Aufgabe des föderalen Status beschloß.[492]

Von Beginn der Föderation an hatte es eine starke Unabhängigkeitsbewegung gegeben. Aus dieser heraus gründete sich 1958 die „Eritrean Liberation Movement“ (ELM). 1961 begann der bewaffnete Kampf für die Unabhängigkeit

---

487 Artikel 23 des Pariser Friedensvertrages mit Italien besagte, daß das Schicksal der italienischen Kolonien durch Vertrag zwischen den vier Mächten geregelt werden sollte. Sollten sich die Parteien innerhalb eines Jahres nicht geeinigt haben, sollte die Generalversammlung mit der Bestimmung betraut werden. Da man sich auf eine vertragliche Lösung nicht einigen konnte, wurde im April 1949 die Generalversammlung mit der Lösung betraut. Siehe hierzu und zu der Diskussion in der Generalversammlung: Selassie, Eritrea And The United Nations And Other Essays, S. 28 ff.

488 Die Verfassung, die eine absolute Monarchie stützte, lief in weiten Teilen jener Eritreas zuwider, da diese demokratisch ausgerichtet war.

489 Der ungefähr 13% ausmachte.

490 Zur Entwicklung siehe Gayim, The Eritrean Question, S. 418 ff.

491 In Artikel 2 der Order heißt es: "The federal status of Eritrea with Ethiopia is hereby terminated and Eritrea, which continues to constitute an integral part of the Empire of Ethiopia, is hereby wholly integrated into the unitary system of administration of Our Empire." Zitiert nach: Gayim, The Eritrean Question, S. 430.

492 Allerdings ist es im höchsten Maße zweifelhaft, ob überhaupt eine Abstimmung stattfand, und wenn, ob die Zustimmung freiwillig erfolgte. Jedenfalls war die Sitzung von einem großen Polizei- und Militäraufgebot begleitet. Haile, Historical Background To The Ethiopia-Eritrea Conflict, in: Cliffe/Davidson (Hrsg.), The Long Struggle Of Eritrea For Independence And Constructive Peace, S. 11 (29).

Eritreas, der durch verschiedene Untergrundarmeen geführt wurde. 1973 kam es in Äthiopien zum sozialistischen Militärputsch, der General Mengistu Haile Mariam an die Macht verhalf. Dieser wandelte Äthiopien 1987 durch eine neue Verfassung in die Demokratische Volksrepublik Äthiopien um. Zwischen 1961 und 1991 fand in Eritrea einer der für die Zivilbevölkerung verheerendsten Bürgerkriege in Afrika seit Biafra statt. Die Regierung Äthiopiens bombardierte die Zivilbevölkerung[493] und erzeugte bewußt Hungersnöte[494]. Die in den 1980er Jahren mit großem internationalen Einsatz gesammelten Spenden und Nahrungsmittellieferungen wurden für die Ernährung und Ausrüstung des Militärs genutzt[495] und absichtlich nicht an die verhungernde Bevölkerung Eritreas weitergeleitet. Die Hilfe durch internationale Organisationen wurde teilweise unterbunden.[496]

1991 endete dieser Unabhängigkeitskampf durch einen Sieg der EPLF (Eritrean People's Liberation Front). Gleichzeitig mit dem Sieg der EPLF in Eritrea besiegten die mit ihr verbündeten EPRDF (Ethiopian People's Revolutionary Democratic Front)[497] und die OLF (Oromo Liberation Front) die Zentralregierung in Addis Abeba. Mengistu floh im Mai 1991 aus Äthiopien. Die EPRDF übernahm daraufhin die Macht in Äthiopien und vereinbarte mit der EPLF, die Frage, ob Eritrea unabhängig werden sollte, durch ein 1993 abzuhaltendes Referendum zu lösen. In diesem entschieden sich 99,8% der Eritrer für die Gründung eines eigenen Staates.[498] Eritrea wurde am 28. Mai 1993 als Mitglied in die Vereinten Nationen aufgenommen.

Die VN haben sich weder mit der Abschaffung des föderalen Status, noch mit dem Befreiungskampf in Eritrea beschäftigt. Daher kann eine Bewertung nur anhand der Reaktionen der einzelnen Staaten erfolgen. Die Reaktionen der internationalen Gemeinschaft sind von der großen strategischen Bedeutung Eritreas und Äthiopiens für die Region um den Persischen Golf und den Suezkanal bestimmt. Die Frage nach der Sezession Eritreas stellte sich in der Hochzeit des Kalten Krieges und des Ost-West-Konfliktes. Die Reaktion der Staaten soll daher entlang dieser Linie dargestellt werden, ergänzt durch die

---

493 Berichte darüber gab es noch bis 1991: amnesty international, Jahresbericht 1991, S. 69.

494 Gayim, The Eritrean Question, S. 485, 493.

495 Gayim, The Eritrean Question, S. 491.

496 Dines, Ethiopian Violation Of Human Rights In Eritrea, in: Cliffe/Davidson (Hrsg.), The Long Struggle Of Eritrea For Independence And Constructive Peace, S. 139 (159 f.).

497 Diese Widerstandsarmee bestand aus verschiedenen Oppositionsgruppen und agierte unter der Führung der TPLF (Tigray People's Revolutionary Democratic Front). Diese Befreiungsfront kämpfte für eine stärkere Selbständigkeit der Provinz Tigre und kontrollierte diese seit Ende 1988 vollständig. Amnesty international, Jahresbericht 1991, S. 69, Gayim, The Eritrean Question, S. 492.

498 Heintze, Selbstbestimmungsrecht und Minderheitenrechte im Völkerrecht, S. 100.

arabisch-afrikanischen Staaten. Dabei kann das Verhalten jeweils in drei Phasen eingeteilt werden: Die Regierungszeit Haile Selassies bis 1973, die Phase nach dem Militärputsch als Regierungszeit Mengistus und die Phase ab 1988[499].

Die **USA** und seine europäischen Alliierten haben den eritreischen Befreiungskampf nie unterstützt. Sie unterhielten eine enge Allianz mit Haile Selassie, der für ihre wirtschaftliche und militärische Hilfe seinen großen Einfluß in der OAU zugunsten einer pro-amerikanischen Politik geltend machte und insbesondere den Amerikanern Truppenstützpunkte in Eritrea einräumte.[500] Weder die USA noch Europa haben sich zu der Terminierung der Föderation oder der Sezession geäußert. Mit der Machtergreifung Mengistus, wurden sowohl die Amerikaner als auch die Europäer 1977 aufgefordert das Land zu verlassen. Auch danach erfolgten weiterhin Zahlungen an das äthiopische Regime, um den Einfluß der UdSSR so gering wie möglich zu halten. Der Befreiungskampf der Eritrer wurde weiterhin ignoriert. Dies änderte sich erst nach 1988. Allerdings kam es auch nach 1988 nicht zu einer Anerkennung eines Sezessionsrechtes. Vielmehr wurde der Krieg als humanitäres Problem gesehen und die äthiopische Regierung wegen ihrer Politik gegenüber der Zivilbevölkerung kritisiert.[501] Erst 1990 bezeichnete die amerikanische Regierung den Kampf der Eritrer als einen berechtigten Kampf gegen eine Annexion. Zusammenfassend kann man sagen, daß die USA und auch Europa erst einen Kontakt mit Eritrea und dessen Befreiungsbewegung aufbauten, als deren Sieg nicht mehr umzukehren war und die neuen Machthaber in Äthiopien als Verbündete der EPLF einer Abspaltung Eritreas zustimmten.

Die **UdSSR** hingegen haben das Recht der Eritrer auf Selbstbestimmung bereits während der Debatten in den VN in den 50. Jahren anerkannt und waren deshalb lange Zeit gegen die Föderation ohne vorheriges Plebiszit. Mit Beginn des Unabhängigkeitskampfes unterstützten die UdSSR die eritreische Befreiungsbewegung mit Waffenlieferungen. Dieses geschah aber nicht öffentlich, denn sie versuchte gleichzeitig Einfluß auf die äthiopische Regierung zu erlangen. Insofern kann man kaum von einer tatsächlichen Anerkennung der eritreischen Bevölkerung als Träger des Selbstbestimmungsrechtes sprechen. Vielmehr wollten die UdSSR die Zentralregierung durch die Unterstützung der Eritrer destabilisieren, um selbst mehr Einfluß in der Region zu erlangen. Daß dies der eigentliche Beweggrund für die Unterstützung der Befreiungsbewegung war, zeigt sich daran, daß die UdSSR sofort nach dem Militärputsch begannen, das nun sozialistische Regime in Addis Abeba zu unterstützen. Nach 1977 waren die

---

499 Mit der Eroberung der Kommandozentrale der äthiopischen Armee in Af Abet durch die EPLF im März 1988 war ein Sieg der eritreischen Befreiungsbewegung nicht mehr unwahrscheinlich.

500 Gayim, The Eritrean Question, S. 500 f., 507.

501 Gayim, The Eritrean Question, S. 505.

UdSSR der Hauptverbündete Äthiopiens. Die äthiopische Außenpolitik richtete sich nach der Politik des Warschauer Paktes.[502] Die UdSSR halfen aktiv bei der Bekämpfung der Befreiungsbewegung, die nun als Konterrevolutionäre bezeichnet wurden.[503] Die Linie vor und nach dem Putsch wurde von fast allen sozialistischen Staaten geteilt, insbesondere von Kuba und China[504]

Auch die Loyalitäten der **afrikanischen** und **arabischen Länder** wechselten. Hierbei ging es nicht nur um die ideologische Frage, sondern auch um Religionsfragen. Die eritreische Befreiungsbewegung war bis Mitte der 70. Jahre islamisch geprägt. Aus diesem Grund, und weil Äthiopien die Unterstützung durch Israel zukam, unterstützten die arabischen Staaten zunächst die Befreiungsbewegung in Eritrea. Dies galt insbesondere für den Sudan (durch den auch die meisten Waffentransporte gingen), Irak, Ägypten, Syrien und Libyen. Hinzu kam, daß in den 1960er Jahren Ägypten, Jemen, Libyen, Sudan und Somalia sozialistisch wurden und insoweit eine Unterstützung der eritreischen Befreiungsbewegung auch aus diesem Grunde zusammen mit der UdSSR erfolgte. Bei diesen Staaten wurde auch weitgehend die Darstellung Äthiopiens abgelehnt, daß es sich bei der eritreischen Frage um eine innere Angelegenheit Äthiopiens handele.[505] Die Unterstützung verstärkte sich noch, als es zu Streitigkeiten zwischen dem Sudan und Äthiopien kam. Diese Unterstützung des eritreischen Befreiungskampfes brach aber aus drei Gründen Ende der 1970er Jahre ab. Zum einen war es innerhalb der verschiedenen Befreiungsgruppen Mitte der 1970er Jahre zu einem Krieg gekommen, den die islamisch orientierte ELF verlor. Gleichzeitig brach das Mengistu-Regime seine Beziehungen zu Israel 1978 ab, so daß es für die arabischen Staaten keinen Grund für eine weitere Unterstützung der Befreiungsbewegung gab. Zusammengenommen mit der Tatsache, daß die sozialistischen Regime sich mit der UdSSR-Politik gleichschalteten, führte dieses dazu, daß Ende der 1970er Jahre nur noch Somalia[506] den eritreischen Befreiungskampf unterstützte. Die Vorbehalte der arabischen Welt wurden durch den Bund, den die eritreische Befreiungsbewegung mit der äthiopische TPLF einging, noch verstärkt, da diese vor allem christlich geprägt war.[507]

Die hier dargestellte Politik zeigt, daß kein Staat aus rechtlichen Erwägungen die eritreische Bevölkerung als Träger des Selbstbestimmungsrechts anerkannte.[508] Insofern kann auch die zeitweilige Unterstützung des Unab-

---

502 Gayim, The Eritrean Question, S. 512.
503 Gayim, The Eritrean Question, S. 512.
504 Gayim, The Eritrean Question, S. 514.
505 Gayim, The Eritrean Question, S. 523.
506 Das den Krieg gegen Äthiopien um Ogaden 1978 verloren hatte.
507 Gayim, The Eritrean Question, S. 527.
508 Offenbleiben soll hier, ob Eritrea ein Recht auf den Erhalt der Föderation aus anderen Gründen hatte. Ein solches Recht könnte sich zum einen daraus ergeben, daß die

hängigkeitskampfes der Eritrer nicht als Nachweis für ein Bestehen eines Sezessionsrechtes administrativ abgrenzbarer Teile eines Staates gewertet werden.

dd) Bangladesch[509]

Im Gegensatz zu den Fällen Katanga, Biafra und Eritrea war die Sezession Bangladeschs (damals noch Ostpakistan) von Pakistan erfolgreich. Bangladesch ist heute ein anerkanntes Mitglied der Staatengemeinschaft.[510]

Pakistan selbst entstand 1947 durch die Teilung des damaligen Indiens in zwei unabhängige Staaten. Die Auseinandersetzungen zwischen Hindus und Moslems ließ ein weiteres Zusammenleben der beiden religiösen Gruppen in einem Staat nicht mehr möglich erscheinen. Daraufhin wurde Indien in etwa entsprechend der Verbreitungsgebiete der beiden Religionen geteilt. Dies hatte zur Folge, daß der neue Staat Pakistan ein geteiltes Staatsgebiet hatte. Westpakistan war durch 1700 km indisches Staatsgebiet von Ostpakistan (Provinz Bengalen) getrennt. Die einzige Gemeinsamkeit, die diese beiden Teile Pakistans verband, war der islamische Glaube.[511] Nicht nur die geographischen und klimatischen Verhältnisse waren völlig unterschiedlich. Auch die Lebensgewohnheiten, die Sprache und das äußere Erscheinungsbild der Bengalen und der Westpakistani unterschieden sich. Obwohl Westpakistan fast fünfmal größer war als Ostpakistan, lebten in Ostpakistan über 60% der Gesamtbevölkerung Pakistans. Die Kon-

---

Föderation durch die Generalversammlung angeordnet worden ist. Allerdings haben die Resolutionen der Generalversammlung keine Bindungswirkung. Ein solches Recht könnte sich aber auch daraus ergeben, daß Äthiopien vor der Generalversammlung mehrfach versprochen hat, diese Föderation zu achten. Um aus diesen Erklärungen der äthiopischen Regierung ein Recht Eritreas auf Erhalt der Föderation annehmen zu können, müßte einseitig abgegebene Regierungserklärungen eine Bindungswirkung zukommen. Grundsätzlich können einseitig abgegebene Regierungserklärungen eine solche Bindungswirkung entfalten. Dies ergibt sich aus dem Rainbow Warrior Fall des IGH's. Allerdings spielen diese Überlegungen nur dann eine Rolle, wenn man davon ausgeht, daß der Föderationsstatus Eritreas nicht freiwillig abgeschafft wurde. Die Staatengemeinschaft hat sich aber nie dahingehend geäußert, daß sie die Abschaffung der Föderation als Zwangsakt ansehen würde.

509 Misra, The Role Of The United Nations In The Indo-Pakistani Conflict, 1971, International Commission Of Jurists Review Bd. 8 (1972); Nanda, Self-Determination In International Law: The Tragic Tale Of Two Cities - Islamabad (West Pakistan) and Dacca (East Pakistan), AJIL Bd. 66 (1972), S. 321ff.; Siddiqui, Conflict, Crisis, And War In Pakistan.

510 Bangladesch ist heute als einer der ärmsten Staaten der Welt wirtschaftlich kaum lebensfähig. Es ist politisch instabil, hat mit großen Korruptionsproblemen zu kämpfen und es kommt häufig zu politischen Morden. Heraclides, The Self-Determination Of Minorities In International Politics, S. 164.

511 Nanda, Self-Determination Outside The Colonial Context: The Birth Of Bangladesh In Retrospect, in: Alexander/Friedlander (Hrsg.), Self-Determination: National, Regional, And Global Dimensions, S. 193 (194).

flikte zwischen den beiden Landesteilen traten bereits mit Gründung des pakistanischen Staates auf. Die Westpakistanis fühlten sich den Bengalen überlegen. Sie wurden bei der Einstellung im öffentlichen Dienst stark bevorzugt. So waren Bengalen sowohl im Heer als auch in der Verwaltung kaum vertreten.[512] Die Devisengewinne aus dem Export der landwirtschaftlichen Produkte des ansonsten sehr armen Ostpakistans, insbesondere aus dem Juteanbau, wurden durch Westpakistan für den Industrieaufbau im Westen genutzt.[513] Ostpakistan erhielt lediglich 20% der Entwicklungshilfe.[514] Die Einkommensschere entwickelte sich immer weiter auseinander. 1970 war das durchschnittliche Pro-Kopf-Einkommen im Westen um 61% höher als im Osten.[515] Die pakistanische Verfassung kannte kein Sezessionsrecht für administrative Teile.

1958 kam es zu einem Militärputsch, der Ayub Khan an die Macht brachte. Nachdem dieser die Probleme des Landes nicht lösen konnte, trat er im März 1969 zurück und wurde durch Yahya Khan ersetzt. Dieser bereitete die Rückkehr zu einer zivilen Regierung vor. Die Wahlen fanden im Dezember 1970 statt. Dabei waren Ostpakistan 162 Sitze im Parlament und Westpakistan 138 Sitze zuerkannt worden. In Ostpakistan gewann die Awami League von Sheikh Mujibur Rahman 160 Sitze.[516] Damit hatte sie die absolute Mehrheit im Gesamtparlament. Dagegen hatte die führende westpakistanische Partei, die Pakistan's People's Party unter dem Parteivorsitzenden Bhutto, nur 81 Sitze im Westen erlangt. Die beiden Politiker und ihre Parteien sollten sich nach dem Willen der Militärmachthaber auf einen gemeinsamen Verfassungsentwurf einigen. Dies war von Beginn an zum Scheitern verurteilt, da Bhutto eine sehr

---

[512] Linde, Bangla Desh, S. 10.

[513] In den 50'er und 60'er Jahren erwirtschaftete Ostpakistan 60-70% der pakistanischen Devisen, erhielt davon aber nur 30% zurück. Dies ist um so schlimmer, als es dringend erforderlich war, in Ostpakistan eine Jute verarbeitende Industrie zu schaffen. Obwohl in Ostpakistan 70% des Juteanbaus in der Welt stattfand, lag auf seinem Gebiet nach der Teilung von Pakistan und Indien keine einzige Jute verarbeitende Fabrik. Ostpakistan hatte vor der Teilung zusammen mit der nun indischen Provinz Westbengalen einen Wirtschaftsraum dargestellt. Dabei lag das Zentrum der Juteverarbeitung um Kalkutta. Nach der Teilung war dieser Wirtschaftsraum zerschnitten und die Jute mußte unverarbeitet exportiert werden. Linde, Bangla Desh, S. 10; . Nanda, Self-Determination Outside The Colonial Context: The Birth Of Bangladesh In Retrospect, in: Alexander/Friedlander (Hrsg.), Self-Determination: National, Regional, And Global Dimensions, S. 193 (197) mit weiteren Beispielen für die ausbeutende Wirtschaftspolitik Westpakistans gegenüber Ostpakistans.

[514] Linde, Bangla Desh, S. 10.

[515] Buchheit, Secession, S. 202.

[516] Buchheit, Sezession, S. 203, mit anderen Zahlen, aber gleichem über 50% Wahlsieg: Nanda, Self-Determination Outside The Colonial Context: The Birth Of Bangladesh In Retrospect, in: Alexander/Friedlander (Hrsg.), Self-Determination: National, Regional, And Global Dimensions, S. 193 (195).

starke Zentralregierung anstrebte, wohingegen Sheikh Rahman in seinem Sechs Punkte Programm[517] eine Föderation mit weitreichender Autonomie anstrebte, in der die Zentralregierung nicht einmal auf dem Sektor der auswärtigen Beziehungen die ausschließliche Zuständigkeit innegehabt hätte. Da zwischen den Parteien keine Einigung erzielt wurde, verschob Yahya Kahn die Einberufung der Nationalversammlung auf unbestimmte Zeit.

Daraufhin kam es in Ostpakistan zu ersten Krawallen, Massendemonstrationen und Generalstreiks. Neue Verhandlungen in Dhaka brachten keine Einigung und wurden am 25.3.1971 ergebnislos abgebrochen. Noch am gleichen Abend rückten die bis dahin stark verstärkten Truppen Westpakistans aus und gingen mit großer Grausamkeit gegen die Zivilbevölkerung Ostpakistans vor.[518] Nach Schätzungen wurden bis Ende Dezember 1971 zwischen mehreren Hunderttausend und drei Millionen Menschen durch die westpakistanische Armee ermordet.[519] Von der Verfolgung waren vor allem Anhänger der Awami League, Studenten, Intellektuelle und Wirtschaftsführer betroffen, also Menschen, die die Führung in Bengalen übernehmen konnten.[520] Sheikh Rahman konnte zwar verhaftet werden. Zuvor hatte dieser aber die Unabhängigkeit Bangladeschs erklärt. Diese Unabhängigkeitserklärung wurde am 10.4.1971 durch die in Indien gebildete Exilregierung Bangladeschs wiederholt.[521] Es bildeten sich Guerilla-

---

517 Dieses Programm umfaßte folgende Punkte: 1. Durch die Verfassung soll eine Föderation geschaffen werden, deren Parlament in direkten Wahlen auf der Grundlage des allgemeinen Erwachsenenwahlrecht bestimmt wird. 2. Die Zuständigkeit der Bundesregierung ist beschränkt auf Verteidigung, auswärtige Angelegenheiten und bestimmte Währungsfragen. 3. Es sollen zwei verschiedene, frei konvertierbare Währungen geschaffen werden. Sollte es nur eine Währung geben, dann soll ein System zur Verhinderung der Kapitalflucht von einer in die andere Region geschaffen werden. 4. Die Fiskalpolitik soll in der Verantwortung der Länder liegen, wobei diese die Bundesregierung mit den Mitteln ausstatten, die nötig sind, um ihre Aufgaben in der Verteidigung und in den auswärtigen Angelegenheiten zu erfüllen. 5. Jedes Land soll die Kompetenz haben selbständig Außenhandel zu betreiben und auswärtige Hilfe zu erlangen und eigene Devisenkonten zu führen. 6. Jedes Land soll das Recht auf eine eigene militärische oder paramilitärische Truppen haben. Buchheit, Secession, S. 203.

518 Niederbrennen und Zerstörung ganzer Dörfer in großem Ausmaße, Töten von Zivilisten, groß angelegte Vergewaltigungen (The International Commission Of Jurists, East Pakistan Staff Study, The Review International Commission of Jurists, Bd. 8 (June 1972), S. 23 (26 f., 31)).

519 Die Schätzungen gehen naturgemäß weit auseinander. The International Commission Of Jurists, East Pakistan Staff Study, The Review International Commission of Jurists, Bd. 8 (June 1972), S. 23 (26 f., 31); Linde, Bangla Desh, S. 105.

520 Secretariat Of The International Commission Of Jurists, The Events In East Pakistan, 1971, S. 26 f. Buchheit, Secession, S. 206, Fußnote 180.

521 Abgedruckt in: ILM Bd. 11 (1972), S. 119 ff. Darin wird als Begründung für die Sezession die Legitimität des Vertretungsanspruchs der Awami League, welche durch die Wahlen bestätigt worden sei, und der Genozid an den Bengalen angegeben.

gruppen, die von Indien unterstützt wurden und sich immer wieder auf indisches Staatsgebiet zurückziehen konnten. Offiziell mischte sich Indien aufgrund des bei ihm bestehenden Flüchtlingsproblems in den Konflikt ein. Im November 1971 lebten knapp zehn Millionen bengalische Flüchtlinge in Indien. Die Unterstützung sowohl beim Aufbau der Exilregierung, als auch die weitreichende diplomatische Werbung bei den Westmächten für ein unabhängiges Bangladesch spricht dafür, daß es Indien nicht in erster Linie um die Rückführung der Flüchtlinge ging, sondern um die Schaffung eines unabhängigen Bangladeschs.

Ab Herbst kam es immer häufiger zu Grenzzwischenfällen zwischen Pakistan und Indien, wobei beide Staaten die Grenze mit Truppen übertraten. Ab dem 21.11. starteten die bengalischen Guerillagruppen eine Offensive, woraufhin in Pakistan der Notstand ausgerufen wurde. Am 3.12.1971 griff die pakistanische Armee indische Flughäfen an und es kam zum offenen Krieg zwischen Pakistan und Indien.[522] Dieser endete bereits am 16.12 mit einer bedingungslosen Kapitulation der pakistanischen Armee in Ostpakistan und einem Waffenstillstand an der Westfront Pakistans. Durch die Intervention Indiens wurde die Unabhängigkeit Bangladeschs gesichert. Allerdings hat nur Indien mit seiner Anerkennung Bangladeschs am 6.12.1971 explizit Ostpakistan als Träger des Selbstbestimmungsrechts der Völker anerkannt.[523] Die Staatenwelt hat sich dagegen vor allem mit dem Krieg zwischen Indien und Pakistan beschäftigt, wobei es vor allem um die Sicherung von Einflußsphären zwischen den USA, der UdSSR und China ging. Dabei unterstützten die USA und China Pakistan, wogegen die UdSSR auf Seiten Indiens stand.

Die **USA** waren gegen eine Sezession Bangladeschs. Ihr Staatssekretär machte in diesem Zusammenhang deutlich, daß sie gegen die Anerkennung eines Sezessionsrechtes im generellen seien, da es sich auf die Welt destabilisierend auswirke.[524]

522 Allerdings wird aus den Äußerungen Indira Gandhis im November in Washington deutlich, daß Indien eigentlich nur auf eine Gelegenheit zu einem offenen Konflikt wartete. Heraclides, The Self-Determination Of Minorities In International Politics, S. 157.

523 Die Anerkennung Bangladeschs durch Indien ist in International Law Materials Bd. 11 (1972), S. 121 f. abgedruckt. Als Begründung für ein Sezessionsrecht werden darin zwei Gründe angeführt. Erstens habe Pakistan keine Chance mehr eine effektive Staatsgewalt über Bangladesch erneut zu erlangen und zweitens repräsentiere die Regierung Bangladeschs die Wünsche einer absoluten Mehrheit der Bengalen.

524 Secretary of State Rogers: „We did favor, we do favor, unity as a principle, and we do not favor secession as a principle, because once you start down that road it could be very destabilizing." 66 Dep't State Bull. 54 (1972). Buchheit, Secession, S. 209, Fußnote 194.

China sah das Ostpakistanproblem als eine innere Angelegenheit Pakistans an[525] und warf Indien daher bei Beginn des Krieges eine Aggression vor. Damit wurde von beiden Staaten implizit die Trägerschaft Ostpakistans am Selbstbestimmungsrecht abgelehnt.

Die **UdSSR** äußerten sich nicht zu dem pakistanisch-bengalischen Konflikt, unterstützten Indien aber durch Waffenlieferungen.

Die **Vereinten Nationen** wurden von diesem Streit zwischen den Großmächten gelähmt. Der Sicherheitsrat befaßte sich erstmals am 4.12.1971, also nach Kriegsbeginn, mit dem indisch-pakistanischen Konflikt. Die UdSSR, die USA und China blockierten jeglichen Antrag der gegnerischen Seite und so wurde am Ende eine Resolution angenommen, die das Problem an die Generalversammlung weiterleitete.[526] Diese verabschiedete am 7.12.1971 eine Resolution, in der zu einem sofortigen Waffenstillstand und dem Rückzug aller Truppen hinter die jeweilige Staatsgrenze aufgefordert wurde.[527] Pakistan nahm diese Resolution an, Indien weigerte sich aber am 10.12.1971 mit der Begründung, es werde alles tun, um den Bengalen die Entstehung eines eigenständigen Staates zu garantieren.[528] Die Berechtigung dazu ergäbe sich daraus, daß nach völkerrechtlichen Regeln eine Sezession dann zulässig wäre, wenn der Staat die Zustimmung einer so großen Zahl an Menschen unwiederbringlich verloren habe und sie nicht mehr unter seiner Herrschaft halten könnte.[529] Diese Ansicht wurde von keinem anderen Staat unterstützt. Vielmehr lehnte der Sicherheitsrat in der Sitzung vom 13.12.1971 den Antrag der UdSSR, einen Repräsentanten Bangladeschs den Beratungen hinzuzuziehen, ab. Dies wurde damit begründet, daß Bangladesch die Kriterien für die Anerkennung als Staat nicht erfüllen würde.[530] Eine Resolution[531] verabschiedete der Sicherheitsrat erst nach der Beendigung des Krieges. In dieser forderte er die strikte Einhaltung des Waffenstillstandes und den Rückzug der Truppen. Indien konnte seine Truppen aber zur Aufrechterhaltung des Friedens zunächst in Ostpakistan belassen.

Trotz der bedingungslosen Kapitulation Pakistans in Ostpakistan, dessen Besetzung durch Indien und der sofortigen Bildung einer bengalischen Regierung, erkannte Pakistan die Existenz Bangladeschs erst im Februar 1974 an. Erst da-

---

525 Linde, Bangla Desh, S. 118. China war einer der Hauptunterstützer Pakistans. Es blockierte durch sein Veto bis 1974 die Aufnahme Bangladeschs in die VN.

526 Sicherheitsratsresolution 303 (1971), vom 6.12.1971, abgedruckt in: ILM Bd. 11 (1972), S. 123.

527 Generalversammlungsresolution 2793 vom 7.12.1971. 104 Ja-Stimmen, 11 Neinstimmen und 10 Enthaltungen.

528 AP 10.12.1971.

529 26 U.N.SCOR, 161 1th meeting at 2, para 124.

530 26 U.N.SCOR, 161 3th meeting at 9, para 92-93.

531 Sicherheitsratsresolution 307 vom 21.12.1971.

nach, nämlich am 17.9.1974, wurde Bangladesch als Mitglied bei den VN zugelassen. Diese späte Mitgliedschaftsgewährung beruhte auf dem bis dahin eingelegten Veto Chinas. Sie besagt hingegen nicht, daß die Staatenwelt der Argumentation Pakistans folgte, daß Bangladesch auch nach dem Krieg weiterhin ein Teil Pakistans sei. Denn obwohl Pakistan damit der Sezession widersprach, wurde Bangladesch in den ersten vier Monaten nach Kriegsende von über 50 Ländern anerkannt.[532] Es ist davon auszugehen, daß diese Staaten völkerrechtsgemäß handeln wollten.

Eine Anerkennung ist aber grundsätzlich immer dann völkerrechtswidrig, wenn sie vorzeitig erfolgt, das heißt, wenn die Staatskriterien im Zeitpunkt der Anerkennung gar nicht vorlagen, das Gebiet kein Recht auf Sezession hat[533] und auch kein Einverständnis des Staates vorliegt[534], zu dem das Gebiet gehört. Eine solche vorzeitige Anerkennung verstößt gegen das Interventionsverbot.[535] Ein solcher Verstoß liegt ausnahmsweise dann nicht vor, wenn die Staatlichkeit noch nicht gegeben ist, aber das Gebiet ein Recht auf Gründung eines eigenen Staates hat, ihr also ein Sezessionsrecht zusteht.[536] Aus der Anerkennung Bangladeschs gegen den Willen Pakistans wäre daher nur dann auf die Anerkennung eines Sezessionsrechtes zu schließen, wenn Bangladesch nach Ende des Krieges die Kriterien für die Staatlichkeit nicht erfüllt hätte. Ansonsten hätte sich die Rechtmäßigkeit der Anerkennungen durch die Staaten bereits aus der Staatlichkeit Bangladeschs ergeben.

Ein Staat liegt immer dann vor, wenn ein Staatsgebiet mit einem Staatsvolk von einer effektiven Staatsgewalt beherrscht wird.[537] Bangladesch war bei Abschluß des Waffenstillstandes ein abgeschlossenes Gebiet mit einer festen Bevölkerung. Fraglich könnte insoweit nur sein, ob zu diesem Zeitpunkt bereits von einer effektiven Staatsgewalt gesprochen werden konnte. Eine effektive Staatsgewalt liegt dann vor, wenn der Staat in der Lage ist im Innern eine gewisse Ordnung durchzusetzen, und auf internationaler Ebene seinen Verpflichtungen nachzukommen.[538] Bangladesch alleine war, wie der Verlauf der Kämpfe vor dem

---

532 Darunter waren: Polen, Bulgarien, Mongolei, Niederlande, Großbritannien, Schweden, Dänemark, Bundesrepublik Deutschland, UdSSR, Israel, USA.

533 Seite 207 f.

534 Wobei dann auch regelmäßig die Staatskriterien Territorium, Volk, effektive Staatsgewalt, vorliegen werden.

535 Oeter, Selbstbestimmungsrecht im Wandel, ZaöRV Bd. 52 (1992), S. 741 (766 f.); Oppenheim/Lauterpacht, International Law, Bd. 1, S. 128; Shaw, Title To Territory In Africa, S. 164; Doehring, Völkerrecht, Rdnr. 944. Siehe dazu später S. 238 f.

536 Oeter, Selbstbestimmungsrecht im Wandel, ZaöRV Bd. 52 (1992), S. 741 (767).

537 Heilbronner, Der Staat und der Einzelne als Völkerrechtssubjekte, in: Vitzthum (Hrsg.), Völkerrecht, 3. Abschnitt, Rdnr. 63.

538 Heilbronner, der Staat und der Einzelne als Völkerrechtssubjekte, in: Vitzthum (Hrsg.), Völkerrecht, 3. Abschnitt, Rdnr. 67.

Eingreifen Indiens gezeigt hatte, nicht in der Lage, sich selbst von der pakistanischen Armee zu befreien. Allerdings hat es in dieser Zeit eine eigene Regierung gebildet, und die Menschen in Bangladesch waren bereit, der Ordnung dieser Regierung zu folgen. Hinzu kam der Waffenstillstand, der es Pakistan verbot, weiter in Bangladesch militärisch anwesend zu sein. Insoweit hatte sich durch den Waffenstillstand die Situation entscheidend geändert. Zwar war Bangladesch weiter auf die indische Hilfe angewiesen. Alleine dies reicht aber nicht, um die Effektivität der Staatsgewalt mit dem Hinweis auf eine Abhängigkeit zu verneinen. Eine die Effektivität ausschließende Abhängigkeit läge nur dann vor, wenn Bangladesch praktisch keine eigenständige existierende Ordnung hätte. Davon kann aber nach dem Waffenstillstand keine Rede sein. Vielmehr hatte sich eine Regierung und eine Verwaltung gebildet, der die Bevölkerung Folge leistete. Insoweit erfüllte Bangladesch nach Abschluß des Krieges die Bedingungen für seine Staatlichkeit.

Da Bangladesch daher mit dem Abschluß des Waffenstillstandsabkommens zwischen Indien und Pakistan die Staatlichkeitskriterien erfüllte, kann aus den Anerkennungen gerade nicht darauf geschlossen werden, daß die Staatengemeinschaft Ostpakistan als Träger des Selbstbestimmungsrechts oder eines Sezessionsrechtes ansah. Bangladesch war ein Staat, so daß jeder Staat berechtigt war, diesen anzuerkennen.[539] Die Staatenwelt war durch die erfolgreiche militärische Intervention Indiens und dessen starke Unterstützung für die Errichtung eines bengalischen Staates vor vollendete Tatsachen gestellt worden. Die Entscheidungen des Sicherheitsrates und der Generalversammlung, sich ausschließlich mit dem Krieg zwischen Pakistan und Indien und nicht mit der als innerstaatlich angesehenen Situation in Ostpakistan zu beschäftigen zeigt, daß der Großteil der Staaten gerade nicht von einer Trägerschaft Ostpakistans am Selbstbestimmungsrecht ausging.

ee) Bewertung

Alle eben dargestellten Gebiete, waren administrativ abgegrenzte Teile eines bestehenden Staates, die innerhalb dieser Grenzen die Unabhängigkeit anstrebten und sich als Träger des Selbstbestimmungsrechts ansahen. Die internationale Gemeinschaft hat aber in allen Fällen ein Selbstbestimmungsrecht eines administrativen Teils eines Staates überhaupt nicht diskutiert. Vielmehr wurde mit den jeweiligen Sezessionen in der internationalen Wahrnehmung meistens die Sezession eines bestimmten ethnischen Volkes verbunden. Dies lag

---

[539] Allerdings war die Situation Bangladeschs sicherlich von Bedeutung für die schnelle Anerkennung des Staates Bangladeschs. Denn Ostpakistan war ein von Westpakistan durch viele hundert Kilometer getrenntes Territorium. Es handelte sich um eine von den Westpakistanies ethnisch unterscheidende Volksgruppe und es war zu schweren Menschenrechtsverletzungen gekommen.

daran, daß es immer ein Mehrheitsvolk gab, das die Sezession besonders unterstützte, aber auch daran, daß die Sezession vor allem in einem ethnischen Zusammenhang international diskutiert wurde. Dabei beriefen sich nur die Bengalen tatsächlich darauf, als ethnisches Volk unabhängig werden zu wollen. Keines der Gebiete verlangte die administrativen Grenzen zu ändern.

Es bleibt festzuhalten, daß obwohl Bangladesch unabhängig geworden ist, eine Trägerschaft administrativer Teile eines Staates am Selbstbestimmungsrecht, insbesondere in Form der Sezession, bis 1990 weder von den VN noch von den Staaten vertreten wurde. Somit ist bis 1990 ein Recht auf Selbstbestimmung für administrative Teile eines Staates nicht durch die dynamische Auslegung Inhalt des in der Charta festgehaltenen Rechtes auf Selbstbestimmung geworden. Ein solches Recht ergab sich damit auch nicht aus dem Gewohnheitsrecht.

Inwieweit schwere Menschenrechtsverletzungen zu einer Veränderung der Bewertung führen, soll in einem späteren Kapitel untersucht werden.[540] Offen bleiben muß die Frage, wie sich ein innerstaatlich gewährtes Sezessionsrecht ausgewirkt hätte. Einen solchen Fall hat es bis 1990 nicht gegeben und er wurde auch weder in Konventionen geregelt noch international diskutiert. Da es aber aufgrund der Besonderheit der Rechtsquellen auf die Gewährung dieses Rechtes durch die Staats- und Organpraxis ankommt, kann insoweit keine Aussage getroffen werden.

b) Für ethnische Völker

Die wohl kontroverseste Frage bis 1990 war die, ob Träger des Selbstbestimmungsrechts der Völker auch Gruppen innerhalb bestehender Staaten sind, die sich durch andere als territoriale Kriterien von dem Rest des Staatsvolkes unterscheiden. Diskutiert wurde dies vor allem für ethnische Völker.

aa) Recht der Palästinenser auf einen eigenen Staat

Angestoßen wurde die Diskussion um ein Selbstbestimmungsrecht ethnischer Völker durch die Zuerkennung des Selbstbestimmungsrechts an das palästinensische Volk durch die Generalversammlung.[541] Fraglich ist aber, ob das Selbstbestimmungsrecht dem palästinensischen Volk überhaupt aufgrund einer irgendwie gearteten Ethnie zuerkannt wurde.

---

540 Seite 184 ff.

541 Wobei hier offenbleiben soll, ob es sich bei den Palästinensern tatsächlich um ein Volk im ethnischen Sinn handelt.

aaa) Geschichte Palästinas

Der israelisch/arabische Konflikt und die Stellung des palästinensischen Volkes in der Welt sind auf die Geschichte Palästinas[542] zurückzuführen. Die jüdische Bevölkerung war im Zuge der Eroberung Palästinas durch die Römer vertrieben und über die gesamte Welt verstreut worden. Ab 636 nach Christi wurde das Land von den Arabern besetzt und von 1517 bis 1917 war es Teil des Osmanischen Weltreiches. Zu Beginn des 20. Jahrhunderts trafen in Palästina zwei sich bildende Nationalismen aufeinander: der arabische Nationalismus und der Zionismus[543]. Der moderne politische Zionismus propagierte die Schaffung eines jüdischen Staates als Reaktion auf die andauernde Judenverfolgung.[544] Diese ließ die jüdischen Assimilations- und Emanzipationsbewegungen in Europa als gescheitert erscheinen.[545] Das Recht auf einen jüdischen Staat in Palästina wurde dabei mit dem Glauben auf die göttliche Verheißung Palästinas an die Juden[546] und mit der sich durch die Diaspora ziehenden historischen Verbundenheit des jüdischen Volkes mit Palästina begründet. Seit Ende des 19. Jahrhunderts kam es zu einer verstärkten Einwanderung von Juden nach Palästina, um durch aktive Siedlungspolitik Fakten zu schaffen.

Die Forderung nach einem jüdischen Staat[547] auf dem Gebiet Palästinas traf mit der Einwanderung der Zionisten nach Palästina Anfang des 20. Jahrhunderts auf

---

542 Verstanden nicht als der heute von den Palästinensern propagierte Staat, sondern als das historische Gebiet.

543 Zionismus ist der Sammelbegriff für eine Reihe von religiösen und politischen jüdischen Bewegungen seit dem 19. Jahrhundert.

544 So schrieb Theodor Herzl in: Eine Lösung der Judenfrage (Herzl, Gesammelte Zionistische Werke, Berlin 1934, S. 523ff.) 1895/96: „Wir ziehen natürlich dahin, wo man uns nicht verfolgt; durch unser Erscheinen entsteht dann die Verfolgung. Das ist wahr, muß wahr bleiben, überall, selbst in hochentwickelten Ländern - selbst Frankreich bildet keine Ausnahme - solange die Judenfrage nicht politisch gelöst ist. ... Ja, wir haben die Kraft, einen Staat, und zwar einen Mutterstaat zu bilden." Allgemein: Brunzl, Israel und die Palästinenser, S. 15;

545 Malanczuk, Israel: Status, Territory And Occupied Territories, in: Bernhardt (Hrsg.), EPIL Bd. 12, S. 149 (150f.).

546 1. Mose 12, 1-2, 6-7;17,4-8. So heißt es im Manifest der Bilu von 1882 (Bilu nannten sich die ersten zionistischen Einwanderer. Das Wort ist aus den Anfangsbuchstaben der hebräischen Wörter für „Söhne Jakobs, laßt uns gehen und aufbrechen" zusammengesetzt.): Wir möchten ein Heim in unserem Land, das uns von Gott gegeben ist. Daß es unser ist, ist in den Archiven der Geschichte registriert. Schreiber/Wolffsohn, Nahost, Geschichte und Struktur des Konflikts, S. 47.

547 Es muß insoweit festgestellt werden, daß weder heute noch zu damaliger Zeit die von den Zionisten behaupteten Rechtstitel der historischen Verbindung mit dem Land und der göttlichen Verheißung als Rechtstitel anerkannt waren oder sind. (Partsch, Israel And The Arab States, in: Bernhardt (Hrsg.), EPIL Bd. 12, S. 140 (143); Peter Malanczuk, Israel: Status, Territory And Occupied Territories, in: Bernhardt (Hrsg.), EPIL Bd. 12, S. 149 (150)).

einen entstehenden arabischen Nationalismus. Die Einwohner Palästinas bildeten damals keine von den benachbarten Gebieten isolierte, ethnische und sprachliche Einheit.[548] Sie fühlten sich vielmehr als Teil der im großsyrischen Raumes lebenden arabischen Bevölkerung.[549] Aus diesem Gefühl heraus entwickelte sich seit Mitte des 19. Jahrhunderts eine nationalarabische Bewegung, die einen vom Osmanischen Reich unabhängigen syrisch-arabischen Staat anstrebte.[550] Gleichzeitig gab es aber auch einen an der zionistischen Einwanderung entstehenden „Lokalpatriotismus“[551], der sich aber nicht gegen die Juden als solche richtete, sondern gegen die sich nicht in die lokale Bevölkerung integrierenden zionistischen Einwanderer[552] und deren scheinbar unerschöpfliche Geldmittel.[553] Der erwachende arabische Nationalismus, der sich gegen die Fremdherrschaft durch die Türken richtete,[554] wurde von den Briten vor und im Ersten Weltkrieg dadurch verstärkt, daß den Arabern für ihre militärische Zusammenarbeit mit Großbritannien gegen das Osmanische Reich die Errichtung eines unabhängigen arabischen Nationalstaates versprochen wurde.[555]

---

548 Das palästinensische Gebiet stellte vor der Eroberung durch die Türken eine syrische Provinz mit Namen Filastin dar (Said, Zionismus und palästinensische Selbstbestimmung, S. 25 f.).

549 Peretz, The Middle East Today, S. 286; Van der Meulen, Fremde im eigenen Land, S. 16 f.

550 Dieser sollte die Gebiete des heutigen Syrien, Libanon, Jordanien, Palästina und Israel umfassen.

551 Van der Meulen, Fremde im eigenen Land, S. 17; Said, Zionismus und palästinensische Selbstbestimmung, S. 27, der davon ausgeht, daß es bereits ein sich auch von den anderen Arabern abgrenzendes palästinensisches Bewußtsein gegeben habe. Koskenniemi, National Self-Determination Today: Problems Of Legal Theory And Practice, ICLQ Bd. 43 (1994), S. 241 (262) der die Interaktion zwischen Zionismus, israelischer Staatsgründung und palästinensischem Nationalismus beschreibt.

552 Die zionistischen Einwanderer verfolgten eine Politik gegenüber den einheimischen Arabern, die auf folgenden Prinzipien beruhte: 1. Schrittweiser Aufbau eines eigenen ökonomischen und militärischen Potentials als Basis für die Erreichung politischer Ziele; 2. Bündnis mit einer außerhalb des Nahen Ostens stehenden Großmacht; 3. Nichtanerkennung einer palästinensischen nationalen Einheit; 4. Selbst zugeschriebene zivilisatorische Mission in einer unterentwickelten Region; 5. Ökonomische, soziale und kulturelle Segregation als Voraussetzung „jüdischer nationaler Renaissance“ 6. Frieden durch Stärke (Flapan, Zionism And The Palestinians, S. 11) Eine solche Vorgehensweise mußte den Widerstand der ansässigen Bevölkerung hervorrufen.

553 Bunzl, Israel und die Palästinenser, S. 17 f.

554 Zum Entstehen des arabischen Nationalismus im Zusammenhang mit den Türkisierungsprogrammen des Osmanischen Reiches siehe: Peretz, The Middle East Today, S. 140 ff.

555 Brief des Hochkommissars Großbritanniens in Ägypten, MacMahon, vom 24. 10.1915 an den Großscherifen von Mekka Hussein. Darin heißt es: „Die beiden Distrikte von Mersina und Alexandretta sowie Teile Syriens, die westlich der Distrikte von Damaskus, Homs, Hama und Aleppo liegen, kann man nicht als rein arabisch be-

Beide Nationalismen schlossen sich gegenseitig aus. Derjenige der Juden verwies die Araber dadurch ins Abseits, daß der neu zu gründende Staat gerade ein *jüdischer* Staat sein sollte, basierend auf den Worten der Thora.[556] Derjenige der Araber verwies die Juden auf die Stellung einer Minderheit, denn das wären sie zahlenmäßig am Ende des Ersten Weltkrieges gewesen.[557] Verschärft wurde der Konflikt dadurch, daß die Briten nicht nur den Arabern einen eigenen Staat auf dem Gebiet Palästinas versprachen, sondern, durch die sogenannte Balfour-Erklärung[558] von 1917, auch den Juden die Errichtung einer „nationalen Heimstatt" auf gleichem Gebiet zusicherten. Diese Erklärung wurde nach dem ersten Weltkrieg Bestandteil des Völkerbundmandates über Palästina, das Großbritannien übertragen wurde.[559] Sie führte nach dem Krieg zu einer verstärkten jüdischen Einwanderung, die die Ängste der Araber, Minderheit im eigenen Land zu werden, noch verstärkte. Aber auch diese Politik hielten die Briten nicht konsequent durch, sondern erließen 1939 das sogenannte „Weißbuch", in dem erklärt wurde, daß es nicht Politik der britischen Regierung sei, einen jüdischen Staat auf dem Gebiet Palästinas zuzulassen, sondern innerhalb von zehn Jahren einen unabhängigen Palästina-Staat zu errichten. Außerdem sollte die künftige Einwanderung von Juden nach Palästina nur noch für weitere fünf Jahre zugelassen

---

zeichnen. Daher sollten sie von den geforderten Staatsgrenzen ausgeschlossen werden. ... Abgesehen von den genannten Änderungsvorschlägen ist Großbritannien bereit, die Unabhängigkeit der Araber in allen vom Scherifen von Mekka geforderten Gebieten anzuerkennen und zu unterstützen." Zitiert nach: Schreiber, Friedrich/Wolffsohn, Michael, Nahost, Geschichte und Struktur des Konflikts, S. 22.

556 In der zionistischen Bewegung hatten sich die radikalen Zionisten mit ihrer Maximalforderung nach dem Ausschluß der Araber durchgesetzt. Schon damals vertraten diese (oft inoffiziell) die Lösung des Araberproblems durch einen „Transfer" der Araber in Nachbarländer. Zum Beispiel: Ben-Gurion in Zürich 1937 nach Bunzl, Israel und die Palästinenser, S. 43; Flapan, Zionism And The Palestinians, S. 81, Bunzl,Israel und die Palästinenser, S. 20). Eine tatsächliche, gleichberechtigte Teilnahme der Araber war nie gewollt. (Bunzl, Israel und die Palästinenser, S. 24 ff.). Dies wird schon dadurch deutlich, daß die Zionisten alles dafür taten, während der Mandatszeit einer Durchsetzung der nationalen Selbstbestimmung und demokratischer Strukturen entgegenzuwirken (Caplan, Palestine Jewry And The Arab Question 1917-1925, S. 149 f.). Bunzl, Israel und die Palästinenser, S. 28

557 Die Juden machten damals nur 8,5 % der Bevölkerung aus.

558 The Indian Society Of International Law (Hrsg.); The Arab-Israeli Conflict – Documents And Comments, S. 86 f.

559 Darin heißt es: „...daß die alliierten Hauptmächte ferner überein gekommen sind, daß der Mandatar verantwortlich sein soll für die Verwirklichung der ursprünglich am 2. November 1917 durch die Regierung Seiner Britischen Majestät erlassenen und von den erwähnten Mächten anerkannten Deklaration zugunsten der Errichtung einer nationalen Heimstätte für das jüdische Volk in Palästina,..." zitiert nach: Marcus, Ernst, Palästina - Ein werdender Staat, Frankfurter Abhandlungen zum modernen Völkerrecht, Heft 16 (1929), S. 262 f.

und so beschränkt werden, daß die Juden am Ende dieser fünf Jahre ein Drittel der Gesamtbevölkerung ausmachen würden.[560]

Während der Mandatszeit kam es zu immer größer werdenden Konflikten zwischen Juden und den arabischen Palästinensern. Diese Konflikte haben auch im weiteren Verlauf eine entscheidende Rolle bei der Bildung des israelischen und palästinensischen Bewußtseins in Abgrenzung zu dem jeweils anderen gespielt.[561] Bereits 1937 kam die Britisch Königliche Palästina-Kommission zu dem Schluß, daß ein Zusammenleben der Araber und Juden unter Schaffung eines gemeinsamen Staatsvolkes aufgrund der Ausschließlichkeit beider Ansprüche und der Tiefe des Konfliktes nicht mehr möglich sei und schlug eine Teilung Palästinas vor.[562] Diese Bewertung wurde von der UNSCOP[563] übernommen und veranlaßte eine Mehrheit der Generalversammlung die Bildung von zwei unabhängigen Staaten zu empfehlen. Der Teilungsplan sah vor, daß der jüdische Staat 15.100 qkm und der arabische Staat 11.600 qkm groß sein sollte. Und dies, obwohl in Palästina ungefähr doppelt so viele Araber wie Juden lebten.[564] Diese Empfehlung wurde in dem Teilungsbeschluß der Generalversammlung der VN vom 29.11.1947 umgesetzt.[565] Dieser Teilungsbeschluß wurde zwar von den Juden, nicht aber von den palästinensischen Arabern und den angrenzenden arabischen Staaten akzeptiert.

Nachdem Großbritannien die Region verlassen hatte, deklarierte David Ben Gourion am 14.5.1948 den Staat Israel. Am nächsten Tag kam es zur Verschärfung des bereits vorher bestehenden bürgerkriegsähnlichen Konfliktes durch die Invasion Ägyptens, Syriens, Libanons und Jordaniens auf Seiten der palästinensischen Araber. Am Ende dieses Krieges hatte Israel einen Teil der einem ara-

---

560 Schreiber/Wolffsohn, Nahost, Geschichte und Struktur des Konflikts, S. 109.

561 Sharoni/Abu-Nimer, The Israeli-Palestinian Conflict, in: Gerner, (Hrsg.), Understanding The Contemporary Middle East, S. 161 (163).

562 Bericht über Palästina - erstattet durch die Britische Königliche Palästina-Kommission unter dem Vorsitz von Earl Peel, Berlin 1937, S. 422 ff. und 450 ff.

563 United Nations Special Committee on Palestine. Großbritannien hatte sein Mandat aufgrund der immer größer werdenden Spannungen innerhalb Palästinas im Frühjahr 1947 an die VN zurückgegeben.

564 (Karl Josef Partsch, Israel And The Arab States, in: Bernhardt (Hrsg.), EPIL Bd. 12, S. 140 (141)) Die Schätzungen gehen zwar leicht auseinander, aber trotzdem kann man sagen, daß selbst im jüdischen Staat mindestens so viele Araber lebten wie Juden. Zum Teil wird sogar davon ausgegangen, daß auch im jüdischen Staat die Araber in der Mehrheit waren (Walter Hollstein, Kein Frieden um Israel, S. 157). Warum die VN trotzdem einem Teilungsplan zustimmten, der eine solche territoriale Ungerechtigkeit enthielt und dazu mehr Probleme schaffte als löste, muß wohl auf den Holocaust und die damit verbundene „Wiedergutmachungsmentalität" zurückgeführt werden (so auch: Bunzl, Israel und die Palästinenser, S. 50).

565 Generalversammlungsresolution 181 (II)

bischen Staat durch den Teilungsplan zugesprochenen Gebiete erobert.[566] Der Gazastreifen war von Ägypten besetzt[567], das Westjordanland von Jordanien annektiert[568] und Jerusalem zwischen Jordanien und Israel aufgeteilt. Einen Staat Palästina hat es also niemals gegeben. Er wurde zu diesem Zeitpunkt auch nicht proklamiert. Mit dem Sechs-Tage-Krieg von 1967 besetzte Israel die syrischen Golanhöhen, das Westjordanland, die zu Jordanien gehörende Altstadt von Jerusalem, die ägyptische Sinaihalbinsel[569] und den Gazastreifen.[570] Darauf reagierte der Sicherheitsrat am 22.11.1967 mit Resolution 242, in der Israel aufgefordert wurde, die Gebiete, die es durch den Sechs-Tage-Krieg okkupierte, zu räumen. Am 15.11.1988 deklarierte der PNC[571] den Staat Palästina. Die Grenzen Israels sind bis heute nicht geklärt. Zwar wurden 1949 Demarkationslinien gezogen, aber diese wurden nicht als internationale Grenzen anerkannt.

In Resolution 2672/C (XXV) vom 8. Dezember 1970 sprach die Generalversammlung erstmals explizit von dem Recht der Palästinenser auf Selbstbestimmung. Heute bestreitet kein Staat mehr das Recht der Palästinenser auf Selbstbestimmung. Gleichzeitig ist aber auch das Existenzrecht Israels anerkannt. Das bedeutet, daß sich das Selbstbestimmungsrecht der Palästinenser nur noch auf einen Teil des ehemaligen Mandatsgebietes Palästina beziehen kann. Es stellt sich also die Frage, warum die Palästinenser als Träger des Selbstbestimmungsrechts angesehen werden und auf welches Gebiet sich dieses Selbstbestimmungsrecht bezieht.

bbb) Das Gebiet

Das Selbstbestimmungsrecht der Palästinenser bezieht sich nicht auf das Gebiet, das ihnen durch den Teilungsplan der VN 1948 zugesprochen wurde. Der Tei-

566 Israel regierte danach über 22% mehr Land, als ihm durch den Teilungsplan zugebilligt worden war. Außerdem waren 90% der zuvor auf dem Gebiet des neuen jüdischen Staates lebenden Araber geflohen. Die Angaben zu ihrer Zahl liegen um 800.000 Personen. Diesen verweigert Israel die Rückkehr mit der Begründung, daß ihre Rückkehr die Existenz Israels gefährde (Malanczuk, Israel: Status, Territory And Occupied Territories, in: Bernhardt (Hrsg.), EPIL Bd. 12, S. 149 (163)). Diese Argumentation zeigt, daß die Gebietsverteilung nach dem VN-Plan der Bevölkerungsverteilung nicht in Ansätzen entsprach.

567 Ägypten okkupierte den Gazastreifen zwar, erhob aber niemals Ansprüche auf dieses Land.

568 Das Westjordanland wurde 1950 offiziell zum Teil Jordaniens erklärt. Zu den Folgen für die Palästinenser siehe: Sharaf, Die Palästinenser, S. 69 ff. Im Juli 1988 erklärt dann der jordanische König Hussein die Freigabe des Westjordanlandes zu Gunsten der PLO.

569 Diese wurde im Rahmen des Camp David Abkommens vom 17.9.1978 an Ägypten zurückgegeben.

570 Israel hat zwar Teile der Golanhöhen und Ostjerusalem annektiert, aber nicht die Westjordan und den Gazastreifen, beide standen aber lange unter Militärverwaltung.

571 Palestine National Council

lungsplan wurde zwar von den Juden, nicht aber von den Arabern angenommen. Da die Resolutionen der Generalversammlung keine bindende Wirkung haben, muß dies auch für den Teilungsplan gelten. Die Regelungen des Teilungsplanes können daher aus sich heraus keine Teilträgerschaft für die Bevölkerung der damals dem arabischen Staat zugesprochenen Gebiete begründen, so daß sich auch das Selbstbestimmungsrecht der Palästinenser nicht auf dieses Gebiet beziehen kann.

Von der Staatengemeinschaft allgemein anerkannt ist vielmehr, daß sich das Selbstbestimmungsrecht der Palästinenser auf die im Sechs-Tage-Krieg 1967 von Israel besetzten Teile des ehemaligen Mandatsgebietes bezieht, also auf das Westjordanland, den Gazastreifen und Jerusalem. Bereits in der Sicherheitsratsresolution 242 von 1967 heißt es in Punkt 1:

> „*Affirms that the fulfillment of Charter principles requires the establishment of a just and lasting peace in the Middle East which should include the application of both the following principles: i) Withdrawal of Israel's armed forces from* ***territories occupied in the recent conflict****; ...*“[572]

Auch in den späteren Resolutionen des Sicherheitsrates wird hinsichtlich eines Truppenabzugs oder der Rechte der Palästinenser immer nur von den 1967 besetzten Gebieten gesprochen. So heißt es in Sicherheitsratsresolution 446 von 1979:

> „*1. Determines that the policy and practices of Israel in establishing settlements in the Palestinian and other Arab territories occupied since 1967 have no legal validity and constitute a serious obstruction to achieving a comprehensive, just and lasting peace in the Middle East; ...*“

Gleichzeitig hat der Sicherheitsrat aber immer das Existenzrecht Israels und dessen Recht in gesicherten und anerkannten Grenzen zu existieren betont.[573]

Mit dieser Verbindung der Verurteilung der Besetzung des Westjordanlandes, des Gazastreifens und Jerusalems und der gleichzeitigen Anerkennung des Existenzrechtes Israels haben der Sicherheitsrat der VN und mit ihm auch fast alle Staaten die Grenzen, die Israel nach dem Bürgerkrieg von 1949 hatte de facto

---

572 Hervorhebung durch die Verfasserin. Sicherheitsratsresolution 242 vom 22. November 1967.

573 So heißt es in der zitierten Passage der Resolution 242 von 1967 weiter: „...ii) Termination of all claims or states of belligerency and respect for and acknowledgement of the sovereignty, territorial integrity and political independence of every State in the area and their right to live in peace within secure and recognized boundaries free from threats or acts of force;..."

anerkannt. Dadurch kann sich das Selbstbestimmungsrecht der Palästinenser nicht mehr auf dieses Gebiet beziehen.

Gegen diese Wertung spricht auch nicht das Verbot des Gebietserwerbs durch Annexion. Nach diesem Grundsatz verleiht Krieg niemals einen rechtlichen Titel an einem Territorium.[574] Heute ist eine Annexion als Möglichkeit des Gebietserwerbes ausgeschlossen.[575] Dieser Grundsatz wird durch den Sicherheitsrat auch auf die besetzten Gebiete angewendet.[576] Die Gebietsbesetzung durch Israel 1967 wird vom Sicherheitsrat unzweifelhaft als Völkerrechtsverletzung angesehen. Aus dem Umkehrschluß ergibt sich dann aber, daß die Gebietsgewinne gegenüber dem Teilungsplan, die bis 1949 erfolgten, nicht als Annexion angesehen werden.

Dieses ist damit zu begründen, daß der Konflikt von 1949 als Bürgerkrieg zwischen palästinensischen Juden und Arabern,[577] mit äußerer Einmischung durch die oben genannten arabischen Staaten, zu bewerten ist. Denn nach dem Abzug der Briten gab es nur das einheitliche Mandatsgebiet Palästina. In diesem kämpften die beiden Bevölkerungsgruppen, die Juden und die Palästinenser, gegeneinander. Es kämpften also nicht zwei Völkerrechtssubjekte gegeneinander. Bei diesem Konflikt ging es um die Aufteilung des Mandatsgebietes. Bei einem Bürgerkrieg kann aber nur dann von einer Annexion gesprochen werden, wenn die sich das Gebiet erkämpfende Partei keinen Anspruch auf das Gebiet hat, weil zum Beispiel die Anwendung des uti-possidetis-juris-Prinzips zur Wandelung der inneren Verwaltungsgrenzen in internationale Grenzen führt. Ein solcher Fall lag aber bei Palästina nicht vor. Der Teilungsplan hatte gerade keine Bindungswirkung erlangt. Das Verbot der Annexion spricht also nicht gegen die Gültigkeit dieser Grenzen. Dies geht auch aus den Resolutionen des Sicherheitsrates und der Generalversammlung vor und während des Krieges hervor. Die VN versuchten eine friedliche Lösung durch Verhandlungen zu erreichen.[578] Als dieses aufgrund der Weigerung der arabischen Staaten scheiterte, in der Region

---

574 Shaw, International Law, S. 340.

575 Korman, The Right Of Conquest, S. 218 ff.; Hailbronner, Der Staat und der Einzelne als Völkerrechtssubjekte, in: Vitzthum (Hrsg.), Völkerrecht, 3. Abschnitt, Rdnr. 110.

576 In Absatz 2 der Präambel von Resolution 242 heißt es insofern: „... the inadmissibility of the acquisition of territory by war...".

577 Auch Sharoni/Abu-Nimer gehen davon aus, daß es sich zunächst um einen Konflikt zwischen den beiden einheimischen Gruppen handelte (Sharoni/Abu-Nimer, The Israeli-Palestinian Conflict in: Gerner, Understanding The Contemporary Middle East, S. 161 (171).

578 Dies wird aus den Resolutionen des Sicherheitsrates deutlich. So heißt es zum Beispiel in Resolution 54 (1948) „... 8. Decides that, subject to further decision by the Security Council or the General Assembly, the truce shall remain in force, in accordance with the present resolution and with resolution 50 (1948) of 29 May 1948, until a peaceful adjustment of the future situation of Palestine is reached; ..."

überhaupt einen jüdischen Staat zuzulassen, wurden die Bürgerkriegsgrenzen de facto anerkannt.[579]

Das Selbstbestimmungsrecht der Palästinenser bezieht sich also allein auf die im Sechs-Tage-Krieg von Israel besetzten Gebiete.

ccc) Die Grundlage der Trägerschaft

Zu klären bleibt die Grundlage des palästinensischen Selbstbestimmungsrechts. Zum einen kommt eine ethnische Bestimmung des Selbstbestimmungsrechtträgers in Betracht. Aus der Formulierung in den Resolutionen des Sicherheitsrates und der Generalversammlung, in denen von „Palestinian People" gesprochen wird, wurde vielfach geschlossen, daß den Palestinensern das Selbstbestimmungsrecht als Volk im ethnischen Sinn zuerkannt worden ist.[580] Selbstbestimmungsberechtigt wären daher alle Araber palästinensischer Abstammung, unabhängig davon, ob sie in den besetzten Gebieten leben, gelebt haben oder ihre Vorfahren aus diesen Gebieten kamen. Daß sich das Selbstbestimmungsrecht der Palästinenser heute nur noch auf Ostjerusalem, das Westjordanland und den Gazastreifen bezieht, würde insofern eine Beschränkung des ethnisch bestimmten Selbstbestimmungsrechts darstellen.

Möglich ist aber auch eine territoriale Bestimmung des palästinensischen Selbstbestimmungsrechtsträgers. Selbstbestimmungsberechtigt wären in diesem Fall die Bewohner der besetzten Gebiete.

Warum die Palästinenser Träger des Selbstbestimmungsrechts sind, ist weder in den Resolutionen des Sicherheitsrates noch der Generalversammlung explizit gesagt worden. Auch die das Selbstbestimmungsrecht der Palästinenser anerkennenden Staaten haben sich nicht explizit dazu geäußert. Der Grund für die Annerkennung der Palästinenser als Träger des Selbstbestimmungsrechts kann daher nur aus den Umständen hergeleitet werden. Ein Staatsvolk sind die Palästinenser nie gewesen. Aus der Staatsvolksqualität kann sich das Selbstbestimmungsrecht der Palästinenser daher nicht ergeben.

---

579 Das die VN die arabischen Staaten grundsätzlich für den Konflikt verantwortlich machten ergibt sich bereits aus der Einleitung der Sicherheitsratsresolution 54 von 1948. Darin heißt es: „The Security Council, Taking into consideration that the Provisional Government of Israel has indicated ist acceptance in principle of a prolongation of the truce in Palestine; that the States members of the Arab League have rejected successive appeals of the United Nations Mediator, and of the Security Council in ist resolution 53 (1948) of 7 July 1948, for the prolongation of the truce in Palestine; and that there has consequently developed a renewal of hostilities in Palestine, ..."

580 So zum Beispiel: Mallison/Mallison, An International Law Analysis Of The Major United Nations Resolutions Concerning The Palestine Question, S. 39, 41; Watzal, Frieden ohne Gerechtigkeit?, S. 42 f. Eine Interessante Frage ist dabei, wie die christlichen und koptischen Religionsangehörigen zu bewerten sind, die vor 1948 einen Teil der als Araber bezeichneten Bevölkerung ausmachte.

Auch die geschichtliche Entwicklung am Ende der Mandatszeit läßt wenig Rückschlüsse darauf zu, ob den Palästinensern das Selbstbestimmungsrecht als ethnischer Gruppe oder als territorialer Einheit zukommt. Nachdem der Teilungsplan der VN keine Wirksamkeit erlangt hatte, stand am Ende der Mandatszeit der Bevölkerung des gesamten Mandatsgebietes Palästina das im kolonialen Zusammenhang dargestellte Selbstbestimmungsrecht zu. Dieses wird dadurch untermauert, daß auch der Teilungsplan der VN genau das Mandatsgebiet umfaßte und nicht etwa Teile dieses Gebietes den arabischen Nachbarn Syrien oder Jordanien zuteilte. Danach waren mit der Auflösung des Mandates grundsätzlich alle dort dauerhaft lebenden Menschen als Einheit, unabhängig von ihrer Religion oder ethnischen Herrkunft, selbstbestimmungsberechtigt. Das bedeutet, daß die Bevölkerung des Mandatsgebietes das Recht hatte den Status frei zu bestimmen. Sie hatte also das Recht das Gebiet als eigenen Staat zu konstituieren, sich mit anderen Staaten zusammenzuschließen oder aber mehrere unabhängige Staaten zu schaffen.

Über diese Frage brach der Bürgerkrieg aus, der die Bildung einer effektiven Staatsgewalt und damit die Existenz eines Staates in den Grenzen des gesamten Mandatsgebietes verhinderte. Ziel der arabischen Palästinenser war es, Palästina als Einheit zu erhalten und durch ihre Mehrheit in der Bevölkerung einen letztendlich arabischen Staat zu schaffen. Ziel der jüdischen Palästinenser war die Schaffung eines jüdischen Staates, zumindest auf Teilen des ehemaligen Mandatsgebietes. Der Bürgerkrieg stellte also den Versuch der beiden Gruppen dar, ihre jeweilige Entscheidung über den neuen Status mit Gewalt durchzusetzen. In diesem Konflikt gewann der Teil der Gesamtbevölkerung, der eine Aufteilung des Mandatsgebietes anstrebte. Durch die Errichtung des Staates Israel setzte der jüdische Teil des Gesamtvolkes seine Entscheidung über den Status in die Tat um und übte insofern sein koloniales Selbstbestimmungsrecht aus.

Diese Entscheidung hat die internationale Staatengemeinschaft mit der Betonung des Existenzrechtes Israels und der de facto Anerkennung der Grenzen von 1949 bestätigt. Trotzdem stellt die Durchsetzung dieser Entscheidung eine Verletzung des Selbstbestimmungsrechts des damaligen Trägers, nämlich der Gesamtbevölkerung, dar. Denn nach dem oben dargestellten Konzept war es Sache des ganzen Kolonialvolks eine Entscheidung zu treffen. Wäre 1948 ein Plebiszit erfolgt, dann hätte die große Mehrheit für ein einheitliches Palästina gestimmt, denn 2/3 der Bevölkerung war arabischer Herrkunft. Insofern entspricht die Aufteilung des Gebietes und insbesondere die Schaffung eines jüdischen Staates gerade nicht dem Willen der Mehrheit und damit dem territorial bestimmten Selbstbestimmungsrecht. Als Gruppenrecht ist das Selbstbestimmungsrecht darauf angewiesen, daß die Mehrheit entscheidet. Die unterliegende Minderheit muß die Mehrheitsentscheidung respektieren. Das Selbstbestimmungsrecht wäre in sich selbst nicht funktionstüchtig, wenn jede mit der Mehrheitsentscheidung nicht einverstandene Gruppe die Entscheidung durch Gewaltanwendung rechtlich wirksam umstoßen könnte.

Die Tolerierung dieser Verletzung von Seiten der Staatengemeinschaft läßt sich mit den besonderen Umständen des Konfliktes erklären. Zum einen war der Konflikt zwischen den jüdischen und den arabischen Palästinensern von besonderer Intensität. Erklärtes Ziel der arabischen Palästinenser und insbesondere der arabischen Nachbarstaaten war die Verhinderung des Staates Israel und im Endeffekt die Vertreibung der Juden.[581] Die Staatengemeinschaft stand noch unter dem Eindruck des Holocaust und wollte den Juden auf jeden Fall einen Staat schaffen. Insofern traf der Wunsch der Juden in Palästina einen jüdischen Staat zu errichten, auf einen Wiedergutmachungswillen der Staatengemeinschaft. Was die Staatengemeinschaft nicht akzeptieren wollte, war eine erneute Vertreibung der Juden. Ein weiterer Grund dafür, daß die Staatengemeinschaft die Verletzung des Selbstbestimmungsrechtes der Gesamtbevölkerung tolerierte, ist auch, daß die Selbstbestimmung der Völker 1948 lediglich ein Prinzip nicht aber ein Recht war. Die Entkolonialisierung Palästinas stand, wie die Eritreas, am Anfang der Entkolonialisierungsentwicklung. Wie oben gezeigt worden ist,[582] wurde die Selbstbestimmung der Völker erst im Laufe dieser Entwicklung zu einem Recht. Auch der Zusammenschluß Eritreas mit Äthiopien war unter dem Gesichtspunkt des Selbstbestimmungsrechts fraglich.[583] Der Staatengemeinschaft ging es im Falle Palästinas nicht darum, die Selbstbestimmung der Gesamtbevölkerung durchzusetzen, sondern nach einem Ausgleich zwischen den verschiedenen Interessen zu suchen. Insofern kann aus dieser historischen Entwicklung weder ein Argument für eine ethnische noch für eine territoriale Bestimmung der Trägerschaft der Palästinenser am Selbstbestimmungsrecht hergeleitet werden.

Gegen ein ethnisches Selbstbestimmungsrecht der Palästinenser spricht aber der Teilungsplan der VN. Die VN hatten durch ihren Teilungsplan die Schaffung zweier selbstbestimmungsberechtigter Einheiten auf dem Gebiet Palästinas vorgeschlagen. Damit berücksichtigten sie die Meinung, daß, aufgrund der anhaltenden Kämpfe zwischen Palästinensern arabischer Herkunft und jüdischen Glaubens, ein gemeinsamer Staat unmöglich sei. Gleichzeitig wurden die beiden zu schaffenden Staaten aber nicht ethnisch, sondern territorial bestimmt. Auch in ihnen sollte die jeweilige gesamte Bevölkerung selbstbestimmungsberechtigt sein und eben nicht in dem einen Staat nur die Juden und in dem anderen nur die Palästinenser. Eine Bevölkerungsumsiedlung zur Schaffung homogener Gebiete wurde durch die VN nicht vorgeschlagen. Also ist auch das von den VN angenommene Selbstbestimmungsrecht der beiden Einheiten territorial bestimmt. Da

581 Dies geht bereits aus den arabischen Reaktionen auf den Teilungsplan hervor. SieheTophoven, Der israelisch-arabische Konflikt, S. 31.

582 Seite 63 ff.

583 Seite 100 ff.

der Teilungsplan keine Bindungswirkung entfaltete, ist dies nur ein Indiz. Es erscheint aber als unwahrscheinlich, daß die VN die Grundlage ihrer Bewertung im Laufe der Zeit geändert hat. Dies muß um so mehr gelten, als sie in anderen Fällen ein ethnisch bestimmtes Selbstbestimmungsrecht immer abgelehnt hat.[584]

Gegen eine ethnische Bestimmung des Selbstbestimmungsrechts der Palästinenser spricht auch die Verurteilung der Siedlungspolitik Israels in den 1967 besetzten Gebieten, also dem Westjordanland, dem Gazastreifen und Ostjerusalem. Israel hat nach dem Sechs-Tage-Krieg von 1967 in der Tradition des praktischen Zionismus begonnen, jüdische Siedlungen in den besetzten Gebieten zu errichten und dadurch Fakten zu schaffen, die eine Unabhängigkeit dieser Gebiete erschweren würden und im Endeffekt zu einer vollständigen Angliederung an Israel führen sollten. Diese Siedlungspolitik wurde vom Sicherheitsrat zum Beispiel in der Resolution 446 vom 22. März 1979 scharf verurteilt. In Punkt 1 wird den Siedlungen die rechtliche Geltung abgesprochen und in Punkt 3 wird Israel dazu aufgefordert, alle Handlungen zu unterlassen, die den rechtlichen Status oder die demographische Zusammensetzung der besetzten Gebiete verändern würden.[585] Zwar wird zunächst auf das Genfer Abkommen zum Schutz von Zivilpersonen in Kriegszeiten verwiesen,[586] dieser Verweis bezieht sich aber auf das israelische Vorgehen gegen Zivilpersonen, wie zum Beispiel Folter,[587] die Zerstörung von Privateigentum[588] insbesondere als Vergeltungsmaßnahmen[589] und das Umsiedeln einheimischer Bevölkerung[590]. Das Abkommen enthält keine

---

584 Seite 180 ff.

585 So heißt es in Sicherheitsratsresolution 446 vom 22. März 1979: „...1. Determines that the policy and practices of Israel in establishing settlements in the Palestinian and other Arab territories occupied since 1967 have no legal validity and constitute a serious obstruction to achieving a comprehensive, just and lasting peace in the Middle East;... 3. Calls once more upon Israel, as the occupying Power, to abide scrupulously by the Geneva Convention relative to the Protection of Civilian Persons in Time of War, of 12 August 1949, to rescind its previous measures and to desist from taking any action which would result in changing the legal status and geographical nature and materially affecting the demographic composition of the Arab territories occupied since 1967, including Jerusalem, and, in particular, not to transfer parts of its own civilian population into the occupied Arab territories; ..."

586 Dieses hat Israel am 6.1.1952 unterzeichnet.

587 Von Israel auch als „moderate physische Gewalt“ bezeichnet, siehe: Watzal, Frieden ohne Gerechtigkeit?, S. 84 ff. Dazu gehören: Schläge, extreme Kälte, extreme Hitze, verbale Erniedrigungen, Androhen von Ermordung, Vergewaltigung und Mißhandlung von Angehörigen (zum Teil vor den Augen des eigentlichen Folteropfers), Einführen von Gegenständen in den Genitalbereich, etc. 1999 hat der Oberste Gerichtshof dies verboten.

588 Verboten durch Artikel 53 des Abkommens. Siehe zu den israelischen Praktiken: Watzal, Frieden Ohne Gerechtigkeit?, S. 148 ff.

589 Verboten durch Artikel 33 III des Abkommens.

590 Artikel 49 des Abkommens.

Regelungen über die Veränderungen des rechtlichen Status eines besetzten Gebietes oder die absichtliche Veränderung der Zusammensetzung durch Ansiedlung eigener Staatsangehöriger. Der dies verbietende zweite Teilsatz kann daher nur auf das Selbstbestimmungsrecht gestützt sein. Eine demographische Änderung wäre für ein ethnisches Selbstbestimmungsrecht des palästinensischen Volkes irrelevant. Denn unabhängig davon, wie viele Juden in dem Gebiet lebten, wären ausschließlich die Palästinenser selbstbestimmungsberechtigt. Relevant ist eine solche Änderung aber für ein territorial bestimmtes Selbstbestimmungsrecht. Mit der Veränderung der Bevölkerungsstruktur verändert sich auch der Inhalt des Willens der ansässigen Bevölkerung. Aus diesem Grund widerspricht eine absichtliche Ansiedlung von eigenen Staatsangehörigen dem Selbstbestimmungsrecht dann, wenn sie eben gerade diese demographische Änderung zum Ziel hat.[591] Die besondere Verurteilung der israelischen Siedlungspolitik ist daher ein weiteres Indiz für eine territoriale Bestimmung und gegen eine ethnische Bestimmung der Trägerschaft.

Gegen die ethnische Bestimmung der Trägerschaft des Selbstbestimmungsrechts der Palästinenser spricht auch das von dem Sicherheitsrat und der Generalversammlung betonte Rückkehrrecht nach Israel der während des Bürgerkrieges aus dem heutigen israelischen Staatsgebiet geflohenen und vertriebenen Palästinenser.[592] Während des Bürgerkrieges von 1948/1949 waren 90% der zuvor auf dem Gebiet des israelischen Staates lebenden Araber geflohen. Die Angaben über ihre Zahl liegen um 800.000 Personen. Diesen verweigert Israel die Rückkehr.[593] Sowohl der Sicherheitsrat als auch die Generalversammlung haben ein Recht der Palästinenser auf Rückkehr von Anfang an angenommen. Grundlage dieses Rechtes auf Rückkehr könnte heute Artikel 12 IV IPBPR sein.[594] Dieser bestimmt, daß der Staat niemandem willkürlich das Recht entziehen darf, in sein Land einzureisen. Allerdings wurde das Rückkehrrecht der Palästinenser bereits bejaht, bevor Israel die Menschenrechtspakte 1991 ratifizierte.[595] Auch das Gewohnheitsrecht umfaßte Ende der 1940er Anfang der 1950er Jahre noch kein solches Recht insbesondere nicht für Nichtstaatsangehörige, was die Palästinenser sind, da Israel ihnen nicht die israelische Staatsangehörigkeit gewährt hat.

---

591 Seite 80 f.

592 Siehe insoweit zum Beispiel: Sicherheitsratsresolution 89 von 1950, Nr. 3 und 4; Generalversammlungsresolution 194 III Nr. 11; Generalversammlungsresolution 513 IV von 1952; Generalversammlungsresolution vom 15.12.1988, in der auch die Proklamation des palästinensischen Staates anerkannt wird.

593 Malanczuk, Israel: Status, Territory And Occupied Territories, in: Bernhardt (Hrsg.), EPIL Bd. 12, S. 149 (163).

594 Israel hat die Menschenrechtspakte 1991 ratifiziert und dabei einen Vorbehalt im Sinne des Art. 4 I IPBPR nur bezüglich Artikel 9 erklärt.

595 Zur heutigen Anwendung des Art 12 IPBPR auf die Palästinenser siehe zum Beispiel: Parameswaran, Vertreibung und Rückkehr, AdV Bd. 41 (2003), S. 1 (26 ff.).

Einzig mögliche Grundlage eines solchen Rückkehrrechtes ist daher schlußendlich das Selbstbestimmungsrecht. Eine Herleitung aus dem Selbstbestimmungsrecht setzt aber eine territoriale Bestimmung dieses Rechtes voraus. Aus einem ethnisch bestimmten Selbstbestimmungsrecht könnte sich ein Recht auf Rückkehr im Fall der Palästinenser nicht ergeben. Denn bezüglich des anerkannten israelischen Staatsgebietes wären danach nur noch die jüdischen Israelis selbstbestimmungsberechtigt. Für dieses Gebiet wären die dort zuvor ansässigen Palästinenser gerade nicht Teil des Trägers des Selbstbestimmungsrechts. Aus einem ethnisch bestimmten Selbstbestimmungsrecht könnte sich für die Palästinenser nur ein Recht auf Rückkehr in die besetzten Gebiete ergeben, nicht aber ein Recht auf Rückkehr nach Israel.

Zu einer anderen Bewertung gelangt man aber, wenn man annimmt, daß das Selbstbestimmungsrecht territorial bestimmt ist. Dann wäre der Träger des Selbstbestimmungsrechts bezüglich des israelischen Staatsgebietes die Bevölkerung dieses Gebietes zum Ende der Mandatszeit. Wie bereits oben dargestellt worden ist, gehört aber auch die Bevölkerung zum Selbstbestimmungsträger, die ihre angestammte Heimat unfreiwillig, durch Flucht oder Vertreibung, verlassen hat.[596] Aus dieser Bestimmung des Trägers ergibt sich dann ein Recht der Palästinenser auf Rückkehr als Schutz der Gesamtbevölkerung vor einer beabsichtigten Veränderung des Abstimmungsergebnisses. Da sich das Rückkehrrecht nur aus einem territorial bestimmten Selbstbestimmungsrecht herleiten läßt, spricht die Zuerkennung eines solchen Rechtes für die territoriale Bestimmung des Selbstbestimmungsrechts.

ddd) Auswirkung der territorialen Bestimmung für Israel

Mit der Anerkennung des Staates Israel hat die Staatengemeinschaft verdeutlicht, daß die Bevölkerung die innerhalb der Grenzen Israels von 1949 lebt, ihr „koloniales" Selbstbestimmungsrecht mit der Staatsgründung ausgeübt hat, obwohl ein Teil dieser Bevölkerung durch Flucht und Vertreibung nicht an dieser Entscheidung beteiligt war. Gleichzeitig hat sie aber mit der Betonung des Rückkehrrechtes der Palästinenser nach Israel festgelegt, daß die Palästinenser Teil des israelischen Trägers des Selbstbestimmungsrechts sind und bleiben. Daher haben die aus dem Gebiet geflohenen Palästinenser durch ihr Recht nach Israel zurückzukehren auch ein Recht über dessen Status mitzuentscheiden. Da das Selbstbestimmungsrecht ein dauerhaftes Recht ist, könnte dies theoretisch dazu führen, daß eine neue Entscheidung über den äußeren Status gefällt wird. Daß dies die Konsequenz eines solchen Rückkehrrechtes ist, hat auch Israel er-

[596] Seite 80 f.

kannt. Insofern begründet es denn auch die Verweigerung der Rückkehr damit, daß diese die Existenz Israels gefährden würde.[597]

Diese im ersten Moment übertrieben erscheinende Furcht, liegt in dem Problem begründet, inwieweit das Recht auf Rückkehr zum einen ein dauerhaftes Recht ist und zum anderen an die Nachkommen „vererbt" wird. Unproblematisch kommt den Menschen ein Recht auf Rückkehr zu, die im Zeitpunkt der Entscheidung über den Status Teil des Selbstbestimmungsrechtsträgers waren und das Land unfreiwillig verlassen hatten. Im Fall der Palästinenser sind dies diejenigen, die vor dem Bürgerkrieg auf dem heutigen israelischen Staatsgebiet lebten. Aus dem Schutzzweck der dem Recht auf Rückkehr für den Träger des Selbstbestimmungsrechts zukommt ergibt sich, daß dieses Recht dauerhaft besteht. Das Recht besteht also solange, wie die Menschen in ihr Heimatland zurückkehren wollen und nicht durch Eingliederung Teil der in ihrem Aufnahmeland dauerhaft lebenden Bevölkerung werden.

Wird die Rückkehr über lange Zeit verhindert, so wie im Fall der Palästinenser, stellt sich die Frage, inwieweit auch die Nachkommen der Flüchtlinge Teil des Selbestbestimmungsträgers des Heimatlandes ihrer Eltern sind. Haben die Nachkommen sich in das Land, in dem sie leben, integriert und wollen sie dort dauerhaft leben, muß das gleiche gelten wie für ihre Eltern. In diesem Fall sind sie nicht mehr Träger des Selbstbestimmungsrechts ihres Herkunftslandes. Sie sind Teil des Selbstbestimmungsträgers des Landes, in dem sie leben. Behalten sie aber die Verbindung zum Heimatland ihrer Eltern, dann sind sie Teil des Trägers des Selbstbestimmungsrechts dieses Landes, soweit auch sie unter den gleichen Zwängen an der Teilhabe am Selbstbestimmungsrecht gehindert werden wie ihre Eltern. Dies ergibt sich schon daraus, daß eine unzulässige Veränderung der Demographie eines Landes nicht dadurch rechtliche Wirksamkeit erlangen darf, daß diese Veränderung über lange Zeit aufrechterhalten wird. Aus dieser Herleitung ergibt sich ein Recht auf Rückkehr nach Israel für die Nachfahren der palästinensischen Flüchtlinge. Diese sind insoweit Teil des israelischen Trägers des Selbstbestimmungsrechts, als sie nicht in ihren Aufnahmeländern verbleiben wollen.

Eine Rückkehr der im Bürgerkrieg geflohenen Palästinenser und deren Nachkommen nach Israel würde die demographische Zusammensetzung Israels stark verändern. Zwar würden die Palästinenser wohl nicht die Mehrheit der Bevölkerung stellen, aber sie wären eine sehr große Minderheit. Eine alleinige Ausrichtung des Staates am jüdischen Glauben wäre damit nicht mehr möglich.

---

[597] Malanczuk, Israel: Status, Territory And Occupied Territories, in: Bernhardt (Hrsg.), EPIL Bd. 12, S. 149 (163).

eee) Auswirkung der territorialen Bestimmung für die besetzten Gebiete

Die Menschen, die im Gazastreifen, im Westjordanland und in Ostjerusalem lebten haben ihr Selbstbestimmungsrecht bisher nicht ausgeübt, denn sie haben keine Entscheidung über ihren politischen Status getroffen, beziehungsweise konnten diese Entscheidung nicht in die Tat umsetzen. Diese Gebiete haben bisher keinen eigenen Staat gebildet und ihre Bevölkerung hat bisher auch nicht über die Zugehörigkeit zu einem anderen Staat entschieden. Insofern kann auch der Anschluß des Westjordanlandes an Jordanien nach 1949 nicht als Ausdruck der Ausübung des Selbstbestimmungsrechts der dort lebenden Menschen angesehen werden. Dies wurde auch von Jordanien durch die Aufhebung der Annexion anerkannt. Das bedeutet, daß selbstbestimmungsberechtigt grundsätzlich die 1949 im Gazastreifen, Ostjerusalem und im Westjordanland lebenden Menschen und deren Nachkommen sind. Auch insoweit findet also eine territoriale Bestimmung der Trägerschaft statt.

Daraus ergibt sich, daß Teil dieses Trägers des Selbstbestimmungsrechts auch die Juden und ihre Nachfahren sind, die zur Zeit der Auflösung des Mandatsgebietes in den bestzten Gebieten lebten. Soweit sie auch heute noch dort leben, düften sie weder ausgewiesen noch von der Teilnahme an einer Abstimmung über den künftigen Status des Gebietes ausgeschlossen werden. So wie den Palästinensern kommt denjenigen, die im Zuge des Bürgerkrieges von dort geflohen sind ebenfalls ein Rückkehrrecht zu, soweit sie sich nicht in Israel integriert haben. Das Recht auf Teilnahme an der Entscheidung kommt aber nicht den seit dem Sechs-Tage-Krieg eingewanderten jüdischen Siedlern zu. Ziel der durch die israelischen Regierung forcierten Ansiedlung dieser Siedler in den besetzten Gebieten ist, eine Unabhängigkeit dieser Gebiete durch die demographische Veränderung der Bevölkerung unmöglich zu machen. Dies zeigt sich schon durch die Lage der neuen Siedlungen, die über die gesamten besetzten Gebiete verstreut sind. Wie oben dargestellt wurde,[598] ist eine solche die Negierung des Selbstbestimmungsrechts bezweckende Ansiedlungspolitik unwirksam. Sie führt nicht dazu, daß die Menschen, die sich in ihrer Folge in den bestzten Gebieten angesiedelt haben, Teil des Trägers des Selbstbestimmungsrechts werden. Dies deckt sich auch mit der Verurteilung dieser Politik durch die VN.[599]

Das Selbstbestimmungsrecht der Palästinenser ist nicht ethnisch bestimmt.[600] Eine ethnische Komponente liegt nur aus dem Grund vor, daß die

---

598 Seite 80 f.

599 Seite 173.

600 Damit ist auch das von Israel lange vertretene Argument hinfällig, den Palästinensern in den besetzten Gebieten stände kein Selbstbestimmungsrecht zu, weil die Palästinenser ihr Selbstbestimmungsrecht schon durch die Schaffung des jordanischen Staates ver-

Teilung ein Ergebnis ethnischer Konflikte ist und daß im Rahmen des Konfliktes 1948/49 fast die gesamte palästinensische Bevölkerung aus Israel vertrieben wurde beziehungsweise geflohen ist, und sich auch in den Gazastreifen und das Westjordanland geflüchtet hat. Dadurch, und nicht etwa durch eine ethnische Zuerkennung des Selbstbestimmungsrechtes an Juden und Palästinenser, gibt es ein relativ homogen-jüdisches Israel und die palästinensisch geprägten besetzten Gebiete.

Das Selbstbestimmungsrecht der Palästinenser ist folglich ein territorial bestimmtes Selbstbestimmungsrecht der im Gazastreifen, dem Westjordanland und Ostjerusalem lebenden Bevölkerung und richtet sich gegen die Besetzung durch Israel. Es ist anders als häufig angenommen, kein ethnisches Selbstbestimmungsrecht.

fff) Ausblick

Am 13. September 1993 unterzeichneten Israel und die PLO, als Vertreterin des palästinensischen Volkes, die „Declaration of Principles on Interim Self-Government Arrangements“.[601] In dieser Deklaration wird das eben aufgezeigte Ergebnis für das Selbstbestimmungsrecht von beiden Parteien anerkannt, auch wenn das Selbstbestimmungsrecht des palästinensischen Volkes nicht explizit genannt wird. Aus diesem Grund kommt der Deklaration eine entscheidende Bedeutung zu, auch wenn der Friedensprozeß durch die Geschehnisse nach dem Besuch von Sharon auf dem Tempelberg am 28. September 2000 ins Stocken und auch durch die Vereinbarungen von Sham el-Sheikh (Ägypten) bisher nicht wieder in Gang gekommen ist.

Bereits aus der Präambel geht hervor, daß beide Parteien sich gegenseitig mit ihren jeweiligen Rechten anerkennen.[602] Damit wird durch ein Abkommen besiegelt, daß keine Partei mehr der anderen das Existenzrecht abspricht, wie es zuvor gewesen ist.

In Artikel 1 wird als Zweck der Verhandlungen die Schaffung der Autonomiebehörde im Westjordanland und dem Gazastreifen für eine Übergangszeit festgehalten, die zu einer endgültigen Lösung auf der Grundlage der Sicherheitsrats-

---

wirklicht hätten. Dieser These liegt notwendigerweise eine ethnische Bestimmung der Trägerschaft des Selbstbestimmungsrechts zugrunde.

601 Auch Osloer Abkommen genannt.

602 Die Präambel lautet: „The Government of Israel and the PLO team ..., representing the Palestinian people, agree that it is time to put an end to decades of confrontation and conflict, recognize their mutual legitimate and political rights, and strive to live in peaceful coexistence and mutual dignity and security and achieve a just, lasting and comprehensive peace settlement and historic reconciliation through the agreed political process. Accordingly, the two sides agree to the following principles:...” Ein Abdruck des Abkommens findet sich in: EJIL Law Bd. 4 (1993), S. 572 ff.

resolutionen 242 und 338 führen soll. Die Anwendung der Sicherheitsratsresolutionen ist ein Verweis auf die Ausübung des äußeren Selbstbestimmungsrechts durch die Palästinenser,[603] denn in Resolution 242 wird die Räumung der besetzten Gebiete verlangt. Zwar könnte man darauf hinweisen, daß die Resolution nur den Rückzug der bewaffneten Einheiten verlangt, und sich der Staat Israel daher nicht zurückziehen muß. Eine solche Auslegung entspricht aber nicht der Auslegung durch die Staatengemeinschaft. Außerdem würde eine solche Deutung die Schwierigkeit beinhalten, daß dann einem Staat die Stationierung von Truppen auf dem eigenen Staatsgebiet verboten würde. Eine solche Auslegung wäre daher ein klarer Verstoß gegen das Souveränitätsrecht Israels. Israel könnte sich zu einer solchen Souveränitätsbeschränkung nur selbst verpflichten, nicht aber dazu in einer Sicherheitsratsresolution verpflichtet werden, es sei denn den Palästinensern stände ein die Entmilitarisierung einschließendes Recht auf Autonomie zu. Ein solches Recht ist von der Staatengemeinschaft aber nie anerkannt worden.

Gleichzeitig enthält der Verweis auf die Sicherheitsratsresolutionen aber auch die Anerkennung der 1949 geschaffenen Grenzen und damit die Anerkennung durch die PLO, daß sich das Selbstbestimmungsrecht der Palästinenser allein auf die besetzten Gebiete bezieht. Denn wie oben dargestellt wurde, enthalten die Sicherheitsratsresolutionen durch den alleinigen Bezug auf die 1967 besetzten Gebiete die implizite Anerkennung, der Grenzen Israels.

Im Zusammenhang mit den zu erfolgenden Wahlen wird im Abkommen außerdem davon gesprochen, daß sie einen Schritt zur Verwirklichung der legitimen Rechte des palästinensischen Volkes darstellen.[604] Dies und die Tatsache, daß das Westjordanland und der Gazastreifen als territoriale Einheit definiert werden[605], spricht für die Anerkennung eines Selbstbestimmungsrechts der Palästinenser in der vorher hergeleiteten Form durch das Abkommen.[606]

ggg) Ergebnis

Insoweit ist entgegen anders lautender Annahmen das Selbstbestimmungsrecht der Palästinenser gerade **kein** Beispiel für eine ethnische Bestimmung des Trägers des Selbstbestimmungsrechts.

---

603 So auch: Cassese, The Israel-PLO Agreement And Self-Determination, EJIL Bd. 4 (1993), S. 564 (569).

604 Artikel 3 Ziffer 3.

605 Artikel 4.

606 Problematisch ist allerdings die Frage Ostjerusalems. Ostjerusalem wird in keinem der ersten vier Artikel erwähnt. Es wird immer ausdrücklich von dem Gazastreifen und Westjordanien gesprochen. Allerdings wird Ostjerusalem durch die Staatengemeinschaft eindeutig zu den besetzten Gebieten gezählt.

bb) ethnische Völker als Träger des Selbstbestimmungsrechts

Daß den Palästinensern das Recht auf Selbstbestimmung nicht aufgrund ihrer Ethnie zugesprochen wird, sondern es sich um ein koloniales Selbstbestimmungsrecht handelt, bedeutet nicht, daß ethnische Völker nicht trotzdem Träger des Selbstbestimmungsrechts der Völker sein könnten.

Problematisch ist allerdings, was überhaupt ein Volk im ethnischen Sinne ist und wie es sich von der ethnischen Minderheit unterscheidet. Insofern handelt es sich bei dem Begriff des Volkes um einen unbestimmten Rechtsbegriff, dessen genaue Festlegung Schwierigkeiten bereitet. Doch alleine der Umstand, daß die Bestimmung, was ein Volk ist, nicht klar ist, kann noch nicht gegen eine Trägerschaft sprechen. Vielmehr bedeutet dies lediglich, daß nur in eindeutigen Fällen eine Trägerschaft angenommen werden kann.[607] Es wird niemand bestreiten können, daß zum Beispiel die Vielzahl an indogenen Völkern, tatsächlich Völker sind. Was ein Volk ist, wird heute mit einer Kombination aus objektiven und subjektiven Kriterien bestimmt.[608] Dabei stellen die objektiven Kriterien eine gemeinsame Herkunft im weitesten Sinne sicher. Das subjektive Kriterium, das Bewußtsein ein Volk zu sein, erweckt ein Volk hingegen überhaupt erst zum Leben.[609] Danach ist ein Volk eine menschliche Gemeinschaft, die geschlossen auf einem abgegrenzten Territorium lebt, rassische, sprachliche, religiöse oder andere sie von anderen Gruppen unterscheidende Merkmale aufweist, und das Bewußtsein dieser Eigenart hat und diese erhalten will.[610] Die Unbestimmtheit des Begriffs „Volk" spricht folglich noch nicht gegen ein Selbstbestimmungsrecht des ethnischen Volkes.

Daß ethnische Völker überhaupt Träger des Selbstbestimmungsrechts sind, wurde wiederholt vertreten.[611] Ansatzpunkt für diese Argumentation ist, daß

---

607 Doehring, Das Selbstbestimmungsrecht der Völker als Grundsatz des Völkerrechts, S. 24.

608 Zum Beispiel: Murswiek, Offensives und Defensives Selbstbestimmungsrecht, Der Staat Bd. 23 (1984), S. 523 (538).

609 International Commission of Jurists, East Pakistan Staff Study, The Review International Commission of Jurists Bd. 8 (June 1972), S. 23 (47).

610 International Commission Of Jurists, East Pakistan Staff Study, The Review International Commission Of Jurists Bd. 8 (June 1972), S. 23 (47); Gusy, Selbstbestimmung im Wandel, ArchVR Bd. 30 (1992), S. 385 (389).

611 Murswiek, Offensives und Defensives Selbstbestimmungsrecht, Der Staat Bd. 23 (1984), S. 523 (541); Murswiek, Die Problematik eines Rechts auf Sezession - neu betrachtet, ArchVR Bd. 31 (1993), S. 307 (314); Luchterhandt, Das Recht Berg-Karabaghs auf staatliche Unabhängigkeit aus völkerrechtlicher Sicht, ArchVR Bd. 31 (1993), S. 30 (34); Rauert, Das Kosovo, S. 154; Doehring, Das Selbstbestimmungsrecht der Völker als Grundsatz des Völkerrechts, S. 27; McCorquodale, Human Rights And Self-Determination, in: Sellers (Hrsg.), The New World Order, S. 9 (22); Cassese, Self-

„Volk“ im allgemeinen Sprachgebrauch vornehmlich ethnisch definiert werde. Außerdem sei das Selbstbestimmungsrecht ansonsten nach dem Ende der Entkolonialisierung überflüssig. Gegen dieses letzte Argument spricht aber schon die Tatsache, daß das Selbstbestimmungsrecht auch dem Staatsvolk zusteht und daher nach der Entkolonialisierung nicht überflüssig wurde. Ein weiteres Argument beziehen die Vertreter eines ethnischen Selbstbestimmungsrechts aus dem 7. Absatz zum Selbstbestimmungsrecht in der FRD. Darin heißt es :

> *„... unity of sovereign and independent states conducting themselves in compliance with the principle of equal rights and self-determination of peoples as described above and thus possessed of a government representing the whole people belonging to the territory without distinction as to race, creed or colour.“*

Aus der Tatsache, daß Staaten sich in Übereinstimmung mit dem Selbstbestimmungsrecht der Völker verhalten müssen, wird geschlossen, daß Staaten eben aus mehreren, und damit ethnisch zu bestimmenden, Völkern bestehen könnten.[612] Dem letzten Teil des Satzes wird entnommen, daß diese ethnischen Völker grundsätzlich ein Recht auf Selbstbestimmung hätten. Dieses Selbstbestimmungsrecht stehe in Konkurrenz zum Recht des Staates auf territoriale Integrität, so daß die ethnischen Völker regelmäßig nur einen Anspruch auf eine angemessene Autonomie hätten. Ethnische Völker können sich auch nach dieser Ansicht nicht frei vom Staat abspalten.[613]

Gegen die Trägerschaft der ethnischen Völker sprechen aber zwei Argumente. Zum einen spricht die FRD eindeutig davon, daß sich ein Staat dann im Einklang mit dem Selbstbestimmungsrecht befindet, wenn er eine Regierung hat, die **das ganze Volk** des Territoriums ohne Unterscheidung repräsentiert. Es wird gerade nicht von den ganzen Völkern eines Staates gesprochen. Dies läßt aber nur den Schluß zu, daß in der FRD vom Staatsvolk geredet wird und nicht von ethnischen Völkern. Im übrigen wurde der Formulierungsvorschlag der USA, nachdem „all distinct peoples“ in dem Gebiet eines unabhängigen Staates berechtigt sein sollten, abgelehnt.[614]

Was aber noch entscheidender ist, ist die eindeutige Staatenpraxis. Ein Sezessionsrecht für ethnische Völker ist einhellig abgelehnt worden. Es gibt bis 1990

Determination of Peoples, S. 114; Kimminich, A „Federal“ Right Of Self-Determination, in: Tomuschat (Hrsg.), Modern Law of Self-Determination, S. 83 (83).

612 International Commission of Jurists, East Pakistan Staff Study, The Review International Commission of Jurists Bd. 8 (June 1972), S. 23 (45 f.).

613 International Commission of Jurists, East Pakistan Staff Study, The Review International Commission of Jurists Bd. 8 (June 1972), S. 23 (46); Murswiek, Die Problematik eines Rechts auf Sezession – neu betrachtet, ArchVR Bd. 31 (1993), S. 307 (314).

614 (UN doc. A/AC.125/L.32).

keinen Fall, in dem einem ethnischen Volk nur aufgrund seiner von dem Restvolk eines Staates verschiedenen ethnischen Zugehörigkeit ein Sezessionsrecht zugesprochen wurde. Prominente Beispiele dafür sind auf der ganzen Welt zu finden. Dazu gehören sowohl die Kurden, als auch die Basken, die indianischen Völker Nord- und Südamerikas, die Nadas Indiens und die Ureinwohner Australiens. Einzig mögliches Beispiel wäre Bangladesch. Hier lag nicht nur ein administrativer Teil eines Staates vor, sondern dieser wurde auch zu über 90 % von Bengalen bewohnt, die einer anderen Ethnie zugehören als die Westpakistanis. Aber auch hier muß festgehalten werden, daß die Staatenwelt den Bengalen nicht die Trägerschaft am Selbstbestimmungsrecht zuerkannt hat, sondern durch die Anerkennung Bangladeschs als Staat nur die vollendeten Tatsachen zur Kenntnis genommen wurden. Insoweit ist festzuhalten, daß ethnischen Völkern nicht alleine aufgrund ihrer ethnischen Verschiedenheit vom restlichen Staatsvolk Träger des Selbstbestimmungsrechts sind. Sie können daher aus dieser Trägerschaft weder ein Recht auf Sezession noch Autonomie- oder Teilhaberechte herleiten.

c) Entstehung der Trägerschaft am Selbstbestimmungsrecht für innerstaatliche Gruppen

Wenn weder administrative Teile eines Staates noch ethnische Völker aus sich selbst heraus Träger des Selbstbestimmungsrechts der Völker sind, bleibt zu untersuchen, ob innerstaatliche Gruppen[615], obwohl sie grundsätzlich nicht Träger des Selbstbestimmungsrechts sind, zu einem solchen Rechtsträger werden können. Dies wurde verschiedentlich für den Fall angenommen, in dem eine Gruppe innerhalb eines Staates schweren Menschenrechtsverletzungen ausgesetzt ist. In den letzten Jahren wurde insbesondere in der Literatur verstärkt vertreten, daß es ein Selbstbestimmungsrecht auch in Form der Sezession für in einem Staat lebende Gruppen geben soll, wenn es durch diesen Staat zu schweren Menschenrechtsverletzungen gegen eben diese Gruppe gekommen ist.[616]

---

615 In Abgrenzung zu ethnischen Völkern wird hier der weitere, auch Minderheiten, politische Gruppen etc. umfassende Begriff der Gruppe gewählt.

616 Siehe: Klein, Vereinte Nationen und Selbstbestimmungsrecht in: Blumenwitz/Meissner, Das Selbstbestimmungsrecht der Völker und die deutsche Frage, S. 107 (114 f.); Doehring, Das Selbstbestimmungsrecht der Völker als Grundsatz des Völkerrechts, S. 32; Hannum, Autonomy, Sovereignty, And Self-Determination, S. 471 ff.; Nanda, Self-Determination Outside The Colonial Context: The Birth Of Bangladesh In Retrospect, in: Alexander/Friedlander (Hrsg.), Self-Determination: National, Regional, And Global Dimensions, S. 193 (204); Lung-Chu Chen, Self-Determination as a Human Right, in: Reisman/Weston (Hrsg.), Toward World Order And Human Dignity. Essays In Honor Of Myres S. McDougal, S. 198 (243); Buchheit, Secession, S. 222; Thürer, Das Selbstbestimmungsrecht der Völker, ArchVR Bd. 22 (1984), S. 113 (127 f.); Zieger, Gebietsveränderungen und Selbstbestimmungsrecht, in: Blumenwitz/Meissner (Hrsg.), Das Selbstbestimmungsrecht der Völker und die deutsche Frage, S. 73 (86 f.);

Bereits in den Fällen Biafra und Bangladesch hat sich gezeigt, daß diese Diskussion nicht neu ist. Deshalb bedarf es der Klärung, ob bereits vor 1990 schwere und systematische Menschenrechtsverletzungen gegen eine Gruppe durch einen Staat dazu führten, daß diese Gruppe Träger eines Selbstbestimmungsrechts in Form der Sezession wurde und wenn, welcher Art diese Verletzungen sein müssen. Außerdem wird zu klären sein, ob die Ausübung eines möglichen Sezessionsrechtes an das Vorliegen weiterer Voraussetzungen, wie etwa die geschlossene Siedlungsweise der Gruppe, geknüpft wird.

aa) Verhältnis zwischen Selbstbestimmungsrecht und Menschenrechten

Warum sollen aber gerade Menschenrechtsverletzungen ein Sezessionsrecht begründen? Insoweit stellt sich die Frage nach dem allgemeinen Verhältnis zwischen dem Selbstbestimmungsrecht und den Menschenrechten. Anlaß zu einer Diskussion über das Verhältnis gab bereits die Charta der VN. Nach Artikel 55 erscheint die Verwirklichung der Menschenrechte als die Voraussetzung des Selbstbestimmungsrechts. 1966 nahm die Generalversammlung der Vereinten Nationen den Internationalen Pakt über politische Rechte und Bürgerrechte sowie den Internationalen Pakt über wirtschaftliche, soziale und kulturelle Rechte an. In beiden Pakten lautet der erste Teil: „All peoples have the right of self-determination. By virtue of that right they freely pursue their economic, social and cultural development …“. Dadurch daß das Selbstbestimmungsrecht den individuellen Menschenrechten vorweg gestellt wurde, erscheint es nun als Voraussetzung dieser Menschenrechte.[617] Insofern hätte sich das Verhältnis zwischen individuellen Menschenrechten und dem Selbstbestimmungsrecht umgekehrt. Daß das Selbstbestimmungsrecht überhaupt in die Pakte aufgenommen wurde, erscheint zunächst erstaunlich. Menschenrechte sind traditionell Individualrechte, wohingegen das Selbstbestimmungsrecht ein Gruppenrecht ist. Aus diesem Grund ist die Frage, ob durch die Aufnahme des Selbstbestimmungsrechts in die Menschenrechtspakte aus diesem ein Menschenrecht wurde, auch stark umstritten.[618] Dieser Streit ist aber für die vorliegende Arbeit ohne Bedeutung und soll daher hier nicht erörtert werden.

Chalbaud, El derecho humano de la autodeterminación de los pueblos, S. 157 ff.; Doehring, Allgemeine Staatslehre, S. 124; vorsichtiger: Crawford, The Creation Of States In International Law, S. 100, 116 f.; Heraclides, The Self-Determination Of Minorities In International Politics, S. 29 ff.

617 So auch der Menschenrechtsausschuß: Human Rights Committee General Comments 12 (21) para 1 (General Assembly Official Records Doc A/39/40, S. 142 f.

618 **Pro**: McCorquodale, Human Rights And Self-Determination, in: Sellers (Hrsg.), The New World Order, S. 9 (11); Simpson, The Diffusion Of Sovereignty: Self-Determinations In The Post-Colonial Age, in: Sellers (Hrsg.), The New World Order, S. 35 (35); **Kontra**: Doehring, Das Selbstbestimmungsrecht der Völker als Grundsatz

Vielmehr soll kurz der Zusammenhang zwischen einzelnen Individualrechten und dem Selbstbestimmungsrecht dargestellt werden. Der Pakt über bürgerliche und politische Rechte garantiert dem Einzelnen die Rechte auf Leben (Artikel 6) und körperliche Unversehrtheit (Artikel 7), Meinungs(äußerungs-)freiheit (Artikel 19), Versammlungsfreiheit (Artikel 21), Vereinsgründungsfreiheit (Artikel 22), Freiheit am öffentlichen Leben teilzunehmen (Artikel 25), das Wahlrecht (Artikel 25b) sowie Gleichheit vor dem Gesetz (Artikel 26). Faßt man diese Rechte zusammen, kann man von einem Recht auf Partizipation an der Gesellschaft sprechen.[619] Das innere Selbstbestimmungsrecht ist als Gruppenrecht auf die Partizipation seiner Mitglieder angewiesen. Das Selbstbestimmungsrecht und die oben genannten individuellen Menschenrechte stellen insofern zwei Seiten einer Münze dar: die individualrechtliche und die gruppenrechtliche.

Wird das Staatsvolk oder aber ein Teil des Staatsvolks ausgeschlossen, so wird dies immer durch die Verletzung des Rechtes auf Partizipation der einzelnen Gruppenmitglieder geschehen. Das bedeutet, wann immer das innere Selbstbestimmungsrecht verletzt ist, ist auch das Recht auf Partizipation verletzt. Insoweit stellt eine Beachtung des inneren Selbstbestimmungsrechtes des Staatsvolkes zwar noch nicht sicher, daß kein Bürger in den Partizipationsrechten verletzt wird, aber die Beachtung des Selbstbestimmungsrechts ist die Voraussetzung für die Verwirklichung der Partizipationsrechte.

bb) Selbstbestimmungsrecht aufgrund schwerer Menschenrechtsverletzungen

Es stellt sich nun die Frage, ob Menschenrechtsverletzungen als solche zu einem Sezessionsrecht führen können. Von verschiedenen Autoren wird dieses bejaht.[620] Der Gedankengang, der häufig unausgesprochen dahinter steht, ist folgender: Jeder Staat ist der Zielsetzung der Sicherung des Wohles des Volkes

---

des Völkerrechts, S. 26; Gusy, Selbstbestimmung im Wandel, ArchVR Bd. 30 (1992), S. 385 (396 f.).

619 Zu diesem Bereich gehören vielleicht auch das Recht auf soziale Sicherung, Arbeit und Schulbildung in Artikel 9, 11, 12, 13 des Paktes über wirtschaftliche, soziale und kulturelle Rechte. Ein Recht auf Partizipation als eigenes Recht ist allerdings bisher nicht anerkannt Hannum, Autonomy, Sovereignty, And Self-Determination, S. 115.

620 Kimminich, Rechtscharakter Und Inhalt des Selbstbestimmungsrechts, in: Blumenwitz/Meissner (Hrsg.), Das Selbstbestimmungsrecht der Völker und die deutsche Frage, S. 37 (41); Klein, Vereinte Nationen und Selbstbestimmungsrecht, in: Blumenwitz/Meissner (Hrsg.), Das Selbstbestimmungsrecht der Völker und die deutsche Frage, S. 107 (114); Tomuschat, Self-Determination In A Post-Colonial World, in: Tomuschat (Hrsg.), Modern Law Of Self-Determination, S. 1 (9); Kimminich, A „Federal" Right Of Self-Determination, in: Tomuschat (Hrsg.), Modern Law Of Self-Determination, S. 83 (91).

verpflichtet.[621] Dieses ergibt sich heute nicht nur aus den Theorien zu den Grundlagen des Staates, sondern auch aus der Kodifizierung der Menschenrechte und der Pflicht der Staaten gemäß der Artikel 1,3; 55; 56 der Charta der VN, die Menschenrechte zu beachten und zu fördern. Wenn Staaten bewußt einen Teil ihres Staatsvolkes von dieser Sorge um das Wohl ausschließen, indem sie deren Menschenrechte verletzen, dann entfällt die Treuepflicht dieser Gruppe.[622]

Diejenigen, die ethnische Völker immer als Träger eines Selbstbestimmungsrechts ansehen, begründen mit diesem Entfallen der Treuepflicht, daß bei schweren Menschenrechtsverletzungen durch den Staat die grundsätzliche Vorrangigkeit der territorialen Integrität vor dem Selbstbestimmungsrecht des ethnischen Volkes erlischt und das ethnische Volk sein Sezessionsrecht ausüben kann.[623] Diese Argumentation ist insoweit schlüssig, als man sagen kann, daß es zwischen den Rechten zu einem verhältnismäßigen Ausgleich kommen muß, der unter normalen Umständen zu Lasten des Selbstbestimmungsrechts zu entscheiden ist. In dem Moment, in dem die Treuepflicht einer Gruppe gegenüber dem Staat entfällt, schlägt die Gewichtung zu Gunsten des Selbstbestimmungsrechts um und das ethnische Volk kann sein Selbstbestimmungsrecht in Form der Sezession ausüben.[624] Wie gezeigt worden ist,[625] waren bis 1990 Völker im ethnischen Sinne keine Träger des Selbstbestimmungsrechts.

Aber auch Autoren, die ethnischen Völkern normalerweise kein eigenes Selbstbestimmungsrecht zuerkennen, begründen mit dem Entfallen der Treuepflicht bei schweren Menschenrechtsverletzungen, daß Gruppen die Teil eines Staats-

---

621 Oeter, Selbstbestimmungsrecht im Wandel, ZaöRV Bd. 52 (1992), S. 741 (760); Orentlicher, Separation Anxiety: International Responses To Ethno-Separatist Claims, YJIL Bd. 23 (1998), S. 1 (48 ff.).

622 Zum Beispiel: Klein, Völker und Grenzen im 20. Jahrhundert, Der Staat Bd. 32 (1993), S. 357 (365).

623 Kimminich, A „Federal" Right of Self-Determination?, in: Tomuschat (Hrsg.), Modern Law Of Self-Determination, S. 83 (92).

624 Murswiek begründet dann auch das Sezessionsrecht einer ethnischen Gruppe damit, daß es Zweck des Selbstbestimmungsrechts sei, eine ethnische Gruppe als solche zu erhalten (Murswiek, Die Problematik eines Rechts auf Sezession – neu betrachtet, ArchVR Bd. 31 (1993), S. 307 (314)). Diese, im nationalen Konzept verhaftete Begründung verkennt denn auch, daß sich durch die territoriale Bestimmung schon während der Entkolonialisierung und der Zuerkennung des Selbstbestimmungsrechts an das Staatsvolk gezeigt hat, daß die Grundlage des völkerrechtlichen Selbstbestimmungsrechts, das demokratische Konzept von Locke und Rousseau ist. Der Zweck des Selbstbestimmungsrechts ist es, einer Gemeinschaft von Menschen das Recht zu gewähren, ihre Angelegenheiten in ihrem Sinne zu regeln. Es soll diese Gemeinschaft davor schützen, von anderen fremdbestimmt zu werden. Dadurch soll die Gleichheit aller Menschen sichergestellt werden.

625 Seite 180 ff.

volkes sind, durch die Menschenrechtsverletzungen zu originären Trägern des Selbstbestimmungsrechts würden und dieses Selbstbestimmungsrecht auch in Form der Sezession ausüben dürften. Die bloße Verletzung von Menschenrechten reicht aber für die originäre Begründung einer Rechtsträgerschaft von Gruppen, die in einem bestehenden Staat leben, nicht aus. Die Verletzung von Rechten oder Pflichten, die mit einem Recht im Zusammenhang stehen, können eine Entstehung des Rechts nicht tragen. Die Entstehung einer Trägerschaft kann nur aus dem Recht selbst begründet werden, hier also aus dem Selbstbestimmungsrecht.

cc) Selbstbestimmungsrecht innerstaatlicher Gruppen durch Auflösung des Staatsvolkes

Das Selbstbestimmungsrecht steht innerhalb eines bestehenden Staates nur dem Staatsvolk zu. Dabei handelt es sich um eine Gruppe von Menschen, die ein bestimmtes Territorium bewohnt, also um eine Gemeinschaft. Durch die Zuerkennung des Selbstbestimmungsrechts an einen Teil dieser Gemeinschaft, würde das der Gemeinschaft zustehende Recht aufgegliedert. Eine solche Aufgliederung des Rechtes läßt sich dogmatisch nur begründen, wenn sich die Gemeinschaft selbst aufgliedert, also sich selbst zerstört.

Die Gemeinschaft des Staatsvolkes muß aus dem Selbstbestimmungsrecht heraus auch das Recht haben, seinen Status dahingehend zu bestimmen, daß es sich in mehrere Teile auflöst. Der einfachste denkbare Fall ist die Staatsteilung im gegenseitigen Einverständnis. Zwar gibt es bis 1990 keinen Fall, in dem sich das Staatsvolk freiwillig in mehrere Staaten aufteilte. Daß das Staatsvolk dieses Recht hat, wurde aber auch nie bestritten. Dagegen ist kein Recht auf Sezession für Teile des Staatsvolkes an sich anerkannt. Daraus ergibt sich, daß eine das Selbstbestimmungsrecht des Staatsvolkes aufgliedernde Zerstörung der Gemeinschaft angenommen werden kann, wenn das Staatsvolk diese Auflösung der Gemeinschaft will.[626] Dann muß es aber als rechtsmißbräuchlich angesehen werden, wenn das Staatsvolk eine ihm angehörende Gruppe aus der politischen Gemeinschaft ausschließt, und gleichzeitig einem Ausscheiden dieser Gruppe aus dem Staatsverband nicht zustimmt. Ein solches Verhalten würde gegen den Billigkeitsgrundsatz und das Verbot des widersprüchlichen Verhaltens ver-

626 Beziehungsweise ist der beidseitige Wille das notwendigerweise vorliegende Indiz dafür, daß die Gemeinschaft tatsächlich zerstört ist. Dem entspräche auch die oben vorgenommene Bewertung, daß einer Minderheit dann kein Sezessionsrecht zukommt, wenn sie nicht durch die vom Staatsvolk gewählte Ordnung vom Staat ausgeschlossen wird, sondern schon an der Entscheidung über diese Ordnung nicht teilhaben darf.

stoßen.[627] In einem solchen Fall muß die Gemeinschaft trotz der fehlenden Zustimmung des restlichen Staatsvolkes als zerbrochen angesehen werden.

Ein Zerbrechen der Gemeinschaft kann trotz fehlender Zustimmung des restlichen Staatsvolkes nur dann angenommen werden, wenn der Ausschluß der Gruppe von dem Staatsvolk selbst erfolgt und nicht etwa alleine durch die Regierung. Das Staatsvolk schließt eine Gruppe dann aus seinem Verband aus, wenn das Staatsvolk bei der Ausübung des inneren Selbstbestimmungsrechts eine politische Ordnung wählt, in der ein Teil des Staatsvolkes von den wesentlichen Partizipationsrechten ausgeschlossen wird;[628] in der Individuen alleine aufgrund ihrer Zugehörigkeit zu einer bestimmten Gruppe die politischen Teilhaberechte verwehrt werden, die allen anderen Staatsbürgern zustehen. Dafür reichen eine bloße Diskriminierung dieser Gruppe oder Menschenrechtsverletzungen gegenüber Mitgliedern dieser Gruppe nicht aus. Vielmehr muß ein tatsächlicher Ausschluß von der Gemeinschaft vorliegen, wie er regelmäßig mit faschistischen oder nationalsozialistischen Regimen verbunden wird. Die fragliche Gruppe muß durch das Staatsvolk vollständig außerhalb der politischen Gemeinschaft gestellt werden.

Hierin ergibt sich auch der Zusammenhang mit den Menschenrechtsverletzungen. Bei einem solch weitreichenden Ausschluß wird es immer zu schwersten Menschenrechtsverletzungen kommen. Der eklatanteste Ausschluß ist insoweit derjenige, der die Existenzberechtigung nicht nur der Gruppe,[629] sondern der Einzelnen aufgrund ihrer Gruppenzugehörigkeit in Frage stellt. Ein solcher Ausschluß nimmt immer genozidäre Formen an. Die Menschenrechtsverletzungen sind insoweit Ausdruck des Ausschlusses. Grund für das Gewähren des Sezessionsrechtes als Träger des Selbstbestimmungsrechts bleibt aber die Auflösung der Gemeinschaft durch den Ausschluß aus der politischen Gemeinschaft und nicht die diesen Ausschluß äußerlich symbolisierenden Menschenrechtsverletzungen.

---

627 Beide Grundsätze sind als allgemeine Rechtsgrundsätze im Völkerrecht anerkannt. Siehe: Shaw, International Law, S. 77 ff.

628 Der Unterschied zu der Verletzung des inneren Selbstbestimmungsrechts des Staatsvolkes durch den Ausschluß eines Teils dieses Staatsvolkes liegt darin begründet, daß dabei ein Teil des Staatsvolkes überhaupt nicht an der Entscheidung über die innere Ordnung teilnehmen darf. In dem hier diskutierten Fall darf diese Gruppe an der Entscheidung über die innere Ordnung teilnehmen, aber es wird eine Ordnung festgelegt, die sie von allen Rechten ausschließt.

629 Ein Beispiel in dem lediglich die Existenzberechtigung der Gruppe verneint wird, ist das Verhältnis zwischen der Türkei und den Kurden. Die Türkei will nicht die Kurden als solche vernichten. Vielmehr werden sie im staatlichen Sprachgebrauch als Bergtürken bezeichnet. Die Türkei lehnt aber die Existenz eines kurdischen Volkes ab. Eine andere Frage ist die, nach den schwersten Menschenrechtsverletzungen, die die Türkei in ihrem Kampf gegen die Unabhängigkeitsbewegung der Kurden führt.

Diese Argumentation wird schon in den Anerkennungserklärungen Tansanias und Sambias gegenüber Biafra deutlich.[630] In ihnen wird das Sezessionsrecht mit der Auflösung der Gemeinschaft und dem damit verbundenen Wegfall der Treuepflicht seitens der ausgeschlossenen Gruppe begründet.[631] Aus dieser Herleitung des Sezessionsrechtes wird aber auch klar, daß es kein Recht ist, das ausschließlich ethnischen Völkern zusteht. Berechtigt ist vielmehr jede Gruppe von Menschen, die von einem solchen Ausschluß durch das Staatsvolk betroffen ist. Dieses wird auch dadurch getragen, daß zum Beispiel in Biafra nicht nur die Ibos lebten, sondern auch noch verschiedene andere Völker. Diese wären bei einer Zuerkennung nur an ethnische Völker entweder nicht sezessionsberechtigt gewesen, oder hätten eigene Staaten gründen können.

Allerdings muß neben dem Ausschluß aus der Gemeinschaft zur Entstehung des Selbstbestimmungsrechts, und damit des Sezessionsrechtes, eine weitere Voraussetzung erfüllt sein. Die Gruppe muß in einem geschlossenen Siedlungsraum leben. Die Begründung einer originären Trägerschaft am Selbstbestimmungsrecht für Gruppen, die in einem bestehenden Staat leben, ergibt sich daraus, daß die Gemeinschaft zwischen dem ausschließenden Teil des Staatsvolkes und der Gruppe zerbrochen ist. In diesem Zerbrechen der Gemeinschaft ist der Grund dafür zu sehen, daß es zu einer Internationalisierung des Verhältnisses zwischen dem Staatsvolk und der ausgeschlossenen Gruppe kommt und dadurch das Staatsvolk den legalen Titel auf das Siedlungsgebiet der von ihr ausgeschlossenen Gruppe verliert. Folglich muß, damit das restliche Staatsvolk den Anspruch auf das Territorium verliert, dieses Gebiet fast ausschließlich von Mitgliedern der betroffenen Gruppe bewohnt werden. Also muß eine geschlossene Siedlungsstruktur der Gruppe vorliegen, damit deren Mitglieder nicht nur ein Recht auf Partizipation haben, sondern die Gruppe ein Recht auf Selbstbestimmung hat.

Diese von den philosophischen Grundlagen des Staates her begründete Argumentation wird durch die klassische Definition des Staates gestützt. Nach einhelliger Meinung ist eine der Grundvoraussetzungen für das Bestehen eines Staates das Staatsvolk. Das Staatsvolk ist ein auf Dauer angelegter Verbund von Menschen, über den der Staat die Hoheitsgewalt im Sinne der Gebietshoheit und bei Aufenthalt außerhalb des Hoheitsgebietes die Personalhoheit innehat. Anknüpfungspunkt für diesen Verbund ist allein die Zusammenfassung von Men-

[630] Tanzania Recognizes Biafra in: Kirk-Greene, Crisis And Conflict In Nigeria, Volume II, Document 148, S. 206 ff.; Zambia Recognizes Biafra in: Kirk-Greene, Crisis And Conflict In Nigeria, Volume II, Document 155, S. 220 f.

[631] Tanzania Recognizes Biafra in: Kirk-Greene, Crisis And Conflict In Nigeria, Volume II, Document 148, S. 206 (209 f.).

schen unter einer gemeinsamen Rechtsordnung.[632] Entfällt diese Zusammenfassung unter eine gemeinsame Rechtsordnung, so entfällt auch der Verbund. Wenn aber kein Verbund mehr besteht, besteht auch kein Staatsvolk mehr. Wird ein Teil des Staatsvolkes von dem Staatsvolk selbst rechtlich aus der Gemeinschaft und der Rechtsordnung ausgeschlossen, gelten verschiedene Rechtsordnungen für die einzelnen Gruppen im Staat. Damit besteht keine gemeinsame Rechtsordnung mehr und mangels eines bestehenden Verbundes auch kein Staatsvolk mehr.[633]

Die Zusammenfassung unter einer gemeinsamen Rechtsordnung entfällt aber nicht nur, wenn ein Teil des Staatsvolkes von der inneren Ordnung ausgeschlossen wird. Die Zusammenfassung entfällt vielmehr auch dann, wenn die gemeinsame Rechtsordnung **als solche** nicht mehr besteht, also ein Machtvakuum entstanden ist.[634] Durch das Entfallen der Rechtsordnung im Staat entfällt zunächst lediglich die effektive Staatsgewalt im Staat. Aber das Entfallen der Rechtsordnung betrifft, nach der eben aufgestellten Definition, auch das Staatsvolk. Die gemeinsame Rechtsordnung ist das Ergebnis der Ausübung des inneren Selbstbestimmungsrechts des Staatsvolkes. Entsteht ein Machtvakuum, weil die Rechtsordnung entfällt, dann hat das Staatsvolk grundsätzlich das Recht, sich eine neue Ordnung zu schaffen. Es stellt sich aber die Frage was passiert, wenn sich das Staatsvolk nicht auf eine neue Rechtsordnung einigen kann. Hier sind zwei Fälle denkbar.

Der eklatanteste ist der Fall, in dem die Rechtsordnung vollständig und auf dem gesamten Gebiet zusammenbricht. Das heißt, wenn die grundlegenden Ordnungsregelungen der Gemeinschaft nicht mehr befolgt werden und die Staatsgewalt dauerhaft nicht in der Lage ist, sie durchzusetzen. Diese Situation im Staat wird heute mit dem Begriff des „failed State“ beschrieben.[635] Eine solche Situation wurde bereits im Aalandgutachten als ein möglicher Anwendungsbereich des Selbstbestimmungsprinzips auf innerstaatliche Gruppen angesehen.

Eine weitere Möglichkeit ist die, daß die Rechtsordnung zwar noch besteht, diese aber in Teilen des Staates aufgrund der Weigerung der Bevölkerung dieser Staatsteile sie anzuerkennen, nicht durchsetzbar ist. Rechtlich unproblematisch ist die Nichtdurchsetzbarkeit auf einem Teilgebiet dann, wenn sich neue Staaten

---

632 Epping, Der Staat als die „Normalperson“ des Völkerrechts, in: Ipsen (Hrsg.), Völkerrecht, Kapitel 2, § 5, Rdnr. 5.

633 Auch hierbei muß zwischen dem Ausschluß durch das Staatsvolk selbst und dem Ausschluß einer Gruppe durch die Regierung unterschieden werden. Bei einem das Selbstbestimmungsrecht des Staatsvolkes verletzenden Ausschluß einer Gruppe durch die Regierung, löst sich der Verbund deswegen nicht auf, weil die Regierung mit dem Ausschluß das Recht des Verbundes verletzt.

634 Thürer, Das Selbstbestimmungsrecht der Völker, ArchVR Bd. 22 (1984), S. 113 (127).

635 Thürer, Der Wegfall effektiver Staatsgewalt, BDGV, Bd. 34, S. 9 ff.

effektiv gründen. Der Staat also tatsächlich in zwei oder mehrere Einzelstaaten zerfällt und sich diese Staaten dauerhaft behaupten können. In dem Moment ist das Staatsvolk tatsächlich zerfallen und selbstbestimmungsberechtigt sind die neu gegründeten Staatsvölker. Interessant ist aber die Frage nach einem Selbstbestimmungsrecht innerstaatlicher Gruppen in der Übergangszeit. Also die Frage, ob innerstaatliche Gruppen im Fall eines Machtvakuums ein Recht auf Staatsgründung haben und nicht, ob sie es effektiv tun.

Im Fall der Nichtdurchsetzbarkeit auf Teilgebieten, handelt es sich um einen Konflikt zwischen der Mehrheit des Staatsvolkes und einer Minderheit, bei dem die Minderheit sich auf ihrem Gebiet erfolgreich weigert, die Mehrheitsentscheidung umzusetzen. Würde man dieser Gruppe ein Selbstbestimmungsrecht gewähren, würde man eine Pflichtverletzung belohnen. Wie bei jedem Gruppenrecht, das zu einer Entscheidung berechtigt, muß auch beim Selbstbestimmungsrecht die Mehrheitsentscheidung für den ganzen Träger verbindlich sein. Ansonsten wäre das Selbstbestimmungsrecht nicht funktionsfähig. Die militante Nichtbefolgung der Pflicht zur Umsetzung der Mehrheitsentscheidung darf nicht durch die Anerkennung dieser Gruppe als Träger des Selbstbestimmungsrechts belohnt werden. Die Nichtdurchsetzbarkeit der innerstaatlichen Rechtsordnung in Teilen des Staates führt daher nicht dazu, daß innerstaatliche Gruppen zu Trägern des Selbstbestimmungsrechts werden.

Im Fall des Totalverlustes der Rechtsordnung kann sich dagegen unter gewissen Umständen ein Selbstbestimmungsrecht innerstaatlicher Gruppen ergeben. Dies ist dann der Fall, wenn eine Mehrheitsentscheidung des Staatsvolkes für eine gemeinsame Ordnung deshalb nicht möglich ist, weil die Mehrheit des Staatsvolkes den Staat gar nicht erhalten will. Das Entfallen der Rechtsordnung ist dann das äußere Zeichen für die Mehrheitsentscheidung des Staatsvolkes, sich aufzulösen. Häufig wird eine solche Auflösung einvernehmlich geschehen. Dann wird die alte gemeinsame Rechtsordnung einfach durch die neuen Rechtsordnungen abgelöst. Dies ist der oben geschilderte Fall der einvernehmlichen Auflösung, der von der Staatengemeinschaft als Teil des Selbstbestimmungsrechts nicht bestritten wird. Zum Entfallen der Rechtsordnung kann es aber kommen, wenn sich entweder eine Minderheit gegen die Auflösung wehrt, oder aber sich die neu zu bildenden Staaten zwar über die generelle Auflösung, nicht aber über deren Modalitäten einig sind. Trotzdem hat in einem solchen Fall das Staatsvolk eine Entscheidung über seine Auflösung getroffen. Zu dieser Entscheidung ist das Staatsvolk aus dem Selbstbestimmungsrecht heraus berechtigt. Die neuen Einheiten, die diese Entscheidung als neue Gemeinschaften tragen, werden Träger des Selbstbestimmungsrechts, weil sich der alte Träger in eben diese neuen Gemeinschaften aufgegliedert hat und deshalb nicht mehr besteht.

Festzuhalten bleibt, daß sich die selbstbestimmungsberechtigende Auflösung des Staatsvolkes als Entscheidung eben dieses Staatsvolkes darstellt. Innerstaatliche

Gruppen werden daher nur aufgrund der Mehrheitsentscheidung des Staatsvolkes selbst Träger des Selbstbestimmungsrechtes. Mit einer solchen Entscheidung geht das Staatsvolk unter. Damit fehlt dem Staat ein ihn begründender Tatbestand. Daher kann dieser Staat auch keinen Titel mehr bezüglich des Territoriums haben. Ein Recht auf territoriale Integrität besteht nicht mehr. Alleinig entscheidungsberechtigt sind die Menschen, die auf diesem Gebiet leben. Sie können neue Staaten gründen, indem sie sich zu einem neuen Staatsvolk formieren.

Aber auch wenn eine dogmatische Herleitung eines Selbstbestimmungsrechtes für Teilgruppen eines Staates bei der Auflösung der Gemeinschaft möglich ist, müßte diese dogmatische Herleitung auch von der Staatenpraxis getragen werden. Dies ist aber zumindest bis 1990 nicht der Fall.[636] Es gibt keinen Fall, in dem die Staatengemeinschaft ein solches Recht angenommen hat. Es stellt sich infolgedessen aber die Frage, ob dies daran liegt, daß es keinen Fall eines Ausschlusses von der Entscheidung über die innere Ordung und die freiwillige Staatsvolkauflösung gegeben hat, oder ob das Recht tatsächlich nicht anerkannt wird.

Für die freiwillige Auflösung des Staatsvolkes wurde bereits festgestellt, daß es bis 1990 keinen solchen Fall gab, so daß eine Aussage über das Bestehen eines solchen Rechtes, aufgrund der fehlenden Staatenpraxis, nicht gemacht werden kann.

Gegen die Anerkennung eines Rechtes auf Selbstbestimmung bei einem Ausschluß innerstaatlicher Gruppen aus der Gemeinschaft des Staatsvolkes spricht die absolute Ablehnung, die einem Sezessionsrecht von seiten der Staaten immer entgegengebracht wurde. Insoweit ist, wann immer das Selbstbestimmungsrecht verhandelt wurde, betont worden, daß dieses kein Recht auf Sezession gewähren würde. Gleichzeitig muß aber auch festgestellt werden, daß der Nachweis eines Ausschlusses von der Entscheidung über die innere Ordung nach den 1960er Jahren bis 1990 schwer fällt. In Frage kämen insofern Biafra und Bangladesch, da es dort nach Ausbruch der Unabhängigkeitskämpfe angeblich zu schwersten Menschenrechtsverletzungen gekommen ist. In beiden Fällen ist aber problematisch, daß diese während der Unabhängigkeitskämpfe aufgetrten sind und nicht etwa vorher. So stellt auch die Internationale Juristenkommission bezüglich Bangladeschs fest, daß ein Ausschluß vor dem 25. März nicht vorgelegen hat und lehnt ein Selbstbestimmungsrecht der Bengalen aus diesem Grund ab.[637] Bezüglich Biafra kann zwar festgehalten werden, daß es vor dem Unabhängigkeitskampf gegen die Bewohner der Ostprovinz zu Ausschreitungen

---

636 So auch: Shaw, Peoples, Territorialism And Boundaries, EJIL Bd. 8 (1997), S. 478 (783).

637 International Commission Of Jurists, East Pakistan Staff Study, The Review International Commission Of Jurists Bd. 8 (June 1972), S. 23 (50).

durch andere Volksgruppen gekommen ist. Man kann aber auch hier nicht von einem gewollten Ausschluß aus der nigerianischen Gesellschaft sprechen.[638] In beiden Fällen kam es während der Unabhängigkeitskämpfe zu schweren Menschenrechtsverletzungen.

Ein Ausschluß der nach Unabhängigkeit strebenden Gruppen durch den Gesamtstaat kann nicht schon mit dem Hinweis darauf abgelehnt werden, daß der Gesamtstaat die Einheit gerade erhalten wollte. Insofern könnte er auch nur den Verlust des Territoriums verhindern wollen, ohne die Eingliederung der Menschen zu wollen. Allerdings muß man bei der Feststellung eines Ausschlusses aus der Gemeinschaft beachten, daß es eine Bürgerkriegssituation ist und alleine die Tötung von Menschen einer bestimmten Gruppe durch den Staat noch nicht für einen intendierten Ausschluß der Gruppe spricht. Die Tötung von Menschen ist vielmehr kriegsimmanent. In einer Bürgerkriegssituation wird man nur dann von einem Ausschluß eines Teils des Staatsvolkes aus der Gemeinschaft ausgehen können, wenn die Tötung der Mitglieder dieser Gruppe nicht durch die Kampfhandlungen als solche verursacht werden, sondern, wenn sie Ausdruck des Versuchs sind, die Gruppe als solche entweder zu vernichten (Genozid) oder sie vollständig zu vertreiben.

Ein Genozid setzt voraus, daß es die Absicht des Staates ist, eine nationale, ethnische, rassische oder religiöse Gruppe ganz oder zum Teil zu zerstören.[639] Auch wenn es Indizwirkung hat, ist es nicht ausreichend, daß eine große Anzahl an Menschen einer Gruppe getötet wurde. Es muß gezeigt werden, daß sie nur deshalb getötet wurden, um die Gruppe zu zerstören und nur weil die getöteten Menschen dieser Gruppe angehörten. Dieses für Ostpakistan und Biafra nachzuweisen ist nicht möglich.[640] In diesen Fällen sollte die Bevölkerung auch nicht vertrieben werden. Es gab bis 1990 daher keinen Ausschluß einer innerstaatlichen Gruppe aus der Gemeinschaft des Staatsvolkes, der ein Sezessionsrecht hätte auslösen können. Aus der Tatsache, daß die internationale Staatengemeinschaft bis 1990 in keinem Fall, in dem eine innerstaatliche Gruppe ein Recht auf Sezession für sich in Anspruch nahm, dieser Gruppe ein solches Recht zugestanden hat, kann daher nicht geschlossen werden, daß ein solches Recht nicht besteht.

Aufgrund der fehlenden Staatenpraxis kann bis 1990 nicht von einer gesicherten Rechtslage bezüglich eines Rechtes auf Sezession für Gruppen innerhalb eines unabhängigen Staates ausgegangen werden.[641]

---

638 Dieses soll nichts über die Schwere und Verurteilungswürdigkeit dieser Progrome aussagen.

639 Artikel 2 der Völkermordkonvention.

640 Für Ostpakistan siehe insofern: International Commission Of Jurists, East Pakistan Staff Study, The Review International Commission Of Jurists Bd. 8 (June 1972), S. 23 (33).

641 So auch Hannum, Rethinking Self-Determination, VJIL Bd. 34 (1993), S. 1 (41 ff., 57).

d) Ergebnis

Weder administrative Teile noch ethnische Völker sind bis 1990 als Träger des Selbstbestimmungsrechts der Völker durch die Staatengemeinschaft anerkannt worden. Aus diesem Grund stand ihnen bis dahin auch kein Recht auf Sezession zu. U. Thant, der damalige Generalsekretär der VN, sagte 1970 im Zusammenhang mit dem Biafra-Konflikt:

> *„As far as the question of secession of a particular section of a Member State is concerned, the United Nations attitude is unequivocable. As an international organization, the United Nations has never accepted and does not accept and I do not believe it will ever accept a principle of secession of a part of a Member State."*[642]

Durch die Staatenpraxis unbeantwortet blieb bis 1990, ob ein Ausschluß einer Gruppe aus der Gemeinschaft durch das Staatsvolk selbst dazu führt, daß diese Gruppe Träger des Selbstbestimmungsrechts der Völker wird, und ihr deshalb auch ein Sezessionsrecht zukommt. Von einem Recht kann insofern mangels Regelung sowohl im vertraglichen als auch im gewohnheitsrechtlichen Bereich nicht gesprochen werden. Allerdings würde sich die Annahme eines solchen Rechtserwerbs durchaus in das Konzept des Selbstbestimmungsrechts, wie es sich durch die Entkolonialisierung und die Anwendung auf das Staatsvolk herausgebildet hat, einfügen. Wenn man davon ausgeht, daß der Grund für die Zuerkennung der Rechtsträgerschaft an die Gruppe die Zerstörung der Gemeinschaft ist, dann könnte man eine ähnliche Internationalisierung des Verhältnisses zwischen dem Staat und dem Territorium der Gruppe annehmen, wie bei der Entkolonialisierung. Insoweit würde es sich auch bei der Gruppe um ein Staatsvolk im Werden handeln.

---

642 Murswiek, Die Problematik eines Rechts auf Sezession - neu betrachtet, ArchVR Bd. 31 (1993), S. 307 (311), Buchheit, Secession, S. 87.

5. *Das Selbstbestimmungsrecht der Völker als partikulares Völkerrecht*[643]

Das Selbstbestimmungsrecht der Völker spielt nicht nur im universellen Völkerrecht eine Rolle, sondern es hat auch Einfluß auf das partikulare Völkerrecht. Untersucht wird, inwieweit es bis 1990 ein, von dem Inhalt des universellen Selbstbestimmungsrechts abweichendes partikulares Völkerrecht bezüglich des Selbstbestimmungsrechtes der Völker gegeben hat. Berücksichtigt werden sollen dabei die sozialistischen Staaten und die KSZE. Eingeleitet wird dieser Abschnitt mit der Fragestellung, inwieweit dem Selbstbestimmungsrecht ein ius cogens Charakter zukommt, da in diesem Fall zumindest ein einschränkendes partikulares Völkerrecht nicht entstehen konnte.

a) Das Selbstbestimmungsrecht als ius cogens Norm

Bevor die Entwicklung partikularen Völkerrechts dargestellt werden soll, stellt sich die Frage nach dem ius cogens Charakter des Selbstbestimmungsrechts. Zwar stehen partikulares und universelles Völkerrecht gleichberechtigt nebeneinander. Die Staaten sind daher grundsätzlich frei darin, für das Verhältnis untereinander ein von dem universellen Völkerrecht abweichendes regionales Völkerrecht zu schaffen.[644] Dies gilt aber nicht uneingeschränkt. Vielmehr darf das regionale Völkerrecht nicht gegen ius cogens verstoßen.[645] Ius cogens sind die Normen des Völkerrechts, die zwingenden Charakter haben und aus diesem Grund der Dispositionsbefugnis der Staaten entzogen sind.[646] Jeder Staat ist an die Normen des ius cogens gebunden. Daß es völkerrechtliche Normen mit zwingendem Charakter gibt, wurde 1986 in der Wiener Vertragsrechtskonvention in Artikel 53 Satz 2 festgeschrieben. Diese Norm kann als Ausdruck des Völkergewohnheitsrechtes gelten. Allerdings konnte sich die Staaten-

---

643 Neben den für alle Staaten geltenden Regeln des Völkerrechtes, gibt es auch das sogenannte partikulare Völkerrecht. Darunter werden Normen verstanden, die gerade nicht für alle Staaten bindend geworden sind, die aber von einer Gruppe von Staaten für die zwischen ihnen bestehenden Beziehungen Bindungswirkung erlangt haben (Vitzthum, Begriff, Geschichte und Quellen des Völkerrechts, in: Vitzthum (Hrsg.), Völkerrecht, I Rdnr. 13). Neben den Verträgen, die immer nur die Vertragspartner binden, gibt es auch ein gewohnheitsrechtliches partikulares Völkerrecht (Kunig, Völkerrecht und staatliches Recht, in: Vitzthum (Hrsg.), Völkerrecht, II Rdnr. 136). Dieses Recht wird häufig auch regionales Völkerrecht genannt. Dies ist aber begrifflich nicht ganz korrekt. Das regionale Völkerrecht ist die wohl häufigste Art des partikularen Völkerrechts, bei dem eine einheitliche Regelung für einen bestimmten geographischen Bereich getroffen wird.

644 Schindler, Regional International Law, in: Bernhardt (Hrsg.), EPIL Bd. 7, S. 404 (407).

645 Schindler, Regional International Law, in: Bernhardt (Hrsg.), EPIL Bd. 7, S. 404 (407).

646 Eine gegen eine ius cogens Norm verstoßende Regel ist nichtig (Vitzthum, Begriff, Geschichte und Quellen des Völkerrechts, in: Vitzthum (Hrsg.), Völkerrecht, I, Rdnr. 157.

gemeinschaft nicht auf einen Katalog der Normen einigen, die zum ius cogens gehören. Einigkeit besteht aber darüber, daß das Gewaltverbot eine solche Norm ist.[647] Gleiches muß auch für das Selbstbestimmungsrecht der Völker gelten.

Daß das Selbstbestimmungsrecht zwingendes Recht ist, ergibt sich sowohl aus der Wichtigkeit, die diesem Recht seit der Entkolonialisierung durch die Staatengemeinschaft beigemessen wird, als auch durch die Formulierungen, mit denen das Recht in zahlreichen Resolutionen der VN festgeschrieben wurde. Beispielhaft heißt es in der FRD: „... every state has the duty to respect this right ...“ Außerdem ist gerade das Selbstbestimmungsrecht während der Verhandlungen zur Wiener Vertragsrechtskonvention immer wieder als Beispiel für eine ius cogens Norm genannt worden. Der Verstoß gegen das Selbstbestimmungsrecht wurde als völkerrechtliches Verbrechen eingeordnet.[648] Die Einordnung als völkerrechtliches Verbrechen setzt aber voraus, daß es vom Selbstbestimmungsrecht keine legale Ausnahme gibt. Könnten die Staaten zum Beispiel durch den Abschluß eines völkerrechtlichen Vertrages das Selbstbestimmungsrecht rechtskräftig abbedingen, wäre nicht jede Verletzung des Selbstbestimmungsrechts ein völkerrechtliches Verbrechen. Dies widerspräche aber dem Konzept des völkerrechtlichen Verbrechens. Daß das Selbstbestimmungsrecht der Völker zwingenden Charakter hat, wurde insbesondere von den sozialistischen Staaten vehement vertreten. Wenn aber das Selbstbestimmungsrecht der Völker ius cogens ist, so kann sich regionales Völkerrecht nur insoweit entwickeln, als es nicht gegen dieses Recht verstößt. Das Dispositionsrecht ist bei ius cogens Normen auf Konkretisierungen intra legem und auf Ergänzungen praeter legem beschränkt.[649] Dagegen sind Einschränkungen als Verletzung einer ius cogens Norm zu sehen und können daher nicht Inhalt parikularen Völkerrechts werden. Daher bleibt nur zu untersuchen, inwieweit es ein das Selbstbestimmungsrecht konkretisierendes oder erweiterndes partikulares Völkerrecht gibt.

b) Sozialistische Staaten

Aufgrund des Zusammenbruchs des Ostblocks, ist die interessanteste Staatengruppe für die Entwicklung nach 1990 die sozialistischen Länder. Nach dem am Anfang dieser Arbeit dargestellten Selbstbestimmungskonzept dieser Staaten wäre zu vermuten, daß zwischen diesen Staaten ein partikulares Selbstbestimmungsrecht gilt, das auch Gruppen, die Teil eines Staatsvolkes sind, als Träger des Selbstbestimmungsrechts anerkennt. Inhalt dieses partikularen Völker-

---

647 Michel, Zur Geltung und Wirksamkeit von Normen des Völkergewohnheitsrechts, S. 136 f.

648 Baer, Der Zerfall Jugoslawiens im Lichte des Völkerrechts, S. 202.

649 Schweisfurth, Sozialistisches Völkerrecht?, S. 461.

rechtes müßte, nach den Grundlagen des sozialistischen Völkerrechtes,[650] auch ein Recht auf Sezession sein. Insofern läge eine Erweiterung des universellen Selbstbestimmungsrechts vor. Bezüglich eines Rechtes auf Sezession gibt es aber bis 1990 keine Beispiele in den sozialistischen Ländern, so daß ein solches Recht nicht nachgewiesen werden kann.

c) Die KSZE

Die KSZE ist die Konferenz über Sicherheit und Zusammenarbeit in Europa, die mit der Konferenz in Genf 1973 begann. Die Helsinki Schlußakte[651] ist rechtlich nicht bindend, sondern eine regionalpolitische Erklärung. Deshalb ist sie alleine kein Beweis für den Bestand eines regionalen Selbstbestimmungsrechts. Allerdings kann sie sehr wohl Ausdruck einer bestimmten Überzeugung sein und damit den politischen Druck auf Unterzeichnerstaaten erhöhen. Dies wird durch die langen und intensiven Verhandlungen über den Text der Schlußakte deutlich.[652] Außerdem ist sie als Ausgangspunkt für europäische Entwicklungen im Völkerrecht zu sehen. Auch international kommt der KSZE insoweit einige Bedeutung zu, als beide damaligen Großmächte, die USA und die UdSSR, Teilnehmer an dieser Konferenz waren. Die KSZE erhält ihre Bedeutung dadurch, daß sie eine Einigung über viele Themengebiete zwischen dem Ostblock und dem Westen symbolisiert.

In der Schlußakte von Helsinki ist das Selbstbestimmungsrecht als eines der zehn Prinzipien genannt, die für die Beziehungen zwischen den Staaten als Leitlinien gelten sollen. In Prinzip VIII heißt es:

> „*The participating States will respect the equal rights of Peoples and their right to self-determination, acting at all times in conformity with the purposes and principles of the Charter of the United Nations and with the relevant norms of international law, including those relating to territorial integrity of states.*
>
> *By virtue of the principle of equal rights and self-determination of peoples, all peoples always have the right, in full freedom, to determine, when and as they wish, their internal and external political status, without external interference, and to pursue as they wish their political, economic, social and cultural development.*

---

650 Seite 49 ff.

651 Welche von 35 Staaten unterzeichnet wurde: Österreich, Belgien, Bulgarien, Kanada, Zypern, Tschechoslowakei, Dänemark, Finnland, Frankreich, DDR, BRD, Griechenland, Heilige Stuhl, Ungarn, Island, Irland, Italien, Liechtenstein, Luxemburg, Malta, Monaco, Niederlande, Norwegen, Polen, Portugal, Rumänien, San Marino, Spanien, Schweden, Schweiz, Türkei, UdSSR, Großbritannien, USA, Jugoslawien.

652 Die Vorbereitungsphase dauerte 10 Jahre. Die eigentliche Konferenz fand dann in drei Phasen statt: 3.-7. Juli 1973, 18. September 1973 bis 21. Juli 1974 und vom 30. Juli bis 1. August 1975.

The participating States reaffirm the universal significance of respect for and effective exercise of equal rights and self-determination of peoples for the development of friendly relations among themselves as among all States; they also recall the importance of the elimination of any form of violation of this principle."

Das Selbstbestimmungsrecht der Völker, das in der Schlußakte festgeschrieben wurde, entspricht dem universellen Selbstbestimmungsrecht.

Allerdings kommt der Schlußakte bezüglich des Selbstbestimmungsrechts die oben erwähnte Klärungswirkung zu. In den 1970er Jahren war es umstritten, ob das Selbstbestimmungsrecht auch außerhalb der Dekolonialisierung Anwendung fand und ob es einen dauerhaften Charakter hatte. Diese Frage wurde durch die KSZE-Schlußakte beantwortet. Im zweiten Absatz heißt es insoweit: „... all peoples always have the right ...". Damit erkannten die Unterzeichnerstaaten an, daß das Selbstbestimmungsrecht nicht auf den kolonialen Zusammenhang beschränkt war. Dieses ergibt sich nicht nur dadurch, daß es innerhalb Europas keine Kolonialverhältnisse im klassischen Sinne gab,[653] sondern vor allem dadurch, daß es der Zweck der Konferenz war, das Verhältnis zwischen den Staaten bezogen auf den europäischen Kontinent zu regeln. Es ging um das Verhältnis zwischen den Blöcken. Durch die Anwendbarkeit auf Europa und den Worten „always" und „when and as they wish" wurde gleichzeitig klargestellt, daß das Selbstbestimmungsrecht nicht mit der einmaligen Ausübung untergeht, sondern ein dauerhaftes Recht ist. Aus der KSZE-Schlußakte wird aber auch klar, daß als alleinige Träger dieses Rechtes in Europa die Staatsvölker angesehen werden und ein Sezessionsrecht ethnischer oder nationaler Minderheiten nicht besteht. Insofern legt der erste Absatz fest, daß das Selbstbestimmungsrecht und die darauf gestützten Handlungen im Einklang mit dem allgemeinen Völkerrecht und insbesondere mit den Zielen und den Prinzipien der VN-Charta stehen müssen. Hierzu gehören auch die Normen, welche die territoriale Integrität der Staaten regeln. Dieser Verweis auf die territoriale Integrität der Staaten muß im Zusammenhang mit den Verhandlungen über den Text der Schlußakte gesehen werden. In diesen Verhandlungen äußerten viele Staaten die Befürchtung, daß die Verankerung eines unbestimmten Selbstbestimmungsrechtes Sezessionswünsche nationaler Minderheiten wecken würde. Insoweit waren sich alle Staaten bei den Verhandlungen einig, daß ein solches Sezessionsrecht nationaler oder ethnischer Minderheiten nicht bestünde, und sie von der Trägerschaft des Selbstbestimmungsrechts ausgeschlossen sein sollten. Daher kann der erste Absatz nur als die von vielen Staaten verlangte Festlegung auf die alleinige Trä-

---

653 Denn insofern könnte man darauf hinweisen, daß die europäischen Staaten die Verwaltungsmächte waren und koloniale Verhältnisse zwar nicht zwischen den Staaten Europas selbst bestanden, aber die Staaten Europas eine Seite der kolonialen Verhältnisse repräsentierten.

gerschaft der Staatsvölker angesehen werden. Diesen steht nicht nur das äußere, sondern explizit auch das innere Selbstbestimmungsrecht zu, so daß insoweit eine Klärung gegenüber der Auslegung der FRD erfolgte.

Fraglich ist alleine die Auslegung der Formulierung „... in full freedom ...". Aus ihr wurde in der Literatur hergeleitet, daß das Selbstbestimmungsrecht der Schlußakte über das allgemeine innere Selbstbestimmungsrecht hinausgehe, und es ein Recht des Staatsvolkes auf Freiheit von jeglicher innerstaatlichen Einflußnahme gewähre. Insoweit sollte es nicht bloß den Totalausschluß des Staatsvolkes oder einzelner seiner Teile verbieten. Vielmehr sollte es nach dieser Ansicht ein antiautoritäres, demokratisches Element enthalten.[654] Begründet wurde dieses mit dem Verweis auf die Intention der westlichen Staaten. Diese sahen im Selbstbestimmungsrecht die Basis für eine demokratische Entwicklung im westlichen Sinne,[655] und bezweckten damit auch den Abbau der Vorherrschaft der UdSSR im Ostblock.[656] Daß dieses aber nicht Inhalt des Selbstbestimmungsrechts der Schlußakte wurde, ergibt sich schon daraus, daß jede Auslegung sich an dem Parteiwillen aller Unterzeichnerstaaten orientieren muß. Es sind gerade die Punkte nicht Teil des Prinzips VIII geworden, die auf ein irgendwie geartetes Recht auf Demokratie und die Abschaffung des sowjetischen Einflusses auf die anderen Ostblockländer abzielten.[657] Eine Abschaffung des sowjetischen Einflusses hätte die UdSSR nie geduldet. Vielmehr muß in dem, durch die Schlußakte bestimmten Selbstbestimmungsrecht eine erneute Bestärkung der grundsätzlichen Neutralität des Völkerrechts bezüglich der Wahl der Staatsordnung gesehen werden. Dieses ergibt sich aus dem Ziel der KSZE. Die KSZE sollte zu einer Entspannung zwischen den Blöcken, und damit zu einem Abbau der Kriegsgefahr führen. Die Grundlage dafür ist aber, daß jeder der Blöcke anerkennt, daß das System des jeweils anderen **nicht** gegen völkerrechtliche Regeln verstößt, sondern daß ihm eine Existenzberechtigung zukommt. Dieses wird auch in dem letzten Absatz von Prinzip VIII deutlich, der der Beachtung des Selbstbestimmungsrechts entscheidende Bedeutung für die Entwicklung freundschaftlicher Beziehungen zwischen den Staaten zuweist. Daher kann in

---

654 Cassese, Self-Determination of Peoples, S. 287.

655 Der niederländische Textentwurf lautete: „...the inalienable right of the people of every State freely to choose, to develop, to adapt or to change its political, economic, social and cultural system...". Und der Premierminister der Niederlande bemerkte im Abschlußtreffen, daß das Selbstbestimmungsrecht der Schlußakte bedeuten würde, daß dort, wo das Volk seinen Willen bezüglich seiner Angelegenheiten bekundet, dieser Wille in der Politik seiner Regierung reflektiert werden sollte (Doc. CSCE/III/PV.5, 17).

656 Auch insoweit ist der niederländische Vorschlag bezeichnend, als er das Recht ohne Einmischung in irgendeiner Form durch einen Staat oder eine Staatengruppe gewähren soll (DOC. CSCE/II/A/8).

657 Die Staaten des Ostblocks und insbesondere die UdSSR haben aber die Annahme des niederländischen Vorschlags abgelehnt.

dem in der Schlußakte geregelten Selbstbestimmungsrecht kein demokratisches Element gesehen werden, sondern es umfaßt das gleiche Verbot des Ausschlusses von der Entscheidung über die staatliche Ordnung, wie es auch das allgemeine Selbstbestimmungsrecht des Staatsvolkes beinhaltet.

6. Zwischenergebnis - Das Konzept des Selbstbestimmungsrechts bis 1990

Die vorliegende Untersuchung zeigt, daß auch vor 1990 bereits ein dogmatisches Konzept des Selbstbestimmungsrechts der Völker existent war, das konsequent auf die verschiedenen Fälle angewandt wurde.

Grundlage dieses Konzeptes ist die Bestimmung der Trägerschaft. Träger des Selbstbestimmungsrechts ist jede territoriale Einheit, der in den internationalen Beziehungen ein eigener Status zukommt. Dieser soll in der folgenden Arbeit als Selbstbestimmungsstatus bezeichnet werden. Ein Selbstbestimmungsstatus liegt dann vor, wenn die Beziehung zwischen der territorialen Einheit und allen übrigen Völkerrechtssubjekten eine internationale Beziehung ist, oder eine, einer solchen internationalen Beziehung gleichkommende Beziehung ist. Eine Beziehung zwischen zwei völkerrechtlichen Subjekten ist dann international, wenn keines der Subjekte einen legalen Titel auf das Territorium des anderen erheben kann. Eine territoriale Einheit ist daher dann Träger des Selbstbestimmungsrechts, wenn kein Völkerrechtssubjekt einen legalen Titel auf das Territorium der Einheit erheben kann. Dies ist bei bestehenden Staaten immer der Fall. Aber auch die Kolonien befanden sich in einer Situation, in der, aufgrund der Illegalität des Titels der Entdeckung, kein Völkerrechtssubjekt einen legalen Titel auf ihr Koloniegebiet erheben konnte. Insofern fügt sich die Anerkennung der Trägerschaft der Kolonien am Selbstbestimmungsrecht nahtlos in das hier entwickelte Konzept ein. Nicht tRäger des Selbstbestimmungsrechts sind ethnische Völker.

Dieses Konzept bietet auch eine Lösung für die Frage, ob Gruppen, die in einem bestehenden Staat leben, Träger des Selbstbestimmungsrechts sind. Voraussetzung für die Trägerschaft ist, daß die Gruppe ein geschlossenes Siedlungsgebiet hat. Dies ergibt sich aus dem territorialen Bezug des Selbstbestimmungsrechts. Grundsätzlich kommt dem Staat, in dem sich dieses Siedlungsgebiet der Gruppe befindet, ein legaler Titel an dem Gebiet zu. Insofern liegt keine internationale Beziehung zu diesem Staat vor, und die Gruppe kann aufgrund des fehlenden Selbstbestimmungsstatus nicht Träger des Selbstbestimmungsrechts sein. Dieser Titel des Staates an dem Gebiet entfällt aber dann, wenn die Gemeinschaft des Staatsvolkes sich auflöst.

Eine solche Auflösung der Gemeinschaft liegt immer dann vor, wenn das Staatsvolk selbst diese Auflösung beschließt, es also zu einer einvernehmlichen Trennung kommt. Dies kann sowohl in der Form der einvernehmlichen Staatsauflösung, als auch in der Form der bewilligten Sezession erfolgen. Eine solche Auflösung der Gemeinschaft muß aber zumindest nach theoretischen Überlegungen auch dann angenommen werden, wenn das Staatsvolk zwar der Abspaltung einer zu ihm gehörenden Gruppe nicht zustimmt, aber gleichzeitig diese Gruppe vollkommen von der inneren Ordnung ausschließt. In einem solchen Fall wäre das Berufen auf die fehlende Zustimmung rechtsmißbräuchlich. Ein Staat, dessen Staatsvolk eine innere Ordnung wählt, die eine Gruppe ausschließt, kann seinen zuvor legalen Titel auf das Territorium in dem diese Gruppe lebt nicht ausüben, ohne daß dies rechtsmißbräuchlich wäre. Insoweit wäre die Beziehung zwischen dem Staat und der territorialen Einheit in der die Gruppe lebt, eine mit einer internationalen Beziehung gleichzustellende Beziehung. Der territorialen Einheit käme ein Selbstbestimmungsstatus zu und die dort lebenden Menschen würden dadurch zum Träger des Selbstbestimmungsrechts.

Ein Selbstbestimmungsstatus könnte sich auch aus einem Machtvakuum im Staat ergeben. Grundlage wäre die Überlegung, daß das Machtvakuum, beziehungsweise die entfallene Rechtsordnung das äußere Kennzeichen dafür ist, daß das Staatsvolk den Staat nicht erhalten will. Es liegt danach wiederum eine mehrheitliche Auflösungsentscheidung durch das Staatsvolk vor. Das Machtvakuum entsteht dadurch, daß der Staat zwar aufgelöst werden soll, die diese Entscheidung tragenden Teile des Staatsvolkes sich aber nicht über die Modalitäten einigen können und ein faktischer Zerfallsprozeß einsetzt. Sowohl für die Trägerschaft aufgrund eines Ausschlusses, als auch für die Trägerschaft aufgrund eines Machtvakuums gibt es aber bis 1990 noch keinen dies bestätigenden Fall. Allerdings könnte sich dies nach 1990 durch den Zerfall der Sowjetunion und Jugoslawiens geändert haben. Dies soll im nächsten Kapitel untersucht werden.

Die territoriale Bestimmung der Trägerschaft wird von der Anwendung des uti-possidetis-iuris-Prinzips auf den Zeitpunkt der Staatsgründung gestützt. Danach werden Verwaltungsgrenzen nach der Unabhängigkeit zu Staatsgrenzen. Die Anwendung dieses Prinzips erfolgte bisher nur auf die Kolonien. Das uti-possidetis-iuris-Prinzip unterstützt die hier beschriebene Begründung der Trägerschaft. In der heutigen Welt, in der die Erdoberfläche in Staaten aufgeteilt ist, werden sich Ansprüche auf Territorien meistens in bestehenden Grenzen äußern. Außerdem dient dieses Prinzip der Friedenssicherung, ohne die die Ausübung des Selbstbestimmungsrechts überhaupt nicht möglich wäre.

Aus der territorialen Bestimmung der Trägerschaft ergibt sich das Verbot des Ausschlusses eines Teils des Volkes von der Entscheidung über den politischen Status. Dies muß sowohl für die Bestimmung des äußeren, als auch für die Bestimmung des inneren Status gelten. Insofern bedarf es einer Trennung zwischen innerem und äußeren Selbstbestimmungsrecht nicht. Da sich das Verbot des Ausschlusses aus der territorialen Bestimmung der Trägerschaft ergibt, ist es für die Annahme einer Verletzung des Selbstbestimmungsrechts nicht entscheidend, ob eine Mehrheit oder aber eine Minderheit von der Entscheidung ausgeschlossen wird. Rechtsträger ist nicht der von der Entscheidung ausgeschlossene Teil des Volkes, sondern Rechtsträger bleibt das Volk selbst.

Inhalt des Rechtes auf Selbstbestimmung ist das Recht, seinen politischen Status frei zu bestimmen und seine wirtschaftliche, soziale und kulturelle Entwicklung frei zu verfolgen. Daraus ergibt sich zum einen das Recht, seinen äußeren Status frei zu bestimmen, sei es nun die Errichtung eines unabhängigen Staates, die freie Vereinigung mit einem freien Staat oder aber die Eingliederung in einen solchen oder jeder andere Status.

Zum anderen ist Inhalt des Selbstbestimmungsrechts auch die freie Bestimmung der inneren Ordnung. Das Volk hat das Recht, sich frei für eine Staatsform zu entscheiden. Daraus ergibt sich auch ein Recht auf Demokratie. Aber die Demokratie ist nicht die nach dem Selbstbestimmungsrecht einzig zulässige Staatsform. Das bedeutet, daß das Volk zwar das Recht hat, sich demokratisch zu organisieren, muß dies aber nicht. Eine Pflicht zur Demokratie gibt es daher nicht.

Allerdings stellt sich die Frage nach der Umsetzung des Selbstbestimmungsrechts. Insoweit hat sich aber bis 1990 keine Völkerrechtspraxis entwickelt, nach der ein Plebiszit oder demokratische Wahlen Voraussetzung für eine wirksame Willensermittlung wären. Zwar stellen der IGH und die FRD insoweit auf eine freie und authentische Willensäußerung ab, dies hat aber keine praktische Anwendung erfahren.

D. Entwicklung nach 1990

Die völkerrechtlichen Entwicklungen nach 1990 müßten das im ersten Teil der Arbeit entwickelte Selbstbestimmungskonzept aber auch stützen. Von besonderem Interesse ist, ob die These von dem originären Erwerb der Trägerschaft am Selbstbestimmungsrecht innerstaatlicher Gruppen durch Ausschluß durch das Staatsvolk oder faktische Auflösung des Staatsvolkes bestätigt wird. Ein diese These unterstützender multilateraler Vertrag wurde nach 1990 nicht abgeschlossen. Vielmehr ist die Entwicklung des Selbstbestimmungsrechtes nach 1990 geprägt durch den Zusammenbruch des Kommunismus und den Zerfall des Warschauer Paktes sowie eines Teils seiner Mitgliedsstaaten. Neben Eritrea (dessen Sezession bereits im ersten Teil der Arbeit dargestellt wurde) und der Tschechoslowakei sind die Auflösung der Sowjetunion und der Zerfall Jugoslawiens von besonderer Bedeutung. 1991 wurde die UdSSR mit der Gründung der GUS aufgelöst. Zuvor hatten sich bereits die baltischen Staaten, Estland, Lettland und Litauen, für von der UdSSR unabhängig erklärt. Mit dem Dayton Abkommen wurde auch die Auflösung Jugoslawiens endgültig. Seit dem 1. Januar 1993 ist die Auflösung der Tschechoslowakei wirksam und Eritrea wurde 1993 nach einem im gleichen Jahr abgehaltenen Referendum über die Sezession von Äthiopien unabhängig. Die sich neu konstituierenden Staaten haben wiederholt erklärt, daß sie ein Recht zur Unabhängigkeit aus dem Selbstbestimmungsrecht der Völker herleiten würden. Wie aber gerade gezeigt worden ist, hat ein solches Recht auf Loslösung von einem bestehenden Staat für eine innerhalb dieses Staates lebende Gruppe vor 1990 nicht nachweisbar bestanden. Trotzdem hat die Staatengemeinschaft die neuen Staaten anerkannt. Insofern stellt sich die Frage, ob diese Anerkennung die bloße Anerkennung von Fakten darstellt oder ob sie als Schaffung eines Rechtes auf Selbstbestimmung für innerstaatliche Gruppen in Form der Sezession zu werten ist. Sollte dies der Fall sein, könnte sich in den Anerkennungen und der Beschäftigung der Staatengemeinschaft mit dem Zerfall die Bestätigung des hier entwickelten Konzeptes des Selbstbestimmungsrechts der Völker manifestiert haben. Insoweit wäre nachzuweisen, daß es im Verhältnis zwischen den Teilen der Sowjetunion, Jugoslawiens und der Tschechoslowakei zu einer das Selbstbestimmungsrecht begründenden Internationalisierung gekommen ist, so daß sich daraus ein Selbstbestimmungsstatus ergab. Sollte eine solche Internationalisierung nachzuweisen sein, wäre die Grundlage für diese von besonderem Interesse. In dem Zerfall der Staaten könnte ein Beweis dafür liegen, daß das Staatsvolk ein Recht darauf hat, sich aufzulösen. Außerdem könnte dadurch die These bewiesen werden, daß der Ausschluß eines Teils der Bevölkerung aus der Gemeinschaft, beziehungsweise ein im Staat auftretender faktischer Zerfall des Staatsvolkes, zu einer originären Begründung der Trägerschaft des Selbstbestimmungsrechts führt. Wäre dies der Fall, hätte die Staatengemeinschaft das Selbstbestimmungsrecht dahingehend erweitert, daß Träger des Selbstbestimmungsrechts auch Gruppen sein können, die Teil eines bestehenden Staates sind, und daß diesen Gruppen auch das Recht auf Sezession zusteht.

Die Reihenfolge der Darstellung der Auflösungsprozesse in den einzelnen Staaten soll sich dabei nicht an der tatsächlichen zeitlichen Abfolge orientieren, sondern am Konzeptaufbau. Grundlage der Annahme, daß innerstaatliche Gruppen Träger des Selbstbestimmungsrechts werden können, ist die These, daß das Staatsvolk das Recht hat, sich aufzulösen. Daher soll zunächst die Auflösung der Tschechoslowakei dargestellt werden, da diese Auflösungen die Grundthese von der Berechtigung zur einvernehmlichen Staatsauflösung durch das Staatsvolk bestätigen. Dem schließt sich die Darstellung der Auflösung der Sowjetunion und des Zerfalls Jugoslawiens an. Meiner Ansicht nach kann die Reaktion der Staatengemeinschaft auf die Auflösung der UdSSR und den Zerfall Jugoslawiens nur vor dem Hintergrund der Entstehungsgeschichten der beiden Länder richtig eingeordnet werden. Daher soll die Entstehungsgeschichte beider Staaten dargestellt werden. Anschließend wird die Geschichte des Zerfalls beleuchtet. Daran schließt sich die Reaktion der Staatengemeinschaft an, die dann auf die Frage nach der Anerkennung innerstaatlicher Gruppen als Träger des Selbstbestimmungsrechts hin untersucht werden soll. Zu beachten wird auch die innerstaatliche Regelung der Sezession in beiden Staaten sein. In beiden Staaten wird das Sezessionsrecht in der Verfassung erwähnt. Die Reaktion der Staatengemeinschaft muß also daraufhin untersucht werden, ob sie sich auch oder ausschließlich auf ein national garantiertes Selbstbestimmungsrecht bezieht.

Bevor auf die Auflösung der Staaten eingegangen wird, soll aber aufgrund ihrer großen Bedeutung die völkerrechtliche Anerkennung dargestellt werden.

I. Die völkerrechtliche Anerkennung

Da das Selbstbestimmungsrecht der Völker nach 1990 nicht in einem multilateralen Vertrag behandelt wurde, kann sich eine Bestätigung oder eine Nichtbestätigung der These von der originären Begründung der Trägerschaft am Selbstbestimmungsrecht durch Auflösung der Gemeinschaft lediglich aus dem Gewohnheitsrecht und damit aus dem Verhalten der Staaten ergeben. Nur aus dem Verhalten der Staaten kann auf eine Rechtsüberzeugung geschlossen werden, die notwendig ist, um Gewohnheitsrecht zu schaffen und zu bestätigen. Die hier zu untersuchende Frage ist, ob es die Staatengemeinschaft anerkannt hat, daß Gruppen, die innerhalb eines bestehenden Staates leben, zu Trägern des Selbstbestimmungsrechts der Völker werden, soweit sich die Gemeinschaft des Staatsvolkes auflöst. Bei der Auflösung der Gemeinschaft befinden sich innerstaatliche Gruppen, die als Träger des Selbstbestimmungsrechts in Frage kommen, in einer Situation, in der sie regelmäßig nicht mehr Teil des Staates sein wollen. Insofern wirkt sich ein ihnen zugestandenes Selbstbestimmungsrecht vor allem als äußeres Selbstbestimmungsrecht, also als Recht auf die freie Bestimmung des äußeren Status und damit als Sezessionsrecht, aus. Die Staatengemeinschaft ist mit der Absicht der Gründung neuer Staaten konfrontiert. Die Rechtsüberzeugung der Staaten über eine bestehende Trägerschaft am Selbstbestimmungsrecht dieser Gruppen wird sich vor allem in der Reaktion auf die Staatsgründungswünsche auswirken.

Von besonderer Bedeutung ist dabei die völkerrechtliche Anerkennung der sich neu gründenden Staaten. Grundsätzlich ist die Anerkennung von Staaten nach heute herrschender Überzeugung deklaratorischer Art und bedeutet lediglich, daß der anerkennende Staat durch eine Willenserklärung zum Ausdruck bringt, daß der anerkannte Staat die Kriterien der Staatlichkeit, also Staatsgebiet, Staatsvolk und effektive Staatsgewalt, nach Meinung des anerkennenden Staates dauerhaft erfüllt. Die Anerkennung ist insoweit ein dokumentierender Akt.[658]

Problematisch ist die Anerkennung aber in dem Fall, in dem sich das anzuerkennende Staatsgebilde von einem bestehenden Staat abspaltet. Zwar ist auch bei der Abspaltung davon auszugehen, daß eine Anerkennung des Spaltgebildes erfolgen darf, wenn nachgewiesen ist, daß ein Staatsgebiet, ein Staatsvolk und eine effektive Staatsgewalt **dauerhaft** bestehen. Als problematisch erweist sich aber das Kriterium der Dauerhaftigkeit. Im Fall der Abspaltung kann von einer dauerhaften Staatsgründung nur dann ausgegangen werden, wenn der „Gesamtstaat" seinen Herrschaftsanspruch aufgegeben hat, der Abspaltung mithin zustimmt, oder aber wenn der Gesamtstaat unter keinen denkbaren Umständen mehr in der Lage ist, seinen Hoheitsanspruch auf das Gebiet durchzusetzen.[659] Daß hierbei auf den Herrschaftsanspruch des Gesamtstaates abgestellt wird, ist damit zu begründen, daß es einem Staat mit seinem Machtpotential regelmäßig möglich sein wird, diesen Herrschaftsanspruch im Endeffekt durchzusetzen. Durch diese strengen Anforderungen wird verhindert, daß ein Gebilde als Staat anerkannt wird, obwohl die effektive Staatsgewalt noch zwischen dem neuen Gebilde und dem alten Gesamtstaat wechselt. Insofern unterstützt die Anerkennungspraxis den territorialen Bestand der Staaten. Die Rechtsfolge der völkerrechtlichen Anerkennung ist nach der deklaratorischen Theorie nicht die, daß der anerkannte Staat erst ein Staat wird.[660] Die Anerkennung hat keinen konstitutiven Charakter. Allerdings bedeutet die Anerkennung als Staat, daß der anerkennende Staat die sich aus der Staatsqualität des anderen Staates ergebenden völkerrechtlichen Konsequenzen für das Verhältnis zwischen den beiden Gebilden anerkennt.[661] Die Anerkennung klärt daher in erster Linie das bilaterale Ver-

---

[658] Oeter, Selbstbestimmungsrecht im Wandel, ZaöRV Bd. 52 (1992), S. 741 (767).

[659] Oeter, Selbstbestimmungsrecht im Wandel, ZaöRV Bd. 52 (1992), S. 741 (767).

[660] Gloria, Die völkerrechtliche Anerkennung, in: Ipsen (Hrsg.), Völkerrecht, Kapitel 5, § 22, Rdnr. 31.

[661] Gloria, Die völkerrechtliche Anerkennung, in: Ipsen (Hrsg.), Völkerrecht, Kapitel 5, § 22, Rdnr. 1.

hältnis. Eine Anerkennung eines Spaltgebildes als Staat, die ausgesprochen wird, bevor die Zustimmung des Gesamtstaates vorliegt, oder es tatsächlich keine denkbare Möglichkeit mehr gibt, daß der Gesamtstaat seinen Herrschaftsanspruch durchsetzt, greift in einen Konflikt zwischen dem Gesamtstaat und einem bisher zu seinem Hoheitsgebiet gehörenden Staatsteil ein. Ein Konflikt zwischen einer innerstaatlichen Gruppe und dem Staat selbst ist aber regelmäßig ein innerer Konflikt und damit eine innere Angelegenheit des Gesamtstaates. Durch die erstrebte Abspaltung des Staatsteils vom Gesamtstaat würde dessen Staatsgebiet verkleinert. Die Anerkennung erkennt diese Staatsverkleinerung mittelbar als real an. Sie stellt daher grundsätzlich eine Verletzung der Souveränitätsrechte des Gesamtstaates als Verstoß gegen das Interventionsverbot dar, soweit die Staatswerdung nicht abgeschlossen ist.[662] Eine solche Anerkennung wird als (völkerrechtswidrige) **vorzeitige Anerkennung** bezeichnet.[663]

Von der völkerrechtswidrigen vorzeitigen Anerkennung ist die **frühzeitige Anerkennung** zu unterscheiden.[664] Eine frühzeitige Anerkennung ist eine Anerkennung, die erfolgt, bevor die drei Staatskriterien unzweifelhaft und dauerhaft vorliegen, die aber trotzdem keine Rechte eines anderen Staates verletzt. Ausgangspunkt für die Überlegungen von der rechtmäßigen frühzeitigen Anerkennung sind die Fälle, in denen eine Anerkennung nach dem oben dargestellten immer als völkerrechtsgemäß anerkannt war. Im Fall des dauerhaften Verlustes der effektiven Staatsgewalt des Gesamtstaates über das Teilgebiet handelt es sich bei einer Anerkennung nicht um eine verbotene Intervention, da das Gebiet faktisch nicht mehr zum Gesamtstaat gehört und es nicht zu erwarten ist, daß es jemals wieder zum Gesamtstaat gehören wird. Das ehemalige Teilgebiet stellt tatsächlich einen Staat dar. Eine innere Angelegenheit kann daher nicht mehr vorliegen. Durch die faktische Auflösung der früheren Gemeinschaft besteht ein neuer Selbstbestimmungsrechtsträger. Der Gesamtstaat hat keine Souveränität über das Gebiet mehr, daher können seine Souveränitätsrechte durch die Anerkennung nicht verletzt sein.

Im Fall der Zustimmung des Gesamtstaates liegt in einer Anerkennung kein Verstoß gegen das Interventionsverbot vor, da der Gesamtstaat der Internationalisierung des Verhältnisses zwischen seinem früheren Teilgebiet und der Staatengemeinschaft zugestimmt hat. Er hat auf diesen Teil seines früheren Staatsgebietes verzichtet. Auf das Selbstbestimmungsrecht bezogen bedeutet dies, daß

---

662 Oeter, Selbstbestimmungsrecht im Wandel, ZaöRV Bd. 52 (1992), S. 741 (766 f.).

663 Gloria, Die völkerrechtliche Anerkennung, in: Ipsen (Hrsg.), Völkerrecht, Kapitel 5, § 22, Rdnr. 33.

664 Oeter, Selbstbestimmungsrecht im Wandel, ZaöRV Bd. 52 (1992), S. 741 (767), der mit anderen Argumenten ebenfalls von der Völkerrechtsmäßigkeit der frühzeitigen Anerkennung ausgeht

das Staatsvolk sein Recht wahrgenommen hat, seinen äußeren Status dahingehend zu bestimmen, daß es das frühere Staatsgebiet aufteilt und die Gemeinschaft auflöst. Es entstehen neue Selbstbestimmungsrechtsträger als Staatsvölker. Daher kann eine Anerkennung, die erfolgt, bevor der neue Staat gegründet ist, den Gesamtstaat nicht in seinen Rechten verletzen. Es liegt eine frühzeitige (nicht völkerrechtswidrige) Anerkennung vor.

Nach dem im ersten Teil erarbeiteten Selbstbestimmungskonzept gibt es aber einen weiteren Fall, in dem die Anerkennung eines sich abspaltenden Staatsteils als Staat keine Verletzung der Rechte des Gesamtstaates darstellt, obwohl die Staatswerdung noch nicht abgeschlossen ist. Auch in dem Fall stehen dem Gesamtstaat keine Rechte bezüglich des fraglichen Gebietes zu. Gemäß des im ersten Teil der Arbeit entwickelten Konzeptes können innerstaatliche Gruppen unter bestimmten Voraussetzungen unabhängig vom Staatsvolk Träger des Selbstbestimmungsrechts sein. Dies ist der Fall, wenn es zu einer Auflösung der Gemeinschaft kommt. In einem solchen Fall erlangt der Staatsteil ein Selbstbestimmungsrecht aufgrund der Internationalisierung des Verhältnisses zwischen ihm und dem Gesamtstaat. Der Gesamtstaat hat, wie für die Kolonien anerkannt ist, keinen legalen Titel auf das Gebiet mehr. Wenn dem Gesamtstaat aber kein legaler Titel bezüglich des Gebietes zusteht, kommt ihm auch keine Souveränität über das Gebiet zu und ihn kann eine Anerkennung dieses Gebietes als Staat nicht in seinen Rechten verletzen. Das Verbot der Intervention in die inneren Angelegenheiten ist nicht verletzt, da das Verhältnis des Gesamtstaates zu dem Gebiet keine innere Angelegenheit ist. Diese Bewertung deckt sich auch damit, daß der betroffenen Bevölkerung ein völkerrechtliches Recht zukommt. Die Anerkennung der Umsetzung dieses Rechtes kann nicht völkerrechtswidrig sein.

Ein erstes Indiz für die Richtigkeit der These von der völkerrechtsmäßigen frühzeitigen Anerkennung ist die weitgehende Anerkennung des „Palästinenserstaates“. Nachdem Jordanien am 31.7.1988 auf den von Israel besetzten Teil Palästinas zugunsten der PLO verzichtet hatte, rief diese am 15.11.1988 einen eigenen Staat aus. Dieser „Staat“ wurde mittlerweile von zwei Dritteln der Staaten der Erde anerkannt, obwohl unzweifelhaft Israel die Hoheitsgewalt über dieses Gebiet ausübt. Einen palästinensischen Staat gibt es mangels effektiver Staatsgewalt noch nicht.[665] Es ist aber davon auszugehen, daß die anerkennenden Staaten nicht völkerrechtswidrig handeln wollten. Vielmehr haben sie mit der Anerkennung nicht in ein Recht Israels eingegriffen, weil den Palästinensern

[665] Dies wird von den anerkennenden Staaten auch nicht behauptet, wie sich auch aus der Sicherheitsratsresolution 1397 (2002) ergibt. In dieser heißt es: „Affirming a **vision** of a region where two States, Israel and Palestine, live side by side within secure and recognized borders, . . .” Damit wird das Recht der Palästinenser auf einen eigenen Staat bestärkt, aber auch gleichzeitig deutlich, daß dieser Staat eine Vision aber eben noch nicht Realität ist.

dieser Gebiete ein Selbstbestimmungsrecht zukommt.[666] Zu beachten bleibt aber, daß die Anerkennung des Palästinenserstaates nicht gleichzeitig eine Bestätigung des Rechtes von innerstaatlichen Gruppen ist. Israel ist durch die Staatengemeinschaft niemals ein Recht auf die von ihm besetzten palästinensischen Gebieten zuerkannt worden. Den Palästinensern kommt das Selbstbestimmungsrecht aus dem Entkolonialisierungszusammenhang zu.[667]

Festzuhalten bleibt, daß eine Anerkennung eines Staatsteils als unabhängiger Staat, soll sie nicht völkerrechtswidrig sein, nur erfolgen darf, sofern der Gesamtstaat, zu dessen Staatsgebiet der anzuerkennende Staat gehörte, der Abspaltung zustimmt, der Gesamtstaat dauerhaft seinen Anspruch auf das Gebiet nicht durchsetzen kann und eine neue effektive Staatsgewalt besteht, oder aber der Gesamtstaat selbst keinen legalen Titel auf das Gebiet (mehr) hat.

---

666 Siehe Seite 162 ff.

667 Seite 170 ff. Daß die Bewohner der Westbank und des Gazastreifens Träger des Selbstbestimmungsrechts der Völker sind, ist auch die Grundlage für die Anerkennung der PLO durch die VN und verschiedener Staaten. Österreich erkannte die PLO am 13.3.1980 an. In der Anerkennungserklärung bezeichnete der österreichische Bundeskanzler die Anerkennung als eine „diplomatische Anerkennung". Man erkenne ein Volk ohne Staat und Land und das Recht dieses Volkes auf einen eigenen Staat an (Gloria, Die völkerrechtliche Anerkennung, in: Ipsen (Hrsg.), Völkerrecht, Kapitel 5, § 22, Rdnr. 33).

II. Auflösung der Tschechoslowakei und Sezession Eritreas

Mit der Auflösung der Tschechoslowakei und der Sezession Eritreas von Äthiopien und der Anerkennung der neuen Staaten durch die Staatengemeinschaft hat sich bestätigt, daß die Staatengemeinschaft ein Recht des Staatsvolkes sich aufzugliedern anerkennt.

Die Sezession Eritreas wurde insoweit bereits im ersten Teil dargestellt.[668]

---

668 Seite 150 ff.

1. Auflösung der Tschechoslowakei

Am 1.1.1993 wurde die Teilung der Tschechoslowakei in die Slowakei und die Tschechische Republik vollzogen. Die Tschechoslowakei wurde dadurch endgültig aufgelöst. Diese Auflösung stellte sich als friedliche und freiwillige Auflösung des Bundesstaates durch seine Bestandteile, der Tschechischen und der Slowakischen Republik, dar.[669] Die Auflösung wurde von der Staatengemeinschaft akzeptiert.

In der Tschechoslowakei brach 1989 das kommunistische System zusammen. Seit dem trat auch die Nationalitätenfrage zwischen Tschechen und Slowaken erneut hervor.[670] Dieser Konflikt stellte sich vor allem als wirtschaftlicher Konflikt zwischen den diese ethnischen Gruppen vertretenden Teilrepubliken dar. Bereits zur Staatsgründung 1918 waren die wirtschaftlichen Verhältnisse zwischen dem tschechischen und dem slowakischen Teil sehr verschieden. Während der tschechische Teil ein hochindustrialisiertes Land mit gutem Bildungsniveau darstellte,[671] waren die slowakischen Gebiete agrarisch geprägt und industriell rückständig.[672] Der Staat wurde zentral von Prag aus verwaltet. Eine slowakische Autonomie gab es nicht.[673] Die Tschechen nahmen selbst in den slowakischen Gebieten den Großteil der Verwaltungs- und Wirtschaftsstellen ein.[674] Zwar profitierten die slowakischen Gebiete von dem Kapitalfluß aus dem anderen Teil des Landes. Trotzdem blieb ein Gefühl des Zurückgesetztseins der Slowaken und auf Seiten der Tschechen ein gewisses Überlegenheitsgefühl.[675] Unter der kommunistischen Herrschaft wurde die Slowakei als gleichberechtigte Republik konstituiert.[676] Auch wenn in der gleichen Zeit eine Annäherung erfolgte, wurde ein wirtschaftlicher Ausgleich zwischen den Landesteilen nicht erreicht.[677] Dadurch wurde die Slowakei von der nach 1990 einsetzenden wirtschaftlichen

669 Fawn, The Czech Republic, S. 35.

670 Prihoda, Mutual Perceptions In Czech-Slovak Relationships, in: Musil (Hrsg.), The End of Czechoslovakia, S. 128 (136).

671 Schönfelder, Die Auflösung der Tschechoslowakei, EA Bd. 48 I (1993), Beiträge und Berichte, S. 228 (230).

672 Prucha, Economic Development And Relations 1918-89, in: Musil (Hrsg.), The End of Czechoslovakia, S. 40 (42 ff.; 49 ff.).

673 Prihoda, Mutual Perceptions In Czech-Slovak Relationships, in: Musil (Hrsg.), The End of Czechoslovakia, S. 128 (134).

674 Schönfelder, Die Auflösung der Tschechoslowakei, EA Bd. 48 I (1993), Beiträge und Berichte, S. 228 (230).

675 Über die Hintergründe und Entwicklungen: Prihoda, Mutual Perceptions In Czech-Slovak Relationships, in: Musil (Hrsg.), The End of Czechoslovakia, S. 128 (131 ff.).

676 Rychlik, From Autonomy To Federation, 1938-68, in: Musil (Hrsg.), The End of Czechoslovakia, S. 180 ff.

677 Suda, Slovakia In Czech National Consciousness, in: Musil (Hrsg.), The End of Czechoslovakia, S. 106 (122).

Liberalisierung besonders hart getroffen. Die Arbeitslosenquote betrug 1992 in der Slowakei über 10 Prozent,[678] während sie in Tschechien nur 2,5 Prozent aufwies.[679] Fast 9/10 der ausländischen Direktinvestitionen seit 1990 flossen in die Tschechei. Die Tschechen hatten das Gefühl, die Slowaken seien ein Hindernis in ihrer wirtschaftlichen Entwicklung. Dagegen hatten die Slowaken den Eindruck, die sozialen Kosten der zentralen Wirtschaftspolitik alleine zu tragen.[680] Die Tschechen wollten die Liberalisierung und Entstaatlichung vorantreiben,[681] wohingegen die slowakischen Politiker eine verlangsamte Entstaatlichung der slowakischen Wirtschaft anstrebten.[682]

Dieser wirtschaftliche Konflikt und insbesondere die Ängste auf beiden Seiten äußerten sich 1990 in einer Verfassungskrise.[683] In dieser konnte keine Einigung über die Ausgestaltung des Bund-Länder-Verhältnisses in den zukünftigen Verfassungen des Bundes und der beiden Republiken gefunden werden. Während die tschechischen Abgeordneten einen starken Bund erhalten wollten, zielten die slowakischen Abgeordneten auf eine möglichst starke Kompetenzverschiebung hin zu den Republiken ab.[684] In den Wahlen 1992 gewannen sowohl in der Tschechischen Republik mit Vaclav Klaus als auch in der Slowakischen Republik mit Vladimir Meciar Nationalisten die Wahl.[685] Bei den Verhandlungen

---

678 Goldman, Slovakia Since Independence, S. 27.

679 Schönfelder, Die Auflösung der Tschechoslowakei, EA Bd. 48 I (1993), Beiträge und Berichte, S. 228 (235).

680 Pithart, Towards A Shared Freedom 1968-89, in: Musil (Hrsg.), The End of Czechoslovakia, S. 201 (222). Zu dem jeweils gegenseitig bestehenden Gefühl benachteiligt zu werden: Wolchik, The Politics Of Transition And The Break-Up Of Czechoslovakia, in: Musil (Hrsg.), The End of Czechoslovakia, S. 225 (231).

681 Schönfelder, Die Auflösung der Tschechoslowakei, EA Bd. 48 I (1993), Beiträge und Berichte, S. 228 (234).

682 Prihoda, Mutual Perceptions In Czech-Slovak Relationships, in: Musil (Hrsg.), The End of Czechoslovakia, S. 128 (136).

683 Wobei es bereits bei der Namensgebung nach dem Zusammenbruch des Kommunismus zu schweren Auseinandersetzungen zwischen tschechischen und slowakischen Abgeordneten gekommen war. Dieser konnte nur dadurch gelöst werden, daß die beiden Republiken nicht durch einen Bindestrich im Namen verbunden wurden. So hieß die Tschechoslowakei dann „Tschische und Slowakische Föderative Republik" (Schönfelder, Die Auflösung der Tschechoslowakei, EA Bd. 48 I (1993), Beiträge und Berichte, S. 228 (233)).

684 Zak, The Velvet Divorce, in: Musil (Hrsg.), The End of Czechoslovakia, S. 244 (247 f.); Schönfelder, Die Auflösung der Tschechoslowakei, EA Bd. 48 I (1993), Beiträge und Berichte, S. 228 (234). Dieser Konflikt über die Stellung der Teilgebiete bestand schon bei der Staatsgründung. Rychlik, National Consciousness And The Common State, in: Musil (Hrsg.), The End of Czechoslovakia, S. 97 (102 f.); Skalnik Leff, National Conflict In Czechoslovakia.

685 Fawn, The Czech Republic, S. 32 ff., darüber, daß die meisten Wähler im Endeffekt den Staat erhalten wollten, allerdings unter Änderungen.

beider Politiker über die Bildung einer Bundesregierung schloß Klaus die Bildung einer von Meciar geforderten Konföderation aus.[686] Daraufhin erklärte das slowakische Parlament die Slowakei am 17.7.1992 zum souveränen Staat.[687] Beide Republiken verabschiedeten ihre neuen Verfassungen und einigten sich über die Modalitäten der Auflösung der Tschechoslowakei.[688] Der Teilungsplan wurde am 25.11.1992 von der Bundesversammlung ratifiziert. Die Tschechoslowakei hörte am Ende des Jahres 1992 auf zu bestehen.

Ein Referendum über die Auflösung hat nicht stattgefunden.[689] Auch wenn die Bevölkerung die Tschechoslowakei mehrheitlich nicht in der alten Form erhalten wollte, wird es verschiedentlich als fraglich angesehen, ob sich für eine Auflösung tatsächlich eine Mehrheit gefunden hätte.[690] Allerdings wurde die Teilung von Politikern vorgenommen, die gerade erst in demokratischen Wahlen von der Bevölkerung gewählt worden waren und sich in diesen Wahlen gegen nicht nationalistische Kandidaten durchgesetzt hatten. Insofern kann grundsätzlich von einer Auflösung durch das Staatsvolk ausgegangen werden.

---

686 Schönfelder, Die Auflösung der Tschechoslowakei, EA Bd. 48 I (1993), Beiträge und Berichte, S. 228 (235).

687 Zak, The Velvet Divorce, in: Musil (Hrsg.), The End of Czechoslovakia, S. 244 (264).

688 Die endgültige Lösung sah wie folgt aus: Das Verhältnis und die Verbindlichkeiten der untergehenden Föderation wurden nach dem Territorialprinzip (jeder bekommt, was auf seinem Staatsgebiet liegt) oder, wo das nicht möglich war, im Bevölkerungsverhältnis 2:1 aufgeteilt. Beiden Staaten sollte eine enge Zusammenarbeit und ein hohes Integrationsniveau gesichert werden. Die Partner vereinbarten freien Personenverkehr und freie Zulassung zum anderen Arbeitsmarkt. Sie beschlossen eine Zollunion und eine gemeinsame Zoll- und Handelspolitik gegenüber Drittstaaten (Schönfelder, Die Auflösung der Tschechoslowakei, EA Bd. 48 I (1993), Beiträge und Berichte, S. 228 (236).

689 Suda, Slovakia in Czech National Consciousness, in: Musil (Hrsg.), The End of Czechoslovakia, S. 106 (122); Zak, The Velvet Divorce, in: Musil (Hrsg.), The End of Czechoslovakia, S. 244 (262 f.).

690 Fawn, The Czech Republic, S. 32 ff.

2. *Ergebnis*

Die Staatengemeinschaft hat die neuen Staaten anerkannt und in die VN aufgenommen. Einen Widerspruch gab es nicht. Durch dieses Verhalten haben die Staaten den Inhalt des Selbstbestimmungsrechts dahingehend konkretisiert, daß sich das Staatsvolk selbst auflösen kann. An diesen Fällen zeigt sich, daß ein Plebiszit unter der gesamten Bevölkerung grundsätzlich nicht notwendig ist. Vielmehr haben die Staaten scheinbar auch hier die bereits in der Kolonialisierung angewendete Vermutung gelten lassen, daß eine demokratisch gewählte Regierung oder eine seit langem mit großer Unterstützung kämpfende Befreiungsbewegung den Willen der Bevölkerung repräsentiert. Ein Recht auf eine Ermittlung des Willens der Bevölkerung durch Plebiszit haben die Staaten in diesen Fällen nicht bestätigt.

III. Sowjetunion

Bei der Bearbeitung der Frage, ob die Staatengemeinschaft nach 1990 die Möglichkeit anerkannt hat, daß auch innerstaatliche Gruppen Träger des Selbstbestimmungsrechts sein können, spielt die Auflösung der UdSSR eine wichtige Rolle. Daher soll nach der Entstehung der Sowjetunion die Geschichte des Zerfalls und die Sezessionswünsche anderer Gebietseinheiten, sowie die darauf erfolgte Staatenreaktion dargestellt werden. Abschließend wird diese Staatenreaktion auf ihren Aussagegehalt bezüglich des Selbstbestimmungsrechts untersucht.

1. Entstehung der Sowjetunion

a) Das russische Reich und dessen Zerfall

Als die Sowjetunion 1991 zerbrach, war sie ein Vielvölkerstaat. Die UdSSR umfaßte in etwa das Territorium des ehemaligen russischen Zarenreiches und wurde als dessen Nachfolgestaat angesehen. Das russische Reich war ein für die Zeit um 1900 typisches imperiales Großreich. Während die europäischen Länder allerdings Kolonien in Übersee gründeten, eroberte Rußland die an seine Grenze anschließenden Territorien, wie Sibirien, das Tatarenland, den Kaukasus und Zentralasien. Das riesige Reich war rein zentralistisch organisiert. Staatsrechtlich ging man von einem einheitlichen und unteilbaren Rußland aus, zu dem alle eroberten Gebiete zählten.[691] Aus diesem Grund wurde jegliche Art der Autonomie oder gar Föderation abgelehnt, obwohl sich seit Mitte des 19. Jahrhunderts in den Provinzen ein Nationalbewußtsein bildete und die nichtrussische Bevölkerung 1897 circa 55 % der Gesamtbevölkerung ausmachte.[692] Ausgelöst durch Bauernunruhen und das Erwachen der politischen Opposition, fürchteten die Zaren bei einem Übergreifen dieser Bewegungen auf die Provinzen um die imperialistische Großmachtstellung in Europa und die verteidigungstechnisch wichtigen Gebiete. Verstärkt durch ein nationalrussisches Überlegenheitsgefühl wurde eine massive Russifizierungskampagne eingeleitet. Sprache und Religion der nichtrussischen Völker wurden unterdrückt.[693] Diese Maßnahmen führten nicht zu einer Integration, vielmehr bildete sich ein zunächst nach Autonomie strebender Nationalismus, der in der Revolution von 1905 eine wichtige Rolle spielte. In der Revolution verbanden sich die wirtschaftlich bedingten Proteste mit einer nationalen, antirussischen Stimmung.[694] Allerdings führte die Revolution von 1905 nicht zu einer Anerkennung nationaler Rechte.

---

691 Meissner, Entstehung, Fortentwicklung und ideologische Grundlagen des sowjetischen Bundesstaates, Osteuropa Bd. 22 (1972), S. 869 (870).

692 Thompson, A Vision Unfulfilled, S. 28.

693 Figes, Die Tragödie eines Volkes, S. 96.

694 Thompson, A Vision Unfulfilled, S. 66.

Nach der Februarrevolution 1917 verlor die provisorische Regierung die Kontrolle über die nichtrussischen Gebiete. Nach der Oktoberrevolution wurde dann am 15.11.1917 die „Deklaration über die Rechte der Völker Rußlands“ erlassen. In ihr garantierten die neuen bolschewistischen Machthaber das Recht der Völker Rußlands auf Selbstbestimmung, einschließlich des Rechts auf eine selbständige Staatsgründung. Sie reagierten damit auf den Zerfallsprozeß, der aufgrund des Ersten Weltkrieges und des Bürgerkrieges nicht mehr zu kontrollieren war. Bis 1918 deklarierten die meisten Provinzen mit einer nichtrussischen Bevölkerungsmehrheit ihre Unabhängigkeit: Estland war durch die provisorische Regierung ein autonomer Status im Juli 1917 eingeräumt worden. Am 28.11.1917 erklärte der Estnische Volkstag die Unabhängigkeit. Lettland erklärte seine Unabhängigkeit am 16.11.1917, Litauen 1917, Georgien am 22.11.1917, Finnland am 6.12.1917, die Ukraine am 22.1.1918, die Moldauische Volksrepublik im Februar 1918, die Weißrussische Volksrepublik am 25.3.1918, die Turkestanische Föderative Republik im April 1918, Armenien am 26.5.1918, Aserbaidshan am 28.5.1918 (nachdem die zwischen Georgien, Aserbaidshan und Armenien im April 1918 gegründete Transkaukasische Föderative Republik aufgelöst worden war[695]). Weitere Unabhängigkeitserklärungen erfolgten für die Demokratische Republik Krim, für die Republik der Don-Kosaken, die tatarische Republik Idel-Ural, die Baschkirische Demokratische Republik, den Staat der kirgisischen Alasch-Orda und für die islamische Republik Kokand.[696] Die meisten dieser Gebilde konnten ihre Unabhängigkeit nicht durchsetzen und traten schon vor der Gründung der UdSSR völkerrechtlich nicht in Erscheinung.

Dies gilt nicht für Finnland, Estland, Lettland und Litauen, die Ukraine, Georgien, Aserbaidshan und Armenien. Diese Staaten haben ihre Unabhängigkeit zunächst durchgesetzt und wurden von Rußland offiziell als Staaten anerkannt. Nachdem die Bolschewisten die Konstituierende Versammlung am 5.1.1918 aufgelöst hatten, weil diese die Räterepublik nicht automatisch als Staatsform anerkennen wollte, wurde deren Aufgabe durch den III. Allrussischen Kongreß der Arbeiter- und Soldatendeputierten übernommen. Dieser rief am 25.1.1918 die Russische Sozialistische Föderative Sowjetrepublik (RSFSR) aus. Diese beanspruchte das zentralrussische Gebiet als Staatsgebiet, gliederte allerdings viele der kleineren im Zuge der Revolution abgefallenen Gebiete, insbesondere im asiatischen Raum, wieder in ihr Staatsgebiet ein. So

695 Diese ist von der später gegründeten Transkaukasischen Sowjetrepublik zu unterscheiden. Die Transkaukasische Föderative Republik wurde vor allem auf Betreiben Georgiens gegründet. Sie war vor allem ein Bündnis das die befürchtete türkische Eroberung des transkaukasischen Raumes verhindern sollte. Immerhin schafften es die Türken mehr als die Hälfte Aserbaidshans zu erobern. Nachdem aber klar wurde, daß die Türken nicht den ganzen Raum annektieren wollten, wurde dieses Bündnis in unabhängige Staaten aufgelöst. Thompson, A Vision Unfulfilled, S. 171.

696 Arnold, Die nationalen Gebietseinheiten der Sowjetunion, S. 21, 23.

beendeten die Bolschewiki die als „Alscha Orda“ bekanntgewordene Autonomie Kasachstans und schufen im August 1920 die Kirgisische Autonome Republik als Bestandteil der RSFSR.[697] Bereits Ende 1918 wurde Turkestan als Autonome Sowjetrepublik Turkestan in die RSFSR eingegliedert. Aus dieser und den 1923/24 annektierten Volksrepubliken Buchara[698] und Chiwa/Charesm[699] wurden unter dem Stichwort der „nationalen Abgrenzung“ das Autonome Gebiet Tadschikistan[700] und das Kar-Kirgisische Autonome Gebiet[701] innerhalb der RSFSR, sowie die Turkmenische SSR und die Usbekische SSR.

b) Die Gründung der Sowjetunion

Der Gründung der UdSSR ging die bolschewistische Machtübernahme in den einzelnen Staaten und die Schaffung eines Vertragssystems zwischen der RSFSR und den anderen Gründungsstaaten voraus. Wie bereits oben erwähnt wurde, wurde 1918 die RSFSR als föderale Räterepublik gegründet. In den übrigen Staaten erfolgte die bolschewistische Machtübernahme durch Unterstützung der RSFSR für die örtlichen Bolschewisten. Die meisten Staaten hatten keine gefestigte Regierung. Das jeweilige System war instabil und gerade die westlichen Staaten stark durch den Krieg und die Bedrohung durch die Mittelmächte geschwächt. Auch nach dem Zusammenbruch der deutschen Front im Herbst 1918 konnte sich in den Staaten kein gefestigtes Staatswesens entwickeln, da der Bürgerkrieg sowohl innerhalb dieser Staaten unter den verschiedenen politischen Gruppen als auch zwischen der Roten und Weißen Armee, die Kriegssituation aufrechterhielt. In dieser Krisensituation spielte die Rote Armee die entscheidende Rolle in der Machtübernahme der Bolschewisten.

In der Ukraine wechselten in den Jahren von 1918 bis 1920 neun Mal die Regierungen, bis nach dem endgültigen Sieg der Roten Armee die Ukrainische Sozialistische Sowjetrepublik am 8.4.1919 durch die Bolschewisten ausgerufen wurde.[702]

Nachdem am 25.3.1918 die von der deutschen Besatzungsmacht nicht anerkannte Weißrussische Volksrepublik ausgerufen worden war, riefen die Bolschewisten am 1.1.1919 die Weißrussische Sozialistische Sowjetrepublik aus.

---

697 1929 wird diese in Kasachische Autonome Sowjetrepublik umbenannt.

698 1920 war das Emirat Buchara unter dem Druck der Bolschewisten in eine Volksrepublik umgewandelt worden.

699 Auch dieser Staat war 1920 unter dem Druck der Bolschewisten eine Volksrepublik umgewandelt worden.

700 Dieses wurde später in eine autonome Republik umgewandelt und ist seit dem 16.9.1929 Unionsrepublik.

701 Dieses wurde 1926 in eine Autonome Republik umgewandelt und 1936 zu einer Unionsrepublik erhoben.

702 Kessler, Rußland-Poetz, S. 101; Thompson, A Vision Unfulfilled, S. 169.

Aserbaidshan wurde zunächst von einer Koalition zwischen Bolschewisten und Nationalisten regiert. Diese Koalition zerbrach und Aserbaidshan wurde zunächst türkisch und später britisch besetzt. Das Gebiet wurde Schauplatz der Kämpfe zwischen der Roten und Weißen Armee.[703] Nachdem die Rote Armee einzumarschieren drohte, übergab die Regierung die Macht an die Bolschewisten und Aserbaidshan wurde im April 1920 zu einer Sozialisten Sowjetrepublik ausgerufen.

Nachdem Armenien versucht hatte 1919 armenisch bewohnte Gebiete in der Türkei zu erobern und die Invasion der türkischen Armee im Herbst 1920 drohte, ersuchte die Regierung die Rote Armee um Hilfe und gründete eine Regierungskoalition aus Bolschewisten und Nationalen. Im November 1920 wurde Armenien in eine Sowjetrepublik unter der alleinigen Führung der Bolschewisten umgewandelt.

Georgien hatte von Beginn an eine menschewistische Regierung.[704] Zwar schloß die Regierung einen Kooperationsvertrag mit der RSFSR gegen die Invasion Polens ab, jeglicher weitere Einfluß wurde aber abgewehrt. Stalin versuchte die bolschewistische Machtübernahme durch einen Aufstand in Tiflis und dem damit begründeten Einmarsch der Roten Armee zu erzwingen, stieß aber auf den Widerstand Lenins. Dieser wollte den Einsatz der Roten Armee nur bei einer landesweiten Revolte zulassen. Stalin setzte sich über diese Vorgaben hinweg und ließ nach dem Beginn einer lokal begrenzten Revolte die Rote Armee am 16.2.1921 in Georgien einmarschieren. Die Rote Armee konnte den georgischen Widerstand brechen und die Machtübernahme der Bolschewisten und den Umbau Georgiens in eine Sowjetrepublik sicherstellen.[705]

Dieser Bolschewisierung konnten sich sowohl die baltischen Staaten als auch Finnland widersetzen.[706] In allen vier Staaten war die Unterstützung der Bevölkerung für die Sozialisten zu schwach[707] und der Widerstand gegen die Rote Armee zu stark. Am 2.2. 1920 erkannte die RSFSR daher im Vertrag von Dorpat die Selbständigkeit Estlands an. Es folgten die vertragliche Anerkennung der Selbständigkeit Litauens am 12.7.1920, Lettlands am 11.8.1920 und Finnlands im Friedensvertrag von Dorpat vom 14.9.1920. Diese Staaten wurden nicht in das in den 1920er Jahren aufgebaute Vertragssystem der RSFSR einbezogen.

Ein weiterer Schritt zur Gründung der UdSSR erfolgte durch den Abschluß von Militär- und Wirtschaftsabkommen der RSFSR mit der Ukrainischen SSR (20.12.1920), Armenien (30.9.1920 Abkommen über Finanzfragen), der Aser-

---

703 Thompson, A Vision Unfulfilled, S. 171.
704 Kusber, Georgien, in: Nitsche (Hrsg.), Die Nachfolgestaaten der Sowjetunion, S. 97 (108).
705 Thompson, A Vision Unfulfilled, S. 204 f.
706 Obwohl jeweils Ende 1918 Sowjetrepubliken ausgerufen wurden.
707 Gleason, Federalism And Nationalism, S. 43.

baidshanischen SSR (30.9.1920), der Weißrussischen SSR (16.1.1021) und der Georgischen SSR (25.2.1921). Die völkerrechtliche Natur dieses Bündnissystems ist bis heute völlig ungeklärt.[708] Allerdings waren vor der Gründung der UdSSR die nichtrussischen Sowjetrepubliken Träger rechtlich unangetasteter auswärtiger Gewalt. In ihrer Wirksamkeit war diese jedoch durch die außenpolitische Hegemonie der RSFSR weitgehend beschränkt. Dies zeigt sich schon in der von der Kommunistischen Partei der RSFSR erzwungenen Gründung der „Föderativen Union der Transkaukasischen Sozialistischen Sowjetrepubliken“ aus Georgien, Armenien und Aserbaidshan vom 12.3.1922. Dieser Staatenbund wurde noch vor der Gründung der UdSSR in den Bundesstaat „Transkaukasische Sozialistische Föderative Sowjetrepublik“ umgewandelt.[709]

Vor diesem Hintergrund kam es am 30.12.1922 zum Abschluß des Staatsvertrages zwischen der Ukrainischen, Weißrussischen, der Transkaukasischen

---

708 Die Verträge enthielten eine Vereinheitlichung in der militärischen und wirtschaftlichen Organisation einschließlich des Verkehrswesens und der Bereiche Finanzen und Arbeit. Insoweit wurden gemeinsame Organe, die vereinigten Volkskommissariate, geschaffen, die zu den moskauer Kommissariaten auf der Grundlage der Koordination standen. Außerhalb der Militär- und Wirtschaftsunion behielten die Staaten ihre Selbständigkeit, was auch die auswärtigen Beziehungen betraf. Es wird im Schrifttum gelegentlich von einem Protektoratsverhältnis (Jenny, Das Bundesstaatselement im sowjetischen Staatsrecht, S. 15), oder von einer teilweisen Eingliederung der nichtrussischen Staaten in die RSFSR (Meissner, Entstehung, Fortentwicklung und ideologische Grundlagen des sowjetischen Bundesstaates, in: Schroeder/Meissner (Hrsg.), Bundesstaat und Nationalitätenrecht in der Sowjetunion, S. 9 (27)) gesprochen. Teilweise wird den nichtrussischen Sowjetrepubliken die Eigenständigkeit ganz abgesprochen (Nachweis in Bilinsky, Die Entwicklung des sowjetischen Föderalismus, Jahrbuch für Ostrecht Bd. III/2 (1962), S. 7 (21)). Zumindest die letzte Wertung kann aus völkerrechtlicher Sicht nicht aufrechterhalten werden. Gegen eine solche Wertung spricht die für die Republiken ergangenen Anerkennungen durch verschiedene Staaten und die Aufnahme diplomatischer Beziehungen. Die Ukrainische SSR unterhielt zum Beispiel diplomatische Beziehungen zu Estland, Lettland, Litauen, Polen, Deutschland und der Türkei. Die Weißrussische SSR unterhielt diplomatische Beziehungen zu Lettland, Polen und Deutschland, die Transkaukasischen Republiken zu Deutschland und der Türkei. Darüber hinaus bestanden Kontakte zwischen der Ukrainischen SSR und Österreich, der Tschechoslowakei, Italien; zwischen der Weißrussischen SSR und Litauen; zwischen der Georgischen SSR und der Tschechoslowakei und der Armenischen SSR und dem Iran. Allerdings war das völkerrechtliche Handeln der nichtrussischen Sowjetrepubliken nicht frei. Durch den zentralistischen Parteiaufbau der Kommunistischen Partei wurde die Politik weitgehend von der moskauer Zentrale gelenkt. Zum Ende der Vertragsföderation begann die RSFSR immer häufiger gegenüber dem nichtsowjetischen Ausland gleichzeitig im Namen der anderen Sowjetrepubliken zu handeln (Arnold, Die nationalen Gebietseinheiten der Sowjetunion, S. 133).

709 Meissner, Entstehung, Fortentwicklung und ideologische Grundlagen des sowjetischen Bundesstaates, in: Schroeder/Meissner (Hrsg.), Bundesstaat und Nationalitätenrecht in der Sowjetunion, S. 9 (26 f.).

Föderativen und der Russischen Föderativen Sowjetrepublik über die Bildung der Union der Sozialistischen Sowjetrepubliken.[710] Aufgrund dieses Staatsvertrages wurde die erste Verfassung der UdSSR ausgearbeitet und am 31.1.1924 durch den II Allunions-Sowjetkongreß ratifiziert.[711] In dieser Verfassung ist das bundesstaatliche Prinzip festgelegt.[712] 1936 wurde eine neue Bundesverfassung der UdSSR verabschiedet. Im Zuge dieser Verabschiedung wurde die Kara-Kirgisische ASSR in die Kirgisische SSR und die Kasachische ASSR in die Kasachische SSR umgewandelt. Außerdem wurde die Transkaukasische Sozialistische Föderation aufgelöst und damit die in ihr vereinte Georgische, Aserbaidshanische und Armenische Republik zu selbständigen Unionsrepubliken. Eine erhebliche territoriale Vergrößerung, die mit einer Erhöhung der Zahl der Unionsrepubliken einherging, erfuhr die UdSSR im Zuge des Zweiten Weltkrieges. Die territorialen Gewinne waren vor allem das Ergebnis der Umsetzung des geheimen Zusatzprotokolls zwischen Deutschland und der UdSSR von 1939.[713] Nach ihrer Umgestaltung zu sozialistischen Sowjetrepubliken und ihren danach gestellten Aufnahmegesuchen[714] wurden Litauen[715], Lettland[716] und Estland[717] in die UdSSR integriert. Außerdem wurden die ostpolnischen Gebiete im November 1939 mit der Weißrussischen und Ukrainischen SSR vereinigt. Die von Finnland durch den Friedensvertrag vom 12.3.1940 abgetretenen Gebiete wurden mit der Karelofinnischen Autonomen Republik zur Karelischen Autonomen Republik vereinigt. Außerdem mußte Rumänien die Nordbukowina und das mit ihm seit 1919 vereinigte Bessarabien an die UdSSR abtreten. Diese Gebiete wurden mit der 1924 geschaffenen Moldauischen Autonomen Republik[718] am 2.8.1940 zur Moldauischen SSR zusammengefaßt. Die Gebietszugewinne erfolgten also **vor** dem deutschen Angriff

---

710 Zum Streit über den Entwurf zwischen Lenin und Stalin siehe: Meissner, Entstehung, Fortentwicklung und ideologische Grundlagen des sowjetischen Bundesstaates, in: Schroeder/Meissner (Hrsg.), Bundesstaat und Nationalitätenrecht in der Sowjetunion, S. 9 (29 ff.).

711 Kessler, Rußland-Poetz, S. 104.

712 Die verfassungsrechtliche Regelung soll später erörtert werden (Seite 225 f.).

713 Das dieses tatsächlich abgeschlossen worden war, wurde von der UdSSR erst 1989 anerkannt und gleichzeitig vom Volksdeputiertenkongreß nachträglich durch Beschluß vom 24.12.1989 annulliert. Ponton, The Soviet Era, S. 44. Hildermeier, Geschichte der Sowjetunion 1917-1991, S. 592.

714 Der genaue Ablauf der Eingliederung soll später erörtert werden (Seite 253 ff.). Siehe aber: Thompson, A Vision Unfulfilled, S. 329.

715 3.8.1940.

716 5.8.1940.

717 6.8.1940.

718 die in der Ukrainischen SSR lag.

auf die UdSSR am 22.6.1941 im Einverständnis mit dem damaligen Partner Deutschland.[719]

Damit bestand die UdSSR am Ende des Zweiten Weltkrieges aus den 15 Unionsrepubliken RSFSR, Ukrainische SSR, Weißrussische SSR, Litauische SSR, Lettische SSR, Estnische SSR, Moldauische SSR, Georgische SSR, Armenische SSR, Aserbaidshanische SSR, Kasachische SSR, Usbekische SSR, Tadschikische SSR, Turkmenische SSR und Kirgisische SSR. Diese Zahl hat sich später nicht mehr geändert, so daß man damit die Gründungsgeschichte der UdSSR als abgeschlossen bezeichnen kann.

---

719 Zur näheren Entwicklung der Beziehungen zwischen Deutschland und der UdSSR vor dem Angriff durch Deutschland siehe: Hildermeier, Geschichte der Sowjetunion 1917-1991, S. 592-598.

2. *Die Auflösung der Sowjetunion*

Ende der 1980er Jahre bestand die UdSSR aus 15 Unionsrepubliken (SSR)[720], 20 Autonomen Republiken (ASSR)[721], 8 Autonomen Gebieten[722] und 10 Nationalen Kreisen[723]. Die Auflösung dieses Reiches, die mit dessen offizieller Auflösung am 31. Dezember 1991 abgeschlossen wurde, war kein plötzliches Ereignis. Vielmehr war die Auflösung der Endpunkt einer Entwicklung.

a) Ursachen für die Auflösung[724]

Die Ursachen für die Auflösung lassen sich in zwei Hauptgruppen einteilen: die staatsimmanenten und die wirtschaftlich / sozialen.

Zu den **staatsimmanenten Ursachen** für den Zerfall zählt zum einen die oben dargestellte gewaltsame Entstehung des Vielvölkerstaates. Zwang kann kein Integrationsfaktor sein, denn er beseitigt nicht die Widerstände, die einer freiwilligen Vereinigung gerade im Wege gestanden haben. Allerdings gibt es auch heute noch Staaten, die entweder durch Gewalt entstanden sind[725] oder einen Zerfall durch Gewalt verhindert haben[726]. Diese Staaten haben es aber geschafft, Integrationsfaktoren zu schaffen. Ihre Einheit beruht heute nicht mehr auf Zwang, sondern auf einem Gemeinschaftsgefühl im Staat. Dieses Gemeinschaftsgefühl ist durch Beteiligung und Kompromisse entstanden.

---

720 RSFSR, die Ukrainische, Weißrussische, Litauische, Lettische, Estnische, Moldauische, Georgische, Armenische, Aserbaidshanische, Kasachische, Usbekische, Tadschikische, Turkmenische und Kirgisische **SSR**.

721 In der RSFSR: Baschkirische, Burjätische, Doghestanische, Kabardino-Balkarische, Kalmückische, Karelische, Komiwinische, Mariwinische, Mordwinische, Nord-Ossetische, Tatarische, Tuwinische, Udmurtische, Tschetscheno-Iguschische, Tschuwaschische und Jakutische **ASSR**.
In der Georgischen SSR: Abachasische und Adsharische ASSR. In der Aserbaidshanischen SSR die Nachitschewanische ASSR und in der Usbekischen SSR die Kara-Kalpakische ASSR.

722 In der RSFSR: Adygejische, Berg-Altaiische, Jüdische, Karatschajewo-Tscherkessische und das Chakassische Autonome Gebiet. In der Georgischen SSR das Süd-Ossetische Autonome Gebiet; in der Aserbaidshanischen SSR das Berg-Karabaghische Autonome Gebiet und in der Tadschikischen SSR das Berg-Badachanische Autonome Gebiet.

723 Diese nur in der RSFSR: Aginsker-Burjätischer, Komi-Permjazker, Korjakischer, Nenezker, Taimyrer, Ustj-Ordynisch-Burjätischer, Chanty-Mansischer, Tschukotischer, Ewenkischer und der Jamalo-Nenezker Nationale Kreis.

724 Die Ursachen für die Auflösung sollen hier nur insoweit dargestellt werden, als sie für das Verständnis notwendig sind.

725 So die meisten europäischen Staaten, die ihre heutige Größe durch Eroberungen erreicht haben.

726 Bestes Beispiel dafür sind die USA, die ihren Zerfall durch den Bürgerkrieg verhinderten.

Daß die in die Sowjetunion gezwungenen Länder diese als gemeinsamen, als ihren Staat, anerkannten, wurde durch den absoluten Zentralismus verhindert. Dieser schloß eine integrierende Beteiligung und Kompromisse aus. Absolut war der Zentralismus dadurch, daß er von der Ideologie des demokratischen Zentralismus gestützt wurde, die auch in der Auffangkompetenz des Artikels 73 Nr. 12 der Unionsverfassung von 1977 ihren Ausdruck fand. Einen ausschließlichen Kompetenzbereich der Unionsrepubliken gab es nicht. Entscheidungen wurden nur im Hinblick auf ihren Vorteil für die Union und damit insbesondere Rußland getroffen.

Damit ist die nächste staatsimmanente Ursache für den Zerfall genannt: der imperiale Charakter der Sowjetunion. Dieser Charakter folgte nicht allein aus dem zentralistischen Staatsaufbau,[727] sondern daraus, daß der politische Zentralismus Hand in Hand mit einer ethnisch-nationalen und einer sprachlich-kulturellen Dominanz des Russischen ging.[728] Das russische Machtstreben wirkte sich in der Deportation und der Ermordung ganzer Völker sowie der Russifizierung durch die gezielte Einwanderung von Russen in die nichtrussischen Republiken während der Regierung Stalins aus. Aber auch später machte sich die großrussische Hegemonie in einer bis in die Mitte der 1970er Jahre verfolgten aggressiven Sprachengesetzgebung bemerkbar. Diese hatte die Verdrängung der Unionssprachen zu Gunsten des Russischen zum Ziel. Die Verdrängung der nichtrussischen Sprachen sollte die in der Präambel der Verfassung von 1977 festgehaltene These stützen, daß es ein Sowjetvolk gäbe und die nationale Frage mithin gelöst sei. Die Tatsache, daß die nationale Frage für gelöst erklärt worden war, versperrte die Sicht auf die Realität und verhinderte damit eine tatsächlich integrierende Lösung.[729]

Die zweite Ursachengruppe war die **wirtschaftlich/soziale Situation,** die zu Beginn der 1980er Jahre in der Sowjetunion bestand. Seit Mitte der 1970er Jahre war die Sowjetunion von einer Wirtschaftskrise betroffen. Die Wachstumsraten waren rückläufig und erreichten Anfang der 1980er Jahre sogar den Nullpunkt.[730] Die sowjetische Volkswirtschaft verlor ihre Expansionskraft, da sie den Übergang von einem extensiven Wachstum zu einem intensiven Wachstum nicht schaffte.[731] Dies wäre nur durch eine erhebliche Steigerung der Produktivität sowohl der Arbeit als auch des Kapitals möglich gewesen. Eine effiziente Nutzung der Ressourcen wurde in der Sowjetunion durch die Planwirtschaft und die Monopolstruktur der Wirtschaft verhindert. Seit den 1930er Jahren wurde die wirtschaftliche Spezialisierung der einzelnen Republiken und Regionen syste-

---

727 Auch Frankreich und Großbritannien sind zentralistische Staaten.
728 Hildermeier, Geschichte der Sowjetunion 1917-1991, S. 1050.
729 Simon, Verfall und Untergang des sowjetischen Imperiums, S. 130.
730 Simon, Verfall und Untergang des sowjetischen Imperiums, S. 107.
731 Hildermeier, Geschichte der Sowjetunion 1917-91, S. 888.

matisch forciert.[732] Die dadurch entstehende wirtschaftliche Abhängigkeit sollte einen Integrationsfaktor schaffen. Eine Abspaltung einer Region sollte durch deren wirtschaftliche Abhängigkeit von allen anderen Regionen verhindert werden.[733] Dies führte zu unwirtschaftlichen Produktionsbedingungen in Form von hohen Transportkosten und schlecht abstimmbaren Entwicklungen. Auch die Landwirtschaft steckte in einer tiefen Krise. Die landwirtschaftliche Bruttoproduktion war rückläufig.[734]

Die Versorgungslage der Bevölkerung verschlechterte sich zunehmend. Die desolate Wirtschaftslage wirkte sich negativ auf den Lebensstandard der Bevölkerung aus. Angeblich befanden sich zu Beginn der 1980er Jahre 48 Millionen Menschen unterhalb der Armutsgrenze.[735] Neben der mangelhaften Versorgung mit Lebensmitteln und Gütern des täglichen Bedarfs, verschlechterten sich auch die Wohnverhältnisse, und die Arbeitslosigkeit stieg.

Außerdem hatte die zentrale Planwirtschaft zu einem Raubbau an der Natur geführt.[736] Die international bekanntesten Beispiele sind die Katastrophe von Tschernobyl, die Austrocknung des Aralsees und die Verschmutzung des Baikalsees.[737]

---

732 Simon, Der Zerfall des Sowjetischen Imperiums und die Sprengkraft der Nationalbewegungen, in: Meissner/Eisfeld (Hrsg.), Die GUS-Staaten in Europa und Asien, S. 9 (10).

733 Simon, Verfall und Untergang des sowjetischen Imperiums, S. 110 f.

734 Hildermeier, Geschichte der Sowjetunion 1917-91, S. 890 f.

735 Horn, Der Kollaps des kommunistischen Herrschaftssystems in der Sowjetunion in: Osteuropa Bd. 43 (1993), S. 33 (38). Grundsätzlich sind Angaben über diese sozialen Zustände mit Vorsicht zu beurteilen, da es sich immer um Schätzungen handelt. Angaben aus offiziellen Stellen gibt es gar nicht oder sie sind nicht brauchbar, da veröffentlichte Statistiken nie den tatsächlichen Zustand darstellten. Dies zeigt schon, daß selbst die führenden Kader der Partei die tatsächlichen Verhältnisse nicht kannten. Informationen über die tatsächlichen Verhältnisse wurden vom KGB nicht weitergegeben (Simon, Verfall und Untergang des sowjetischen Imperiums, S. 44. Trotzdem können solche Angaben eine grundsätzliche Tendenz darstellen.

736 Das Ausmaß der Krise war in der Sowjetunion nicht bekannt. Die Parteipropaganda veröffentlichte gefälschte Statistiken, nach denen die Sowjetunion zu den führenden Wirtschaftsmächten der Welt gehörte und die dem Volk glauben machten, daß der sowjetische Lebensstandard einer der Höchsten der Welt sei.

737 Feshbach, Social Change In The USSR Under Gorbachev, in: Balzer (Hrsg.), Five Years That Shook The World, S. 49 (56 f.); Nahaylo/Slobodan, Soviet Disunion, S. 243 f. Interessanterweise änderten die Regierungen der Republiken direkt nach den Unabhängigkeitserklärungen ihre „grüne Politik". Sie nutzten die gleichen Ressourcen und Betriebe, obwohl nichts an der Umweltverträglichkeit getan worden war. Die wirtschaftlichen Gesichtspunkte obsiegten insoweit. Gerner/Hedlund, The Baltic States And The End Of The Soviet Empire, S. 171.

Zusammenfassend läßt sich festhalten, daß die versäumte Integration und die wirtschaftliche, soziale und ökologische Krise die Ursachen für die Auflösung der Sowjetunion sind.

b) Die die Auflösung fördernden Faktoren

Neben den eigentlichen Ursachen für die Auflösung der Sowjetunion gibt es diese Auflösung fördernde Faktoren. Dies sind sowohl die „perestrojka“ und „glasnost“,[738] sowie der Sowjetföderalismus als solcher.

Mitte der 1980er Jahre bestand zwischen führenden Politikern im Zentralkomittee der KPdSU Einigkeit darüber, daß wirtschaftliche Reformen durchzuführen seien.[739] Vor diesem Hintergrund wurde Gorbatschow am 11.3.1985 zum neuen Generalsekretär der KPdSU gewählt. Er schien der Garant für die notwendigen systemstabilisierenden Veränderungen zu sein. Die durch ihn eingeführte „perestrojka“ sollte insbesondere die Wirtschaft systemimmanent verändern. Die Reformen sollten innerhalb des Regimes erfolgen und damit dessen Zusammenbruch verhindern. Gorbatschow war der Meinung, daß eine Verbesserung der wirtschaftlichen Lage nur unter Einbeziehung des „subjektiven Faktors“ erreicht werden könnte. Die Menschen sollten ein größeres Engagement und Eigeninitiative entwickeln.[740] Dafür wurde die Verbindung von Leistung, gesellschaftlicher Freiheit und Mitbestimmung für nötig erachtet. Die Lösung der wirtschaftlichen Probleme setzte eine korrekte Information und eine gewisse Meinungsfreiheit voraus.

Aus diesem Gedankengang heraus entstand seit Ende 1986 „glasnost“. „Glasnost“ bedeutet Transparenz oder Öffentlichkeit und stellte die Abkehr von der falschen Informationspolitik dar. Die Probleme sollten benannt und offen diskutiert werden können.[741] „Glasnost“ war zunächst rückwärts gewandt, um einen Rückhalt für die Reformen zu schaffen. Fehler der Vergangenheit wurden offen diskutiert. Es erfolgte eine umfangreiche Aufarbeitung der Geschichte. Die Auseinandersetzung mit dem Stalinismus und der Unterdrückung der nichtrussischen Völker wurde in den nichtrussischen Republiken zu einem Katalysator nationaler und demokratischer Bewegungen.[742] Wie bereits dargestellt wurde,[743] war dieses nationale Erwachen der nichtrussischen Völker

---

738 Hecker, Untergang eines Weltreiches in: Osteuropa Bd. 42 I (1992), S. 464 (469); Horn, Der Kollaps des kommunistischen Herrschaftssystems in der Sowjetunion in: Osteuropa Bd. 43 (1993), S. 33 (38).

739 Hildermeier, Geschichte der Sowjetunion 1917-91, S. 1020 f.; Simon, Verfall und Untergang des sowjetischen Imperiums, S. 30.

740 Meissner, Die Sowjetunion im Umbruch, S. 242.

741 Hildermeier, Geschichte der Sowjetunion 1917-1991, S. 1025.

742 Lapidus, From Democratization To Disintegration, in: Goldman/Lapidus/Zaslavsky (Hrsg.), From Union To Commonwealth, S. 45 (47).

743 Seite 221 ff.

nicht die alleinige Ursache für die spätere Auflösung.[744] Gleichbedeutend für die Auflösung war die ökologische, wirtschaftliche und soziale Krise. Diese konnte durch „glasnost“ offen diskutiert werden und sich damit überhaupt erst im vollen Umfang auswirken.[745] Den Menschen wurde das Ausmaß der wirtschaftlichen Krise erst jetzt bewußt. Durch den Zentralismus konnte der Schuldige für diese Misere nur im Zentrum gesucht werden.[746] Die sowjetische Bevölkerung kam schnell zu dem Schluß, daß die wirtschaftliche Krise besser im eigenen Territorium zu beheben sei, als durch das Zentrum. Das Zentrum hatte jegliches Vertrauen verloren. Gleiches galt für die ökologische Krise.[747] Gerade der Schutz der Umwelt wurde durch eine Verbindung mit dem nationalen Erwachen zu einem Schutz der Heimat und damit einem Schutz vor dem Zentrum. Insoweit verband sich die nationale Orientierung mit dem Glauben an eine ökonomische und ökologischen Sanierung durch eine stärkere Autonomie vom Zentrum. Daß es sich bei den Autonomiebestrebungen und den späteren Sezessionswünschen nicht um eine rein ethnisch-nationale Bewegung handelte, sondern vielmehr die wirtschaftlichen und ökologischen Gründe eine wesentliche Rolle spielten,[748] zeigt sich bereits darin, daß die wirtschaftlich erfolgreichsten Republiken die Vorreiterrolle in der Autonomie- und späteren Sezessionsbewegung inne hatten. Diese glaubten im sowjetischen Verteilungssystem mehr abzugeben als zu bekommen. Insbesondere die asiatischen Unionsrepubliken, die von den Zahlungen aus Moskau wirtschaftlich abhängig waren, schlossen sich erst sehr spät der Unabhängigkeitsbewegung an, da sie um ihre wirtschaftliche Existenz fürchteten. Die Bewertung, daß gerade auch wirtschaftliche und ökologische Aspekte die Autonomiebewegung bestimmten, wird dadurch untermauert, daß die großen russischen Minderheiten in den baltischen Staaten und in der Ukraine in den Unabhängigkeitsreferenden für und nicht gegen die Unabhängigkeit stimmten.[749]

So wie der erzwungene Zusammenschluß und die mangelnde Gemeinsamkeit eine Ursache für die Auflösung waren, so erleichterte der föderale Aufbau der UdSSR die Auflösung der Sowjetunion.[750] Die Sowjetunion wurde in Artikel 70 der Unionsverfassung von 1977 als einheitlicher multinationaler Bundesstaat

---

744 So auch: Pipes, The Soviet Union adrift in: FA Bd. 70 (1990/91), S. 70 (77); Seizew, Vom Zerfall der UdSSR zur Auflösung der GUS? In: PS Bd. 44 (1993), S. 59 (59).

745 Siehe zur Oppositionsentwicklung: Schlichting, Strukturprobleme der Perestrojka, in: Erhart (Hrsg.), Die „sowjetische Frage“, S. 19 (23).

746 Goldman, Lapidus, Zaslavsky, Introduction: Soviet Federalism – its origins, evolution, and demise, in: Goldman/Lapidus/Zaslavsky (Hrsg.), From Union To Commonwealth, S. 1 (5).

747 Halbach, Das sowjetische Vielvölkerimperium, S. 74.

748 Halbach, Nationale Frage, Souveränität, Föderation, S. 29 f.

749 30-40% in den baltischen Staaten

750 Simon, Der Zerfall des Sowjetischen Imperiums und die Sprengkraft der Nationalbewegungen, in: Meissner/Eisfeld (Hrsg.), Die GUS-Staaten in Europa und Asien, S. 9 (12).

bezeichnet. Gleichzeitig wurde in diesem Artikel der Föderalismus und die Freiwilligkeit des Zusammenschlusses betont. In Artikel 72 wurde jeder Republik explizit das Recht auf freien Austritt zugestanden. In Artikel 76 der Unionsverfassung von 1977 wurden die Unionsrepubliken als souveräne sozialistische Sowjetstaaten definiert. Die Republiken konnten sich bei der Sezession zumindest innerstaatlich auf ihre Souveränität berufen, die ihnen durch die sozialistische Verfassung zugebilligt wurde. Hinzu kam, daß die Grundlage der sowjetischen Verfassung ein völkerrechtlicher Vertrag, der Unionsvertrag, war. Diese Verfassungssituation machte es dem Zentralstaat schwerer, die Autonomiewünsche zu ignorieren

c) Geschichtlicher Verlauf der Auflösung

Die Auflösung der Sowjetunion wurde durch die „perestrojka" und glasnost ausgelöst. Erst nach 1985 konnten die Wünsche nach einer stärkeren Autonomie und später nach einer Abspaltung geäußert und damit zum Diskussionspunkt für eine breite Öffentlichkeit werden. Insoweit begann auch in dieser Zeit die Geschichte der Auflösung. Die Auflösung der UdSSR ist in drei Phasen einzuteilen, die durch die Souveränitätserklärungen der Republiken, die Unabhängigkeitserklärungen der Republiken und die tatsächliche Auflösung der UdSSR gekennzeichnet sind. Dabei stellen die Erklärungen und die Auflösung jeweils Entwicklungsstufen dar, die sich zeitlich überschnitten. Diese Überschneidungen der einzelnen Phasen sind mit der Vorreiterrolle der baltischen Republiken zu erklären, denen gleichzeitig eine gewisse Sonderstellung zukommt. Diese liegt darin begründet, daß die baltischen Republiken ihre Unabhängigkeit auf die Unwirksamkeit ihres Anschlusses an die UdSSR stützten.

aa) Die erste Phase der Auflösung

Die erste Phase der Auflösung war das „nationale Erwachen" in den Republiken. Seit 1988 erfolgte die Nationsbildung in den Republiken durch Massenaufmärsche zu nationalen Gedenktagen, durch die Einführung nationaler Symbole in das öffentliche Leben und später durch den Erlaß von Sprachgesetzen, die die Titularsprachen zu Staatssprachen erhoben.[751]

Den Anfang machten insofern im Frühjahr/Sommer 1988 die baltischen und christlich-kaukasischen Republiken, wobei Estland eine Vorreiterrolle zukam.[752] Kristallisationspunkt für die baltische und insbesondere estnische Unabhängigkeitsbewegung war die Veröffentlichung des geheimen Zusatzprotokolls zum

---

751 Das erste Sprachengesetz war das estnische Sprachengesetz vom 18.1.1989. Die anderen Republiken folgten bis Mitte 1990.

752 Siehe: Nahaylo/Swoboda, Soviet Disunion, S.293 ff.; Jones, Georgia: The Long Battle For Independence, in: Rezun (Hrsg.), Nationalism And The Breakup Of An Empire, S. 72 (76 ff.).

Hitler-Stalin-Pakt vom 23.8.1939 im August 1988.[753] In diesem waren der Sowjetunion die baltischen Staaten als „Einflußgebiet" zugesichert worden. Dieses Dokument nahm die baltische Unabhängigkeitsbewegung als Beweis dafür, daß der Anschluß der baltischen Staaten an die Sowjetunion nicht freiwillig erfolgt war, sondern es sich um eine Annexion handelte. Allerdings berief sich die Souveränitätserklärung der Estnischen SSR vom 16.11.1988 noch nicht auf diese Tatsache, sondern auf die garantierte Souveränität der Unionsrepubliken.[754] In der estnischen Souveränitätserklärung[755] wurde die Souveränität der Estnischen SSR bekräftigt und festgestellt, daß der Republik die übergeordnete Staatsmacht zukomme. Aus diesem Grund würden Änderungen der Unionsverfassung nur dann auf dem Gebiet der Estnischen SSR wirksam werden, wenn der Oberste Republikssowjet sie bestätige.[756] Am gleichen Tag erließ der Oberste Sowjet der Republik ein Gesetz zur Änderung der Estnischen Verfassung. Danach wurde Privateigentum zugelassen und die Estnische SSR erklärte sämtliches Staatseigentum zu Eigentum der Republik und behielt sich die alleinige Verfügungsgewalt über die natürlichen Ressourcen (Land, Luft, Wasser, etc.) vor. Unionsgesetze mußten registriert werden, um auf Republiksebene wirksam zu werden und der estnische Oberste Sowjet erhielt ein Suspensionsrecht für alle Akte der Union.

Die Inanspruchnahme des Alleineigentums an dem sich auf dem Republiksgebiet befindlichen Unionseigentum und die Vorrangstellung der Republiks- vor den Unionsgesetzen sowie die Einführung eines Vetorechtes gegen Akte der Union waren die Grundelemente aller folgenden Souveränitätserklärungen anderer Republiken und diesbezüglicher Verfassungsänderungen.[757] Sie verdeut-

---

753 Der VDK gibt die Existenz dieses Zusatzprotokolls am 24.12.1989 zu.

754 Abgedruckt in: Furtado/Chandler (Hrsg.), Perestroika In The Soviet Republics, S. 70 f. Anders aber die Souveränitätserklärungen von Litauen vom 18.5.1989 und von Lettland vom 28.7.1989. Beide bezeichnen die Inkorporation in die Sowjetunion als illegal. Furtado/Chandler (Hrsg.), Perestroika In The Soviet Republics, S. 163 f.; 133 f.

755 Diese soll im folgenden beispielhaft für die anderen Souveränitätserklärungen dargestellt werden.

756 Auslöser für diese Regelung war sicherlich auch die Ende Juni 1988 von der 19. Parteikonferenz beschlossene Schaffung eines zumindest teilweise demokratisch legitimierten Volksdeputiertenkongresses als neue oberste gesetzgebende Versammlung. In ihm sollte aber nur ein Teil der Abgeordneten tatsächlich durch Wahlen legitimiert werden. 1/3 der Abgeordneten stellte hingegen die KPdSU ohne eine Wahl. Der VDK wurde am 1.12.1988 durch Verfassungsreform geschaffen.

757 Die folgenden Seitenzahlen hinter dem jeweiligen Datum für die Souveränitätserklärungen beziehen sich auf: Furtado/Chandler (Hrsg.), Perestroika In The Soviet Republics. Litauische Souveränitätserklärung am 18.5.1989 (S. 163 f.); lettische Souveränitätserklärung am 28.7.1889 (S. 133 f.); georgische Verfassungsänderung am 18.11.1989 (S. 383 ff.); russische Souveränitätserklärung am 12.6.1990 (S. 325 f.); usbekische Souveränitätserklärung am 20.6.1990 (S. 523 ff.); moldauische Sou-

lichen die Verbindung von nationalen und ökologisch-wirtschaftlichen Ursachen für die Trennung von der Union.[758] Der estnischen Sowjetrepublik ging es zunächst nicht um eine Unabhängigkeit der Republik. Der Oberste Sowjet der estnischen Sowjetrepublik richtete zusammen mit der Souveränitätserklärung an das Präsidium des Obersten Sowjets der Union eine Resolution, in welcher der Vorschlag zur Ausarbeitung eines neuen Unionsvertrages gemacht wurde.[759] Diese Kombination aus der Inanspruchnahme von mehr Rechten gegenüber der Union und dem gleichzeitigen Vorschlag für die Neuordnung des Union-Republiken-Verhältnisses war Grundlage aller Souveränitätserklärungen. Darin kam die Überzeugung zum Ausdruck, die sozialen und wirtschaftlichen Probleme besser innerhalb starker Republiken lösen zu können, als dies der Union möglich sei. Gleichzeitig sollte die Stellung der Republiken gegenüber der Union aufgrund der Nationalbewegungen gestärkt werden, ohne aber zu diesem Zeitpunkt die Union auflösen oder aus ihr austreten zu wollen. Die Souveränitätserklärungen waren insoweit auch ein politisches Machtmittel.

bb) Die zweite Phase der Auflösung

Die zweite Phase der Auflösung ist durch die Verhandlungen über die Neuordnung des Union-Republiken-Verhältnisses und den gleichzeitig stattfindenden „Krieg der Gesetze" gekennzeichnet. Es ist die Phase des Machtkampfes zwischen den Republiken und der Union. In der beiderseitigen Kompromißlosigkeit kommt der Zwangscharakter der Staatsgründung und das Versäumnis der Schaffung von staatsintegrierenden Gemeinsamkeiten und staatserhaltenden Kompromißverfahren zum Ausdruck.

Das Präsidium des Obersten Sowjets der Union wies die Forderung nach der Ausarbeitung eines neuen Unionsvertrages durch die estnische Republik zurück. Allerdings kam auch die KPdSU durch die wachsenden Spannungen zwischen den Republiken[760] und den bis zum Beginn des Jahres 1990 erfolgten Sou-

veränitätserklärung am 23.6.1990 (S. 289 ff.); ukrainische Souveränitätserklärung am 16.7.1990 (S. 237 ff.); weißrussische Souveränitätserklärung am 27.7.1990 (S. 265 ff.); turkmenische Souveränitätserklärung am 22.8.1990 (S. 572 ff.); armenische Souveränitätserklärung am 23.8.1990 (S. 441 ff.); tadschikische Souveränitätserklärung am 24.8.1990 (S. 553 ff.); azerbaidschanische Souveränitätserklärung am 23.9.1990 (S. 449 ff.); kazachische Souveränitätserklärung am 25.10.1990 (S. 479 ff.).

758 In der estnischen Souveränitätserklärung wird sowohl auf die durch die stalinsche Siedlungspolitik eingetretene demographische Lage, also auf die Angst vor einer russischen Überfremdung, als auch auf die ökologische und wirtschaftliche Krise hingewiesen. Zur einzig möglichen Lösung dieser Krisen wird die Souveränisierung der Republik erklärt. Furtado/Chandler (Hrsg.), Perestroika In The Soviet Republics, S. 70.

759 Schweisfurth, Vom Einheitsstaat (UdSSR) zum Staatenbund (GUS), ZaöRV Bd. 52 (1992), S. 541 (607).

760 Der durch das Berg-Karabagh-Problem ausgelöste Konflikt zwischen Armenien und Aserbaidshan.

veränitätserklärungen der anderen baltischen Republiken und der georgischen Sowjetrepublik zu dem Ergebnis, daß das Verhältnis der Republiken und der Union neu geregelt werden müßte. Nach der Vorstellung der KPdSU sollte kein neuer Unionsvertrag abgeschlossen werden, sondern die Föderalisierung sollte durch Unionsgesetz erfolgen. Ausdruck dieser Föderalisierung von oben ist das Kompetenzabgrenzungsgesetz vom 26.4.1990.[761]

Diese Politik einer Reform von Oben wurde erst nach den Souveränitätserklärungen der RSFSR und der Ukrainischen Sowjetrepublik im Juni 1990 aufgegeben. Beide Republiken sahen ihre Souveränitätserklärungen als Grundlage für die Ausarbeitung eines neuen Unionsvertrages an. Die RSFSR und die Ukraine waren das Zentrum des Machterhalts für die Union, so daß die Union ihre Machtbasis verlor. Daher leitete das Zentrum am 20.7.1990 seine Vertragspolitik mit einer gemeinsamen Sitzung des Föderationsrates und des Präsidialrates der UdSSR ein. Daraufhin erklärten sich auch alle anderen Unionsrepubliken für souverän. Die Verhandlungen über einen neuen Unionsvertrag waren durch den Machtkampf der Union mit den Republiken und entscheidend auch von dem Machtkampf zwischen Gorbatschow und Jelzin geprägt.[762] Gorbatschow hatte Jelzin Ende 1987 aus dem politischen Machtzentrum verdrängt und damit eine politische Gegnerschaft begründet. Jelzin wurde früh zu einer der Leitfiguren der Radikalreformer und baute sich ein neues Machtzentrum in der RSFSR auf.[763] Gorbatschow wollte in dem neuen Unionsvertrag ein starkes Zentrum erhalten.[764] Der Gedankengang Gorbatschows war weiterhin von der Vorstellung einer Reform von oben geprägt. Das Zentrum sollte Macht an die Republiken abgeben und dabei selbst stark bleiben. Diese Grundüberlegung der Machtabgabe von oben nach unten wurde von den Republiken abgelehnt. Sie betonten den Vertragscharakter der Union, der wieder geachtet werden sollte. Die Union war durch den vertraglichen Zusammenschluß zwischen den Republiken gegründet worden. Es war nicht Sache des Zentrums, Macht an die ihm untergebenen Republiken abzugeben. Vielmehr gaben, in den Augen der Republiken, sie Macht an die Union ab. Da die Union in der Vergangenheit diesen Grundgedanken nicht geachtet und die Souveränität der Re-

761 Zu diesem Gesetzes siehe: Schweisfurth, Vom Einheitsstaat (UdSSR) zum Staatenbund (GUS), ZaöRV Bd. 52 (1992), S. 541 (580 ff.).

762 Zu Jelzins Werdegang siehe: Gerner/Hedlund, The Baltic States And The End Of The Soviet Empire, S. 166 ff.

763 Jelzin wurde am 29.5.1990 zum Vorsitzenden des Obersten Sowjet der RSFSR gewählt und tritt auf dem 28.Parteitag der KPdSU im Juli 1990 zusammen mit anderen Reformern aus der Partei aus.

764 Gorbatschow sagte: „Unsere Partei ist für einen großen und starken föderativen Staat.“ (zitiert in: Zaslavsky, Das russische Imperium unter Gorbatschow, S. 29). Schlichting, Strukturprobleme der Perestrojka, in: Erhart (Hrsg.), Die „sowjetische Frage“, S. 19 (29).

publiken ausgehöhlt hatte, sollte in dem neuen Unionsvertrag kein starkes Zentrum mehr geschaffen werden. Der Union wurde, obwohl die genannten Souveränitätserklärungen teilweise nur Absichtserklärungen waren, teils Übergangsfristen enthielten und keinen sofortigen Austritt aus der Union bestimmten, durch die horizontale Verständigung zwischen den Republiken der Boden entzogen.

Das Verhalten des Zentrums beschleunigte den Zerfallsprozeß zusätzlich. Damit, daß die Union die estnische Souveränitätserklärung und die estnische Verfassungsänderung für nichtig erklärte,[765] wurde der sogenannte „Krieg der Gesetze“ eingeleitet. Die Republiken und die Union erließen Gesetze, die sich widersprachen und erklärten die Gesetze des jeweils anderen für nichtig oder unanwendbar. Diesen Gesetzeskonflikt gewannen im zunehmenden Maße die Republiken. Die Union war ab 1990 kaum noch in der Lage, den ihren Gesetzen durch Artikel 74 Unionsverfassung von 1977 garantierten Vorrang durchzusetzen. Die Unfähigkeit des Zentrums, seine ihm durch die Verfassung garantierten Kompetenzen durchzusetzen, ist ein Zeichen für einen beginnenden Staatszerfall. Eine Föderation ist darauf angewiesen, daß ihre Teile die Kompetenz des Zentrums achten und den Vorrang der Unionsgesetze in diesem Bereich anerkennen. Fehlt diese grundsätzliche Anerkenntnis, so ist eine Föderation nicht funktionsfähig. Die Sowjetunion befand sich folglich bereits 1990 mehr in dem Stadium eines Staatenbundes, als daß sie eine funktionierende Föderation darstellte.

Mit steigendem Machtverlust der Union setzten sich auf Unionsebene konservative Kommunisten immer häufiger mit ihrem Wunsch nach Zwangsmaßnahmen gegen die Republiken durch. So wurde nach antiarmenischen Progromen in Aserbaidshan die „Volksfront Aserbaidshan“ durch sowjetische Paramilitärs zerschlagen und die KP erneut in die Regierung eingesetzt. Ein solches Verhalten rief in den übrigen Republiken aber sofort Erinnerungen an die Sowjetisierung hervor.

Höhepunkt dieser Zwangsmaßnahmen war der Winterkrieg im Januar 1991. Dieser resultierte aus dem Konflikt zwischen den baltischen Staaten und der Union. Im März und April 1990 hatten die baltischen Republiken ihre Unabhängigkeit restituiert. Sie nahmen für ihren Austritt aus der Union also nicht das, auch vom VDK der UdSSR anerkannte, Sezessionsrecht wahr. Vielmehr stellten sie durch Deklarationen der jeweiligen Obersten Sowjets fest, daß die Beitrittserklärungen zur Sowjetunion ungültig seien und durch die Restitution der Unabhängigkeit die Staatssouveränität lediglich wieder hergestellt und nicht etwa neu

765 Furtado/Chandler (Hrsg.), Perestroika In The Soviet Republics, S. 71 f. Die Nichtigkeitserklärung wurde mit angeblichen Verstößen gegen die Unionsverfassung begründet.

begründet würde.[766] Daher stellte sich ihrer Meinung nach nicht die Frage, ob sie an das am 3.4.1990 erlassene Austrittsgesetz gebunden seien.[767] Nachdem der VDK die litauische Souveränitätserklärung am 15.3.1990 für nichtig erklärt hatte,[768] wurde gegen Litauen am 19.4.1990 eine Wirtschaftsblockade verhängt. Diese wurde am 1.7.1990 wieder aufgehoben, nachdem Litauen am 23.6.1990 die Unabhängigkeit für Abwicklungsverhandlungen suspendiert hatte.[769] Der Konflikt zwischen Litauen und der Union führte im Januar 1991 zum „Winterkrieg".[770] Nachdem Litauen die Beteiligung am neuen Unionsbudget verweigerte, umstellte die sowjetische Armee am 11.1.1991 das Parlament und den Rundfunk- und Fernsehsender in Wilna. Am 13.1 starben 13 Litauer und über hundert wurden verletzt, als die sowjetische Eliteeinheit „Schwarzen Barette" das Nachrichtengebäude stürmte. Von einem Vorgehen gegen die das Parlament als lebende Schilde schützenden Menschenmassen wurde abgesehen, so daß das militärische Eingreifen gegen Litauen erfolglos blieb. Zwar marschierten auch in Riga am 15.1.1991 sowjetische Truppen auf, aber aufgrund der Erfahrungen in Litauen wurden diese Truppen wieder zurückgezogen. Litauen erhielt sofortige Rückendeckung von Jelzin, welcher sich mit den baltischen Staaten öffentlich solidarisierte. Er unterzeichnete gemeinsam mit diesen bereits am 13.1.1991 die Petition an die VN sowie gegenseitige Beistandspakte.[771].

---

766 litauische Erklärung über die Restituierung der staatlichen Unabhängigkeit vom 11.3.1990 teilabgedruckt in: Furtado/Chandler (Hrsg.), Perestroika In The Soviet Republics, S. 182 f.; estnische Erklärung über die Restituierung der Unabhängigkeit vom 30.3.1990 teilabgedruckt in: Furtado/Chandler (Hrsg.), Perestroika In The Soviet Republics, S. 102 f.; lettische Erklärung über die Restituierung der Unabhängigkeit vom 4.5.1990 teilabgedruckt in: Furtado/Chandler (Hrsg.), Perestroika In The Soviet Republics, S. 139 f.

767 Wobei es sicher kein Zufall ist, daß die Unabhängigkeitserklärungen der baltischen Staaten direkt vor und nach dem Erlaß des Gesetzes erfolgten. Vielmehr zeigen sie grundsätzlich die Angst der baltischen Staaten vor einer Einmischung des Zentrums in das Unabhängigkeitsverfahren an.

768 Abgedruckt in: Furtado/Chandler (Hrsg.), Perestroika In The Soviet Republics, S. 183 f. Die estnische und lettische Erklärung war durch Präsidialdekret von Gorbatschow am 14.5.1990 für unwirksam erklärt worden. Gorbatschow war am 15.3.1990 durch den VDK zum Präsidenten der UdSSR gewählt worden.

769 Suspendierungsbeschluß abgedruckt in: Furtado/Chandler (Hrsg.), Perestroika In The Soviet Republics, S. 193. Lettland und Estland hatten bereits eine Suspendierung der Unabhängigkeit für Verhandlungen in die Erklärungen selbst mit aufgenommen.

770 Zum Winterkrieg: Levits, Die Auseinandersetzungen zwischen der Sowjetunion und den baltischen Staaten um die Wiederherstellung der Unabhängigkeit, in: Ehrhart (Hrsg.), Die „sowjetische Frage": Integration oder Zerfall, S. 43(52); Gerner/Hedlund, The Baltic States And The End Of The Soviet Empire, S. 150 f.

771 Levits, Die Auseinandersetzung zwischen der Sowjetunion und den baltischen Staaten um die Wiederherstellung der Unabhängigkeit, in: Eberhart (Hrsg.), Die „sowjetische Frage", S. 43 (53).

Nach dem Winterkrieg ließen die baltischen Staaten Unabhängigkeitsreferenden abhalten. Dabei stimmten in Litauen am 9.2.1991 90,5 Prozent der Abstimmenden für die Unabhängigkeit. Am 3.3.1991 stimmten in Estland 77,8 Prozent und in Lettland 73,7 Prozent für die Unabhängigkeit. Litauen erklärte sich daraufhin am 11.2.1991 für unabhängig.[772] Der Winterkrieg führte nicht nur in den baltischen Staaten zu einer Ablehnung der Union. Er wurde vielmehr auch von Georgien, Armenien und Moldawien als Beweis dafür gewertet, daß die Union weiter versuchen würde, die Republiken zu unterdrücken. Aus diesem Grund weigerten sich diese sechs Republiken, an der seit Januar 1991 stattfindenden Ausarbeitung des zweiten Unionsvertragsentwurfs teilzunehmen. Georgien zeigte seine Ablehnung einer irgendwie gearteten Union, indem es sich am 9.4.1991 für unabhängig erklärte. Auch in den anderen Republiken zeigte der erfolglose Winterkrieg seine Wirkungen. Zwar versuchte Gorbatschow durch ein Allunionsreferendum den Fortbestand der Union zu retten,[773] aber die Republiken fühlten sich durch das Vorgehen der Union in ihrer Ablehnung eines starken Zentrums weiter bestätigt.

Ergebnis waren die sogenannten „9 + 1-Gespräche[774] in Nowo-Ogarjowo“, die am 24.4.1991 begannen. Man kam überein, einen „Vertrag über die Union Souveräner Staaten“ auszuarbeiten.[775] Dabei wurde explizit anerkannt, daß die in Nowo-Ogarjowo nicht vertretenen sechs Republiken das Recht hätten, über ihren Beitritt zum neuen Unionsvertrag selbst zu entscheiden. Über den Vertrag wurde am 23.7.1991 endgültig abgestimmt. Die Unterzeichnung dieses Vertrages durch die Republiken sollte am 20.8.1991 beginnen. Bereits der Name der neu zu gründenden Union zeigt, daß sich die Republiken weitgehend durchgesetzt hatten und es nicht mehr um eine Föderation, sondern um einen Staatenbund ging. Dabei sollten sowohl die Union als auch die Mitgliedsstaaten souverän sein.

cc) Die dritte Phase der Auflösung

Zu der Unterzeichnung dieses, die Union zumindest in ihren Grundzügen erhaltenden Vertrages kam es nicht mehr. Vielmehr leitete der Putschversuch zwischen dem 18.und 21.August 1991 die dritte Phase, und damit die eigentliche

---

772 Eine Aufnahmegesuch an die VN stellte Litauen allerdings erst am 29.8.1991

773 Am 17.3.1991 stimmen 76,4% der Stimmen für den Erhalt der Union. Zur Weigerung der baltischen Republiken an diesem Referendum teilzunehmen: Gerner/Hedlung, The Baltic States And The End Of The Soviet Empire, S. 154 ff.

774 Neun Republiken und Gorbatschow.

775 Siehe hierzu: Meissner, Vom XXVIII. Parteitag bis zum August-Putsch 1991 und seine Folgen in: Meissner, Vom Sowjetimperium zum eurasischen Staatensystem, S. 67 (84 ff.).

Auflösung der UdSSR ein.[776] Der Putsch scheiterte an der Gegenwehr der Moskauer Bevölkerung, die, wie die Bevölkerung in Litauen, das Weiße Haus durch Menschenketten schützte und daran, daß die Putschisten es nicht vermochten, sich die Unterstützung der Armee zu sichern.[777]

Der Putsch erwies sich als Todesstoß für das Zentrum. Er führte zu den Unabhängigkeitserklärungen aller Republiken und zur gleichzeitigen Einleitung einer Übergangszeit bis zu einem neuen Unionsvertrag. Nachdem Litauen und Georgien ihre Unabhängigkeit bereits vor dem Putsch erklärt hatten, folgten noch während des Putsches am 20.8.1991 Estland und Lettland (welches am nächsten Tag seine Verfassung von 1922 wieder in Kraft setzte) und am 24.8.1991 die Ukraine, welche die Unabhängigkeitserklärung am 1.12.1991 durch Volksentscheid bekräftigten ließ. Nach Beendigung des Putsches folgten am 25.8.1991 Weißrußland, am 27.8.1991 Moldawien, am 30.8.1991 Aserbaidshan, am 31.8.1991 Kirgisistan und Uzbekistan, am 9.9.1991 Tadzikistan, am 23.9.1991 Armenien und am 7.9.1991 Turkmenistan. Übrig blieben bis Dezember 1991 nur Rußland und Kazachstan.

Allerdings erfolgte der Untergang der UdSSR nicht sofort mit den Unabhängigkeitserklärungen. Vielmehr wurden weitere Verhandlungen über einen neuen Unionsvertrag zwischen zehn Unionsrepubliken[778] (Nowo-Ogarjowo II) ge-

776 Endgültige Auslöser dieses Putsches waren zum einen die Wahl Jelzins zum Präsidenten der RSFSR. Anders als Gorbatschow hatte sich Jelzin direkt vom Volk wählen lassen, so daß er eine größere Legitimität für sich in Anspruch nahm. Er erlangte ein Wahlergebnis von 57,3% der abgegebenen Stimmen. Entscheidender war aber noch die bevorstehende Unterzeichnung des „Vertrages über die Union Souveräner Staaten“. Beides symbolisierte für die Putschisten den Zerfall der Union, den es zu verhindern galt. Jelzin war die treibende Kraft bei der Entmachtung des Zentrums gewesen und gehörte dazu noch den Radikalreformern an. Am 20.7.1991 untersagte Jelzin dann auch die Tätigkeit aller politischer Parteien in russischen Staatseinrichtungen, Organisationen und Betrieben. Mit dieser Maßnahme entzieht Jelzin der russischen KP und der KPdSU jegliche Machtmittel, waren beide doch auf der Grundlage der gesellschaftlichen Organisationen organisiert, und nicht etwa auf der Grundlage von Bezirken. Der Vertrag über die Union Souveräner Staaten bedrohte das Machtzentrum in der Union und insbesondere auch die Macht der Putschisten, die alle samt aus der um Gorbatschow gruppierten Führungsschicht der Union kamen. Die während des Putsches die sowjetische Führung beanspruchende Dreiergruppe bestand aus dem Vizepräsidenten der UdSSR, G.I. Janaev, dem Premierminister der UdSSR, V.S. Pavlov, und dem ersten Stellvertreter des Vorsitzenden des Verteidigungsrates der UdSSR, O.D. Baklanov. Die Putschisten setzten Gorbatschow in seinem Ferienort fest und verhängten den Ausnahmezustand. Die Verhängung des Ausnahmezustandes war verfassungswidrig, da dies durch ein Gremium entschieden wurde, dem dieses Recht weder nach der Verfassung noch nach dem Gesetz über den Ausnahmezustand vom 3.4.1990 zukam.

777 Hildermeier, Geschichte der Sowjetunion 1917-1991, S. 1056 f.

778 Nicht beteiligt waren die baltischen Republiken, Georgien und Moldau.

führt.[779] Bis zum Abschluß des neuen Unionsvertrages sollte die UdSSR für eine Übergangszeit Bestand behalten.

Für diese Übergangszeit wurden die Unionsorgane am 5.9.1991 vom VDK der UdSSR in dem Verfassungsgesetz „Über die Organe der Staatsgewalt und -verwaltung der UdSSR in der Übergangsperiode" weitreichenden Änderungen unterzogen. Die Übergangsperiode sollte die Zeit bis zur Annahme einer neuen Unionsverfassung und der auf ihrer Grundlage erfolgten Wahlen der neuen Unionsorgane sein. Der wesentliche Inhalt dieses verfassungsändernden Gesetzes war die weitere Entmachtung der Union zugunsten der Republiken. So bedurften Gesetze des Unionssowjets der Zustimmung der Republiksowjets, und Verfassungsänderungen der Unionsverfassung mußten zunächst von den Republikparlamenten ratifiziert werden. Außerdem kam den Republikparlamenten ein Suspensionsrecht bezüglich Unionsgesetzen zu. Hinsichtlich des Verhältnisses der Republiken untereinander und zur Union stellte der VDK fest, daß er alle Souveränitäts- und Unabhängigkeitserklärungen der Republiken akzeptiere. Allerdings sollte die Erlangung der vollen Unabhängigkeit der Republiken, die eine Teilnahme an der neuen Union ablehnten, Verhandlungen mit der UdSSR erfordern.[780] Es wurde ein Interrepublikanisches Wirtschaftskomitee gebildet, das die Wirtschaftspolitik übernahm. Von besonderer Bedeutung war die Auflösung des VDK zu Gunsten des Obersten Sowjets der UdSSR. Dessen Aufbau aus zwei Kammern wurde beibehalten, der Nationalitätensowjet aber durch den Republiksowjet ersetzt. Der Republiksowjet bestand aus Delegierten der Republikparlamente und war damit eine Vertretung der Republiken, wie zum Beispiel der deutsche Bundesrat. Dagegen bestand der Nationalitätensowjet aus direkt gewählten Abgeordneten. Er war also die Vertretung des sowjetischen Volkes beziehungsweise der sowjetischen Bezirke. Höchstes Entscheidungsorgan wurde der Staatsrat, der den Föderationsrat ersetzte. Der Staatsrat übernahm die Leitung der klassischen Ressorts der Union und erließ verbindliche Beschlüsse über Fragen der Innen- und Außenpolitik. Er setzte sich aus dem Präsidenten der UdSSR und den Präsidenten der 11 mitwirkungsbereiten Unionsrepubliken zu-

779 Die Ergebnisse der Verhandlungen zwischen den Unionsrepubliken wurden in der „Erklärung des Präsidenten der UdSSR und der obersten Führer der Unionsrepubliken" am 2.9.1991 dem KVD präsentiert. Darin wurden zwar der Prozeß der Bildung neuer Unionsbeziehungen für durch den Putsch zerrissen erklärt. Trotzdem wurde weiterhin an dem Plan für eine Union souveräner Staaten festgehalten. Gleichzeitig sollte ein Vertrag über eine Wirtschaftsunion und eine Vereinbarung über Grundlagen kollektiver Sicherheit verhandelt werden. Außerdem sollte eine neue Unionsverfassung von den Republiksparlamenten zu bestätigen sein (Schweisfurth, Vom Einheitsstaat (UdSSR) zum Staatenbund (GUS), Zeitschrift für ausländisches öffentliches Recht und Völkerrecht Bd. 52 (1992), S. 541 (616)).

780 Beschluß des Außerordentlichen Kongresses der sowjetischen Volksdeputierten vom 5.9.1991 über Reform von Staat und Wirtschaft, Europa-Archiv Bd. 46,2 (1991), Dokumente, S. D 523 (524).

sammen.[781] Die erste Amtshandlung dieses Staatsrates war die Anerkennung der Unabhängigkeit der baltischen Staaten durch drei Beschlüsse vom 6.9.1991, so daß spätestens zu diesem Zeitpunkt die baltischen Republiken nicht mehr Teil der UdSSR waren. Am gleichen Tag brach Georgien offiziell seine Beziehungen zur Sowjetunion ab.[782]

In der Folgezeit machten die Republiken, gefördert durch die neue Unionsorganisation, eine vollständig eigenständige Politik, die sich insbesondere in der Nationalisierung des Eigentums und dem durch den Staatsrat vorgenommenen Abbau der Unionsverwaltung ausdrückte. So wurde bereits am 22.9.1991 der KGB aufgelöst und am 14.11.1991 folgte bis auf einige zwischenstaatliche Verwaltungsorgane die Auflösung aller Unionsministerien und Unionskomitees.

Neben dieser Auflösung von Innen verhandelten die Unionsrepubliken auch über die in der Erklärung vom 2.9.1991 bestimmten Verträge.[783] Die Verhandlungen über einen neuen Unionsvertrag begannen am 14.11.1991 in Nowo-Ogarjowo. Es nahmen nur noch Rußland, Weißrußland, Turkmenistan, Kazachstan, Tadschikistan, Uzbekistan und Kirgisistan sowie Gorbatschow als Vertreter der Union an den Verhandlungen teil. Anfang Dezember wurde die generelle Einigung von den Unionssowjets gebilligt und an die Republikparlamente weitergeleitet. Eine Union ohne die Ukraine war von Anfang an von den Teilnehmern als unrealistisch bezeichnet worden.[784] Als die ukrainische Bevölkerung am 1.12.1991 in einem Referendum mit fast 90 Prozent die Unabhängigkeitserklärung bestätigte, war die Einigung hinfällig.

Für alle anderen Republiken und die Weltöffentlichkeit überraschend, kam es am 8.12.1991 zur Unterzeichnung des „Abkommens über die Gründung der Gemeinschaft Unabhängiger Staaten“[785] (GUS) durch die Präsidenten Rußlands,

---

781 Beschluß des Außerordentlichen Kongresses der sowjetischen Volksdeputierten vom 5.9.1991 über Reform von Staat und Wirtschaft, EA Bd. 46,2 (1991), Dokumente, S. D 523 (524), welcher in Punkt 1 Bezug nimmt auf die Erklärung des kasachischen Präsidenten, abgedruckt in: EA Bd. 46,2 81991), Dokumente, S. D 522 f.)

782 T.Ch, Das Ende der Sowjetunion und die Anfänge neuer Staatlichkeit, EA Bd. 47,2 (1992), Dokumente, S. D 299 (300).

783 So kam es am 18.10.1991 zu der Unterzeichnung des Vertrages über die Wirtschaftsgemeinschaft durch zunächst acht Unionsrepubliken. Am 6.11.1991 wurde er auch von Moldau und der Ukraine unterzeichnet. Nicht unterzeichnet wurde er von den inzwischen sezessionierten baltischen Staaten, Georgien und Aserbaidshan. Allerdings erfolgte niemals die notwendige Ratifikation durch die beteiligten Staaten, so daß der Vertrag nicht in Kraft trat.

784 Schweisfurth, Vom Einheitsstaat (UdSSR) zum Staatenbund (GUS), ZaöRV Bd. 52 (1992), S. 541 (618).

785 Erklärung der Staatschefs Rußlands, der Ukraine und Weißrußlands über die Gründung einer Gemeinschaft Unabhängiger Staaten, verabschiedet am 8.12.1991 in Minsk, EA Bd. 47,2 (1992), S. D 302 f.

der Ukraine und Weißrußlands in der Nähe der weißrussischen Stadt Minsk.[786] Begründet wurde dieser Schritt damit, daß die Verhandlungen über die Vorbereitung eines neuen Unionsvertrages in eine Sackgasse geraten seien und der Prozeß des Austritts der Unionsrepubliken aus der UdSSR und die Bildung unabhängiger Staaten ein realer Faktor geworden sei.[787] Dies war das Ende der Unionsvertragspolitik. Die Republiken weigerten sich, diese noch einmal aufzunehmen oder das Minsker Abkommen zur Diskussion zu stellen.[788]

In mehreren Artikeln des Abkommens wurde von der ehemaligen UdSSR gesprochen. Daraus erwuchs der Eindruck, daß die drei Unterzeichnerstaaten die Sowjetunion mit dem Abschluß des Minsker Abkommens aufgelöst hätten. Die drei Staaten wollten nicht mehr Mitglied in einer irgendwie gearteten Union sein. Sie gingen davon aus, daß die UdSSR ohne sie nicht weiter existieren würde. Aber alleine aus den Formulierungen des Vertrages über die Gründung der GUS kann nicht geschlossen werden, daß sie die UdSSR schon mit dem Abschluß des Vertrages für aufgelöst erachteten. Wäre dies beabsichtigt gewesen, so hätten sich die drei Staaten Rußland, Weißrußland und die Ukraine das Recht angemaßt, eine Vereinigung von Staaten aufzulösen, der neben ihnen weitere Mitglieder angehörten. Der Unionsvertrag, der die Grundlage für den Zusammenschluß zur UdSSR bildete, enthielt keinen Passus, nach dem die Union sich automatisch auflöse, wenn eine oder eine bestimmte Anzahl von Republiken aus ihr austräten. Vielmehr enthielt sie ein einfaches Sezessionsrecht, das jeder Unionsrepublik zustand. Daraus kann nur geschlossen werden, daß ein Austritt einer Unionsrepublik nicht zur Auflösung der UdSSR führen sollte. Die UdSSR sollte solange bestehen, als noch zumindest zwei Unionsrepubliken Mitglieder in ihr blieben. Ein Auflösungsrecht stand den drei GUS-Gründungsstaaten nicht zu. Sie konnten nur aus der UdSSR austreten. Das bedeutet, daß selbst wenn die drei Staaten eine Auflösung der UdSSR durch den GUS-Gründungsvertrag vom 8.12.1991 bezweckt hätten, diese Rechtsfolge mangels Berechtigung nicht eingetreten wäre.[789]

Aber weder der Wortlaut des GUS-Gründungsvertrages noch das anschließende Verhalten der drei Staaten läßt darauf schließen, daß diese Rechtsfolge tat-

---

786 Jelzin (Rußland), Krawtschuk (Ukraine) und Schuschkewitsch (Weißrußland).

787 Erklärung der Staatschefs Rußlands, der Ukraine und Weißrußlands über die Gründung einer Gemeinschaft Unabhängiger Staaten, verabschiedet am 8.12.1991 in Minsk, EA Bd. 47,2 (1992), S. D 302; Schweisfurth, Vom Einheitsstaat (UdSSR) zum Staatenbund (GUS), ZaöRV Bd. 52 (1992), S. 541 (619 f.).

788 Schweisfurth, Vom Einheitsstaat (UdSSR) zum Staatenbund (GUS), ZaöRV Bd. 52 (1992), S. 541 (620).

789 So auch: Seiffert, Von der Sowjetunion (UdSSR zur Gemeinschaft Unabhängiger Staaten (GUS), OR Bd. 38 (1992), S. 79 (87).

sächlich bezweckt war. Zum einen wird das Präsens benutzt.[790] „Die UdSSR hat ihre Existenz beendet," nicht sie wurde beendet. Dies läßt darauf schließen, daß die Gründerstaaten auf den schleichenden Auflösungsprozeß hinweisen wollten. Dafür spricht auch, daß die Existenzbeendigung nur in der Präambel des Vertrages festgestellt wird. Hätte der Vertrag selbst die Beendigung der UdSSR rechtlich herbeiführen sollen, hätte dies im operativen Teil des Vertrages festgehalten werden müssen. Die Präambel eines Vertrages stellt die Begründung des Vertrages dar, die dahinterstehende Absicht. Direkte rechtliche Folgen ergeben sich aber nur aus dem operativen Teil. Außerdem beinhaltet der operative Teil in Artikel 14 II GUS-Gründungsvertrag die Bestimmung, daß die Tätigkeit der Organe der ehemaligen UdSSR auf den Territorien der Mitgliedstaaten der neuen Gemeinschaft beendet werden. Diese Bestimmung macht aber nur Sinn, wenn die Organe auf anderen Territorien fortbestehen und auch weiter tätig sein können, diese Tätigkeit aber auf dem Gebiet der GUS-Gründungsstaaten beendet werden soll.

Daß die Union nicht durch den GUS-Gründungsvertrag aufgelöst werden sollte ergibt sich ferner dadurch, daß der Oberste Sowjet der RSFSR gleichzeitig mit der Zustimmung zum GUS-Gründungsvertrag am 13.12.1991 den Unionsvertrag von 1922 durch einen besonderen Beschluß kündigte und damit aus der Union austrat. Ein solcher Austritt wäre aber nicht erforderlich gewesen, wenn unmittelbare Rechtsfolge des GUS-Gründungsvertrages die Auflösung der UdSSR gewesen wäre. Insofern wurde die UdSSR nicht durch den GUS-Gründungsvertrag terminiert.

Am 12.12.1991 trafen sich die Präsidenten von fünf verbliebenen Unionsrepubliken[791] in Aschchabad (Turkmenistan) und beschlossen, der GUS als Gründungsmitglieder beizutreten.[792] Den gleichen Beschluß faßten Moldau, Aserbaidshan und Armenien. Der Beitritt erfolgte am 21.12.1991 in Alma-Ata (Kazachstan). An diesem Tag unterzeichneten die Präsidenten von elf Unionsrepubliken[793] ein Beitrittsprotokoll. Die baltischen Staaten und Georgien, die sich bereits von der UdSSR als unabhängig deklariert hatten, beteiligten sich nicht.[794] In dem Beitrittsprotokoll heißt es, daß die Union der Sozialistischen Sowjetrepubliken mit der Bildung der Gemeinschaft Unabhängiger Staaten auf-

---

790 Schweisfurth, Vom Einheitsstaat (UdSSR) zum Staatenbund (GUS), ZaöRV Bd. 52 (1992), S. 541 (639).

791 Dies waren: Turkmenistan, Uzbekistan, Tadschikistan, Kirgisien, Kazachstan.

792 Erklärung der Staatschefs Kasachstans, Kirgisistans, Tadschikistans, Turkmenistans und Usbekistans, verabschieded am 13.12.1991 in Aschchabad (Turkmenistan), EA Bd. 47,2 (1992), S. D 303 ff.

793 Die drei Gründerstaaten Rußland, Ukraine und Weißrußland, sowie Aserbaidshan, Armenien, Kazachstan, Turkmenistan, Moldau, Tadschikistan, Uzbekistan, Kirgisien.

794 Allerdings trat Georgien der GUS Mitte Oktober 1993 bei (Kusler, Georgien, in: Nitsche (Hrsg.), Die Nachfolgestaaten der Sowjetunion, S. 97 (116).

hört, zu existieren.[795] Dieser Passus befindet sich im operativen Teil des Protokolls und soll daher auch rechtliche Wirkung entfalten. Es stellt insoweit eine Vereinbarung der Unterzeichnerstaaten dar, die UdSSR aufzulösen. Im Gegensatz zu einem solchen Passus in dem GUS-Gründungsvertrag, ist diese Bestimmung auch rechtlich zulässig, da alle noch in der UdSSR verbliebenen Unionsrepubliken dieser Auflösungsvereinbarung zugestimmt haben. Unproblematisch ist, daß Georgien nicht teilnahm. Georgien hatte bereits einseitig seine Unabhängigkeit erklärt.

Daher stellt der Vertrag von Alma-Ata vom 21.12.1991 den Akt dar, durch den der Vertrag über die Gründung der UdSSR vom 30.12.1922 aufgehoben wurde. Die UdSSR löste sich aufgrund der Vereinbarung der verbliebenen Unionsrepubliken auf.

---

795 Erklärung von Alma Ata über die Auflösung der Sowjetunion und die Schaffung der Gemeinschaft Unabhängiger Staaten (GUS), von den Teilnehmerstaaten am 21.12.1991 in Alma Ata (Kazachstan) verabschiedet, EA Bd. 47, 2 (1992), Dokumente, S. D 305 (306). Blum, UN Membership Of The „New“ Yugoslavia: Continuity Or Break?, AJIL Bd. 86 (1992), S.830 (832).

3. *Sezessionswünsche anderer Gebietseinheiten der UdSSR*

Während des Auflösungsprozesses der UdSSR erklärten sich nicht nur die Unionsrepubliken für souverän. Vielmehr gaben auch viele autonome Republiken, Bezirke, Kreise und sogar einzelne Städte Souveränitätserklärungen ab. In diesem Zusammenhang sollen beispielhaft Berg-Karabagh und Tschetschenien dargestellt werden. Diese beiden Gebiete haben die größte internationale Aufmerksamkeit erlangt, so daß sich an ihnen eine Erkenntnis über die Rechtsüberzeugung der internationalen Gemeinschaft bezüglich eines Selbstbestimmungsrechts von innerstaatlichen Gruppen am eindeutigsten nachweisen läßt.

a) Berg-Karabagh

Die Geschichte Berg-Karabaghs ist von dem seit Jahrhunderten bestehenden Konflikt zwischen Aseris und Armeniern geprägt. Grundlage dieses Konfliktes sind sich gegenseitig bedingende Faktoren.

Die unterschiedliche Religionszugehörigkeit stellt einen Faktor dar. Die Aseris gehören mehrheitlich dem Islam an, wohingegen die Armenier überwiegend christlichen Glaubens sind. Daraus entstand in der jahrhundertelangen Geschichte der Fremdherrschaft über beide Völker Bindungen zu unterschiedlichen Schutzmächten. Wurden die Armenier aufgrund ihres christlichen Glaubens als Volksgruppe im Zarenreich bevorzugt, hatten die Aseris aufgrund ihrer Turkstämmigkeit eine enge Verbindung zu den Türken, die sich zu einer Art Schutzmacht entwickelten. Aufgrund dieser Verbindung bringen die Armenier den Konflikt um Berg-Karabagh immer wieder mit der Geschichte des türkischen Völkermordes an Armeniern von 1915 in Verbindung.[796]

Das Gebiet von Berg-Karabagh ist seit langer Zeit mehrheitlich von Armeniern bewohnt, wobei der Anteil der Armenier an der Gesamtbevölkerung des Gebietes zwischen 75 und 88 Prozent[797] schwankte. Trotzdem beschränkt sich die gemeinsame Geschichte Berg-Karabaghs und des heutigen Armeniens auf die Zeit des Großarmenischen Reiches. Danach unterstand das Gebiet Berg-Karabaghs wechselnden Großmächten, bis es nach einer Zeit der türkischen Herrschaft 1805 von Rußland annektiert wurde.[798] Obwohl auch das Gebiet des heutigen Armeniens seit 1828 unter russischer Herrschaft stand, wurden beide

---

796 Zu diesem: Dudwick, Armenia: Paradise Regained Or Lost?, in: Bremmer/Taras (Hrsg.), New States New Politics, S. 471 (475).

797 Götz/Halbach, Politisches Lexikon GUS, S. 56; Auch, Nationalitätenprobleme in Transkaukasien, in: Erhart (Hrsg.), Die „sowjetische Frage", S. 75 (76).

798 1813 wurde die Abtretung im russisch-persischen Vertrag von Gulistan endgültig festgeschrieben (Auch, Nationalitätenprobleme in Transkaukasien, in: Erhart (Hrsg.), Die „sowjetische Frage", S. 75 (77)).

Gebiete nie vereinigt.[799] In den Wirren der sozialistischen Revolution von 1917 gründete sich unter starker türkischer Hilfe der Staat Aserbaidshan. Auch Armenien erklärte sich zu einem unabhängigen Staat. Berg-Karabagh war im Jahr 1918 faktisch unabhängig. Diese Unabhängigkeit bestand bis zum 22.8.1919. Nach einer erfolgreichen aserbaidshanischen Intervention erkannte die armenische Führung in Berg-Karabagh an diesem Tag die Zugehörigkeit Berg-Karabaghs zu Aserbaidshan zunächst an. Zwar verzichtete die Führung Aserbaidshans nach der kommunistischen Machtübernahme zunächst auf Berg-Karabagh, hielt diese Zusage aber aufgrund der günstigen außenpolitischen Situation nicht ein. Die Moskauer Führung hatte ein starkes Interesse an einem guten Verhältnis zu der Türkei.[800] Mit Rücksicht auf die Türkei gestaltete sie daher die Abgrenzung zwischen Aserbaidshan und Armenien zugunsten Aserbaidshans. So wurde neben Nachitschewan auch Berg-Karabagh in den territorialen Verband Aserbaidshans eingegliedert.[801] Als Ausgleich dafür wurde Berg-Karabagh als autonomes Gebiet konstituiert.[802]

Die Spannungen zwischen der Zentralmacht in Baku und Berg-Karabagh konnten aber nie aufgehoben werden. Im Zuge der „perestrojka" traten sie wieder offen zu Tage. Dabei ging es Berg-Karabagh zunächst um einen Anschluß an die Unionsrepublik Armenien. 1986/87 stimmten 60 Prozent der Bevölkerung in einer Unterschriftenaktion für einen Anschluß an die Unionsrepublik Armenien.[803] Dies war der Beginn des sich verschärfenden Konfliktes, bei dem sich die Unionsrepublik Aserbaidshan und die Union auf der einen Seite und die Unionsrepublik Armenien und Berg-Karabagh auf der anderen Seite gegenüber standen. Der Konflikt verdeutlicht die typische Schraube aus interethnischer Gewalt und sich steigernder politischer Forderungen.

Am 20.2.1988 beschloß der Gebietssowjet Berg-Karabaghs, die Obersten Sowjets von Aserbaidshan und Armenien zu ersuchen, das Autonome Gebiet von Berg-Karabagh Armenien anzugliedern. Dies wurde am 23.2.1988 vom ZK der KPdSU und am 23.3.1988 vom Präsidium des Obersten Sowjets der UdSSR abgelehnt. Während das Anschlußersuchen in Armenien breite Zustimmung fand, wurde es in Aserbaidshan abgelehnt. In der Folgezeit kam es daraufhin zu Vertreibungen und Progromen auf beiden Seiten, die zu Flüchtlingswellen von

799 Grund dafür war die Annahme, daß sich gemischtethnische Verwaltungsdistrikte nicht so schnell gegen die russische Fremdherrschaft auflehnen würden wie ein Verwaltungsdistrikt mit einer homogenen Bevölkerung.

800 Auch, Nationalitätenprobleme in Transkaukasien, in: Erhart (Hrsg.), Die „sowjetische Frage", S. 75 (81).

801 Götz/Halbach, Politisches Lexikon, S. 24.

802 Luchterhand, Das Recht Berg-Karabaghs auf staatliche Unabhängigkeit aus völkerrechtlicher Sicht, ArchVR Bd. 31 (1993), S. 30 (41).

803 Auch, Nationalitätenprobleme in Transkaukasien, in: Erhart (Hrsg.), Die „sowjetische Frage", S. 75 (82)

hunderttausenden von Menschen beider Ethnien in das jeweilige Titularland führten.[804] Im Juni votierte der Oberste Sowjet Armeniens für den Anschluß Berg-Karabaghs, was vom Obersten Sowjet Aserbaidshans abgelehnt wurde. Die Union stand in diesem Konflikt auf der Seite Aserbaidshans und lehnte eine Änderung der Zugehörigkeit Berg-Karabaghs gegen den Willen Aserbaidshans ab. Begründet wurde dies mit Artikel 78 der Unionsverfassung von 1977, nach dem das Territorium einer Unionsrepublik nur mit deren Zustimmung geändert werden könne.

Trotz dieser Ablehnung sowohl durch Aserbaidshan als auch durch die Union beschloß der Gebietssowjet von Berg-Karabagh am 12.7.1988 die Trennung Berg-Karabaghs von Aserbaidshan und den Anschluß an Armenien. Dieser Beschluß wurde von dem Obersten Sowjet Aserbaidshans für verfassungswidrig erklärt.[805] Aufgrund der schweren Unruhen in Berg-Karabagh und dem Vorgehen der Aserbaidshanischen Regierung gegen Armenier in dem Gebiet, wurde dieses am 12.1.1989 der Zuständigkeit Aserbaidshans entzogen und unter sowjetische Sonderverwaltung gestellt.[806] Die Sonderverwaltung stellte keinen Schritt in Richtung einer Ausgliederung aus Aserbaidshan oder einer größeren Selbständigkeit Berg-Karabaghs dar. Dies zeigte sich darin, daß nach Aufhebung dieser Sonderverwaltung am 28.11.1989 die Jurisdiktion wieder an Aserbaidshan zurückgegeben wurde und weder die Union noch Aserbaidshan den in dieser Zeit zusammengekommenen „Kongreß der bevollmächtigten Vertreter der Bevölkerung des Autonomen Gebiets von Berg-Karabagh“, noch den durch diesen gewählten „Nationalen Rat“ anerkannten. Diese Nichtanerkennung bezog sich auch auf den von diesem Rat gefaßten Beschluß, nach dem Berg-Karabagh zu einem unabhängigen Unionsterritorium werden sollte.[807] Der Konflikt zwischen Aserbaidshan und Armenien wurde seit 1989 immer kriegerischer und Aserbaidshan nutzte seine strategisch gute Lage zu einer umfassenden Wirtschaftsblockade Armeniens. Die sich dadurch ständig verschärfende wirtschaftliche Situation bewegte Armenien dazu, alle Entschließungen hinsichtlich der Vereinigung Berg-Karabaghs mit Armenien aufzuheben.

Am 2.9.1991 rief der „Nationale Rat“ Berg-Karabaghs die „Republik Azach“ aus. Aserbaidshan hob im Gegenzug Ende November den autonomen Status von

---

804 Erster trauriger Höhepunkt ist das Massaker von Sumgait an der dortigen armenischen Minderheit vom 27.-29.2.1988 (Auch, Nationalitätenprobleme in Transkaukasien, in: Erhart (Hrsg.), Die „sowjetische Frage“, S. 75 (83).

805 Halbach, Das sowjetische Vielvölkerimperium, S. 85.

806 Auch, Nationalitätenprobleme in Transkaukasien, in: Erhart (Hrsg.), Die „sowjetische Frage“, S. 75 (84).

807 Luchterhand, Das Recht Berg-Karabaghs auf staatliche Unabhängigkeit aus völkerrechtlicher Sicht, ArchVR Bd. 31 (1993), S. 30 (45).

Berg-Karabagh auf und verhängte den Ausnahmezustand.[808] In einem Referendum am 10.12.1991 stimmte die Mehrheit der Bevölkerung von Berg-Karabagh für die Unabhängigkeit, welche am 6.1.1992 förmlich erklärt wurde. 1992 kämpften sowohl Berg-Karabagh als auch Armenien gegen Aserbaidshan. Der unter iranischer Vermittlung ausgehandelte Waffenstillstand vom 8.5.1992 zwischen Armenien und Aserbaidshan wurde sofort gebrochen und armenische Verbände eroberten ganz Berg-Karabagh. Allerdings gelang es nicht, den aserischen Korridor, der Berg-Karabagh von Armenien trennt, zu erobern, so daß die Versorgung des Gebietes und der Truppennachschub schwierig blieben. Im Sommer 1992 wurde Berg-Karabagh durch Aserbaidshan zurückerobert. Der Kriegszustand dauert bis zum Jahr 2000 an, wobei die Kriegsparteien unter Vermittlung der Russischen Föderation und der durch die OSZE für diesen Konflikt gegründetet „Minsker Gruppe" am 12.5.1994 eine Waffenruhe vereinbarten.[809]

b) Tschetschenien

Auch der Kampf um die Unabhängigkeit Tschetscheniens ist von einem jahrhundertelangen Konflikt bestimmt. Anders als im Falle Berg-Karabaghs handelt es sich aber nicht um einen ethnischen, sondern vielmehr um einen „kolonialen" Konflikt. Die Tschetschenen wollten sich von der russischen Vorherrschaft befreien, die als Zeichen ihrer kolonialen Unterdrückung gesehen wurde.

Diese Unterdrückung begann nach der russischen Besiedlung des heutigen Tschetscheniens 1559 und dem Nachfolgen der russischen Armee im 18. Jahrhundert. Die Tschetschenen leisteten von Beginn an starken Widerstand gegen die russische Fremdherrschaft. Sie waren maßgeblich an allen nordkaukasischen Widerstandskriegen beteiligt, was zu schweren Verfolgungen durch die russische Armee führte.[810] Nach der Revolution 1917 bildeten sich verschiedene kaukasische Reiche, die aber nicht von Bestand waren. 1922 wurde unter bolschewistischer Herrschaft das Tschetschenische Autonome Gebiet innerhalb der RSFSR gegründet, welches 1934 mit dem 1924 gegründeten Inguschischen Autonomen Gebiet[811] vereinigt wurde. Dieses Tschetscheno-Inguschische Auto-

808 Kappert, Aserbaidshan zwischen Nationalismus und religiöser Reaktion, in: Nitsche (Hrsg.), Die Nachfolgestaaten der Sowjetunion, S. 119 (123).

809 Siehe Sicherheitsrat S/PRST/1995/21.

810 Grosny war 1818 als russische Festung erbaut worden, um als Stützpunkt für Strafexpeditionen der russischen Armee gegen die Bergbevölkerung zu dienen. Gleichzeitig führte diese Verfolgung auch zu einer starken Emigration. So verließ ein Fünftel der tschetschenischen Bevölkerung nach dem verlorenen Widerstandskrieg im 19. Jahrhundert seine Heimat. Götz/ Halbach, politisches Lexikon Rußland, S. 333.

811 Ursprünglich handelte es sich bei den Inguschen und den Tschetschenen nicht um zwei unterschiedliche Völker. Vielmehr gehörten sie einem Volk an, wurden aber unterschiedlich benannt, da die Stämme, die als Inguschen bezeichnet wurden, die Russen im

nome Gebiet wurde 1936 zur Tschetscheno-Inguschischen Autonomen Sowjetrepublik erhoben. Ausgelöst durch die Zwangskollektivierung der Landwirtschaft begann Ende der 1920er Jahre in der Tschetscheno-Inguschischen Autonomen Sowjetrepublik ein Guerillakrieg gegen die Rote Armee. Dieser Kampf wurde erst nach Ende des Zweiten Weltkrieges durch die Rote Armee gewonnen. Unter dem Vorwurf der Kollaboration mit den Deutschen wurde 1944 die Tschetscheno-Inguschische ASSR aufgelöst und sowohl die Tschetschenen als auch die Inguschen kollektiv nach Zentralasien deportiert.[812] Die Tschetschenen erhielten auch in der Verbannung ihre nationale und kulturell/religiöse Identität. Nachdem beide Völker 1957 durch den 20. Parteitag der KPdSU rehabilitiert worden waren, konnten sie in ihr erneut autonomisiertes Gebiet zurückkehren.[813] Tschetschenien blieb das am wenigsten integrierte Gebiet der RSFSR, da dessen Bevölkerung sich jeglicher russischen Assimilierung widersetzte.

Wie andere autonome Republiken verabschiedete auch der Oberste Sowjet der Tschetscheno-Inguschischen Autonomen Republik am 27.11.1990 eine Souveränitätserklärung. Nach dem Augustputsch in Moskau erklärte Tschetschenien am 6.9.1991 seinen Austritt aus der RSFSR und seine volle Souveränität. Wie im Großen zwischen der Union und den Unionsrepubliken begann nun zwischen Tschetschenien und der RSFSR ein „Krieg der Gesetze". Die tschetschenische Präsidentschaftswahl vom 27.9.1991, die General Dudajew gewann, wurde vom Moskauer Parlament annulliert und Präsident Jelzin verhängte per Dekret am 8.11.1991 den Ausnahmezustand über Tschetschenien. Dieser konnte von Moskau nicht durchgesetzt werden, so daß Jelzin das Dekret auf Anweisung des Parlamentes wieder zurückziehen mußte. Allerdings verhängte die RSFSR eine wirtschaftliche und finanzielle Blockade über Tschetschenien. Auch durch die schweren wirtschaftlichen Folgen dieser Blockade versank Tschetschenien innenpolitisch in einem Chaos. In der Folgezeit kam es zu Machtkämpfen zwischen der Opposition und Dudajew sowie zu einem staatlichen Autoritätsverlust. Die Weigerung Tschetscheniens, im März 1992 den Föderationsvertrag der RSFSR zu unterzeichnen, wurde von der Verabschiedung einer Verfassung am 12.3.1992 begleitet. Diese erklärte Tschetschenien zu einer unabhängigen, demokratischen und laizistischen Republik. Folgerichtig boykottierte Tschetschenien alle weiteren Föderationsakte.[814] Am 4.6.1992 trennte die Russische Föde-

---

19. Jahrhundert unterstützten, wohingegen die übrigen Stämme als Tschetschenen bezeichnet wurden. Beide Begriffe leitet sich aus zwei verschiedenen Orten des Gebietes ab. Götz/ Halbach, politisches Lexikon Rußland, S. 331.

812 Tscherwonnaja, Der Krieg in Tschetschenien, EN Bd. 4 (1996), S. 75 (76).

813 Götz/Halbach, politisches Lexikon Rußland, S. 334.

814 Tscherwonnaja geht davon aus, daß mit der Weigerung Tschetscheniens, an der RSFSR teilzunehmen und der Unfähigkeit der Zentralregierung in Moskau, ihre Regierungsakte

ration durch Gesetz den inguschischen Teil von Tschetschenien. Dessen Bevölkerung unterstütze die Politik Dudajews nicht. Die innenpolitischen Konflikte in Tschetschenien steigerten sich bis 1994 zu einem Bürgerkrieg, wobei die Opposition Dudajews durch die Russische Föderation stark unterstützt wurde.[815] Nachdem dies nicht zu dem von der Russischen Föderation erwünschten Erfolg führte, autorisierte Präsident Jelzin im November per Dekret den Einsatz der russischen Armee.

Die Invasion russischer Truppen begann am 11.12.1994. Nachdem das erste Abkommen zwischen der Russischen Föderation und Tschetschenien vom Juni 1995 nicht eingehalten wurde, eroberten tschetschenische Truppen weite Teile des zuvor verlorenen tschetschenischen Gebietes. Daraufhin kam es am 31.8.1996 erneut zu einem Abkommen zwischen den Kriegsparteien. Inhalt dieses Vertrages ist die Bestimmung, daß eine Entscheidung über den künftigen Status Tschetscheniens bis zum 31.12.2001 getroffen werden soll. Des weiteren sollte eine Kommission aus russischen und tschetschenischen Abgeordneten gebildet werden, die den Abzug der russischen Truppen zu überwachen hatten und ein Wiederaufbauprogramm für Tschetschenien entwickeln sollten. In dem Vertragstext fand zwar das Selbstbestimmungsrecht der Völker, nicht aber die Integrität der Russischen Föderation Erwähnung.[816]

Am 12.5.1997 kam es zu einem zunächst abschließenden Friedensvertrag zwischen der Russischen Föderation und der „Tschetschenischen Republik Ickeria“[817]. In diesem Vertrag kamen die Parteien überein, in Zukunft auf Gewalt zu verzichten und weitere Abkommen über die Form ihrer Beziehung abzuschließen. Der genaue Status Tschetscheniens wurde nicht festgelegt. Artikel 2 des Vertrages beinhaltete diesbezüglich nur eine nach allen Seiten offene Formulierung. Danach wollten die Vertragsparteien ihre Beziehungen auf der Grundlage der allgemein anerkannten Prinzipien und Normen des Völkerrechts aufbauen. Dabei würden die Vertragsparteien auf der Basis konkreter Abkommen zusammenarbeiten.[818] Die tschetschenische Regierung sieht in diesem Verweis auf das Völkerrecht die Anerkennung seiner Unabhängigkeit durch die Russischen Föderation, wohingegen diese eine solche Interpretation des Vertrages immer abgelehnt hat. Diese Ablehnung schließt an die von der Russischen Föderation vorgebrachten Argumente für ihr gewaltsames Eingreifen in Tschetschenien an. Danach war das militärische Vorgehen durch die Berechtigung zum

---

in Tschetschenien durchzusetzen, Tschetschenien faktisch zu einem unabhängigen Staat wurde. Tscherwonnaja, Der Krieg in Tschetschenien, EN Bd. 4 (1996), S. 75 (80).

815 Tscherwonnaja, Der Krieg in Tschetschenien, EN Bd. 4 (1996), S. 75 (82).

816 Wagner, Die Beziehungen zwischen Groznyi und Moskau in der Zwischenkriegszeit, in: Sapper (Hrsg.), Rußland und der zweite Tschetschenienkrieg, S. 8 (8 f.).

817 Wie sich Tschetschenien offiziell nennt.

818 Anhang in: Sapper (Hrsg.), Rußland und der zweite Tschetschenienkrieg, S. 46.

Schutz der territorialen Unversehrtheit der Russischen Föderation und deren Verfassung gedeckt. So sagte Präsident Jelzin am 12.12.1994: „Das Vorgehen der Regierung wurde durch die Gefahr diktiert, die für die Integrität Rußlands und die Sicherheit ihrer Bürger, sowohl in Tschetschenien, als auch außerhalb von dessen Grenzen, entstanden ist, wie auch durch die entstandene Gefahr für die Stabilität der politischen und der wirtschaftlichen Situation."[819]

Mit dem Ende des ersten Tschetschenien-Krieges hatte die Russische Föderation keinerlei effektive Staatsgewalt in Tschetschenien mehr und die tschetschenische Regierung machte deutlich, daß sie nicht gewillt war, die Zugehörigkeit Tschetscheniens zur Russischen Föderation anzuerkennen. Insoweit hatte der Kriegsgewinn tschetschenischer Einheiten über die russische Armee die faktische Unabhängigkeit bestätigt.[820] Daran konnte auch die wirtschaftliche Abhängigkeit von der Russischen Föderation nichts ändern. Viele Staaten sind wirtschaftlich nicht lebensfähig und deren Unabhängigkeit wird trotzdem nicht bestritten. Hinzu kam, daß die Russische Föderation die Wiederaufbauhilfe, die sie vertraglich zugesichert hatte, nicht erbrachte. Tschetschenien erhielt keine Leistungen, durch die von einer zumindest wirtschaftlichen Staatsgewalt der Russischen Föderation über Tschetschenien gesprochen werden konnte. In den Jahren nach dem Friedensschluß kam es immer wieder zu Verhandlungen zwischen der Russischen Föderation und Tschetschenien. Dabei wurden zwar verschiedene Kooperationsverträge geschlossen, aber über den Status Tschetscheniens wurde keine Einigung erzielt. Beide Parteien beharrten auf ihren Positionen, der territorialen Integrität der Russischen Föderation unter Einschluß des tschetschenischen Territoriums auf russischer Seite und der Unabhängigkeit Tschetscheniens auf tschetschenischer Seite. Bei beiden Parteien wurde der Friedensprozeß durch radikale Kräfte erschwert.[821] Außerdem kam es immer wieder zu militärischen Übergriffen, sowohl von der tschetschenischen als auch von russischer Seite.

Nach mehreren Explosionen von Wohnhäusern in Moskau und Bujnaksk (Dagestan) 1999, die tschetschenischen Terroristen zugeschrieben wurden, begann am 23.9.1999 der zweite Tschetschenien-Krieg. Die russische Armee hat sich bisher in diesem Krieg durchgesetzt. Dabei ist es zu erheblichen Menschenrechtsverletzungen durch die Russische Föderation, sowohl gegenüber tschetschenischen Flüchtlingen, als auch gegenüber der tschetschenischen Zivilbevölkerung gekommen. Die russische Armee ging ohne Rücksicht auf die Bevölkerung mit besonderer Härte gegen Städte und Dörfer vor. Höhepunkt dieser Kriegsführung gegen die Zivilbevölkerung war das am 6.12.1999 gestellte Ulti-

---

819 Zitiert nach: Wagner, Rußlands Kriege in Tschetschenien, S. 53.

820 Halbach, Der Weg in den zweiten Tschetschenien-Krieg, Osteuropa 2000, S. 11 (20).

821 Zu der zeitlichen Abfolge und den Geschehnissen in der Zwischenkriegsphase: Wagner, Rußlands Kriege in Tschetschenien, S. 187 ff.

matum an die Bevölkerung Grosnys, die Stadt bis zum 11.12.1999 zu verlassen. Alle danach noch anwesenden Personen würden als Terroristen angesehen und könnten daher getötet werden. Außerdem wurde bereits im Februar 2000 durch die Föderation erklärt, daß momentan ein Wiederaufbau Grosnys mangels Geld nicht möglich sei und aus diesem Grund Gudermes Hauptstadt Tschetscheniens werde. Noch immer offen ist, in wie weit die russische Armee auch chemische Waffen zum Einsatz bringt.[822] Gegen Flüchtlinge geht die russische Armee geplant vor. Abgesehen von den Bombardierungen von Flüchtingskonvois am 1.11.1999 und am 4.12.1999, die von der russischen Führung bestritten werden, wurde massiver Druck auf Flüchtlinge ausgeübt, um sie wieder nach Tschetschenien zu drängen oder sie am Verlassen Tschetscheniens zu hindern. So wurden ihnen Essensrationen verweigert, die Fluchtwege versperrt und im Januar 2000 wurden männliche Flüchtlinge im Alter zwischen 10 und 60 Jahren am Grenzübertritt nach Dagestan gehindert. Ferner wird immer wieder von Flüchtlingen und von Organisationen wie „Human Rights Watch" von Greueltaten an der Zivilbevölkerung und den Flüchtlingen durch die russische Armee berichtet.

Der zweite Tschetschenien-Krieg wurde am 19.3.2000, eine Woche vor den Präsidentschaftswahlen in der RF, durch den Interimspräsidenten Putin für beendet erklärt. Am 23.3.2003 kam es zu einer Abstimmung über eine neue tschetschenische Verfassung. Nach dieser bleibt Tschetschenien Teil der RSFSR. Die Verfassung wurde von der russischen Regierung diktiert. Abgesehen davon, daß von den 540.000 Abstimmungsberechtigten 80.000 Angehörige der russischen Armee waren, kann von einer freien Abstimmung nicht gesprochen werden. Das Klima vor der Abstimmung war von ständigen Durchsuchungen ganzer Dörfer und Verschleppungen von russlandkritischen Menschen durch die russische Armee bestimmt. Die Zustimmung ist daher wohl vor allem mit der Angst vor weiterer massiver Verfolgung zu erklären. Sie kann kaum als tatsächliche Entscheidung der Tschetschenen gewertet werden. Von einer Beendigung des Krieges kann im übrigen aber bis heute keine Rede sein.

---

822 So behauptet von dem tschetschenischen Präsidenten Maschadow am 5.1.2000.

4. *Die völkerrechtliche Bewertung der Auflösung der Sowjetunion im Hinblick auf das Selbstbestimmungsrecht*

Für die Bewertung der Auflösung der Sowjetunion und der Sezessionsbestrebungen hinsichtlich des Selbstbestimmungsrechts ist die Reaktion der Staatengemeinschaft von größter Bedeutung. Nach 1990 trat kein neuer völkerrechtlicher Vertrag in Kraft, der das äußere Selbstbestimmungsrecht der Völker geregelt hätte. Insoweit kann eine Bewertung der Auflösung in Bezug auf den Inhalt des Selbstbestimmungsrechts der Völker nur durch die Betrachtung der Staatenreaktion auf diese Auflösung erfolgen. Bei der Bewertung spielen die völkerrechtlichen Anerkennungen der neuen Staaten eine entscheidende Rolle. Wie oben ausgeführt wurde,[823] kann eine Anerkennung eines Teils eines bestehenden Staates als unabhängiger Staat völkerrechtswidrig sein. Es ist aber davon auszugehen, daß sich Staaten nicht völkerrechtswidrig verhalten wollen. Eine Anerkennung erfolgt in der Überzeugung, zu dieser berechtigt zu sein. Insbesondere aus dem Zeitpunkt der Anerkennungen und ihren politischen und tatsächlichen Hintergründen läßt sich beurteilen, ob die Staaten mit ihrer Reaktion auf die Auflösung das im ersten Teil dieser Arbeit beschriebene Konzept bestätigten, oder sich aus dieser Reaktion ein neuer Inhalt des Selbstbestimmungsrechts der Völker für Teile eines bestehenden Staates ergibt. Eine solche Bestätigung des Konzeptes ließe sich insbesondere nachweisen, wenn es sich bei den Anerkennungen um frühzeitige Anerkennungen handeln würde. Denn wenn man davon ausgeht, daß die Staaten nicht rechtswidrig handeln wollen, müssen sie bei einer frühzeitigen Anerkennung davon ausgehen, daß ein Tatbestand vorliegt, der diese rechtfertigt. Ob es sich dabei um das hier vertretene Selbstbestimmungskonzept handelt, bleibt dann nachzuweisen.

Im Folgenden soll daher zunächst die Staatenreaktion auf die Auflösung der Sowjetunion und auf die Sezessionswünsche Tschetscheniens und Berg-Karabaghs dargestellt und diese anschließend auf ihren Aussagegehalt für das Selbstbestimmungsrecht geprüft werden.

a) Staatenreaktion auf die Auflösung

Die Souveränitätserklärungen der Unionsrepubliken sollten noch keine Unabhängigkeit der Unionsrepubliken von der UdSSR hervorrufen.[824] Ihr Inhalt war

---

823 Seite 205 f.

824 Siehe dazu die Souveränitätserklärungen in: Furtado/Chandler (Hrsg.), Perestroika In The Soviet Republics. Litauische Souveränitätserklärung am 18.5.1989 (S. 163 f.); lettische Souveränitätserklärung am 28.7.1889 (S. 133 f.); georgische Verfassungsänderung am 18.11.1989 (S. 383 ff.); russische Souveränitätserklärung am 12.6.1990 (S. 325 f.); uzbekische Souveränitätserklärung am 20.6.1990 (S. 523 ff.); moldauische Souveränitätserklärung am 23.6.1990 (S. 289 ff.); ukrainische Souveränitätserklärung am 16.7.1990 (S. 237 ff.); weißrussische Souveränitätserklärung am 27.7.1990 (S. 265 ff.);

vielmehr die Bekräftigung der Souveränität der Unionsrepubliken und die damit verbundene Vorrangstellung der Republiks- vor den Unionsgesetzen sowie die Inanspruchnahme des Eigentums am Staatsvermögen. Dies gilt auch für die baltischen Staaten. Die internationale Staatengemeinschaft reagierte dementsprechend nicht mit der Anerkennung einer Unabhängigkeit auf die Souveränitätserklärungen.

Die ersten Unabhängigkeitserklärungen im engeren Sinne erfolgten durch die baltischen Staaten. Litauen restituierte am 11.3.1990 seine Unabhängigkeit. Es folgten Estland am 30.3.1990 und Lettland am 5.4.1990. Die internationale Staatengemeinschaft reagierte darauf aber nicht mit der sofortigen Anerkennung der drei Unionsrepubliken als Staaten. Allerdings waren die Unabhängigkeitserklärungen Lettlands und Estlands zunächst für Verhandlungen mit der UdSSR suspendiert. Litauen suspendierte seine Unabhängigkeitserklärungen ebenfalls am 23.6.1990 für Verhandlungen mit der UdSSR. Das dänische Parlament reagierte auf die Unabhängigkeitserklärungen am 18.4.1990 mit einer Resolution, in der es feststellte, daß die Unabhängigkeit der baltischen Staaten auf dem Verhandlungswege mit der UdSSR zustande kommen sollte. Diese Haltung wird von den Äußerungen anderer Regierungschefs getragen.[825] Als die baltischen Staaten anläßlich eines Treffens mit dem amerikanischen Präsidenten Bush am 8.5.1990 forderten, sie als unabhängige Staaten zu behandeln, sagte Bush diesen zwar seine Unterstützung zu, betonte aber auch sein gutes Verhältnis zu Gorbatschow.[826] Hervorzuheben ist in diesem Zusammenhang aber, daß die Regierungen der westlichen Länder den baltischen Staaten nicht das Recht auf Unabhängigkeit absprachen, diese sollte aber durch Verhandlungen mit der Union erreicht werden.

Aufschluß gewährt insbesondere die Reaktion der Staatengemeinschaft auf den Winterkrieg vom Januar 1991. Der Winterkrieg wurde verschiedentlich als völkerrechtswidrig bezeichnet und den baltischen Völkern ein Recht auf Selbst-

---

turkmenische Souveränitätserklärung am 22.8.1990 (S. 572 ff.); armenische Souveränitätserklärung am 23.8.1990 (S. 441 ff.); tadschikische Souveränitätserklärung am 24.8.1990 (S. 553 ff.); azerbaidschanische Souveränitätserklärung am 23.9.1990 (S. 449 ff.); kazachische Souveränitätserklärung am 25.10.1990 (S. 479 ff.).

825 Zum Beispiel die gemeinsame Erklärung von Präsident Mitterrand und Bundeskanzler Kohl vom 27.4.1990 mit der Aufforderung an Litauen die Auswirkungen der Unabhängigkeit für Verhandlungen mit der Union zu suspendieren. Meissner, Die staatliche Kontinuität, völkerrechtliche Stellung und außenpolitische Lage der baltischen Länder, in: Meissner (Hrsg.), Die baltischen Nationen, S. 270 (305).

826 Meissner, Die staatliche Kontinuität, völkerrechtliche Stellung und außenpolitische Lage der baltischen Länder, in: Meissner (Hrsg.), Die baltischen Nationen, S. 270 (305).

bestimmung zugesprochen.[827] Island erkannte Litauen offiziell am 12.2.1991 an.[828] Island blieb, abgesehen von der RSFSR, die Litauen im Juli 1991 anerkannte, der einzige Staat. Von vielen westlichen Staaten wurde das gewaltsame Vorgehen der Union jedoch verurteilt. Auch vom Deutschen Bundestag wurde dabei auf das den baltischen Nationen zustehende Selbstbestimmungsrecht hingewiesen und das Vorgehen der Union als völkerrechtswidrig bezeichnet.[829] Durch diese Verurteilung des gewaltsamen Vorgehens wurde dem Zentralstaat implizit die Berechtigung abgesprochen, seine territoriale Integrität auch durch militärische Mittel zu schützen.

Die entscheidenden Einschnitte in der Anerkennungspolitik der Staatengemeinschaft stellen zum einen der „Augustputsch" und zum anderen die Gründung der GUS und die damit verbundene Auflösung der UdSSR am 21.12.1991 dar. Der „Augustputsch" und die während ihm erfolgten Unabhängigkeitserklärungen von Estland und Lettland am 20.8.1991 zogen die Anerkennungen der baltischen Staaten durch die Staatengemeinschaft nach sich. So erkannte die RSFSR die beiden Staaten am 24.8.1991 an. Nach einer gemeinsamen Fürsprache der dänischen und deutschen Regierung wurden die diplomatischen Beziehungen mit den drei baltischen Staaten von den EG-Staaten am 28.8.1991 wieder aufgenommen. Die USA folgten diesem Beispiel am 2.9.1991, also noch vor der Entlassung Estlands, Lettlands und Litauens aus dem sowjetischen Staatsverband am 6.9.1991.[830] Es folgte die Aufnahme der baltischen Staaten in die KSZE am 10.9.1991, die Erlangung der Mitgliedschaft in der Generalversammlung der VN am 17.9.1991 und die Erlangung des Gaststatusses für die baltischen Staaten im Europarat. Bis Ende 1991 wurden die baltischen Staaten von über 80 Staaten anerkannt.

Dagegen erfolgte die Anerkennung der anderen ehemaligen Unionsrepubliken, bis auf wenige Ausnahmen,[831] erst nach der Erklärung von Alma-Ata vom 21.12.1991, in der die nach der Unabhängigkeit Georgiens und der baltischen Staaten verbliebenen Unionsrepubliken den Gründungsvertrag der UdSSR aufhoben und damit die Existenz der UdSSR beendeten. In die KSZE wurden die

---

827 So zum Beispiel der Deutsche Bundestag in einer Entschließung am 14.1.1991 siehe Meissner, Die staatliche Kontinuität, völkerrechtliche Stellung und außenpolitische Lage der baltischen Länder, in: Meissner (Hrsg.), Die baltischen Nationen, S. 270 (306).

828 Neue Züricher Zeitung vom 14.2.1991; Meissner, Die staatliche Kontinuität, völkerrechtliche Stellung und außenpolitische Lage der baltischen Länder, in: Meissner (Hrsg.), Die baltischen Nationen, S. 270 (309).

829 Meissner, Die staatliche Kontinuität, völkerrechtliche Stellung und außenpolitische Lage der baltischen Länder, in: Meissner (Hrsg.), Die baltischen Nationen, S. 270 (306).

830 Die UdSSR nahm am 9.10.1991 diplomatische Beziehungen zu den baltischen Republiken auf.

831 So zum Beispiel die Anerkennung der Ukraine durch die RSFSR am 3.12.1991 und durch die Tschechoslowakei am 8.12.1991.

Nachfolgestaaten der UdSSR am 30.1.1992 aufgenommen, wobei die RSFSR den Sitz der ehemaligen UdSSR mit Zustimmung der anderen GUS-Staaten übernahm. Gleiches erfolgte bei der Aufnahme in die VN, nachdem Gorbatschow dies gegenüber den VN am 24.12.1991 erklärt hatte.

b) Staatenreaktion auf die Sezessionswünsche

Weder Berg-Karabagh noch Tschetschenien sind von einem Staat, oder einer internationalen Organisation als unabhängige Staaten anerkannt worden, obwohl sich die Staatengemeinschaft mit beiden Konflikten weitreichend beschäftigt hat.

Die internationalen Reaktionen auf den **Berg-Karabagh-Konflikt** sind von der Sorge um den Frieden in der Region bestimmt. So beschäftigt sich die OSZE intensiv mit dem Konflikt. 1992 wurde im Rahmen der OSZE zur Vorbereitung einer Friedenskonferenz zur Beilegung des Konfliktes um Berg-Karabagh die „Minsker Gruppe" gebildet. Die Gruppe beschäftigt sich mit der Vermittlung zwischen den Konfliktparteien und sieht Berg-Karabagh dabei als eine der Verhandlungsparteien an. Der Minsker Gruppe gehören 13 Teilnehmerstaaten der OSZE an, einschließlich Armenien und Aserbaidshan.[832] 1996 hatte die Gruppe auf dem OSZE Gipfeltreffen die Grundsätze für eine Konfliktlösung dargelegt. Dazu gehörte insbesondere die Wahrung der territorialen Integrität sowohl Armeniens als auch Aserbaidshans. Gleichzeitig sollte Berg-Karabagh ein größtmögliches Maß an Selbstverwaltung innerhalb Aserbaidshans gewährt werden.[833] Diese Grundsätze wurden auch Teil eines Friedensplanes, der den Konfliktparteien Ende Mai 1997 durch die Minsker Gruppe unterbreitet wurde.[834] Berg-Karabagh lehnte diesen Friedensplan als unvereinbar mit seiner Unabhängigkeit ab. Armenien zog seine Zustimmung nach den Präsidentschaftswahlen im März 1998 wieder zurück.[835] Auch andere Vermittler wie der Iran und die Türkei haben keine Vorschläge für eine Unabhängigkeit Berg-Karabaghs gemacht.

Auf den Konflikt in **Tschetschenien** haben insbesondere die europäischen und transatlantischen Organisationen und Staaten reagiert. Die GUS ignorierte den am 11.9.1997 gestellten Antrag Tschetscheniens auf Mitgliedschaft im Interparlamentarischen Rat der Gemeinschaft Unabhängiger Staaten.

Auch der Europarat hat sich verschiedentlich mit der Situation in Tschetschenien befaßt. Als bei einem Besuch einer Delegation des Europarates am 11.11.1997 in Grosny tschetschenische Vertreter auf die Anerkennung der tschetschenischen

---

832 http://www.admin.ch/cp/d1995Nov22.100113.478@idz.bfi.admin.ch.html.

833 http://www.osce.org/docs/german/1990-1999/summits/lisbo96g.htm.

834 http://www.osce.org/docs/german/1990-1999/mcs/6cope97g.htm.

835 http://www.osce.org/docs/german/misc/anrep98g.htm.

Unabhängigkeit drängten, erklärte die Delegation, daß eine Lösung der Statusfrage nur gemeinsam mit Moskau gefunden werden könne. Nach dem Beginn des zweiten Tschetschenien-Krieges verabschiedete die Parlamentarische Versammlung des Europarates eine Resolution, die die Russische Föderation aufforderte, die Feindseligkeiten zu beenden und von jeglichen Menschenrechtsverletzungen an der Zivilbevölkerung abzusehen. Gleichzeitig wurde aber betont, daß die Parlamentarische Versammlung die territoriale Integrität der Russischen Föderation achte.[836] Am 6.4.2000 wurde der Russischen Föderation in der Parlamentarischen Versammlung das Stimmrecht aufgrund des Tschetschenienkrieges entzogen.[837] Dies geschah allerdings aufgrund der schweren Menschenrechtsverletzungen gegen die Zivilbevölkerung. Auch in diesem Zeitpunkt betonte die Parlamentarische Versammlung weiterhin die territoriale Integrität der Russischen Föderation. Sie gestand dieser explizit das Recht zu, ihre territoriale Einheit zu schützen. Nur die zur Erreichung dieses Zieles eingesetzten Mittel wurden als Verletzung der Menschenrechte und der Europaratstatuten angesehen und führten zu der Suspendierung des Stimmrechtes.[838] Erst im Januar 2001 wurde dieses wieder erteilt. Der Ministerrat des Europarates schloß sich der Aufforderung, ebenfalls Schritte gegen die Russische Föderation einzuleiten, nicht an. Auch der Ministerrat betonte die territoriale Integrität der Russischen Föderation und erkannte kein Recht der Tschetschenen auf Sezession aufgrund eines Selbstbestimmungsrechts an. Dies zeigt sich zum Beispiel in der Entscheidung des Ministerrates 737/2.3 vom 17.1.2001. Darin wird unter Nr.2 zunächst festgestellt, daß die Russische Föderation die Situation in Tschetschenien verbessert habe. Unter Nr. 3 erkennt der Ministerrat zwar die Dringlichkeit einer Lösung für Tschetschenien an, diese müsse aber die Souveränität und territoriale Integrität der Russischen Föderation respektieren.[839]

Auch in dem Abschlußdokument des OSZE-Gipfels in Istanbul vom 22.11.1999 wurde das Recht der Russischen Föderation auf territoriale Integrität bekräftigt.

---

836 Resolution der Parlamentarischen Versammlung 1201 (1999), Nr. 3, Nr. 7, http://assembly.coe.int.

837 Zur Entwicklung siehe insbesondere:
http://www.parlament.ch/afs/data/d/bericht/2001/d_bericht_v_k31_0_20010002_01.htm
Außerdem: http://www.amnesty.de/de/2346/rb002.htm;
http://www.hiik.de/konfliktbarometer/texte/russland.htm;
http://www.igfm.de/pm/pm2000/pm001101r.htm.

838 So heißt es in der Recommendation 1444 (2000): „...Nr. 5 The Assembly recognizes the right of the Russian Federation to preserve ist territorial integrity, ... and to protect ist population, including the population of Chechnya and neighbouring republics and regions, from terrorist attacks ... Nr. 6 Nevertheless, it stresses that the means used to achive such goals must be in accordance with the international commitments of the russian Federation and must exclude, in particular, indiscriminate and disproportionate use of force affecting the civilian population ..." (http://assembly.coe.int)

839 http//:cm.coe.int/dec/2001/737/23.htm.

Gleichzeitig erging an die Russische Föderation die Aufforderung zu einer politischen Lösung des Konfliktes.[840] Das Angebot der OSZE, zwischen den Kriegsparteien zu vermitteln, wurde von Rußland abgelehnt. Am 13.12.1999 forderte der OSZE-Vorsitzende Vollebaek die Russische Föderation auf, einen Waffenstillstand zu erklären, um Zivilisten die Möglichkeit zu geben, Grosny zu verlassen. Vier Tage später wiederholte er diese Forderung auf dem Treffen der G7-Außenminister in Berlin und schlug eine internationale Konferenz zur Lösung des Tschetschenien-Krieges vor. Der Direktor des IWF, Michael Camdessus, informierte die Russische Föderation, daß die Unterstützung Rußlands in Form von IWF-Krediten durch den Tschetschenien-Krieg in Gefahr sei. Einen Tag später, am 30.11.1999, zeigte sich die NATO über den Gebrauch von schweren Waffen in dicht besiedelten Gebieten in Tschetschenien besorgt.

Neben der Mitarbeit im Europarat und der OSZE haben sich die Bundesregierung und das Bundesparlament Deutschlands auch alleine wiederholt zum Tschetschenien-Krieg geäußert. So kritisierte die Bundesregierung mehrfach das Vorgehen der russischen Truppen als unverhältnismäßig.[841] In einer Resolution des Bundestages heißt es zu dem Konflikt:

> *„Der Deutsche Bundestag bestreitet nicht das Recht der Russischen Föderation, ihre territoriale Integrität in dem von der russischen Verfassung vorgegebenen Rahmen und unter Achtung des Völkerrechts und der Menschenrechte, der KSZE-Prinzipien und anderer Regeln, zu deren Einhaltung sie sich bindend verpflichtet hat, zu wahren, aber das russische Vorgehen in Tschetschenien stellt eine schwere Verletzung der Prinzipien der OSZE, der Bestimmungen des Wiener Dokuments 1992/1994 über Vertrauens- und Sicherheitsbildende Maßnahmen der KSZE und der Menschenrechtskonventionen der Vereinten Nationen dar. Die Gewaltanwendung, die Mißachtung von Menschenrechten und der willkürliche und schrankenlose Einsatz militärischer Gewalt sind unvertretbar.“*[842]

c) Bewertung der Staatenreaktion

Handelt es sich bei dieser Staatenreaktion aber auch um den Ausdruck einer Rechtsüberzeugung über den Inhalt des Selbstbestimmungsrechts? Die Bewertung der Staatenreaktion muß zwischen den Reaktionen auf die Unabhängigkeit der baltischen Staaten, die Unabhängigkeit der anderen Unionsrepubliken und der Reaktionen auf die Sezessionswünsche unterscheiden.

---

840 Gipfelerklärung von Istanbul OSZE Gipfel 1999, Nr. 23, http://www.osce.org/docs/german/1990-1999/summits/istadec199g.htm.

841 Internetdokument: Max-Planck-Society, Völkerrechtliche Praxis der BRD im Jahre 1995, Nr. 107.

842 Bt-Drs. 13/263 (zitiert in: Max-Planck-Society, Völkerrechtliche Praxis der BRD im Jahre 1995, Nr. 107).

aa) Bewertung der Staatenreaktion bezüglich der baltischen Republiken

Litauen hob die Suspendierung seiner Unabhängigkeit am 11.2.1991 auf. Estland und Lettland erklärten sich am 20.8.1991 für unabhängig. Noch bevor der sowjetische Staatsrat die drei baltischen Staaten am 6.9.1991 durch Beschluß aus der Sowjetunion entließ, waren die baltischen Staaten durch die Staaten der Europäischen Gemeinschaft und durch die USA anerkannt worden. Damit eine Aussage über den Inhalt eines, durch diese Anerkennungen möglicherweise zugestandenen, Selbstbestimmungsrechts getroffen werden kann, müssen die Umstände der Anerkennung untersucht werden.

Die Anerkennungen könnte man nur dann mit der Zustimmung des Gesamtstaates zur Sezession rechtfertigen, wenn man davon ausginge, daß die anerkennenden Staaten von der bevorstehenden Zustimmung der Union wußten und im Hinblick auf dieses Wissen handelten. Hierfür gibt es aber keinen Nachweis.[843] Auf die bevorstehende Zustimmung wurde nicht bezug genommen. Das Wissen um die bevorstehende Zustimmung wirkte sich politisch aus. Es förderte die Bereitschaft, die baltischen Staaten tatsächlich anzuerkennen, aber es stellte nicht die rechtliche Grundlage der Anerkennungserklärungen dar. Zudem macht die Reaktion vieler Staaten auf den Winterkrieg deutlich, daß schon vor der Zustimmung von einem Selbstbestimmungsrecht der baltischen Völker ausgegangen wurde.

Auch eine dauerhafte Unfähigkeit des Gesamtstaates, seine effektive Staatsgewalt auf das sezessionswillige Gebiet auszuüben, war nicht der Grund für die Anerkennungserklärungen. Wie oben dargestellt wurde, war die Union schon seit 1990 nur noch eingeschränkt in der Lage, ihre Staatsgewalt in den baltischen Republiken durchzusetzen. Fraglich muß aber bleiben, ob sie nicht durch einen umfangreichen Militäreinsatz, wie er in Tschetschenien geschah, dazu in der Lage gewesen wäre.

Grund für die Anerkennung zu einem Zeitpunkt in der noch keine Einwilligung des Gesamtstaates vorlag, ist vielmehr die Tatsache, daß der Sowjetunion durch einen Großteil der Staatengemeinschaft nie ein legaler Titel bezüglich der baltischen Staaten zugestanden worden war.

Die Staatengemeinschaft ist zu einem überwiegenden Teil von einer Annexion der baltischen Staaten durch die Sowjetunion ausgegangen. Die baltischen Pro-

---

843 Die britische Regierung drückte bei der Aufnahme diplomatischer Beziehungen aus, daß sie hoffe, die Sowjetunion werde die Unabhängigkeit der baltischen Staaten positiv aufnehmen (Himmer, The Achievement Of Independence In The Baltic States And Its Justification, EILR Bd. 6 (1992), S. 253, Fußnote 227). Insoweit drückt dies aus, daß die britische Regierung unabhängig von einer Bestätigung durch die Sowjetunion die baltischen Staaten anerkannte.

vinzen hatten sich im Zuge der Oktoberrevolution Ende 1917 für von Rußland unabhängig erklärt.[844] Diese Unabhängigkeit wurde in den zwischen den baltischen Staaten und der RSFSR abgeschlossenen Friedensverträgen von 1920 explizit durch die RSFSR bestätigt.[845] Übereinstimmender Inhalt dieser Verträge war die de jure Anerkennung der baltischen Staaten durch die RSFSR. Die RSFSR verzichtete „freiwillig und für alle Zeiten" auf alle Souveränitätsrechte, die ihr früher über die baltischen Staaten zugestanden hatten.[846] Außerdem wurde den baltischen Staaten in den Verträgen das Selbstbestimmungsrecht der Völker, einschließlich des Rechtes auf freien Austritt aus einem Staat, zuerkannt und als Grundlage für den Austritt und die Unabhängigkeit angesehen.[847] Im Laufe der nächsten Jahre wurden die baltischen Staaten von einer großen Anzahl weiterer Staaten anerkannt, darunter die USA, Großbritannien, Frankreich, Deutschland, Italien und Japan. Sie wurden 1921 Mitglieder des Völkerbundes. Ihre Staatlichkeit ist nie bestritten worden.[848] Allerdings befanden sie sich in ei-

844 **Estland** im November 1917. Es wurde trotz bestehender deutscher Besetzung bereits im Jahr 1918 durch Großbritannien, Frankreich und Italien de facto anerkannt. **Lettland** erklärte sich am 16.11.1917 für unabhängig und wurde ebenfalls von Großbritannien und Deutschland anerkannt. **Litauen** hatte sich bereits im September 1917 für unabhängig erklärt. Aufgrund der Kriegssituation konnte die 1917 erklärten Unabhängigkeiten aber in keinem der baltischen Staaten sofort durchgesetzt werden. Es erfolgten daher sowohl in Estland als auch in Lettland weitere Unabhängigkeitserklärungen, oder es wurden die zuvor abgegebenen Erklärungen bestätigt (Uibopuu, Die Entwicklung des Freistaates Estland, in: Meissner (Hrsg.), Die baltischen Nationen, S.52 (52 f.); Silde, Die Entwicklung der Republik Lettland, in: Meissner (Hrsg.), die baltischen Nationen, S. 63 (64); Himmer, The Achievement Of Independence In The Baltic States And Its Justification, EILR Bd. 6 (1992), S. 254 (256 f.; 258; 260).

845 Friedensvertrag zwischen Estland und der RSFSR vom 2.2.1920; Vertrag von Riga zwischen Lettland und der RSFSR vom 11.8.1920; Friedensvertrag zwischen Litauen und der RSFSR vom 12.7.1920(). Die Verträge banden auch die erst 1922 gegründete UdSSR dessen Teilgebiet die RSFSR wurde.

846 Der Text lautet: Die RSFSR verzichtet: „voluntarily and forever all rights of sovereignty formerly held by Russia over the Estonian people and territory by virtue of the former legal situation, and by virtue of the international treaties, which, in respect of such rights, shall henceforth lose their force." Treaty of Peace, Estonia-USSR, 11 LNTS 50 zitiert bei: Himmer, The Achievement Of Independence Of The Baltic States And Its Justification, EILR Bd. 6 (1992), S. 253, Fußnote 18.

847 „Proceeding from the right, proclaimed by the Russian Socialist Federated Soviet Republic, of all nations to free self-determination up to their complete separation from the State into the composition of which they enter, Russia recognizes without reservation the sovereign rights and independence of the Lithuanian State, with all the juridical consequences arising from such recognition, and voluntarily and for all time abandons all the sovereign rights of Russia over the Lithuanian people and their territory." Treaty Of Peace, Lithuania-USSR, 3 LNTS 106.

848 Meissner, Die staatliche Kontinuität, völkerrechtliche Stellung und außenpolitische Lage der baltischen Länder, in: Meissner (Hrsg.), Die baltischen Nationen, S. 270 (270).

ner weltpolitisch prekären Situation, standen sie doch zwischen den beiden Großmächten Sowjetunion und Deutschland. Ende der 1920er Jahre, Anfang der 1930er Jahre hatten bereits alle drei baltischen Staaten Nichtangriffspakte mit der Sowjetunion abgeschlossen.[849] In diesen verpflichteten sie sich zu absoluter Neutralität. Gleichzeitig wurde in diesen Verträgen die Unabhängigkeit der baltischen Staaten und das Gebot der Nichteinmischung und Achtung der Souveränität festgehalten. Die baltischen Staaten schafften es durch eine geschickte Außenpolitik und ein starkes Engagement im Völkerbund sich des Einflusses beider Großmächte zu entziehen.

Dies änderte sich nach dem Abschluß des Hitler-Stalin-Paktes 1939. In dessen geheimem Zusatzprotokoll teilten die beiden Großmächte Osteuropa unter sich auf. Nachdem Litauen zuerst der deutschen Einflußsphäre zugesprochen worden war,[850] wurden alle drei baltischen Staaten durch eine weitere Erklärung am 28.9.1939 dem sowjetischen Einflußbereich unterstellt.[851] Nun zwang die Sowjetunion die baltischen Staaten unter Androhung militärischer Gewalt zum Abschluß von sogenannten Beistandspakten.[852] Estland unterzeichnete diesen von der Sowjetunion jeweils vorformulierten Vertrag am 28.9.1939, Lettland am

---

849 Estonia-USSR Treaty Of Non-Aggression 4.5.1932 (131 LNTS 297); Latvia-USSR Treaty Of Non-Aggression 5.2.1932 (148 LNTS 113); Lituania-USSR Treaty Of Non-Aggression 28.9.1926 (60 LNTS 145).

850 Meissner, Die Beziehungen zwischen der Sowjetunion und den baltischen Staaten von der deutsch-sowjetischen Interessenabgrenzung aufgrund des Molotow-Rippentrop-Paktes bis zum sowjetischen Ultimatum, in: Meissner (Hrsg.), Die baltischen Staaten im weltpolitischen und völkerrechtlichen Wandel, S. 19 (20).

851 Himmer, The Achievement Of Independence Of The Baltic States And Its Justification, EILR Bd. 6 (1992), S. 253 (262 f.), Meissner, Die Beziehungen zwischen der Sowjetunion und den baltischen Staaten von der deutsch-sowjetischen Interessenabgrenzung aufgrund des Molotow-Rippentrop-Paktes bis zum sowjetischen Ultimatum, in: Meissner (Hrsg.), Die baltischen Staaten im weltpolitischen und völkerrechtlichen Wandel, S. 19 (23) mit dem deutschen Wortlaut der Erklärung.

852 Bezüglich Estland: Meissner, Die Beziehungen zwischen der Sowjetunion und den baltischen Staaten von der deutsch-sowjetischen Interessenabgrenzung aufgrund des Molotow-Rippentrop-Paktes bis zum sowjetischen Ultimatum, in: Meissner (Hrsg.), Die baltischen Staaten im weltpolitischen und völkerrechtlichen Wandel, S. 19 (25 ff.); bezüglich Lettland: Meissner, Die Beziehungen zwischen der Sowjetunion und den baltischen Staaten von der deutsch-sowjetischen Interessenabgrenzung aufgrund des Molotow-Rippentrop-Paktes bis zum sowjetischen Ultimatum, in: Meissner (Hrsg.), Die baltischen Staaten im weltpolitischen und völkerrechtlichen Wandel, S. 19 (34 ff.); bezüglich Litauen: Meissner, Die Beziehungen zwischen der Sowjetunion und den baltischen Staaten von der deutsch-sowjetischen Interessenabgrenzung aufgrund des Molotow-Rippentrop-Paktes bis zum sowjetischen Ultimatum, in: Meissner (Hrsg.), Die baltischen Staaten im weltpolitischen und völkerrechtlichen Wandel, S. 19 (38 ff.).

5.10.1939 und Litauen am 10.10.1939.[853] In diesen Verträgen verpflichteten sich die baltischen Staaten, der Sowjetunion die Einrichtung von Stützpunkten für die Rote Armee zu gewähren. Gleichzeitig wurde in den Beistandspakten und späteren Äußerungen der sowjetischen Regierung betont, daß die mit der Durchführung der Verträge verbundenen Maßnahmen in keiner Weise die souveränen Rechte der vertragschließenden Parteien, insbesondere ihr Wirtschaftssystem und ihre Staatsordnung, beeinträchtigen sollten.[854] In den Präambeln der Verträge wurde explizit auf die Friedensverträge von 1920 und die Nichtangriffsabkommen bezug genommen. Darauf wies auch der damalige Außenminister Molotow in einer Rede hin. Hierin stellte er bezüglich der Beistandspakte fest, daß die Unversehrtheit der Souveränität der vertragschließenden Staaten formell in diesen Beistandspakten anerkannt und der Grundsatz der Nichteinmischung in die inneren Angelegenheiten der jungen Staaten hervorgehoben sei.[855] Bei der Errichtung von Stützpunkten in den baltischen Staaten beließ es die Sowjetunion aber nicht.

Im Juni 1940 übergab die sowjetische Regierung an die Vertreter der drei baltischen Staaten Noten, in denen ihnen Verletzungen der Beistandspakte vorgeworfen wurden. In diesen Noten wurden die baltischen Staaten ultimativ aufgefordert, eine Regierung zu bilden, die bereit und fähig sei, die Beistandspakte zu erfüllen und den freien Einmarsch und die Stationierung sowjetischer Truppen zu erlauben.[856] Gleichzeitig wurde den Gesandten durch Molotow mitgeteilt, daß eine Nichtannahme der Forderungen den sofortigen Einmarsch sowjetischer

---

853 Virsis/Dauksts, Jetzt verbreitet sich der Geist der Tscheka, in: Urdze (Hrsg.), Das Ende des Sowjetkolonialismus, S. 35 (41).

854 Artikel V des Vertrages zwischen Estland und der Sowjetunion lautet: „Die Durchführung dieses Paktes darf in keiner Weise die souveränen Rechte der vertragsschließenden Parteien, insbesondere ihr Wirtschaftssystem und ihre Staatsordnung beeinträchtigen. Die Abschnitte, die den Stützpunkten und Flugplätzen (Artikel III) zugewiesen werden, bleiben Territorium der Estnischen Republik." Zitiert in: Meissner, Die Beziehungen zwischen der Sowjetunion und den baltischen Staaten von der deutsch-sowjetischen Interessenabgrenzung aufgrund des Molotow-Rippentrop-Paktes bis zum sowjetischen Ultimatum, in: Meissner (Hrsg.), Die baltischen Staaten im weltpolitischen und völkerrechtlichen Wandel, S. 19 (31). Artikel V im lettisch-sowjetischen Vertrag und Artikel VII im litauisch-sowjetischen Vertrag haben den gleichen Inhalt.

855 Zitiert in: Meissner, Die staatliche Kontinuität, völkerrechtliche Stellung und außenpolitische Lage der baltischen Länder, in: Meissner (Hrsg.), Die baltischen Nationen, S. 270 (272).

856 Meissner, Die Kommunistische Machtübernahme in den baltischen Staaten, in: Meissner (Hrsg.), Die baltischen Staaten im weltpolitischen und völkerrechtlichen Wandel, S. 53 (53 f.); Himmer, The Achievement Of Independence Of The Baltic States And Its Justification, EILR Bd. 6 (1992), S. 253 (264 f.); Virsis/Dauksts, Jetzt verbreitet sich der Geist der Tscheka, in: Urdze (Hrsg.), Das Ende des Sowjetkolonialismus, S. 35 (41 ff.).

Truppen zur Folge hätte, die jeglichem Widerstand mit militärischer Gewalt begegnen würden.[857] Aufgrund des militärischen Drucks nahmen die baltischen Staaten die Forderungen an.

Die Sowjetunion schickte in alle drei Staaten Sonderbeauftragte, die die Ausführung der sowjetischen Forderungen überwachen sollten und sich bestimmend in die Regierungsumbildung einschalteten. Der sowjetische Sonderbeauftragte in Estland war A. A. Shdanow. Dieser beauftragte Dr. med. Johannes Vares-Barbarus eine Kabinettsliste einzureichen und verbot ihm gleichzeitig jegliche Kontaktaufnahme mit dem Staatspräsidenten oder der bisherigen Regierung. Diese war zwar nach der Annahme des Ultimatums zurückgetreten, der Staatspräsident Päts hatte sie aber bis zur Bildung einer neuen zur geschäftsführenden Regierung erklärt. Päts weigerte sich zunächst, die von Shdanow präsentierte Kabinettsliste zu bestätigen, was für eine legale Machtübernahme notwendig war, gab aber später dem massiven Druck der Sowjets nach. Auch in Lettland weigerte sich der Staatspräsident Ulmanis zunächst, die vom Sondergesandten A. J. Wyschinskij vorgeschlagene Volksregierung unter Prof. Kirchenstein zu bestätigen. Ob eine solche Bestätigung überhaupt erfolgte, ist bis heute ungeklärt. Zumindest aber wurde aus dem Büro des Staatspräsidenten die Einsetzung der Regierung Kirchenstein verkündet. Auch in Litauen wurde eine von dem sowjetischen Sondergesandten Dekanosow befürwortete Regierung unter Paleckis eingesetzt, wobei die Verfassungsmäßigkeit dieses Vorganges mehr als fraglich ist.[858]

Am 14. und 15.7.1940 fanden in allen drei baltischen Staaten Wahlen statt. In verfassungswidriger Weise wurde in jedem Staat nur eine Einheitsliste zur Wahl

---

857 Der estnische Gesandte Rei gab am 26.9.1940 über den Inhalt der Unterredung mit Molotow folgende Erklärung ab: „I, the Envoy Extraordinary and Minister Plenipotentiary of the Estonian Republic in Moscow, August Rei, who on June 16 of the present year at 14.30 o'clock (Moscow time) received from the Foreign Commissar of the U.S.S.R. V. Molotow an ultimatum bearing the same date for presentation to the Government of the Estonian Republic, hereby declare the following:
In the written text of the above ultimatum its authors have omitted two most essential points which were made to me orally by Mr. Molotov for communication to the Government of the Estonian Republic. The substance of these points was as follows:
1. The ultimatum had to be answered by 23 o'clock of the same day, …
2. A plain threat that in the case no answer indicating submission to the ultimatum would be received by the stated time, the Red Army units concentrated at the frontier of the Estonian Republic would be ordered to march into Estonia, suppressing all resistance by armed force …" Der lettische Gesandte F. Kocins teilte Rei am 17.6.1940 mit, daß die Übergabe des Ultimatums durch Molotow an ihn in der gleichen Form geschah. Meissner, Die Sowjetunion die baltischen Staaten und das Völkerrecht, S. 76.

858 Meissner, Die kommunistische Machtübernahme in den baltischen Staaten, in: Meissner (Hrsg.), Die baltischen Staaten im weltpolitischen und völkerrechtlichen Wandel, S. 53 (54 ff.).

zugelassen.[859] Während des Wahlkampfes wurde ein Anschluß an die Sowjetunion, auch von kommunistischer Seite, nie befürwortet.[860] Dies änderte sich nach der Wahl. Nachdem das neu gewählte estnische Parlament in seiner ersten Sitzung am 21.7.1940 Estland zu einer sozialistischen Sowjetrepublik erklärt hatte,[861] beschloß es am 22.7.1940 unter der Anwesenheit des sowjetischen Sonderbeauftragten Shdanows die Deklaration über das Beitrittsgesuch Estlands zur Sowjetunion. Gleichlautende Deklarationen wurden am 21. und 22.7.1940 durch das lettische und das litauische neue Parlament beschlossen.[862] Diese Beitrittsgesuche wurden von der Sowjetunion Anfang August 1940 angenommen.[863]

Die Sowjetunion haben den Vorwurf der Annexion der baltischen Staaten zurückgewiesen. Der Einzug der sowjetischen Truppen in die baltischen Staaten sei immer mit Zustimmung der Regierungen erfolgt. Ferner sei mit der Aufnahme der baltischen Staaten lediglich den Gesuchen der durch Wahlen legitimierten baltischen Regierungen nachgekommen worden.

Allein die Tatsache, daß die Wahlen in den baltischen Staaten unter Verstoß gegen die jeweiligen Verfassungen und Wahlgesetze erfolgten und daher die Aufnahmegesuche von verfassungsrechtlich illegitimen Parlamenten beschlossen wurden, spricht noch nicht gegen diese sowjetische Argumentation. Die völkerrechtliche Wirksamkeit von Staatsakten ist nie von der Verfassungsmäßigkeit der Regierungen abhängig gemacht worden. Dies zeigt sich bereits darin, daß die vielen durch einen Putsch an die Macht gekommenen Regierungen nicht als handlungsunfähig angesehen werden.

Auch die Tatsache, daß die Wähler über die Absicht, die baltischen Staaten an die Sowjetunion anzuschließen, getäuscht wurden, ist allein kein Beweis für die Rechtswidrigkeit des Anschlusses. 1940 hatte die Selbstbestimmung der Völker keinen Rechtscharakter im Völkerrecht. Eine Pflicht zu einer plebiszitären Befragung des Volkes vor einer Entscheidung über den äußeren Status eines Territoriums gab es nicht. Noch weniger gab es ein Recht auf Demokratie oder eine Pflicht zur Achtung der innerstaatlichen Ordnung aus dem Völkerrecht heraus.

859 Zur Verfassungswidrigkeit siehe: Meissner, Die Sowjetunion die baltischen Staaten und das Völkerrecht, S. 83 ff.

860 Virsis/Dauksts, Jetzt verbreitet sich der Geist der Tscheka, in: Urdze (Hrsg.), Das Ende des Sowjetkolonialismus, S. 35 (44).

861 Wortlaut der Erklärung in: Meissner, Die Sowjetunion die baltischen Staaten und das Völkerrecht, S. 88 f.

862 Wortlaut der Erklärungen in: Meissner, Die Sowjetunion die baltischen Staaten und das Völkerrecht, S. 89 f.

863 Estland 6.8.1940; Lettland 5.8.1940; Litauen 3.8.1940.

Daß es sich bei dem Anschluß der baltischen Staaten an die Sowjetunion um eine Annexion handelte, ergibt sich vielmehr aus der durch die Sowjetunion vorgenommene Einmischung in die inneren Angelegenheiten der baltischen Staaten. Eine Annexion liegt nicht nur dann vor, wenn der annektierende Staat das Gebiet militärisch besetzt und eine einseitige Erklärung über die Annexion abgibt.[864] Eine solche Auslegung griffe zu kurz. Vielmehr liegt eine Annexion auch nach dem Abschluß eines Vertrages zwischen dem annektierten und dem annektierenden Staaten vor, soweit diesem Vertrag ein Zwangscharakter innewohnt.[865] Daß die Sowjetunion den Anschluß der baltischen Staaten plante, ergibt sich bereits aus dem geheimen Zusatzprotokoll zwischen Deutschland und der Sowjetunion. Außerdem waren bereits vor dem Abschluß der Beistandspakte in sowjetischen Militärkarten Estland und Lettland als Unionsrepubliken eingezeichnet.[866] Von entscheidender Bedeutung ist aber, daß sowohl die Beistandspakte als auch die Totalbesetzung und die Umbildung der Regierungen nur aufgrund der Drohung mit einem militärischen Angriff seitens der Sowjetunion von den baltischen Staaten erzwungen wurden. Es macht für die rechtliche Bewertung aber keinen Unterschied, ob eine Regierung einem Einmarsch gar nicht zustimmt, oder aber unter dem Druck zustimmt, sonst die Bevölkerung des eigenen Landes einem Krieg auszusetzen. Insofern lag der für die Annexion notwendige Zwangscharakter vor. Auch die anschließenden innerstaatlichen Entscheidungen in den baltischen Staaten wurden nicht mehr durch diese selbst, sondern über die Sonderbeauftragten durch die Sowjetunion getroffen. Daher haben sich die baltischen Staaten nie selbständig für einen Anschluß entschieden, sondern dieser erfolgte durch die Besatzungsmacht, die sich innerstaatlicher Strukturen bediente.

Es stellt sich aber die Frage nach der Wirksamkeit dieser Annexionen der baltischen Staaten durch die Sowjetunion. Da eine Voraussetzung für das Vorliegen einer Annexion der Zwangscharakter ist, hängt die Beurteilung der völkerrechtlichen Wirksamkeit der Annexion von der Anerkennung der Zulässigkeit von Gewalt im zwischenstaatlichen Verkehr ab. Heute ist durch das absolute Gewaltverbot des Artikel 2 IV VN-Charta und Absatz X der FRD die Gewaltanwendung gegenüber Staaten oder die Drohung mit einer solchen, außer im Fall der Selbstverteidigung, völkerrechtswidrig.

Dies war aber nicht immer so. Noch zu Beginn des 20. Jahrhunderts war das Führen eines Angriffskrieges völkerrechtlich nicht verboten.[867] Dies änderte sich in der Zeit des Völkerbundes. Schon Artikel 10 der Satzung des Völkerbundes

---

864 So zum Beispiel der Irak bezüglich der Annexion Kuwaits.

865 Gloria, Das Staatsgebiet, in: Ipsen (Hrsg.), Völkerrecht, Kapitel 5, §23, Rdnr. 41.

866 Himmer, The Achievement Of Independence Of The Baltic States And Its Justification, EILR Bd. 6 (1992), S. 253 (263).

867 Randelzhofer, Use Of Force, in: Bernhardt (Hrsg.), EPIL Bd. 4, S. 265 (266).

verpflichtete die Mitglieder „die Unversehrtheit des Gebietes und die bestehende politische Unabhängigkeit aller Bundesmitglieder zu achten und gegen jeden äußeren Angriff zu wahren. …"[868] Aber diese Regelung stellte noch kein absolutes Verbot des Krieges dar.[869]

Ein solches entwickelte sich erst nach dem Abschluß des Kellogg-Briand-Paktes vom 27.8.1928.[870] In Artikel I des Vertrages heißt es, daß die vertragschließenden Parteien „den Krieg als Mittel für die Lösung internationaler Streitfälle verurteilen und auf ihn als Werkzeug nationaler Politik in ihren gegenseitigen Beziehungen verzichten." In Artikel II wird ausgeführt, daß „die Regelung und die Entscheidung aller Streitigkeiten oder Konflikte, die zwischen ihnen (den Vertragsparteien) bestehen könnten, welcher Art oder welchen Ursprungs sie auch sein mögen, niemals anders als durch friedliche Mittel angestrebt werden soll."[871] Auch die Sowjetunion und die baltischen Staaten sind diesem Vertrag beigetreten. Der Inhalt des Vertrages wurde bald nach seiner Unterzeichnung als Völkergewohnheitsrecht angesehen.[872] Ausgehend von der Annahme, daß durch einen rechtswidrigen Akt kein Recht geschaffen werden kann (ex iniuria ius non oritur), muß der durch eine gewaltsame Gebietsveränderung geschaffene Zustand ebenfalls als völkerrechtswidrig angesehen werden.[873] Daher kann der annektierende Staat durch die Annexion keinen legalen Titel bezüglich des annektierten Gebietes erlangen. Daß dies auch von der Staatengemeinschaft so gesehen wurde zeigt sich dadurch, daß die meisten nach dem Kellogg-Briand-Pakt erfolgten Annexionen[874] nie als völkerrechtsmäßig anerkannt wurden und keinen Bestand hatten.[875] Aufgrund des 1940 bestehenden Gewaltverbotes konnte die Sowjetunion keinen legalen Titel bezüglich der baltischen Gebiete erlangen.

---

868 RGBl. 1919 III, S. 717 (725). Artikel 11 lautet: „Ausdrücklich wird hiermit festgestellt, daß jeder Krieg und jede Bedrohung mit Krieg, … eine Angelegenheit des gesamten Bundes ist, und daß dieser die zum wirksamen Schutz des Völkerfriedens geeigneten Maßnahmen zu ergreifen hat, …" (RGBl. 1919 III, S. 717 (727).

869 Fischer, Gewaltverbot, Selbstverteidigungsrecht und Intervention im gegenwärtigen Völkerrecht, in: Ipsen (Hrsg.), Völkerrecht, Kapitel 15, § 59, Rdnr. 3.

870 Levitz, Die Auseinandersetzungen zwischen der Sowjetunion und den baltischen Staaten um die Wiederherstellung der Unabhängigkeit, in: Erhart (Hrsg.), Die „sowjetische Frage", S. 43 (44).

871 RGBl. 1929 II, S. 97 (100).

872 Randelzhofer, Use Of Force, in: Bernhardt (Hrsg.), EPIL Bd. 4, S. 265 (267).

873 Gloria, Das Staatsgebiet, in: Ipsen (Hrsg.), Völkerrecht, Kapitel 5, §23, Rdnr. 44.

874 Mandschurei (1931); Äthiopien (1935/36); Österreich (1938); Sudetenland (1938); Tschechoslowakei (1939), Albanien (1939) und Polen (1939).

875 Mögliche Ausnahmen sind insoweit nur Hyderabad 1948 und Goa 1961 durch Indien und insbesondere Tibet durch China 1951. Insoweit wurde von der Staatengemeinschaft aber bereits der Annexionscharakter bestritten. Daher können sie nicht als Ausnahmen gewertet werden.

Allerdings wurde verschiedentlich vertreten, daß der Gegensatz zwischen der Illegalität des Gebietserwerbs und der Effektivität der Herrschaft über längere Zeit dann zugunsten des annektierenden Staates aufgelöst werden müßte, wenn im Laufe der Zeit die Aussicht auf die Wiederherstellung der ursprünglichen Rechte des Gebietsherrn verschwunden sei. Das Effektivitätsprinzip müßte verhindern, daß es zu einem dauerhaften Auseinanderfallen von Legalität und Effektivität käme.[876] Dem ist aber nicht zuzustimmen. Wie der Fall der baltischen Staaten zeigt, kann ein annektierter Staat auch noch nach sehr langer Zeit - in diesem Fall 51 Jahre - seine Unabhängigkeit zurückerlangen. Die Beurteilung, ob die Aussicht auf Wiederherstellung der Unabhängigkeit verschwunden ist, gestaltet sich mithin äußerst schwierig.

Stärker noch als dieses Bewertungsproblem spricht aber die Bedeutung des Gewaltverbotes im heutigen Völkerrecht gegen die Legalisierung einer Annexion durch die Effektivität der Herrschaft.[877] Das Gewaltverbot ist eine der zentralen Normen des Völkerrechts und gilt als ius cogens[878] Würde man eine Legalisierung durch Effektivität der Herrschaft anerkennen, könnte sich ein Staat durch einen eklatanten Verstoß gegen eine ius-cogens-Norm und die dauerhafte Aufrechterhaltung des daraus resultierenden Zustandes einen Vorteil verschaffen. Durch die Legalisierung dieses Zustandes würde dieser Staat für die Rechtsverletzung quasi belohnt. Daher darf kein Zustand legalisiert werden, der durch kriegerische Handlungen oder der Drohung mit solchen erlangt wurde.[879]

Die Folge der Völkerrechtswidrigkeit der Annexion ist, daß der annektierte Staat trotz der momentan fehlenden effektiven Staatsgewalt als Völkerrechtssubjekt fortbesteht[880] und er als lediglich besetzt gilt.[881] Der Staat hat durch die Besetzung die Handlungsfähigkeit verloren, da seine Staatsgewalt durch die Besatzungsgewalt überlagert wird.[882] Ihm stehen aber weiterhin Souveränitätsrechte zu, die vor allem die Vermögensfragen und die Bestimmung der Staats-

876 Wehser, Das Staatsgebiet, in: Menzel/Ipsen (Hrsg.), Völkerrecht, Kapitel 7, § 23, S. 160.

877 So auch: Epping, Der Staat als „Normalperson" des Völkerrechts, in: Ipsen (Hrsg.), Völkerrecht, Kapitel 2, § 5, Rdnr. 8.

878 Heintschel von Heinegg, Ungültigkeit von Verträgen und Fortfall der Vertragsbindung, in: Ipsen (Hrsg.), Völkerrecht, Kapitel 3, § 15, Rdnr. 51; Fischer, Gewaltverbot, Selbstverteidigungsrecht und Intervention im gegenwärtigen Völkerrecht, in: Ipsen (Hrsg.), Völkerrecht, Kapitel 15, § 59, Rdnr. 9 ff.

879 Gloria, das Staatsgebiet, in: Ipsen (Hrsg.), Völkerrecht, Kapitel 2, § 5, Rdnr. 10.

880 Epping, Der Staat als „Normalperson" des Völkerrechts, in: Ipsen (Hrsg.), Völkerrecht, Kapitel 2, § 5, Rdnr. 10.

881 Meissner, Baltic States, in: Bernhardt (Hrsg.), EPIL Bd. 12, S. 39 (46).

882 Siehe: Ipsen, Schutz der von bewaffneten Konflikten betroffenen Personen und Gebiete, in: Ipsen (Hrsg.), Völkerrecht, Kapitel 16, § 69, Rdnr. 22; Epping, Der Staat als „Normalperson" des Völkerrechts, in: Ipsen (Hrsg.), Völkerrecht, Kapitel 2, § 5, Rdnr. 10.

angehörigkeit betreffen.[883] Bezogen auf das Selbstbestimmungsrecht der Völker bedeutet die Kontinuität des annektierten Staates, daß dem „annektierten" Staatsvolk als Staatsvolk das Selbstbestimmungsrecht zusteht. Eine Annexion ist der schärfste denkbare Eingriff in das Recht des Staatsvolkes, seinen äußeren Status frei von der Einmischung von außen zu bestimmen. Diese Wertung ist in den Fällen des sowjetischen Einmarsches in Afghanistan und der irakischen Besetzung Kuwaits von der Staatengemeinschaft anerkannt worden.[884]

Zur Zeit der Annexion der baltischen Staaten durch die Sowjetunion war das Selbstbestimmungsrecht der Völker allerdings noch nicht als Recht anerkannt. Gleichwohl sind die baltischen Völker mit dem Erstarken des Selbstbestimmungsprinzips zu einem universellen Recht Träger dieses Rechtes geworden.[885] Dies ergibt sich zum einen daraus, daß die baltischen Staaten als Staaten fortbestanden und durch die Annexion lediglich handlungsunfähig geworden waren.[886] Wenn der Staat fortbesteht, besteht auch das Staatsvolk als solches fort. Damit stehen diesem Staatsvolk aber auch alle Rechte zu, die den Staatsvölkern unter dem Völkerrecht gewährt werden. Damit sind auch die baltischen Staatsvölker Träger des Selbstbestimmungsrechts. Dieses wurde von vielen Staaten explizit anerkannt. So haben sowohl der Europarat als auch das europäische Parlament schon in den 1980er Jahren die baltischen Völker als Träger des Selbstbestimmungsrechts bezeichnet. Gleiches ergibt sich auch aus der Entschließung des Bundestages zum Winterkrieg 1991. Darin appellierte der Bundestag an die sowjetische Führung, das Recht auf Selbstbestimmung der baltischen Völker zu achten.[887]

Die Trägerschaft der baltischen Völker am Selbstbestimmungsrecht entspricht dem in dieser Arbeit entwickelten Konzept des Selbstbestimmungsrechts. Danach würde den baltischen Völkern unabhängig von der Kontinuität ihrer Staaten ein Selbstbestimmungsrecht zustehen. Nach dem hier vertretenen Konzept ist die Bevölkerung einer territorialen Einheit dann Träger des Selbstbestim-

---

883 Meissner, Die staatliche Kontinuität, völkerrechtliche Stellung und außenpolitische Lage der baltischen Länder, in: Meissner (Hrsg.), Die baltischen Nationen, S. 270 (277); Epping, Der Staat als „Normalperson" des Völkerrechts, in: Ipsen (Hrsg.), Völkerrecht, Kapitel 2, § 5, Rdnr. 10.

884 Afghanistan: Generalversammlungsresolution 35/37 vom 20.11.1980; Generalversammlungsresolution 36/34 vom 18.11.1981, Nr. 2; Kuwait: Sicherheitsratsresolution 662 (1990); Sicherheitsratsresolution 677 vom 28.11.1990; Sicherheitsratsresolution vom 29.11.1990.

885 Cassese, Self-Determination of Peoples, S. 262.

886 Levitz, Die Auseinandersetzungen zwischen der Sowjetunion und den baltischen Staaten um die Wiederherstellung der Unabhängigkeit in: Erhart, Die „sowjetische Frage", S. 43 (44).

887 Meissner, Die staatliche Kontinuität, völkerrechtliche Stellung und außenpolitische Lage der baltischen Länder, in: Meissner (Hrsg.), Die baltischen Nationen, S. 270 (306).

mungsrechts der Völker, wenn kein anderes Völkerrechtssubjekt einen legalen Titel über das Territorium innehat. In dieser Situation befanden sich die baltischen Völker. Der Sowjetunion kam aufgrund der Völkerrechtswidrigkeit der Annexion kein legaler Titel über Estland, Lettland und Litauen zu.[888] Da einen solchen Titel auch kein anderes Völkerrechtssubjekt innehatte, waren die baltischen Völker alleine aufgrund des dem Gebiet zukommenden Selbstbestimmungsstatus selbstbestimmungsberechtigt.[889]

Die Staatenreaktion sowohl auf die Annexion als auch auf die Restitution der Unabhängigkeit 1991 ist eine Bestätigung der hier vorgenommenen Bewertung. Die meisten Staaten, die 1940 bestanden, haben die Annexion der baltischen Staaten durch die Sowjetunion nie anerkannt.[890] Im Gegenteil, die Staaten betonten immer, daß die Annexion auch nach langer Zeit und trotz gegenseitiger Beziehungen zur Sowjetunion keine Rechtsfolgen habe.[891] So lehnten die USA

---

888 Dies stellte auch die australische Regierung 1975 fest, als sie die zuvor durch die Vorgängerregierung gewährte de Jure Anerkennung der Inkorporation widerrief. In der dazu abgegebenen Erklärung heißt es: „It should be observed that the question of recognition in this connection is not one of recognition of statehood or of a government, but simply one of title to territory. ... " zitiert nach: Cassese, Self-Determination Of Peoples, S. 259, Fußnote 3.

889 Darüber hinaus hatte das Selbstbestimmungsrecht durch die Friedensverträge zwischen den baltischen Staaten und der Sowjetunion von 1920 bereits partikular-völkerrechtlichen Charakter. In diesen hat die Sowjetunion das Selbstbestimmungsrecht der baltischen Völker anerkannt, so daß die baltischen Völker schon 1920 gegenüber der Sowjetunion Träger eines Selbstbestimmungs**rechtes** waren. Meissner, Das Selbstbestimmungsrecht der Völker nach Helsinki und seine Bedeutung für die baltischen Nationen, in: Meissner (Hrsg.), Die baltischen Staaten im weltpolitischen und völkerrechtlichen Wandel, S. 130 (137 f.).

890 Siehe dazu: Schweiz (Archiv der Gegenwart 1991, S.36137); Vatikan (Meissner, Baltic States, in: Bernhardt (Hrsg.), EPIL Bd. 12, S. 39 (46)); alle NATO-Staaten (Belgien, Dänemark, Deutschland, Frankreich, Griechenland, Großbritannien, Island, Italien, Kanada, Luxemburg, Niederlande, Norwegen, Portugal, Türkei, USA, Spanien) wobei die Niederlande bei der Aufnahme der diplomatischen Beziehungen mit der Sowjetunion diese Frage offen lies und zunächst keine Position bezog. 1988 hat aber auch die Niederlande die Nichtanerkennung ausgesprochen (Meissner, Die staatliche Kontinuität, völkerrechtliche Stellung und außenpolitische Lage der baltischen Länder, in: Meissner (Hrsg.), Die baltischen Nationen, S. 270 (285)); Irland und Schweden (Meissner, Die staatliche Kontinuität, völkerrechtliche Stellung und außenpolitische Lage der baltischen Länder, in: Meissner (Hrsg.), Die baltischen Nationen, S. 270 (285)); Australien (Meissner, Baltic States, in: Bernhardt (Hrsg.), EPIL Bd. 12, S. 39 (47)).

891 Diese Nichtanerkennung der Annexion erfolgte in Anwendung der Stimson-Doktrin (dazu: Meng, Stimson-Doctrine, in: Bernhardt (Hrsg.), EPIL Bd. 4, S. 230 ff.) nach der eine durch Annexion erfolgte Gebietsveränderung nicht anerkannt, und dadurch legalisiert werden darf. Die Stimson-Doktrin war anläßlich der japanischen Besetzung der Mandschurei zunächst durch den amerikanischen Außenminister formuliert und später in eine Resolution der Völkerbundversammlung vom 11.3.1932 übernommen worden.

und Großbritannien immer wieder eine de jure Anerkennung der Annexion explizit ab. Außerdem bestanden die diplomatischen Vertretungen der baltischen Staaten in beiden Ländern fort, deren Personal selbst nach Personalwechseln als solches durch die USA und Großbritannien anerkannt wurde.[892] Die USA und Frankreich hatten direkt nach der Annexion baltisches Auslandsvermögen eingefroren.[893] Dies kann nur als Anerkennung der Kontinuität der baltischen Staaten gewertet werden. Die anderen NATO-Staaten haben die Kontinuität der baltischen Staaten in ähnlicher Weise bestätigt. Auch das Europäische Parlament hat sich mehrfach mit den baltischen Staaten befaßt, in Entschließungen die Annexion verurteilt und die Verwirklichung des Selbstbestimmungsrechts eingefordert.[894]

Dagegen spricht auch nicht, daß die internationale Staatengemeinschaft die Unabhängigkeitsbestrebungen nicht sofort voll unterstützte. Die Staaten haben damit sowohl auf den unsicheren Ausgang dieser Unabhängigkeitsbestrebungen reagiert, als auch versucht, die innenpolitische Lage in der Sowjetunion nicht durch ihr Verhalten zu destabilisieren. Der Zerfall der Sowjetunion stellte durch das Atomwaffenarsenal, aber auch durch die weltpolitische Bedeutung dieses Staates, ein enormes Gefahrenpotential für den Weltfrieden dar. Die Internationale Gemeinschaft wollte Gorbatschow darin unterstützen, die Sowjetunion in einen demokratischen Staat umzuwandeln.[895] Von Beginn der Unabhängigkeitsbestrebungen an haben die Staaten, die von einer Kontinuität der baltischen Staaten ausgingen, die Unabhängigkeit nie abgelehnt. Vielmehr haben sie darauf gedrängt, diese auf dem Verhandlungsweg mit der Sowjetunion zu erreichen.

Die Staaten, die die baltischen Staaten 1991 frühzeitig anerkannten, waren ausnahmslos solche, welche Annexion durch die Sowjetunion nie de jure anerkannt hatten. Die Anerkennung der baltischen Staaten 1991 war für sie die logische Konsequenz aus der Kontinuität der baltischen Staaten und nicht etwa die Zuerkennung eines Selbstbestimmungsrechts in Form der Sezession für inner-

---

Darin heißt es: „... The Assembly ... declares, that it is incumbent upon the Members of the League of Nations not to recognize any situation, treaty, or agreement contrary to the Covenant of the League of Nations or to the Pact of Paris." (League of Nations, Official Journal, Special Suppl No 101 (1932), S. 87).

892 Meissner, Die staatliche Kontinuität, völkerrechtliche Stellung und außenpolitische Lage der baltischen Länder, in: Meissner (Hrsg.), Die baltischen Nationen, S. 270 (277 ff.).

893 Kagedan, American And French Responses To The Lithuanian Unilateral Declaration Of Independence, in: Rezun (Hrsg.), Nationalism And The Breakup Of An Empire, S. 157 (159).

894 Meissner, Die staatliche Kontinuität, völkerrechtliche Stellung und außenpolitische Lage der baltischen Länder, in: Meissner (Hrsg.), Die baltischen Nationen, S. 270 (285 m.w.N.).

895 Cassese, Self-Determination Of Peoples, S. 264.

staatliche Gruppen. Dies wird dadurch belegt, daß die Staaten, die schon vor der Annexion diplomatische Beziehungen zu den baltischen Staaten unterhalten hatten, nicht von der Anerkennung der baltischen Staaten sprachen, sondern explizit von der (Wieder-)aufnahme der diplomatischen Beziehungen.[896] Diese Staaten haben durch ihre frühzeitige Aufnahme diplomatischer Beziehungen das Selbstbestimmungsrecht der baltischen Völker als Recht des Staatsvolkes, und insofern auch das hier entwickelte Konzept des Selbstbestimmungsrechts, bestätigt.

Die Anerkennung der baltischen Staaten ist aber keine Bestätigung für die Trägerschaft innerstaatlicher Gruppen durch die Auflösung der Gemeinschaft. Nach der Rechtsüberzeugung der frühzeitig anerkennenden Staaten umfaßte die sowjetische Gemeinschaft nie die baltischen Staaten. Die baltischen Völker sind nie Teil des sowjetischen Staatsvolkes gewesen, sondern immer selbständige Staatsvölker.

bb) Bewertung der Staatenreaktion bezüglich der anderen Republiken

Die anderen Unionsrepubliken haben die Union durch den Vertrag von Alma-Ata am 21.12.1991 einvernehmlich aufgelöst.[897] Die Staatengemeinschaft hat diese einvernehmliche Auflösung durch die Anerkennung der neuen Staaten zur Kenntnis genommen und bestätigt. Für das Selbstbestimmungsrecht ergeben sich aus diesen Anerkennungen aber keine neuen Erkenntnisse. Bestätigt wird dadurch lediglich das Recht des Staatsvolkes, frei darüber zu entscheiden, ob es als Einheit fortbestehen will oder aber die Gemeinschaft auflösen möchte und dadurch neue Selbstbestimmungsträger schafft.[898] Da es sich um eine **Staatsauflösung**, also eine **einvernehmliche** Trennung der Staatsteile, handelte, kann aus den Anerkennungen der neuen Staaten auch nicht geschlossen werden, daß die Staatengemeinschaft das in Artikel 71 der Unionsverfassung von 1974 fest-

---

896 So steht in der Deklaration der Außenminister der Europäischen Union (Brüssel 27.8.1991), daß die Wiederherstellung der Souveränität und Unabhängigkeit, die die baltischen Staaten 1940 verloren haben, begrüßt wird, und daß der Wille der Mitgliedstaaten bekräftigt wird, die diplomatischen Beziehungen ohne Verzögerung aufzunehmen. In der Verlautbarung von Präsident Bush vom 2.9.1991 heißt es, daß die diplomatischen Beziehungen wieder aufgenommen werden sollen und daß dies der Beweis dafür ist, daß sich die USA 52 Jahre lang weigerten die gewaltsame Eingliederung der unabhängigen baltischen Staaten durch die UdSSR zu akzeptieren. (Rich, Recognition Of States: The Collapse Of Yugoslavia And The Soviet Union, EJIL Bd. 4 (1993), S. 36 (38).

897 Selbst die Unionsorgane haben dieser Auflösung in keiner Weise widersprochen.

898 Tomuschat, Self-Determination In A Post-Colonial World, in: Tomuschat (Hrsg.), Modern Law Of Self-Determination, S. 1 (7).

gehaltene Sezessionsrecht der Unionsrepubliken[899] als völkerrechtliches Recht ansahen. Wäre dies der Fall gewesen, hätte die Staatengemeinschaft anerkannt, daß ein Staat durch innerstaatliches Recht völkerrechtliche Rechte und Pflichten begründen könnte. Da es sich um eine Staatsauflösung handelte, in der bestimmte Einheiten eines Staates den Bestand des Staates terminieren, kam es auch nicht zur Anwendung des uti-possidetis-juris-Prinzips. Die Grenzen wurden durch Vertrag, nämlich in den bestehenden Unionsrepubliksgrenzen, festgelegt.

cc) Bewertung der Staatenreaktion bezüglich der Sezessionswünsche anderer Gebietseinheiten

Weder Berg-Karabagh noch Tschetschenien sind von der Staatengemeinschaft als Staaten anerkannt worden. Alleine hieraus kann noch nicht geschlossen werden, daß die Staatengemeinschaft ein Recht dieser Gebiete auf Selbstbestimmung ablehnt. Staaten sind nicht zu einer Anerkennung und schon gar nicht zu einer frühzeitigen Anerkennung verpflichtet. Insoweit kann nur aus einer frühzeitigen Anerkennung auf ein Selbstbestimmungsrecht geschlossen werden, nicht aber aus der Verweigerung der Anerkennung darauf, daß kein Selbstbestimmungsrecht anerkannt wird.

Die Nichtanerkennung der Trägerschaft Berg-Karabaghs und Tschetscheniens am Selbstbestimmungsrecht ergibt sich aber dadurch, daß sich die Staatengemeinschaft sehr wohl intensiv mit den beiden Konflikten beschäftigt hat und verschiedentlich auch Lösungsvorschläge machte. Die Lösungsvorschläge bezüglich des Berg-Karabagh-Konfliktes haben aber immer nur eine Autonomie dieses Gebietes vorgesehen. Ein Selbstbestimmungsrecht Berg-Karabaghs wurde dagegen nicht diskutiert.

Bezüglich Tschetscheniens hat die internationale Gemeinschaft immer betont, daß eine Loslösung Tschetscheniens von der Russischen Föderation nur auf dem Verhandlungswege erreicht werden könne. Insoweit entspricht dies dem anfänglichen Verhalten der Staaten gegenüber den Unabhängigkeitsbestrebungen der baltischen Staaten. Dort hatten die westlichen Staaten ebenfalls zunächst Verhandlungen zwischen den baltischen Staaten und der Sowjetunion über die Unabhängigkeit verlangt. Trotzdem haben die westlichen Staaten das Selbstbestimmungsrecht der baltischen Staaten anerkannt. Der Unterschied zeigt sich in der Reaktion der Staaten auf den Winterkrieg auf der einen und den Tschetschenien-Kriegen auf der anderen Seite. Während die Staatengemeinschaft das militärische Eingreifen im Winterkrieg als solches als Verletzung des Völkerrechts und des Selbstbestimmungsrechts der baltischen Völker ansah und als

899 In Artikel 72 Verfassung UdSSR von 1977 heißt es: „Jeder Unionsrepublik bleibt das Recht auf freien Austritt aus der UdSSR gewahrt."

solche verurteilte, mißbilligte sie in den Tschetschenien-Kriegen lediglich die Vorgehensweise. Der Russischen Föderation wurde explizit das Recht zum Schutz seiner territorialen Integrität zugesprochen. Damit erkannte die Staatengemeinschaft an, daß der Russischen Föderation ein legaler Titel bezüglich Tschetscheniens zukommt, so daß Tschetschenien nicht Träger des Selbstbestimmungsrechts sein kann.

Diese Bewertung entspricht dem im ersten Teil dieser Arbeit entwickelten Selbstbestimmungskonzept. Daß es sich bei der Gründung der Sowjetunion bezüglich Tschetscheniens um eine Annexion dieses Gebietes gehandelt hat, ist nie international anerkannt worden. Deshalb konnte sich aus dieser Tatsache auch kein Selbstbestimmungsrecht Tschetscheniens als Kolonialvolk ergeben. Der Russischen Föderation und damit der Sowjetunion stand daher nach internationaler Ansicht ein legaler Titel über das Gebiet zu. Auch für den Zeitpunkt der Auflösung der Sowjetunion im Dezember 1991 kann sich nach dem hier erarbeiteten Selbstbestimmungskonzept nichts anderes ergeben. Die Auflösung erfolgte durch Vertrag zwischen den Unionsrepubliken und nicht durch einen unkontrollierten Zerfallsprozeß. Dadurch waren die neuen Selbstbestimmungsträger durch Vertrag auf die Unionsrepubliken festgelegt und nicht etwa durch ein Machtvakuum unabhängig von vertraglichen Regelungen neu zu bestimmen. Tschetschenien hatte zwar am 6.9.1991 seinen Austritt aus der RSFSR, und sich damit zu einer Unionsrepublik erklärt. Diese Souveränitätserklärung war aber weder von der Union noch von der RSFSR selbst anerkannt worden. Nach sowjetischem Recht hatte Tschetschenien als Autonome Sozialistische Sowjetrepublik kein Recht über eine Veränderung seines Statusses innerhalb der Sowjetunion zu entscheiden. Gemäß Artikel 78 der Unionsverfassung von 1977 konnte das Territorium einer Unionsrepublik ohne ihre Zustimmung nicht geändert werden,[900] so daß die RSFSR dem Austritt Tschetscheniens hätte zustimmen müssen. Auch das Völkerrecht gewährt Teilen eines Staates kein Recht auf eine Veränderung seines innerstaatlichen Statusses.

Ein Selbstbestimmungsrecht nach dem hier entwickelten Selbstbestimmungskonzept könnte Tschetschenien daher nur unter der Voraussetzung der Auflösung der Gemeinschaft zukommen, wobei eine einvernehmliche Auflösung mangels Zustimmung seitens der Russischen Föderation ausscheidet. Nur wenn sich eine Situation nachweisen ließe, in der nach dem hier vertretenen Selbstbestimmungskonzept Tschetschenien ein Selbstbestimmungsrecht durch Ausschluß oder Machtvakuum zukäme, wäre die Staatenreaktion ein Beweis für das Nichtbestehen eines originären Rechtserwerbs innerstaatlicher Gruppen.

---

[900] Darauf hatte die Union bereits in der Frage des Austritts Berg-Karabaghs aus der Unionsrepublik Aserbaidshan hingewiesen.

Eine Auflösung der Staatsvolksgemeinschaft durch einen Ausschluß der Tschetschenen aus der inneren Ordnung läßt sich nicht nachweisen. Wie oben bereits ausgeführt wurde,[901] reichen Menschenrechtsverletzungen alleine für die Annahme eines solchen Ausschlusses eines Teils des Staatsvolkes nicht aus. Vielmehr muß die staatliche Ordnung so beschaffen sein, daß ein Teil des Staatsvolkes an dieser staatlichen Ordnung nicht teilhaben darf. Der Zweck der staatlichen Ordnung muß der Ausschluß dieses Teils der Bevölkerung sein. Dies ist aber in Tschetschenien nicht der Fall. Die Tschetschenische Autonome Republik ist zu den Verhandlungen über einen neuen Föderationsvertrag eingeladen worden. Ziel des Krieges, den die Russische Föderation gegen Tschetschenien führte, war der Erhalt der Einheit und nicht die Vernichtung und der Ausschluß der Menschen. Man kann auch nicht aufgrund der zweifelsohne schweren Menschenrechtsverletzungen darauf schließen, daß die Russischen Föderation zwar das Gebiet Tschetscheniens, nicht aber die dort lebenden Menschen als Teil des Staates erhalten möchte. Die Tschetschenen werden von der Russischen Föderation als gleichberechtigte Staatsbürger angesehen.

Nach dem hier entwickelten Konzept könnte sich ein Selbstbestimmungsrecht der Tschetschenen als innerstaatliche Gruppe aber auch durch die faktische Auflösung des Staatsvolkes ergeben. Die Russische Föderation hat spätestens seit dem Ende des ersten Tschetschenien-Krieges keine Staatsgewalt mehr über das tschetschenische Gebiet gehabt, wohingegen Tschetschenien selbst zumindest Ansätze einer zentralen und effektiven Staatsgewalt erkennen ließ. Das Machtvakuum bestand aber nicht in der gesamten Russischen Föderation. Der Bestand der Russischen Föderation war in keiner Weise gefährdet. Es lag vielmehr ein Konflikt zwischen einer im übrigen voll funktionstüchtigen Zentralregierung und einem Staatsteil vor. Hinter diesem Konflikt stand die Weigerung der Tschetschenen, als Minderheit in der RSFSR, die Entscheidung der Mehrheit zur Unabhängigkeit als territoriale Einheit anzuerkennen. Die Weigerung war insoweit erfolgreich, als es der Russischen Föderation zeitweilig nicht möglich war, die Mehrheitsentscheidung des neuen Staatsvolkes durchzusetzen. Bereits im ersten Teil dieser Arbeit wurde dargelegt, daß es für die Funktionsfähigkeit des Selbstbestimmungsrechts als Gruppenrecht unerläßlich ist, daß die Mehrheitsentscheidung verbindlich ist. Die Nichtbefolgung dieser Mehrheitsentscheidung durch eine Minderheit darf nicht dazu führen, daß diese Minderheit für die Nichtbefolgung der Mehrheitsentscheidung mit dem Selbstbestimmungsrecht belohnt wird. Die Nichtdurchsetzbarkeit der innerstaatlichen Rechtsordnung in Teilen des Staates führt daher nach dem hier vertretenen Selbstbestimmungskonzept nicht dazu, daß innerstaatliche Gruppen zu Trägern des Selbstbestimmungsrechts werden. Die Nichtanerkennung Tschetscheniens durch die Staatengemeinschaft hat diese Schlußfolgerung bestätigt. Gleiches

901 Seite 184 ff.

muß für Berg-Karabagh gelten. Mit der Annahme, daß es für die Entstehung eines Selbstbestimmungsrechts innerstaatlicher Gruppen auf eine Mehrheitsentscheidung des Staatsvolkes ankommt, hat die Staatengemeinschaft gleichzeitig die Trägerschaft ethnischer Gruppen nicht bestätigt.

5. *Ergebnis*

Die Staatenreaktion auf die Auflösung der Sowjetunion hat das im ersten Teil der Arbeit nachgewiesene Selbstbestimmungskonzept bestätigt.

Litauen erklärte sich bereits im Februar 1990 für unabhängig, Estland und Lettland folgten im August 1991. Alle drei baltischen Unabhängigkeitserklärungen waren unbedingt. Noch während die UdSSR bestand und bevor Estland, Lettland und Litauen durch den sowjetischen Staatsrat offiziell aus dem Staatsverbund entlassen wurden, erkannten die Staaten der Europäischen Gemeinschaft und die USA die staatliche Unabhängigkeit der drei an. Die Staatengemeinschaft hat damit bestätigt, daß die Annexion der baltischen Staaten durch die Sowjetunion 1940 völkerrechtswidrig war und ihr daher kein legaler Titel auf das Gebiet zukam. Die baltischen Staaten waren folglich in ihren Augen nicht untergegangen, sondern haben fortbestanden. Den Bevölkerungen der baltischen Staaten wurde auch vor der Anerkennung ihrer Staaten, beziehungsweise der Wiederaufnahme der diplomatischen Beziehungen, explizit ein Selbstbestimmungsrecht zugesprochen Insofern war das Selbstbestimmungsrecht der baltischen Staatsvölker nicht mit der Annexion untergegangen. Sowohl die Kontinuität der Staaten als auch das Fortbestehen des Selbstbestimmungsrechts ergibt sich daraus, daß die Sowjetunion durch die Annexion keinen legalen Titel auf das Gebiet erworben hat. Damit bestätigt sich das im ersten Teil der Arbeit entwickelte Konzept des Selbstbestimmungsrechts insoweit, als Anknüpfungspunkt für das Selbstbestimmungsrecht eines Volkes ist, daß keinem anderen Völkerrechtssubjekt ein legaler Titel bezüglich des Gebietes zusteht.[902]

Auch die anderen Unionsrepubliken erklärten im Laufe des Jahres 1991 ihre Unabhängigkeit. Allerdings führten 10 Unionsrepubliken auch danach weitere Gespräche über einen neuen Unionsvertrag. Dabei sollte die Sowjetunion bis zum Abschluß des neuen Unionsvertrages Bestand behalten. Dies fand seine Umsetzung in der vorläufigen Neuordnung der Bundesorgane. Damit haben die Republiken selbst den vorläufigen Fortbestand der Sowjetunion unterstützt. Die Sowjetunion hat sich daher erst mit dem Vertrag von Alma-Ata aufgelöst. Zwar war bereits vorher klar, daß die Sowjetunion, zumindest in der bisherigen Form, keinen Bestand haben würde. Dies führte aber nicht automatisch zur Auflösung der Sowjetunion. Vielmehr haben die Republiken bestimmt, daß sich die Union am 21.12.1991 auflöst. Dabei waren die Regierungen der Republiken demokratisch legitimiert, so daß die Entscheidung als Entscheidung des Staatsvolkes anzusehen ist. Die Anerkennung dieser Staaten nach dem 21.12.1991 durch die Staatengemeinschaft bestätigt, daß das Staatsvolk das Recht hat, sich aufzuspalten. Inhalt des Selbstbestimmungsrechts des Staatsvolkes ist das Recht, seinen Status frei zu bestimmen. Aus diesem Recht heraus hat das Staatsvolk

902 Siehe Seite 200 ff.

auch das Recht, sich aufzuspalten. Die Staatengemeinschaft hat mit ihrer Anerkennung der neuen Staaten diesen Inhalt des Selbstbestimmungsrechts bestätigt. Damit ist dieser Inhalt sowohl im Zuge der dynamischen Auslegung der Charta der VN als auch gewohnheitsrechtlich zum Inhalt des Selbstbestimmungsrechts der Völker geworden.

Weder die Unabhängigkeitsbestrebungen Berg-Karabaghs noch Tschetscheniens sind erfolgreich gewesen. Sowohl die Mehrheit der Bevölkerung Aserbaidshans als auch die der Russischen Föderation lehnten eine Abspaltung dieser Gebiete durch ihre Regierungen ab. Die Staatengemeinschaft hat die Unabhängigkeitsbestrebungen nicht unterstützt oder als rechtmäßige Wünsche betrachtet. Ein Recht der Bevölkerungen dieser Gebiete auf Selbstbestimmung in Form der Sezession wurde abgelehnt. Obwohl die Russische Föderation lange nicht in der Lage gewesen ist, die Staatsgewalt in Tschetschenien auszuüben, hat die Staatengemeinschaft ein Recht Tschetscheniens auf Unabhängigkeit abgelehnt. Damit hat die Staatengemeinschaft bestätigt, daß Träger des Selbstbestimmungsrechts immer nur das gesamte Staatsvolk ist. Alleinig entscheidungsberechtigt über die Frage, ob sich der Staat auflöst, oder aber ein Teil des Staates sezessieren darf, ist das Staatsvolk als Ganzes. Alleine die Tatsache, daß der Staat zeitweilig nicht in der Lage ist, seine Rechtsordnung auf dem gesamten Staatsgebiet durchzusetzen, führt nicht zu einem Recht auf Selbstbestimmung einer Gruppe, die sich entgegen der Mehrheitsentscheidung weigert, den Staat zu erhalten.

IV. Jugoslawien

Auch Jugoslawien ist durch seinen Zerfall für die Entwicklung des Selbstbestimmungsrechts nach 1990 von entscheidender Bedeutung. Seine besondere Relevanz ergibt sich daraus, daß sich - anders als in der Sowjetunion - keine einvernehmliche Staatsauflösung vollzog. Die jugoslawischen Republiken konnten sich nicht über die Staatsauflösung einigen. Trotzdem zerfiel der Staat, und die jugoslawischen Republiken wurden innerhalb ihrer Grenzen als selbständige Staaten anerkannt. Diese Anerkennung durch die internationale Staatengemeinschaft erfolgte trotz der Bürgerkriege, die sowohl in Kroatien als auch, nach der Anerkennung, in Bosnien-Herzegowina stattfanden. Der Zerfall Jugoslawiens stellte sich in weiten Bereichen als ein aus der Geschichte des Staates begründeter ethnischer Konflikt dar. Da eine Grundlage des Zerfalls die schweren ethnischen Spannungen zwischen den verschiedenen Volksgruppen Jugoslawiens war, stellte sich frühzeitig die Frage nach einem Selbstbestimmungsrecht der ethnischen Völker Jugoslawiens. Die Frage nach der Anerkennung des Selbstbestimmungsrechts ethnischer Völker ist von entscheidender Bedeutung für das Selbstbestimmungskonzept. Sie ist sozusagen die „Gretchenfrage" seit Beginn der Diskussion über das Selbstbestimmungsprinzip.

Da die Gründe für den Zerfall Jugoslawiens auch in seiner Geschichte liegen, soll diese bis zur zweiten Staatsgründung Jugoslawiens 1946 insoweit dargestellt werden, als sie ursächlich für den Zerfall war. Danach soll sowohl ein Überblick über die Ursachen des Zerfalls, als auch dessen geschichtlicher Verlauf dargestellt werden. Der Zerfall erfolgte innerhalb der Republiksgrenzen. Aufgrund seiner ethnischen Ursprünge kam es während und nach der erfolgreichen Unabhängigkeitsbestrebungen der Republiken zu Konflikten dieser Republiken mit ethnischen Minderheiten. Letztere forderten, sich aufgrund ihrer Ethnie von den Republiken abspalten zu dürfen. Sie reklamierten ein ihnen angeblich zustehendes Selbstbestimmungsrecht. Aus diesem Grund soll der Verlauf dieser Sezessionsbestrebungen nach der Geschichte des Zerfalls dargestellt werden. Anhand der Reaktion der Staatengemeinschaft, sowohl auf den Zerfall Jugoslawiens als auch auf die Sezessionswünsche der ethnischen Minderheiten, soll anschließend gezeigt werden, daß die Staatengemeinschaft kein Selbstbestimmungsrecht ethnischer Völker anerkannt hat.

1. Entstehung Jugoslawiens

Das grundlegende Problem Jugoslawiens zeigte sich bereits bei der Gründung des Königreichs der Serben, Kroaten und Slowenen 1918[903] und setzte sich in der Volksrepublik Jugoslawien fort. Es soll im Folgenden als **Staats-**

[903] Beckmann-Petey, Der jugoslawische Föderalismus, S. 31.

volkproblem bezeichnet werden.[904] Das Staatsvolkproblem läßt sich vereinfacht wie folgt beschreiben. Es ist die gegensätzliche Ansicht der Serben (Montenegrinern) und der anderen ethnischen Völker Jugoslawiens über die Frage, wie das Staatsvolk zu definieren sei und die sich daraus ergebenden Probleme. Die Serben sahen in Jugoslawien die Auferstehung Großserbiens (mit einigen Gebietserweiterungen).[905] Daraus folgte für sie ein Staat, der auf das serbische Stammland und dessen Bedürfnisse ausgerichtet ist.[906] Nach ihrer Vorstellung mußte es ein zentralistischer Staat sein, der den serbischen Interessen dienen sollte. Die anderen in diesem Staat lebenden Völker wurden als Minderheiten angesehen, die sich den serbischen Interessen unterzuordnen hatten. Die anderen Völker Jugoslawiens, insbesondere die Slowenen und Kroaten, sahen in Jugoslawien die verstaatlichte Idee des Jugoslawismus. Jugoslawien stellte für sie die Staat gewordene Vereinigung aller südslawischen Völker dar. Daraus folgte für sie ein föderaler Staatsaufbau,[907] in dem alle Völker gleichberechtigt sein sollten.[908] Jugoslawien wurde als Zusammenschluß selbständiger Völker angesehen. Die Slowenen und Kroaten tendierten daher eher zu einer Konföderation als zu einem Zentralstaat. Dieser Gegensatz in der Bewertung beziehungsweise in dem Bild Jugoslawiens fand auch Eingang in die 2. jugoslawische Verfassung, brach nach Titos Tod erneut auf und führte maßgeblich zum Zerfall Jugoslawiens.

a) Entwicklung vor der ersten Staatsgründung

Jugoslawien hatte bis zur Gründung des Königreichs der Serben, Kroaten und Slowenen am 1.12.1918 keine gemeinsame Staatsgeschichte.[909] Vielmehr war das spätere jugoslawische Staatsgebiet vor der Gründung des ersten jugoslawischen Staates auf die Einflußsphären des Osmanischen und des Habsburger Weltreiches verteilt. Es gehörte somit jahrhundertelang unterschiedlichen Kulturkreisen an. Die getrennte Entwicklung begann bereits vor der Einordnung

---

904 Zum Integrationsproblem: Höpken, Die Unfähigkeit zusammenzuleben, in: Furkes/Scharp (Hrsg.), Jugoslawien – ein Staat zerfällt, S. 32 (37).

905 Crnobrnja, The Yugoslav Drama, S. 45 ff., insbesondere S. 46.

906 Höpken, Die Unfähigkeit zusammenzuleben, in: Furkes/Scharp (Hrsg.), Jugoslawien – ein Staat zerfällt, S. 32 (37).

907 Beckmann-Petey, Der jugoslawische Föderalismus, S. 31.

908 Höpken, Die Unfähigkeit zusammenzuleben, in: Furkes/Scharp (Hrsg.), Jugoslawien – ein Staat zerfällt, S. 32 (37).

909 Beckmann-Petey, Der jugoslawische Föderalismus, S. 25.

in die beiden Weltreiche.[910] Die Geschichte der einzelnen Staatsgründungen hat auf die ethnische Entwicklung einen entscheidenden Einfluß.[911]

Der Grundstein für den kroatischen Staat wurde zu Beginn des 9. Jahrhunderts gelegt, und im 10. Jahrhundert wurde **Kroatien** unter Tomislav (910-928) zum Königreich.[912] Zu dieser Zeit beherrschte Kroatien auch Istrien und Bosnien, sein Einfluß reichte bis nach Montenegro und Nordalbanien.[913] Allerdings endete diese Selbständigkeit des „Dreieinigen Königreichs Kroatien-Dalmatien-Slawonien" nach einem Feldzug von Koloman von Ungarn 1097, der Ansprüche auf den kroatischen Thron erhob. 1102 wurde zwischen Ungarn und Kroatien durch die sogenannten „Pacta conventa" eine Personalunion gebildet, in der Kroatien zunächst eine weitgehende Eigenständigkeit zugestanden wurde.[914] Kroatien behielt mit dem Sabor ein eigenes Parlament und das kroatische Rechtssystem.[915] Die kroatische Seite schloß aus diesem Vertrag, daß Kroatien die Union mit Ungarn freiwillig eingegangen sei und eine gewisse Eigenständigkeit behalten habe. Daher bewahrten sich die Kroaten ein Eigenbewußtsein.[916] Allerdings blieb Kroatien bis zum Ende des Ersten Weltkrieges, mit einer kleinen Unterbrechung, mit Ungarn staatsrechtlich vereint. Hierdurch wurde Kroatien Teil des habsburgischen Weltreiches. Nachdem Ungarn 1526 von den Türken vernichtend geschlagen worden war und König Ludwig II von Ungarn dabei den Tod fand, wurde die Krone Ungarns an dessen Schwager Erzherzog Ferdinand weitergegeben.[917] Dieser mußte seine Herrschaft zunächst auf die nordwestlichen Gebiete beschränken, da ganz Kroatien und der Großteil Ungarns von den Türken besetzt war. Die Verbindung der österreichischen mit der ungarischen Krone erlangte erst mit dem Frieden von Karlowitz praktische Bedeutung. In diesem am 26.1.1699 abgeschlossenen Frieden mußten die Türken auf ganz Ungarn, Siebenbürgen sowie auf fast ganz Kroatien und Slawonien verzichten. Für die folgenden Jahrhunderte blieb die Kulpa-Save-Donau-Linie die Grenze zwischen dem Osmanischen und dem Habsburger Reich. Durch die ständige Bedrohung durch die Türken war es die vorrangige Aufgabe der Grenzgebiete, diese Grenze zu sichern. Die Maßnahmen zu deren Sicherung

910 Die Slawen siedelten auf dem Balkan seit Ende des 6. Jahrhunderts. Sundhaussen, Experiment Jugoslawien, S. 16.

911 Cirkovic, Zur Ethnogenese auf dem Gebiet des ehemaligen Jugoslawiens, in: Melcic (Hrsg.), Der Jugoslawienkrieg, S. 14 (18 ff.).

912 Baer, Der Zerfall Jugoslawiens, S. 8.

913 Bartl, Grundzüge der jugoslawischen Geschichte, S. 10.

914 Der Vertrag garantierte den zwölf kroatischen Stämmen ihren Besitz, befreite sie von Abgaben an den König und weitgehend auch von der Heerfolge.

915 Sunjik, Woher der Haß, S. 18.

916 Sundhaussen, Experiment Jugoslawien, S. 23.

917 Bartl, Grundzüge der jugoslawischen Geschichte, S. 35; Sunjic, Woher der Haß, S. 19; Sundhaussen, Geschichte, S. 14; Razumovsky, Chaos Jugoslawien, S. 18. Dies änderte aber nichts an der Zugehörigkeit Kroatiens zur ungarischen Hälfte des Reiches.

wirken sich noch heute in den Konflikten um Autonomie in und Unabhängigkeit von Kroatien aus. Seit 1538 entstand die Militärgrenze (Vojna krajina). Dabei handelte es sich um ein System befestigter Siedlungen, die von freien Wehrbauern bewohnt wurden. Diesen wurden erhebliche Privilegien zugestanden,[918] welche ab 1630 sowohl die innere Selbstverwaltung, als auch eine eigene Gerichtsbarkeit umfaßten. Die nach der erneuten Eroberung Serbiens durch die Türken 1690 geflohenen Serben,[919] siedelten sich vor allem in diesen Wehrdörfern an.[920] Auf diese Ansiedlung von Serben sind die heute bestehenden serbischen Siedlungsgebiete in Kroatien, insbesondere in den Regionen um Knin, Banija und Kordun, an der Grenze zu Bosnien-Herzegowina, sowie in Slawonien zurückzuführen, auf die sich in den 1990er Jahren die Auseinandersetzungen und Autonomiebestrebungen konzentrierten.[921] Die zum späteren Kroatien gehörende dalmatinische Küstenregion, die jahrhundertelang zwischen Ungarn und Venedig hin und her gewechselt war, wurde 1421 dauerhaft an die Markusrepublik abgetreten und verblieb bei dieser bis die venezianische Republik 1797 aufgelöst wurde.[922] Danach gehörte es als Kronland zum Habsburger Reich.

Anders als die Kroaten gehörten die **Slowenen** nicht zu Ungarn, sondern waren seit 1382 Teil Österreichs.[923] Ein eigenes Staatsgebilde besaßen die Slowenen nur zwischen dem 6. und 8. Jahrhundert.[924] Aus diesem Grund bildete sich bei ihnen erst spät ein Nationalbewußtsein.[925] Durch die lange Zugehörigkeit Sloweniens und Kroatiens zu Österreich/Ungarn und Dalmatiens zu Venedig waren diese Teilrepubliken des späteren Jugoslawiens westlich geprägt und die Bevölkerung gehörte überwiegend der katholischen Kirche an. Sie machten insoweit ähnliche gesellschaftliche, wirtschaftliche, rechtsgeschichtliche, geistig-kulturelle und bildungspolitische Entwicklungen durch wie im westlich beherrschten Europa.[926] Dazu gehörten Bewegungen wie der Humanismus, die Aufklärung, die Reformation und die Gegenreformation.[927]

---

918 Ab 1538 erhielten sie erbliche Lehen, sie wurden von Abgaben und Steuern befreit und ihnen wurde Religionsfreiheit gewährt. Für diese Privilegien unterstanden sie einer allgemeinen Wehrpflicht, die in den Heimatorten ständig und ohne Bezahlung abgeleistet werden mußte (Bartl, Grundzüge der jugoslawischen Geschichte, S. 44).

919 Dies waren schätzungsweise 70. – 80.000.

920 Sundhaussen, Experiment Jugoslwien, S. 16.

921 Baer, Der Zerfall Jugoslawiens, S.8.

922 Beckmann-Petey, Der jugoslawische Föderalismus, S. 26 f.

923 Vodopivec, Slowenien, in: Melcic (Hrsg.), Der Jugoslawienkrieg, S. 28 (28).

924 Beckmann-Petey, Der jugoslawische Föderalismus, S. 25.

925 Bartl, Grundzüge der jugoslawischen Geschichte,47.

926 Baer, Der Zerfall Jugoslawiens, S. 7.

927 Sundhaussen, Experiment Jugoslawiens, S. 17.

Von diesen Entwicklungen abgeschnitten waren die südslawischen Gebiete südlich der Trennungslinie Una-Save-Donau, die unter türkischer Herrschaft standen. Dabei haben die **Serben** die längste eigenstaatliche Tradition. Die serbische Staatsgeschichte ist gezeichnet von den Konflikten mit Ostrom und später den Türken. Der erste serbische Staat entstand im 9. Jahrhundert. Als erster König wurde Michael von Diokletien durch den Papst 1077 gekrönt. Dieses serbische Reich zerfiel wieder. Von Raszien aus begründete Stefan Nemanja um 1170 das spätere Serbien, welches zunächst Ostrom unterstand.[928] 1183 kam es zur Vereinigung der beiden serbischen Reiche Raszien und Diokletien. Durch die seit 1180 geführten Kriegszüge konnte Serbien nicht nur seine Unabhängigkeit von Ostrom erringen, sondern sein Gebiet bis nach Albanien und Bulgarien hinein erweitern. Von diesen Eroberungen verblieben Serbien nach 1191 der Kosovo, Metohija, Diokletien und Teile Nordalbaniens. Stefan II. wurde 1217 durch einen päpstlichen Legaten zum König gekrönt. Sein Bruder Sava wurde 1219 durch den griechisch orthodoxen Patriarchen zum Erzbischof der serbisch orthodoxen Kirche geweiht. Dadurch errang Serbien die kirchliche Selbständigkeit. 1330 besiegten die Serben Bulgarien und gliederten **Mazedonien** endgültig in ihr Staatsgebiet ein.[929] Die völlige kirchliche Unabhängigkeit erreichten die Serben 1346 mit der Weihe eines serbisch orthodoxen Patriarchen.[930] Diese ermöglichte dem serbischen König Stefan Dusan, sich zum Kaiser krönen zu lassen. Zu dieser Zeit hatte das serbische Reich die größte Ausdehnung.[931] Es umfaßte ganz Albanien und Epiros. Nach dem Tod von Stefan Dusan zerfiel das serbische Reich zunächst in zwei Teilstaaten und später in eine ganze Reihe von Kleinstaaten.[932] Diese Kleinstaaten hatten der türkischen Invasion nichts entgegenzusetzen. 1371 fielen die beiden serbischen Königreiche in Mazedonien. Am 28. Juni 1389 fand die Schlacht auf dem Amselfeld (Kosovo polje) statt.[933] Zwar schaffte es ein Serbe, den türkischen Herrscher Murad I. zu ermorden, trotzdem verloren die Serben die Schlacht gegen dessen Nachfolger Bayezid I.

Nach ständigen Grenzverschiebungen fiel Serbien 1459 endgültig unter osmanische Herrschaft.[934] Große Teile Serbiens konnten Ende des 17. Jahrhunderts durch Habsburgische Truppen erobert werden. Im Zuge der türkischen Rückeroberung dieser Gebiete flohen zwischen 70. - 80.000 Serben nach Kroatien, wo ihnen Glaubensfreiheit, freie Wahl der Bischöfe und der weitere Gebrauch

---

928 Judah, The Serbs, S. 18.
929 Bartl, Grundzüge der jugoslawischen Geschichte, S. 20.
930 Judah, The Serbs, S. 24 f.
931 Sundhaussen, Experiment Jugoslawien, S. 18.
932 Bartl, Grundzüge der jugoslawischen Geschichte, S. 23 f.
933 Judah, The Serbs, S. 30 ff.
934 Bartl, Grundzüge der jugoslawischen Geschichte, S. 34.

ihres julianischen Kalenders durch Kaiser Leopold I. zugestanden wurde.[935] Die durch den serbischen Exodus entvölkerten Gebiete erhielten einen verstärkten Zuzug von Albanern, die heute im Kosovo und in Nordmazedonien die Bevölkerungsmehrheit stellen.[936] Die türkische Herrschaft konnte Serbien erst im Zuge des Aufstandes von 1815 unter Obrenovics abschütteln.[937] Bis 1830 erreichte dieser die vollständige Autonomie und durch den Berliner Vertrag von 1878 errang Serbien die volle völkerrechtliche Unabhängigkeit.[938] Bereits in den 40er Jahren des 19. Jahrhunderts verlangten weite Teile der Bevölkerung die Schaffung des großserbischen Reiches, womit die Vereinigung aller von Serben bewohnten Gebiete gemeint war.[939] 1882 wurde Serbien Königreich. Durch die Balkankriege von 1912-13 konnte Serbien sein Staatsgebiet um den Großteil Mazedoniens[940] und das aus historischen Gründen begehrte Kosovo erweitern.[941]

Auch **Bosnien-Herzegowina** hat lange Zeit unter türkischer Herrschaft gestanden. Das Gebiet des heutigen Bosnien-Herzegowinas war im 6. Jahrhundert nach Christi von den slawischen Stämmen der Serben und Kroaten besiedelt worden und stand zunächst unter deren wechselseitigen Herrschaft. 1180 wurde der unabhängige Staat Bosnien errichtet,[942] der im 14. Jahrhundert Herzegowina eroberte.[943] Die Bosnier kämpften zusammen mit den Serben in der Schlacht auf dem Amselfeld 1389 gegen die Türken, verloren ihre Selbständigkeit aber erst

---

935 Grotzky, Balkankrieg, S. 50.

936 Dieses Beispiel zeigt, daß die ständigen Grenzverschiebungen schon damals zu Bevölkerungsumsiedelungen führten, die die heutige Verschachtelung der ethnischen Siedlungsgebiete in Jugoslawien erklären (Sundhaussen, Experiment Jugoslawien, S. 16).

937 Es ist dabei allerdings sehr fraglich in wie weit es sich bei diesem Aufstand tatsächlich um einen nationalen Aufstand, also eine nationale Befreiungsbewegung handelte. Daß dies von den Führern des Aufstandes so gesehen wurde, ist sicher richtig. Die Mehrheit der Bevölkerung erhob sich aber gegen die Willkürherrschaft der Janitscharen, der einstigen Elitetruppe des türkischen Herrschers. Es handelte sich damit zunächst um eine dem türkischen Herrscher gegenüber „loyale“ Erhebung (Bartl, Grundzüge der jugoslawischen Geschichte, S. 50 f.). Erst später wurde daraus eine separatistische Bewegung.

938 Beckmann-Petey, Der jugoslawische Föderalismus, S. 27; Bartl, Grundzüge der jugoslawischen Geschichte, S. 50 ff.

939 Bartl, Grundzüge der jugoslawischen Geschichte, S. 55.

940 Sundhaussen, Experiment Jugoslawien, S. 19.

941 Bartl, Grundzüge der jugoslawischen Geschichte, S. 56. Das Kosovo ist daher nicht so sehr mit Serbien verbunden, wie die Serben häufig Glauben machen wollen. Es hat zwar lange zum serbischen Reich gehört, stellte aber immer Gebietsgewinne nach Eroberungen dar.

942 Krech, Der Bürgerkrieg in Bosnien-Herzegowina (1992-1997), S. 9.

943 Herzegowina erhielt diesen Namen allerdings erst 1448. Zuvor hieß es Fürstentum Hum (Krech, Der Bürgerkrieg in Bosnien-Herzegowina (1992-1997), S. 10).

1463.[944] Nach der Machtübernahme durch die Türken begann eine verstärkte freiwillige Islamisierung, so daß seit dem 17. Jahrhundert die Bevölkerung mehrheitlich moslimisch war.[945] Der freiwillige Übertritt zum Islam durch die Mehrheit der Bevölkerung brachte den Bosniern im türkisch beherrschten Europa eine exponierte Stellung. Sie übernahmen mit dem Glauben auch die islamische Lebensweise. Die Bevölkerung Bosniens war seit der Zeit der osmanischen Herrschaft in die dominierende Gruppe der bosnischen Moslime und die kleinen christlichen Bevölkerungsteile der Serben und Kroaten unterteilt. Diese hatten ihre ethnische Herkunft im Gegensatz zur Bevölkerungsmehrheit auch kulturell bewahrt. Moslimische Kroaten und Serben Bosniens wuchsen zu einem moslimischen bosnischen Volk mit einer eigenen unverwechselbaren nationalen Identität zusammen,[946] christliche kroatische und serbische Bosnier fühlten sich dagegen auch weiterhin den benachbarten Serben oder Kroaten verbunden.[947] Die türkische Herrschaft hat daher die bosnische Nationsbildung entscheidend gefördert, aber auch den Grundstein für den 1992 ausgebrochenen Bürgerkrieg gelegt. 1878 wurde Bosnien-Herzegowina von Österreich-Ungarn besetzt und 1908 annektiert.[948]

Trotz der vollständig unterschiedlichen Entwicklung haben alle diese Gebiete eine Gemeinsamkeit. Sie wurden hauptsächlich von Menschen slawischer Abstammung bewohnt und mußten sich immer gegen nichtslawische Mächte durchsetzten oder wurden von solchen regiert. Dies führte im 19. Jahrhundert zu einer Einigungsbewegung, die in verschiedenen Ausprägungen sowohl in Kroatien als auch in Serbien Fuß fassen konnte.

In Serbien, das seit Beginn des 19. Jahrhunderts im Staatsaufbau begriffen war, äußerte sich die Vereinigungstendenz vor allem in dem Versuch, eine gemeinsame (Schrift-) Sprache für alle Südslawen zu etablieren. Als Begründung für die Schaffung einer einheitlichen Sprache verwies man auf den Nationscharakter, der alle Südslawen einige. Dabei sprach man von der „slawo-serbischen Nation", zu der nicht nur die Serben, sondern auch die Kroaten und Montenegriner gehören sollten. Schon in dieser Namenswahl zeigt sich die grundsätzliche Zentrierung auf das Serbische.

Vor allem in Kroatien bildete sich seit Beginn des 19. Jahrhunderts gleichzeitig der „Illyrismus" heraus.[949] Diese Bewegung, die ihren Höhepunkt von ca. 1830 bis 1849 hatte, propagierte die Vereinigung aller Südslawen unter dem Namen

---

944 Sundhaussen, Experiment Jugoslawien, S. 19.

945 Krech, Der Bürgerkrieg in Bosnien-Herzegowina (1992-1997), S. 11.

946 Cirkovic, Zur Ethnogenese auf dem Gebiet des ehemaligen Jugoslawiens in: Melcic, Der Jugoslawien-Krieg, S. 14 (23).

947 Krech, Der Bürgerkrieg in Bosnien-Herzegowina (1992-1997), S. 13.

948 Krech, Der Bürgerkrieg in Bosnien-Herzegowina (1992-1997), S. 14.

949 Sundhaussen, Geschichte Jugoslawiens, S. 26.

Illyrer. Die Bewegung versuchte, eine einheitliche Schriftsprache zu schaffen. Allerdings waren die Slowenen zu dieser Zeit nicht dazu bereit, ihre slowenische Sprache aufzugeben und den auf dem Kroatischen basierenden Vorschlag anzunehmen. Mitte des 19. Jahrhunderts wurden auch politische Forderungen unter dem Illyrismus laut. Dabei forderten seine Vertreter zunächst die Anerkennung des Rechtes der Südslawen auf Selbstverwaltung und auf die slawische Amts- und Verwaltungssprache. In den 1860er Jahren wurden diese Gedanken im sogenannten Jugoslawismus wieder aufgegriffen. Bekanntester Vertreter des Jugoslawismus war Bischof Strossmayer. Dieser forderte die Vereinigung von Dalmatien mit Kroatien und die Neuordnung des Habsburger Reiches auf föderaler Grundlage.[950] Neben diesen föderalen Strömungen gab es in Kroatien auch kroatozentrische Ideologien, deren Hauptvertreter zu dieser Zeit Ante Starcevic war. Das Nebeneinander von Einigungsbewegung und einem Nationalismus der einzelnen südslawischen Völker ist entscheidend für die spätere von Gegensätzen gekennzeichnete Entwicklung.

Das Hauptproblem der Bewegungen war sowohl für die Serben als auch für die Kroaten die Festlegung des von der Nation beanspruchten Territoriums. Bei der Bestimmung des Territoriums, das dieser angeblichen Nation zustand, wandte man eine Kombination aus historischen Rechten und Selbstbestimmung der heutigen Bevölkerung an. Grundlage war die Annahme, daß die Nation bereits im Mittelalter, nämlich zu der Zeit als die Kroaten beziehungsweise die Serben unabhängige Reiche innehatten, bestanden hatte. Daraus leiteten die Nationalisten ab, daß die Nation ein Anrecht auf alle die Gebiete habe, die zu der Zeit der größten Ausdehnung dieser unabhängigen Reiche Teil dieser Reiche waren.[951] Die Rechte sollten unabhängig von der Ethnie der später dort lebenden Bevölkerung bestehen und einem Selbstbestimmungsrecht dieser Bevölkerung vorgehen.[952] Die historischen Gebiete wurden sowohl nach dem serbischen als auch nach dem kroatischen Nationalismus durch alle die Siedlungsgebiete ergänzt, in

---

950 Bartl, Grundzüge der jugoslawischen Geschichte, S. 68 (zu dieser Zeit war Kroatien bereits Kronland)

951 Sundhaussen, Experiment Jugoslawien, S. 22, 23. Übersehen wurde dabei die Tatsache, daß es eine Nation im Sinne einer Gruppe von Menschen, die neben gemeinsamen objektiven Merkmalen auch ein Zusammengehörigkeitsgefühl teilten, zu dieser Zeit gar nicht gegeben hatte und diese Reiche auch gar nicht auf dem Nations- sondern dem Dynastiegedanken gegründet waren. Der Umfang eines Staates ergab sich aus dem durch den Herrscher beherrschten Territorium. Untertan war jeder, der auf diesem Gebiet lebte, unabhängig von seiner Ethnie. Es hatte eben kein Königreich der Serben oder Kroaten gegeben, in dem jeweils nur eine homogene Ethnie lebte.

952 Die Zugehörigkeit zu einer anderen Ethnie wurde entweder ignoriert oder aber als Folge der Fremdherrschaft, also erlittenem Unrecht, angesehen. Die Albaner im Kosovo waren für die serbischen Nationalisten Eindringlinge, denen aus diesem Grund bis heute ein Recht auf Selbstbestimmung verwehrt wird.

denen zum Zeitpunkt der Diskussion Nationsangehörige lebten.[953] Durch die Kombination von historischen Rechten und der Selbstbestimmung der Bevölkerung wurde die größtmögliche Ausdehnung des Territoriums angestrebt. Dies führte zu sich überschneidenden Ansprüchen.[954]

Schwierig war auch die Bestimmung der Nation. Die serbischen Nationalisten wandten dabei eine Kombination aus Abstammung,[955] Sprache[956] und Religion[957] an, wobei sie durch diese Kriterien jeweils Gruppen zu Serben deklarierten, bei denen das zumindest fraglich ist. Dies gilt für die Mazedonier, die sich lange Zeit entweder als eigene Ethnie ansahen oder sich zu den Bulgaren zählten, aber mit den Serben sowohl die Abstammung als auch die Religion teilten. Auch die Bosnier wurden mit Hinweis auf die Abstammung als Serben angesehen.[958] Die Kroaten erklärten die Bosnier ebenfalls zu Angehörigen der kroatischen Nation.[959] Der andere Glaube wurde als durch die Fremdherrschaft entstanden übergangen. Aufgrund dieser Schwierigkeiten setzte sich bei den Kroaten die sogenannte „staatsrechtliche Schule" durch.[960] Danach gehörten alle Menschen zur kroatischen Nation, die im „Dreieinigen Königreich Kroatien, Slawonien, Dalmatien" lebten. Hier wirkte sich die Annahme aus, daß durch die Personalunion mit Ungarn das Königreich Kroatien nicht untergegangen war.

---

953 Sundhaussen, Experiment Jugoslawien, S. 27 f.

954 Ein Beispiel sind die serbischen Siedlungsräume die im Zuge der Errichtung der Militärgrenze in Kroatien entstanden.

955 Durch das Abstammungskriterium konnten sie eine sehr weite Grundlage schaffen, die alle Südslawen umfaßte. Dadurch konnten sie „im Zweifelsfall" annehmen, daß eine Gruppe der serbischen Nation angehörte. Ausgeschlossen waren dadurch vor allem die Albaner.

956 Das Sprachkriterium war aufgrund der vielen unterschiedlichen Dialekte, die zum Teil auch von „Kroaten" gesprochen wurden, schwierig. Aufgrund der Wichtigkeit des Sprachkriteriums wurden immer wieder entweder die Schaffung einer Schriftsprache propagiert, oder aber versucht Unterschiede zu einem anderen südslawischen Dialekt zu schaffen. Je nach dem, ob eine Einigung zwischen Serben und Kroaten angestrebt wurde, wurden die Unterschiede oder aber die Gemeinsamkeiten gefördert. Dies ist insbesondere in den letzten Jahren zu beobachten, in denen beide Gruppen versuchen die Eigenständigkeit der jeweiligen Nationen durch die Schaffung einer unterschiedlichen Schriftsprache hervorzuheben.

957 Dadurch wurden wieder die Albaner ausgeschlossen.

958 Banac, The National Question in Yugoslavia, S. 360 f.; Grotzky, Balkankrieg, S. 50.

959 Sundhaussen, Experiment Jugoslawien, S. 24 f. Die Angst der Bosnier entweder von Kroatien oder aber von Serbien vereinnahmt zu werden, wirkte sich bei der Gründung des SHS-Staates aus und ist meiner Ansicht bei der Auflösung Jugoslawiens nach 1990 der Grund dafür gewesen, daß Bosnien-Herzegowina lange Zeit versuchte Jugoslawien als Einheit zu erhalten. Die Befürchtungen haben sich leider als berechtigt herausgestellt.

960 Sundhaussen, Experiment Jugoslawien, S. 25.

b) Die erste Staatsgründung und die Zeit bis zum Zweiten Weltkrieg

Die Chance zur Vereinigung der Südslawen ergab sich im Laufe des Ersten Weltkrieges. Am 28.7.1914 erklärte Österreich-Ungarn Serbien den Krieg.[961] Am 7.12. proklamierte die serbische Nationalversammlung in Nis die Befreiung aller unter österreichischer Herrschaft lebenden Südslawen und ihre Vereinigung mit Serbien zum Kriegsziel.[962] Gleichzeitig gründete die südslawische Emigrantenbewegung am 30.5.1915 in Paris den „Südslawischen Ausschuß" mit seinem Vorsitzenden Ante Trumbic.[963] Dieser verhandelte mit der nach Korfu geflohenen serbischen Regierung über einen späteren Zusammenschluß der südslawischen Gebiete des Habsburger Reiches mit Serbien. Bereits bei diesen Verhandlungen wurden die gegensätzlichen Positionen der Parteien über den späteren Staatsaufbau sichtbar. Während der südslawische Ausschuß einen südslawischen föderalistischen Staat schaffen wollte, hatte der serbische Delegationsleiter Pasic eine Vergrößerung des zentralistisch aufgebauten Serbiens zum Ziel.[964] Wohl aus diesem Grund blieb die Staatsstruktur in der nach den Verhandlungen abgegebenen „Deklaration von Korfu"[965] weitgehend offen.[966] Festgelegt wurde lediglich, daß das „Königreich der Serben, Kroaten und Slowenen" eine konstitutionelle Monarchie unter der Dynastie Karadjordjevic sein sollte. Das Territorium des neuen Staates sollte alle Gebiete umfassen, in denen das „dreinamige Volk" in geschlossenen Siedlungsräumen lebte.[967]

1918 begann die Auflösung des Habsburger Reiches, in deren Zuge sich am 8.10.1918 in Zagreb der „Nationalrat der Slowenen, Kroaten und Serben" gründete.[968] Der kroatische Landtag (Sabor) beschloß am 29.10.1918 die Loslösung von der Habsburger Monarchie[969] und übertrug dem Nationalrat in Zagreb die oberste vollziehende Gewalt.[970] Am 3.11.1918 wurde der Waffenstillstand zwischen der Entente und Österreich-Ungarn geschlossen und Serbien besetzte das serbische Siedlungsgebiet. Die montenegrinische Nationalversammlung beschloß am 19.11.1918 den Anschluß an Serbien. Auch in der Vojvodina wurde

---

961 Sundhaussen, Experiment Jugoslawien, S. 32.

962 Beckmann-Petey, Der jugoslawische Föderalismus, S. 29.

963 Baer, Der Zerfall Jugoslawiens, S. 13.

964 Sundhaussen, Experiment Jugoslawien, S. 33.

965 20.7.1917 abgedruckt in: Rabl, Das Selbstbestimmungsrecht der Völker, S. 549 f.

966 Crnobrnja, The Yugaslav Drama, S. 47.

967 Mit dem Namen hatten sich insoweit die Serben durchgesetzt als Trumbic als Verhandlungsführer für den Südslawischen Ausschuß den Namen Südslawien (Jugoslavija) favorisiert hatte.

968 Beckmann-Petey, Der jugoslawische Föderalismus, S. 30.

969 Baer, Der Zerfall Jugoslawiens, S. 13.

970 Pflüger/ Jung, Krieg in Jugoslawien, S. 15.

der Anschluß an Serbien beschlossen.[971] Damit hatte Serbien seine Kriegsziele weitgehend erreicht. Vor dem Hintergrund des italienischen Vormarsches, der bezüglich der italienischen Ansprüche auf südslawisches Gebiet vollendete Tatsachen schaffen sollte, wurde am 1.12.1918 ohne eine vorherige Klärung des Staatsaufbaus die sofortige Vereinigung der früher zum Habsburger Reich gehörenden südslawischen Länder mit Serbien zum „Königreich der Serben, Kroaten und Slowenen" (SHS-Staat) proklamiert.[972] Bereits im SHS-Staat zeigten sich die nationalen Probleme, die sich in den Verhandlungen über die Staatsgründung angedeutet hatten und die sich meiner Ansicht nach auch 1990 maßgebend auf den Zerfall des zweiten jugoslawischen Staates auswirkten.[973]

Trotz der äußerlich einmütigen Gründung, zu der die politischen Vertreter der einzelnen Gebiete ihre Zustimmung gegeben hatten, erlangte der SHS-Staat niemals den für den Zusammenhalt eines Vielvölkerstaates notwendigen Grundkonsens über das Zusammenleben.

Im SHS-Staat hatte keine ethnische Gruppe eine solche zahlenmäßige Mehrheit, daß sie die anderen ethnischen Gruppen hätte assimilieren können, um ein einheitliches Staatsvolk zu gründen. Von einem Grundkonsens über das Zusammenleben kann in einem solchen Fall aber nur gesprochen werden, wenn die jeweilige Mehrheit der einzelnen Ethnien das Zusammenleben wünscht und die Grundentscheidungen trägt.[974] Die jeweilige Mehrheit der Serben, Kroaten und Slowenen hat einen gemeinsamen Staat sehr wohl gewollt. Aber die Grundentscheidungen über die Organisation und über das Ziel des Staates wurden nicht gemeinschaftlich getragen. Vielmehr brach hier erneut der Streit zwischen den föderalen und den zentralistischen Kräften - zwischen Serben und den anderen ethnischen Gruppen - hervor.[975] Anstatt diesen durch Kompromisse zu lösen, verschärften ihn die verschiedenen politischen Kräfte.[976]

---

971 Sundhaussen, Experiment Jugoslawien, S. 35.

972 Bartl, Grundzüge der jugoslawischen Geschichte, S. 80, Beckmann-Petey, Der jugoslawische Föderalismus, S. 31.

973 Zur gleichen Bewertung kommt: Grotzky, Balkankrieg, S. 52.

974 Sundhaussen, Experiment Jugoslawien, S. 44.

975 Grotzky, Balkankrieg, S. 52.

976 Crnobrnja, The Yugaslav Drama, S. 59. Bei den Wahlen zur Verfassungsgebenden Versammlung vom 28.11.1920 gewannen die zentralistischen Kräfte die Wahl. Die Demokratische Partei errang 20% der Stimmen. Sie vertrat als mehrheitlich serbische Partei ein integratives Modell. Sie wollte als Partei des Jugoslawismus eine unteilbare jugoslawische Nation schaffen und lehnte daher Einzelnationalismen und damit verbundene Autonomieforderungen in jeglicher Form ab. Wie die Demokratische Partei vertraten auch die Radikalen unter Padic einen zentralistischen Staatsaufbau. Allerdings lag dieser Forderung der großserbische Gedanke zugrunde. Sie gewann 18% der Stimmen.[976] Auf der föderalen Seite stand dagegen die Slowenische Volkspartei und die Jugoslawische Moslemische Organisation. Letztere stimmte mit der Demokratischen Par-

So weigerte sich die Kroatische Bauernpartei nach den Wahlen, an der Verfassung mitzuarbeiten.[977] Sie sah die Wahlen als einen kroatischen Volksentscheid gegen die Staatsgründung in ihrer damaligen Form als Königreich an. Diese Verweigerungshaltung, die noch bis 1924 fortgesetzt wurde, führte dazu, daß die zentralistischen Parteien mit ihrer Stimmenmehrheit die sogenannte Vidovdan-Verfassung[978] am 28.6.1921 durchsetzen konnten. Sie beinhaltete einen zentralistischen Unitarismus. Nach Artikel 70 erfolgte die verwaltungstechnische Gliederung des Landes in 33 Bezirke.[979] Diese wurden ohne Rücksicht auf die historischen Grenzen so festgelegt, daß möglichst viele Bezirke mit serbischer Bevölkerungsmehrheit geschaffen wurden. Dies war der Beginn der serbischen Dauermajorisierung und der damit verbundenen Begünstigung der Serben.[980] Dabei stimmten nur die serbischen, bosnischen und vojwodinischen Abgeordneten mehrheitlich für die Verfassung. Die kroatischen, dalmatinischen und slowenischen Abgeordneten blieben entweder der Abstimmung aus Protest fern oder stimmten dagegen.[981]

Der Bruch zwischen den Ethnien war nicht mehr zu übersehen und setzte sich in der gesamten Parlamentsphase mit zunehmender Radikalisierung fort.[982] Es soll hier darauf verzichtet werden, die gesamte parlamentarische Geschichte des SHS-Staates darzustellen. Es zeichnete sich aber im Verlauf der 1920er Jahre ein sich verstärkender Konflikt zwischen Kroaten und Serben ab, der nicht nur auf parlamentarischer Ebene, sondern auch mit zunehmender Intervention des Königshauses auf Seiten der Serben ausgetragen wurde. Es kam zu einer zunehmenden Ethnisierung der Politik.[983]

---

tei in dem Glauben an eine jugoslawische Nation überein. Allerdings verkörperte sie die ethnisch indifferenten Moslime Bosniens und der Herzegowina und mußte daher dafür Sorge tragen, daß diese nicht durch Serben oder Kroaten vereinnahmt wurden. Sie vertrat daher die Forderung nach einer gewissen Autonomie. Für die Geschichte des SHS-Staates am bedeutendsten ist die föderalistisch gesinnte Kroatische Bauernpartei Stjepan Radics, die in Kroatien die absolute Mehrheit der Stimmen errang. Sie verlangte die Errichtung einer kroatischen Bauernrepublik im Rahmen einer südslawischen Konföderation. Als separatistische Partei sollte bei der Auflösung des SHS-Staates die Kroatische Rechtspartei des späteren Ustasaführers Ante Pavelic einige Bedeutung erlangen. Zunächst spielte sie aber keine größere Rolle.

977 Höpken, Die Unfähigkeit zusammenzuleben, in Furkes/Scharp (Hrsg.), Jugoslawien, ein Staat zerfällt, S. 32 (39); Baer, Der Zerfall Jugoslawiens, S. 15.

978 Benannt nach dem Abstimmungsort.

979 Beckmann-Petey, Der jugoslawische Föderalismus, S. 32.

980 Beckmann-Petey, Der jugoslawische Föderalismus, S. 33.

981 Crnobrnja, The Yugaslav Drama, S. 57.

982 Schlarp, ein Stat aus zwei Welten, in: Furkes/Schlarp (Hrsg.), Jugoslawien, ein Staat zerfällt, S. 19 (25 f)

983 So verbündeten sich 1927 die von Pribicevic gegründete Selbständige Demokratische Partei mit der Kroatischen Bauernpartei Radics. Das besondere daran ist, daß Pribicevic

Der Konflikt wurde nicht nur von der politischen Majorisierung durch die Serben getragen. Vielmehr spielte in diesen politisierten Ethnienkampf auch die wirtschaftlichen Verhältnisse hinein. Es gab in dem neuen Staat ein starkes Wohlstands- und Zivilisationsgefälle von Norden nach Süden.[984] Dieses wurde dadurch verstärkt, daß es in den reichen Nordregionen im Verlauf des Krieges kaum zu Zerstörungen gekommen war, wohingegen Serbien unter schwersten Kriegsschäden litt. Die Regierungen versuchten durch Umverteilungsmaßnahmen sowohl die Kriegslast auf alle zu verteilen als auch das Wohlstandsgefälle abzubauen.[985] Das bedeutete aber, daß die sich von Serbien unterdrückt fühlenden Kroaten und Slowenen an eben diese „Unterdrücker" Zahlungen leisten mußten.[986] Es war daher für die kroatischen Politiker ein leichtes, der Bevölkerung zu suggerieren, daß die Serben auf Kosten der Kroaten und Slowenen lebten. Mit der einsetzenden Weltwirtschaftskrise ging es den Kroaten und Slowenen wirtschaftlich schlechter als noch im Habsburger Reich.

Die politische Zurücksetzung der Nichtserben in dem neuen Staat war aber nicht nur auf Kroaten und Slowenen beschränkt, sondern erstreckte sich auch auf die nach der serbischen Befreiungstheorie befreiten Gebiete des Kosovo und Mazedoniens. Die Serben und insbesondere auch das Königshaus blieben insoweit in dem jahrzehntelang propagierten Nationalismus verhaftet. Man hatte über Jahrzehnte Bosnien-Herzegowina, Kosovo und Mazedonien als „urserbische" Gebiete bezeichnet. Nach dem sehr opferreichen Krieg konnte nun nicht mehr auf sie verzichtet oder der Bevölkerung ein von den Serben getrenntes Gestaltungsrecht eingeräumt werden.[987]

Nachdem seit 1921 24 Kabinette mit einer durchschnittlichen Amtsperiode von 4 Monaten bestanden hatten, wurde am 6.1.1929 durch königliches Manifest das Parlament aufgelöst, die Verfassung außer Kraft gesetzt und die Königsdiktatur errichtet.[988] Der Staatsname wurde am 3.10.1929 in „Königreich Jugoslawien" geändert. Im gleichen „Gesetz über die Neueinteilung des Königreiches" wurden

---

ursprünglich ein Hartliner bezüglich des jugoslawischen Zentralismus war und damit die in Kroatien lebenden Serben vertrat. Dieses Parteiprogramm stand damit ursprünglich dem der Kroatischen Bauernpartei diametral gegenüber. Nachdem der Jugoslawismus aber endgültig gescheitert war, verbannt der Konflikt mit Belgrad stärker, als die politischen Gegensätze trennten.

984 Höpken, Die Unfähigkeit zusammenzuleben, in: Furkes/Schlarp (Hrsg.), Jugoslawien, S. 32 (35).

985 Sundhaussen, Experiment Jugoslawien, S. 45 f.

986 Baer, Der Zerfall Jugoslawiens, S. 16.

987 Sundhaussen, Experiment Jugoslawien, S. 43.

988 Crnobrnja, The Yugaslav Drama, S. 59; Beckmann-Petey, Der jugoslawische Föderalismus, S. 33.

die 33 Bezirke in 9 Banate umgewandelt.[989] Diese wurden nach Flußnamen benannt und ihre Grenzen ohne Rücksicht auf historische Gesichtspunkte gezogen.[990] Auf diese Weise sollte eine grundsätzliche Verwischung ethnischer Grenzen erreicht werden. Allerdings wurde damit nicht eine vielleicht mögliche Jugoslawisierung, sondern die Schaffung der serbo-slawischen Nation angestrebt. Die Zentrierung auf das Serbische wird dadurch deutlich, daß die Grenzen der Banschaften so gezogen wurden, daß in 6 von ihnen eine serbische Bevölkerungsmehrheit bestand. Dies erhöhte die Ressentiments der Nichtserben. Zwar wurde am 3.9.1931 eine neue Verfassung mit einer konstitutionellen Monarchie geschaffen, doch handelte es sich hierbei lediglich um einen Scheinparlamentarismus.[991]

1932 kam es in den nördlichen Gebieten zu Autonomiekundgebungen. Am 7.11.1932 wurde in Kroatien die „Zagreber Punktationen" von der Bäuerlich-Demokratischen-Koalition verabschiedet.[992] In dieser wurde die Gründung des jugoslawischen Staates nicht anerkannt und die Neugestaltung in föderalistischer Form gefordert. Danach beschloß am 31.12.1932 die slowenische Volkspartei die „Laibacher Punktationen" und im Januar 1933 die bosnischen Moslime die „Punktationen von Sarajevo". Beide Gruppen erkannten zwar die Gründung des Staates an, verlangten aber ebenfalls eine föderale Umgestaltung. Mit der Einführung der Königsdiktatur kam es zu einer verstärkten Radikalisierung in Kroatien und Mazedonien. In Mazedonien wirkte die IMRO[993] mit Attentaten auf einen Anschluß Mazedoniens an Bulgarien. In Kroatien operierte die Terroreinheit Ustasa[994] für die Gründung eines unabhängigen kroatischen Staates.[995] Am 9.9.1934 fiel König Alexander einem Attentat dieser Organisationen zum Opfer.[996]

c) Die Entwicklung während des Zweiten Weltkrieges

Am 6.4.1941 wurde Jugoslawien nach seiner Nichtratifizierung des Beitritts zum Dreimächtepakt von deutschen und italienischen Truppen überfallen und

---

[989] Beckmann-Petey, Der jugoslawische Föderalismus, S. 33; Crnobrnja, The Yugaslav Drama, S. 60.

[990] Baer, Der Zerfall Jugoslawiens, S. 18.

[991] Beckmann-Petey, Der jugoslawische Föderalismus, S. 34.

[992] Baer, Der Zerfall Jugoslawiens, S.18.

[993] Innere Mazedonische Revolutionäre Organisation.

[994] Revolutionäre Kroatische Aufstandsorganisation von Ante Pavelic.

[995] Beide Organisationen erhielten ausländische Unterstützung in Form von Geldmitteln, Waffen, Trainingscamps und Rückzugsmöglichkeiten. Die IMRO wurde vor allem von Bulgarien unterstützt. Die Ustasa erhielt ihre Unterstützung vor allem vom mussolinischen Italien.

[996] Sundermann, Experiment Jugoslawien, S. 59.

kapitulierte am 17.4.1941 bedingungslos.[997] Am 8.7.1941 wurde der jugoslawische Staat durch die Sieger zerschlagen. Kroatien wurde unter Einschluß Bosnien-Herzegowinas, aber ohne Dalmatien, als Unabhängiger Staat Kroatien selbständig. Serbien bestand nur noch aus dem Gebiet des ehemaligen Paschaliks Belgrad und wurde unter deutsche Militärverwaltung gestellt. Montenegro wurde als italienisches Protektorat selbständig. Das restliche Staatsgebiet wurde zwischen Deutschland, Italien, Albanien, Ungarn, Rumänien und Bulgarien aufgeteilt.[998]

Der Kriegsphase kommt in zwei Punkten entscheidende Bedeutung zu. Zum einen hinsichtlich des späteren föderalen Staatsaufbaus und bezüglich des im jugoslawischen Bürgerkrieg eskalierenden Hasses zwischen den ethnischen Gruppen. Beides ist nicht mit der Besatzung zu erklären, sondern mit den innerjugoslawischen Akteuren und ihrem Verhältnis zueinander und zu den Besatzungstruppen und den Alliierten.

Der Unabhängige Staat Kroatien war am 10.4.1941 unter dem Schutz der Deutschen und Italiener durch die Ustasa proklamiert worden.[999] Er umfaßte nicht nur das kroatische Gebiet, sondern auch Bosnien und die Herzegowina.[1000] Mit der Ustasa kam eine Gruppe an die Macht, die bis dahin politisch unbedeutend gewesen, und nur durch Terrorakte aufgefallen war. Von einer breiten Unterstützung dieser Gruppe durch die kroatische Zivilbevölkerung konnte selbst zu Beginn keine Rede sein.[1001] Der Ustasa-Staat war ein faschistischer Staat, der ideologisch dem deutschen Nationalsozialismus nahestand. Die Ustasa hatte die Verwirklichung des großkroatischen Staates als Nationalstaat angestrebt und dieses nun trotz des Verlustes der Küstenregion an Italien weitgehend verwirklicht.[1002] Als Nationalstaat durfte Kroatien nur von Kroaten bewohnt werden. Diese Theorie ging aber an der Wirklichkeit weit vorbei. Von den 6 Millionen Einwohnern des kroatischen Staates waren nur knapp über 3 Millionen katholische Kroaten. 30 Prozent der Bevölkerung waren Serben.[1003] Pavelic strebte ein serbenfreies Kroatien an. Die Serben wurden in der Tradition des Nationalsozialismus als ethnische Gruppe verfolgt.[1004] Unmittelbar nach der Staatsgründung begannen die ethnischen Säuberungen. Bereits in den ersten vier Monaten wurden über 100.000 Serben in das deutsche Besatzungsgebiet abgeschoben. Nach einem Bericht des SS-Gruppenführers Turner vom 3.9.1941

997 Baer, Der Zerfall Jugoslawiens, S. 21.
998 Karte bei: Sundhaussen, Experiment Jugoslawien, S. 69.
999 Beckmann-Petey, Der jugoslawische Föderalismus, S. 36.
1000 Krech, Der Bürgerkrieg in Bosnien-Herzegowina, S. 16.
1001 Sundhaussen, Experiment Jugoslawien, S. 72.
1002 Baer, der Zerfall Jugoslawiens, S. 21, Sundhaussen, Experiment Jugoslawien, S. 71.
1003 Sundhaussen, Experiment Jugoslawien, S. 73.
1004 Baer, Der Zerfall Jugoslawiens, S. 22.

waren bis dahin bereits 200.000 Serben ermordet worden.[1005] 1943 berichtete Pavelic einem deutschen Diplomaten, daß sie den Anteil der Serben an der Bevölkerung von 30 Prozent auf 12-15 Prozent gesenkt hätten.[1006] Alleine im Konzentrationslager Jasenovac wurden bis zum Kriegsende nach Schätzungen 600-700.000 Menschen ermordet.[1007] Dazu zählten nicht nur Serben, sondern auch die 30-40.000 kroatischen Juden.[1008] Die bereits anfänglich geringe Unterstützung der Bevölkerung für das Ustasa-Regime schwand im Laufe der Zeit rapide, so daß bereits im Februar 1942 ein hoher deutscher Beamte feststellte, daß das Regime auf entschiedene Ablehnung in der Bevölkerung stoße.[1009]

Zwei Widerstandsbewegungen standen den Besatzungsmächten Deutschland und Italien sowie dem Ustasa-Staat gegenüber, die Tschetniks unter Führung Mihailovics und die Partisanen unter Tito.[1010] Die Tschetniks strebten die Restauration des alten Regimes unter serbischer Vorherrschaft an. Dabei sollte ein ethnisch homogenes Großserbien geschaffen werden, daß alle Gebiete umfassen sollte, die von Serben bewohnt wurden. Diese Gebiete sollten unter Vertreibung von 2,7 Millionen Menschen national homogenisiert werden.[1011] Bereits diese Zielsetzung machte die Tschetniks zu einer rein serbischen Widerstandsgruppe. Der Konflikt mit Kroaten und bosnischen Moslimen verschärfte sich durch die von den Tschetniks an der Zivilbevölkerung ausgeübte Rache für die Ermordung der kroatischen Serben. Insbesondere die bosnischen Moslime wurden von den Tschetniks in den von ihnen beherrschten Gebieten ermordet und Hunderttausende vertrieben, obwohl die bosnischen Moslime das Ustasa-Regime nie unterstützt hatten. Als Begründung reichte den Tschetniks aus, daß das Ustasa-Regime die bosnischen Moslime als Kroaten ansah.[1012] Die Greueltaten der Ustasa und der Tschetniks prägen bis heute das Verhältnis zwischen Kroaten, Bosniern und Serben. Sie wurden nach Ende des Krieges nie aufgearbeitet, sondern tabuisiert. Dies hat vielleicht entscheidend zu einer Legendenbildung auf allen Seiten beigetragen, die es ermöglichte, mit unwissenschaftlichen und die Wirklichkeit verzerrenden Darstellungen das National- und Opferbewußtsein der

---

1005 Sundhaussen, Experiment Jugoslawien, S. 74 f.

1006 Sundhaussen, Experiment Jugoslawien, S. 76.

1007 Sundhaussen, Experiment Jugoslawien, S. 75.

1008 Baer, Der Zerfall Jugoslawiens, S. 22; Sundhaussen, Experiment Jugoslawien, S. 78. Nur sehr wenige Juden überlebten diesen Vernichtungsfeldzug, der nach deutschem Vorbild organisiert war.

1009 Sundhaussen, Experiment Jugoslawien, S. 72. Dies ist insoweit von Bedeutung, als heute von den Serben den Kroaten vorgeworfen wird, sie hätten diese Regime und die Verfolgung kollektiv gutgeheißen.

1010 Beckmann-Petey, Der jugoslawische Föderalismus, S. 39.

1011 Sundhaussen, Experiment Jugoslawien, S. 84.

1012 Sundhaussen, Experiment Jugoslawien, S. 77.

jeweiligen Gruppe anzuheizen und so den Grundstein für ethnischen Haß zu legen.

Die Partisanen unter Tito propagierten die föderale Umgestaltung Jugoslawiens unter Anerkennung der Multinationalität des Staates und der Gleichberechtigung seiner Völker.[1013] Dabei wurde den bosnischen Moslimen die Anerkennung als eigene Gruppe in Aussicht gestellt. Gerade diese föderale Grundlage machte die Bewegung zu einer gesamtjugoslawischen und damit zu einer Auffangbewegung für alle Nationalitäten. Dies war die Grundlage für den späteren Erfolg der Bewegung.

Die ideologischen Gegensätze zwischen den Tschetniks und den Partisanen machten eine Zusammenarbeit unmöglich.[1014] Es kam zwischen den Tschetniks und sowohl den Italienern als auch nach deren Kapitulation 1943 den Deutschen zu Bündnissen gegen die Partisanen.[1015] Gegen den Willen der UdSSR beschlossen die Partsanen am 29.11.1943 auf der 2. AVNOJ[1016]-Tagung die Schaffung des „Nationalkomitees zur Befreiung Jugoslawiens" als provisorische Regierung und sprachen der Exilregierung in London jegliche Berechtigung zur Vertretung Jugoslawiens ab. Die Tschetniks verloren nach der Konferenz von Teheran Ende 1943 die Unterstützung durch die Alliierten. Tito wurde als selbständiger alliierter Befehlshaber von den Alliierten anerkannt und ab 1944 mit Waffen beliefert. Der Bürgerkrieg zwischen den Partisanen und den Tschetniks endete im Frühjahr 1945.[1017] Bereits 1944 war es zum Ausgleich zwischen der

---

1013 Beckmann-Petey, Der jugoslawische Föderalismus, S. 40 f.

1014 Sie unterschieden sich bereits durch Organisation und Taktik. Die Tschetniks hatten zwar in Mihailovic einen Führer, sie waren aber dezentral organisiert und bestanden aus praktisch völlig unabhängigen Gruppen, die in unterschiedlichen Gebieten aktiv waren. Ein tatsächlich organisierter beziehungsweise geplanter Kampf gegen die Besatzung fand nicht statt. Die Gruppen waren weitgehend autonom. Die Taktik der Tschetniks beschränkte sich gegenüber den Besatzern auf einen passiven Kampf in der Form der Sabotage, passiven Widerstand etc. Sie versuchten so die Zivilbevölkerung zu schonen, die schlimmsten Vergeltungsmaßnahmen durch die Besatzer ausgesetzt waren. So wurden für einen getöteten deutschen Soldaten 50-100 zivile Geiseln getötet. Die kommunistischen Partisanen waren dagegen durch die KPJ organisiert worden und wurden von kommunistischen Funktionären aufgebaut und befehligt. Sie hatten eine straffe zentrale Organisation unter der Führung Titos. Sie verfolgten gegenüber den Besatzern eine offensive Taktik.

1015 Beckmann-Petey, Der jugoslawische Föderalismus, S. 41. Es lag in Jugoslawien daher eine interessante und schwer zu durchschauende Zusammenarbeit der einzelnen Gruppen vor. Deutschland/Ustasa gegen Tschetniks und Partisanen; Italien/Tschetniks gegen Ustasa und Partisanen, Ustasa/Tschetniks gegen Partisanen.

1016 Antifaschistischer Rat der Volksbefreiung Jugoslawiens. Als politisches Exekutivorgan der kommunistischen Partisanenbewegung am 26.11.1942 gegründet.

1017 Dem Sieg folgte die Abrechnung mit dem politischen Gegner. Bei Bleiburg wurden der Volksbefreiungsarmee durch die Briten über 100.000 kroatische Soldaten und Ustasa-

Exilregierung und den Partisanen gekommen. Bis zur Verfassungsgebenden Versammlung wurde eine Übergangsregierung geschaffen, die aus Mitgliedern des AVNOJ, der Exilregierung und Vertretern alter jugoslawischer Parteien gebildet wurde. Zu den Wahlen zur Verfassungsgebenden Versammlung trat nur eine von der Kommunistischen Partei Jugoslawiens beherrschte Liste an.

d) Die zweite Staatsgründung

Die am 31.1.1946 verabschiedete Verfassung begründete die Föderative Volksrepublik Jugoslawien. In dieser Verfassung lösten die Kommunisten ihr Kriegsversprechen von der Föderation gleichberechtigter Nationen ein. In ihr heißt es: „Artikel 1: Die Föderative Volksrepublik Jugoslawien ist ein föderativer Volksstaat mit republikanischer Staatsform, eine Gemeinschaft gleicher Völker, welche in voller Freiheit der Entscheidung den Willen des gemeinsamen Lebens im Rahmen des Föderativstaates bekundet haben. Artikel 2: Die Föderative Volksrepublik Jugoslawien setzt sich aus den Volksrepubliken Serbien, Kroatien, Slowenien, Bosnien-Herzegowina, Mazedonien und Montenegro zusammen. Die Volksrepublik Serbien umfaßt auch die Autonome Provinz Vojvodina und die Autonomen Regionen Kosovo und Metohija."

Mit dieser föderativen Verfassung war ein Neuanfang getan, der die Chance auf eine Aussöhnung der jugoslawischen Völker bot. Die Grenzziehung zwischen den Republiken folgte weitgehend der Grenzziehung vor den Balkankriegen von 1912/13.[1018] Es wurden im wesentlichen die historisch gewachsenen Provinzen wieder hergestellt. Dabei vergrößerte sich Slowenien um die von Italien erlangten Gebiete um Triest, und Kroatien um Istrien und Dalmatien. Diese Gebiete hatten aber bereits zu früherer Zeit zu Kroatien beziehungsweise Slowenien gehört. Die Gebietszuwächse waren daher nicht nur durch ihre geographische Lage, sondern auch historisch gerechtfertigt. Bosnien-Herzegowina wurde in seinen historischen Grenzen von 1878 wiedererrichtet. Insofern wurde auf eine Aufteilung dieser Region nach ethnischer Zugehörigkeit verzichtet. Eine solche Aufteilung auf die anderen Republiken wäre aufgrund der komplizierten Siedlungsstruktur schon damals ohne die Schaffung neuer Minderheiten nicht möglich gewesen. Ferner berücksichtigte die Schaffung einer eigenen Republik die eigenständige historische Entwicklung der Region und den Wunsch der Mehrheit der Bevölkerung. Auch Montenegro behielt seine historischen Grenzen. Wie Bosnien-Herzegowina erhielt auch Mazedonien das erste Mal einen eigenen Republikstatus, wodurch Serbien auf dieses Gebiet verzichten

---

Milizen übergeben, die mit den sich zurückziehenden deutschen Truppen geflohen waren. Mehrere 10.000 Männer wurden durch die Partisanen getötet. Bleiburg wurde daher zum Synonym für die kommunistische Vergeltung an politischen Gegnern nach Kriegsende.

[1018] Sundhaussen, Experiment Jugoslawien, S. 98.

mußte. Außerdem blieben die Vojvodina und der Kosovo zwar Teil der serbischen Republik, bekamen aber Autonomiestatus.

Aus serbischer Sicht war die Aufteilung des Landes insoweit für die Serben nachteilig verlaufen. Insbesondere da die in Bosnien-Herzegowina und Kroatien lebenden Serben keinen Autonomiestatus erhielten. Letzteres war allerdings nicht das Ergebnis einer serbenfeindlichen Politik der Nationalversammlung. Die unterschiedliche Behandlung stellte vielmehr das Ergebnis der unterschiedlichen Siedlungsstruktur dar. Während die Albaner im Kosovo eine geschlossene Siedlungsstruktur besaßen, gab es eine solche bei den serbischen Minderheiten in Kroatien und Bosnien-Herzegowina nicht.[1019] Insofern war die Schaffung serbischer Autonomiegebiete gar nicht möglich.

Insgesamt kann man sagen, daß die Aufteilung des Landes die im Rahmen des Praktikablen gerechteste Möglichkeit dargestellte. Sie war sicher in den Augen der Menschen nicht immer das Gewünschte, doch brachte sie die verschiedenen Interessen zu einem Ausgleich. Die Mazedonier waren zwar immer von den Serben als Serben vereinnahmt worden, dies aber zu Unrecht. Die Mazedonier hatten sich selbst immer entweder als eigene Nation oder als Bulgaren gefühlt. Außerdem hatte Mazedonien auch geschichtlich nur sehr kurze Zeit zu Serbien gehört. Insoweit stand Serbien das mazedonische Gebiet unter dem Gesichtspunkt der nationalen Selbstbestimmung nie zu. Der Kosovo wurde von den Serben als die Wiege Serbiens betrachtet, aber die Mehrheit der Bevölkerung war inzwischen albanischer Abstammung und islamischen Glaubens. Der Befreiungsrat des Kosovo hatte ursprünglich für den Anschluß an Albanien votiert.[1020] Es standen sich folglich zwei unversöhnliche Forderungen gegenüber. Insoweit war der Anschluß an Serbien als autonomes Gebiet ein Kompromiß. Allerdings hat es weder über die Staatsform noch über die Republiksgrenzen je ein Referendum gegeben.

[1019] Sundhaussen, Experiment Jugoslawien, S. 99 f.

[1020] Zitiert in: Rauert, Das Kosovo, S. 15; Libal, Das Ende Jugoslawiens, S. 63.

2. *Der Zerfall Jugoslawiens*

a) Ursachen für den Zerfall

Der Zerfall Jugoslawiens hat eine Vielzahl von Ursachen, die in einem gegenseitigen Wechselspiel stehen und so aufeinander einwirken. Es ist daher nicht möglich, eine eigentliche Ursache für den Zerfall zu isolieren, oder zumindest eine Rangliste der Ursachen zu erstellen. Trotzdem soll hier versucht werden, ein Bild der Ursachen für den Zerfall nachzuzeichnen, da sich diese auch auf die Reaktion der Staatengemeinschaft ausgewirkt haben.

Das in der Entstehungsgeschichte Jugoslawiens beschriebene Staatsvolkproblem[1021] hat eine wesentliche Rolle für den Zerfall Jugoslawiens gespielt. Bis zur 2. Staatsgründung 1946 hatte sich in Jugoslawien kein Gemeinschaftsgefühl unter den Staatsbürgern gebildet. Die Loyalitäten der Bürger bestanden noch immer gegenüber dem „eigenen ethnischen Volk“ und der Kommunalgemeinschaft und nicht dem Staat gegenüber. Dieser Mangel an Identifikation mit dem jugoslawischen Staat wurde auch nach 1946 im „2. Jugoslawien“ nicht behoben.[1022] Vielmehr trat unterschwellig das gleiche Problem wie bei der ersten Staatsgründung auf. Die Serben sahen den neuen Staat als ein Ergebnis ihres Sieges an der Seite der Alliierten und fühlten sich durch den föderalen Aufbau des neuen Jugoslawiens erneut betrogen, obwohl diese Darstellung durch die serbische Seite nicht zutreffend ist. Zwar hatten die Kroaten den Ustasa-Staat gegründet, doch haben Kroaten und Moslime auch die Mehrheit der Partisanenkämpfer gestellt.[1023] Gleichzeitig hegten die anderen ethnischen Völker Jugoslawiens immer die Befürchtung einer Dominierung durch die serbische Bevölkerung. Einzige integrierende Faktoren waren der Selbstverwaltungssozialismus, der Bund der Kommunisten Jugoslawiens und die Person Tito.[1024] Für die Funktion einer Gesellschaft ist ein genereller Konsens der Mehrheit der Mitglieder über die grundlegenden sozialen Werte und die Arbeitsweise der sozialen Institutionen (einschließlich des Staates) unerläßlich. Dies ist die Integrationsvoraussetzung. Mit der Auflösung der Integrationsfaktoren Sozialismus und Partei[1025] entfiel die Gesellschaftsgrundlage, da es die Machthaber versäumt

1021 Seite 272 ff. Dazu zum Beispiel: Höpken, Die Unfähigkeit zusammenzuleben, in: Furkes/Schlarp (Hrsg.), Jugoslawien: Ein Staat zerfällt, S. 32 ff.;

1022 Schlarp, Ein Staat aus zwei Welten, in: Furkes/Schlarp (Hrsg.), Jugoslawien: Ein Staat zerfällt, S. 19 (20 f.).

1023 Dingler, Der zweite Untergang Jugoslawiens, Der Donauraum 1991 Heft 2, S. 14 (19).

1024 Tito starb am 4.Mai 1980.

1025 Der Bund der Kommunisten Jugoslawiens löste sich nach dem Zerwürfnis zwischen den Republiksdelegationen auf dem XIV Parteitag zwischen dem 21.-23.1.1990 auf.

hatten, durch die offene Aufarbeitung der ethnischen Spannungen ein Gemeinschaftsgefühl zu erzeugen.[1026]

Die Auflösung wurde darüberhinaus auch durch den verfassungsrechtlichen Aufbau des Staates gefördert.[1027] Nach der Verfassung von 1974[1028] glich Jugoslawien mehr einem Staatenbund als einem Bundesstaat.[1029] Dies zeigt sich bereits an der Zusammensetzung des Bundesrates und des Rates der Republiken. Gemäß Artikel 291 der Verfassung von 1974 wurde der Bundesrat aus 30 Delegierten der Selbstverwaltungsorganisationen und –gemeinschaften sowie der gesellschaftlich-politischen Organisationen aus jeder Republik und aus 20 Delegierten aus jeder autonomen Gebietskörperschaft gebildet. Gemäß Artikel 292 wurde der Rat der Republiken und Gebietskörperschaften von je 12 Delegierten aus der Versammlung einer jeden Republik und je 8 Delegierten aus der Versammlung einer jeden autonomen Gebietskörperschaft gebildet. Die obersten Staatsorgane wurden auf Republiksbasis besetzt und es gab keine Vertretung des Gesamtvolkes, so wie es zum Beispiel das Bundesparlament in Deutschland ist. Aus Artikel 294 und 295 geht weiter hervor, daß fast alle wichtigen Entscheidungen nicht im Mehrheitsprinzip, sondern nur mit der Zustimmung aller Republiken ergehen konnten. Damit kam den Republiken ein Vetorecht zu. Ein umfangreiches Vetorecht für Teile eines Staates bedeutet aber immer die Entmachtung des Bundes, und ein Zurücktreten der Bundesinteressen. Die grundlegende politische Einheit war demnach die Republik. Dieser Staatsaufbau wurde durch einen republikbasierten Aufbau der kommunistischen Partei ergänzt. Alle politischen Kommunikationskanäle hörten an den Republikgrenzen auf.[1030] Das politische Geschehen ereignete sich vor allem im Rahmen der Republiken.[1031] Dadurch entwickelten weder die politische Führung der Republiken noch die Bevölkerung ein Gefühl für den Gesamtstaat. Dieser trat in den Hintergrund und fungierte als Sündenbock für die Schwierigkeiten in den einzelnen Republiken.

1026 Boric, Konföderierung oder Ende?, Herder Korrespondenz Bd. 44 (1990), S. 579 (580).

1027 Höpken, Die Unfähigkeit zusammenzuleben, in: Furkes/Schlarp (Hrsg.), Jugoslawien: Ein Staat zerfällt, S. 32 (50 f.).

1028 Die eine Belohnung lokaler Eliten für ihre Treue zu Tito in den Konflikten Ende der 1960er Anfang der 1970er Jahre um die Reformen der Gesellschaftsordnung war (Simic, Der Bürgerkrieg in Jugoslawien und die neuen Staaten auf dem Territorium der früheren Sozialistischen Föderativen Republik Jugoslawien, in: Weidenfeld (Hrsg.), Demokratie und Marktwirtschaft in Osteuropa, S. 253 (256)).

1029 Antonic, Could A Confederation Have Saved Yugoslavia?, NP Bd. 25 (1997), S. 469 (469); Simic, Der Bürgerkrieg in Jugoslawien und die neuen Staaten auf dem Territorium der früheren Sozialistischen Föderativen Republik Jugoslawien, in: Weidenfeld (Hrsg.), Demokratie und Marktwirtschaft in Osteuropa, S. 253 (256).

1030 Reuter, Jugoslawien vor dem Zerfall, APZ Bd. 42 (1992), Heft 14, S. 3 (5).

1031 Reuter, Jugoslawien, in: Jakobeit/Yenal (Hrsg.), Gesamteuropa – Analysen, Probleme und Entwicklungsperspektiven, S. 289 (293).

Dieser Mangel an Integration wirkte sich solange nicht staatsauflösend aus, wie die äußeren und inneren Umstände dem Staat Jugoslawien keine Probleme bereiteten. Dies änderte sich mit der weltweiten Wirtschaftskrise und dem Zerfall des Warschauer Paktes.[1032] Nach dem Krieg und dem Zerwürfnis mit Stalin hatte sich die wirtschaftliche Situation Jugoslawiens zunächst durchaus positiv entwickelt. In den 1970er Jahren hatte Jugoslawien eine der höchsten Wachstumsraten der Welt. Die industrielle Produktion wuchs zwischen 1949 und 1981 auf das achzehnfache.[1033] Durch die Abkehr vom Ostblock Ende der 1940er Jahre und der führenden Stellung unter den neutralen Staaten, hatte Jugoslawien von Beginn an die wirtschaftliche Unterstützung der westlichen Staaten und erhielt von diesen fast in unbegrenzter Höhe Kredite. Dies führte zu einer enormen Auslandsverschuldung Jugoslawiens. Anfang der 1980er Jahre betrug die Verschuldung Jugoslawiens 20 Billionen US Dollar.[1034] Es mußte 40 Prozent seiner Deviseneinkünfte für die Kredittilgung einsetzen.[1035] Mit der weltweiten Wirtschaftskrise kam es in Jugoslawien zu einem Rückgang des Bruttosozialproduktes um fast ein Drittel. Die Inflation erreichte 1989 die Höhe von 2400 Prozent und die Arbeitslosenquote lag zwischen 15-20 Prozent.[1036] Destabilisierend kam zu diesen gesamtstaatlichen Wirtschaftsproblemen die großen Unterschiede in der wirtschaftlichen Leistungsfähigkeit der Regionen hinzu. Die Slowenische Wirtschaft war fast sieben mal leistungsfähiger als die des Kosovo. Ebenso groß war der Unterschied hinsichtlich der Arbeitslosenquote. Während Slowenien eine Arbeitslosenquote von lediglich 2 Prozent hatte,[1037] waren in den südlichen Regionen über 50 Prozent der Erwerbstätigen arbeitslos.[1038] In der Wirtschaftskrise in Jugoslawien wirkte sich vor allem der sozialistische Staats-

---

1032 Schlarp, Ein Staat aus zwei Welten, in: Furkes/Schlarp (Hrsg.), Jugoslawien: Ein Staat zerfällt, S. 19 (21). Damit steht der Untergang des Kommunismus als mögliche Staatsideologie in Verbindung: Golubovic, The Emergence Of Exclusive Nationalism Versus Democratic Processes In Post-Communist Yugoslavia, in: Nakarada (Hrsg.), Europe And The Disintegration Of Yugoslavia, S. 161 (165).

1033 Vukadinovic, The States Building Process And New Security Challenges In South Eastern Europe, in: Hayashi/Jukes (Hrsg.), Building Nation, State And Regime: Some Post-Communist Examples, S. 95 (96).

1034 Vukadinovic, The States Building Process And New Security Challenges In South Eastern Europe, in: Hayashi/Jukes (Hrsg.), Building Nation, State And Regime: Some Post-Communist Examples, S. 95 (97).

1035 Simic, Civil War In Yugoslavia: From Local Conflict To European Crisis, in: Clesse/Kortunov (Hrsg.), The Political And Strategic Implications Of The State Crisis In Central And Eastern Europe, S. 196 (201).

1036 Bebler, Jugoslawiens Zukunftsperspektiven – Widerstreitende Konzeptionen zur Neuordnung des Staates, Südosteuropa Bd. 40 (1991), S. 1 (3 f.).

1037 Sundhausen, Experiment Jugoslawien, S. 122.

1038 Szlek Miller, Self-Determination And Human Rights: Cold War Responses To Postcommunist Disintegration, Canadian Slavonic Papers Bd. 37 (1995), S. 357 (364).

aufbau Jugoslawiens aus. Obwohl der Selbstverwaltungssozialismus[1039] lange als dritter Weg gepriesen worden ist, muß bei genauer Betrachtung konstatiert werden, daß der Sozialismus jugoslawischer Prägung in den wesentlichen Merkmalen mit dem „Realexistierenden Sozialismus“ der Länder des Warschauer Paktes übereinstimmte.[1040] Insoweit teilte er auch dessen Probleme, wie den Erhalt unrentabler Staatsbetriebe, den Einsatz von Finanzmitteln für politische Zwecke und die Unbeweglichkeit der Wirtschaft. Mit Wegfall des Warschauer Paktes entfiel die Vorrangstellung Jugoslawiens bei den westlichen Staaten. Dies wirkte sich insbesondere in der Abnahme der finanziellen Unterstützung aus, so daß Jugoslawien ohne weitere Kreditmöglichkeiten vor dem finanziellen und wirtschaftlichen Ruin stand.

Die massiven wirtschaftlichen Probleme führten zu sozialen Unruhen.[1041] In dieser Situation war es notwendig, daß die verschiedenen Teile des Staates dazu bereit waren, die Probleme gemeinsam zu lösen. Diese Bereitschaft war bei den verschiedenen Ethnien in Jugoslawien nicht vorhanden.[1042] Hier wirkte sich die mangelnde Integration aus, welche durch den Machterhaltungswillen der politischen Eliten verstärkt wurde. Anstatt gesamtstaatliche Lösungen zu suchen, versuchten die politischen Eliten, von ihrem Versagen bei der Lösung der wirtschaftlichen Probleme abzulenken,[1043] oder aber politische Macht durch den einfachen Weg des Nationalismus zu erringen, indem sie die nationalen Konflikte schürten. Sie versprachen der Bevölkerung eine Besserung der gesellschaftlichen Lage durch die Rückbesinnung auf die Nation.[1044]

Zusammenfassend kann festgehalten werden, daß die Ursache für den Zerfall Jugoslawiens die langanhaltende Krise des jugoslawischen Kommunismus sowie die Rivalität zwischen den republikanischen Nomenklaturen war, welche über Jahrzehnte den Nationalismus und die ungelösten ethnischen Konflikte zwischen den jugoslawischen Völkern systematisch als Hauptinstrument der politischen Mobilisierung und Legitimation ihrer Macht nutzten.

1039 Djekovic, Der kurze Atem der Selbstverwaltung, in: Furkes/Schlarp (Hrsg.), Jugoslawien: Ein Staat zerfällt, S. 134 (148 ff.).

1040 Sekelj, „Real-Existing Selfmanagement" And The Disintegration Of Yugoslavia, Südosteuropa Bd. 41 (1992), S. 326 (328 f.).

1041 Bebler, Jugoslawiens Zukunftsperspektiven – Widerstreitende Konzeptionen zur Neuordnung des Staates, Südosteuropa Bd. 40 (1991), S. 1 (2).

1042 Bebler, Jugoslawiens Zukunftsperspektiven – Widerstreitende Konzeptionen zur Neuordnung des Staates, Südosteuropa Bd. 40 (1991), S. 1 (5).

1043 Brey, Jugoslawien: Der Vielvölkerstaat zerfällt Teil I, Osteuropa Bd. 41 I (1991), S. 417 (419).

1044 Goati, The Disintegration Of Yugoslavia: The Role Of Political Elites, NP Bd. 25 (1997), S. 455 (457).

b) Geschichtlicher Verlauf des Zerfalls

Der eigentliche Zerfall Jugoslawiens läßt sich in vier Phasen einteilen.

aa) Die erste Phase des Zerfalls

Der Zerfall begann in den 1980er Jahren. In dieser erste Phase des Zerfalls steht der aufkommende Nationalismus und die Blockade der Bundesorgane durch die Republiken im Vordergrund. Am 4.5.1980 starb Tito, und damit entfiel nicht nur die jugoslawische Integrationsfigur, sondern auch der Garant für die Macht des Bundes. Damit geriet das labile Gleichgewicht zwischen dem Bund und den Republiken, das alleinig auf der Macht Titos basierte, ins wanken. In und zwischen den Republiken begann ein Machtkampf, an dessen Ende der Zerfall des Staates stand. Durch das Einstimmigkeitserfordernis für alle wichtigen Entscheidungen in den Bundesorganen begann schon zu dieser Zeit deren Effektivität zu sinken. Mit dem aufkommenden Nationalismus in den Republiken waren deren Vertretungen in den Bundesorganen immer weniger bereit, sich zum Wohle des Ganzen zu einigen und für einzelne Republiken unbequeme Entscheidungen mit zu tragen. Dabei standen sich zwei Überzeugungen gegenüber.

Die Öffentlichkeit in den reichen Republiken Kroatien und Slowenien war der Ansicht, daß sie die Lasten des Staates alleine trüge und die südlichen und armen Republiken und autonomen Gebietskörperschaften über ihre Zahlungen an den „Fonds für die unterentwickelten Gebiete" finanzierten.[1045] In Kroatien kam die Diskussion der „kroatischen Frage" hinzu, deren Grundlage die Theorie von der jahrzehntelangen Zurücksetzung der kroatischen Republik im jugoslawischen Staat bildete.[1046]

Dem stand die Überzeugung in Serbien gegenüber, durch den Bund und die anderen Republiken benachteiligt zu werden. Diese Annahme manifestierte sich erstmals in der Kosovo-Krise 1981.[1047] Die zu der Republik Serbien gehörende autonome Gebietskörperschaft Kosovo forderte 1981 erstmals eine Aufwertung durch seine Ausgliederung aus Serbien und die Zuerkennung des Republikstatus. Daran und an der (angeblichen) schlechten Behandlung der serbischen Minderheit durch die albanisch dominierten Behörden des Kosovo wuchs das vorher indifferente Gefühl der Benachteiligung in Serbien zu einem serbischen Nationalismus.[1048] In keiner anderen Republik waren nach der zweiten Staats-

---

1045 Schlarp, Ein Staat aus zwei Welten, in: Furkes/Schlarp (Hrsg.), Jugoslawien: Ein Staat zerfällt, S. 19 (28).

1046 Brey, Jugoslawien: Der Vielvölkerstaat zerfällt Teil II, Osteuropa Bd. 41 II (1991), S. 709 (711).

1047 Höpken, Die Unfähigkeit zusammenzuleben, in: Furkes/Schlarp (Hrsg.), Jugoslawien: Ein Staat zerfällt, S. 32 (51); Furkes, Der unaufhaltbare Aufstieg des Slobodan Milosevic, in: Furkes/Schlarp (Hrsg.), Jugoslawien: Ein Staat zerfällt, S. 63 (72 ff.).

1048 Zu dem Verhältnis Kosovo/Serbien siehe später Seite 310 ff.

gründung autonome Gebietskörperschaften geschaffen worden. Diese Gebietskörperschaften hatten ferner durch die Verfassung von 1974 praktisch die gleichen Rechte und den gleichen Repräsentationsstatus wie die Republiken erhalten.

Ausdruck dieses neuen serbischen Nationalismus war die Veröffentlichung eines Memorandums der Serbischen Akademie der Wissenschaften und Künste Ende September 1986.[1049] Auf dieses Memorandum nahmen die nationalen Politiker Serbiens, insbesondere Slobodan Milosevic,[1050] später immer wieder Bezug. Milosevic machte den Kampf gegen die angebliche Verfolgung der Serben im Kosovo zur Grundlage seiner Politik.[1051] Er übernahm 1987 die Führung der kommunistischen Partei Serbiens. Serbien strebte ab diesem Zeitpunkt eine Zentralisierung auf zwei Ebenen an. Auf der Ebene der Republik Serbien sollten die autonomen Gebietskörperschaften Kosovo und Vojvodina Serbien wieder stärker unterstellt werden. Auf der Bundesebene sollten die einzelnen Republiken an Selbständigkeit verlieren. Dagegen wehrten sich sowohl die autonomen Gebietskörperschaften als auch die anderen Republiken.[1052] 1988 gründete sich das „Komitee zum Schutz der Serben im Kosovo und der Montenegriner". Dieses mit Milosevic zumindest verbundene Komitee organisierte Massendemonstrationen, die die Regierungen der betroffenen Gebiete zu einer serbisch bestimmten Politik zwingen sollte. Die serbisch organisierten Massendemonstrationen zwangen sowohl die Regierung der Gebietskörperschaft Vojvodina (6.10.1988) als auch die Montenegros (14.10.1988 und erneut 11.1.1989) zum Rücktritt. Im Kosovo kam es zu einer teilweisen Machtübernahme der Milosevic-Anhänger durch eine Verhaftungswelle unter Regierungsmitgliedern.[1053] In die neuen Regierungen wurden vor allem Anhänger Milosevics berufen.

1049 Schlarp, Ein Staat aus zwei Welten, in: Furkes/Schlarp (Hrsg.), Jugoslawien: Ein Staat zerfällt, S. 19 (29).

1050 Furkes, Der unaufhaltbare Aufstieg des Slobodan Milosevic, in: Furkes/Schlarp (Hrsg.), Jugoslawien: Ein Staat zerfällt, S. 63 (77 ff.); Melcic, Nationalgefühl oder Machtkalkül?, in: Furkes/Schlarp (Hrsg.), Jugoslawien: Ein Staat zerfällt, S. 90 ff.

1051 Simic, Der Bürgerkrieg in Jugoslawien und die neuen Staaten auf dem Territorium der früheren Sozialistischen Föderativen Republik Jugoslawien, in: Weidenfeld (Hrsg.), Demokratie und Marktwirtschaft in Osteuropa, S. 253 (260). Milosevic solidarisiert sich öffentlich 1987 mit den Serben im Kosovo und sagt 1988 auf einer Demonstration in Belgrad, daß dies nicht die Zeit zum Klagen, sondern die Zeit des Kampfes sei und daß sie den Kampf um Kosovo gewinnen würden (Ramet, War In The Balkans, FA Bd. 71/72 (1992/93), S. 79 (83)).

1052 Krizan, Nationalismen in Jugoslawien, Osteuropa Bd. 42 (1992), S. 121 (123).

1053 Grotzky, Balkankrieg, S. 68. Sowohl der amtierende Parteichef Azem Vllasi als auch seine Nachfolgerin Kaqushe Jashari wurden verhaftet. Anfang 1989 übernahm der frühere Polizeichef des Kosovo, Rahman Morina, als Anhänger Milosevics die Parteiführung im Kosovo (Libal, Das Ende Jugoslawiens, S. 130).

Dieses Vorgehen löste in den anderen Republiken die Angst vor einer Dominanz Serbiens aus und wurde als Beweis für die großserbischen Bestrebungen Milosevics angesehen.[1054] Nachdem Slowenien eine durch das Komitee zum Schutz der Serben im Kosovo und der Montenegriner geplante Massendemonstration im November 1989 in Slowenien verboten und Kroatien den Demonstranten die Durchreise verweigert hatte, begann Serbien eine Wirtschaftsblockade Sloweniens und Kroatiens. Dies wurde von Slowenien mit Gegenmaßnahmen, insbesondere mit dem Boykott des Fonds für die unterentwickelten Gebiete, beantwortet.[1055]

Damit war ein Krieg der Gesetze eingeleitet worden, der mit dem in der Sowjetunion[1056] vergleichbar ist. Anders als in der Sowjetunion, in der die Republiken zur Entmachtung des Zentrums zusammenarbeiteten, kam es in Jugoslawien ab 1990 zum offenen Konflikt zwischen den Republiken. Dieser Konflikt zwischen den Republiken, und nicht wie in der Sowjetunion der Konflikt zwischen Republiken und Zentrum, führte zu einer Blockade der Bundesorgane. Diese entstand nicht nur durch den Konflikt Serbiens mit Slowenien und Kroatien. Vielmehr wirkte sich hier die Machtübernahme von Milosevic-Anhängern in Montenegro, der Vojvodina und dem Kosovo aus. Vertreter dieser Republik und der beiden autonomen Gebietskörperschaften bildeten zusammen mit Serbien den „serbischen Block". Im Staatspräsidium führte dies zu einem Vetorecht „Serbiens" in allen Entscheidungen. Den 4 Stimmen des „serbischen Blocks" standen 4 Stimmen der restlichen Republiken (Mazedonien, Bosnien-Herzegowina Kroatien und Slowenien) gegenüber.[1057] Die Bundesgesetze wurden darüber hinaus in den einzelnen Republiken entweder für nichtig erklärt,[1058] oder deren Ausführung durch die Republiken kam fast vollständig zum Erliegen.[1059]

1054 Dieser Eindruck wird durch nationalistische Reden Milosevics auf Großkundgebungen noch verstärkt. Auf einer Feier zum 600. Jahrestag der verlorenen Schlacht gegen die Türken auf dem Amselfeld (Kosovo polje) deutet er an, daß Serbien in seinen mittelalterlichen Grenzen wieder erstehen müßte.

1055 Brey, Jugoslawien: Der Vielvölkerstaat zerfällt Teil II, Osteuropa Bd. 41 II (1991), S. 709 (716).

1056 Seite 230 ff.

1057 Artikel 321 Verfassung von 1979.

1058 Slowenien erklärte im Sommer 1990 viele der Bundesgesetze für nichtig (Ramet, War In The Balkans, FA Bd. 71/72 (1992/93), S. 79 (85). Kroatien erklärte am 22.12.1990 die Vorrangigkeit der Republiksgesetze vor den Bundesgesetzen (Weller, The International Response To The Dissolution Of The Socialist Federal Republic Of Yugoslavia, AJIL Bd. 86 (1992), S. 569 (569).

1059 Bereits im März 1990 erklärte Milosevic in einer Fernsehansprache, daß Jugoslawien am Ende sei und Serbien den Entscheidungen jugoslawischer Institutionen nicht mehr gehorchen würde (Witte, Die Rolle der Vereinigten Staaten im Jugoslawien-Konflikt und der außenpolitische Handlungsspielraum der Bundesrepublik Deutschland (1990-1996)).

bb) *Die zweite Phase des Zerfalls*

Die zweite Phase des Zerfalls ist dadurch gekennzeichnet, daß der Nationalismus in den Republiken verfassungsrechtlich umgesetzt wurde. Serbien änderte am 28.3.1989 und am 25.9.1990 seine Verfassung. Dies ermöglichte eine eigene Außen-, Sicherheits- und Wirtschaftspolitik. Mit diesen Verfassungsänderungen hob Serbien außerdem schrittweise den Autonomiestatus des Kosovo und der Vojvodina auf. Damit entstand eine Situation, in der die autonomen Gebietskörperschaften bundesrechtlich fortbestanden, aber nach serbischem Verfassungsrecht keinen Autonomiestatus mehr hatten. Serbien erreichte auf diese Weise die vollständige Kontrolle über die Vertreter der Vojvodina und des Kosovos in allen Bundesorganen.[1060] Auch die anderen Republiken erließen Verfassungsänderungen, wobei Slowenien am 27.9.1989 mit der Verabschiedung einer neuen Verfassung den Anfang machte. Die Verfassung Sloweniens war in weiten Teilen mit der Bundesverfassung unvereinbar und postulierte sowohl die Souveränität des slowenischen Volkes als auch das Recht Sloweniens auf Sezession. Diesem Beispiel folgte Kroatien am 22.12.1990.

Neben den Verfassungsänderungen in den Republiken wurde auf Bundesebene ab 1990 intensiv über eine Neuordnung des Bundesstaates gestritten.[1061] Dabei standen sich die serbischen und kroatisch/slowenischen Vorstellungen unvereinbar gegenüber. Serbien strebte eine Zentralisierung an, indem die Republiken Macht zugunsten größerer Kompetenzen der Bundesorgane abgeben[1062] und eine eigene Bundesverwaltung errichtet werden sollte. Das Parlament sollte zwar weiterhin zwei Kammern haben, aber die eine Kammer sollte auf Bundesebene nach dem Prinzip „one man, one vote" gewählt werden.[1063] In der die Vertretung der Republiken repräsentierenden zweiten Kammer sollte die Größe der Republiken berücksichtigt werden.[1064] Dabei ging es den Serben aber nicht um einen gerechteren Ausgleich zwischen den Nationen, sondern um die Schaffung eines durch sie beherrschten serbischen Staates.[1065] Dies zeigt sich schon darin, daß die Alternative zu dieser zentralistischen Neuorganisation ein serbischer Staat mit erheblichen territorialen Erweiterungen durch „Grenz-

---

1060 Grotzky, Balkankrieg, S. 67.

1061 Diese Diskussion hatte bereits 1988 begonnen erreichte aber 1990 seinen Höhepunkt.

1062 Bebler, Jugoslawiens Zukunftsperspektiven, Südosteuropa Bd. 40 (1991), S. 1 (7).

1063 Vukadinovic, The State Building Process And New Security Challenges In South Eastern Europe, in: Hayashi/Jukes (Hrsg.), Building Nation, State And Regime: Some Post-Communist Examples, S. 95 (100).

1064 Antonic, Could A Confederation Have Saved Yugoslavia?, NP Bd. 25 (1997), S. 469 (470).

1065 Im Januar 1991 sagte Milosevic: „... The Serbian people shall live in one state, and any people wishing to live with the Serbian people in the same state is welcome." Zitiert nach: Goati, The Disintegration Of Yugoslavia: The Role Of Political Elites, NP Bd. 25 (1997), S. 455 (463). Grotzky, Balkankrieg, S. 64.

korrekturen“ war.[1066] Slowenien und Kroatien strebten dagegen die Umwandlung Jugoslawiens in eine Konföderation an, die im Aufbau an die EU angelehnt war.[1067] Ein vermittelnder Vorschlag kam von Bosnien-Herzegowina und Mazedonien, der auch die Unterstützung Montenegros fand.[1068] Weder Kroatien und Slowenien noch Serbien waren aber bereit, von ihren Maximalforderungen abzurücken und in den Regierungstreffen im Frühjahr 1991 tatsächlich einen Kompromiß auszuhandeln.

Dies ist auch damit zu erklären, daß in der Zwischenzeit in allen Republiken die ersten freien Wahlen stattgefunden hatten.[1069] Eine Hinwendung zu einer demokratischen Kultur wurde durch die Wahlergebnisse nicht bestätigt. Die Wahlen wurden durchweg von nationalistischen Parteien gewonnen. Diese Parteien stellten in Kroatien und Serbien territoriale Maximalforderungen, die über die bestehenden Republiksgrenzen hinausgingen.[1070] Weltanschaulich orientierte Parteien konnten sich gegen die ethnozentrischen Parteien dagegen nicht durchsetzen.[1071] Daß entlang ethnischer Zugehörigkeit und nicht nach politischer

---

1066 Bebler, Jugoslawiens Zukunftsperspektiven, Südosteuropa Bd. 40 (1991), S. 1 (8). Zu diesem großserbischen Staat sollten alle Gebiete gehören, in denen Serben lebten. Dies umfaßte nach serbischer Auffassung sowohl Serbien und Montenegro als auch weite Teile Kroatiens und Bosnien-Herzegowina (Deretak, The Dissolution Of Yugoslavia In The Context Of Security And Integration In Europe, in: Clesse/Kortunov (Hrsg.), The Political And Strategic Implications Of The State Crises In Central And Eastern Europe, S. 181 (181). Grotzky. Balkankrieg, S. 94.

1067 Draft Model for Confederal Arrangement of Relations Between Republics in the Present SFRY (4.10.1990) (Antonic, Could A Confederation Have Saved Yugoslavia?, NP Bd. 25 (1997), S. 469 (471). Pavkovic, The Fragmentation of Yugoslavia, S. 123.

1068 „The Platform On The Future Of The Yugoslav State" Ramet, War In The Balkans, FA Bd. 71/72 (1992/93), S. 79 (85); Simic, Civil War In Yugoslavia: From Local Conflict To European Crisis, in: Clesse/Kortunov (Hrsg.), The Political And Strategic Implications Of The State Crises In Central And Eastern Europe, S. 196 (204 f.); Vukadinovic, The State Building Process And New Security Challenges In South Eastern Europe, in: Hayashi/Jukes (Hrsg.), Building Nation, State And Regime: Some Post-Communist Examples, S. 95 (101). Dieser Vorschlag vermied die Bezeichnung Jugoslawiens als Föderation oder Konföderation. Allerdings sollte die Souveränität den Republiken zustehen. In der neuen Allianz sollte es den einzelnen Republiken überlassen bleiben, ob sie zueinander konföderale oder föderale Beziehungen aufbauten. Beides sollte nebeneinander existieren können. Außerdem wurde ein ethnisches Selbstbestimmungsrecht explizit abgelehnt (Pavkovic, The Fragmentation of Yugoslavia, S. 124).

1069 Slowenien: 8.4.1990; Kroatien: 23.4.1990; Bosnien-Herzegowina 18.11. und 2.12.1990; Mazedonien: 9.11.1990; Montenegro: Dezember 1990; Serbien: 9.12.1990;.

1070 Zu den sich zur Wahl stellenden Parteien, deren Programmen und den genauen Wahlergebnissen siehe: Reuter, Jugoslawien, in: Jakobeit/ Yenal (Hrsg.), Gesamteuropa – Analysen, Probleme und Entwicklungsperspektiven, S. 289 ff.; Reuter, Jugoslawien vor dem Zerfall, APZ Bd. 42 (1992), Heft 14, S. 3 ff.

1071 Reuter, Jugoslawien vor dem Zerfall, APZ Bd. 42 (1992), Heft 14, S. 3 (5).

Weltanschauung gewählt wurde, zeigt sich besonders deutlich in Bosnien-Herzegowina. Hier entsprach die Sitzverteilung für die ethnischen Parteien fast genau den Bevölkerungsanteilen der drei in Bosnien-Herzegowina lebenden Ethnien. Nach den Ergebnissen einer Volkszählung von 1991 lebten in Bosnien-Herzegowina 47 Prozent Moslime, 33 Prozent Serben und 17 Prozent Kroaten. Die „Partei der Demokratischen Aktion“, die die Moslime repräsentierte, kam auf 86 Sitze, die „Serbische Demokratische Partei“ erreichte 70 Sitze und die „Kroatische Demokratische Gemeinschaft“ erreichte 45 Sitze.[1072]

Die Wahlen waren insoweit ein Endpunkt für eine gemeinsame Entwicklung innerhalb Jugoslawiens, als sie die am wenigsten kompromißbereiten Politiker an die Macht brachten. In Serbien wurde Slobodan Milosevic Präsident, in Kroatien Franco Tudjman, in Bosnien-Herzegowina Alija Izetbegovic, in Mazedonien Kiro Gligorov, in Slowenien Milan Kucan und in Montenegro Momir Bulatovic. Diese Politiker sahen die Wahlen als eine Bestätigung ihrer Maximalforderungen an, und waren daher nicht bereit, auf Bundesebene zu einem Kompromiß zu gelangen.

cc) Die dritte Phase des Zerfalls

Die dritte Phase des Zerfalls ist die Umsetzung der Wahlergebnisse in den Unabhängigkeitserklärungen der Republiken. Am 23.12.1990 stimmten 88 Prozent der Wähler in Slowenien bei einem Plebiszit für die staatliche Unabhängigkeit. Noch im gleichen Monat kündigten Slowenien und Kroatien an, in 6 Monaten ihre Unabhängigkeit von Jugoslawien zu erklären, sollte bis zu diesem Zeitpunkt keine einvernehmliche Lösung für die Neuorganisation Jugoslawiens gefunden worden sein. Gleichzeitig machten sie deutlich, daß sie dieses nicht als Sezession von dem Gesamtstaat, sondern als Auflösung des selbigen ansehen würden. Die Annahme der Auflösung des Staates hatte für Slowenien und Kroatien den Vorteil, daß sie Rechtsnachfolger des zerfallenen Jugoslawiens gewesen wären. Die Regierungstreffen[1073] zwischen den Republiken führten aber auch nach dieser Ankündigung aufgrund der Unvereinbarkeit der Forderungen auf serbisch/montenegrinischer und slowenisch/kroatischer Seite zu keinem Ergebnis. Gleichzeitig verstärkte sich die Spirale aus gegenseitigem Mißtrauen und politischer Radikalisierung zwischen Kroaten und Serben. Den vorläufigen Höhepunkt fand diese am 15.5.1991, als die turnusmäßige Wahl des kroatischen Vertreters Stipe Mesic zum Präsidenten des Staatspräsidiums von den Vertretern Serbiens, der Vojvodina, des Kosovos und Montenegros verhindert wurde. Neben der Blockierung der Bundesorgane hatte Jugoslawien damit kein Staatsoberhaupt mehr. Daraufhin stimmten bei einer Wahlbeteiligung von 84,2 Pro-

---

1072 Reuter, Jugoslawien vor dem Zerfall, APZ Bd. 42 (1992), Heft 14, S. 3 (4).

1073 Weller, The International Response To The Dissolution Of The Socialist Federal Republic Of Yugoslavia, AJIL 86 (1992), S. 569 (569).

zent, 94,3 Prozent der Kroaten am 19.5.1991 für die staatliche Unabhängigkeit Kroatiens. Die Parlamente Sloweniens und Kroatiens beschlossen am 25.6.1991 in ihren Unabhängigkeitserklärungen[1074] die Trennung von Jugoslawien. Gemeinsamer Inhalt dieser Beschlüsse war:

1. Die jugoslawische Verfassung besitzt in den Republiken keine Gültigkeit mehr.
2. Die Republiken übernehmen alle Rechte und Pflichten, die sie einst an den Bundesstaat übertragen hatten.
3. Die Republiksgrenzen werden zu Staatsgrenzen.
4. Beide Republiken erkennen sich wechselseitig an und erklären ihre Absicht zur Gründung eines Bundes zweier selbständiger, souveräner Staaten.
5. Die Republiken erklären sich auch weiterhin bereit, einen jugoslawischen Staatenbund mit den anderen Republiken einzugehen.

Die jugoslawische Bundesregierung unter Ante Markovic erklärte diese Unabhängigkeitserklärungen für unrechtmäßig und reagierte mit dem Beschluß, 2000 JVA Soldaten sowie Bundespolizei nach Slowenien und Kroatien zu entsenden, um die staatliche Einheit aufrechtzuerhalten.[1075]

dd) Die vierte Phase des Zerfalls

Damit wurde die vierte Phase des Zerfalls Jugoslawiens eingeleitet. Diese war durch die militärischen Auseinandersetzungen in und zwischen den einzelnen Republiken gekennzeichnet.

In **Slowenien** konnte sich die JVA nicht gegen den gut organisierten Widerstand der slowenischen Territorialverteidigung durchsetzen.[1076] Unter Vermittlung der EG wurde Ende Juni das erste Abkommen zwischen den Republiken geschlossen. Danach sollte ein sofortiger Rückzug der Truppen in die Kasernen stattfinden, die Ausführung der slowenischen und kroatischen Unabhängigkeitserklärungen für drei Monate ausgesetzt werden und die Konstituierung des jugo-

---

1074 Unabhängigkeitserklärung der Republik Slowenien vom 25.6.1991 in: EA Bd. 46 (1991) Dokumente, Folge 21, S. D 528 ff.; Erklärung über die Schaffung der souveränen und unabhängigen Republik Kroatien vom 25.6.1991 in: EA Bd. 46 (1991) Dokumente, Folge 21, D 531 ff.

1075 Simic, Der Bürgerkrieg in Jugoslawien und die neuen Staaten auf dem Territorium der früheren Sozialistischen Föderativen Republik Jugoslawien, in: Weidenfeld (Hrsg.), Demokratie und Marktwirtschaft in Osteuropa, S. 253 (265).

1076 Reuter, Jugoslawien vor dem Zerfall, APZ Bd. 42 (1992), Heft 14, S. 3 (8).

slawischen Staatspräsidiums auf verfassungsmäßige Weise, daß heißt durch die Wahl des Kroaten Stipe Masic zum amtierenden Staatspräsidenten, erfolgen.[1077]

Im Juli 1991 folgte das Abkommen von Brioni, welches die Republiken ebenfalls unter der Vermittlung der EU abschlossen. Es enthielt unter anderem einen gegenseitigen Gewaltverzicht, die Anerkennung durch die Konfliktparteien, daß eine neue Lage entstanden sei, und daß die Verfügungsgewalt über die Streitkräfte beim kollektiven Staatspräsidium liegen sollte. Am 18. Juli 1991 verkündete das Staatspräsidium den Truppenrückzug aus Slowenien, allerdings nur, um die freiwerdenden Truppenkontingente nach Kroatien und Bosnien-Herzegowina zu verlegen.

Die schnelle Aufgabe Sloweniens durch die von Serbien dominierte Bundesregierung und die Truppenverlegung nach Kroatien und Bosnien-Herzegowina zeigt, daß es bei dem Versuch des Erhalts der staatlichen Einheit Jugoslawiens durch Serbien allein darum ging, alle Serben in einem Staat zu vereinen, also einen serbischen oder zumindest einen serbisch dominierten Staat zu schaffen.[1078] Der serbischen Führung war klar, daß es einfacher war, dies durch den Erhalt Jugoslawiens zu erreichen, als international für die Aufspaltung Jugoslawiens bei gleichzeitiger Änderung der Republiksgrenzen einzutreten. Slowenien hatte keine serbische Minderheit, so daß es für den Erhalt der serbischen Einheit nicht nur nicht relevant war, sondern auch zu einer Minderung der serbischen Vormachtstellung in einem jugoslawischen Staat geführt hätte, wäre es weiterhin Teil Jugoslawiens geblieben.[1079]

Anders war dies bei **Kroatien**. Kroatien hatte eine große serbische Minderheit, bedingt durch deren Ansiedlung an den Grenzen der österreich-ungarischen Doppelmonarchie. Der kroatische Konflikt war ein sich aus der Auflösung Jugoslawiens und der nationalistischen Debatte über die Neuorganisation Jugoslawiens ergebender Konflikt. In ihm verband sich der innerrepublikanische Konflikt zwischen der kroatischen Mehrheit und der serbischen Minderheit mit dem Streben Serbiens nach einem alle Serben umfassenden Staat.

Bereits am 25.7.1990 hatte die serbische Bevölkerung Kroatiens in einer Volksversammlung in der kroatischen Landschaft Krajina einen Nationalrat gegründet und eine Erklärung über die Souveränität und Autonomie des serbischen Volkes

---

1077 Reuter, Die Entstehung der jugoslawischen Krise und ihre Internationalisierung, Südosteuropa Bd. 40 (1991), S. 343 (347).

1078 Witte, Die Rolle der Vereinigten Staaten im Jugoslawien-Konflikt und der außenpolitische Handlungsspielraum der Bundesrepublik Deutschland (1990-1996), S. 53; Reuter, Die Entstehung der jugoslawischen Krise und ihre Internationalisierung, Südosteuropa Bd. 40 (1991), S. 343 (348 f.).

1079 Ramet, War In The Balkans, FA Bd. 71/72 (1992/93), S. 79 (86).

in Kroatien abgegeben.[1080] Die Autonomie wurde durch ein Plebiszit am 19.8.1990 bestätigt und kurz darauf begann ein Aufstand der serbischen Bevölkerungsmehrheit dieses Gebietes gegen die kroatische Zentralgewalt. Die bewaffneten Auseinandersetzungen zwischen der serbischen Bevölkerung Kroatiens und der kroatischen Polizei weiteten sich im Laufe des Jahres 1991 aus. Die JVA betonte zunächst immer wieder ihre Neutralität in diesem „innerrepublikanischen“ Konflikt.[1081] Sowohl die Armeeführung als auch die Bundesregierung behaupteten, die JVA habe lediglich die Aufgabe, die streitenden Parteien auseinander zu halten. Dies entsprach von Beginn der Konflikte an nicht der Realität. Vielmehr unterstützte die JVA die aus in Kroatien ansässigen Serben gebildeten Verbände von Freischärlern.[1082] Diese Kämpfer wurden von der serbischen Regierung mit Waffen, Geld und Nahrungsmitteln unterstützt.[1083] Gleichzeitig konnten die Freischärler den militärischen Nachrichtendienst der Bundesarmee nutzen und die Armee griff dann ein, wenn die Freischärler durch die kroatische Polizei in Bedrängnis gerieten.[1084] Bereits hier wird die Verflechtung zwischen serbischer Politik, der Bundesregierung und der Armeeführung deutlich.

Die Stellung der JVA änderte sich, als Kroatien dazu überging, die Kasernen der JVA zu blockieren. Dies wurde als Kriegserklärung Kroatiens an den Bund bezeichnet und die JVA trat offen in Kampfhandlungen ein.[1085] Offiziell tat sie dieses noch als Bundesarmee, doch spätestens seit Anfang Oktober hatte der Bund aufgehört, auch nur annähernd als Vertretung aller Republiken arbeitsfähig zu sein. Am 4.10.1991 war auf Antrag des Armee-Oberkommandos und gegen den Widerstand des Staatspräsidenten Mesic das Staatspräsidium einberufen worden. Anwesend waren nur die serbisch bestimmten Republiken. Das Staatspräsidium beschloß in verfassungswidriger Weise, mit der Mehrheit der anwesenden Mitglieder Beschlüsse zu fassen, entmachtete das Bundesparlament und sprach entgegen dem Brioni-Abkommen der JVA für den Kampf in Kroatien seine volle Unterstützung zu. Am nächsten Tag entmachtete das Staatspräsidium auch die Bundesregierung. Damit waren die letzten Bundesorgane Jugoslawiens abgeschafft.[1086] Die Entscheidungen des Bundes entsprachen somit ab diesem Zeitpunkt den Entscheidungen Serbiens. Insoweit mußte nun die Bundesarmee als serbische Armee angesehen werden, was auch dem Fakt entsprach, daß sie allein von Serbien und dessen Verbündeten finanziert wurde.

1080 Der genaue Verlauf des innerkroatischen Konfliktes soll später in einem eigenen Kapitel dargestellt werden (Seite 317 ff).

1081 Reuter, Jugoslawien vor dem Zerfall, APZ Bd. 42 (1992), Heft 14, S. 3 (8).

1082 Pavkovic, The Fragmentation Of Yugoslavia, S. 130.

1083 Reuter, Jugoslawien vor dem Zerfall, APZ Bd. 42 (1992), Heft 14, S. 3 (8).

1084 Reuter, Jugoslawien vor dem Zerfall, APZ Bd. 42 (1992), Heft 14, S. 3 (9).

1085 Pavkovic, The Fragmentation Of Yugoslavia, S. 140.

1086 Krizan, Nationalismen in Jugoslawien, Osteuropa Bd. 42 (1992), S. 121 (127).

Die Bemühungen der EG, einen Waffenstillstand in Kroatien herbeizuführen, scheiterten wiederholt an dem Boykott durch die serbischen Vertreter. Bis Mitte August hatten die JVA und die serbischen Freischärler rund 39 Prozent des kroatischen Territoriums unter ihre Kontrolle gebracht.[1087] Große Zerstörungen und eine hohe Anzahl an zivilen Opfern waren die Folge dieses Konfliktes. Es war außerdem der Beginn der „ethnischen Säuberungen".[1088] Sowohl die serbischen als auch die kroatischen Truppen zwangen in den von ihnen kontrollierten Gebieten die Bevölkerung anderer ethnischer Zugehörigkeit, diese Gebiete zu verlassen. So versuchten sie, ethnisch homogene Gebiete zu schaffen. Die hohe Zahl an zivilen Opfern, die besondere Grausamkeit mit der gegen Soldaten genauso wie gegen Zivilisten vorgegangen wurde und die ethnischen Säuberungen und Zerstörungen ganzer Städte wurde durch eine starke Medienpräsenz in den westlichen Staaten weithin bekannt.[1089] Durch die geschickte Medienpolitik Kroatiens wurden die Menschenrechtsverletzungen, insbesondere die ethnischen Säuberungen, vor allem den Serben angelastet.[1090]

Das Kriegsziel Serbiens war der Verbleib der „serbischen Gebiete" bei einem zukünftigen serbisch dominierten Staat, ob mit oder ohne das restliche Kroatien.[1091] Kroatien, das zusammen mit Slowenien am 7.10.1991 seine endgültige Unabhängigkeit erklärt hatte, versuchte die Sezession der serbisch bewohnten Gebiete zu verhindern. Es nutzte die starke Medienpräsens, um die Weltöffentlichkeit auf seine Seite zu ziehen und so die Anerkennung durch die Staatengemeinschaft und damit die Internationalisierung des Konflikts zu erreichen.[1092] Ende 1991 hatte sich die Front zwischen der kroatischen Armee auf der einen und der JVA und den serbischen Freischärlern auf der anderen Seite verfestigt. Die kroatische Seite war nicht in der Lage, die serbischen Freischärler zu besiegen und so wieder die Kontrolle über das gesamte Staatsgebiet zu erlangen. Auf der anderen Seite schafften es die serbischen Truppen nicht, weitere Gebiete zu erobern.[1093]

Ende November stimmte Kroatien einer möglichen Stationierung einer VN-Friedenstruppe zu. Aufgrund der Ablehnung insbesondere durch den Vertreter

---

1087 Grotzky, Balkankrieg, S. 95; Schmid, Untergang und Entstehung von Staaten in Mittel- und Osteuropa, S. 22.

1088 Pavkovic, The Fragmentation Of Yugoslavia, S. 141.

1089 Reuter, Jugoslawien vor dem Zerfall, APZ Bd. 42 (1992), Heft 14, S. 3 (9 f.).

1090 Pavkovic, The Fragmentation Of Yugoslavia, S. 143 f.

1091 Reuter, Jugoslawien vor dem Zerfall, APZ Bd. 42 (1992), Heft 14, S. 3 (9).

1092 Simic, Civil War In Yugoslavia: From Local Conflict To European Crisis, in: Clesse/Kortunov (Hrsg.), The Political And Strategic Implications Of The State Crises In Central And Eastern Europe, S. 196 (208); Reuter, Jugoslawien, in: Jakobeit/Yenal (Hrsg.), Gesamteuropa – Analysen, Probleme und Entwicklungsperspektiven, S. 289 (299); Reuter, Jugoslawien vor dem Zerfall, APZ Bd. 42 (1992), Heft 14, S. 3 (9).

1093 Pavkovic, The Fragmentation Of Yugoslavia, S. 143.

der kroatischen Serben, wurde die Friedenstruppe UNPROFOR erst durch die Sicherheitsratsresolution 743 (1992) vom 21.2.1992 ins Leben gerufen. Am 9.1.1992 hatte Serbiens Präsident Milosevic den Krieg in Kroatien bereits für beendet erklärt und die JVA zog sich aus Kroatien zurück. Damit gab Serbien seine Blockadehaltung, die zu dem schlechten Bild Serbiens in der Weltöffentlichkeit beigetragen hatte, zunächst auf. Eine Reihe von Staaten hatten Kroatien im Laufe des Januar anerkannt. Dazu zählten auch die EG-Staaten.[1094]

Die Föderative Republik Jugoslawien, die sich am 27.4.1992 aus Serbien und Montenegro gegründet hatte, erkannte Slowenien am 13.8.1992, an. Allerdings hatte die FRJ bereits am 27.4.1992 in einer gesonderten Erklärung festgehalten, daß sie bereit sei, die anderen früheren Republiken nach der Lösung der noch offenen Fragen, als Staaten anzuerkennen und keinerlei Gebietsansprüche gegenüber anderen Staaten zu erheben.[1095] Damit hatte die FRJ anerkannt, daß diese Republiken nicht mehr zum Staatsgebiet gehörten und somit auch die Aufgliederung akzeptiert.[1096] Insofern erhob die FRJ keinen Anspruch auf die Gebiete der anderen Republiken (mehr[1097]).

Dies mußte auch für **Bosnien-Herzegowina** gelten, da auch diese Republik kein Teil der FRJ war. Zu diesem Zeitpunkt, also dem 27.4.1992, hatte in Bosnien-Herzegowina ein Krieg begonnen, der später als der menschlich verheerendste Krieg der Nachkriegszeit in Europa bezeichnet wurde. Er führte zu der Einrichtung des Kriegsverbrechertribunals für Jugoslawien. Hier kann und soll nicht die ganze Geschichte des Krieges nachgezeichnet werden, da sie für die Frage nach einem möglichen Selbstbestimmungsrecht Bosnien-Herzegowinas nicht entscheidend ist. Von grundlegender Bedeutung ist lediglich das Ausmaß des Krieges im Jahre 1992, da zu dieser Zeit Bosnien-Herzegowina von vielen

1094 Auch nach der Stationierung der UN-Friedenstruppe kam es in Kroatien immer wieder zu bewaffneten Auseinandersetzungen zwischen den kroatischen Serben und der kroatischen Armee. Diese spielen aber für die Frage nach dem Selbstbestimmungsrecht Kroatiens keine Rolle und sollen später in dem Kapitel über Sezessionswünsche anderer Gebietseinheiten dargestellt werden (Seite 317 ff.).

1095 Simic, Der Bürgerkrieg in Jugoslawien und die neuen Staaten auf dem Territorium der früheren Sozialistischen Föderativen Republik Jugoslawien, in: Weidenfeld (Hrsg.), Demokratie und Marktwirtschaft in Osteuropa, S. 253 (268).

1096 Offen soll hier zunächst bleiben, ob die anderen Republiken, so wie die FRJ annahm, sezessiert waren, oder aber, wie es der Meinung der internationalen Staatengemeinschaft entsprach, sich Jugoslawien aufgelöst hatte.

1097 Die FRJ betrachtete sich als alleiniger Rechtsnachfolger des früheren Jugoslawiens und ging von daher von einer Sezession der anderen Gebiete aus. Legt man diese Rechtsauffassung zu Grunde, so hatte die FRJ auf die Gebiete der anderen Republiken verzichtet und der Sezession grundsätzlich zugestimmt. Offen war für die FRJ lediglich die Grenzfrage. Hier stellte sich die Frage, ob das Selbstbestimmungsrecht ethnisch oder territorial bestimmt wurde, was später zu beurteilen ist (Seite 356 ff.).

Staaten als Staat anerkannt wurde und sich die Frage nach dem Vorliegen der Kriterien für die Staatlichkeit stellt.

Wie oben bereits dargestellt, hatte Bosnien-Herzegowina nicht zu den Republiken gehört, die von Beginn an die Auflösung Jugoslawiens betrieben hatten. Vielmehr versuchte es zusammen mit Mazedonien durch den gemeinsamen Vorschlag zum künftigen Staatsaufbau, den Bestand Jugoslawiens durch einen Kompromiß zwischen den Extremforderungen des serbischen und kroatisch/slowenischen Lagers zu sichern. Dies hatte sowohl wirtschaftliche als auch ethnische Gründe. Bosnien-Herzegowina war eine der armen Republiken Jugoslawiens, mit einer durch die Landwirtschaft geprägten Wirtschaft. Der Erhalt Jugoslawiens hätte für Bosnien-Herzegowina den Vorteil der weiteren Unterstützung durch die reichen Republiken gehabt. Der zweite Grund für den Wunsch nach der Erhaltung Jugoslawiens war die ethnische Zusammensetzung der Republik und ihre geographische Lage zwischen Kroatien und Serbien. Die Moslime als republiktragende Nation hatten lediglich einen Bevölkerungsanteil von 47 Prozent. Daneben stellten die serbische Bevölkerung 33 Prozent und die kroatische Bevölkerung 17 Prozent der Gesamtbevölkerung. Sowohl der kroatische als auch der serbische Nationalismus strebten die Vereinigung der kroatischen beziehungsweise der serbischen Nation in einem Staat an. Damit war Bosnien-Herzegowina schon früh mit Territorialforderungen, auch wenn diese noch nicht von offizieller Stelle formuliert wurden, konfrontiert. Gleichzeitig sprachen beide Nationalismen den Moslimen ab, eine eigene Nation zu sein, so daß die Maximalforderung jeweils die Eingliederung Bosnien-Herzegowinas in den einen oder anderen Staat war.[1098] Insofern wiederholten sich die Erfahrungen aus dem zweiten Weltkrieg.[1099] Bosnien-Herzegowina konnte diesen Territorialforderungen mit dem Erhalt des jugoslawischen Staates entgegentreten. Allerdings war diese Lösung für die Moslime nur dann gangbar, wenn sowohl Kroatien als auch Slowenien Teil dieses Staates blieben, da nur so das ethnische Gleichgewicht erhalten bleiben konnte. Auf keinen Fall wollten sie als Minderheit in einem großserbischen Staat verbleiben.

Als spätestens im Oktober 1991 deutlich wurde, daß der jugoslawische Staat nicht erhalten bleiben würde, stellten sich die Politiker Bosnien-Herzegowinas auf die Unabhängigkeit ihrer Republik ein und erklärten am 15.10.1991 die Souveränität ihrer Republik. In ihrer *„Erklärung zum gemeinsamen Standpunkt*

1098 Für Serbien: Grotzky, Balkankrieg, S. 141.

1099 Auch damals war Bosnien-Herzegowina das Gebiet Jugoslawiens gewesen, wo die meisten Menschenrechtsverletzungen erfolgt waren, und die meisten ethnischen Verfolgungen stattgefunden hatten. Man muß festhalten, daß wenn eine Bevölkerungsgruppe in Jugoslawien das Recht auf das Festhalten ihrer Verfolgung im zweiten Weltkrieg gehabt hat, dann nicht die Serben oder Kroaten, sondern die Moslime.

zur Anerkennung der jugoslawischen Republiken“[1100] hielt die EG fest, daß eine Anerkennung als Staat für die Republiken nur erreichbar sei, wenn sie bis zum 23.12.1991 gegenüber der EG ihr Einverständnis zu den Bedingungen der Anerkennungsrichtlinien geäußert und mitgeteilt hätten, ob sie als unabhängige Staaten anerkannt zu werden wünschten. Dieses Ultimatum führte dazu, daß Bosnien-Herzegowina am 20.12.1991 einen Antrag auf Anerkennung als Staat an die EG stellte. Das bosnische Parlament setzte am 25.1.1992 für den 29.2.1992 ein Referendum über die Unabhängigkeit an. Nachdem 99,4 Prozent der abgegebenen Stimmen bei diesem Referendum für die Unabhängigkeit der Republik von Jugoslawien gestimmt hatten, erklärte der bosnische Präsident Izetbegovic Bosnien-Herzegowina am 3.3.1992 für unabhängig. Allerdings hatten nur 63 Prozent der Gesamtbevölkerung an dem Referendum teilgenommen, da fast die gesamte serbische Bevölkerung dieses boykottiert hatte.

Der Konflikt zwischen der serbischen Bevölkerung und der moslimisch dominierten Zentralgewalt Bosnien-Herzegowinas hatte sich bereits seit September 1991 abgezeichnet. Zu diesem Zeitpunkt hatte es die ersten bewaffneten Auseinandersetzungen, allerdings ausgehend von dem Konflikt in Kroatien, gegeben.[1101] Die serbischen Vertreter im bosnischen Parlament hatten dieses während der Abstimmung über die Souveränität der Republik am 15.10.1991 verlassen und gründeten am 24.10.1991 die Versammlung des serbischen Volkes von Bosnien-Herzegowina. Diese organisierte am 9.11.1991 ein Referendum in den von ihr kontrollierten serbischen Gebieten.[1102] Einige serbische Kommunen vereinigten sich noch am 24.10.1991 mit den autonomen serbischen Regionen in Kroatien.[1103] Nachdem die serbische Bevölkerung die Gefahr einer bevorstehenden Anerkennung Bosnien-Herzegowinas durch die EG sah, rief die Versammlung des serbischen Volkes von Bosnien-Herzegowina am 9.1.1992 die „autonome Republik des serbischen Volkes von Bosnien-Herzegowina“ aus. Diese umfaßte nach der Vorstellung der serbischen Führer zu diesem Zeitpunkt 45 Prozent des bosnisch-herzegowinischen Republikterritoriums.[1104] Die im Februar abgehaltenen Gespräche zwischen bosnischen Politikern der ver-

1100 Declaration On Yugoslavia, Extraordinary EPC Ministerial Meeting, Brussels, 16 December 1991, ILM Bd. 31 (1992), S. 1485 f.

1101 Im September 1991 hatten das erste Mal serbische Einheiten an der kroatisch/bosnischen Grenze die Kontrolle übernommen und an der bosnisch/montenegrinischen Grenze eine „autonome serbische Region“ ausgerufen. Auch die JVA wurde dabei tätig (Bethlehem/Weller (Hrsg.), The „Yugoslav” Crisis In International Law: General Issues, Part I, S. XXX).

1102 Pavkovic, The Fragmentation Of Yugoslavia, S. 155.

1103 Bethlehem/Weller (Hrsg.), The „Yugoslav” Crisis In International Law: General Issues, Part I, S. XXXI).

1104 Pavkovic, The Fragmentation Of Yugoslavia, S. 155.

schiedenen Ethnien über die Zukunft der Republik scheiterten an der Kompromißlosigkeit der Gesprächsteilnehmer.

Trotzdem kam es am 18.3.1992 zwischen den Führern der drei ethnischen Gruppen zu einer, von der EG vermittelten Übereinkunft, die Republik entlang ethnischer Grenzen in drei autonome Einheiten zu teilen.[1105] Die serbischen Führer riefen am 27.3.1992 die „Serbische Republik Bosnien-Herzegowina“ aus. Damit standen sich zwei unvereinbare Lösungsansätze gegenüber. Die bosnisch-herzegowinische Regierung ging von der Einheit Bosnien-Herzegowinas innerhalb der früheren Republiksgrenzen aus. Eine Lösung für die ethnischen Probleme konnte danach nur durch eine gewisse Autonomie der ethnischen Gruppen gefunden werden. Dagegen sahen die Serben in dem am 18.3.1992 abgeschlossenen Abkommen die Grundlage für eine Aufspaltung der Republik und eine Unabhängigkeit ihrerseits.

Diese unvereinbaren Standpunkte führten ab März zu Kämpfen, in denen serbische Milizen[1106] sowohl gegen kroatische als auch moslimische Milizen kämpften. Ab April weiteten sich diese Kämpfe zu einem ethnischen Bürgerkrieg[1107] mit auswärtiger Beteiligung durch die JVA und die kroatische Armee aus. Die bosnisch-herzegowinische Zentralregierung hatte bereits zu diesem Zeitpunkt keine effektive Gewalt über das gesamte Republiksgebiet mehr. Allerdings hatten die serbischen Vertreter unter ihrem Führer Radovan Karadzic die Regierung erst nach der Anerkennung am 7.4.1992 endgültig verlassen.[1108]

Nach der „Gründung“ der FRJ am 27.4.1992 zogen Serbien und Montenegro alle Staatsangehörigen ihrer Republiken aus Bosnien-Herzegowina ab.[1109]

Mazedonien hatte zusammen mit Bosnien-Herzegowina versucht, den jugoslawischen Staat zu erhalten. Es war aber ebenfalls nicht bereit, in einem serbisch beherrschten Staat zu verbleiben. Am 8.9.1991 stimmten 72 Prozent der Wahlberechtigten für die Verselbständigung der Republik im Falle der Sezession Sloweniens und Kroatiens.[1110] Die Unabhängigkeit wurde durch die Ver-

---

1105 Reuter, Jugoslawien, in: Jakobeit/Yenal (Hrsg.), Gesamteuropa – Analysen, Probleme und Entwicklungsperspektiven, S. 289 (302).

1106 Mitte Mai hatten die serbischen Freischärler die „Armee der serbischen Republik Bosnien-Herzegowina“ gegründet (Reuter, Jugoslawien, in: Jakobeit/Yenal (Hrsg.), Gesamteuropa – Analysen, Probleme und Entwicklungsperspektiven, S. 289 (302)).

1107 Zur Geschichte des Bürgerkrieges siehe insbesondere: Krech, Der Bürgerkrieg in Bosnien-Herzegowina (1992-1997), S. 42 ff.

1108 Pavkovic, The Fragmentation Of Yugoslavia, S. 157.

1109 Simic, Der Bürgerkrieg in Jugoslawien und die neuen Staaten auf dem Territorium der früheren Sozialistischen Föderativen Republik Jugoslawien, in: Weidenfeld (Hrsg.), Demokratie und Marktwirtschaft in Osteuropa, S. 253 (268).

1110 Krizan, Nationalismen in Jugoslawien, Osteuropa Bd. 42 (1992), S. 121 (125).

abschiedung einer neuen Verfassung am 20.11.1991 erklärt.[1111] Nachdem Mazedonien bei der EG am 20.12.1991 den Antrag auf Anerkennung als Staat gestellt hatte, zog sich die JVA bis zum 15.4.1992 vollständig aus Mazedonien zurück.[1112] Am 6.1.1992 änderte Mazedonien seine Verfassung. In dieser wurde bestimmt, daß Mazedonien keinerlei territoriale Ansprüche gegen andere Staaten erhebe.[1113]

Nachdem alle Republiken bis auf **Serbien** und **Montenegro** bis Ende 1991 die Bundesorgane verlassen hatten,[1114] brachen diese völlig zusammen. In der Republik-Kammer des Parlaments saßen nur noch Vertreter der serbisch dominierten Republiken. Diese entzogen Mitte November 1991 dem jugoslawischen Ministerpräsidenten Markovic und dem jugoslawischen Außenminister Loncar das Mandat. Markovic trat am 20.12.1991 zurück. 2 Wochen vorher hatte Stipe Mesic sein Amt als nominelles Staatsoberhaupt aufgegeben.[1115] Am 27.4.1992 erklärten Serbien und Montenegro[1116] in einer Versammlung des (restlichen) Bundesparlamentes, daß sie beabsichtigten, im jugoslawischen Staat zu verbleiben.[1117] Durch eine Verfassungsänderung wurde die Sozialistische Föderative Republik Jugoslawien in Föderative Republik Jugoslawien umbenannt.[1118] Damit beanspruchte die FRJ, alleiniger Rechtsnachfolger der SFRJ zu sein. Danach hätte es sich bei den Unabhängigkeiten der anderen Republiken um Sezessionen gehandelt.

1111 Meier, Yugoslavia, S. 182.

1112 Bethlehem/Weller (Hrsg.), The „Yugoslav" Crisis In International Law: General Issues, Part I, S. XXXIV).

1113 „Die Republik Makedonien hat keine Gebietsansprüche gegenüber den Nachbarstaaten." Zitiert in: Pflüger/Jung, Krieg in Jugoslawien, S. 59.

1114 Simic, Der Bürgerkrieg in Jugoslawien und die neuen Staaten auf dem Territorium der früheren Sozialistischen Föderativen Republik Jugoslawien, in: Weidenfeld (Hrsg.), Demokratie und Marktwirtschaft in Osteuropa, S. 253 (266).

1115 Grotzky, Balkankrieg, S. 103 f.

1116 Montenegro ließ diese Entscheidung durch seine Bevölkerung in einem Referendum am 1.3.1992 bestätigen. 96 Prozent der Abstimmenden stimmten für den Verbleib im jugoslawischen Staat. Allerdings wurde diese Abstimmung von den Albanern und den Moslems boykottiert (Bethlehem/Weller (Hrsg.), The „Yugoslav" Crisis In International Law: General Issues, Part I, S. XXXIV)).

1117 Kamenetsky, Former Yugoslavia A Conflictogenic Zone, in: Makeyev (Hrsg.), The Demons Of Peace And The Gods Of War, S. 254.

1118 Weller, The International Response To The Dissolution Of The Socialist Federal Republic Of Yugoslavia, AJIL Bd. 86 (1992), S.569 (595).

3. *Sezessionswünsche anderer Gebietseinheiten/Gruppen*

a) Kosovo

Die ethnischen Konflikte im Kosovo und zwischen dem Kosovo und Serbien sind wie in Bosnien-Herzegowina Ergebnisse der demographischen Veränderungen während und nach der osmanischen Herrschaft. Der Kosovo war seit der Einwanderung der Slawen im 6. Jahrhundert zunächst ein ethnisches Mischgebiet.[1119] Seit dem 11. Jahrhundert stellte der Kosovo zeitweilig den Mittelpunkt des serbischen Staates dar.[1120] Mit der Eroberung des Balkans durch die Osmanen begannen die demographischen Veränderungen. Seit Mitte des 17. Jahrhunderts begannen albanische Familien aufgrund der schlechten Ernährungssituation in ihren Heimatregionen in den Kosovo einzuwandern.[1121] Dies verschob zwar die demographische Zusammensetzung des Kosovo, führte aber nicht zu ethnischen Auseinandersetzungen. 1690 konnten österreichisch-ungarische Truppen die Osmanen bis hinter den Kosovo zurückdrängen, diese Stellung aber nicht halten. Im Zuge des Rückzugs der österreichischen Truppen akzeptierte ein Großteil der serbischen Bevölkerung des Kosovo, aus Angst vor Repressalien, das ihnen durch den österreichischen Kaiser Leopold I. angebotene Asyl in Ungarn und verließ den Kosovo.[1122] Ein Teil der katholischen Albaner, die im Kosovo lebten, emigrierten nach Süden. Beide Gruppen gingen aber davon aus, wieder in den Kosovo zurückzukehren. Damit hatte ein Großteil der ursprünglichen Bevölkerung den Kosovo verlassen. Dies ermöglichte die Einwanderung von Albanern aus Nordalbanien.[1123]

Während des Krieges zwischen dem Osmanischen Reich und Rußland 1877-1878 kam es nach 900 Jahren friedlichen Zusammenlebens[1124] erstmals zu massiven Zusammenstößen zwischen Serben und Albanern. Die freie serbische Republik hatte eigene Truppen aufgestellt, die bis in den Kosovo vordrangen. Tausende Albaner wurden von den Serben vertrieben.[1125] In dieser Zeit entstanden die unvereinbaren Forderungen der Serben und Albaner hinsichtlich der Zukunft des Kosovo. Die Serben wollten auf der Berliner Konferenz erreichen, daß der Kosovo dem neu entstehenden unabhängigen Staat Serbien zugesprochen würde, so wie es der Friedensvertrag von San Stefano zumindest für ein Teilgebiet des

---

1119 Umstritten ist, ob das Gebiet zuvor unbewohnt war (so die serbische Sichtweise) oder aber von den Vorfahren der Albaner besiedelt war (so die albanische Sichtweise). Zu dem Konflikt der Ansichten siehe: Vickers, Between Serb And Albanian, S. 2.

1120 Vickers, Between Serb And Albanian, S. 6 ff.

1121 Vickers, Between Serb And Albanian, S. 23.

1122 Vickers, Between Serb And Albanian, S. 27; Rauert, Das Kosovo, S. 6 f.

1123 Sundhaussen, Experiment Jugoslawien, S. 17; Rauert, Das Kosovo, S. 7 f.

1124 Vickers, Between Serb And Albanian, S. 28.

1125 Vickers, Between Serb And Albanian, S. 43.

Kosovo vorgesehen hatte. Die Albaner, vertreten durch die „Prizren League", wollten dagegen die albanischen Gebiete, die bis dahin getrennt als vier Provinzen verwaltete wurden, zu einer Verwaltungseinheit zusammenschließen und als autonome Provinz Staatsteil des osmanischen Reiches bleiben.[1126] Die Konferenz entschied, daß der Kosovo beim osmanischen Reich verbleiben sollte. Zwischen 1880 und 1911 wanderte fast die ganze verbliebene serbische Bevölkerung nach Serbien aus.[1127] Diese Abwanderung wurde insbesondere durch Verfolgung und die unsichere Lage im Kosovo verursacht.[1128] Gleichzeitig zog weiterhin albanische Bevölkerung zu, so daß ab 1910 der Kosovo fast ausschließlich von Albanern bewohnt wurde.[1129]

Im Gegensatz zu den Serben, die sich während der osmanischen Herrschaft immer als Nation empfunden hatten und den Kosovo als Wiege des Serbentums ansahen, fand eine Nationsbildung bei den Albanern erst Anfang des 20. Jahrhunderts statt.[1130] Der Gründung eines alle Albaner umfassenden Staates, kamen die Serben jedoch im ersten Balkankrieg zuvor. Sie annektierten den Kosovo.[1131] Diese Annexion wurde in den Friedensregelungen nach dem zweiten Balkankrieg[1132] und insbesondere nach dem Ersten Weltkrieg bestätigt. Die Zugehörigkeit des Kosovos zu Serbien war von den Großmächten unterstützt worden, obwohl die noch immer überwiegend albanische Bevölkerung sich gegen den Anschluß wehrte und auch in der Zeit zwischen den beiden Weltkriegen immer wieder den Anschluß des Kosovos an Albanien forderte.[1133] Die von weiten Teilen der Bevölkerung getragene Abwehrhaltung lag nicht nur in dem Glauben an die Nation begründet, sondern insbesondere an den flächendeckenden Ausschreitungen der serbischen Armee und serbischer Zivilisten an Albanern im ersten Balkankrieg.

Die Befürchtungen der Albaner wurden während der Zeit des Königreichs der Serben, Kroaten und Slowenen bestätigt: Die albanische Sprache wurde verboten. Ab Mitte der 1920er Jahre wurde Albanern der Zugang zu öffentlichen Schulen verwehrt, um eine Elitenbildung zu verhindern.[1134] Um den Kosovo zu re-serbisieren, wurden Albaner enteignet und dieses Land 60.000 serbischen

---

1126 Rauert, Das Kosovo, S. 9; Vickers, Between Serb And Albanian, S. 44 f.

1127 Vickers, Between Serb And Albanian, S. 47, 68, 71.

1128 Vickers, Between Serb And Albanian, S. 47, 55.

1129 Vickers, Between Serb And Albanian, S. 50.

1130 Vickers, Between Serb And Albanian, S.72.

1131 Magas, The Destruction of Yugoslavia, S. 22. Einer der Gründe für den Krieg war, die Bildung eines albanischen Staates zu verhindern (Vickers, Between Serb And Albanian, S. 75).

1132 Rauert, Das Kosovo, S. 11.

1133 Vickers, Between Serb And Albanian, S. 97 f.

1134 Magas, The Destruction of Yugoslavia, S. 30 f.; Vickers, Between Serb And Albanian, S. 103.

Siedlern zugesprochen.[1135] Daneben begann die serbische Regierung Albaner in großer Zahl in die Türkei und nach Albanien zu deportieren.[1136]

Am Ende des Zweiten Weltkrieges wurde der Kosovo durch die kommunistischen Partisanen erobert, wobei diese in der kosovarischen Bevölkerung keinen Rückhalt während des Krieges gefunden hatten.[1137] Nachdem es erneut zu Massakern an der albanischen Bevölkerung gekommen war, erhob sich diese und die jugoslawische Regierung mußte im Februar das Kriegsrecht ausrufen.[1138] Die kommunistischen Vertreter aus dem Kosovo und dem Metohija stimmten auf einer Versammlung in Prizren im Juli 1945 dafür, daß der Kosovo ein Teil der serbischen Republik und darüber hinaus ein Teil des neuen jugoslawischen Staates werden sollte.[1139] Dies entsprach nicht dem Willen der Bevölkerung und wurde nie durch ein Plebiszit bestätigt.[1140] Der Kosovo wurde daher zunächst als autonomes Gebiet und ab 1963 als autonome Gebietskörperschaft Teil der serbischen Republik. Der kommunistische Staat schaffte es aber nicht, die albanische Bevölkerung für sich zu gewinnen.[1141] Es setzte erneut eine erzwungene Emigration und eine serbische Kolonialisation ein.[1142]

Die Autonomie des Kosovo wurde nach 1963 noch einmal 1971 und dann durch die Verfassung von 1974 ausgebaut.[1143] Die Verfassung von 1974 stellte die autonomen Gebietskörperschaften praktisch den Republiken gleich.[1144] Neben der geringeren Stimmenzahl, die den autonomen Gebietskörperschaften gegenüber den Republiken in den Bundesorganen durch die Verfassung zugesprochen wurden,[1145] war der entscheidende Unterschied zwischen den Republiken und den autonomen Gebietskörperschaften die fehlende Staatlichkeit letzterer. Während die Republiken nach Artikel 3 Bundesverfassung 1974 souveräne Staaten darstellten, waren die autonomen Gebietskörperschaften nach Artikel 4 Bundesverfassung 1974 lediglich autonome Gemeinschaften und nach Artikel 1

1135 Pavkovic, The Fragmentation Of Yugoslavia, S. 81.

1136 Vickers, Between Serb And Albanian, S. 105 ff.

1137 Magas, The Destruction of Yugoslavia, S. 31.

1138 Magas, The Destruction of Yugoslavia, S. 34.

1139 Vickers, Between Serb And Albanian, S. 144.

1140 Noch in der Deklaration von Bujan hatten die kosovarischen Kommunisten zusammen mit albanischen Vertretern für eine Sezession des Kosovo von Jugoslawien gestimmt (Vickers, Between Serb And Albanian, S. 136).

1141 Ursache dafür ist sicherlich auch die sich wiederholenden Repressalien, denen sich die albanische Bevölkerung ausgesetzt sah. So zum Beispiel die Repressionskampagne des serbischen Innenministers Rankovic 1955/56. Dazu: Vickers, Between Serb And Albanian, S. 156 ff.

1142 Vickers, Between Serb And Albanian, S. 157.

1143 Magas, The Destruction of Yugoslavia, S. 35.

1144 Gemäß Artikel 244 waren die autonomen Gebietskörperschaften neben den Republiken zu gleichberechtigter Mitwirkung in den Bundesorganen berechtigt.

1145 Vergleiche: Artikel 291, 292 Bundesverfassung 1974.

Bundesverfassung 1974 Teil der Republik Serbien. Dieser Unterschied ließ die bereits seit Ende der 1960er Jahre im Kosovo laut gewordene Forderung nach dem Republikstatus weiter bestehen und führte 1981 in die Kosovo-Krise.[1146]

Am 11.3.1981 kam es zu einer Studentendemonstration, die sich in den nächsten Tagen zu Massenprotesten in Pristina ausweitete.[1147] Nachdem die Polizei hart gegen die Demonstranten vorgegangen war, weitete sich der Protest auf den gesamten Kosovo aus. Es wurden Forderungen nach dem Republikstatus für den Kosovo und auch nach Anschluß des Kosovos an Albanien erhoben. Es kam zu einem Generalstreik, Schulen und Fabriken wurden geschlossen.[1148] Die jugoslawische Führung setzte das Militär zur Stabilisierung der Lage ein. Nach diesen Unruhen kam es zu Schauprozessen gegen Albaner, die das Gefühl der Unterdrückung erhöhten.[1149] Während der Unruhen war es zu Ausschreitungen gegen Serben und Montenegriner gekommen.[1150] Hatten Serben und Montenegriner vor 1981 vor allem über den Niedergang der serbischen Kultur im Kosovo geklagt, kam nun ein starkes Unsicherheitsgefühl hinzu. Zwischen 1971 und 1981 hatten bereits zwischen 78.000 und 102.000 Serben und Montenegriner den Kosovo verlassen.[1151] Die Gründe dafür wurden von albanischer Seite in der schlechten wirtschaftlichen Lage und der hohen Arbeitslosenquote[1152] gesehen,[1153] lagen aber wohl auch in der kulturellen Entfremdung begründet. Nach den Ausschreitungen von 1981 stieg die Emigration der Serben aus dem Kosovo sprunghaft an. Auslöser des diese Emigration begründenden Unsicherheitsgefühls waren Verfolgung, Vergewaltigung und die Zerstörung von Kirchen und Gräbern, denen Serben und Montenegriner ausgesetzt waren.[1154]

Diese angeblich systematischen[1155] Verfolgungen von Serben im Kosovo waren Mitauslöser des Mitte der 1980er Jahren aufkommenden neuen serbischen

1146 Furkes, Der unaufhaltbare Aufstieg des Slobodan Milosevic, in: Furkes/Schlarp (Hrsg.), Jugoslawien: Ein Staat zerfällt, S. 63 (72 ff.).

1147 Rauert, Das Kosovo, S. 33.

1148 Libal, Das Ende Jugoslawiens, S. 111.

1149 Von Kohl, Jugoslawien, S. 134.

1150 Vickers, Between Serb And Albanian, S. 197.

1151 Blagojevic, Der Exodus aus dem Kosovo, in: Bremer/Popov/Stobbe (Hrsg.), Serbiens Weg in den Krieg, S. 75 (79); Veremis, Möglicher Krisenherd: Kosovo in: PS Bd. 46 (1995), Sonderheft 3 1995, S. 87 (91).

1152 Diese lag 1981 schon bei 27,5 Prozent mit steigender Tendenz (Vickers, Between Serb And Albanian, S. 189).

1153 Dafür spricht, daß im selben Zeitraum auch 50.000 Albaner den Kosovo verließen (Vickers, Between Serb And Albanian, S. 195 f.). Veremis, Möglicher Krisenherd: Kosovo in: PS Bd. 46 (1995), Sonderheft 3 1995, S. 87 (91).

1154 Pavkovic, The Fragmentation Of Yugoslavia, S. 82; Vickers, Between Serb And Albanian, S. 218, 220.

1155 Von einer systematischen Verfolgung kann aber nicht die Rede sein. (so auch: Pflüger/Jung, Krieg in Jugoslawien, S. 33) Im Gegenteil, denn die Regierung des

Nationalismus.[1156] In Serbien wurde das Bild erzeugt, daß die Albaner versuchten, den Kosovo zu einer ethnisch homogenen albanischen Provinz zu machen und damit den historischen Anspruch der Serben auf dieses Gebiet zu untergraben. So sollte angeblich die Abspaltung von Serbien erreicht werden. Insbesondere Milosevic nutzte die Kosovo-Frage für die Mobilisierung der Massen.[1157] Nachdem dieser zum serbischen Präsidenten gewählt worden war, stellte er immer wieder die Autonomieregelung mit dem Verweis darauf, autonome Gebiete gäbe es nur in Serbien, in Frage.

Bereits 1986 wurden administrative Sondermaßnahmen für den Kosovo beschlossen. Der albanischen Bevölkerung wurde verboten, sich in ethnisch homogen serbischen Dörfern anzusiedeln. Es wurde verstärkt polizeilicher Druck auf die Kosovoalbaner ausgeübt und Führungspersönlichkeiten wiederholt verhaftet und ihrer Positionen enthoben.[1158] Nach Protesten der Albaner gegen die Beschneidung der Autonomierechte durch die Verfassungsänderungen, wurde 1989 ein Versammlungsverbot verhängt.[1159] Die Proteste im Kosovo wurden durch die Verhängung des Kriegsrechtes und die Einführung des Arbeitszwanges unterdrückt.[1160] Im Juni wurde ein befristeter Ausnahmezustand verhängt.[1161]

Auf die fortschreitende Unterdrückung und im Zusammenhang mit den Diskussionen um eine Neuregelung des jugoslawischen Staatsaufbaus reagierten die albanischen Abgeordneten des kosovarischen Parlaments am 2.7.1990 mit der Proklamation der „Republik Kosovo“ innerhalb der Bundesrepublik Jugo-

---

Kosovo wollte die Abwanderung der Serben verhindern. Vielmehr müssen diese Verfolgungen Extremisten zugerechnet werden (Vickers, Between Serb And Albanian, S. 220).

1156 Veremis, Möglicher Krisenherd: Kosovo in: PS Bd. 46 (1995), Sonderheft 3 1995, S. 87 (92); Simic, Der Bürgerkrieg in Jugoslawien und die neuen Staaten auf dem Territorium der früheren Sozialistischen Föderativen Republik Jugoslawien, in: Weidenfeld (Hrsg.), Demokratie und Marktwirtschaft in Osteuropa, S. 253 (260).

1157 Simic, Civil War In Yugoslavia: From Local Conflict To European Crisis, in: Clesse/Kortunov (Hrsg.), The Political And Strategic Implications Of The State Crises In Central And Eastern Europe, S. 196 (204); Ramet, War In The Balkans, FA Bd. 71/72 (1992/93), S. 79 (82 f.); Vickers, Between Serb And Albanian, S. 227 ff.

1158 Libal, Das Ende Jugoslawiens, S. 130.

1159 Im Februar 1989 verabschiedete das serbische Parlament eine Verfassungsänderung, die die Kontrolle der Republikbehörden über die Autonomen Gebietskörperschaften verstärkte und deren Selbständigkeit einschränkte (Libal, Das Ende Jugoslawiens, S. 130; Rauert, Das Kosovo, S. 38 ff.). Der Kosovo verliert das Recht, eigene Gesetzte zu erlassen (Veremis, Möglicher Krisenherd: Kosovo in: PS Bd. 46 (1995), Sonderheft 3 1995, S. 87 (92)). Die Zustimmung des kosovarischen Parlaments wurde durch den Einsatz von Militärkräften erzwungen.

1160 Krizan, Nationalismen in Jugoslawien, Osteuropa Bd. 42 (1992), S. 121 (124).

1161 Rauert, Das Kosovo, S. 40.

slawiens. Damit erklärten sie die Unabhängigkeit des Kosovos von Serbien. Daraufhin wurde die kosovarische Regierung durch Serbien am 5.7.1990 abgesetzt, das Parlament aufgelöst und der Kosovo unter Zwangsverwaltung gestellt.[1162] Im September 1990 verabschiedete das weiterhin tagende kosovarische Parlament eine eigene Verfassung für den Kosovo und begann damit mit dem Aufbau staatlicher Parallelstrukturen. Serbien ging durch systematische Unterdrückung gegen diese Bestrebungen vor.[1163] Aus der Verwaltung wurden bis Sommer 1991 alle Albaner entlassen, die albanischen Medien wurden entweder an Serben übergeben, oder verboten.[1164] Gleiches geschah mit den meisten albanischen Vereinen und Institutionen. Zu dem wurde die albanische Sprache an Schulen verboten[1165] und Plätze für albanische Schüler in den weiterführenden Schulen beschränkt.[1166] Über 6000 Hektar Land albanischer Familien wurden konfisziert und serbischen Siedlern übereignet.[1167]

In einem offiziell verbotenen Referendum stimmten am 26.9.1991, bei einer Wahlbeteiligung von 87 Prozent, 99 Prozent für die Unabhängigkeit des Kosovos.[1168] Daraufhin wurde am 19.10.1991 die unabhängige „Republik Kosova" ausgerufen.[1169] Die Unabhängigkeit wurde von Serbien nicht anerkannt. Trotzdem schafften es die Albaner im Kosovo bis 1992, Parallelstrukturen mit Parlament, Regierung, Präsident, Medien, Bildungs- und Sanitätswesen sowie einer eigenen Steuererhebung aufzubauen.[1170] Die am 24. Mai 1992 abgehaltenen Parlamentswahlen wurden von der LDK und die Präsidentschaftswahl von deren Führer Ibrahim Rugova gewonnen.[1171] Rugova wurde damit zum inoffizielle „Präsidenten" des Kosovos. Ab 1992 begann die UCK Terrorakte gegen serbische Einrichtungen zu verüben.[1172] Der Konflikt zwischen der UCK und Serbien brach 1997 aus.[1173] Seit 1998 konnte man von einer tatsächlichen Kriegssituation im Kosovo sprechen, wobei die serbische Armee gezielt gegen Zivili-

---

1162 Krizan, Nationalismen in Jugoslawien, Osteuropa Bd. 42 (1992), S. 121 (125). Dadurch konnte die zweite serbische Verfassungsänderung vom 28.9.1990, die den Autonomiestatus faktisch auflöste, ohne Gegenwehr aus dem Kosovo verabschiedet werden.

1163 Brey, Jugoslawien: Der Vielvölkerstaat zerfällt (Teil I), Osteuropa Bd. 41 (1991), S. 417 (425 f.).

1164 Brey, Jugoslawien: Der Vielvölkerstaat zerfällt (Teil I), Osteuropa Bd. 41 (1991), S. 417 (429).

1165 Rauert, Das Kosovo, S. 47.

1166 Krizan, Nationalismen in Jugoslawien, Osteuropa Bd. 42 (1992), S. 121 (126).

1167 Ramet, War In The Balkans, FA Bd. 71/72 (1992/93), S. 79 (87).

1168 Rauert, Das Kosovo, S. 48.

1169 Veremis, Möglicher Krisenherd: Kosovo in: PS Bd. 46 (1995), Sonderheft 3 1995, S. 87 (93).

1170 Krause, Chronologie zum Kosovokonflikt, in: Krause (Hrsg.), Kosovo, S. 201 (201).

1171 Rauert, Das Kosovo, S. 49.

1172 Krause, Chronologie zum Kosovokonflikt, in: Krause (Hrsg.), Kosovo, S. 201 (201).

1173 Oschlies, Kosovo'89 (I), S. 18.

sten vorging.[1174] Bis August 1998 waren 300.000 Menschen auf der Flucht.[1175] Bis zum Ende des Krieges im Juni 1999 kam es zu schweren Menschenrechtsverletzungen und zur Vertreibung von über 1.000.000 Albaner durch die serbische Armee.

b) Serben in Kroatien und Bosnien-Herzegowina

Auch die ethnischen Mischgebiete in Kroatien sind auf die Völkerverschiebungen während der osmanischen und österreichisch-ungarischen Herrschaft über diese Gebiete zurückzuführen. Die 70-80.000 Serben, die nach der Rückeroberung Serbiens durch die Türken um 1690 geflohen waren, siedelten sich auf der Grundlage des Asylversprechens Leopolds von Österreich als Wehrbauern vor allem in den Wehrdörfern an der Militärgrenze an. Auf diese Ereignisse sind die serbischen Siedlungsgebiete in Kroatien, insbesondere in den Regionen um Knin, Banija und Kordun, an der Grenze zu Bosnien-Herzegowina, sowie in Slawonien zurückzuführen. Daß es in diesen Siedlungsräumen zu keiner Assimilation mit der kroatischen Bevölkerung kam, lag zum einem an dem Asylversprechen, nach dem die Serben eine kulturelle Autonomie und Religionsfreiheit zugesichert bekamen, zum anderen daran, daß die Wehrdörfer unabhängig von diesem Asylversprechen einer inneren Selbstverwaltung und einer eigenen Gerichtsbarkeit unterstanden.[1176]

In Bosnien-Herzegowina hatten kleine Teile der Bevölkerung ihre serbisch-christliche oder kroatisch-christliche Identität auch während der türkischen Herrschaft behalten und sich dadurch nicht in die neue Nation der Bosnier integriert. Nach der Eroberung durch Österreich-Ungarn kam es immer wieder zu Auswanderungswellen der Moslime. Bis 1918 hatten 200.000 Moslime und in einer zweiten Auswanderungswelle um 1923 noch einmal 100.000 Moslime das Land verlassen. Sie machten Platz für eine verstärkte Einwanderung von Kroaten und Serben ab 1929. Die Bodenreform führte zusätzlich noch zu einer Aufteilung des Bodens der zumeist moslimischen Großgrundbesitzer an serbische und Kroatische Kleinbauern.[1177]

Der Mitte der 1980er Jahre entstehende serbische Nationalismus wurde von den Serben in Kroatien und Bosnien-Herzegowina übernommen. Die Losung „alle Serben in einen Staat“ war für sie besonders attraktiv, verband sich dieses doch mit der Angst, eine in einem fremden Nationalstaat unbedeutende und schutzlose Minderheit zu sein. Gerade in Kroatien und Bosnien-Herzegowina konnten die Nationalisten mit dem Hinweis auf die osmanische Herrschaft und das

---

1174 Oschlies, Kosovo'89 (I), S. 16; Krause, Chronologie zum Kosovokonflikt, in: Krause (Hrsg.), Kosovo, S. 201 (202).

1175 Krause, Chronologie zum Kosovokonflikt, in: Krause (Hrsg.), Kosovo, S. 201 (203).

1176 Seite 274 f.

1177 Krech, Der Bürgerkrieg in Bosnien-Herzegowina (1992-1997), S. 15.

Ustasa-Regime Ängste vor einer bevorstehenden Verfolgung schüren. In Kroatien wurde die Erinnerung an die Verfolgung und Ermordung der serbischen Bevölkerung durch das Ustasa-Regime nicht nur durch die eigenen nationalistischen Politiker und Milosevic geweckt. Die serbische Agitation fiel durch den aufkommenden kroatischen Nationalismus unter Präsident Tudjman[1178] auf fruchtbaren Boden. In Bosnien-Herzegowina wuchs dagegen die Angst unter den Serben, daß durch die hohe Geburtenrate der Moslime diese schnell die absolute Mehrheit der Bevölkerung stellen würden und damit der Weg offen sei, Bosnien-Herzegowina auf demokratischem Weg in eine islamische Republik zu verwandeln.[1179] Diese Furcht wurde dadurch bestärkt, daß der neue Präsident Izetbegovic bereits 1970 die „Islamische Deklaration" verfaßt hatte. In dieser hatte er sich gegen die Trennung von Staat und Islam ausgesprochen.[1180]

Diese Ängste und die großserbischen Bestrebungen führten 1990 zum offenen Bruch zwischen den **kroatischen Serben** und dem kroatischen Staat in der Krajina. Auf einer Volksversammlung wurde ein Serbischer Nationalrat gegründet und eine Erklärung über die Souveränität und Autonomie des serbischen Volkes in Kroatien verabschiedet.[1181] Dieser Souveränitätserklärung folgte am 19.8.1990 ein von der kroatischen Regierung verbotenes Referendum über die Autonomie der Krajina. Es kam zu schweren Ausschreitungen und Blockaden durch die serbische Bevölkerung. Während dieser wurden die Waffenlager der Polizei geplündert und die Bevölkerung verhinderte durch Barrikaden ein Einschreiten der kroatischen Polizei gegen das Referendum.[1182] In den darauf folgenden Monaten weiteten sich diese Ausschreitungen auf andere, hauptsächlich von Serben bewohnten Gebiete aus. Betroffen waren insbesondere die Regionen Banija in Kroatien und die Krajina in Bosnien-Herzegowina.[1183] Nachdem eine große Mehrheit in dem Referendum für eine Autonomie der Krajina gestimmt hatte, wurde am 1.10.1990 die „Serbische Autonome Region Krajina" durch den Serbischen Nationalrat ausgerufen.[1184] Die serbische Bevölkerung baute in der Krajina eine Parallelverwaltung auf, die neben einer

1178 Bethlehem/Weller (Hrsg.), The „Yugoslav" Crisis In International Law: General Issues, Part I, S.XXII

1179 Reuter, Jugoslawien, in: Jakobeit/Yenal (Hrsg.), Gesamteuropa – Analysen, Probleme und Entwicklungsperspektiven, S. 289 (301).

1180 Pavkovic, The Fragmentation Of Yugoslavia, S. 95 f. Diese serbischen Befürchtungen schienen dadurch bestätigt zu werden, daß sich ein Teil der SDA (Partei der Moslime) wegen deren islamischen Orientierung vor der Wahl im November 1990 von dieser abspaltete (Krech, Der Bürgerkrieg in Bosnien-Herzegowina (1992-1997), S. 35).

1181 Krizan, Nationalismen in Jugoslawien, Osteuropa Bd. 42 (1992), S. 121 (125).

1182 Pavkovic, The Fragmentation Of Yugoslavia, S. 126.

1183 Krizan, Nationalismen in Jugoslawien, Osteuropa Bd. 42 (1992), S. 121 (125).

1184 Bethlehem/Weller (Hrsg.), The „Yugoslav" Crisis In International Law: General Issues, Part I, S.XXIII.

eigenen Polizei und Justiz auch die Erhebung von Steuern umfaßte.[1185] Am 28.2.1991 deklarierte der Serbische Nationalrat die Unabhängigkeit der Krajina von Kroatien und sprach sich für den Anschluß der Krajina an Serbien aus.[1186] In der Folgezeit intensivierten sich die Zusammenstöße und die kroatische Regierung zog sich am 3.3.1991 aus weiten Teilen der Krajina zurück.[1187] Am 16.3.1991 wurde die Entscheidung über die Abspaltung der Krajina wiederholt und am 1.4.1991 offiziell die Entscheidung über den Anschluß an Serbien getroffen. Der Anschluß an Serbien wurde allerdings vom serbischen Parlament nicht bestätigt. Dadurch versuchte Serbien, seine Beteiligung an dem Konflikt und sein Ziel des großserbischen Reiches unter Einschluß aller von Serben bewohnten Gebiete zu verschleiern, da es unter internationale Kritik geraten war. Die kroatischen Serben wurden von Serbien mit Waffen, Geld und Nahrungsmitteln unterstützt.[1188] Nachdem am 30.4. in der Krajina ein Parlament geschaffen worden war, ließ dieses am 12.5.1991 ein weiteres Referendum abhalten. In diesem sprachen sich 90 Prozent der Bevölkerung der Krajina für den Verbleib bei Jugoslawien aus.[1189] Damit kamen die Serben dem kroatischen Referendum vom 19.5.1991 zuvor, in dem sich über 93 Prozent der Kroaten für die Unabhängigkeit der Republik aussprachen. Seit Mitte 1991 hatten sich die Kämpfe zwischen der kroatischen Armee, Polizeieinheiten sowie den serbischen Freischärlern, intensiviert. Bis Anfang September hatte die kroatische Regierung über gut ein Drittel seines Staatsgebietes die Kontrolle verloren.[1190] Am 19.12.1991 wurde aus der Autonomen Region von Slawonien, Baranja und Westsrem und der Autonomen Serbischen Region Krajina die „Serbische Republik Krajina" gegründet und Milan Babic zu deren Präsidenten gewählt.[1191] Kroatien konnte erst 1993 seine Staatsgewalt wieder auf die serbischen Gebiete ausweiten.

1185 Brey, Jugoslawien: Der Vielvölkerstaat zerfällt (Teil II), Osteuropa Bd. 41 (1991), S. 709 (717).

1186 Ramet, War In The Balcans, FA Bd. 71/72 (1992/1993), S. 79 (86). Bethlehem/Weller (Hrsg.), The „Yugoslav" Crisis In International Law: General Issues, Part I, S.XXVI.

1187 Bethlehem/Weller (Hrsg.), The „Yugoslav" Crisis In International Law: General Issues, Part I, S.XXVI. Die kroatische Regierung hatte bereits im Oktober versucht, die Lage durch den Rückzug von Polizeieinheiten aus serbisch bewohnten Gebieten zu entspannen (Bethlehem/Weller (Hrsg.), The „Yugoslav" Crisis In International Law: General Issues, Part I, S. XXIV).

1188 Reuter, Jugoslawien vor dem Zerfall, Aus Politik und Zeitgeschichte Bd. 42 (1992) Heft 14, S. 3 (8).

1189 Bethlehem/Weller (Hrsg.), The „Yugoslav" Crisis In International Law: General Issues, Part I, S.XXVII.

1190 Bethlehem/Weller (Hrsg.), The „Yugoslav" Crisis In International Law: General Issues, Part I, S.XXIX.

1191 Bethlehem/Weller (Hrsg.), The „Yugoslav" Crisis In International Law: General Issues, Part I, S.XXXII.

In **Bosnien-Herzegowina** setzte diese Entwicklung Mitte September 1991 ein. Zu diesem Zeitpunkt wurden drei autonome serbische Regionen auf dem Republiksgebiet Bosnien-Herzegowinas gegründet.[1192] Nachdem sich Bosnien-Herzegowina am 15.10.1991 für souverän erklärt hatte, wurde am 24.10.1991 die Versammlung des serbischen Volkes von Bosnien-Herzegowina gegründet.[1193] Am 9.1.1992 gründete die Versammlung des serbischen Volkes von Bosnien-Herzegowina die „Autonome Republik des serbischen Volkes von Bosnien-Herzegowina“. Damit wollten die serbischen Vertreter der bevorstehenden Anerkennung Bosnien-Herzegowinas durch die EG zuvorkommen. Dazu paßt auch, daß Karadzic, der Führer der bosnischen Serben, 10 Tage vor dem bosnischen Referendum für den Fall, daß sich Bosnien nach dem Referendum für unabhängig erklären sollte, mit Krieg drohte.[1194] Nachdem sich Bosnien trotz dieser Warnung am 3.3.1992 für unabhängig erklärt hatte, begann der Bürgerkrieg in Bosnien-Herzegowina. Am 27.3.1992 proklamierten die Serben die „Serbische Republik Bosnien-Herzegowina“. Diese sollte nach einer Entscheidung vom 16.9.1992 Teil der Föderativen Republik Jugoslawien werden.[1195] Zu diesem Zeitpunkt hatten die Serben bereits 63 Prozent des bosnischen Territoriums unter ihrer Kontrolle.

Das Verhältnis der beiden serbischen Minderheiten zu ihrer jeweiligen Republik glich insoweit dem Verhältnis zwischen den Republiken und dem Gesamtstaat. Wie der Gesamtstaat über die Republiken hatten auch Kroatien und Bosnien-Herzegowina über die Gebiete der serbischen Bevölkerung 1992 keine effektive Staatsgewalt mehr. Diese Gebiete hatten fast zeitgleich im kleinen den Prozeß durchlaufen, den die Republiken bei ihrer Ablösung vom Gesamtstaat durchliefen. Es war zur Deklaration der Autonomie und zu Unabhängigkeitsreferenden gekommen, die zunächst durch den Aufbau von durch die Bevölkerung anerkannten Vertretungen auch umgesetzt wurden.

1192 Bethlehem/Weller (Hrsg.), The „Yugoslav” Crisis In International Law: General Issues, Part I, S.XXX.

1193 Die serbischen Vertreter hatten während der Abstimmung über die Souveränitätserklärung im bosnischen Parlament dieses aus Protest verlassen. Am gleichen Tag vereinigten sich die Serbischen Autonomen Regionen von Slawonien, Baranja und Westsrem in Kroatien mit der Serbischen Autonomen Region Krajina in Kroatien und den Serbischen Gemeinden der bosnischen Krajina. Diese Vereinigung zeigt, daß es den Serben um die Verwirklichung eines großserbischen Staates und nicht um den Erhalt des jugoslawischen Gesamtstaates ging.

1194 Reuter, Jugoslawien, in: Jakobeit/Yenal (Hrsg.), Gesamteuropa – Analysen, Probleme und Entwicklungsperspektiven, S. 289 (301).

1195 Bethlehem/Weller (Hrsg.), The „Yugoslav” Crisis In International Law: General Issues, Part I, S.XXXIX.

4. *Die völkerrechtliche Bewertung des Zerfalls Jugoslawiens im Hinblick auf das Selbstbestimmungsrecht*

Damit die Konsequenzen des Zerfalls Jugoslawiens für das Selbstbestimmungsrecht ermittelt werden können, muß die Staatenreaktion auf den Zerfall ermittelt und beurteilt werden.

a) Staatenreaktion auf den Zerfall

Die Staatenreaktion auf den Zerfall Jugoslawiens war vor allem eine Reaktion auf die militärische Eskalation und die weitreichenden und systematischen Menschenrechtsverletzungen. Im Folgenden soll die Reaktion der Staaten und internationalen Organisationen nur bezüglich ihrer Auswirkungen für das äußere Selbstbestimmungsrecht, also das Recht, seinen äußeren Status frei zu bestimmen, dargestellt werden. Die Staatenreaktion auf den Zerfall Jugoslawiens läßt sich dabei in drei Phasen einteilen, die sich aber nicht vollständig mit den vier Phasen des Zerfalls Jugoslawiens decken.

aa) Die erste Phase der Staatenreaktion

Die erste Phase ist gekennzeichnet durch die Unterstützung für die Einheit Jugoslawiens und damit für dessen territoriale Integrität. Eine Unterstützung der Unabhängigkeitsbestrebungen Sloweniens und Kroatiens fand nicht statt. Im Gegenteil, in verschiedenen Äußerungen und Erklärungen bekräftigten sowohl die EG und deren Mitgliedstaaten als auch die KSZE unter Führung der USA, daß eine Anerkennung dieser Republiken als unabhängige Staaten nicht in Betracht käme. In der *Erklärung der Europäischen Politischen Zusammenarbeit (EPZ) zu Jugoslawien vom 26.3.1991* bekräftigten die Mitgliedstaaten ihre Unterstützung für die Einheit Jugoslawiens.[1196] Dies wurde durch die EPZ in den Erklärungen vom 9.5. und 8.6.1991 erneuert[1197] und zur Zeit der Unabhängigkeitserklärungen Sloweniens und Kroatiens vom 25.6.1991 bestätigt.[1198] Am 23.6.1991 erklärte der amtierende Ratspräsident Jacques Poos, die Mitgliedstaaten der EG hätten beschlossen, eine mögliche einseitige Unabhängigkeits-

---

1196 Erklärung der Europäischen Politischen Zusammenarbeit (EPZ) zu Jugoslawien, Luxemburg/Brüssel, 26. März 1991, Europa-Archiv Bd. 46,2 (1991), Dokumente, S. D 527 (528).

1197 Erklärung der Europäischen Politischen Zusammenarbeit (EPZ) zu Jugoslawien, Luxemburg/Brüssel, 9. Mai 1991, Europa-Archiv Bd. 46,2 (1991), Dokumente, S. D 528; Erklärung der Europäischen Politischen Zusammenarbeit (EPZ) zu Jugoslawien, Luxemburg/Brüssel, 8. Juni 1991, Europa-Archiv Bd. 46,2 (1991), Dokumente, S. D 528.

1198 Zu den unterschiedlichen Meinungen der EG-Staaten und deren Begründungen: Witte, Die Rolle der Vereinigten Staaten im Jugoslawien-Konflikt und der außenpolitische Handlungsspielraum der Bundesrepublik Deutschland (1990-1996), S. 51 f.

erklärung durch Kroatien und Slowenien nicht anzuerkennen. **Ein einseitiger Schritt habe nichts mit dem Recht der Menschen zu tun, über ihr Schicksal selbst zu entscheiden.**[1199] In dieser Erklärung wurde explizit auf das KSZE-Treffen in Berlin vom 19.6.1991 eingegangen, in dem auch die KSZE-Staaten ihre Unterstützung für die territoriale Einheit Jugoslawiens zum Ausdruck gebracht hatten.[1200] Die USA fingen ebenfalls zu einem frühen Zeitpunkt an, sich mit der Krise in Jugoslawien zu beschäftigen.[1201] Trotz aller Kritik, insbesondere an dem Verhalten Serbiens,[1202] machte der amerikanische Außenminister James A. Baker am 21.6.1991 bei einem Treffen in Belgrad klar, daß die USA die Unabhängigkeit einzelner Republiken nicht unterstützen würden und an der territorialen Integrität Jugoslawiens festhalten wollten.[1203]

Interessanterweise führte diese Ablehnung einer einseitigen Unabhängigkeit der Republiken nicht zu einer Unterstützung des Vorgehens der JVA gegen Kroatien und Slowenien. Sowohl die USA[1204] als auch die europäischen Staaten[1205] und die KSZE[1206] lehnten ein militärisches Vorgehen zum Erhalt der territorialen

---

1199 M.B. in: EA Bd. 46,2 (1991), Dokumente, S. D 525 (525).

1200 Erklärung des Außenministerrats der KSZE zu Jugoslawien, abgegeben am 19. Juni 1991 in Berlin, EA Bd. 46,2 (1991), Dokumente, S. D 355. Bethlehem/Weller (Hrsg.), The „Yugoslav" Crisis In International Law: General Issues, Part I, S. XXVII.

1201 Simic, Civil War In Yugoslavia: From Local Conflict To European Crisis, in: Clesse/Kortunov (Hrsg.), The Political And Strategic Implications Of The State Crises In Central And Eastern Europe, S. 196 (215 ff.). Bereits 1987 war Milosevic als „Hüter der Einheit Jugoslawiens" von den USA unterstützt worden (Witte, Die Rolle der Vereinigten Staaten im Jugoslawien-Konflikt und der außenpolitische Handlungsspielraum der Bundesrepublik Deutschland (1990-1996), S. 32). Später kam diese Unterstützung Premierminister Ante Markovic zu.

1202 Am 6.5.1991 wurde jede finanzielle Hilfe für Jugoslawien durch den US-Senat aufgrund der Verfolgung der Albaner im Kosovo und der Destabilisierung der Bundesbehörden durch Serbien gestoppt. Bethlehem/Weller (Hrsg.), The „Yugoslav" Crisis In International Law: General Issues, Part I, S. XXVII.

1203 Bethlehem/Weller (Hrsg.), The „Yugoslav" Crisis In International Law: General Issues, Part I, S. XXVII.

1204 Bethlehem/Weller (Hrsg.), The „Yugoslav" Crisis In International Law: General Issues, Part I, S. XXVIII.

1205 So erklärte der britische Außenminister zwar seine Unterstützung für die territoriale Integrität Jugoslawiens, gleichzeitig lehnte er aber jede Gewaltanwendung für deren Erhalt ab. Weller, The International response To The Dissolution Of The Socialist Federal Republic Of Yugoslavia, AJIL Bd. 86 (1992), S. 569 (572). Gleiches galt für den amerikanischen Außenminister Baker. Bei seinem Besuch in Belgrad im Juni 1991 drohte er Milosevic mit der internationalen Isolierung Serbiens, sollte Milosevic versuchen Jugoslawien mit Gewalt zusammenzuhalten (Witte, Die Rolle der Vereinigten Staaten im Jugoslawien-Konflikt und der außenpolitische Handlungsspielraum der Bundesrepublik Deutschland (1990-1996), S. 40).

1206 Kommuniqué des Ausschusses Hoher Beamter im Rahmen des Krisenmechanismus der Konferenz über Sicherheit und Zusammenarbeit in Europa (KSZE) über das Angebot

Einheit Jugoslawiens von Beginn an ab.[1207] Hergeleitet wurde dieses Verbot der Gewaltanwendung aus der KSZE-Schlußakte und der Charta von Paris.[1208] Diese Einstellung der internationalen Staatengemeinschaft führte zu der weitreichenden Vermittlerrolle die zunächst von der EG[1209] und später von den VN übernommen wurde.[1210] Im Rahmen dieser Vermittlerrolle schaffte es die EG-

---

einer Mission der Guten Dienste nach Jugoslawien, abgegeben am 3.7.1991 in Prag (EA Bd. 46,2 (1991), Dokumente, S. D 534 (535)), bei dem zur gleichen Zeit auch noch die Unterstützung für den Erhalt der territorialen Einheit Jugoslawiens abgegeben wurde.

1207 Dagegen gingen die selben Staaten im Falle des militärischen Vorgehens gegen die Sezessionsbestrebungen in Mazedonien und Tschetschenien von einem Recht des Gesamtstaates zum gewaltsamen Erhalt seiner territorialen Integrität aus. So erklärte der deutsche Außenminister Fischer auf der NATO-Auftakttagung am 29.05.2001, daß die territoriale Integrität Mazedoniens nicht zur Diskussion stände. In Bezug auf das militärische Vorgehen gegen die Sezession stellte er fest, daß niemand der mazedonischen Regierung vorwerfen könne, daß sie ihrer Pflicht nicht nachkomme. Bezüglich des Krieges in Tschetschenien siehe oben, Seite 266 f.

1208 Kommuniqué des Ausschusses Hoher Beamter im Rahmen des Krisenmechanismus der Konferenz über Sicherheit und Zusammenarbeit in Europa (KSZE) über das Angebot einer Mission der Guten Dienste nach Jugoslawien, abgegeben am 3.7.1991 in Prag (EA Bd. 46,2 (1991), Dokumente, S. D 534 (535)).

1209 Die Amerikaner hielten sich zunächst weitgehend zurück und die Europäer sahen Jugoslawien als Chance, sich zu profilieren (Witte, Die Rolle der Vereinigten Staaten im Jugoslawien-Konflikt und der außenpolitische Handlungsspielraum der Bundesrepublik Deutschland (1990-1996), S. 55 f.).

1210 Die umfangreichen Bemühungen um einen Waffenstillstand und insbesondere um dessen Einhaltung, sowie die Einrichtung der Friedenskonferenz, die zunächst unter Führung der EG und später der VN, abgehalten wurde, sollen hier nicht im Einzelnen nachgezeichnet werden, da sie für die Entwicklung des Selbstbestimmungsrechts keine direkte Bedeutung haben. Insoweit verweise ich auf umfangreiche Darstellungen in: Trautmann, Das hilflose Europa, in: Furkes/Schlarp (Hrsg.), Jugoslawien: Ein Staat zerfällt, S. 177 ff.; Witte, Die Rolle der Vereinigten Staaten im Jugoslawien-Konflikt und der außenpolitische Handlungsspielraum der Bundesrepublik Deutschland (1990-1996), S. 57 ff.; Kovacevic, Europe And The Disintegration Of Yugoslavia, in: Nakarada (Hrsg.), Europe And The Disintegration Of Yugoslavia, S. 11 ff.; Nakarada, The Breakup Of Yugoslavia And The Constitution Of The New World Order, in: Nakarada (Hrsg.), Europe And The Disintegration Of Yugoslavia, S. 29 ff.; Falk, Failure In Europe: Regional Security After The Cold War, in: Nakarada (Hrsg.), Europe And The Disintegration Of Yugoslavia, S. 57 ff.; Grotzky, Balkankrieg, S. 145 ff.; Meier, Yugoslavia, S. 214 ff.; Pavkovic, The Fragmentation Of Yugoslavia, S. 136 f., 146 ff., 160 ff., 177 ff.; Schwirz, Die Rolle der Europäischen Union und der Vereinten Nationen im Jugoslawien-Konflikt: Ein historischer Abriß, PS Bd. 46 (1995), Sonderheft 3, S. 12 ff.; Meier-Walser/Schneider, Die Bosnien-Politik der USA, PS Bd. 46 (1995), Sonderheft 3, S. 33 ff.; Sherr, Rußlands Politik im ehemaligen Jugoslawien, PS Bd. 46 (1995), Sonderheft 3, S. 45 ff.; Vukadinovic, The State Building Process And New Security Challenges In South Eastern Europe, in: Hayashi/Jukes (Hrsg.), Building Nation, State And Regime: Some Post-Communist Examples, S. 95 (108 ff.); Ferrer, The West And

Troika am 30.6.1991 zwischen Slowenien, Kroatien und dem Staatspräsidium einen Waffenstillstand zu vermitteln. Die Vereinbarung enthielt neben diesem Waffenstillstand auch die Verpflichtung, daß das seit dem 15.5.1991 handlungsunfähige Staatspräsidium den kroatischen Vertreter Mesic als Vorsitzenden bestätigt sowie die Aussetzung der Durchführung der Unabhängigkeitserklärungen durch Slowenien und Kroatien.[1211]

bb) Die zweite Phase der Staatenreaktion

Die Ablehnung einer Unabhängigkeit der Republiken begann ab Juli 1991 zu schwinden und kennzeichnet die zweite Phase. Die Änderung in der Bewertung steht im engen Zusammenhang mit der umfangreichen Gewaltanwendung der JVA in Slowenien und später unter Beteiligung der serbischen Freischärler in Kroatien, sowie der Handlungsunfähigkeit der Bundesorgane, die immer mehr unter den alleinigen Einfluß Serbiens gerieten. Bereits in der *EPZ-Erklärung zur Lage in Jugoslawien vom 5.7.1991* erklärten die Mitgliedstaaten, daß es allein Sache der Völker Jugoslawiens sei, über die Zukunft ihres Landes zu entscheiden. Die Mitgliedstaaten würden sich daher entschieden gegen jede Anwendung von Gewalt wenden. Weiter heißt es in dieser Erklärung:

> *„Die Gemeinschaft und ihre Mitgliedstaaten rufen zu einem Dialog ohne Vorbedingungen zwischen allen Parteien über die Zukunft Jugoslawiens auf. Stützen müßte sich dieser Dialog auf die Prinzipien der Schlußakte von Helsinki und der Charta von Paris für ein neues Europa, insbesondere die Achtung der Menschenrechte einschließlich der Rechte von Minderheiten sowie das Selbstbestimmungsrecht der Völker im Einklang mit der Charta der Vereinten Nationen und den einschlägigen Bestimmungen des Völkerrechts, einschließlich der Bestimmungen zur territorialen Unversehrtheit der Staaten (Charta von Paris). Die Gemeinschaft und ihre Mitgliedstaaten stellen fest, daß in Jugoslawien alle betroffenen Parteien anerkennen, daß eine neue Lage entstanden ist ...“*[1212]

Im nächsten Absatz dieser Erklärung wird auf die Situation der Bundesorgane und die diesen entglittene Kontrolle über die JVA eingegangen. Bereits zu diesem Zeitpunkt vertraten Belgien, Dänemark und Deutschland die Ansicht, daß Slowenien und Kroatien als Staaten anerkannt werden sollten.[1213] Am 7.7.1991

The Breakup Of Yugoslavia in: Revista De Estudios Europeos Bd. 11 (1997), Nr. 41, S. 52 ff.; .

1211 M.B. in: EA Bd. 46,2 (1991), Dokumente, S. D 525 (526).

1212 EPZ-Erklärung zur Lage in Jugoslawien, Den Haag, 5. Juli 1991, EA Bd. 46,2 (1991), Dokumente, S. D 536 (536).

1213 Die anderen Mitgliedstaaten lehnten dies aber mit dem Hinweis auf die territoriale Integrität ab (Witte, Die Rolle der Vereinigten Staaten im Jugoslawien-Konflikt und der außenpolitische Handlungsspielraum der Bundesrepublik Deutschland (1990-1996), S.

unterzeichneten die Konfliktparteien, unter erneuter Vermittlung der EG-Troika, die *Friedenserklärung von Brioni*. In dieser wurden die Vorschläge der Troika vom 30.6.1991 noch einmal bestätigt. Weiter heißt es in der Erklärung:

> *„Die Parteien kamen überein, daß zur Gewährleistung einer friedlichen Regelung folgende Grundsätze uneingeschränkt zu befolgen sind:*
>
> - *Es ist allein Sache der Völker Jugoslawiens, über ihre Zukunft zu entscheiden;*
> - *In Jugoslawien ist eine neue Lage entstanden, die eine genaue Beobachtung und Verhandlungen zwischen verschiedenen Parteien erfordert; ...*
> - *Das Staatspräsidium muß seine volle Verantwortung wahrnehmen und seiner politischen und verfassungsrechtlichen Rolle gerecht werden, insbesondere im Hinblick auf die jugoslawische Bundeswehr; ...“*[1214]

Die Republiken und die Bundesorgane Jugoslawiens machten mit dieser Erklärung deutlich, daß Jugoslawien nicht in der alten Form weiter bestehen sollte. Auch wenn es keine Einigkeit darüber gab, wie eine neue Ordnung Jugoslawiens aussehen sollte, bestand die „neue Lage“ in Jugoslawien darin, daß niemand die alte Ordnung erhalten wollte und die Beziehungen zwischen Bund und Republiken, sowie zwischen den Republiken untereinander neu geregelt werden sollten. Diese Notwendigkeit einer Neuregelung des Verhältnisses erkannte auch die internationale Staatengemeinschaft an. So heißt es in der *EPZ-Erklärung zu Jugoslawien vom 19.9.1991*: „Die Gemeinschaft und ihre Mitgliedstaaten sind sich seit langem darüber im klaren, daß in Jugoslawien eine neue Lage herrscht. Ihrer Meinung nach versteht es sich von selbst, daß dadurch neue Beziehungen und Strukturen erforderlich werden. ...“[1215] Mit der Überzeugung der Staaten-

---

57; Bethlehem/Weller (Hrsg.), The „Yugoslav“ Crisis In International Law: General Issues, Part I, S. XXVIII).

1214 Gemeinsame Erklärung der Ministertroika der Europäischen Gemeinschaft und der jugoslawischen Konfliktparteien über einen Friedensplan für Jugoslawien, vereinbart in Brioni (Jugoslawien) am 7. Juli 1991, EA Bd. 46,2 (1991), Dokumente, S. D 537 (537). Der Friedensvertrag von Brioni wurde durch das kroatische Parlament am 9., durch das slowenische Parlament am 10. und durch das jugoslawische Staatspräsidium am 12.7.1991 ratifiziert (Bethlehem/Weller (Hrsg.), The „Yugoslav“ Crisis In International Law: General Issues, Part I, S. XXVIII).

1215 Der Text wird fortgeführt: „Sie wiederholen, daß es in jeder Hinsicht Sache aller Menschen in Jugoslawien ist, über ihre Zukunft zu entscheiden. Die Gemeinschaft und ihre Mitgliedstaaten werden jedes Ergebnis von Verhandlungen akzeptieren, die in gutem Glauben geführt worden sind.“ EPZ-Erklärung zu Jugoslawien vom 19. September 1991 EA Bd. 46,2 (1991), Dokumente, S. D 549 (550).

gemeinschaft, daß in Jugoslawien eine solche, Verhandlungen voraussetzende Lage entstanden sei, ging die Bereitschaft einher, eine Unabhängigkeit Kroatiens und Sloweniens anzuerkennen, soweit sie durch friedliche Verhandlungen und im Rahmen einer umfassenden Lösung für Jugoslawien zustande käme.[1216] Trotz der Vereinbarungen von Brioni und den fortgeführten Versuchen der EG und der KSZE, eine friedliche Lösung zu medieren, wurde der Waffenstillstand nicht eingehalten. Obwohl sich die Bundesarmee ab dem 18.7.1991 aus Slowenien zurückgezogen hatte, wurden die Kämpfe in Kroatien weitergeführt. Eine friedliche Lösung der jugoslawischen Verfassungsfrage wurde durch die Kämpfe immer wieder torpediert.

Die Schuld an der Eskalation der Gewalt und dem Fehlgehen jeglicher friedlicher Lösungsversuche zur Schaffung einer neuen jugoslawischen Ordnung gab die Völkergemeinschaft Serbien.[1217] Bereits der Einsatz der Bundesarmee in Slowenien erfolgte aufgrund des fehlenden Befehls des Staatspräsidiums[1218] auf verfassungswidrige Weise.[1219] Die Bundesarmee wurde mehr und mehr zur serbischen Armee, was durch die Befehlsverweigerung durch General Kadijevic gegenüber dem verfassungsrechtlichen Oberbefehlshaber, dem Vorsitzenden des Staatspräsidiums Mesic, vom 12.9.1991[1220] deutlich wurde. Dies erkannte auch die internationale Gemeinschaft. Insoweit sah sie in dem Einsatz der Bundesarmee in Kroatien nicht einen Konflikt zwischen den Bundesorganen und der kroatischen Republik, sondern vielmehr einen Konflikt zwischen zwei Republiken. Dies wird in dem Vorwurf der internationalen Gemeinschaft deutlich, Serbien wolle den anderen Republiken seine Lösung mit Gewalt aufzwingen.[1221] Serbien lehnte jegliche Verhandlungen über eine Stationierung von Friedens-

---

1216 So machte der amerikanische Präsident George Bush in einem Brief an den Vorsitzenden des Staatspräsidiums, Stefan Mesic, im Juli 1991 deutlich, daß die USA zu einer Anerkennung Kroatiens und Sloweniens bereit seien, soweit diese friedlich herbeigeführt würde (Bethlehem/Weller (Hrsg.), The „Yugoslav" Crisis In International Law: General Issues, Part I, S. XXVIII).

1217 Zum Beispiel: Rede des amerikanischen Außenministers Baker vor dem Sicherheitsrat am 25. September 1991, EA Bd. 46,2 (1991), Dokumente, S. D 552 (552).

1218 Zugestimmt hatte nur die Bundesregierung.

1219 Witte, Die Rolle der Vereinigten Staaten im Jugoslawien-Konflikt und der außenpolitische Spielraum der Bundesrepublik Deutschland (1990-1996), S. 53; Reuter, Jugoslawien vor dem Zerfall, APZ Bd. 42 (1992), Heft 14, S. 3 (7 f.).

1220 Bethlehem/Weller (Hrsg.), The „Yugoslav" Crisis In International Law: General Issues, Part I, S. XXX.

1221 EPZ-Erklärung zu Jugoslawien, Den Haag, 6. August 1991, EA Bd. 46,2 (1991), Dokumente, S. D 540 (540); EPZ-Erklärung zu Jugoslawien, Außerordentliche EPZ-Ministertagung, Brüssel, 27. August 1991, EA Bd. 46,2 (1991), Dokumente, S. D 543 (543).

truppen ab.[1222] Außerdem weigerte sich Milosevic, die EG-Troika als Waffenstillstandsbeobachter zu empfangen.[1223] Das Treffen der EG Außenminister am 27.8.1991 und die bei diesem Anlaß verfaßte *EPZ-Erklärung* sind vor diesem Hintergrund einer serbischen Blockade- und Eskalationshaltung zu bewerten. In dieser *EPZ-Erklärung* wurde den serbischen Freischärlern und Serbien die Schuld an dem Konflikt zugeschrieben, die Beteiligung der JVA festgehalten und das Staatspräsidium aufgerufen, „diesen rechtswidrigen Einsatz der ihrem Befehl unterstehenden Kräfte sofort zu beenden." Weiter heißt es in der Erklärung:

> *„Die Gemeinschaft und ihre Mitgliedstaaten werden niemals eine Politik der vollendeten Tatsachen akzeptieren. Sie sind entschlossen, durch Gewalt herbeigeführte Grenzänderungen nicht anzuerkennen, ... Die Europäische Gemeinschaft und ihre Mitgliedstaaten rufen Serbien auf, seinen Widerstand gegen die Ausweitung der Tätigkeit ihrer Beobachtermission in Kroatien aufzugeben."*[1224]

Sowohl die europäischen Staaten als auch die KSZE, die VN und die USA haben immer wieder betont, daß sowohl innere als auch äußere Grenzen nicht durch Gewalt geändert werden dürften und daß solche gewaltsamen Grenzveränderungen von der internationalen Staatengemeinschaft nicht akzeptiert werden würden.[1225] Insoweit hatte die internationale Gemeinschaft eine gewisse Internationalisierung im Verhältnis zwischen den Republiken untereinander angenommen,[1226] denn jeder Staat ist grundsätzlich frei, seine Verwaltungsgrenzen zu ändern und dies auch durchzusetzen. Allerdings betonten gleichzeitig die

---

1222 Weller, The International response To The Dissolution Of The Socialist Federal Republic Of Yugoslavia, AJIL Bd. 86 (1992), S. 569 (575).

1223 Reuter, die Entstehung der jugoslawischen Krise und ihre Internationalisierung, Südosteuropa Bd. 40 (1991), S. 343 (349).

1224 EPZ-Erklärung zu Jugoslawien, Außerordentliche EPZ-Ministertagung, Brüssel, 27. August 1991, EA Bd. 46,2 (1991), Dokumente, S. D 543 (543).

1225 EPZ-Erklärung zu Jugoslawien, Außerordentliche EPZ-Ministertagung, Den Haag, 20. August 1991, EA Bd. 46,2 (1991), Dokumente, S. D 542 (543); EPZ-Erklärung, Außerordentliche EPZ-Ministertagung, Den Haag, 3. September 1991, EA Bd. 46,2 (1991), Dokumente, S. D 545 (545); Kommunique des Ausschusses Hoher Beamter im Rahmen des KSZE-Krisenmechanismus, verabschiedet auf seiner Sitzung vom 3. Und 4. September 1991 in Prag, EA Bd. 46,2 (1991), Dokumente, S. D 546 (546); Sicherheitsratsresolution 713 (1991), EA Bd. 46,2 (1991), Dokumente, S. D 550 (551); Rede des amerikanischen Außenministers Baker vor dem Sicherheitsrat am 25. September 1991, EA Bd. 46,2 (1991), Dokumente, S. D 552 (553)..

1226 Weller, The International response To The Dissolution Of The Socialist Federal Republic Of Yugoslavia, AJIL Bd. 86 (1992), S. 569 (575).

meisten Staaten in der Sicherheitsratsdebatte vom 25.9.1991, daß es sich immer noch um eine innere Angelegenheit Jugoslawiens handeln würde.[1227]

Während der EG-Außenministersitzung vom 27.8.1991 wurde den Konfliktparteien die Einberufung einer Friedenskonferenz und die Einrichtung eines Schiedsverfahrens nahegelegt. Die Friedenskonferenz tagte unter Leitung der EG erstmals am 7.9.1991 in Den Haag.[1228] Trotz dieser Konferenz gingen die Kämpfe in Kroatien weiter. Die serbischen Freischärler, unterstützt durch Serbien, versuchten ihre Gebietsgewinne zu sichern.[1229]

cc) Die dritte Phase der Staatenreaktion

Nachdem die Friedenskonferenz zu keinen Fortschritten führte und die Waffenstillstandsvereinbarungen immer wieder gebrochen wurden, begann Anfang Oktober die dritte Phase der Staatenreaktion. Sie ist von dem Inaussichtstellen der Anerkennung der Unabhängigkeit der Republiken am Ende eines in gutem Glauben geführten Verhandlungsprozesses geprägt.[1230] Die Staaten wollten damit zunächst Druck auf Serbien und das Staatspräsidium ausüben. Nachdem Serbien und Montenegro am 3.10.1991 das Staatspräsidium in verfassungswidriger Weise durch die Einführung des Mehrheitssystems übernommen hatten, und das Staatspräsidium danach das Bundesparlament entmachtet hatte, schwand die Hoffnung der europäischen Staaten, zu einer einvernehmlichen Lösung zu gelangen. Am 5.10.1991 erklärten die Mitglieder der EG durch eine *EPZ-Erklärung*, daß sie die Übernahme der Kontrolle des Präsidiums durch Montenegro und Serbien ablehnten. Sie würden das Staatspräsidium ab sofort nicht mehr als Repräsentanten des ganzen Jugoslawiens anerkennen.[1231] Damit gab es nach Ansicht der Staaten keine Bundesorgane mehr, vielmehr waren

---

[1227] Weller, The International response To The Dissolution Of The Socialist Federal Republic Of Yugoslavia, AJIL Bd. 86 (1992), S. 569 (578 f.).

[1228] Aufgrund der Erfolglosigkeit wurde am 25.7.1992 beschlossen, die Konferenz zu einer internationalen Konferenz zu Jugoslawien unter Beteiligung der EG, VN, KSZE und der Konfliktparteien zu machen (Bethlehem/Weller (Hrsg.), The „Yugoslav" Crisis In International Law: General Issues, Part I, S. XXXVII). Dies geschah am 26.8.1992 unter dem Vorsitz Lord Owens (Bethlehem/Weller (Hrsg.), The „Yugoslav" Crisis In International Law: General Issues, Part I, S. XXXVIII).

[1229] Bethlehem/Weller (Hrsg.), The „Yugoslav" Crisis In International Law: General Issues, Part I, S. XXIX).

[1230] Erklärung zur Vereinbarung von Den Haag über den Konflikt in Jugoslawien, abgegeben anläßlich eines Treffens zwischen den Konfliktparteien unter Vermittlung der EG im Außenministerium von Den Haag am 4.10.1991, EA Bd. 46,2 (1991), Dokumente, S. D 554 (554); Kommuniqué des Ausschusses Hoher Beamter im Rahmen des KSZE-Krisenmechanismus, verabschiedet auf der Sitzung vom 10. Oktober 1991 in Prag, EA Bd. 46,2 (1991), Dokumente, S. D 556 (557).

[1231] EPZ-Erklärung zu Jugoslawien, Informelle Tagung der Außenminister, Haarzuilens, 5. Oktober 1991, EA Bd. 46,2 (1991), Dokumente, S. D 555.

diese alleinige Vertreter der serbisch dominierten Republiken. Am 7.10.1991 lief zu dem das Moratorium der Ausführung der Unabhängigkeitserklärungen der Republiken Kroatien und Slowenien aus. Beide Republiken erklärten daraufhin ihre endgültige staatliche Unabhängigkeit.[1232] Die effektive Staatsgewalt Jugoslawiens lag in weiten Teilen des Landes nicht mehr vor. Jugoslawien befand sich, nach Ansicht der EG, im Stadium der Auflösung.[1233]

War der Ausgang der Verhandlungen zwischen den Konfliktparteien bis Anfang Oktober von der EG als offen angesehen worden, änderte sich dies nun dahingehend, daß die Unabhängigkeit der Republiken als Endergebnis der Verhandlungen angesehen wurde. Allein die Form sollte noch verhandelt und damit eine ganz Jugoslawien betreffende, dauerhafte Lösung gefunden werden. Bereits am 4.10.1991 veröffentlichten Lord Carrington (als Vorsitzender der Friedenskonferenz) und der niederländische Außenminister van den Broek (als Vorsitzender der EG-Troika) den Vorschlag einer Unabhängigkeit der Republiken auf der Basis einer Konföderation, oder einer Allianz.[1234] Dieser Plan wurde den Republiken am 18.10.1991 als Friedensvorschläge der EG vorgelegt,[1235] aber von Serbien als unannehmbar abgelehnt.[1236] Das durch Serbien beherrschte Staatspräsidium legte vielmehr einen eigenen Vorschlag vor, der Verhandlungen über die Grenzen beinhaltete. Die Sitzung der Friedenskonferenz am 25.10.1991 wurde durch die Vertreter Serbiens und der autonomen Gebietskörperschaften boykottiert. Auf dieser siebten Konferenzsitzung schlug Lord Carrington erneut vor, daß die Republiken, welche die Unabhängigkeit anstrebten, dies einschließlich einer internationalen Rechtspersönlichkeit erhalten sollten. Gleichzeitig sollten sie aber einen Zusammenschluß bilden, dem ebenfalls eine eigene internationale Rechtspersönlichkeit zukommen sollte.[1237] Nachdem Serbien diese

---

1232 Krizan, Nationalismen in Jugoslawien, Osteuropa Bd. 42 (1992), S. 121 (127).

1233 So heißt es in einer Begründung für die Vorschläge der EG auf der Friedenskonferenz im Oktober: „The Yugoslav Federal Republic no longer functions and the Federation itself, since 8. October, has been in the process of dissolution." Zitiert nach: Weller, The International response To The Dissolution Of The Socialist Federal Republic Of Yugoslavia, American Journal Of International Law Bd. 86 (1992), S. 569 (582).

1234 Text in: Report Of The Secretary-General Pursuant To Paragraph 3 Of Security Council Resolution 713 (1991) (S/23169, 25.10.1991, Annex II in: Bethlehem/Weller (Hrsg.), The „Yugoslav" Crisis In International Law: General Issues, Part I, S.455 (462 f.).

1235 Text der „Arrangements For A General Settlement" in: Report Of The Secretary-General Pursuant To Paragraph 3 Of Security Council Resolution 713 (1991) (S/23169, 25.10.1991, Annex VI in: Bethlehem/Weller (Hrsg.), The „Yugoslav" Crisis In International Law: General Issues, Part I, S.455 (465).

1236 M.B. EA Bd. 46,2 (1991), Dokumente, S. D 525 (527); Weller, The International response To The Dissolution Of The Socialist Federal Republic Of Yugoslavia, AJIL Bd. 86 (1992), S. 569 (582).

1237 Weller, The International response To The Dissolution Of The Socialist Federal Republic Of Yugoslavia, AJIL Bd. 86 (1992), S. 569 (582).

Lösung erneut abgelehnt hatte, wurde ihm am 28.10.1991 eine Frist zur Annahme dieser Vorschläge bis zum 5.11.1991 eingeräumt. Gegen die Republiken, die nicht bis zum 5.11.1991 ihre Bereitschaft erklärt hätten, auf der Basis dieses Vorschlags zu verhandeln, sollten Wirtschaftssanktionen verhängt werden.[1238] Die EG unterstützte damit die Unabhängigkeit der Republiken. Am 25.11.1991 suspendierte der Europarat den speziellen Status Jugoslawiens.[1239] Ende November wurde die erste Meinung der Schiedskommission, unter Vorsitz von Robert Badinter veröffentlicht. Die Schiedskommission war zusammen mit der Friedenskonferenz durch die Beschlüsse vom 27.8. und 3.9.1991 eingerichtet worden und hatte die Aufgabe, während der Friedenskonferenz aufkommende strittige Rechtsfragen zu beantworten.[1240] In der *Meinung Nr. 1* heißt es:

„*1. ...*

a) that the answer to the question should be based on the principles of public international law which serve to define the conditions on which an entity constitutes a State; that in this respect, the existence or disappearance of the State is a question of fact; that the effects of recognition by other States are purely declaratory;

b) that the state is commonly defined as a community which consists of a territory and a population subject to an organized political authority; that such a State is characterized by sovereignty;

c) that, for the purpose of applying these criteria, the form of internal political organization and the constitutional provisions are mere facts, although it is necessary to take them into consideration in order to determine the Government's sway over the population and the territory;

1238 EPZ-Erklärung zu Jugoslawien vom 28.10.1991 in EA Bd. 47,2 (1992), Dokumente, S. D 117 f.

1239 Bethlehem/Weller (Hrsg.), The „Yugoslav" Crisis In International Law: General Issues, Part I, S. XXXI.

1240 Zur Zusammensetzung siehe: EPZ-Erklärung zu Jugoslawien, Außerordentliche EPZ-Ministertagung, Brüssel, 27. August 1991 EA Bd. 46,2 (1991), Dokumente, S. D 543 (543 f.); EPZ-Erklärung, Außerordentliche EPZ-Ministertagung, Den Haag, 3. September 1991 EA Bd. 46,2 (1991), Dokumente, S. D 545 (545); Radan, The Badinter Arbitration Commission And The Partition Of Yugoslavia, NP Bd. 25 (1997), S. 537 ff.

d) that in the case of a federal-type State, which embraces communities that possess a degree of autonomy and, moreover, participate in the exercise of political power within the framework of institutions common to the Federation, the existence of the State implies that the federal organs represent the components of the Federation and wield effective power;

e) that, in compliance with the accepted definition in international law, the expression „State succession" means the replacement of one State by another in the responsibility for the international relations of territory. This occurs whenever there is a change in the territory of the State. The phenomenon of State succession is governed by the principles of international law, from which the Vienna Conventions of August 23rd, 1978 and April 8th, 1983 have drawn inspiration. In compliance with these principles, the outcome of succession should be equitable, the States concerned being free to settle terms and conditions by agreement. Moreover, the peremptory norms of general international law and, in particular, respect for the fundamental rights of the individual and the rights of peoples and minorities, are binding on all the parties to the succession.

2. The Arbitration Committee notes that:

a) although the SFRY has until now retained its international personality, notably inside international organizations, the Republics have expressed their desire for independence; ...

b) The composition and workings of the essential organs of the Federation, be they the Federal Presidency, the Federal Council, the Council of the Republics and the Provinces, the Federal Executive Council, the Constitutional Court or the Federal Army, no longer meet the criteria of participation and representativeness inherent in a federal State;

c) The recourse to force has led to armed conflict between the different elements of the Federation which has caused the death of thousands of people and wrought considerable destruction within a few months.The Authorities of the Federation and the Republics have shown themselves to be powerless to enforce respect for the succeeding cease-fire agreements concluded under the auspices of the European Communities or the United Nations Organization.

3 Consequently, the Arbitration Committee is of the opinion:

- *that the Socialist Federal Republic of Yugoslavia is in the process of dissolution;*

- *that it is incumbent upon the Republics to settle such problems of State succession as may arise from this process in keeping with the principles and rules of international law, with particular regard for human rights and the rights of peoples and minorities;*

- *that it is up to those Republics that so wish, to work together to form a new association endowed with the democratic institutions of their choice.*"[1241]

Dies bestätigte, daß sich Jugoslawien nach der Auffassung der EG im November 1991 in Auflösung befand und eine Internationalisierung im Verhältnis der Republiken untereinander eingetreten war.[1242] Die spätere Anerkennung der Republiken durch die Staatengemeinschaft ist daher vor diesem Hintergrund zu bewerten. Schon zu diesem Zeitpunkt war unter den Mitgliedstaaten der EG und innerhalb der KSZE umstritten, ob es zu einer frühen Anerkennung der Republiken als unabhängige Staaten kommen sollte.[1243] Insbesondere Deutschland und Belgien wollten durch eine Anerkennung Kroatiens und Sloweniens den Konflikt internationalisieren und dadurch den Druck auf Serbien erhöhen, die Konflikte nicht weiter eskalieren zu lassen. Aus diesem Grund kündigte der deutsche Bundeskanzler Helmut Kohl am 27.11.1991 an, Slowenien und Kroatien noch vor Weihnachten des selben Jahres anzuerkennen. Daß dies nicht der Auffassung aller Staaten entsprach, wird aus einem Brief des VN-Generalsekretärs Pérez de Cuéllar an die deutsche Regierung deutlich, in der er diese für ihre Anerkennungsabsicht scharf kritisierte. Beide Seiten argumentierten aber in keiner Weise rechtlich, sondern politisch. Deutschland glaubte, durch die Internationalisierung die Konflikte einzudämmen, während die VN und mit ihnen die USA glaubten, daß durch eine schnelle Anerkennung die Konflikte weiter eskalieren würden.[1244]

Trotzdem einigten sich die Außenminister der EG-Mitgliedstaaten am 16.12.1991 auf die *„Richtlinien für die Anerkennung neuer Staaten in Osteuropa*

1241 Conference On Yugoslavia, Arbitration Committee, Opinion NR. 1, veröffentlicht am 9.12.1991, ILM Bd. 31 (1992), S. 1494 ff.

1242 Simic, Der Bürgerkrieg in Jugoslawien und die neuen Staaten auf dem Territorium der früheren Sozialistischen Föderativen Republik Jugoslawien, in: Weidenfeld (Hrsg.), Demokratie und Marktwirtschaft in Osteuropa, S. 253 (271).

1243 Der Streit zwischen den europäischen Staaten um die Unterstützung der Unabhängigkeit schwelte schon seit Juni 1991. Frankreich, Großbritannien und Spanien wollten als Verfechter der territorialen Integrität eine solche Unterstützung nicht gewähren, während Deutschland früh auf das Selbstbestimmungsrecht verwies (Witte, Die Rolle der Vereinigten Staaten im Jugoslawien-Konflikt und der außenpolitische Spielraum der Bundesrepublik Deutschland (1990-1996), S. 57).

1244 Weller, The International Response To The Dissolution Of The Socialist Federal Republic Of Yugoslavia, AJIL Bd. 86 (1992), S. 569 (586 f.).

und in der Sowjetunion" sowie auf eine Erklärung „*zum gemeinsamen Standpunkt zur Anerkennung der jugoslawischen Republiken*". In letzterer kündigten sie an, die Unabhängigkeit der Republiken bis zum 15.1.1992 anzuerkennen, die bis zum 23.12.1991 ihren Wunsch, als unabhängige Staaten anerkannt zu werden, geäußert hätten. Diese Anerkennung sollte aber nur erfolgen, wenn die nach Unabhängigkeit strebenden Republiken die Verpflichtung, bestimmte Kriterien zu erfüllen, übernommen hätten. Zu diesen Kriterien gehörten neben der Unterstützung des Friedensprozesses vor allem die Erfüllung der Kriterien, welche in der Anerkennungsrichtlinie vom selben Tag bestimmt worden waren.[1245] In diesen Richtlinien kündigten die Mitgliedstaaten der EG an, aufgrund der historischen Änderungen in der Region, die neuen Staaten anzuerkennen, die sich auf demokratischer Grundlage gegründet hätten, die internationalen Verpflichtungen akzeptiert hätten und sich in gutem Glauben einem friedlichen Prozeß und Verhandlungen verschrieben hätten.[1246] Nachdem bis auf Serbien und Montenegro alle Republiken einen Antrag auf die Anerkennung ihrer Unabhängigkeit gestellt hatten, wurde die Frage nach der Zulässigkeit der Anerkennung der einzelnen Republiken der Schiedskommission vorgelegt. Diese stellte in *Meinung Nr. 5* fest, daß Kroatien in seiner Verfassung nicht alle durch die EG geforderten Minderheitenrechte umgesetzt hatte, ansonsten aber die Voraussetzungen für die Anerkennung seiner Unabhängigkeit erfüllte. Es wurde nicht auf die mangelnde Staatsgewalt der Zentralbehörden über Teile des kroatischen Territoriums eingegangen.[1247] Sowohl Mazedonien als auch Slowenien erfüllten nach Ansicht der Kommission die Voraussetzungen für die Anerkennung ihrer Unabhängigkeit.[1248]

1245 Declaration On Yugoslavia, Extraordinary EPC Ministerial Meeting, Brussels, 16 December 1991, ILM Bd. 31 (1992), S. 1485 f.

1246 Die sich daraus ergebenden, auch explizit genannten, Forderungen an die neuen Staaten sind: 1)Achtung der Bestimmungen der VN-Charta und der Verpflichtungen aus der Schlußakte von Helsinki und der Charta von Paris, insbesondere im Hinblick auf die Rechtsstaatlichkeit, Demokratie und Menschenrechte; 2)Garantien für die Rechte ethnischer und nationaler Gruppen und Minderheiten im Einklang mit den im Rahmen der KSZE eingegangenen Verpflichtungen; 3)Achtung der Unverletzlichkeit aller Grenzen, welche nur auf friedlichem Weg und durch einvernehmliche Absprachen geändert werden dürfen; 4)Übernahme aller einschlägigen Verpflichtungen in bezug auf Abrüstung und nuklearer Nichtverbreitung sowie auf Sicherheit und regionaler Stabilität; 5)Verpflichtung zur Regelung aller Fragen im Zusammenhang mit der Staatennachfolge und regionaler Streitigkeiten durch Vereinbarung und, wo angebracht, durch Rückgriff auf Schiedsverfahren. ILM Bd. 31 (1992), S. 1486 (1487).

1247 Arbitration Commission, Opinion No 5, veröffentlicht am 11.1.1992, ILM Bd. 31 (1992), S. 1503 (1505).

1248 Arbitration Commission, Opinion No 6, veröffentlicht am 11.1.1992, ILM Bd. 31 (1992), S. 1507 (1511); Arbitration Commission, Opinion No 7, veröffentlicht am 11.1.1992, ILM Bd. 31 (1992), S. 1512 (1517).

Deutschland erkannte Slowenien und Kroatien am 23.12.1991 an. Die anderen Mitgliedstaaten der EG und die EG selbst hielten sich an ihre am 16.12.1991 abgegebene Erklärung und erkannten die Unabhängigkeit beider Republiken am 15.1.1992 an. Diesem Beispiel folgten Albanien, Australien, Bulgarien, Estland, Island, Kanada, Lettland, Litauen, Neuseeland, Norwegen, Österreich, Polen, Rumänien, Schweiz, Tschechoslowakei, die Ukraine, Ungarn[1249] und der Vatikanstaat.[1250] Mazedonien wurde hingegen nicht anerkannt. Griechenland fürchtete aufgrund der Namensgleichheit mit einer seiner Provinzen territoriale Ansprüche Seitens Mazedoniens und verhinderte aus diesem Grund eine Anerkennung.[1251] Rußland erkannte Slowenien und Kroatien Mitte Februar 1992 an. Die USA erkannte beide Staaten Anfang April 1992 an, zusammen mit der Anerkennung der Unabhängigkeit Bosnien-Herzegowinas.[1252] Damit gaben die USA ihre Weigerung, den Zerfall Jugoslawiens anzuerkennen, auf. Sie gingen nun davon aus, daß die Anerkennung Bosnien-Herzegowinas die beste Chance biete, eine Ausweitung des Konfliktes auf diese Republik zu verhindern.[1253] Auch die Mitgliedstaaten der EG erkannten Bosnien-Herzegowina erst Anfang April 1992 an. Sie hatten mit der Zurückhaltung, diese Republik anzuerkennen, auf die Meinung der Schiedskommission reagiert. Diese hatte in ihrer *Meinung Nr. 4* festgehalten, daß insbesondere aufgrund der Unabhängigkeitsbestrebungen der serbischen Bevölkerung Bosnien-Herzegowinas, der Wille der Völker Bosnien-Herzegowinas, diese Republik als selbständigen Staat zu konstituieren noch nicht ausreichend festgestellt worden sei. Es sollte daher ein Referendum unter Beteiligung aller Republikbürger durchgeführt werden.[1254] Dieses fand, allerdings unter dem Boykott durch die serbische Bevölkerung, Ende Februar/Anfang März statt und wurde auch von der Schiedskommission als ausreichende Willensäußerung der Republikbevölkerung angesehen.[1255] Auch hier schien die Frage nach der effektiven Staatsgewalt innerhalb der Republik keine Rolle für die Entscheidung einer Anerkennung zu spielen. Am 22.5.1992 wur-

---

[1249] 15.1.1992.

[1250] Bethlehem/Weller (Hrsg.), The „Yugoslav" Crisis In International Law: General Issues, Part I, S. XXXIII.

[1251] Bethlehem/Weller (Hrsg.), The „Yugoslav" Crisis In International Law: General Issues, Part I, S. XXXIII.

[1252] Bethlehem/Weller (Hrsg.), The „Yugoslav" Crisis In International Law: General Issues, Part I, S. XXXV.

[1253] Witte, Die Rolle der Vereinigten Staaten im Jugoslawien-Konflikt und der außenpolitische Spielraum der Bundesrepublik Deutschland (1990-1996), S. 75.

[1254] Arbitration Commission, Opinion No 4,veröffentlicht am 11.1.1992, ILM Bd. 31 (1992), S. 1501 (1503).

[1255] Arbitration Commission, Opinion No 8, veröffentlicht am 4.7.1992, ILM Bd. 31 (1992), S. 1521 (1523).

den Kroatien, Slowenien und Bosnien-Herzegowina Mitglieder der VN.[1256] Bosnien-Herzegowina wurde am 30.4.1992 in die KSZE aufgenommen.

Für Serbien und Montenegro verlief dieser Prozeß entgegengesetzt. Sowohl Serbien als auch Montenegro lehnten das Angebot der EG zur Anerkennung vom 16.12.1991 mit der Begründung ab, daß sie bereits seit dem Berliner Kongreß von 1878 Staatlichkeit besitzen würden.[1257] Die beiden Republiken verabschiedeten auf Bundesebene eine neue jugoslawische Verfassung, wonach die aus Serbien und Montenegro bestehende „Föderative Republik Jugoslawien" (FRJ) begründet wurde.[1258] Dabei vertraten beide die Auffassung, alleiniger Rechtsnachfolger des früheren Jugoslawiens zu sein. Dies wurde von der internationalen Gemeinschaft abgelehnt. Diese sah in der FRJ vielmehr einen neuen Staat. Nachdem der Europarat bereits den Gaststatus Jugoslawiens beendet hatte,[1259] suspendierte die KSZE am 8.7.1992 die FRJ,[1260] die Blockfreien-Bewegung setzte die Präsidentschaft Jugoslawiens aus, und die Vereinten Nationen entzogen im September Jugoslawien den Sitz in der Generalversammlung[1261]. Auch die Schiedskommission bestätigte, daß die FRJ nicht automatischer Rechtsnachfolger des früheren Jugoslawiens sei.[1262] Die Mitgliedstaaten der EG

1256 Bethlehem/Weller (Hrsg.), The „Yugoslav" Crisis In International Law: General Issues, Part I, S. XXXVI.

1257 Rich, Recognition Of States: The Collapse Of Yugoslavia And The Soviet Union, EJIL Bd. 4 (1993), S. 36 (47).

1258 Simic, Der Bürgerkrieg in Jugoslawien und die neuen Staaten auf dem Territorium der früheren Sozialistischen Föderativen Republik Jugoslawien, in: Weidenfeld (Hrsg.), Demokratie und Marktwirtschaft in Osteuropa, S. 253 (268).

1259 27.6.1992 zitiert in: Arbitration Commission, Opinion No 9, veröffentlicht am 4.7.1992, ILM Bd. 31 (1992), S. 1523 (1524).

1260 Ramet, War In The Balkans, FA Bd. 71/72 (1992/1993), S. 79 (90).

1261 Der Sicherheitsrat hatte in seiner Resolution 757 vom 30.5.1992 festgehalten, daß der Anspruch der FRD (Serbien und Montenegro) automatisch die Mitgliedschaft der Sozialistischen Föderativen Republik Jugoslawien in den VN weiterzuführen, nicht allgemein akzeptiert sei. (Sicherheitsratsresolution 757 (1992) vom 30.5.1992 in: Bethlehem/Weller (Hrsg.), The „Yugoslav" Crisis In International Law: General Issues, Part I, S. 9 (10). In Sicherheitsratsresolution 777 (1992) vom 19.9.1992 (in: Bethlehem/Weller (Hrsg.), The „Yugoslav" Crisis In International Law: General Issues, Part I, S. 20) stellte der Rat unter Punkt 1 fest, daß der Staat früher bekannt als Sozialistische Föderative Republik Jugoslawien aufgehört hat zu existieren und daß die FRJ nicht automatisch die Mitgliedschaft fortführen könne. Daher schlug der Sicherheitsrat der Generalversammlung vor, daß die FRJ die Aufnahme in die VN beantragen müsse und nicht an der Arbeit der Generalversammlung teilnehmen sollte. In der Resolution 47/1 vom 22.9.1992 bestätigte die Generalversammlung diese Empfehlung. Eine Kritik dieses Verhaltens findet sich in: Blum, UN Membership Of The „New" Yugoslavia: Continuity Or Break?, AJIL Law Bd. 86 (1992), S. 830 ff.

1262 Arbitration Commission, Opinion No 9, veröffentlicht am 4.7.1992, ILM Bd. 31 (1992), S. 1523 (1525).

riefen im Sommer 1992 ihre Botschafter aus Jugoslawien zurück und gaben bekannt, daß sie die FRJ als Neustaat ansähen. Österreich schloß sich dem an.[1263] Die FRJ wurde erst im Jahr 2000 Mitglied der VN und der OSZE.

b) Die Staatenreaktion auf die Sezessionswünsche

Weder der Kosovo noch die serbischen Gebiete in Kroatien und Bosnien-Herzegowina sind von der Staatengemeinschaft als Staaten anerkannt worden. Sowohl die Staaten als auch die internationalen Organisationen haben immer die territoriale Integrität der Republiken betont. Anders als bei dem Gesamtstaat Jugoslawien hat sich diese Unterstützung der territorialen Integrität nie in eine Unterstützung der Unabhängigkeit oder des Anschlusses an ein anderes Gebiet, sei es nun Albanien oder Serbien, gewandelt.

aa) Kosovo

Neben den Bürgerkriegen in Kroatien und insbesondere Bosnien-Herzegowina war das Kosovo-Problem in der Welt zunächst kaum berücksichtigt worden.[1264] Erst als ab Februar 1998 im Kosovo kriegsähnliche Zustände ausbrachen, begann die Welt zu reagieren. Die serbische Armee kämpfte gegen die albanische Untergrundarmee UCK. Es wurde offensichtlich, daß die serbischen Kräfte den Kampf gegen die UCK zur systematischen Vertreibung der albanischen Bevölkerung aus dem Kosovo nutzten.[1265] Allein der zeitliche Abstand der Staatenreaktion zur Ausrufung der Unabhängigkeit der Republik Kosovo am 19.10.1991 und die Verbindung mit den ausbrechenden Kampfhandlungen und dem durch die systematischen Vertreibungen entstehenden Flüchtlingsproblem zeigt bereits, daß es der Staatengemeinschaft um diese humanitären Fragen und nicht um die Unabhängigkeit des Kosovo ging. Dies wird auch durch die Reaktionen selbst bestätigt. Die Kontaktgruppe (bestehend aus Deutschland, Frank-

---

1263 Ramet, War In The Balcans, FA Bd. 71/72 (1992/1993), S. 79 (90).

1264 Allerdings hatten sowohl die USA als auch die BRD bereits vor dem Ausbrechen des bewaffneten Konflikts an Serbien für dessen Kosovo-Politik Kritik geübt. So fror der Amerikanische Kongreß die Finanzhilfen für Jugoslawien im Jahre 1991 unter anderem wegen der schweren Unterdrückung der Albaner im Kosovo ein. Grundlage hierfür war ein 1990 erlassenes Gesetz, daß die Einstellung von Finanzhilfen innerhalb von 6 Monaten verlangte, wenn in einem Staat systematisch schwere Menschenrechtsverletzungen geschahen (Bethlehem/Weller (Hrsg.), The „Yugoslav" Crisis In International Law: General Issues, Part I, S. XXVII). Die Bundesregierung machte bereits 1995 die Aufnahme der deutschen wie der europäischen Wiederaufbauhilfe für Jugoslawien nach dem Dayton-Abkommen von der Wiedereinführung der Autonomieregelung und von einer Rückkehrmöglichkeit für Kosovo-Flüchtlinge albanischer Nationalität abhängig (Krause, Die deutsche Politik in der Kosovo-Krise, in: Krause (Hrsg.), Kosovo, S. 103 (105)).

1265 Krause, Die deutsche Politik in der Kosovo-Krise, in: Krause (Hrsg.), Kosovo, S. 103 (105).

reich, Italien, Russische Föderation, Großbritannien, USA) reagierte auf die Situation im Kosovo, indem sie ein Waffenembargo erließ und die serbischen Auslandskonten sperrte. Der Sicherheitsrat der VN verabschiedete am 31.3.1998 die *Resolution 1160 (1998)*. In dieser wurden sowohl die übermäßige Gewaltanwendung durch die serbischen Polizeikräfte gegen Zivilpersonen und friedliche Demonstranten, als auch die Terrorakte der UCK verurteilt. Sowohl Serbien als auch die UCK wurden zu einer politischen Lösung des Konfliktes aufgefordert.[1266] In Artikel 5 heißt es weiter:

> *„Der Sicherheitsrat stimmt, ohne den Ergebnissen dieses Dialoges vorzugreifen, dem in den Erklärungen der Kontaktgruppe vom 9. und 25. März 1998 enthaltenen Vorschlag zu, wonach die Grundsätze für eine Lösung des Kosovo-Problems* ***auf der territorialen Unversehrtheit der Bundesrepublik Jugoslawien beruhen*** *und mit den Normen der OSZE, einschließlich den in der Schlußakte von Helsinki der Konferenz über Sicherheit und Zusammenarbeit in Europa von 1975 festgelegten Normen, sowie mit der Charta der Vereinten Nationen im Einklang stehen sollen und wonach eine solche Lösung auch die Rechte der Kosovoalbaner und aller im Kosovo lebenden Menschen berücksichtigen muß, und bekundet* ***seine Unterstützung für einen verbesserten Status für den Kosovo****, der auch ein erheblich größeres Maß an Autonomie und sinnvoller Selbstverwaltung miteinschließt.“*[1267]

Auch in der Präambel war bereits festgehalten worden, daß alle Mitgliedstaaten für die Souveränität und territoriale Unversehrtheit der Bundesrepublik Jugoslawien eintreten würden.[1268] In allen späteren Lösungsvorschlägen und Stellungnahmen haben die Staaten und internationalen Organisationen immer betont, daß es eine Lösung nur unter Achtung der territorialen Integrität der Bundesrepublik Jugoslawiens geben könne.[1269] Auslöser für das Tätigwerden der Staatengemeinschaft war, wie schon aus der Resolution 1160 (1998) hervorgeht, immer die humanitäre Situation und insbesondere die massive Gewaltanwendung von serbischer Seite gegen Zivilisten sowie deren Vertreibung.[1270] Es

---

[1266] Sicherheitsratsresolution 1160 (1998), vom 31.3.1998, Präambel Absatz 3 und Artikel 1, 2.

[1267] Hervorhebung durch die Verfasserin.

[1268] Sicherheitsratsresolution 1160 (1998), vom 31.3.1998, Präambel Absatz 7.

[1269] Sicherheitsratsresolution 1199 (1998) vom 23.9.1998, Präambel Absatz 12; Sicherheitsratsresolution 1203 (1998) vom 24.10.1998, Präambel Absatz 13; Sicherheitsratsresolution 1239 (1999) vom 14.5.1999, Präambel Absatz 7; Sicherheitsratsresolution 1244 (1999) vom 10.6.1999 Präambel Absatz 10; Holbrooke-Abkommen vom 16.10.1998 (zwischen FRJ und der OSZE). Nach diesem sollte der Kosovo Bestandteil Serbiens und der BRJ bleiben, aber der Kosovo eine vergrößerte innere Autonomie erhalten (siehe: Krause, Chronologie in: Krause, Kosovo, S. 201 (203).

[1270] So heißt es auch in der Sicherheitsratsresolution 1199 (1998) vom 23.9.1998, in der Präambel in Absatz 5: „in ernster Sorge über die jüngsten heftigen Kämpfe im Kosovo ging um den Schutz der Menschenrechte und nicht um die Verwirklichung eines Selbstbestimmungsrechts der albanischen Bevölkerung.[1271] Auch das Ziel der Luftangriffe, die ab dem 24.3.1999 durch die NATO gegen Jugoslawien geflogen wurden, war nicht, dem Kosovo die Unabhängigkeit zu ermöglichen, sondern die ethnischen Verfolgungen der Kosovoalbaner durch die jugoslawische Armee zu unterbinden und Jugoslawien zu einer friedlichen Lösung zu zwingen.[1272] Bereits bei den ersten Überlegungen über einen Militärschlag der NATO am 11.6.1998 wurden die NATO-Militärbehörden beauftragt, Optionen zu entwickeln, die den systematischen Kampagnen der gewaltsamen Unterdrückung und Vertreibung Einhalt gebieten.

Allerdings hat die internationale Gemeinschaft immer eine Lösung mit einer weitreichenden Autonomie für den Kosovo favorisiert.[1273] Bereits der Vorschlag

---

und insbesondere über die exzessive und wahllose Gewaltanwendung seitens der serbischen Sicherheitskräfte und der jugoslawischen Armee, die zu zahlreichen Opfern unter der Zivilbevölkerung geführt haben und nach Schätzungen des Generalsekretärs die Ursache für die Vertreibung von mehr als 230.000 Menschen waren," in Absatz 6 wird auf die Flüchtlingsströme eingegangen, und in Absatz 10 heißt es: „ferner in tiefer Sorge über Berichte über die zunehmende Verstöße gegen Menschenrechte und humanitäres Völkerrecht sowie in Bekräftigung der Notwendigkeit sicherzustellen, daß die Rechte aller Einwohner des Kosovo geachtet werden". Auch: Rieks/Weigold, Der Kosovo-Konflikt – eine militärpolitische Auswertung in: Krause, Kosovo, S. 13 (15).

1271 Bereits im Frühjahr 1998 äußerte sich US-Präsident Clinton dahingehend, daß zur Verhinderung eines zweiten Bosnien-Herzegowinas im Kosovo auch ein militärisches Einschreiten nötig werden könnte (Krause, Die deutsche Politik in der Kosovo-Krise, in: Krause (Hrsg.), Kosovo, S. 103 (106). Als sich der deutsche Außenminister Kinkel dieser Meinung im Juni 1998 anschloß, verwies auch er vor allem auf das Flüchtlingsproblem. Daß es der Staatengemeinschaft um den Schutz der Menschenrechte insbesondere vor ethnischen Säuberungen ging, geht auch aus der unter dem Namen „Clinton Doctrine" bekanntgewordenen Äußerung des amerikanischen Präsidenten Clinton hervor, die er anläßlich der NATO-Einsätze abgab: „We can say to the people of the world, whether you live in Africa, or Central Europe, or any other place, if somebody comes after innocent civilians and tries to kill them en masse because of their race, their ethnic background or their religion, and it's within our power to stop it, we will stop it." Zitiert in: Pfoh, Eine Bilanz des Luftkriegs der NATO gegen Jugoslawien, in: Krause (Hrsg.), Kosovo, S. 55 (58).

1272 Pfoh, Eine Bilanz des Luftkriegs der NATO gegen Jugoslawien, in: Krause (Hrsg.), Kosovo, S. 55 (55).

1273 Bereits in der Presseerklärung über die Anerkennung der Bundesrepublik Jugoslawien durch Deutschland vom 17.4.1996 wurde die Gewährung eines Autonomiestatus für den Kosovo als von Jugoslawien übernommene Pflicht bezeichnet (http://www.virtual-institute.de MPI Völkerrechtliche Praxis Bundesrepublik Deutschland 1996). Sicherheitsratsresolution 1160 (1998), Artikel 5; Sicherheitsratsresolution 1199 (1998) vom 23.9.1998, Präambel Absatz 11; Sicherheitsratsresolution 1203 (1998) vom 24.10.1998, Präambel Absatz 7; Sicherheitsratsresolution 1244 (1999) vom 10.6.1999 Präambel Absatz 11.

der Kontaktgruppe am 12.6.1998, der auch Grundlage der Sicherheitsratsresolutionen wurde, forderte von Serbien politische Reformen, die dem Kosovo einen „neuen Status" gewähren sollten.[1274] Auch die unter der Leitung der USA, Frankreichs und Großbritanniens entwickelten Vorschläge der Friedenskonferenz von Rambouillet sahen eine Autonomie für den Kosovo vor. Danach sollten die Verhältnisse im Kosovo für drei Jahre eingefroren werden, um dann im Rahmen eines noch zu bestimmenden Verfahrens über seinen zukünftigen Status zu entscheiden. Dieses Verfahren sollte besonders auf den Willen der Bevölkerung Rücksicht nehmen, wobei bis dahin Institutionen der demokratischen Willensbildung zu schaffen seien.[1275] Der Entwurf für den Rambouillet-Vertrag trat aufgrund der Ablehnung durch Jugoslawien nie in Kraft.

Aber auch die endgültige Lösung sah eine weitreichende Autonomie des Kosovo vor. Dieser Friedensplan wurde vom deutschen Außenminister Fischer am 14.4.1999 vorgelegt und basierte auf dem von den EU-Außenministern aufgebauten Forderungskatalog vom 8.4.1999.[1276] Er sah als Verhandlungsebene die G 8 vor. Auf dem Außenministertreffen der G 8 auf dem Petersberg bei Bonn wurde dieser Plan unter Beteiligung der Russischen Föderation am 6.5.1999 angenommen. Dieser Lösung stimmte die FRJ nach Verhandlungen mit dem russischen Sonderbeauftragten Viktor Tschernomyrdin und dem EU-Beauftragten Ahtisaari am 2.6.1999 zu. Ihr Inhalt ist in Anlage 2 zu der *Sicherheitsratsresolution 1244 (1999)* vom 10.6.1999 festgehalten.[1277] In Artikel 5 heißt es:

> *„Um eine Lösung der Kosovo-Krise herbeizuführen, soll eine Vereinbarung über die folgenden Grundsätze erreicht werden: ...*
>
> *5. Einrichtung einer vom Sicherheitsrat der Vereinten Nationen zu beschließenden Übergangsverwaltung für das Kosovo als Teil der internationalen Präsenz, unter der die Bevölkerung des Kosovo **substantielle Autonomie innerhalb der Bundesrepublik Jugoslawien** genießen kann ..."*

Artikel 8 statuiert:

1274 Krause, Die deutsche Politik in der Kosovo-Krise, in: Krause (Hrsg.), Kosovo, S. 103 (108).

1275 Interim Agreements For Peace And Self-Government In Kosovo, 23.2.1999, Kapitel 8, Artikel 1, Absatz 3, http://www.alb-net.com/kcc/interim.htm.

1276 Krause, Die deutsche Politik in der Kosovo-Krise, in: Krause (Hrsg.), Kosovo, S. 103 (115 ff.).

1277 Sicherheitsratsresolution 1244 (1999) vom 10.6.1999.

„Ein politischer Prozeß zur Schaffung einer politischen Übergangsrahmenvereinbarung, die eine ***substantielle Selbstverwaltung für das Kosovo*** *unter voller Berücksichtigung des Rambouillet-Abkommens und der Prinzipien der* ***Souveränität und territorialen Unversehrtheit der Bundesrepublik Jugoslawien*** *und der anderen Länder der Region vorsieht, sowie die Demilitarisierung der UCK. ...“*

Zusammenfassend kann festgehalten werden, daß die Staatengemeinschaft zu keiner Zeit die Unabhängigkeit des Kosovo befürwortet hat. Sie hat ein Recht auf Sezession als Inhalt eines Selbstbestimmungsrechts der Kosovaren damit abgelehnt. Allerdings hat die Staatengemeinschaft eine Autonomie des Kosovo befürwortet. Insoweit stellt sich die Frage, ob sich diese Forderung aus der Überzeugung einer Trägerschaft des Selbstbestimmungsrechts mit einem beschränkten Inhalt ergibt.

bb) Serben in Kroatien und Bosnien-Herzegowina

Auf die Unabhängigkeitsbestrebungen der Serben in Kroatien und Bosnien-Herzegowina ging die Staatengemeinschaft im Rahmen der Unabhängigkeit der Republiken und dem sich daraus entwickelnden Bürgerkrieg ein. Auch insoweit muß festgehalten werden, daß eine Unabhängigkeit der serbischen Bevölkerung Kroatiens und Bosnien-Herzegowinas nie unterstützt oder befürwortet wurde. Im Gegenteil, sowohl die internationalen Organisationen als auch die sich mit den Konflikten befassenden Einzelstaaten haben immer die territoriale Integrität der Republiken unterstützt.

Dies zeichnete sich bereits im Herbst 1991 ab. In der am 4.10.1991 veröffentlichten Erklärung des niederländischen Außenministers van den Broek zur Lösung der Konflikte wurde auf ein Selbstbestimmungsrecht der serbischen Bevölkerung in **Kroatien** nicht eingegangen, obwohl sich die „Serbische Autonome Region Krajina“ am 28.2.1991 erstmals für unabhängig erklärt hatte. In der Erklärung wurde vielmehr das Verbot einseitiger Grenzveränderungen zwischen den Republiken festgelegt. Vertreter der serbischen Bevölkerung in Kroatien und Ostslawonien sollten allerdings eingeladen werden, mit Vertretern der Konferenz über Jugoslawien am 8.10.1991 über spätere Lösungsmöglichkeiten zu diskutieren. Dies sollte explizit innerhalb der Konferenzarbeitsgruppe „Rechte von Minderheiten“ geschehen.[1278] Daß die Staaten die serbische Bevölkerung in Kroatien als Minderheit ansahen und ihnen daher auch nur die Rechte ethnischer Minderheiten zukommen sollten, wird durch den von Lord Carrington am 18.10.1991 auf der Konferenz über Jugoslawien vorgelegten Friedensplan deutlich. Dieser Friedensplan wurde als Verhandlungsbasis von

[1278] Statement Read By His Excellency Minister van den Broek, Report Of The Secretary-General Pursuant To Paragraph 3 Of Security Council Resolution 713 (1991) (S/23169, 25.10.1991), Annex II in: Bethlehem/Weller (Hrsg.), The „Yugoslav“ Crisis In International Law: General Issues, Part I, S. 455 (462 f.).

allen Republiken außer Serbien angenommen. Er wurde die Grundlage für den Vertragsentwurf, den Lord Carrington allen Parteien am 25.10.1991 zukommen ließ[1279] und welcher von allen Parteien (unter Androhung von Sanktionen) bis zum 5.11.1991 angenommen werden sollte. Er entsprach daher der Überzeugung zumindest der europäischen Staaten und der EG. In diesem Vertragsentwurf wurde im ersten Teil festgehalten, daß die Beziehungen zwischen den Republiken auf der Basis von unabhängigen Republiken entwickelt werden sollten. Den Republiken sollte dabei eine eigene internationale Rechtspersönlichkeit zukommen. Weiter sollten sie innerhalb ihrer bestehenden Grenzen als Staaten anerkannt werden.[1280] Gleichzeitig sollte aber bestimmten Gruppen ein spezieller Status zukommen.[1281] Unter Chapter II listet der Entwurf die zu garantierenden Menschenrechte und Rechte ethnischer und nationaler Gruppen auf. Unter II C. „Special status" heißt es:

> „*5. In addition, areas in which persons belonging to a national or ethnic group form a majority, will enjoy a special status of autonomy. Such status will provide for:*
>
> *a) The right to have and show the national emblems of that group;*
>
> *b) The right to a second nationality for members of that group in addition to the nationality of the republic;*
>
> *c) An educational system which respects the values and needs of that group;*
>
> *d) (i) A legislative body, (ii) An administrative structure, including a regional police force, (iii) And a judiciary responsible for matters concerning the area, which reflects the composition of the population of the area;*
>
> *e) provisions for appropriate international monitoring. ...*"[1282]

1279 Report Of The Secretary-General Pursuant To Paragraph 3 Of Security Council Resolution 713 (1991) (S/23169, 25.10.1991) in: Bethlehem/Weller (Hrsg.), The „Yugoslav" Crisis In International Law: General Issues, Part I, S. 455 (459).

1280 Treaty Provisions For The Convention, I Article 1, 1 a), e), Report Of The Secretary-General Pursuant To Paragraph 3 Of Security Council Resolution 713 (1991) (S/23169, 25.10.1991), Annex VII in: Bethlehem/Weller (Hrsg.), The „Yugoslav" Crisis In International Law: General Issues, Part I, S. 455 (468).

1281 Treaty Provisions For The Convention, I, Article 1, 1, c), Report Of The Secretary-General Pursuant To Paragraph 3 Of Security Council Resolution 713 (1991) (S/23169, 25.10.1991), Annex VII in: Bethlehem/Weller (Hrsg.), The „Yugoslav" Crisis In International Law: General Issues, Part I, S. 455 (468).

1282 Treaty Provisions For The Convention, II, C, 5, Report Of The Secretary-General Pursuant To Paragraph 3 Of Security Council Resolution 713 (1991) (S/23169,

In dem Friedensplan vom 18.Oktober, der vor allem für den Konflikt zwischen Kroatien und Serbien gestaltet war, hieß es noch zusätzlich:

> *„The status set out above will apply, in particular, to the Serbs living in areas in Croatia where they form a majority."*[1283]

Von einem Selbstbestimmungsrecht der serbischen Bevölkerung ist dagegen keine Rede. Die ihnen zuzusichernden Rechte sind vielmehr die typischen Minderheitenrechte. Auch die Stationierung der VN-Friedenstruppe hatte nicht den Zweck, das Selbstbestimmungsrecht der serbischen Bevölkerung durchzusetzen. Die Aufgabe von UNPROFOR war alleinig, eine friedliche Situation zu schaffen, in der die Parteien eine Lösung für ganz Jugoslawien verhandeln konnten, und weitere Menschenrechtsverletzungen und ethnische Vertreibungen zu verhindern.[1284]

Mit der Frage, ob der serbischen Bevölkerung in Kroatien und Bosnien-Herzegowina ein Selbstbestimmungsrecht zukam, beschäftigte sich die Schiedskommission in ihrer *Meinung Nr. 2*, die am 11.1.1992 abgegeben wurde. Die Frage, die der Schiedskommission durch Serbien gestellt worden war, lautete:

> *„Does the Serbian population in Croatia and Bosnia-Herzegovina, as one of the constituent peoples of Yugoslavia, have the right to self-determination?"*

Die Schiedskommission antwortete darauf:

> *„1) The Commission considers that international law as it currently stands does not spell out all the implications of the right of self-determination. However it is well established that, whatever the circumstances, the right to self-determination must not involve changes to existing frontiers at the time of independence (uti possidetis juris) except where the States concerned agree otherwise.*

25.10.1991), Annex VII in: Bethlehem/Weller (Hrsg.), The „Yugoslav" Crisis In International Law: General Issues, Part I, S. 455 (468, 469).

1283 Arrangements For A General Settlement, II, C, Report Of The Secretary-General Pursuant To Paragraph 3 Of Security Council Resolution 713 (1991) (S/23169, 25.10.1991), Annex VI in: Bethlehem/Weller (Hrsg.), The „Yugoslav" Crisis In International Law: General Issues, Part I, S. 455 (465, 466).

1284 Report Of The Secretary-General Pursuant To Security Council Resolution 721 (1991) (S/23280, 11.12.1991), Annex III in: Bethlehem/Weller (Hrsg.), The „Yugoslav" Crisis In International Law: General Issues, Part I, S. 473 (478 f.).

2) *Where there are one or more groups within a State constituting one or more ethnic, religious or language communities, they have the right to recognition of their identity under international law. As the Commission emphasized in its Opinion No. 1 of 29. November 1991, published on 7. December, the – now peremptory – norms of international law require States to ensure respect for the rights of minorities. This requirement applies to all the Republics vis-a-vis the minorities on their territory. The Serbian population in Bosnia-Hercegovina and Croatia must therefore be afforded every right accorded to minorities under international conventions as well as national and international guarantees consistent with the principles of international law and the provisions of Chapter II of the draft Convention of 4. November 1991, which has been accepted by these Republics.*

3) *Article 1 of the two 1966 International Covenants on human rights establishes that the principle of the right to self-determination serves to safeguard human rights. By virtue of that right every individual may choose to belong to whatever ethnic, religious or language community he or she wishes. In the Commission's view one possible consequence of this principle might be for the members of the Serbian population in Bosnia-Hercegovina and Croatia to be recognized under agreements between the Republics as having the nationality of their choice, with all the rights and obligations which entails with respect to the States concerned.*

4) *The Arbitration Commission is therefore of the opinion:*

- *That the Serbian population in Bosnia-Hercegovina and Croatia is entitled to all the rights accorded to minorities and ethnic groups under international law and under the provisions of the draft Convention of the Conference on Yugoslavia of 4. November 1991, to which the Republics of Bosnia-Hercegovina and Croatia have undertaken to give effect; and*

- *That the Republics must afford the members of those minorities and ethnic groups all the human rights and fundamental freedoms recognized in international law, including, where appropriate, the right to choose their nationality.*"[1285]

In **Bosnien-Herzegowina** beschäftigte sich die Staatengemeinschaft intensiv mit dem den einzelnen Volksgruppen zukommenden Status. Auch hier wurde eine Lösung der ethnischen Konflikte immer unter der Prämisse des Erhalts der Ein-

1285 Arbitration Commission, Opinion No 2, 11.1.1992, ILM Bd. 31 (1992), S. 1497 (1498 f.).

heit Bosnien-Herzegowinas gesucht. Zu keiner Zeit wurde den einzelnen Volksgruppen, sei es nun den Serben oder Kroaten, ein Recht auf Sezession von Bosnien-Herzegowina zugestanden. Der Bürgerkrieg in Bosnien-Herzegowina begann nach dem Referendum über die Unabhängigkeit Bosnien-Herzegowinas von Jugoslawien und dessen Umsetzung im März 1992. Die EG und die VN versuchten, den Konflikt zwischen den Volksgruppen zu schlichten. Die Staatenreaktion ist vor allem von den schweren und systematischen Menschenrechtsverletzungen, insbesondere den ethnischen Säuberungen und der Tötung und dem Mißbrauch von Zivilisten geprägt. Gleichzeitig versuchte die Staatengemeinschaft aber, den Konflikt durch Vorschläge über eine künftige verfassungsrechtliche Ordnung Bosnien-Herzegowinas langfristig zu lösen.

Der erste dieser Vorschläge für eine spätere Ordnung Bosnien-Herzegowinas war das von der EG noch vor der Anerkennung Bosnien-Herzegowinas als Staat lancierte Kantonmodell. Diesem stimmten die Vertreter der Kroaten, Moslime und Serben, Mate Boban, Ibrahim Izetbegovic und Radovan Karadzic, am 18.3.1992 im Rahmen der Konferenz über Jugoslawien grundsätzlich zu.[1286] Der Verfassungsplan sah den Erhalt der staatlichen Einheit Bosnien-Herzegowinas vor. Innerhalb dieser staatlichen Einheit sollten drei Kantone gebildet werden, deren Grenzen vor allem nach ethnischen Gesichtspunkten bestimmt werden sollten. Den Kantonen sollte eine weitreichende Autonomie zugebilligt werden.[1287] Die Vertreter der drei ethnischen Gruppen konnten sich aber in der Folgezeit nicht auf die Bestimmung der Grenzen einigen. In der Rückschau muß festgehalten werden, daß die ab Mitte März ausbrechende Gewalt zwischen den Ethnien und die im Zuge dieses Bürgerkrieges erfolgten ethnischen Säuberungen durch den Kantonisierungsplan mitverursacht wurden. Trotzdem spiegelt der Hauptinhalt dieses Plans, der Erhalt der territorialen Integrität Bosnien-Herzegowinas bei gleichzeitiger territorialer Autonomie für die drei ethnischen Gruppen, die Meinung sowohl der EG als auch der VN wieder.

Mit der Aufrechterhaltung dieser Grundlösung bis zum Friedensvertrag von Dayton lehnte die Staatengemeinschaft gleichzeitig die sich in der Republikserklärung vom 7.4.1992 äußernden Unabhängigkeitsbestrebungen der serbischen Bevölkerung ab. Dies zeigt sich auch in der wiederholten Betonung der territorialen Integrität Bosnien-Herzegowinas in Sicherheitsrats- und Generalversammlungsresolutionen.[1288]

[1286] Vermittler war der EG-Beauftragte José Cutilheiro.

[1287] Krech, Der Bürgerkrieg in Bosnien-Herzegowina (1992-1997), S. 48.

[1288] Generalversammlungsresolution vom 25.8.1992; Sicherheitsratsresolution 757 (1992) vom 30.5.1992 in: Bethlehem/Weller (Hrsg.), The „Yugoslav" Crisis In International Law: General Issues, Part I, S. 9; Sicherheitsratsresolution 770 (1992), vom 13.8.1992 in: Bethlehem/Weller (Hrsg.), The „Yugoslav" Crisis In International Law: General Issues, Part I, S. 17.

Nachdem sich die Konfliktparteien nicht auf den Kantonisierungsplan der EG einigen konnten, stellte am 28.10.1992 der Vorsitzende der Arbeitsgruppe für Bosnien-Herzegowina im Rahmen der Konferenz über Jugoslawien, Martti Ahtisaari, einen neuen Vorschlag für eine Verfassungsordnung in Bosnien-Herzegowina vor. Auch dieser Friedensplan, der später als Vance-Owen-Plan bekannt wurde, stützte sich auf die Einheit Bosnien-Herzegowinas bei einer weitgehenden Autonomie der einzurichtenden Provinzen. Bosnien-Herzegowina sollte nach diesem Plan als dezentralisierter Staat aus 7-10 Provinzen bestehen.[1289] Der am 2.-4.1.1993 von den Vermittlern Vance und Owen auf der Konferenz über Jugoslawien vorgestellte, überarbeitete Plan, legte sich auf 10 Provinzen fest.[1290] Eine internationale Rechtspersönlichkeit der Provinzen lehnte auch dieser Plan ab. Die Provinzen sollten entgegen dem Kantonisierungsplan nicht mehr nach ethnischen Kriterien festgelegt werden. Entscheidend für die Grenzziehung zwischen den Provinzen sollten neben den ethnischen Gesichtspunkten vor allem geographische, historische, infrastrukturelle und wirtschaftliche Überlegungen sein. Es wurde explizit darauf hingewiesen, daß es sich um multiethnische Provinzen handeln würde.[1291] Dieser Plan wurde aber nur von dem kroatischen Vertreter Boban angenommen, während sich sowohl Izetbegovic als auch Karadzic zunächst weigerten. Karadzic stimmte dem Plan unter Druck Milosevics am 12.1.1993 zu, allerdings unter der Bedingung, daß das selbsternannte Parlament der Serbischen Republik den Plan bestätigte. Dieses geschah am 20.1.1993.

Der nach dieser Zustimmung am 30.1.1993 in Genf zur Unterzeichnung gebrachte Vance-Owen-Plan bestand aus drei einzeln zu unterzeichnenden Teilen: 1. dem Verfassungsentwurf, 2. der Vereinbarung über den Waffenstillstand und 3. einer Landkarte mit den eingezeichneten Provinzgrenzen.[1292] Nur der kroatische Vertreter Boban unterzeichnete alle drei Teile des Vance-Owen-Plans. Izetbegovic unterzeichnete die Vereinbarung über den Waffenstillstand und die Landkarte nicht. Letztere wurde auch von Karadzic nicht unterzeichnet. Nach mehrmonatigen Verhandlungen, während derer Izetbegovic am 25.3.1993 den gesamten Plan unterzeichnete,[1293] weigerte sich schlußendlich das Parlament der bosnischen Serben am 6.5.1993, den Vance-Owen-Plan zu ratifizieren.[1294] Diese

---

1289 International Conference On The Former Yugoslavia: Documents Adopted At The London Conference November 11, 1992, ILm Bd. 31 (1992), S. 1549 (1584 ff.).

1290 Bethlehem/Weller (Hrsg.), The „Yugoslav" Crisis In International Law: General Issues, Part I, S. XLII.

1291 International Conference On The Former Yugoslavia: Documents Adopted At The London Conference November 11, 1992, ILM Bd. 31 (1992), S. 1549 (1585).

1292 Krech, Der Bürgerkrieg in Bosnien-Herzegowina (1992-1997), S. 82.

1293 Bethlehem/Weller (Hrsg.), The „Yugoslav" Crisis In International Law: General Issues, Part I, S. XLIV; Krech, Der Bürgerkrieg in Bosnien-Herzegowina (1992-1997), S. 84.

1294 T.Ch., EA Bd. 84,2 (1993), Dokumente, S. 557 (358).

Entscheidung wurde durch ein Referendum unter der serbischen Bevölkerung am 15.5.1993 bestätigt. Damit hatte das durch den Sicherheitsrat in seiner Resolution 820 (1993) vom 17.4.1993 aufgestellte Ultimatum an die Serben zur Unterzeichnung des Vance-Owen-Plans keinen Erfolg.[1295] Nach weiteren Verhandlungen erklärte Lord Owen den Vance-Owen-Plan am 16.6.1993 auf der Konferenz über Jugoslawien für gescheitert.[1296]

Die internationale Gemeinschaft hielt aber trotzdem weiter an der territorialen Einheit Bosnien-Herzegowinas fest. So erklärten die Außenminister der EG-Mitgliedstaaten im Vorfeld des Gipfeltreffens der Staats- und Regierungschefs der Europäischen Gemeinschaft im Juni 1993, daß die staatliche Einheit Bosnien-Herzegowinas auch nach dem Scheitern des Vance-Owen-Plans eine Grundforderung für jedwede Friedenslösung sei.[1297] Dies berücksichtigten sowohl der Owen-Stoltenberg-Plan[1298], der am 16.6.1993 auf der Konferenz über Jugoslawien vorgestellt wurde, als auch der Kontaktgruppenplan[1299] vom 13.5.1994. Beide Friedenspläne scheiterten aber an der Ablehnung durch die Konfliktparteien.

Zu einer Einigung zwischen den Parteien kam es erst unter der Vermittlung des amerikanischen Beauftragten Richard Holbrooke. Am 26.9.1995 wurde unter seiner Führung in der UN-Vertretung der USA in New York die Rahmenvereinbarung für einen Friedensvertrag unterzeichnet. Zwischen dem 31.10. und dem 31.11.1995 verhandelten für die moslimisch-kroatische Föderation[1300] der kroatische Präsident Tudjman und der bosnische Präsident Izetbegovic mit dem Vertreter der bosnischen Serben, dem serbischen Präsidenten Milosevic, auf der US-Luftwaffenbasis Dayton in Ohio. Die Vermittlerrolle übernahm der amerikanische Außenminister Warren Christopher. Am 14.12.1995 wurde der Friedens-

1295 Sicherheitsratsresolution 820 (1993), vom 17.4.1993 in: Bethlehem/Weller (Hrsg.), The „Yugoslav" Crisis In International Law: General Issues, Part I, S. 36 ff.

1296 Krech, Der Bürgerkrieg in Bosnien-Herzegowina (1992-1997), S. 89.

1297 T.Ch., EA Bd. 84,2 (1993), Dokumente, S. 557 (359).

1298 Der drei ethnische Zonen mit einer Zentralregierung in Sarajevo vorsah.

1299 Die Kontaktgruppe bestand aus VN, EG, Rußland, Großbritannien, BRD und Frankreich und war am 26.4.1994 erstmals zusammengetreten. Der Plan sah eine Union aus zwei Teilrepubliken vor. Krech, Der Bürgerkrieg in Bosnien-Herzegowina (1992-1997), S. 113.

1300 Verhandlungen zwischen den bosnischen Moslimen und den bosnischen Kroaten über die Bildung einer moslimisch-kroatischen Konföderation hatten am 26.2.1994 begonnen. Am 13.3.1994 einigte man sich in Wien auf die Bildung einer solchen Konföderation. Sie sollte aus zwei Bundesstaaten bestehen. Nachdem die Präsidenten Tudjman und Izetbegovic am 18.3. den Vertrag unterzeichnet hatten, wurde dieser am 26.3. 1994 durch das kroatische Parlament in Mostar, und am 29.3.1994 durch das bosnische Parlament in Sarajevo ratifiziert (Krech, Der Bürgerkrieg in Bosnien-Herzegowina (1992-1997), S. 108 f.

vertrag von Dayton in Paris unterschrieben.[1301] Der für das Selbstbestimmungsrecht wichtige Inhalt des Vertrages[1302] war:

1. Bosnien bleibt ein einheitlicher Staat in seinen damaligen Grenzen und wird von der internationalen Gemeinschaft anerkannt.
2. Der bosnische Staat besteht aus zwei Teilen, der moslimisch-kroatischen Föderation und der „Serbischen Republik" in Bosnien. Moslime und Kroaten bekommen 51 Prozent des Staatsgebietes, die Serben 49 Prozent.
3. Sarajevo bleibt die vereinigte Hauptstadt Bosniens.
4. Es werden eine Zentralregierung, ein einheitliches Parlament und eine Präsidentschaft geschaffen. Als weitere zentrale Institutionen sind ein Verfassungsgericht, eine Zentralbank und eine gemeinsame Währung vorgesehen. Die zentralen Institutionen sind für die Außenpolitik, den Außenhandel, die Geldpolitik sowie Fragen der Staatsbürgerschaft und der Einwanderung zuständig. Das Parlament wird aus zwei Kammern bestehen. Die 42 Abgeordneten des Unterhauses werden von den Einwohnern der politischen Einheiten direkt gewählt. Die 15 Abgeordneten des Oberhauses werden von den Vertretungen der beiden Einheiten bestimmt. Der Republik Bosnien soll ein dreiköpfiges Präsidium vorstehen.

Damit hatte sich die Staatengemeinschaft endgültig mit ihrer Unterstützung für die territoriale Einheit Bosnien-Herzegowinas durchgesetzt und die Sezession der serbischen Bevölkerung verhindert.

c) Bewertung der Staatenreaktion

Es stellt sich die Frage, ob aus dieser Staatenreaktion auf den Zerfall Jugoslawiens und die Sezessionswünsche des Kosovo und der Serben in Kroatien und Bosnien-Herzegowina zu schließen ist, daß die Staaten ethnische Völker als Träger des Selbstbestimmungsrechtes ansehen. Wäre dies der Fall, hätte sich das Konzept des Selbstbestimmungsrechtes nach 1990 entscheidend verändert. Grundlage des Selbstbestimmungsrechts vor 1990 war die Annahme, daß die selbstbestimmungsberechtigte Gruppe sich alleinig nach territorialen Gesichtspunkten bestimmt. Träger des Selbstbestimmungsrechts war danach ausschließlich die Bevölkerung eines bestimmten Territoriums. Die Bevölkerung einer territorialen Einheit ist danach dann Träger des Selbstbestimmungsrechts, wenn kein Völkerrechtssubjekt einen legalen Titel auf das Territorium der Einheit erheben kann.[1303] Wäre im Zuge des Zerfalls Jugoslawiens ein Selbstbestimmungsrecht ethnischer Völker anerkannt worden, würde diese Prämisse

[1301] Krech, Der Bürgerkrieg in Bosnien-Herzegowina (1992-1997), S. 139 f.
[1302] Inhalt aus: Die wichtigen Vereinbarungen von Dayton, PS Bd. 46 (1995), Sonderheft 3, S. 162 ff.
[1303] Siehe Seite 200.

nicht mehr zutreffen. Zwar wäre die Internationalisierung wohl weiterhin die Voraussetzung für die Ausübung zumindest des äußeren Selbstbestimmungsrechts, aber die Trägerschaft selbst würde sich nach ethnischen Gesichtspunkten richten.

aa) Internationalisierung aufgrund des Zerfalls des Gesamtstaates

Aus der Staatenreaktion ergibt sich, daß die internationale Staatengemeinschaft auch bei dem Verhältnis zwischen den Republiken und dem Gesamtstaat, sowie bei dem Verhältnis zwischen den Republiken untereinander von einer Internationalisierung dieser Verhältnisse ausging. Diese Internationalisierung trat nicht plötzlich ein, sondern stellte einen längeren Prozeß dar. Zunächst hatte die Staatengemeinschaft die territoriale Integrität des Gesamtstaates Jugoslawien unterstützt und jedes Recht auf Unabhängigkeit der einzelnen Republiken verneint.[1304]

Mit den Unabhängigkeitserklärungen vom 25.6.1991, dem Ausbruch der Gewalt am 27.6.1991, der Blockierung der Bundesorgane, welche in der gescheiterten Wahl Stipe Mesic Ausdruck fand und der Aussage der Republiken, den Staat nicht so erhalten zu wollen, wie er bestand, erkannte Staatengemeinschaft die Unabhängigkeit der Republiken als Möglichkeit an. Es wurde ein Dialog ohne Vorbedingungen gewünscht. Entscheidender Beweis dafür, daß die Staatengemeinschaft gleichzeitig von einer gewissen Internationalisierung im Verhältnis zwischen dem Gesamtstaat und den Republiken ausging ist aber, daß Jugoslawien bereits zu diesem Zeitpunkt das Recht verwehrt wurde, seine territoriale Integrität mit militärischen Mitteln zu schützen. Allerdings gingen die meisten Staaten in Bezug auf die Unabhängigkeit der Republiken noch immer von einer inneren Angelegenheit Jugoslawiens aus.

Die Internationalisierung entwickelte sich fort. Ab Oktober 1991, als die Bundesorgane endgültig aufhörten, Repräsentanten aller Republiken zu sein, ging die Staatengemeinschaft davon aus, daß die Republiken ein Recht auf Unabhängigkeit hätten. Dies findet seinen Ausdruck in der *Meinung Nr. 1* der Schiedskommission, die unter Punkt 3 festhält, daß es Sache der Republiken sei, die dieses wollten, sich zu einer neuen Assoziation zusammenzuschließen.[1305] Damit nahmen die Staaten an, daß ein Grad der Internationalisierung der Verhältnisse eingetreten sei, der den Anspruch des Gesamtstaates auf den Erhalt des gesamtstaatlichen Territoriums erlöschen ließ. Den Republiken wurde also bereits im Dezember 1991 ein Selbstbestimmungsstatus zugebilligt. Damit erkannte die Schiedskommission an, daß innerstaatliche Gruppen innerhalb Jugoslawiens ein Recht auf Selbstbestimmung hatten. Aus *Meinung Nr. 1* der

---

1304 Seite 320.

1305 Conference On Yugoslavia, Arbitration Committee, Opinion NR. 1, veröffentlicht am 9.12.1991, ILM Bd. 31 (1992), S. 1494 (1497).

Schiedskommission geht hervor, daß die Grundlage für diesen Selbstbestimmungsstatus die Annahme ist, daß sich der Gesamtstaat in einem Zerfallsprozeß befand.[1306] In *Meinung Nr. 1* heißt es insoweit:

> *„Consequently, the Arbitration Committee is of the opinion: -that the Socialist Federal Republic of Yugoslavia is in the process of dissolution."*[1307]

Erst aus dieser Feststellung, daß sich nämlich der Gesamtstaat in einem Zerfallsprozeß befand, ergab sich nach Ansicht der Schiedskommission die Pflicht der Republiken, die sich daraus ergebenden Probleme der Staatensukzession im Einklang mit dem Völkerrecht zu lösen.[1308]

Der Zerfallsprozeß lag nach Ansicht der Schiedskommission darin begründet, daß die Republiken ihren Unabhängigkeitswillen bekundet hatten und die Bundesorgane weder arbeitsfähig noch die Repräsentanten aller Republiken waren.[1309] Dies entsprach auch der tatsächlichen Lage in Jugoslawien. Von Beginn der Konflikte an waren sich alle Republiken darüber einig, daß der Staat nicht in der Form erhalten bleiben sollte, in welcher er nach der Verfassung von 1974 bestand.[1310] Die Republiken waren sich früh darüber einig, daß eine Verhandlungen voraussetzende neue Lage entstanden sei und hatten dies auch vertraglich festgehalten.[1311] Ab Dezember 1991 wollte die Mehrheit der Republiken den Staat gar nicht mehr erhalten. Serbien und Montenegro bemühten sich lediglich um eine Erhaltung des Gesamtstaates, um weiterhin alle Serben in einem Staat zu vereinen. Sollte der Erhalt nicht möglich sein, sollte der Zerfall nach serbischer Überzeugung zu Veränderungen der Republiksgrenzen führen. Es lag also auf der einen Seite ein Konsens zwischen den Republiken vor, den Gesamtstaat entscheidend zu verändern. Auf der anderen Seite wollte kein Staatsteil den jugoslawischen Gesamtstaat um jeden Preis erhalten. Der Staatengemeinschaft

---

1306 Nicht entscheidend ist dagegen die Frage, ob ein Zerfall tatsächlich vorlag, und ob die Kriterien die die Schiedskommission für die Feststellung eines Zerfalls anwandte, mit dem Völkerrecht im Einklang stehen. Für das Selbstbestimmungsrecht entscheidend ist alleine, daß die Staaten von dem Zerfall ausgingen und mit dieser Lage ein Selbstbestimmungsrecht verbanden. Daß die Staaten auf den Zerfallsprozeß abstellten, bestätigt sich in Meinung Nr. 8 der Schiedskommission. Arbitration Commission, Opinion No 8, veröffentlicht am 4.7.1992, ILM Bd. 31 (1992), S. 1521 ff.), in der der Abschluß des Zerfalls Jugoslawiens festgestellt wird.

1307 Conference On Yugoslavia, Arbitration Committee, Opinion NR. 1, veröffentlicht am 9.12.1991, ILM Bd. 31 (1992), S. 1494 (1497).

1308 Conference On Yugoslavia, Arbitration Committee, Opinion NR. 1, veröffentlicht am 9.12.1991, ILM Bd. 31 (1992), S. 1494 (1497).

1309 Conference On Yugoslavia, Arbitration Committee, Opinion NR. 1, veröffentlicht am 9.12.1991, ILM Bd. 31 (1992), S. 1494 (1496).

1310 Seite 298 ff.

1311 Seite 302.

kam es für die Zuerkennung des Selbstbestimmungsstatus insbesondere auf die Entscheidung der Mehrheit der Republiken an, den Staat nicht zu erhalten. Dies ergibt sich nicht nur aus der zuvor zitierten Passage 2a der *Meinung Nr. 1*, sondern auch aus *Meinung Nr. 8*. Dort heißt es:

> *„2. ... The Commission finds that the existence of a federal state, which is made up of a number of separate entities, is seriously comprised when a majority of* ***these entities****, embracing a greater part of the territory and population, constitute themselves as sovereign states with the result that federal authority may no longer be effectively exercise ...“*[1312]

Dabei mußten diese neuen Staatsgründungen auf eine Selbstbestimmungsentscheidung der jeweiligen Republikvölker zurückgehen. Dies ergibt sich daraus, daß die Schiedskommission im Fall Bosnien-Herzegowinas forderte, daß sich der Wille der Bevölkerung zur Unabhängigkeit der Republik zeigen müßte.[1313] In einer solchen Entscheidung der Mehrheit der Republiksbevölkerungen, neue Staaten zu gründen, liegt als Kehrseite die Entscheidung der Mehrheit des Staatsvolkes, den Gesamtstaat nicht zu erhalten und sich aufzulösen. Der Zerfall Jugoslawiens ist insoweit mit der Auflösung der Sowjetunion vergleichbar. Der Unterschied liegt alleine darin begründet, daß sich die sowjetischen Republiken über die Modalitäten der Staatsauflösung einigen konnten, während die Verhandlungen über eine Auflösung Jugoslawiens aufgrund der Blockadehaltung der serbisch dominierten Republiken abgebrochen wurde, und sich der Zerfall tatsächlich vollzog, ohne eine vertragliche Einigung zu erreichen. Dabei kam es zum Entfallen der bundesstaatlichen Rechtsordnung, weil die Weigerung der Mehrheit der Republiken in den Bundesorganen mitzuwirken dazu führte, daß diese arbeitsunfähig wurden. Darüberhinaus repräsentierten diese Bundesorgane nach deren Vereinnahmung durch die serbisch dominierten Republiken nicht mehr die Mehrheit der Republiken.

Mit der Zuerkennung des Selbstbestimmungsstatus an die Bevölkerungen der Republiken hat die Staatengemeinschaft anerkannt, daß die Entscheidung der Mehrheit des Staatsvolkes, sich selbst aufzulösen, auch dann zur Zuerkennung des Selbstbestimmungsrechts an die Teilgruppen dieses Staatsvolkes führt, wenn eine Einigung über die Modalitäten der Auflösung nicht erreicht wird und sich eine Minderheit weigert, den tatsächlich stattfindenden Zerfall umzusetzen. Der Gesamtstaat hat in diesem Fall keinen Anspruch auf territoriale Integrität gegenüber den innerstaatlichen Gruppen mehr, weil das ihn konstituierende Staatsvolk entschieden hat, sich aufzulösen und diese Entscheidung durch tatsächliche

---

[1312] Hervorhebung durch die Verfasserin. Arbitration Commission, Opinion No 8, veröffentlicht am 4.7.1992, ILm Bd. 31 (1992), S. 1521 (1522).

[1313] Conference On Yugoslavia, Arbitration Committee, Opinion NR. 4, veröffentlicht am 11.1.1992, ILM Bd. 31 (1992), S. 1501 (1503).

Handlungen umsetzt. Durch diese Umsetzung entfällt die Rechtsordnung. Insoweit ist es durch die Staatsreaktion auf den Zerfall Jugoslawiens zu einer Teilbestätigung des im ersten Teil der Arbeit dogmatisch hergeleiteten Rechts innerstaatlicher Gruppen auf Selbstbestimmung gekommen.

Mit der Aussage über die Pflicht der Republiken zur Regelung der Staatensukzession, der späteren Anerkennung der Republiken in ihren Grenzen und der Unterstützung für den Erhalt der territorialen Einheit sowohl Kroatiens als auch Bosnien-Herzegowinas und Serbiens gegen Sezessionswünsche von ethnischen Gruppen, hat sich die internationale Staatengemeinschaft einheitlich dafür entschieden, daß der Selbstbestimmungsstatus den Bevölkerungen der Republiken zukommen sollte. Es stellt sich die Frage, warum gerade die Bevölkerung der jugoslawischen Republiken diesen Selbstbestimmungsstatus innehaben sollten. Dafür gibt es drei mögliche Erklärungen, eine verfassungsrechtliche, eine ethnische und eine territoriale.

bb) Verfassungsrechtliche Regelung in Bezug auf ein Sezessionsrecht

Der von der Staatengemeinschaft anerkannte Selbstbestimmungsstatus der Republiken könnte sich aus einem durch diese Staaten als verbindlich anerkannten Sezessionsrechtes der Republiken aus dem jugoslawischen Verfassungsrecht ergeben. In Artikel 1 der Bundesverfassung vom 31.1.1946 heißt es, daß die Föderative Volksrepublik Jugoslawien „ein Bundes-Volksstaat republikanischer Form“ sei, „eine Gemeinschaft gleichberechtigter Völker, welche aufgrund des Selbstbestimmungsrechts, einschließlich des Rechtes auf Loslösung, ihren Willen Ausdruck gegeben haben, in einem föderativen Staat gemeinsam zu leben.“ Es stellt sich also die Frage, ob sich ein Sezessionsrecht der Republiken und autonomen Gebietskörperschaften bereits aus nationalem Recht ergibt, und dieses den Selbstbestimmungsstatus begründet hat.

Durch die Verfassungsänderung von 1963 kam der Bezug auf das Selbstbestimmungsrecht von Artikel 1 in die Grundprinzipien der Bundesverfassung. Unter I heißt es insoweit:

„Die Völker Jugoslawiens haben sich, ausgehend von dem Recht eines jeden Volkes auf Selbstbestimmung, einschließlich des Rechts auf Lostrennung, aufgrund des in dem Volksbefreiungskrieg und der sozialistischen Revolution geführten gemeinsamen Kampfes und frei geäußerten Willens, im Einklang mit ihren historischen Bestrebungen, in dem Bewußtsein, daß die weitere Festigung ihrer Brüderlichkeit und Einheit in ihrem gemeinsamen Interesse liegt, zu einer Bundesrepublik freier und gleicher Völker und Nationalitäten vereinigt und der sozialistischen Föderative Gemeinschaft der Werktätigen - die Sozialistische Föderative Republik Jugoslawien - geschaffen, in der sie im Interesse jedes einzelnen Volkes und aller Völker zusammen folgendes verwirklichen und sichern: ...“[1314]

Durch die neue Verfassung von 1974 änderte sich der entsprechende Passus wie folgt:

„Die Nationen Jugoslawiens haben sich, ausgehend von dem Recht eines jeden Volkes auf Selbstbestimmung, das Recht auf Loslösung eingeschlossen, aufgrund des im gemeinsamen Kampf aller Nationen und Nationalitäten im Volksbefreiungskrieg und in der sozialistischen Revolution frei geäußerten Willens, im Einklang mit ihrem historischen Streben, im Bewußtsein, daß die weitere Festigung ihrer Brüderlichkeit und Einheit im gemeinsamen Interesse liegt, gemeinsam mit den Nationalitäten, mit denen sie zusammenleben, zu einer Bundesrepublik freier und gleichberechtigter Nationen und Nationalitäten ...“

Aber kann man aus der Erwähnung des Selbstbestimmungsrechts und des darauf begründeten Sezessionsrechtes schließen, daß diese den Republiken und möglicherweise auch den autonomen Gebietskörperschaften auch nach Staatsgründung zukommen sollte?

Nach dem Grundprinzip I der 1963er und 1974er Verfassung haben sich die Völker Jugoslawiens, und nicht etwa die Republiken, aufgrund des Selbstbestimmungsrechts zu einer Bundesrepublik vereinigt. Es stellt sich damit zunächst die Frage, warum die Republiken und nicht die ethnischen Völker anspruchsberechtigt sein sollten. Diese Frage ist um so berechtigter, als bis auf Slowenien die Republiken multiethnisch sind. Daß das verfassungsrechtliche Selbstbestimmungsrecht nicht in Bezug auf die Völker, sondern ausschließlich in bezug auf die Republiken diskutiert wurde, hängt mit den theoretischen Grundlagen der jugoslawischen Staatsgründung zusammen. Die bundesmäßige Staatsordnung war die von der Kommunistischen Partei Jugoslawien (KPJ) propagierte Lösung der im Vorkriegsjugoslawien ungelöst gebliebenen nationalen Frage.[1315] Für die Erreichung dieses Ziels erfolgte der gemeinsame Kampf aller

---

1314 Grundprinzip I, Durovic (Hrsg.), Die Verfassung der Sozialistischen Föderativen Republik Jugoslawien - Verfassungsänderungen.

1315 Nicolic, Das Gesellschaftlich-Politische System Jugoslawiens, S. 72.

jugoslawischer Völker und Volksgruppen. Durch diesen Kampf wurde das neue Jugoslawien auf dem föderativen Prinzip errichtet. Im Rahmen der föderativen Staatsordnung errichtete jedes der jugoslawischen Völker zusammen mit den Nationalitäten seinen eigenen Staat.[1316] Dies wird auch in Artikel 1 der Bundesverfassung von 1974 deutlich, in dem es heißt: „Die Sozialistische Föderative Republik Jugoslawien ist ein Bundesstaat als staatliche Gemeinschaft freiwillig vereinter Völker *und ihrer sozialistischen Republiken sowie der sozialistischen autonomen Gebietskörperschaften* ...“[1317] Die jugoslawischen Republiken sind die Schöpfungen und Repräsentanten der einzelnen Völker und Nationalitäten. Da die Völker und Nationalitäten in Ausübung ihres Selbstbestimmungsrechts die Republiken als ihre Repräsentanten geschaffen haben, nehmen diese das verfassungsrechtliche Selbstbestimmungsrecht für das jeweilige Volk wahr. Aus der Verfassung von 1974 ergibt sich aufgrund des Hinweises sowohl auf die Völker als auch auf die Nationalitäten, daß die Republiken der Ausdruck des Selbstbestimmungsrechts aller sie bewohnender Menschen sind.

Aus den Formulierungen des Grundprinzips I der Bundesverfassung wird deutlich, daß die Völker Jugoslawiens in der Vergangenheit ein Recht auf Selbstbestimmung in Form des Sezessionsrechtes hatten. Dies ist unbestritten. Aber gewährt auch die Bundesverfassung von 1974 noch ein solches Recht, so daß dieses 1990 bestanden hätte? Für ein solches durch nationales Verfassungsrecht garantiertes Recht spricht, daß es sowohl in der Verfassung von 1963 als auch in der Verfassung von 1974 enthalten ist. Die Bezugnahme auf das Selbstbestimmungsrecht in diesen Verfassungen muß eine Bedeutung haben. Die jugoslawischen Verfassungsrechtler gingen von einer Kontinuität des Staates Jugoslawien aus.[1318] Die 1946 begründete Volksrepublik war danach keine Neuschaffung eines Staates, sondern lediglich eine Änderung der Gesellschaftsordnung. Dies wird zum einen dadurch deutlich, daß immer von Befreiungskampf und Revolution gesprochen wird. Zum anderen ergibt sich dies auch aus der Deklaration der II. Konferenz des AVNOJ. Im zweiten Teil unter Punkt 2 dieser Deklaration werden der Emigranten-Regierung alle Rechte abgesprochen.[1319] Das Absprechen der Vertretungsbefugnis ist aber nur dann nötig, wenn der zu vertretende Staat bestehen bleibt, nicht aber, wenn ein ganz neuer Staat gegründet wird. Man könnte insoweit für die Kontinuität des Sezessionsrechtes anführen, daß wenn dieses 1946 bestanden hat, obwohl bereits ein jugo-

---

1316 Nicolic, Das Gesellschaftlich-Politische System Jugoslawiens, S. 73.

1317 Hervorhebung durch die Verfasserin. Zitiert nach Roggemann (Hrsg.), Die Verfassungen der sozialistischen Staaten, S. 165.

1318 Siehe: Schweissguth, Die Entwicklung des Bundesverfassungsrechts der Föderativen Volksrepublik Jugoslawien, S. 15; Beckmann-Petey, der jugoslawische Föderalismus, S. 73 ff., 42.

1319 Abgedruckt in Schweissguth, die Entwicklung des Bundesverfassungsrechts der Föderativen Volksrepublik Jugoslawien, S. 69 (70).

slawischer Staat existierte, dieses auch nach der Umwandlung weiter bestehen müßte. Denn sowohl vor als auch nach der Umwandlung bestand ein Staat, dessen territoriale Integrität durch eine Sezession betroffen wäre. Diese Argumentation übersieht aber den von den Gründern des neuen Jugoslawiens angenommenen Unterschied zwischen den beiden jugoslawischen Staaten. Denn obwohl der Staatsgründungsakt von 1918 von diesen eine positive Bewertung erfährt, wird die Form seines Zustandekommens kritisiert. Die Staatsgründung erfolgte danach ohne Beteiligung der Bevölkerung alleine durch die bürgerlichen Parteien zur Absicherung der bourgeoisen ausbeuterischen Verhältnisse. Dabei wurde eine Staatsordnung der Nichtgleichberechtigung und der nationalen sowie sozialen Unterdrückung geschaffen.[1320] Die Form der Staatsgründung widersprach demnach dem Selbstbestimmungsrecht der Völker.[1321] Dagegen wurde die Gründung der Föderativen Volksrepublik Jugoslawien als vom freien Willen des Volkes getragen angesehen und war insofern die Umsetzung des Selbstbestimmungsrechtes. Wenn man diese Unterscheidung einer Bewertung zugrundelegt,[1322] so spricht alleine die Staatskontinuität nicht für ein Weiterbestehen des Sezessionsrechtes, denn in der Staatsgründung von 1918 wurde dieses gar nicht wirksam ausgeübt. Ausgeübt wurde es erst 1946 und so besteht kein Widerspruch, wenn davon ausgegangen wird, daß das Selbstbestimmungsrecht des einzelnen Volkes sich mit der Gründung der Föderativen Volksrepublik Jugoslawien konsumiert hat.

Gegen eine solche Konsumtion könnte aber sprechen, daß das völkerrechtliche Selbstbestimmungsrecht nicht konsumiert wird und eine solche Konsumtion auch nicht durch nationales Recht herbeigeführt werden kann. In diesem Kapitel geht es aber gerade nicht um das völkerrechtliche Selbstbestimmungsrecht, sondern es soll untersucht werden, ob im jugoslawischen Verfassungsrecht ein vom Völkerrecht unabhängiges Selbstbestimmungsrecht besteht. Ein verfassungsrechtliches Selbstbestimmungsrecht ist aber auch unter verfassungsrechtlichen Gesichtspunkten zu untersuchen, so daß auch eine Konsumtion durchaus möglich ist.

Daß sich das verfassungsrechtliche Selbstbestimmungsrecht und damit das Sezessionsrecht mit der Gründung der Föderativen Volksrepublik Jugoslawien konsumiert hat, wurde denn auch von dem überwiegenden Teil der jugo-

---

1320 Broz-Tito: Politischer Bericht des ZK KPJ, S. 25 f. zitiert in: Schweissguth, die Entwicklung des Bundesverfassungsrechts der Föderativen Volksrepublik Jugoslawien, S. 15 f.

1321 Vrcinac Julijana, Kraljevina Srba, Hrvata i Slovenaca od ujedinjenja do Vidovdanskog procesa (Königreich der Serben, Kroaten und Slowenen von der Vereinigung bis zum Veitslager Prozeß, Zagreb 1956 zitiert in: Schweissguth, die Entwicklung des Bundesverfassungsrechts der Föderativen Volksrepublik Jugoslawien, S. 16.

1322 Und dies muß geschehen, um beurteilen zu können, welches Ziel die Verfasser der Verfassung verfolgten.

slawischen Verfassungsrechtler vertreten.[1323] Mit der Gründung der jugoslawischen Föderation hätten sich die jugoslawischen Völker für den Verbleib in und damit gegen den Austritt aus dem jugoslawischen Staat entschieden. Für diese Interpretation sprechen gewichtige Gründe. Dies beginnt bereits bei der sprachlichen Ausgestaltung des Verfassungsgrundsatzes I. Es heißt insoweit: „Die Völker Jugoslawiens haben sich, ausgehend von dem Recht eines jeden Volkes auf Selbstbestimmung einschließlich des Rechtes auf Loslösung, ... zu einer Bundesrepublik ... vereinigt.“. Es wird hier die Vergangenheitsform benutzt. Die Vergangenheitsform spricht aber nicht für das Weiterbestehen des Rechtes, sondern nur dafür, daß es im Augenblick der Staatsgründung bestanden hat. Der Grundsatz soll vielmehr die dem Selbstbestimmungsrecht entsprechende Form der Staatsumwandlung verdeutlichen und verweist damit auch auf die Deklaration der II. Konferenz des AVNOJ Teil 1[1324] und den Beschluß über den Aufbau Jugoslawiens auf föderaler Grundlage[1325]. Diese Auslegung soll auch dem Willen der Teilnehmer der 2. AVNOJ-Konferenz vom November 1943 entsprechen. Die dort gefaßten Beschlüsse gelten als Übergangsverfassung[1326] und sind insoweit auch Grundlage der folgenden Verfassungen.

Ein weiteres Argument gegen das Weiterbestehen eines verfassungsrechtlichen Sezessionsrechtes ist die Tatsache, daß es seit 1963 nur noch in den Verfassungsgrundsätzen verankert ist und nicht mehr im normativen Teil Erwähnung findet. Ein für einen Staat so entscheidendes Recht müßte aber einschließlich seiner genauen Ausgestaltung im normativen Teil der Verfassung geregelt sein.[1327] Hinzu kommt, daß die Verfassungsgrundsätze nach herrschender Meinung keinen normativen Charakter haben.[1328]

Als weitere Argumente für eine Konsumtion des verfassungsrechtlichen Sezessionsrechtes werden Artikel 237 Bundesverfassung von 1974 und Artikel 116 I StGB der SFRJ genannt. Artikel 237 Bundesverfassung statuiert, daß es

---

1323 So die herrschende Meinung Nachweise in Beckmann-Petey, der jugoslawische Föderalismus, S. 129, Fußnote 468.

1324 Darin heißt es: „...wodurch sie sich nicht nur das Recht auf Selbstbestimmung, einschließlich das Recht aus Lostrennung oder Vereinigung mit anderen Völkern, erwarben, sondern auch sicherten...“ Zitiert in Schweissguth, Die Entwicklung des Bundesverfassungsrechts der Föderativen Volksrepublik Jugoslawien, S. 69.

1325 „Gemäß dem einem jeden Volke zustehenden Recht auf Selbstbestimmung, einschließlich dem Recht auf Loslösung und Vereinigung mit anderen Völkern, und im Einvernehmen mit dem wahren Willen sämtlicher Völker Jugoslawiens, ...erläßt der Antifaschistische Rat der Volksbefreiung Jugoslawiens folgenden Beschluß:...“ Zitiert in Schweissguth, Die Entwicklung des Bundesverfassungsrechts der Föderativen Volksrepublik Jugoslawien, S. 74.

1326 Beckmann-Petey, Der jugoslawische Föderalismus, S. 41.

1327 Beckmann-Petey, Der jugoslawische Föderalismus, S. 129.

1328 Beckmann-Petey, Der jugoslawische Föderalismus, S. 128 mit weiteren Nachweisen.

das Recht und die Pflicht aller Jugoslawen ist, die Unabhängigkeit, die Souveränität, die territoriale Gesamtheit und die gesellschaftliche Ordnung zu schützen und zu verteidigen. Allerdings steht dieser Artikel in Kapitel VI - Die Volksverteidigung, so daß er meiner Ansicht nach eher auf den Schutz nach Außen gerichtet ist. Dafür spricht auch, daß im nächsten Artikel die Kapitulation und Okkupation geregelt sind, indem deren Unterzeichnung oder Anerkennung verboten werden. Dieser Artikel regelt aber nicht die Sezession. Anders verhält es sich allerdings mit Artikel 116 StGB der SFRJ. Absatz 1 lautet: „Wer eine Tat begeht, die die Loslösung eines Teils des Gebiets der SFRJ durch Gewalt oder verfassungswidrig verfolgt, oder bewirkt, daß dieser Teil einem anderen Staat angegliedert wird, ...“[1329]. Festgehalten werden muß zunächst, daß es sich hierbei um eine einfachgesetzliche Regelung handelt. Eine solche kann ein verfassungsrechtlich verbrieftes Recht nicht einschränken. Allerdings kann das Bestehen einer einfachgesetzlichen Regelung hier als Auslegungshilfe oder besser als Indiz für das Nichtbestehen eines verfassungsrechtlich garantierten Sezessionsrechtes gewertet werden. Dabei spricht der Text der Vorschrift aber nicht so eindeutig gegen das Bestehen eines Sezessionsrechtes, wie häufig angedeutet. Aus dem Wortlaut „oder verfassungswidrig“ könnte man vielmehr auch schließen, daß es auch eine verfassungsmäßige Loslösung gibt.

Das stärkste Argument für die Konsumtion des verfassungsrechtlichen Sezessionsrechtes der Republiken ist aus dem normativen Teil der Bundesverfassung von 1974 zu entwickeln. In Artikel 5 Satz 3 heißt es: „Die Grenzen der Sozialistischen Föderativen Republik Jugoslawien können nicht ohne die Zustimmung aller Republiken und der autonomen Provinzen geändert werden.“ Der Austritt einer Republik aus dem jugoslawischen Staat wäre mit einer ganz erheblichen Grenzänderung verbunden. Das bedeutet, daß jeder Sezessionswunsch von der Zustimmung aller Republiken und autonomen Provinzen abhängig ist. Ein Sezessionsrecht ist aber nur ein wirksames Recht, wenn es eine Handlung auch dann ermöglicht, wenn die anderen Betroffenen sie nicht wollen. Artikel 5 Satz 3 Bundesverfassung von 1974 impliziert also, daß es gerade kein Recht auf Sezession gibt.

Aus diesen Gründen gibt es kein durch die jugoslawische Verfassung garantiertes Sezessionsrecht, auf welches die Staatengemeinschaft den Selbstbestimmungsstatus der Republiken hätte stützen können.[1330]

1329 Zitiert nach: Strafgesetzbuch der Sozialistischen Föderativen Republik Jugoslawien vom 18. Juli 1976 mit einer Einführung von Prof. Dr. F. C. Schroeder, Sonderdruck aus Jahrbuch für Ostrecht XVIII/1 und 2, 1977.

1330 Anderer Ansicht ist Rauert, Das Kosovo, S. 124, S. 130

cc) *Ethnische Begründung des Selbstbestimmungsstatus*

Viele Autoren[1331] gehen davon aus, daß die Republiken deshalb zur maßgeblichen Einheit für das völkerrechtliche Selbstbestimmungsrecht geworden seien, weil sie die verfassungsrechtliche Organisation der ethnischen Völker darstellten.[1332]

Die Autoren gehen davon aus, daß die Staaten durch ihre Reaktion auf den Zerfall Jugoslawiens anerkannt haben, daß ethnische Völker grundsätzlich das Recht hätten, ihren Status frei zu bestimmen. Dieses Recht sei aber durch zwei Prinzipien beschränkt. Zum einen durch die territoriale Integrität der Staaten. Dieses Recht der Staaten beschränke die Ausübung des Selbstbestimmungsrechts der ethnischen Völker unter normalen Umständen auf das innere Selbstbestimmungsrecht. Ein äußeres Selbstbestimmungsrecht im Sinne eines Sezessionsrechtes gäbe es dagegen nicht. In dem Fall, in dem sich ein Staat in einem Zerfallsprozeß befindet, gibt es aber keinen Träger des Rechtes auf territoriale Integrität mehr. In einem solchen Fall könne das Recht auf territoriale Integrität nicht mehr gegen das Selbstbestimmungsrecht der ethnischen Völker eingewendet werden. Letztere seien frei darin, ihren Status neu zu bestimmen und hätten daher auch ein Recht auf die Gründung eines eigenen Staates. Der Selbstbestimmungsstatus stände nach dieser Auslegung nicht länger der Bevölkerung eines Gebietes zu, sondern den Angehörigen einer bestimmten Ethnie. Damit würde der Träger des Selbstbestimmungsrechts nicht mehr durch das Gebiet bestimmt, sondern das Gebiet würde durch den Träger des Selbstbestimmungsrechtes bestimmt. Für Jugoslawien bedeutete dies, daß zum Beispiel alle Serben als Gruppe berechtigt wären, zu entscheiden, ob sie einen neuen Staat gründen wollten. Dieses Recht wird aber nach der Vorstellung der Autoren durch die Anwendung des uti-possidetis-juris-Prinzips begrenzt. Danach dürfen

---

1331 Baer, Der Zerfall Jugoslawiens im Lichte des Völkerrechts, S. 365 ff. (370); Klein, Völker und Grenzen im 20. Jahrhundert, Der Staat Bd. 32 (1993), S. 357 (367); Murswiek, Die Problematik eines Rechtes auf Sezession – neu betrachtet, ArchVR Bd. 31 (1993), S. 307 (317); Heintze, Völker im Völkerrecht, in: Ipsen (Hrsg.), Völkerrecht, Kapitel 6, § 29, Rdnr. 5.

1332 Daß die Republiken die verfassungsrechtliche Organisation der ethnischen Völker sind, wird insbesondere mit dem ersten Verfassungsgrundsatz und Artikel 1 der Verfassung von 1974 begründet. Der erste Verfassungsgrundsatz beginnt mit dem Satzteil: „Die Nationen Jugoslawiens haben sich, ausgehend von dem Recht eines jeden Volkes auf Selbstbestimmung, das Recht auf Loslösung eingeschlossen, . . . gemeinsam mit den Nationalitäten, mit denen sie zusammenleben, zu einer Bundesrepublik freier und gleichberechtigter Nationen und Nationalitäten vereinigt . . .“ (Roggemann (Hrsg.), Die Verfassungen der sozialistischen Staaten, S. 133 (146)). In Artikel 1 heißt es: „Die Sozialistische Föderative Republik Jugoslawien ist ein Bundesstaat als staatliche Gemeinschaft freiwillig vereinigter Völker und ihrer sozialistischen Republiken . . .“ (Roggemann (Hrsg.), Die Verfassungen der sozialistischen Staaten, S. 133 (165)).

bestehende Grenzen im Zeitpunkt der Unabhängigkeit nicht verändert werden. Die bestehenden Verwaltungsgrenzen würden zu internationalen Grenzen. Den Republiken kam der Selbstbestimmungsstatus nach dieser Interpretation zu, weil eine Beschränkung des Selbstbestimmungsrechts der ethnischen Völker durch das uti-possidetis-iuris-Prinzip diese Grenzen festgeschrieben hatte.

Hauptargument für die Überzeugung, daß die Staatengemeinschaft ein Selbstbestimmungsrecht ethnischer Völker, begrenzt durch das uti-possidetis-iuris-Prinzip, anerkannt hat, sind Textstellen aus den *Meinungen Nr. 2* und *Nr. 4* der Schiedskommission.

In *Meinung Nr. 2* heißt es in diesem Zusammenhang:

„*1. The Commission considers that international law as it currently stands does not spell out all the implications of the right to self-determination. However, it is well established that, whatever the circumstances, the right to self-determination must not involve changes to existing frontiers at the time of independence (uti possidetis juris) except where the States concerned agree otherwise ...*

3. Article 1 of the two 1966 International Covenants on human rights establishes that the principle of the right to self-determination serves to safeguard human rights. By virtue of that right every individual may choose to belong to whatever ethnic, religious or language community he or she wishes. In the Commission's view one possible consequence of this principle might be for the members of the Serbian population in Bosnia-Herzegovina and Croatia to be recognized under agreements between the Republics as having the nationality of their choice, with all rights and obligations which that entails with respect to the States concerned ...“[1333]

Nachdem festgestellt wurde, daß das Parlament der Republik eine Souveränitätserklärung abgegeben hat, heißt es in *Meinung Nr. 4* weiter:

„*... Outside the institutional framework of the SRBH, on 10 November 1991 the „Serbian people of Bosnia-Hercegovina" voted in a plebiscite for a „common Yugoslav State". On 21 December 1991 an „Assembly of the Serbian people of Bosnia-Hercegovina" passed a resolution calling for the formation of a „Serbian Republic of Bosnia-Hercegovina" in a federal Yugoslav State if the Muslim and Croat communities of Bosnia-Hercegovina decided to „change their attitude towards Yugoslavia". On 9 January 1992 this Assembly proclaimed the independence of a „Serbian Republic of Bosnia-Hercegovina".*

[1333] Conference On Yugoslavia, Arbitration Committee, Opinion NR. 2, veröffentlicht am 11.1.1992, ILM Bd. 31 (1992), S. 1497 (1498).

4. *In these circumstances the Arbitration Commission is of the opinion that the will of the peoples of Bosnia-Hercegovina to constitute the SRBH as a sovereign and independent State cannot be held to have been fully established.*"[1334]

Es ist korrekt, daß der Wortlaut dieser zitierten Passagen für ein Selbstbestimmungsrecht ethnischer Völker sprechen könnte. Insbesondere die Formulierung „Völker Bosnien-Herzegowinas" scheint tatsächlich auf ethnische Völker abzustellen. Betrachtet man aber jeweils den gesamten Text der *Meinungen Nr. 2* und *Nr. 4* der Schiedskommission, spricht vieles gegen eine solche Interpretation.

Bewertet man den gesamten Wortlaut der *Meinung Nr. 2*, so stellt man fest, daß sich die Schiedskommission nicht damit begnügt, die Frage nach einem Selbstbestimmungsrecht der serbischen Bevölkerung zu beantworten. Vielmehr versucht sie, ein umfassendes Bild der dieser ethnischen Gruppe zustehenden Schutzrechte zu schaffen. Es wird festgestellt, daß Gruppen innerhalb eines Staates, die ethnische, religiöse oder sprachliche Gemeinschaften bilden, im Völkerrecht ein Recht auf die Anerkennung ihrer Identität haben. Weiter wird festgestellt, daß den serbischen Bevölkerungen in Bosnien-Herzegowina und Kroatien alle im allgemeinen Völkerrecht und unter der Vereinbarung vom 4.11.1991 bestehenden Minderheitenrechte zustehen.[1335] Erst zum Schluß geht die Schiedskommission explizit auf das Selbstbestimmungsrecht ein. Sie leitet daraus aber kein Gruppenrecht ab, sondern ausschließlich Individualrechte. Es soll hier nicht die Frage diskutiert werden, ob diese Konstruktion der aus einem Gruppenrecht abgeleiteten Individualrechte überhaupt möglich ist, beziehungsweise ob das Selbstbestimmungsrecht auch ein Individualrecht darstellt.[1336] In diesem Punkt war sich auch die Schiedskommission nicht sicher.[1337] Vielmehr stellt sich die Frage, ob dadurch die serbischen Bevölkerungen Bosnien-Herzegowinas und Kroatiens aufgrund ihrer Ethnie als Träger des Selbstbestimmungsrechts anerkannt wurden. Die Anerkennung eines Rechtes auf Wahl der Staatsangehörigkeit ergibt sich aber gerade nicht aus der ethnischen Zugehörigkeit, sondern aus dem Zerfall des jugoslawischen Staates in mehrere Einzelstaaten. Es ist ein Recht, das, wenn es sich überhaupt aus dem Selbstbestimmungsrecht ergibt, sich aus dem Selbstbestimmungsrecht des jugoslawischen Staatsvolkes herleitet. Bevor der jugoslawische Staat zerfiel, war der Träger des Selbst-

1334 Conference On Yugoslavia, Arbitration Committee, Opinion NR. 4, veröffentlicht am 11.1.1992, ILM Bd. 31 (1992), S. 1501 (1503).

1335 Conference On Yugoslavia, Arbitration Committee, Opinion NR. 2, veröffentlicht am 11.1.1992, ILM Bd. 31 (1992), S. 1497 (1498).

1336 Dazu zum Beispiel: Heintze, Selbstbestimmungsrecht und Minderheitenrechte im Völkerrecht, S. 47 f.

1337 In dem Text wird nur davon gesprochen, daß eine **mögliche** Konsequenz des Prinzips auf Selbstbestimmung, das Recht auf die Wahl der Staatsbürgerschaft **sein könnte**.

bestimmungsrechts das gesamte jugoslawische Staatsvolk. Mit dem Zerfall dieses Staatsvolkes, wurden neue Staatsvölker geschaffen. Aufgrund der Grenzziehung zwischen diesen Einheiten muß es zwangsläufig dazu kommen, daß Menschen, die aufgrund ihres Wohnsitzes Teil eines neuen Staatsvolkes werden, sich mit diesem nicht identifizieren können. Diesen Menschen muß die Chance gegeben werden, sich für eine der anderen Staatsbürgerschaften auf dem Gebiet des früheren Gesamtstaates zu entscheiden. Dieses ergibt sich aus der Tatsache, daß es grundsätzlich Sache der Bevölkerung ist, und damit auch Sache des Einzelnen, das Staatsvolk aufzulösen. Außerdem spricht dafür auch, daß die Menschen vorher ein Teil des alten Staatsvolkes waren und sie nur aufgrund ihres Wohnsitzes im Zeitpunkt des Zerfalls, einem der neuen Staatsvölker zugeordnet worden sind. Konnten sie sich vorher entscheiden, wo sie leben wollten und zu welchen kommunalen Gemeinschaften sie sich zugehörig fühlten, so sollte dies auch für den Moment des Zerfalls gelten. Die Menschen haben aber nicht das Recht, das von ihnen bewohnte Gebiet dem Staatsgebiet eines anderen Neustaates anzuschließen. Sie dürfen lediglich die Staatsangehörigkeit eines anderen Neustaates wählen. Dadurch tragen sie aber auch die Konsequenz der doppelten Staatsbürgerschaft, oder die Konsequenz entweder als fremder Staatsangehöriger in dem Neustaat zu leben, in dem sie bei dem Zerfall ihren Wohnsitz hatten, oder aber in den Neustaat ihrer gewählten Staatsangehörigkeit auszuwandern. Diese Konsequenz wurde auch von der Schiedskommission betont. Sie stellte fest, daß die Menschen ein Recht auf Wahl der Staatsangehörigkeit haben sollten, mit allen Rechten und Pflichten, die das gegenüber den betroffenen Staaten mit sich bringt. Insoweit ergibt sich aus der *Meinung Nr. 2* keine Anerkennung einer Trägerschaft ethnischer Völker am Selbstbestimmungsrecht.

Gleiches gilt auch für die *Meinung Nr. 4* der Schiedskommission. Zwar ist es richtig, daß in dieser Entscheidung von dem Willen der Völker Bosnien-Herzegowinas im Zusammenhang mit der Entscheidung über die Unabhängigkeit gesprochen wird und diese Völker ethnisch bestimmt sind. Die Schiedskommission stellt dabei fest, daß sich der Wille der Völker Bosnien-Herzegowinas, die Republik als unabhängigen und souveränen Staat zu konstituieren, aufgrund der Unabhängigkeitsbestrebungen der serbischen Bevölkerung und der verfassungsrechtlichen Regelungen nicht ausreichend manifestiert habe. Daraus könnte geschlossen werden, daß die Schiedskommission der Meinung ist, daß jedes ethnische Volk Bosnien-Herzegowinas der Staatsgründung zustimmen müßte. Einer solchen Auslegung widerspricht aber der weitere Wortlaut der *Meinung Nr. 4*:

*„This assessment could be reviewed if appropriate guarantees were provided by the Republic applying for recognition, possibly by means of **a referendum of all the citizens of the SRBH without distinction**, carried out under international supervision.“*[1338]

Anknüpfungspunkt für die Willensermittlung sollten also nicht die einzelnen ethnischen Völker sein, sondern die territorial bestimmte Gesamtbevölkerung der Republik. Dies bestätigt sich auch in *Meinung Nr. 8* der Schiedskommission. Darin hielt die Schiedskommission fest, daß in dem Referendum über die Unabhängigkeit Bosnien-Herzegowinas vom 29.2. und 1.3.1992 eine große Mehrheit der Bevölkerung für diese Unabhängigkeit gestimmt hätte.[1339] Damit verband sie die Annahme, daß sich der Wille der Bevölkerung für eine Unabhängigkeit ausreichend manifestiert hatte, obwohl die serbische Bevölkerung das Referendum fast geschlossen boykottiert hatte. Der Abstimmungskörper war mithin nicht ethnisch, sondern territorial bestimmt worden. Daß die Schiedskommission überhaupt von den Völkern Bosnien-Herzegowinas gesprochen hatte, stand vielmehr im Zusammenhang mit der durch die Schiedskommission ebenfalls zitierten Passage des Verfassungszusatzes LX der bosnischen Verfassung. Darin heißt es, daß die Republik Bosnien-Herzegowina ein souveräner demokratischer Staat gleicher Bürger sei, der sich aus den **Völkern** Bosnien-Herzegowinas – den Moslimen, Serben und Kroaten – und Angehörigen anderer Völker und Nationalitäten, die auf dem Gebiet leben, zusammensetzt. Die Schiedskommission hat sich auf den Wortlaut der bosnisch-herzegowinischen Verfassung bezogen, als sie von den Völkern Bosnien-Herzegowinas sprach. Ein Selbstbestimmungsrecht ethnischer Völker hat sie damit aber nicht begründet.

Gegen die Annahme eines durch das uti-possidetis-iuris-Prinzip eingeschränkten Selbstbestimmungsrechts ethnischer Völker spricht weiter, daß die Unabhängigkeit des Kosovo nicht anerkannt wurde. Der Kosovo war während der Zeit der Auflösung Jugoslawiens zu fast 90 Prozent von Albanern bewohnt. Weder Kroatien noch Bosnien-Herzegowina hatten eine derart ethnisch homogene Bevölkerung. Außerdem war der Kosovo eine durch die jugoslawische Verfassung anerkannte, autonome Gebietskörperschaft. Das uti-possidetis-iuris-Prinzip beschränkt nach Ansicht der Autoren das Selbstbestimmungsrecht ethnischer Völker im Zeitpunkt der Unabhängigkeit dahingehend, daß momentane Grenzen Bestand haben. Geht man mit diesen Autoren von einem Selbstbestimmungsrecht ethnischer Völker aus, so bedarf es der Begründung, warum die Republiksgrenzen die für das uti-possidetis-iuris-Prinzip entscheidenden Grenzen sein sollten. Dem Kosovo war im Zeitpunkt der Gründung der Sozialistischen Föderalen Republik Jugoslawiens eine weitreichende Autonomie ge-

---

1338 Conference On Yugoslavia, Arbitration Committee, Opinion NR. 4, veröffentlicht am 11.1.1992, ILM Bd. 31 (1992), S. 1501 (1503). Hervorhebung durch die Verfasserin.

1339 Arbitration Commission, Opinion No 8, veröffentlicht am 4.7.1992, ILM Bd. 31 (1992), S. 1521 (1523).

währt worden, gerade weil es eine sich von Serbien ethnisch unterscheidende Bevölkerung hatte. Der Kosovo hatte unter der jugoslawischen Verfassung von 1974 fast die gleichen Rechte, wie die Republiken. Dies wird bereits im ersten Grundsatz des Einführungsteils bestätigt, in dem als einer der Entscheidungsgrundsätze auf Bundesebene die gleichberechtigte Beteiligung der Republiken und autonomen Gebietskörperschaften in den Bundesorganen bestimmt wird.[1340] Nach Artikel 5 der Verfassung von 1974 darf das Gebiet einer autonomen Gebietskörperschaft nicht ohne die Zustimmung der autonomen Gebietskörperschaft verändert werden. Auf Bundesebene unterschied sich die Stellung der Republiken und autonomen Gebietskörperschaften nur darin, daß sie gemäß der Artikel 291 ff der Verfassung von 1974 eine geringere Anzahl von Vertretern in den Bundesorganen stellten. Republiken und autonome Gebietskörperschaften hatten im selben Umfang und zu den selben Fragen Vetorechte oder das Recht, ein besonderes Abstimmungsverfahren einzusetzen.[1341] Allerdings waren die Republiken gemäß Artikel 3 auf der Souveränität des Volkes gegründete Staaten, wohingegen die autonomen Gebietskörperschaften autonome Gemeinschaften waren. Wenn aber die Meinung vertreten wird, daß Träger des Selbstbestimmungsrechts ethnische Völker sind, und das uti-possidetis-iuris-Prinzip dieses Recht zur Friedenssicherung begrenzen soll, ist es wenig einsichtig, warum dieser Unterschied bei der bestehenden Gleichberechtigung dieses Gebietes in allen Bundesorganen und der weitgehenden Autonomie dieses Gebietes gegenüber Serbien zu einer Verneinung des Selbstbestimmungsstatus führen sollte. Dies muß um so mehr gelten, als es im ersten Verfassungsgrundsatz heißt:

> *„Die arbeitenden Menschen, die Nationen und Nationalitäten üben ihre souveränen Rechte in den sozialistischen Republiken und den sozialistischen autonomen Gebietskörperschaften im Einklang mit ihren verfassungsmäßigen Rechten sowie in der Sozialistischen Föderativen Republik Jugoslawien aus, ...“*[1342]

Außerdem besagte auch Artikel 1, daß Jugoslawien als staatliche Gemeinschaft freiwillig vereinigter Völker und ihrer sozialistischen Republiken sowie der sozialistischen autonomen Gebietskörperschaften Kosovo und Vojvodina, die sich im Verband Serbiens befinden, gegründet wurde. Damit kam auch den autonomen Gebietskörperschaften souveräne Rechte zu. Eine Begrenzung des Selbstbestimmungsrechts ethnischer Völker auf die Republiksgrenzen wäre aufgrund

[1340] Roggemann (Hrsg.), Die Verfassungen der sozialistischen Staaten, S. 133 (147).
[1341] Artikel 294 Verfassung von 1974.
[1342] Roggemann (Hrsg.), Die Verfassungen der sozialistischen Staaten, S. 133 (147).

der verfassungsrechtlichen Gleichstellung des Kosovo mit den Republiken nicht konsequent.[1343]

Hätte die internationale Staatengemeinschaft den ethnischen Völkern Jugoslawiens tatsächlich ein Selbstbestimmungsrecht zugestehen wollen, hätte es mithin keinen Grund gegeben, das Selbstbestimmungsrecht der Albaner nicht anzuerkennen und das uti-possidetis-iuris-Prinzip als Friedenssicherungsprinzip auf die Grenzen dieser autonomen Gebietskörperschaft anzuwenden.

Durch die Prämisse der Vertreter eines Selbstbestimmungsrechts ethnischer Völker, daß die Republiken die Vertretung des jeweiligen ethnischen Mehrheitsvolkes sind, entstand der Eindruck, daß das Republiksvolk mit dem ethnischen Volk gleichzusetzen sei. Diese Bewertung ergibt sich aber, wie eben gezeigt wurde, nicht aus der Reaktion der Staatengemeinschaft. Die Prämisse als solche ist außerdem bei genauer Betrachtung der jugoslawischen Verfassung von 1974 nicht korrekt. Vielmehr ergibt sich aus Artikel 3 der Verfassung von 1974, daß die Republik die Vertretung aller in ihr lebender Menschen ist. Dort heißt es: „Die Sozialistische Republik ist ein sich auf die Souveränität des Volkes … gründender Staat und eine sozialistische Gemeinschaft der arbeitenden Menschen und Bürger und **gleichberechtigter Nationen und Nationalitäten.**“

Ein weiteres Argument gegen die ethnische Bestimmung der Trägerschaft am Selbstbestimmungsrecht ist, daß es nach dem Zerfall zu einer Diskontinuität in der Trägerschaft käme. Bis zur neuen Staatsgründung wäre die Grundlage der Trägerschaft die ethnische Zugehörigkeit. Am Beispiel Bosnien-Herzegowinas wäre der Träger des Selbstbestimmungsrechts folglich die moslimische Bevölkerung. Das uti possidetis juris Prinzip führt bei einer ethnischen Bestimmung des Selbstbestimmungsträgers lediglich dazu, daß dieser die bestehenden Grenzen nicht verändern darf, es führt aber nicht dazu, daß sich der Träger um die innerhalb dieses Gebietes lebende Bevölkerung erweitert. Die bosnischen Moslime bestimmen in dem Fall über ein größeres Territorium, als sie in geschlossener Siedlungsstruktur bewohnen. Die innerhalb eines durch das uti-possidetis-iuris-Prinzip bestimmten Territorium lebenden anderen Ethnien gehören einem anderen Träger eines Selbstbestimmungsrechts an. Wieder am Beispiel Bosnien-Herzegowinas verdeutlicht bedeutet dies, daß zum Beispiel die bosnischen Serben nicht ein Teil des Selbstbestimmungsträgers Bosnien-Herzegowinas wären. Sie verfügten daher nicht über ein Abstimmungsrecht. Vielmehr wären sie Teil des Volkes der jugoslawischen Serben und damit ein Teil dieses Selbstbestimmungsträgers. Für diesen serbischen Träger des Selbstbestimmungsrechts bedeutet das uti-possidetis-iuris-Prinzip, daß er die Grenzen nicht verändern darf. Anders als die Moslime bestimmen die Serben über ein kleineres

1343 Das dem Kosovo aus seiner gleichen verfassungsrechtlichen Stellung auch gleiche Rechte im Zerfallsprozeß hätten erwachsen müssen, vertritt auch Rauert, Das Kosovo, S. 43.

Gebiet, als sie in geschlossener Siedlungsstruktur bewohnen. Praktische Konsequenz wäre, daß die bosnischen Serben nur bezüglich Serbien abstimmungsberechtigt wären, einer Republik, in der sie nicht leben. Nachdem der Zerfall des Staates abgeschlossenen ist, und alle ethnischen Träger ihr Selbstbestimmungsrecht in Form der Staatsgründung oder des Anschlusses an einen anderen Staat ausgeübt haben, steht dem Staatsvolk ein Selbstbestimmungsrecht zu. Dieses ist nicht ethnisch, sondern territorial bestimmt. Für eine Änderung auch dieser territorialen Bestimmung des Selbstbestimmungsrechts des Staatsvolkes durch die Staatenreaktion auf den Zerfall Jugoslawiens, gibt es keinerlei Hinweise. Nach der Ausübung des Selbstbestimmungsrechts durch das ethnische Volk, wäre Träger eines Selbstbestimmungsrechts also die gesamte Bevölkerung des Staatsgebietes, einschließlich der Bevölkerung, die aufgrund einer anderen ethnischen Zugehörigkeit einem anderen ethnischen Träger des Selbstbestimmungsrechts angehören. Bezogen auf die bosnischen Serben hieße dies, daß sie an der grundlegenden Entscheidung, ob ein neues Staatsvolk gegründet wird, nicht beteiligt wären, hinterher aber grundsätzlich Teil dieses Staatsvolkes würden und insofern über die Nachfolgeentscheidungen wieder teilhabeberechtigt wären. Auch wenn eine solche Konstruktion sehr wohl denkbar ist, erscheint es doch konsequenter, von vorn herein eine territoriale Bestimmung der Trägerschaft vorzunehmen und damit eine Kontinuität in der Trägerschaft vor und nach Staatsgründung anzunehmen.

Eine ethnische Begründung des Selbstbestimmungsstatus der Republiken würde daher gegen Kontinuitätsgesichtspunkte sprechen und wird von der Staatenreaktion auf den Zerfall Jugoslawiens und auf die Sezessionswünsche ethnischer Gruppen nicht bestätigt.

dd) Territoriale Begründung des Selbstbestimmungsstatus

Neben der Kontinuität in der Trägerschaft am Selbstbestimmungsrecht im Fall einer territorialen Begründung des Selbstbestimmungsstatus der Republiken, spricht für eine solche auch die Staatenreaktion. Die Staaten und internationalen Organisationen haben zwar immer von den Völkern Jugoslawiens gesprochen. Dies heißt aber nicht zwangsläufig, daß sie damit die ethnischen Völker gemeint haben. Vielmehr ist der Begriff der Völker im Sinne der Republiksvölker auszulegen. Dies ergibt sich insbesondere aus der Begründung für das Vorliegen des Zerfalls des jugoslawischen Staates selbst. Bei der Feststellung, daß sich der jugoslawische Staat in einem Zerfallsprozeß befindet, stellte die Schiedskommission bereits in *Meinung Nr. 1* auf den Willen der Republiken ab. Sie stellte fest:

„*2. The Arbitration Commission notes that:*

> a) *although the SFRY has until now retained its international personality, notably inside international organizations,* ***the Republics*** *have expressed their desire for independence; ...*"

In *Meinung Nr. 8,* in der die Schiedskommission zu der Überzeugung kommt, daß der Zerfall des Staates abgeschlossen ist, heißt es:

> „2... *The Commission finds that the existence of a federal state, which is made up of a number of separate entities, is seriously comprised when a majority of* ***these entities****, embracing a greater part of the territory and population, constitute themselves as sovereign states with the result that federal authority may no longer be effectively exercised ...*"[1344]

Daß dies der Situation in Jugoslawien entsprach, stellte die Schiedskommission im nächsten Punkt fest. Zu keinem Zeitpunkt hat die Schiedskommission bei der Frage, ob der jugoslawische Staat zerfiel, auf ethnische Gesichtspunkte abgestellt. Sie hat vielmehr konsequent die eben zitierte Definition angewendet und die Situation in Jugoslawien daraufhin untersucht, ob der föderale Gesamtstaat noch von der Mehrheit seiner Staatsteile getragen wird. Auf die ethnische Zusammensetzung der Republiken ist die Schiedskommission mit keinem Wort eingegangen. Das bedeutet aber, daß sich die Bewertung selbst dann nicht geändert hätte, wenn alle Republiken von ein und demselben ethnischen Volk bewohnt worden wären. Die Grundlage für die Annahme eines Zerfalls des jugoslawischen Staates war daher, daß ab Dezember 1991 die Mehrheit der Republiken, die durch die föderale Organisation des Staates weitreichende Souveränitätsrechte innehatten, den Staat nicht mehr erhalten wollte. Hinzu kam, daß sich alle Republiken von Beginn an darüber einig waren, daß der Staat nicht in der Form erhalten bleiben sollte, wie er nach der Verfassung von 1974 bestand. Die Republiken stimmten darin überein, daß eine Verhandlungen voraussetzende neue Lage entstanden sei und hatten dies auch vertraglich festgehalten. Serbien wollte den Gesamtstaat nur erhalten, um weiterhin alle Serben in einem Staat zu vereinen. Sollte der Erhalt nicht möglich sein, sollte der Zerfall nach serbischer Überzeugung zu Veränderungen der Republiksgrenzen führen. Es lag also auf der einen Seite ein Konsens zwischen den Republiken vor, den Staat entscheidend zu verändern und auf der anderen Seite wollte kein Staatsteil den jugoslawischen Gesamtstaat um jeden Preis erhalten. Der Zerfall Jugoslawiens hat von Beginn an auf Republiksebene stattgefunden und die Staatengemeinschaft hat diese Ebene als maßgeblich akzeptiert.

Diese Akzeptanz war aber wiederum mit einem territorial bestimmten Selbstbestimmungsrecht verknüpft. Die Staatengemeinschaft hat die Entscheidung der Republiksvertreter für eine Unabhängigkeit der Republiken nur dann ausreichen

---

[1344] Hervorhebung durch die Verfasserin. Arbitration Commission, Opinion No 8, veröffentlicht am 4.7.1992, ILM Bd. 31 (1992), S. 1521 (1522).

lassen, wenn dies offensichtlich dem Mehrheitswillen des Republiksvolkes entsprach. Dies war unzweifelhaft bei Slowenien und Kroatien der Fall, hatten beide Republiken doch vor Dezember 1991 Referenden unter der Republiksbevölkerung durchgeführt. Bosnien-Herzegowina hatte dagegen seine Unabhängigkeitsbestrebungen alleinig auf parlamentarische Entscheidungen gestützt, und ein großer Teil der Republiksbevölkerung hatte diesen Entscheidungen widersprochen. Die Schiedskommission hielt in ihrer *Meinung Nr. 4* fest, daß sich dadurch der Unabhängigkeitswille der Republiksbevölkerung nicht ausreichend manifestiert habe. In ihrer *Meinung Nr. 8* stellt die Schiedskommission bei der Beantwortung der Frage, ob eine Mehrheit der föderalen Einheiten Jugoslawiens durch eine Staatsgründung die effektive Bundesstaatsgewalt zerstört haben, explizit darauf ab, daß eine große Mehrheit der Bevölkerung Bosnien-Herzegowinas für die Unabhängigkeit gestimmt hätten. Dieses Verhalten kann nur so gewertet werden, daß die Schiedskommission die Grundlage des Zerfalls in der Selbstbestimmungsentscheidung des Staatsvolkes durch die einzelnen Republiksvölker gesehen hat.[1345] Die neuen Träger des Selbstbestimmungsrechts wurden mithin allein nach territorialen und nicht nach ethnischen Gesichtspunkten bestimmt.

Die territoriale Bestimmung der Trägerschaft am Selbstbestimmungsrecht bestätigt sich auch in der Bewertung der ethnischen Säuberungen. Diese wurden in dem Bericht „human rights and population transfer" des Spezialberichterstatters Awn Shawkat Al-Khasawneh in para 15 ausdrücklich auch als Verletzung des Selbstbestimmungsrechts dargestellt.[1346] Diese ergibt sich wie in der Kolonialzeit daraus, daß der Träger territorial bestimmt ist, und durch eine Änderung der Demographie dieser Träger verändert wird.

Davon zu unterscheiden ist der Grund für die Entscheidung des Staatsvolkes, sich aufzulösen. Die Entscheidung kann sich natürlich auf ethnische Gesichtspunkte stützen. Es werden sich sogar recht häufig ethnische oder religiöse Gesichtspunkte in der Entscheidung über eine Aufspaltung des Staatsvolkes finden. Dies war sowohl in der Tschechoslowakei als auch in Jugoslawien der Fall. Eine solche ethnische Grundlage für die Entscheidung des Staatsvolkes ändert aber nichts daran, daß das völkerrechtliche Recht auf Selbstbestimmung der Be-

---

[1345] Diese Bestimmung deckt sich mit der Definition des Staatsvolkes. Ein Staatsvolk ist eine Gruppe von Menschen, die ein bestimmtes Territorium bewohnt. Beim Zerfall Jugoslawiens hat die Staatengemeinschaft bei der Bestimmung der neuen Selbstbestimmungsträger auf diese Definition abgestellt.

[1346] UN Doc. E/CN.4/Sub.2/1997/23.

völkerung eines Territoriums unabhängig von deren ethnischen Zusammensetzung zukommt.[1347]

ee) Selbstbestimmungsstatus durch Ausschluß innerstaatlicher Gruppen

Wie bereits dargestellt, hat sich durch den Zerfall Jugoslawiens gezeigt, daß ethnische Völker nicht als Träger eines Selbstbestimmungsrechts durch die internationale Staatengemeinschaft anerkannt wurden. Insoweit stand weder der albanischen Bevölkerung des Kosovo noch den serbischen Bevölkerungen Bosnien-Herzegowinas und Kroatiens ein Selbstbestimmungsrecht zu. Allerdings kam dem Kosovo vor der Änderung der serbischen Verfassung eine weitreichende Autonomie zu, die auch in der Bundesverfassung verankert war. Da die Staatengemeinschaft als Selbstbestimmungsträgerschaft begründende Einheit die jugoslawischen Republiken ansah, führte diese Autonomie nicht dazu, daß der Kosovo ebenfalls einen Selbstbestimmungsstatus erlangte. Möglicherweise wirkt sich auch insoweit die Faktizität des Zerfalls aus. Der Kosovo konnte seine Unabhängigkeit gegen Serbien nicht durchsetzen. Dies unterscheidet die Lage im Kosovo von der in Tschetschenien. Tschetschenien hatte seine faktische Unabhängigkeit über Jahre durchsetzen können, während im Kosovo weder zur Zeit des Zerfalls des jugoslawischen Gesamtstaates noch zu einem späteren Zeitpunkt die effektive Staatsgewalt der serbischen Zentralregierung in Frage stand.

Allerdings ist der Kosovo auch aus einem anderen Grund für das Konzept des Selbstbestimmungsrechts interessant. Im ersten Teil der Arbeit wurde die These aufgestellt, daß eine die Selbstbestimmungsträgerschaft begründende Auflösung der Gemeinschaft auch dann vorliegen könnte, wenn das Staatsvolk eine ihm angehörende Gruppe aus der politischen Gemeinschaft ausschließt. Dabei wurde festgehalten, daß dies auch dann gelten muß, wenn das Staatsvolk gleichzeitig dem Ausscheiden der Gruppe aus dem Staatsverband nicht zustimmt. Voraussetzung für einen solchen, die Auflösung der Gemeinschaft begründenden Ausschluß einer Gruppe ist, daß dieser durch das Staatsvolk selbst erfolgt. Ein derartiger Ausschluß liegt nach dieser Theorie aber nur dann vor, wenn das Staatsvolk bei der Ausübung des inneren Selbstbestimmungsrechts eine politische Ordnung wählt, in der ein Teil des Staatsvolkes von der Gemeinschaft vollständig ausgeschlossen wird. Dafür reicht eine bloße Diskriminierung dieser Gruppe nicht aus. Vielmehr muß die Gruppe durch das Staatsvolk vollständig außerhalb der politischen Gemeinschaft stehen. Eklatantestes Beispiel ist der Genozid an der Gruppe, also der Fall, in dem der Gruppe die Existenz-

[1347] So im Ergebnis auch: Vukovic, Einstürzende Festungen, S. 92; Eide, In Search Of Constructive Alternatives To Secession, in: Tomuschat (Hrsg.), Modern Law Of Self-Determination, S. 139 (154).

berechtigung abgesprochen wird. Es stellt sich die Frage, ob dies ab 1998 in Bezug auf die Kosovoalbaner der Fall gewesen ist und ihnen nach dieser Theorie daher eigentlich ein Selbstbestimmungsrecht zugestanden hätte.

Unbestritten ist, daß es nach den Änderungen der serbischen Verfassung 1989 zu weitreichenden Diskriminierungen und auch Menschenrechtsverletzungen durch die serbische Staatsmacht an der albanischen Bevölkerung im Kosovo gekommen ist. Während der kriegerischen Auseinandersetzungen der Jahre 1998/99 kam es im Kosovo immer wieder zu Vertreibungswellen der albanischen Bevölkerung durch serbische Polizei, serbische Zivilbevölkerung und durch die serbische Armee. Die stärkste dieser Vertreibungswellen begann im Januar 1999. Serbien ließ von der serbisch/kosovarischen Grenze aus bewaffnete Einheiten in den Kosovo vorrücken. Innerhalb weniger Wochen wurden mehr als 1.000.000 Albaner systematisch vertrieben. Das Bundesministerium für Verteidigung teilte im April 1999 mit, daß der Anfang Januar 1999 begonnene Vormarsch der serbischen Truppen Teil der „Operation Hufeisen" sei, die die systematische Vertreibung aller Kosovoalbaner zum Ziel habe. Bis heute ist allerdings ungeklärt, ob eine solche Planung tatsächlich bestanden hat.[1348] Es muß bereits aufgrund der fehlenden rechtlichen Umsetzung des Ausschlusses in Friedenszeiten als fraglich erscheinen, ob ein Totalausschluß vorlag.

Entscheidend ist, daß die internationale Staatengemeinschaft zu keiner Zeit ein Recht auf Unabhängigkeit der albanischen Bevölkerung oder des Kosovo als territoriale Einheit befürwortet hat. Von Beginn der Auseinandersetzungen zwischen der UCK und Serbien an hat die Staatengemeinschaft immer das Recht Serbiens auf territoriale Integrität betont. Allerdings wurde gleichzeitig eine weitgehende Autonomie des Kosovo befürwortet. Diese Autonomie könnte zwar der Ausfluß eines den Kosovaren zugesprochenen Selbstbestimmungsrechts sein – etwa als ein Ersatz für ein durch die territoriale Integrität eingeschränktes Recht auf Sezession. Dagegen spricht aber, daß das Selbstbestimmungsrecht der Völker in keiner Erklärung im Zusammenhang mit dem Kosovo Erwähnung findet. Es wird nicht einmal von einem Recht des Kosovo auf Autonomie gesprochen. Der Autonomiestatus für den Kosovo wird lediglich befürwortet. Eine der am weitgehendsten Erklärungen im Bezug auf die Autonomie ist die Presseerklärung über die Anerkennung der Bundesrepublik Jugoslawien durch Deutschland vom 17.4.1996. Aber auch in ihr wird lediglich festgehalten, daß es sich bei der Gewährung eines Autonomiestatus für den Kosovo um eine von Jugoslawien übernommene Pflicht handelte. Bestände ein Selbstbestimmungsrecht der Kosovaren, hätte Jugoslawien eine Pflicht nicht übernehmen müssen, sondern das Recht ergäbe sich unmittelbar aus dem Völkerrecht. Ob in der Ablehnung eines Selbstbestimmungsrechts für den Kosovo auch eine Ablehnung

[1348] Krause, Die deutsche Politik in der Kosovo-Krise, in: Krause (Hrsg.), Kosovo, S. 103 (112 Fußnote 26).

der Entstehung des Selbstbestimmungsrechts durch Totalausschluß gesehen werden kann, erscheint fraglich. Zu den ethnischen Vertreibungen kam es während eines Bürgerkrieges, der von der UCK begonnen wurde. Allerdings deutet der Umfang der Vertreibungen sehr wohl darauf hin, daß die Serben versuchten, die albanische Bevölkerung zu verdrängen.

Es kann daher festgehalten werden, daß die Staatengemeinschaft nicht bestätigt hat, daß eine innerstaatliche Gruppe durch ihren Totalausschluß durch das restliche Staatsvolk zu einem Träger des Selbstbestimmungsrechts wird.

5. *Ergebnis für Jugoslawien*

Durch den Zerfall Jugoslawiens und dessen Bewertung durch die internationale Staatengemeinschaft wurden ethnische Völker nicht als Träger des Selbstbestimmungsrechts anerkannt. Vielmehr wurde das territoriale Konzept des Selbstbestimmungsrechts, das im ersten Teil der Arbeit entwickelt wurde, bestätigt.

Der Zerfall Jugoslawiens stellt gleichzeitig den Beweis dafür dar, daß dieses Konzept unter bestimmten Voraussetzungen auch zu einem Selbstbestimmungsrecht innerstaatlicher Gruppen führt und dies von der internationalen Staatengemeinschaft auch anerkannt wird. Ein Selbstbestimmungsrecht innerstaatlicher Gruppen entsteht, wenn die Mehrheit des Staatsvolkes sich dazu entschließt, den Staat nicht als Einheit zu erhalten. Durch Jugoslawien bestätigte sich, daß dieser Auflösungsbeschluß nicht nur in dem Fall zu einer Aufgliederung des Selbstbestimmungsträgers führt, wenn sich die neuen Träger des Selbstbestimmungsrechts einvernehmlich trennen. Vielmehr werden Teile des Staates auch dann zu Trägern des Selbstbestimmungsrechts, wenn die Mehrheit des ursprünglichen Staatsvolkes die Entscheidung zur Auflösung trägt, sich die Teile des Staatsvolkes aber nicht über die Modalitäten einigen können. Gleichzeitig muß ein faktischer Zerfallsprozeß einsetzen. Wäre dies nicht der Fall, könnte die internationale Staatengemeinschaft nicht beurteilen, ob das Staatsvolk den Zerfall auch bei einer nicht einvernehmlichen Lösung wünscht. Es wäre auch möglich, daß das Staatsvolk den Staat bis zu einer einvernehmlichen Lösung erhalten möchte. Daher muß das Staatsvolk beginnen, sich faktisch aufzulösen. Die Trägerschaft am Selbstbestimmungsrecht für innerstaatliche Gruppen besteht schon während dieses Zerfallsprozesses und nicht erst mit dem Abschluß des faktischen Zerfalls. Sie gründet sich auf die Mehrheitsentscheidung zur Auflösung des Staatsvolkes als Träger des Selbstbestimmungsrechts.

Aus dem Zerfall Jugoslawiens können außerdem nähere Bestimmungen für die Modalitäten dieses Auflösungsprozesses gezogen werden, die sich ebenfalls auf das Selbstbestimmungsrecht zurückführen lassen. Darunter fällt insbesondere, daß der Gesamtstaat gegenüber den neuen Trägern des Selbstbestimmungsrechts kein Recht auf territoriale Integrität hat. Dies ergibt sich zum einen daraus, daß den jugoslawischen Republiken überhaupt ein Recht auf Unabhängigkeit zugestanden wurde und zum anderen aus dem Verbot an den Gesamtstaat Jugoslawien, seine Einheit mit Waffengewalt zu verteidigen. Aus dem Gewaltverbot kann man deshalb auf die Nichtgewährung des Rechtes auf territoriale Integrität schließen, weil das Recht auf den Schutz der Staatseinheit durch militärische Mittel sowohl der Russischen Föderation in Bezug auf Tschetschenien als auch

Mazedonien in Bezug auf seine albanische Minderheit zugestanden wurde.[1349] Entscheidender Unterschied zwischen der Russischen Föderation und Mazedonien auf der einen und Jugoslawien auf der anderen Seite war, daß den jugoslawischen Republiksvölkern ein Selbstbestimmungsrecht zukam. Daß Jugoslawien kein Recht auf territoriale Integrität hatte, ergibt sich aus dem Selbstbestimmungskonzept. Grundlage dieses Konzeptes ist, daß der fraglichen Einheit ein Selbstbestimmungsrecht zukommt, weil kein anderes Völkerrechtssubjekt einen legalen Titel auf das Gebiet erheben kann. Ursprünglich hatte Jugoslawien einen legalen Titel bezüglich seines Staatsgebietes. Mit der Entscheidung des Staatsvolkes, sich aufzulösen und dem Einsetzen des faktischen Auflösungsprozesses zerfiel das Staatsvolk. Das Staatsvolk ist aber konstitutiver Teil des Staates. Insoweit zerfiel auch der jugoslawische Staat selbst. Damit entfiel der Träger des Rechtes auf territoriale Integrität. Das Gewaltverbot ist daher untrennbar mit dem Selbstbestimmungsrecht verbunden.

Durch die Staatenreaktion bestätigt wurde auch, daß sich die neuen selbstbestimmungsberechtigten Einheiten durch das uti-possidetis-iuris-Prinzip bestimmen. Das bedeutet, daß verwaltungsrechtliche Grenzen innerhalb des Staates im Zeitpunkt des Zerfalls zu internationalen Grenzen werden, es sei denn, die neuen Träger des Selbstbestimmungsrechts einigen sich über einen anderen Grenzverlauf.

Dagegen hat sich durch die Staatenreaktion auf den Konflikt im Kosovo nicht bestätigt, daß innerstaatliche Gruppen dann zu Trägern des Selbstbestimmungsrechts werden, wenn sie durch die Mehrheit des Staatsvolkes vollständig aus der Gemeinschaft ausgeschlossen werden. Allerdings erfolgte der Ausschluß der albanischen Bevölkerung rein faktisch durch ethnische Vertreibung während eines Bürgerkrieges. Ein Bürgerkrieg ist eine Situation, während der die innere Ordnung eines Staates nicht in vollen Umfang besteht. Während eines Bürgerkrieges findet die innere Ordnung eines Staates regelmäßig keine Anwendung. Insoweit bleibt abzuwarten, ob die Staatengemeinschaft die Trägerschaft am Selbstbestimmungsrecht innerstaatlicher Gruppen annimmt, wenn eine Gruppe von der Entscheidung über die innere Ordnung nicht in der speziellen Lage eines Bürgerkrieges ausgeschlossen wird, sondern in einer für den Staat normalen Situation.

1349 Bei einer Pressekonferenz zur Natoauftakttagung stellte Bundesaußenminister Fischer am 29.5.2001 zum Beispiel fest, daß die territoriale Integrität Mazedoniens nicht diskutierbar sei. In Bezug auf das militärische Vorgehen der mazedonischen Regierung gegen die albanischen Separatisten sagte er, daß niemand der mazedonischen Regierung vorwerfen könne, daß sie ihrer Pflicht nachkomme.

E. Endergebnis - Das Konzept des Selbstbestimmungsrechts nach 1990

Das Selbstbestimmungsrecht der Völker ist das Recht eines Volkes, seinen politischen Status frei zu bestimmen und seine wirtschaftliche, soziale und kulturelle Entwicklung frei zu verfolgen. Die Auflösung der Sowjetunion und der Tschechoslowakei sowie die Sezession Eritreas von Äthiopien und der Zerfall Jugoslawiens haben das im ersten Teil der Arbeit entwickelte Konzept bestätigt.

Träger des Selbstbestimmungsrechts ist jede territoriale Einheit, der in den internationalen Beziehungen ein eigener Status zukommt. Dieser Status wurde in dieser Arbeit als Selbstbestimmungsstatus bezeichnet. Ein solcher liegt vor, wenn die Beziehung zwischen der territorialen Einheit und allen übrigen Völkerrechtssubjekten eine internationale Beziehung ist, oder eine einer solchen Beziehung gleichkommende ist. Eine Beziehung zwischen einer territorialen Einheit und anderen Völkerrechtssubjekten ist dann international, wenn keiner einen legalen Titel auf das Territorium des anderen erheben kann. Dies ist bei bestehenden Staaten immer der Fall. Hauptträger des Selbstbestimmungsrechts ist daher das Staatsvolk.

Diese Trägerschaft erlischt nicht durch eine Annexion des Staates oder Teile dieses Staates. Eine Annexion ist aufgrund des Verstoßes gegen das Gewaltverbot völkerrechtswidrig. Da durch einen rechtswidrigen Akt kein Recht geschaffen werden kann, ist der durch die Annexion geschaffene Zustand ebenfalls völkerrechtswidrig. Der annektierende Staat hat bezüglich des annektierten Gebietes keinen legalen Titel und die Bevölkerung bleibt selbstbestimmungsberechtigt. Gleichzeitig stellt die Annexion aber auch einen Verstoß gegen das Selbstbestimmungsrecht selbst dar. Sie ist ein Verstoß gegen das Recht des Staatsvolkes, seinen politischen Status frei zu bestimmen.[1350]

Aus dem Recht, seinen politischen Status frei zu bestimmen, ergibt sich auch das Recht, sich aufzulösen. Das Staatsvolk hat das Recht, die ihm zugrundeliegende Gemeinschaft aufzuspalten. Beweis dafür ist die Auflösung der Tschechoslowakei und die bewilligte Sezession Eritreas von Äthiopien, sowie die Auflösung der Sowjetunion. Der Selbstbestimmungsstatus der einzelnen Teile des Staatsvolkes ist die Konsequenz der Entscheidung des Gesamtvolkes sich aufzulösen. Aus dem Zerfall Jugoslawiens ergibt sich, daß die Entscheidung der Mehrheit des Staatsvolkes, sich aufzulösen, auch dann zur Zuerkennung des Selbstbestimmungsrechts an die Teilgruppen dieses Staatsvolkes führt, wenn

---

[1350] Es sei denn, der annektierende Staat setzt die Gewalt ein, um den Willen des annektierten Staatsvolkes gegen dessen Regierung Geltung zu verschaffen. Es stellt sich dann aber die Frage, ob überhaupt noch eine Annexion vorliegt. Regelmäßig wird in einem solchen Fall eine Entscheidung des Staatsvolkes vorangehen, so daß keine Annexion mehr vorliegt.

eine Einigung über die Modalitäten der Auflösung nicht erreicht werden kann und sich eine Minderheit weigert, den tatsächlich erfolgenden Zerfall umzusetzen. Den einzelnen Teilen dieses Staatsvolkes kommt bereits während des Zerfallsprozesses ein Selbstbestimmungsstatus zu und nicht erst, wenn der Zerfallsprozeß durch neue Staatsgründungen abgeschlossen ist. Gleichzeitig verliert der Gesamtstaat gegenüber diesen Teilen sein Recht auf territoriale Integrität. Der Rechtsverlust ergibt sich daraus, daß das ihn konstituierende Staatsvolk entschieden hat, sich aufzulösen und beginnt, diese Entscheidung tatsächlich umzusetzen. Der Staat hört mit dieser Entwicklung auf zu existieren. Mit der Auflösung des Staates haben nur noch die Staatsteile einen völkerrechtlichen Titel bezüglich des Gebietes.

Daß es für die Zuerkennung des Selbstbestimmungsrechts an Teile des Staates auf die Entscheidung der Mehrheit des Staatsvolkes, und nicht alleine auf ein Machtvakuum ankommt, beweist insbesondere der Fall Tschetscheniens. Alleine der Wunsch einer Minderheit des Staatsvolkes den Staat aufzuspalten führt danach auch dann nicht zu einem Selbstbestimmungsrecht dieser Minderheit, wenn ein Machtvakuum entsteht, und der Gesamtstaat keine Macht mehr über das Gebiet der Gruppe hat. Dieses fügt sich nahtlos in das hier aufgezeigte Selbstbestimmungsrecht ein. Denn das Selbstbestimmungsrecht ist als Gruppenrecht darauf angewiesen, daß die Entscheidung der Mehrheit umgesetzt und akzeptiert wird. Alleine die Nichtbefolgung der Mehrheitsentscheidung durch eine Minderheit darf nicht dazu führen, daß diese Minderheit für die Nichtbefolgung der Mehrheitsentscheidung mit dem Selbstbestimmungsrecht belohnt wird.

Welche Teile des Staates neue Träger des Selbstbestimmungsrechts werden, ist grundsätzlich Teil der Entscheidung des Staatsvolkes. Da sich das Selbstbestimmungsrecht auf Territorien bezieht, kann Träger dieses Rechtes immer nur die Bevölkerung eines gewissen Gebietes sein. Es ist Sache des Staatsvolkes, sich über die Gebietsbestimmung zu einigen. Kann es sich nicht einigen, greift das uti-possidetis-iuris-Prinzip. Danach werden Verwaltungsgrenzen nach der Unabhängigkeit zu Staatsgrenzen. Die völkerrechtliche Bestimmung des neuen Trägers ist insoweit unabhängig von dem Grund, aus dem sich das Staatsvolk aufspaltet. Dieser liegt häufig, so wie im Fall Jugoslawiens und auch der Tschechoslowakei, in ethnischen Konflikten. Aber auch wenn das Staatsvolk entscheidet, sich aus ethnischen Gründen aufzuteilen, erfolgt die Bestimmung der neuen Träger des völkerrechtlichen Selbstbestimmungsrechts nach territorialen Kriterien. Können sich die Teile des Staatsvolkes darauf einigen, eine Grenze zu ziehen, die nicht den Verwaltungsgrenzen, sondern den ethnischen Grenzen entspricht, so werden neue Träger des Selbstbestimmungsrechts die Bevölkerungen innerhalb der vereinbarten Grenzen,[1351] aber wieder unabhängig von ihrer eth-

1351 Auch die Staatengemeinschaft hat im Fall Jugoslawiens immer wieder darauf hingewiesen, daß sie *verhandelte* Grenzänderungen akzeptieren würde.

nischen Zugehörigkeit. Können sich die Teile des Staatsvolkes nicht einigen, greift das uti-possidetis-iuris-Prinzip, soweit es überhaupt zu einem faktischen Zerfallsprozeß kommt. In keinem Fall selbstbestimmungsberechtigt sind dagegen ethnische Völker.

Bisher nicht bestätigt hat sich dagegen der Mißbrauchsgedanke. Unter dem Stichwort „Auflösung durch Ausschluß" wurde im ersten Teil der Arbeit vertreten, daß von einer das Selbstbestimmungsrecht begründenden Auflösung des Staatsvolkes in einem weiteren Fall ausgegangen werden kann. Danach sollte eine Auflösung der Gemeinschaft auch dann bestehen, wenn das Staatsvolk durch Mehrheitsentscheidung eine politische Ordnung wählt, die einen Teil des Staatsvolkes vollständig von der politischen Teilhabe ausschließt. In einem solchen Fall sollte die ausgeschlossene Gruppe selbst Träger des Selbstbestimmungsrechts werden und ein Recht auf Sezession haben. Es wurde insoweit als durch das Staatsvolk rechtsmißbräuchlich erachtet, einen Teil des Staatsvolkes aus der Gemeinschaft auszuschließen, gleichzeitig aber der Sezession dieses Teils nicht zuzustimmen. Während des Kosovo-Konfliktes sind verschiedene westliche Staaten davon ausgegangen, daß die serbische Regierung die Kosovoalbaner systematisch aus dem Kosovo vertreiben wollte. Insoweit konnte man zumindest zeitweilig von einem bezweckten Ausschluß von der Entscheidung über die innere Ordnung sprechen. Trotzdem hat die Staatengemeinschaft kein Recht auf Selbstbestimmung der Kosovaren angenommen. Dies könnte auf der zeitlichen Begrenzung des Ausschlusses auf die Zeit des Bürgerkrieges basieren. Eine mögliche Begründung ist aber auch die Nichtanerkennung der Trägerschaft am Selbstbestimmungsrecht für innerstaatliche Gruppen bei einem Ausschluß von der Entscheidung über die innere Ordnung. Insoweit bleibt die zukünftige Entwicklung abzuwarten.

Festzuhalten bleibt, daß sich die selbstbestimmungsrechtsbegründende Auflösung der Gemeinschaft als Entscheidung des Staatsvolkes darstellt. Innerstaatliche Gruppen werden daher nur aufgrund der Mehrheitsentscheidung des Staatsvolkes selbst Träger des Selbstbestimmungsrechts.

Neben dem Staatsvolk sind Träger des Selbstbestimmungsrechts auch die Kolonien. Die Trägerschaft am Selbstbestimmungsrecht ergab sich für diese daraus, daß der Titel der „Entdeckung" nicht mehr als legaler Titel angesehen wurde. Damit hatten die Verwaltungsmächte keinen legalen Titel über das Gebiet der Kolonien mehr und diese wurden unter Anwendung des uti-possidetis-juris-Prinzips zu Trägern des Selbstbestimmungsrechts.

Aus der territorialen Bestimmung der Trägerschaft ergibt sich auch das Verbot des Ausschlusses eines Teils des Volkes von der Entscheidung über den politischen Status durch die Regierung oder andere Staaten. Dies muß sowohl für die Bestimmung des äußeren als auch für die Bestimmung des inneren Status gelten. Da sich das Verbot des Ausschlusses aus der territorialen Bestimmung der

Trägerschaft ergibt, ist es für die Annahme einer Verletzung des Selbstbestimmungsrechts gleich, ob eine Mehrheit oder eine Minderheit von der Entscheidung ausgeschlossen wird. Rechtsträger ist nicht der von der Entscheidung ausgeschlossene Teil des Volkes, sondern das Volk selbst. Insoweit ist der ausgeschlossene Teil lediglich Begünstigter eines Rechtes. Daher kann aus dem Ausschluß auch nicht ein eigenes Recht auf Selbstbestimmung, insbesondere in Form der Sezession, hergeleitet werden. Ziel muß es vielmehr sein, daß das Volk geschlossen sein Selbstbestimmungsrecht wahrnehmen kann.

Davon zu unterscheiden ist die Frage nach der Pflicht zur Demokratie. **Inhalt** des Selbstbestimmungsrechts ist das Recht den Status frei zu bestimmen. Daraus ergibt sich, daß das Staatsvolk ein Recht auf jede von ihm gewollte Staatsform hat, also auch ein Recht auf Demokratie aber eben auch auf jede andere Staatsform. Das Selbstbestimmungsrecht schreibt nicht nur keine Staatsform vor, sondern verbietet eine Einflußnahme. Eine Pflicht zur Demokratie in dem Sinne, daß die Demokratie die einzig zulässige Staatsform ist, gibt es also nicht. Dies würde dem Recht, die Staatsform frei zu bestimmen, gerade entgegenlaufen. Es ist die Entscheidung des Volkes, ob es eine demokratische Staatsform will oder nicht.

Davon zu unterscheiden ist die Frage, ob das Selbstbestimmungsrecht eine Pflicht auferlegt, den Willen des Volkes durch demokratische Mittel, insbesondere durch Plebiszit, zu ermitteln. Dies ist aber die Frage nach der Umsetzung des Selbstbestimmungsrechts und ist nicht mit der Frage zu verwechseln, ob dieser Wille inhaltlich auf eine Staatsaform beschränkt ist. Sowohl der IGH als auch die FRD statuierten, daß das Selbstbestimmungsrecht eine freie und authentische Willensäußerung des Volkes voraussetzt. Bezüglich des äußeren Selbstbestimmungsrecht ist dies erst in den 1990er Jahren umgestzt worden. In dieser Zeit wurden die Unabhängigkeiten alle nach freien und demokratischen Wahlen durch die gewählten Regierungen durchgesetzt[1352], und/oder die Bevölkerung hatte sich dafür in einem Plebiszit entschieden[1353]. Insbesondere die Pflicht Bosnien-Herzegowinas ein Plebiszit abhalten zu müssen, obwohl bereits das Parlament für eine Unabhängigkeit gestimmt hatte, spricht dafür, daß zumindest die westlichen Staaten heute eine Pflicht zum Plebiszit annehmen, wenn der Wille zur Unabhängigkeit zweifelhaft ist. Der große Schwachpunkt des Selbstbestimmungsrechts ist die Umsetzung des inneren Selbstbestimmungsrechts. Zu beachten ist dabei, daß das Selbstbestimmungsrecht ein kontinuierliches Recht ist. Das Volk muß sich immer neu entscheiden können. Die einzig mögliche Sicherung dieses Entscheidungsrechtes ist meiner Meinung nach die Ausübung des Selbstbestimmungsrechts in einem demokratischen Vorgang. Damit überhaupt eine Entscheidung getroffen werden kann,

---

[1352] Sowjetunion, Tschecheslowakei, Jugoslawien.

[1353] Sowjetunion, Jugoslawien, Eritrea, Ost-Timor.

ist dieser Vorgang wiederum untrennbar mit der uneingeschränkten Gewährung der Menschenrechte verbunden. Die Ausübung des inneren Selbstbestimmungsrechts durch demokratische Mittel ist aber bisher nicht zu einem Recht geworden. Zwar stützen immer mehr Regierungen ihre Legitimität auf einen angeblichen Willen des Volkes. Die Staatengemeinschaft hat aber bisher von keinem Staat verlangt, daß über ein System durch Plebiszit oder Wahlen abgestimmt werden müßte. Wie bezüglich des inneren Selbstbestimmungsrechts der Wille des Volkes ermittelt werden soll, erscheint daher als völlig offen. Allerdings ergibt sich insoweit durch die Entwicklung innerhalb der KSZE/OSZE möglicherweise ein neues partikulares Völkerrecht.

Literaturverzeichnis

Alter, Peter; Nationalism, Edward Arnold, London 1994

Amadi, Elechi; Sunset in Biafra - A Civil War Diary, Heinemann, London 1979

Amerasinghe, C.F.; Interpretation of Texts in Open International Organizations, British Yearbook Of International Law Bd. 65 (1994), S. 175 ff.

Antonic, Slobodan; Could A Confederation Have Saved Yugoslavia?, Nationalities Papers Bd. 25 (1997), S. 469 ff.

Arangio-Ruiz, Gaetano; The UN-Declaration on Friendly Relations and the System of Sources of International Law, Sijthoff & Noordhoff, Alphen aan den Rijn 1979

Argersinger, Peter H.; Electoral Processes, in: Greene, Jack P. (Hrsg.); Encyclopedia of American Political History - Studies of the Principal Movements and Ideas, Volume II, Charles Scribner's Sons, New York 1984, S. 489 ff.

Auch, Eva Maria; Nationalitätenprobleme in Transkaukasien: Der Konflikt zwischen Armenien und Aserbaidshan, in: Ehrhart, Hans-Georg (Hrsg.); Die „sowjetische Frage“: Integration oder Zerfall?, Nomos Verlagsgesellschaft, Baden-Baden 1991, S. 75 ff.

Baer, Stephanie; Der Zerfall Jugoslawiens im Lichte des Völkerrechts, Peter Lang - Europäischer Verlag der Wissenschaften, Frankfurt am Main 1995

Banac, Ivo; The National Question in Yugoslavia – Origins, History, Politics, Cornell University Press, Ithaca 1988

Barros, James; The Aaland Islands Question: Its Settlement by the League of Nations, Yale University Press, New Haven 1968

Bebler, Anton; Jugoslawiens Zukunftsperspektiven – Widerstreitende Konzeptionen zur Neuordnung des Staates, Südosteuropa Bd. 40 (1991), S. 1 ff.

Berhane, Yohannes; State Succession and Boundary Treaties: The Ethio-Somalia Boundary Dispute, in: Constantopoulos, D. S. (Hrsg.); National and International Boundaries, Thesaurus Acroasium of the Institute of Public International Law and International Relations of Thessaloniki, Bd. 14 (1983), Thessaloniki 1985, S. 629 ff.

Berkey, Curtis G.; United States - Indian Relations: The Constitutional Basis, in: Lyons, Oren/Mohawk, John/Deloria, Vine Jr./Hauptman, Laurence/Berman, Howard/Grinde, Donald Jr./Berkey, Curtis/Venables, Robert; Exiled in the Land of Free - Democracy, Indian Nations, and the U.S. Constitution, Clear Light Publishers, Santa Fe 1992, S. 189 ff.

Berndt, Dietrich; Entwicklung und Konzeption des Selbstbestimmungsrechts der Völker bei Lenin, beim Verfasser, Münster 1972

Bernhardt, Rudolf; Interpretation in International Law, in: Bernhardt, Rudolf (Hrsg.), Encyclopedia of Public International Law Bd. 7 (History of International Law – Foundations and Principles of International Law – Sources of International Law – Law of Treaties), North Holland, Amsterdam 1984, S. 318 ff.

Bethlehem, Daniel / Weller, Marc (Hrsg.); The „Yugoslav" Crisis in International Law: General Issues, Part I, Cambridge University Press, Cambridge 1997

Biebuyck, Daniel/ Douglas, Mary; Congo - Tribes & Parties, Royal Anthropological Institute, London 1961

Blagojevic, Marina, Der Exodus aus dem Kosovo. Ein serbisches Trauma im Propagandakrieg, in: Bremer, Thomas / Popov, Nebojsa / Stobbe, Heinz-Günther (Hrsg.); Serbiens Weg in den Krieg – Kollektive Erinnerung, nationale Formierung und ideologische Aufrüstung, Berlin Verlag, Berlin 1998, S. 75 ff.

Blum, Yehuda Z.; UN Membership of the „New" Yugoslavia: Continuity or Break?, American Journal of International Law Bd. 86 (1992), S. 830 ff.

Bluntschli, Johann Kaspar; Allgemeine Staatslehre, Verlag der J. G. Cotta'schen Buchhandlung, Stuttgart 1875

Böckenförde, Ernst-Wolfgang; Die Rechtsauffassung im kommunistischen Staat, Kösel-Verlag, München 1967

Bodner, Anne; Die Ära Dubcek – Untersuchungen zum Prager Reformkommunismus 1968/69, Nürnberg 1971

Bolz, Peter; Indians/Native Americans in: Wersich, Rüdiger w.; USA-Lexikon - Schlüsselbegriffe zu Politik, Wirtschaft, Gesellschaft, Kultur, Geschichte und zu den deutsch-amerikanischen Beziehungen, Erich Schmidt Verlag, Berlin 1995, S. 381 ff.

Boric, Gojko; Konföderierung oder Ende? Jugoslawien als alter balkanischer und neuer europäischer Krisenherd, Herder Korrespondenz Bd. 44 (1990), S 579 ff.

Bothe, Michael; Friedenssicherung und Kriegsrecht, in: Vitzthum Graf, Wolfgang (Hrsg.); Völkerrecht, Walter De Gruyter, Berlin 1997, 7. Abschnitt

Bothe, Michael; The German question an the right to self-determination, in: Ginther, Konrad/Isak, Hubert (Hrsg.); Self-Determination in Europe - Proceedings of an International Workshop, Böhlau Verlag, Wien 1991, S. 63 ff.

Boyd, Julian P.; The Papers Of Thomas Jefferson - Volume 1 1760-1776, Princeton University Press, Princeton, New Jersey 1950

Bracht, Hans Werner; Das Selbstbestimmungsrecht der Völker in der sowjetischen Völkerrechtslehre, in: Meissner, Boris (Hrsg.); Das Selbstbestimmungsrecht der Völker in Osteuropa und China, Verlag Wissenschaft und Politik, Köln 1968, S.9 ff.

Brahm, Heinz; Der Kreml und die CSSR 1968-69, Verlag W. Kohlhammer, Stuttgart 1970

Braun, Bärbel; Nationalstaat als politische Fiktion und als Realität, Antikoloniale Nationalbewegung, koloniale und postkoloniale Staatsformation in Indonesien, Verlag für interkulturelle Kommunikation, Frankfurt/M. 1995

Brey, Thomas; Jugoslawien: Der Vielvölkerstaat zerfällt Teil I, Osteuropa Bd. 41 I (1991), S. 417 ff.

Brey, Thomas; Jugoslawien: Der Vielvölkerstaat zerfällt Teil II, Osteuropa Bd. 41 II (1991), S. 709 ff.

Brilmayer, Lea; Secession and Self-Determination: A Territorial Interpretation, Yale Journal of International Law Bd. 16 (1991), S. 177 ff.

Brölmann, Catherine/ Lefeber, René/ Zieck, Majoleine; Peoples And Minorities In International Law, Martinus Nijhoff Publishers, Dordrecht 1993

Brownlie, Ian; African Boundaries - A Legal and Diplomatic Encyclopedia, Hurst & Company, London 1979

Brownlie, Ian; Basic Documents on African Affairs, Oxford University Press, Oxford 1971

Brownlie, Ian; Principles of Public International Law, 4. Edition, Clarendon Press, Oxford 1990

Brühl-Moser, Denise; Die Entwicklung des Selbstbestimmungsrechts der Völker unter besonderer Berücksichtigung seines innerstaatlich - demokratischen Aspekts und seiner Bedeutung für den Minderheitenschutz, Helbing & Lichtenhahn Verlag, Basel 1994

Brunzl, John; Israel und die Palästinenser - Die Entwicklung eines Gegensatzes, Wilhelm Braumüller, Wien 1983

Bucharin; Programm der Kommunisten (Bolschewiki), Verlag der Zeitschrift „die soziale Revolution", Zürich

Buchheit, Lee C.; Secession - The Legitimacy of Self-Determination, Yale University Press, New Haven 1978

Caplan, Neil; Palestine Jewry and the Arab Question 1917-1925, Cass, London 1978

Carr, Edward Hallett; Nationalism and After, Macmillan & Co. LTD, London 1945

Carter, Sarah; Canada and its Native Peoples, in: Bumsted, J. M. (Hrsg.); Interpreting Canada's Past, Volume II – Post Confederation, Oxford University Press Canada, Toronto 1993, S. 189 ff.

Cassese, Antonio; Self-Determination of Peoples - A legal reappraisal, Cambridge University Press, Cambridge 1995

Cassese, Antonio; The Israel-PLO Agreement and Self-Determination, European Journal Of International Law Bd. 4 (1993), S. 564 ff.

Cassese, Antonio; The self-determination of peoples, in: Henkin, Louis (Hrsg.); The International Bill of Rights –

Chesterman, John/ Galligan, Brian; Citizens without Rights - Aborigines and Australian Citizenship, Cambridge University Press, Cambridge 1997

Cirkovic, Sima; Zur Ethnogenese auf dem Gebiet des ehemaligen Jugoslawiens, in: Melcic, Dunja (Hrsg.); Der Jugoslawien-Krieg, Westdeutscher Verlag, Opladen 1999, S. 14 ff.

Clark, Roger S.; Self-Determination and Free Association - Should the United Nations Terminate the Pacific Islands Trust?, Harvard International Law Journal Vol. 21 (1980), S. 1 ff.

Cobban, Alfred; The Nation State and National Self-Determination, Collins Clear-Type Press, London, Glasgow 1969

Cohler, Anne M.; Rousseau and Nationalism, Basic Books, Inc., New York 1970

Crawford, James; The Creation of States in International Law, Oxford University Press, Oxford 1979

Crnobrnja, Mihailo, The Yugoslav Drama, I. B. Tauris Publishers, London 1994

Csizmas, Michael (Hrsg.); Prag 1968 – Dokumente, Verlag SOI Bern, Bern 1968

Cukwurah, A. O.; The Settlement of Boundary Disputes in International Law, Manchester University Press, Manchester 1967

Davies, Norman; Im Herzen Europas – Geschichte Polens, Verlag C. H. Beck, München 2000

Day, Alan J.; Border and Territorial Disputes, Longman, Essex 1982

Decker, Günter; Das Selbstbestimmungsrecht der Nationen, Verlag Otto Schartz & Co, Göttingen 1955

Delaney, Trevor A.; Article 2 (7) of the United Nations Charter: Hindrance to the Self-Determination of Western Sahara and Eritrea, Emory International Law Review Bd. 4 (1990), S. 413 ff.

Deloria, Vine Jr.; Custer Died for Your Sins - An Indian Manifesto, University of Oklahoma Press, Norman 1989

Deloria, Vine Jr.; The application of the Constitution to American Indians, in: Lyons, Oren/Mohawk, John/Deloria, Vine Jr./Hauptman, Laurence/Berman, Howard/Grinde, Donald Jr./Berkey, Curtis/Venables, Robert, Exiled in the Land of Free - Democracy, Indian Nations, and the U.S. Constitution, Clear Light Publishers, Santa Fe 1992, S. 281 ff.

Deretak, Silvo; The Dissolution of Yugoslavia in the Context of Security and Integration in Europe, in: Clesse, Armand / Kortunov, Andrei (Hrsg.); The Political and Strategic Implications of the State Crises in Central and Eastern Europe, Institute for European and International Studies, Luxembourg 1993, S. 181 ff.

Die Bibel

Dippi, Brian W.; The Vanishing American - White Attitudes and U.S. Policy, Wesleyan University Press, Middletown, Connecticut 1982

Djekovic, Liliana; Der kurze Atem der Selbstverwaltung – Eine Volkswirtschaft zwischen Dauerkrise und gescheiterten Reformen, in: Furkes, Josip / Schlarp, Karl-Heinz (Hrsg.); Jugoslawien: Ein Staat zerfällt, Rowohlt, Reinbek 1991, S.134 ff.

Doehring, Karl; Allgemeine Staatslehre – eine systematische Darstellung, C.H. Müller, Heidelberg 2000

Doehring, Karl; Das Selbstbestimmungsrecht der Völker als Grundsatz des Völkerrechts, Berichte der Deutschen Gesellschaft für Völkerrecht, Heft 14, Verlag C.F. Müller, Karlsruhe 1974

Doehring, Karl; Das Selbstbestimmungsrecht der Völker, in: Simma, Bruno (Hrsg.); Charta der Vereinten Nationen - ein Kommentar, Beck'sche Verlagsbuchhandlung, München 1991, S. 15 ff.

Doehring, Karl; Formen und Methoden der Anwendung des Selbstbestimmungsrechts, in: Blumenwitz, Dieter / Meissner, Boris (Hrsg.); Das Selbstbestimmungsrecht der Völker und die deutsche Frage, Verlag Wissenschaft und Politik, Köln 1984

Doehring, Karl; Völkerrecht, C.F.Müller Verlag, Heidelberg 1999

Doswald-Beck, Louise; The Legal Validity of Military Intervention by Invitation of the Government, British Yearbook of International Law Bd. 56 (1985), S. 189 ff.

Dudwick, Nora; Armenia: Paradise Regained or Lost?, in: Bremmer, Ian / Taras, Ray (Hrsg.); New States New Politics – Building the Post-Soviet Nations, Cambridge University Press, Cambridge 1997, S. 471 ff.

Eide, Asbjorn; In Search of Constructive Alternatives to Secession, in: Tomuschat, Christian (Hrsg.); Modern Law of Self-Determination, Martinus Nijhoff Puplishers, Dordrecht 1993, S. 139 ff.

Ekeh, Peter P.; Citizenship and Political Conflict: A Sociological Interpretation of the Nigerian Crisis, in: Okpaku, Joseph (Hrsg.); Nigeria: Dilemma Of Nationhood - An African Analysis of the Biafran Conflict, The Third Press/Greenwood Publishing Company, New York Westport 1972, S. 76 ff.

Epping, Volker; Der Staat als „Normalperson“ des Völkerrechts, in: Ipsen, Knut (Hrsg.); Völkerrecht – Ein Studienbuch, C.H.Beck'sche Verlagsbuchhandlung, München 1999, Kapitel 2, § 5

Erler, Georg; Minderheitenrecht, in: Schlochauer, Hans-Jürgen / Strupp, Karl (Hrsg.); Wörterbuch des Völkerrechts Bd. II, Verlag Walter De Gruyter , Berlin 1991, S. 531 ff.

Ermacora, Felix; Die Selbstbestimmung im Lichte der UN-Deklaration betreffend die völkerrechtlichen Grundsätze über die freundschaftlichen Beziehungen und die Zusammenarbeit zwischen den Staaten entsprechend der Charta, Internationales Recht und Demokratie in: Festschrift für Rudolf Laun zu seinem 90. Geburtstag, Bonn 1972, S. 55 ff.

Falk, Richard; Failure in Europe: Regional Security after the Cold War, in: Nakarada, Radmila (Hrsg.); Europe and the Disintegration of Yugoslavia, Institute for European Studies, Belgrade 1994, S.57 ff.

Fawn, Rick; The Czech Republic – a Nation of Velvet, harwood academic publishers, Amsterdam 2000

Fenet, Alain; The Right of the Eritrean People to Self-Determination, in: Cliffe, Lionel/Davidson, Basil (Hrsg.); The Long Struggle of Eritrea for independence and constructive peace, The Red Sea Press, Inc., Trenton, New Jersey 1988, S. 33 ff.

Ferrer, Colman, The West and the Breakup of Yugoslavia, Revista De Estudios Europeos Bd. 11 (1997) Nr. 41, S. 52 ff.

Feshbach, Murray; Social Change in the USSR Under Gorbashev – Population, Health and Environmental Issues, in: Balzer, Harley D. (Hrsg.); Five Years that Shook the World – Gorbachev's Unfinished Revolution, Westview Press, Boulder 1991, S. 49 ff.

Fisch, Jörg; Geschichte Südafrikas, Dtv, München 1990

Fischer, Horst; Gewaltverbot, Selbstverteidigungsrecht und Intervention im gegenwärtigen Völkerrecht, in: Ipsen, Knut (Hrsg.); Völkerrecht – Ein Studienbuch, C.H.Beck'sche Verlagsbuchhandlung, München 1999, Kapitel 15, § 59

Fitzmaurice, Gerald; The Law and Procedure of the International Court of Justice Bd. I, Grotius Plublications Limited, Cambridge 1986

Flapan, Simha; Zionism and the Palestinians, Croom Helm Ltd., London 1979

Foner, Eric; Slavery and the Republican Ideology in: Banner Jr., James M./ Hackney, Sheldon/ Bernstein, Barton J.; Understanding the American Experience - Recent Interpretations Bd. I, Harcourt Brace Jovanovich, Inc., New York/Chicago/San Francisco/Atlanta 1973, S. 475 ff.

Franck, T. M.; Postmodern Tribalism and the Right to Secession, in: Brölmann, Catherine/Lefeber, René/ Zieck, Marjoleine (Hrsg.); Peoples and Minorities in International Law, Martinus Nijhoff Publishers, Dordrecht 1993, S. 3 ff.

Franck, Thomas M. / Carey, John (Hrsg.), The Legal Aspects of the United Nations Action in the Congo – Background Papers and Proceedings of the 2. Hammarskjoeld Forum, Oceana Publications, Inc., Dobbs Ferry, New York 1963

Furkes, Josip; Der unaufhaltsame Aufstieg des Slobodan Milosevic – Der serbische Nationalismus und der Zerfall Jugoslawiens, in: Furkes, Josip / Schlarp, Karl-Heinz (Hrsg.); Jugoslawien: Ein Staat zerfällt, Rowohlt, Reinbek 1991, S. 63 ff.

Furtado, Charles F. Jr./ Chandler, Andrea; Perestroika in the Soviet Republics – Documents on the National Question, Westview Press, Boulder 1992

Gaetano, Arangio-Ruiz; Friendly relations Resolution, in: Bernhardt, Rudolf (Hrsg.); Encyclopedia of Public International Law Bd. 9 (International Relations and Legal Cooperation in General – Diplomacy and Consular Relations), North-Holland, Amsterdam 1986, S. 135 ff.

Gayim, Eyassu; The Eritrean Question - The conflict between the right of self-determination and the interests of States, Iustus Förlag, Uppsala 1993

Gerner, Kristian/Hedlund, Stefan; The Baltic States and the End of the Soviet Empire, Routledge, London 1993

Ginther, Konrad; Artikel 4, in: Simma, Bruno (Hrsg.); Charta der Vereinten Nationen - ein Kommentar, Beck'sche Verlagsbuchhandlung, München 1991, S. 118 ff.

Ginther, Konrad; Das Anerkennungsverbot der Homelands - Überlegungen zur Anerkennungspolitik im südlichen Afrika, German Yearbook Of International Law Bd. 23, S. 323 ff.

Ginther, Konrad; Die völkerrechtliche Stellung nationaler Befreiungsbewegungen im südlichen Afrika, Österreichische Zeitschrift Für Öffentliches Recht Und Völkerrecht Bd. 32 (1982), S. 131 ff.

Gloria, Christian, Das Staatsgebiet, in: Ipsen, Knut (Hrsg.); Völkerrecht – Ein Studienbuch, C.H. Beck'sche Verlagsbuchhandlung, München 1999, Kapitel 5, § 23

Gloria, Christian, Die völkerrechtliche Anerkennung, in: Ipsen, Knut (Hrsg.); Völkerrecht – Ein Studienbuch, C.H. Beck'sche Verlagsbuchhandlung, München 1999, Kapitel 5, § 22

Goati, Vladimir; The Disintegration of Yugoslavia: The Role of Political Elites, Nationalities Papers Bd. 25 (1997), S. 455 ff.

Golan, Galia; Reform Rule in Czechoslovakia – The Dubcek Era 1968-1969, Cambridge University Press, Cambridge 1973

Goldman, Minton F.; Slovakia Since Independence – A Struggle for Democracy, Praeger, Westport 1999

Goldman, Philip; Lapidus, Gail; Zaslavsky, Victor; Introduction: Soviet Federalism – Its Origins, Evolution, and Demise, in: Goldman, Philip; Lapidus, Gail; Zaslavsky, Victor (Hrsg.); From Union to Commonwealth – Nationalism And Separatism in the Soviet Republics, Cambridge University Press, Cambridge 1992, S. 1 ff.

Golubovic, Zagorka; The Emergence of Exclusive Nationalism Versus Democratic Processes in Post-Communist Yugoslavia, in: Nakarada, Radmila (Hrsg.); Europe and the Disintegration of Yugoslavia, Institute for European Studies, Belgrade 1994, S. 161 ff.

Götz, Roland / Halbach, Uwe; Politisches Lexikon GUS, Verlag C.H. Beck, München 1993

Götz, Roland / Halbach, Uwe; Politisches Lexikon Rußland, Verlag C.H. Beck, München 1994

Gowlland-Debbas, Vera; Collective Responses to the Unilateral Declarations of Independence of Southern Rhodesia and Palestine: an Application of the Legitimizing Function of the United Nations, The British Yearbook Of International Law 1990, S. 135 ff.

Green, L. C.; Southern Rhodesian Independence, Archiv des Völkerrechts Bd. 14 (1969/70), S. 155 ff.

Gregory, Charles Noble; The Neutralization of the Aaland Islands, American Journal of International Law Bd. 17 (1923), S. 63 ff.

Gros Espiell, Héctor; The Right to Self-Determination: Implementation of United Nations Resolutions, U.N.Doc.E/CN.4/Sub.2/405/Rev.1 (1980)

Grotzky, Johannes; Balkankrieg – Der Zerfall Jugoslawiens und die Folgen für Europa, R. Piper, München 1993

Gusy, Christoph; Selbstbestimmung im Wandel - Von der Selbstbestimmung durch den Staat zur Selbstbestimmung im Staat, Archiv des Völkerrechts Bd. 30 (1992), S. 385 ff.

Hagemann, Albrecht; Die Entstehung und Entwicklung der Apartheid - Eine Skizze, in: Rüsen, Jörn / Vörös-Rademacher, Hildegard (Hrsg.); Südafrika - Apartheid und Menschenrechte in Geschichte und Gegenwart, Centaurus Verlagsgesellschaft, Pfaffenweiler 1992

Hailbronner, Kay; Der Staat und der Einzelne als Völkerrechtssubjekte, in: Vitzthum Graf, Wolfgang (Hrsg.); Völkerrecht, Walter De Gruyter, Berlin 1997, S. 181 ff.

Halbach, Uwe; Der Weg in den zweiten Tschetschenien-Krieg, Osteuropa 2000, S. 11 ff.

Halbach, Uwe; Nationale Frage, Souveränität, Föderation – Schwerpunkte der innersowjetischen Diskussion 1988-1990, Bundesinstitut für ostwissenschaftliche und internationale Studien, Köln 1990

Halperin, Morton H. / Scheffer, David J. / Small, Patricia L.; Self-Determination In The New World Order, Carnegie Endowment for International Peace, Washington, D.C. 1992

Hannum, Hurst; Autonomy, Sovereignty, and Self-Determination - The Accommodation Of Conflicting Rights, University Of Pennsylvania Press, Philadelphia 1990

Hannum, Hurst; Rethinking Self-Determination, Virginia Journal of International Law Bd. 34 (1993), S. 1 ff.

Harris, D.J.; Cases and Materials on International Law, Sweet & Maxwell, London 1991

Hauptman, Laurence M; Congress, Plenary Power, and the American Indian, 1870 to 1992 in: Lyons, Oren / Mohawk, John / Deloria, Vine Jr. / Hauptman, Laurence / Berman, Howard / Grinde, Donald Jr. / Berkey, Curtis / Venables, Robert; Exiled in the Land of Free - Democracy, Indian Nations, and the U.S. Constitution, Clear Light Publishers, Santa Fe 1992, S. 317 ff.

Hecker, Hans; Untergang eines Weltreiches, Osteuropa Bd. 42 I (1992), S. 464 ff.

Heidelmeyer, Wolfgang; Das Selbstbestimmungsrecht der Völker - Zur Geschichte und Bedeutung eines internationalen Prinzips in Praxis und Lehre von den Anfängen bis zu den Menschenrechtspakten der Vereinten Nationen, Ferdinand Schöningh, Paderborn 1973

Heintschel von Heinegg, Wolff; Auslegung völkerrechtlicher Verträge, in: Ipsen, Knut (Hrsg.); Völkerrecht - Ein Studienbuch, C.H. Beck'sche Verlagsbuchhandlung, München 1999, Kapitel 3, § 11

Heintschel von Heinegg, Wolff; Ungültigkeit von Verträgen und Fortfall der Vertragsbindung, in: Ipsen, Knut (Hrsg.), Völkerrecht - Ein Studienbuch, C.H. Beck'sche Verlagsbuchhandlung, München 1999, Kapitel 3, §15

Heintze, Hans-Joachim; Allgemeines völkerrechtliches Verbot der Rassendiskriminierung, in: Ansbach, Tatjana / Heintze, Hans-Joachim; Selbstbestimmung und Verbot der Rassendiskriminierung im Völkerrecht, Staatsverlag der Deutschen Demokratischen Republik, Berlin 1987, S. 80 ff.

Heintze, Hans-Joachim; Selbstbestimmungsrecht und Minderheitenrechte im Völkerrecht, Nomos Verlagsgesellschaft, Baden-Baden 1994

Heintze, Hans-Joachim; Völker im Völkerrecht, in: Ipsen, Knut (Hrsg.), Völkerrecht - Ein Studienbuch, C.H. Beck'sche Verlagsbuchhandlung, München 1999, S. 341 ff.

Hellmann, Die russische Revolution, dt Taschenbuch Verlag, München 1964

Heraclides, Alexis; The Self-Determination Of Minorities In International Politics, Frank Class, London 1991

Herzl, Theodor; Eine Lösung der Judenfrage, in: Herzl, Theodor; Zionistische Schriften, hozaah Ivrith Co. Ltd., Tel Aviv 1934, S. 521 ff.

Higgins, Rosalyn; Problems and Process - International Law and how we use it, Clarendon Press, Oxford 1994

Higgins, Rosalyn; The Development of International Law through the Political Organs of the United Nations, Oxford University Press, Oxford 1963 (1969)

Himmer, Susan E.; The Achievement Of Independence In The Baltic States And Its Justifications, Emory International Law Review Bd. 6 (1992), S. 253 ff.

Hinz, Joachim / Rauch, Elmar; Kriegsvölkerrecht - Völkerrechtliche Verträge über die Kriegsführung, die Kriegsmittel und den Schutz der Verwundeten, Kriegsgefangenen und Zivilpersonen im Kriege - Textsammlung mit Erläuterungen, Übersichten und Stichwortverzeichnis, Carl Heymanns Verlag KG, Köln 1984

Hollstein, Walter; Kein Frieden um Israel, Fischer-Taschenbuch, Frankfurt am Main 1973

Holt, Thomas C., Race and Racism, in: Greene, Jack C. (Hrsg.); Encyclopedia of American Political History - Studies of the Principal Movements and Ideas, Volume III, Charles Scribner's Sons, New York 1984, S. 1042 ff.

Höpken, Wolfgang; Die Unfähigkeit zusammenzuleben, in: Furkes, Josip / Schlarp, Karl-Heinz (Hrsg.); Jugoslawien: Ein Staat zerfällt, Rowohlt, Reinbek 1991, S. 32 ff.

Horn, Hannelore; Der Kollaps des sozialistischen Herrschaftssystems in der Sowjetunion, Osteuropa Bd. 43 (1993), S. 33 ff.

Horsky, Vladimir; Prag 1968 – Systemveränderung und Systemverteidigung, Ernst Klett Verlag / Kösel-Verlag, Stuttgart/München 1975

Ijalaye, David A.; Was „Biafra" at any Time a State in International Law?, American Journal Of International Law Bd. 65 (1971), S. 551 ff.

Ipsen, Knut; Schutz der von bewaffneten Konflikten betroffenen Personen und Gebiete, in: Ipsen (Hrsg.), Völkerrecht– Ein Studienbuch, C.H.Beck'sche Verlagsbuchhandlung, München 1999, Kapitel 16, § 69

James, Robert Rhodes (Hrsg.); The Czechoslovak Crisis 1968, Weidenfeld and Nicolson, London 1969

Johnson, Paul; A History of the American People, Harper Perennial, New York 1999

Jones, Peter; Human Rights, Group Rights, and Peoples' Rights, Human Rights Quarterly Bd. 21 (1999), S. 80 ff.

Jones, Stephen; Georgia: The Long Battle for Independence, in: Rezun, Miron (Hrsg.); Nationalism and the Breakup of an Empire – Russia and its Periphery, Praeger Publishers, Westport 1992, S. 73 ff.

Judah, Tim; The Serbs – History, Myth & the Destruction of Yugoslavia, Yale University Press, New Haven 2000

Kacza, Thomas; Die Kongo-Krise 1960-1965, Centaurus-Verlagsgesellschaft, Pfaffenweiler 1990

Kadelbach, Stefan; Zwingendes Völkerrecht, Duncker & Humblot, Berlin 1992

Kagedan, Allan Laine; American and French Responses to the Lithuanian Unilateral Declaration of Independence, in: Rezun, Miron (Hrsg.); Nationalism and the Breakup of an Empire – Russia and its Periphery, Praeger, Westport 1992, S. 157 ff.

Kaikobad, Kaiyan Homi; Some Observations on the Doctrine of Continuity and Finality of Boundaries, British Yearbook of International Law Vol. 54 (1983), S. 119 ff.

Kamenetsky, Maksym; Former Yugoslavia a Conflictogenic Zone, in: Makeyev, Serhiy (Hrsg.); The Demons of Peace and the Gods of War – Social Conflicts of the Postkommunist Epoche, Political Thought, Ukraine 1997

Kappert, Petra; Azerbajdzan zwischen Nationalismus und religiöser Reaktion, in: Nitsche, Peter (Hrsg.); Die Nachfolgestaaten der Sowjetunion – Beiträge zu Geschichte, Wirtschaft und Politik, Peter Lang, Frankfurt am Main 1994, S. 119 ff.

Karl, Wolfram; Vertrag und spätere Praxis im Völkerrecht – Rechtsfragen territorialer Sonderregime, Springer Verlag, Berlin 1980

Kaser, Max; Das römische Privatrecht, C.H. Beck'sche Verlagsbuchhandlung, München 1989

Kimminich, Otto; A „Federal Right of Self-Determination?", in Tomuschat, Christian (Hrsg.); Modern Law of Self-Determination, Martinus Nijhoff Publishers, Dordrecht 1993, S. 83 ff.

Kimminich, Otto; Rechtscharakter und Inhalt des Selbstbestimmungsrechts, in: Blumenwitz, Dieter / Meissner, Boris (Hrsg.); Das Selbstbestimmungsrecht der Völker und die deutsche Frage, Verlag Wissenschaft und Politik, Köln 1984, S. 37 ff.

Kirk-Greene, A.H.M.; Crisis and Conflict in Nigeria - A Documentary Sourcebook 1966-1969, Volume I - January 1966-July 1967, Oxford University Press, London 1971

Kirk-Greene, A.H.M.; Crisis and Conflict in Nigeria - A Documentary Sourcebook 1966-1970, Volume II - July 1967-January 1970, Oxford University Press, London 1971

Klabbers, J. / Lefeber, René; Africa: Lost between Self-Determination and Uti Possidetis, in: Brölmann, Catherine / Lefeber, René / Zieck, Marjoleine (Hrsg.); Peoples and Minorities in International Law, Martinus Nijhoff Publishers, Dordrecht 1993, S. 37 ff.

Klein, Eckart; Das Selbstbestimmungsrecht der Völker und die deutsche Frage, Gebr. Mann Verlag, Berlin 1990

Klein, Eckart; Die Internationalen und supranationalen Organisationen als Völkerrechtssubjekte, in: Vitzthum Graf, Wolfgang (Hrsg.); Völkerrecht, Walter de Gruyter, Berlin 1997, S. 267 ff.

Klein, Eckart; Statusverträge im Völkerrecht – Rechtsfragen territorialer Sonderregime, Springer Verlag, Berlin 1980

Klein, Eckart; Vereinte Nationen und Selbstbestimmungsrecht, in: Blumenwitz, Dieter/ Meissner, Boris (Hrsg.); Das Selbstbestimmungsrecht der Völker und die deutsche Frage, Verlag Wissenschaft und Politik, Köln 1984, S. 107 ff.

Klein, Eckart; Vertragsauslegung und „spätere Praxis“ Internationaler Organisationen, in: Bieber, Roland / Ress, Georg; Die Dynamik des Europäischen Gemeinschaftsrechts: die Auslegung des Europäischen Gemeinschaftsrechts im Lichte nachfolgender Praxis der Mitgliedstaaten und der EG-Organe, Nomos-Verlagsgesellschaft, Baden-Baden 1987, S. 101 ff.

Klein, Eckart; Völker und Grenzen im 20. Jahrhundert, Der Staat Bd. 32 (1993), S. 357 ff.

Kluke, Paul; Selbstbestimmung – Vom Weg einer Idee durch die Geschichte, Vandenhoeck & Ruprecht, Göttingen 1963

Köck, Heribert Franz; Zur Interpretation völkerrechtlicher Verträge, Zeitschrift für öffentliches Recht Bd. 53 (1998), S. 217 ff.

Kohl, Christine von; Jugoslawien, Verlag C.H.Beck, München 1990

Kooijmans, P.H.; Tolerance, Sovereignty And Self-Determination, Netherlands International Law Review 1996, S. 211 ff.

Korman, Sharon; The Right of Conquest – The Acquisition of territory by Force in International Law and Practice, Oxford Clarendon Press, Oxford 1996

Koskenniemi, Martti; National Self-Determination Today: Problems of Legal Theory and Practice, International and Comparative Law Quarterly Bd. 43 (1994), S. 241 ff.

Kovacevic, Djuro; Europe and the Disintegration of Yugoslavia, in: Nakarada, Radmila (Hrsg.); Europe and the Disintegration of Yugoslavia, Institute for European Studies, Belgrade 1994, S. 11 ff.

Krause, Joachim; Chronologie, in: Krause, Joachim (Hrsg.), Kosovo – Humanitäre Intervention und kooperative Sicherheit in Europa, Leske + Budrich, Opladen 2000, S. 201 ff.

Krause, Joachim; Die deutsche Politik in der Kosovo-Krise, in: Krause, Joachim (Hrsg.); Kosovo – Humanitäre Intervention und kooperative Sicherheit in Europa, Leske + Budrich, Opladen 2000, S. 103 ff.

Krech, Hans; Der Bürgerkrieg in Bosnien-Herzegowina (1992-1997) – Ein Handbuch, Köster, Berlin 1997

Krizan, Mojmir; Nationalismen in Jugoslawien – von postkommunistischer nationaler Emanzipation zum Krieg, Osteuropa Bd. 42 (1992), S. 121 ff.

Kunig, Philip; Völkerrecht und staatliches Recht, in: Vitzthum, Wolfgang (Hrsg.); Völkerrecht, Walter de Gruyter, Berlin 1997, Abschnitt 2

Kusber, Jan; Georgien – aktuelle Konflikte in historischer Perspektive, in: Nitsche, Peter (Hrsg.); Die Nachfolgestaaten der Sowjetunion – Beiträge zu Geschichte, Wirtschaft und Politik, Peter Lang, Frankfurt am Main 1994, S. 97 ff.

Lapidus, Gail; From Democratization to Disintegration – The Impact of Perestroika on the National Question, in: Goldman, Philip / Lapidus, Gail / Zaslavsky, Victor (Hrsg.); From Union To Commonwealth – Nationalism and Separatism in the Soviet Republics, Cambridge University Press, Cambridge 1992, S. 45 ff.

Lenin, W.I.; Entwurf der Thesen zur nationalen und zur kolonialen Frage, Werke Bd. 31, Dietz Verlag, Berlin 1970

Lenin, W.I.; Entwurf und Erläuterungen des Programms der Sozialistischen Partei, Werke Bd. 2, Dietz Verlag, Berlin 1970

Lenin, W.I.; Über das Selbstbestimmungsrecht der Nationen in: Lenin, Ausgewählte Werke, Verlag Progress, Moskau 1985, S. 170 ff.

Lerner, N.; The Evolution Of Minority Rights In International Law, in: Brölmann, Catherine/Lefeber, René/Zieck, Marjoleine (Hrsg.); Peoples And Minorities In International Law, Martinus Nijhoff Publishers, Dordrecht 1993, S.77 ff.

Levits, Egil; Die Auseinandersetzung zwischen der Sowjetunion und den Baltischen Staaten um die Wiederherstellung der Unabhängigkeit, in: Ehrhart, Hans-Georg (Hrsg.); Die „sowjetische Frage“: Integration oder Zerfall?, Nomos Verlagsgesellschaft, Baden-Baden 1991, 43 ff.

Libal, Wolfgang; Das Ende Jugoslawiens – Chronik einer Selbstzerstörung, Europaverlag, Wien 1991

Locke, John; Zwei Abhandlungen über die Regierung, Suhrkamp, 7. Auflage, Frankfurt am Main 1998

Luchterhand, Otto; Das Recht Berg-Karabaghs auf staatliche Unabhängigkeit aus völkerrechtlicher Sicht, Archiv des Völkerrechts Bd. 31 (1993), S. 30 ff.

Lüders, Karl Heinz; Ideologie und Machtdenken in der Außen- und Sicherheitspolitik der Sowjetunion, Nomos-Verlagsgesellschaft, Baden Baden 1981

Lung-Chu Chen; Self-Determination as a Human Right, in: Reisman, W. Michael / Weston, Burns H. (Hrsg.); Toward World Order and Human Dignity – Essays in Honor of Myres S. McDougal, The Free Press, New York 1976, S. 198 ff.

Lütke Entrup, Joseph; Nigeria - von der völkerrechtlichen Unabhängigkeit zur zweiten Republik, Verlag Hans Richarz, St. Augustin 1981

Lyons, Oren / Mohawk,John / Deloria, Vine Jr. /Hauptman Laurence/Berman, Howard / Grinde, Donald Jr. / Berkey, Curtis / Venables, Robert; Exiled in the Land of the Free - Democracy, Indian Nations, and the U.S. Constitution, Clear Light Publishers, Santa Fe 1992

Mack, Carlos E.; Der völkerrechtliche Konflikt zwischen dem Prinzip der freien Selbstbestimmung der Völker und dem Prinzip der territorialen Integrität (Souveränität) der Staaten im Rahmen des Entkolonialisierungsprozesses, Verlag V. Florentz, München 1993

Magas, Branka, The destruction of Yugoslavia – Tracking the Break-up 1980-92, Verso London 1993

Malanczuk, Peter; Israel: Status, Territory and Occupied Territories, in: Bernhardt, Rudolf (Hrsg.); Encyclopedia of Public International Law 12 (1990), Bd. 12 - Geographic Issues, North-Holland, Amsterdam 1990, S. 149 ff.

Mallison, Sally V. / Mallison, W. Thomas; An International Law Analysis Of The Major United Nations Resolutions Concerning The Palestine Question, United Nations, New York 1979

Mangoldt von, Hans; Die West-Irian-Frage und das Selbstbestimmungsrecht der Völker, Zeitschrift für ausländisches öffentliches Recht und Völkerrecht Bd. 31, (1971), S. 197 ff.

Marauhn, Thilo; Der aktuelle Fall: Die Auseinandersetzungen um die Unabhängigkeitsbestrebungen der jugoslawischen Teilrepublik Slowenien - Das Selbstbestimmungsrecht der Völker im Wandel -, Humanitäres Völkerrecht Bd. 4 (1991), S. 107 ff.

Mauch, Christof; Suffrage/ Disfranchisement, in: Wersich, Rüdiger W. (Hrsg.); USA-Lexikon: Schlüsselbegriffe zu Politik, Wirtschaft, Gesellschaft, Kultur, Geschichte und zu den deutsch-amerikanischen Beziehungen, Erich Schmidt Verlag, Berlin 1995, 695 ff.

McCorquodale, Robert; Human Rights and Self-Determination, in: Sellers, Mortimer (Hrsg.); The New World Order – Sovereignty, Human Rights, and the Self-Determination of Peoples, Berg, Oxford 1996

McDougal, Myres S. / Reisman, W. Michael; Rhodesia and the United Nations: The Lawfulness of International Concern, The American Journal Of International Law Bd. 62 (1968), S. 1 ff.

McEwen, A.C.; International Boundaries of East Africa, Oxford University Press, Oxford 1971

McMillan, Alan D.; Native Peoples and Cultures of Canada - an Anthropological Overview, Douglas & McIntyre, Vancouver 1995

Meier, Victor; Yugoslavia – A History of its Demise, Routledge, London 1999

Meier-Walser, Reinhard C. / Schneider, Marius; Die Bosnien-Politik der USA, Politische Studien Bd. 46 (1995), Sonderheft 3, S. 33 ff.

Meissner, Boris; Das Selbstbestimmungsrecht der Völker in Osteuropa und China, Verlag Wissenschaft und Politik, Köln 1968

Meissner, Boris; Das Selbstbestimmungsrecht der Völker nach Helsinki und seine Bedeutung für die baltischen Nationen, in: Meissner, Boris (Hrsg.), Die baltischen Staaten im weltpolitischen und völkerrechtlichen Wandel – Beiträge 1954 – 1994, Bibliotheca Baltica, Hamburg 1995, S. 130 ff.

Meissner, Boris; Die Beziehungen zwischen der Sowjetunion und den baltischen Staaten von der deutsch-sowjetischen Interessenabgrenzung aufgrund des Molotow-Rippentrop-Pakts bis zum sowjetischen Ultimatum, in: Meissner, Boris (Hrsg.), Die baltischen Staaten im weltpolitischen und völkerrechtlichen Wandel – Beiträge 1954 – 1994, Bibliotheca Baltica, Hamburg 1995, S. 19 ff.

Meissner, Boris; Die Breshnew-Doktrin – Dokumentation, Verlag Wissenschaft und Politik, Köln 1969

Meissner, Boris; Die kommunistische Machtübernahme in den baltischen Staaten, in: Meissner, Boris (Hrsg.), Die baltischen Staaten im weltpolitischen und völkerrechtlichen Wandel – Beiträge 1954 – 1994, Bibliotheca Baltica, Hamburg 1995, S. 53 ff.

Meissner, Boris; Die Sowjetunion die baltischen Staaten und das Völkerrecht, Verlag für Politik und Wissenschaft, Köln 1956

Meissner, Boris; Die Sowjetunion im Umbruch – Historische Hintergründe, Ziele und Grenzen der Reformpolitik Gorbatschows, Deutsche Verlags-Anstalt, Stuttgart 1988

Meissner, Boris; Die staatliche Kontinuität, völkerrechtliche Stellung und außenpolitische Lage der baltischen Länder, in: Meissner, Boris (Hrsg.); Die baltischen Nationen Estland Lettland Litauen, 2. Erweiterte Auflage. Markus Verlag, Köln 1991, S. 270 ff.

Meissner, Boris; Sowjetische Kurskorrekturen – Breshnew und seine Erben, Edition Interform, Osnabrück 1984

Meissner, Boris; Sowjetunion und Selbstbestimmungsrecht, Verlag Wissenschaft und Politik, Köln 1962

Meissner, Boris; Vom XXVIII. Parteitag bis zum August-Putsch 1991 und seine Folgen, in: Meissner, Boris (Hrsg.); Vom Sowjetimperium zum eurasischen Staatensystem – Die russische Außenpolitik im Wandel und in der Wechselbeziehung zur Innenpolitik, Duncker & Humblot, Berlin 1995, S. 67 ff.

Melcic, Dunja; Nationalgefühl oder Machtkalkül? Die Instrumentalisierung der Geschichte, in: Furkes, Josip / Schlarp, Karl-Heinz (Hrsg.); Jugoslawien: Ein Staat zerfällt, Rowohlt, Reinbek 1991, S. 90 ff.

Menzel, Eberhard; Aaland-Inseln, in: Schlochauer, Hans-Jürgen (Hrsg.); Wörterbuch des Völkerrechts Bd. I – A-H, Verlag Walter De Gruyter, Berlin 1960, S. 21 ff.

Merriam, Alan P.; Congo - Background of Conflict, Northwestern University Press, USA 1961

Michel, Werner; Zur Geltung und Wirksamkeit von Normen des Völkergewohnheitsrechts, Marburg/Lahn 1990

Mill, John Stuart; Considerations on Representative Government, Longmans, Green, And Co., 1865

Miller, J.R.; Skyscrapers Hide the Heavens - A History of Indian-White Relations in Canada, University of Toronto Press, Toronto 1991

Misra, Kashi Prasad, The Role of the United Nations in the Indo-Pakistani Conflict, Viskas Publishing House, Delhi 1973

Modeen, Tore; Aaland Islands, in: Bernhardt, Rudolf (Hrsg.), Encyclopedia of Public International Law 12 (1990), Bd. 12 - Geographic Issues, North-Holland, Amsterdam 1990, S. 1 ff.

Modeen, Tore; Völkerrechtliche Probleme der Aaland-Inseln, Zeitschrift des ausländischen öffentlichen Rechts und Völkerrechts Bd. 37 (1977), S. 607 ff.

Mojekwu, Christopher C.; Self-Determination: The African Perspective, in: Alexander, Yonah/Friedlander, Robert A. (Hrsg.); Self-Determination: National, Regional, and Global Dimension, Westview Press, Boulder, Colorado 1980, S. 221 ff.

Mommsen, Wolfgang; The Varieties of the Nation State in Modern History: Liberal, Imperialist, Fascist and Contemporary Notions of Nation and Nationality, in: Mann, Michael (Hrsg.); The Rise and Decline of Nation State, Basil Blackwell Ltd, Oxford 1990, S. 210 ff.

Morris, Richard B (Hrsg.); Encyclopedia of American History, Harper & Row, Publishers, New York 1982

Morvay, Werner; Rhodesia/Zimbabwe, in: Bernhardt, Rudolf (Hrsg.); Encyclopedia Of Public International Law, Bd. 12 - Geographic Issues, North-Holland, Amsterdam 1990, S. 119 ff.

Müller, Jörg Paul / Wildhaber, Luzius; Praxis des Völkerrechts, Stämpfli, Bern 1982

Murrin, John M./ Johnson, Paul E./ McPherson, James M./ Gerstle, Gary/ Rosenberg, Emily S./ Rosenberg, Norman L. (Hrsg.); Liberty, Equality, Power - A History of the American People, Volume I: to 1877, Harcourt Brace College Publishers, Orlando 1996

Murswiek, Dietrich; Die Problematik eines Rechts auf Sezession – neu betrachtet, Archiv des Völkerrechts Bd. 31 (1993), S. 307 ff.

Murswiek, Dietrich; Offensives und defensives Selbstbestimmungsrecht, Der Staat Bd. 23 (1984), S. 523 ff.

Nahaylo, Bohdan/Swoboda, Victor; Soviet Disunion – A History of the Nationalities Problem in the USSR, The Free Press, New York 1989

Nakarada, Radmila; The Breakup of Yugoslavia and the Constitution of the New World Order, in: Nakarada, Radmila (Hrsg.); Europe and the Disintegration of Yugoslavia, Institute for European Studies, Belgrade 1994, S. 29 ff.

Nanda, Ved P.; Self-Determination in International Law – the Tragic Tale of Two Cities – Islamabad (West Pakistan) and Dacca (East Pakistan), American Journal of International Law Bd. 66 (1972), S. 321 ff.

Nanda, Ved P.; Self-Determination Outside the Colonial Context – The Birth of Bangladesh in Retrospect, in: Alexander, Yonah / Friedlander, Robert A. (Hrsg.); Self-Determination: National, Regional, and Global Dimension, Westview Press, Boulder, Colorado 1980, S. 193 ff.

Neuberger, Benyamin; National Self-Determination in Postcolonial Africa, Lynne Rienner Publishers, Boulder, Colorado 1986

Oeter, Stefan; Selbstbestimmungsrecht im Wandel der Zeit - Überlegungen zur Debatte um Selbstbestimmung, Sezessionsrecht und „vorzeitige" Anerkennung, Zeitschrift für ausländisches öffentliches Recht und Völkerrecht Bd. 52, (1992), S. 741 ff.

Oppenheim, Lassa Francis / Lauterpacht, Hersch (Hrsg.); International Law Bd. I – Peace, Longmans, Green and Co, London 1955

Orentlicher, Diane F.; Separation Anxiety: International Responses to Ethno-Separatist Claims, Yale Journal of International Law Bd. 23 (1998), S. 1 ff.

Oschlies, Wolf; Kosovo'98 (I) – Ursachen und Kulmination eines alt-neuen Balkan-Konflikts, Bundesinstitut für ostwissenschaftliche und internationale Studien, Köln 1998

Parameswaran, Benjamin, Vertreibung und Rückkehr, Zur Frage eines Rückkehrrechts der palästinensischen Flüchtlinge von 1947/48, Archiv des Völkerrechts Bd. 41, S.1 ff.

Panter-Brick, S.K. (Hrsg.); Nigerian Politics and Military Rule – Prelude to the Civil War, University of London, Arhlone Press, London 1970

Partsch, Karl Josef; Israel and the Arab States, in: Bernhardt, Rudolf (Hrsg.); Encyclopedia of Public International Law 12 (1990), Bd. 12 - Geographic Issues, North-Holland, Amsterdam 1990, S. 140 ff.

Partsch, Karl Josef; Selbstbestimmung, in: Wolfrum, Rüdiger (Hrsg.); Handbuch der Vereinten Nationen, C.H. Beck'sche Verlagsbuchhandlung, München 1991, S. 745 ff.

Paust, Jordan J.; Self-Determination: A Definitional Focus, in: Alexander, Yonah/Friedlander, Robert (Hrsg.); Self-Determination: National, Regional, and Global Dimensions, Westview Press, Boulder, Colorado 1980, S. 3 ff.

Pavkovic, Aleksandar; The Fragmentation of Yugoslavia – Nationalism in a Multinational State, St. Martin's Press, New York1997

Peretz, Don; The Middle East Today, Praeger, New York 1983

Petro, Nicolai N. / Rubinstein, Alvin Z.; Russian Foreign Policy – from Empire To Nation-State, Longman, New York 1997

Pettigrew, Thomas F. (Hrsg.); Racial Discrimination in the United States, Harper & Row Publishers, New York 1975

Pflüger, Tobias / Jung, Martin; Krieg in Jugoslawien – Seine Ursachen Offene Grenzen für Waffen – aber nicht für Flüchtlinge Pazifistische Handlungsperspektiven, Martin Jung Verlag, Tübingen 1994

Pfoh, Bernhard; Eine Bilanz des Luftkriegs der NATO gegen Jugoslawien, in: Krause, Joachim (Hrsg.), Kosovo – Humanitäre Intervention und kooperative Sicherheit in Europa, Leske + Budrich, Opladen 2000, S. 55 ff.

Pipes, Richard; The Soviet Union adrift, Foreign Affairs Bd. 70 (1990/91), S. 70 ff.

Pithart, Petr; Towards a Shared Freedom 1968-89, in: Musil, Jiri (Hrsg.); The End of Czechoslovakia, Central European University Press, Budapest 1995, S. 201 ff.

Pomerance, Michla; Self-Determination In Law And Practice - The New Doctrine In The United Nations, Martinus Nijhoff Publishers, The Hague 1982

Prieß, Lutz / Kural, Vaclav / Wilke Manfred; Die SED und der „Prager Frühling“ 1968 – Politik gegen einen „Sozialismus mit menschlichem Antlitz“, Akademie Verlag, Berlin 1996

Prihoda, Petr; Mutual Perceptions in Czech-Slovak Relationships, in: Musil, Jiri (Hrsg.); The End of Czechoslovakia, Central European University Press, Budapest 1995, S. 128 ff.

Prucha, Francis Paul; Indian Relations, in: Greene, Jack P. (Hrsg.); Encyclopedia of American Political History - Studies of the Principal Movements and Ideas, Volume II, Charles Scribner's Sons, New York 1984, S. 609 ff.

Prucha, Vaclav; Economic Development and Relations 1918-89, in: Musil, Jiri (Hrsg.); The End of Czechoslovakia, Central European University Press, Budapest 1995, S. 40 ff.

Quane, Helen; The United Nations And The Evolving Right To Self-Determination, International and Comparative Law Quarterly Bd. 47 (1998), S. 537 ff.

Rabl, Kurt; Das Selbstbestimmungsrecht der Völker - Geschichtliche Grundlagen und gegenwärtige Bedeutung, Bergstadtverlag Wilh. Gottl. Korn, München 1963

Rabl, Kurt; Das Selbstbestimmungsrecht der Völker - Geschichtliche Grundlagen Umriß der gegenwärtigen Bedeutung, Böhlau Verlag, Köln 1973

Radan, Peter; The Badinter Arbitration Commission and the Partition of Yugoslavia, Nationalities Papers Bd. 25 (1997), S. 537 ff.

Ramet, Sabrina Petra; War in the Balkans, Foreign Affairs Bd. 71/72 (1992/93), S. 79 ff.

Randelzhofer, Albrecht; Use of Force, in: Bernhardt, Rudolf (Hrsg.); Encyclopedia of Public International Law, Bd. 4 – Use of Force, War and Neutrality, Peace Treaties (N-Z), North Holland, Amsterdam 1982, S. 265 ff.

Raschhofer, Hermann; Selbstbestimmungsrecht und Völkerbund, Verlag Wissenschaft und Politik, Köln 1969

Raschhofer, Hermann; Selbstbestimmungsrecht, in: Görres-Gesellschaft (Hrsg.); Staatslexikon – Recht, Wirtschaft, Gesellschaft Bd. VII – Schwurgericht bis Venezuela, Verlag Herder, Freiburg 1962

Rauert, Fee; Das Kosovo – eine völkerrechtliche Studie, Braumüller, Wien 1999

Razumovsky, Dorothea; Chaos Jugoslawien, München 1993

Ress, Georg; Auslegung der Charta, in: Simma, Bruno (Hrsg.); Charta der Vereinten Nationen – Kommentar, C.H. Beck'sche Verlagsbuchhandlung, München 1991

Ress, Georg; Die Bedeutung der nachfolgenden Praxis für die Vertragsinterpretation nach der Wiener Vertragskonvention, in: Bieber, Roland / Ress, Georg (Hrsg.); Die Dynamik des Europäischen Gemeinschaftsrechts – die Auslegung des Europäischen Gemeinschaftsrechts im Lichte nachfolgender Praxis der Mitgliedstaaten und der EG-Organe, Nomos-Verlagsgesellschaft, Baden-Baden 1987, S. 49 ff.

Reuter, Jens; Die Entstehung der jugoslawischen Krise und ihre Internationalisierung, Südosteuropa Bd. 40 (1991), 343 ff.

Reuter, Jens; Jugoslawien vor dem Zerfall, Aus Politik und Zeitgeschichte Bd. 42 (1992), Heft 14, S. 3 ff.

Reuter, Jens; Jugoslawien, in: Jakobeit, Cord / Yenal, Alparslan (Hrsg.); Gesamteuropa – Analysen, Probleme und Entwicklungsperspektiven, Bundeszentrale für politische Bildung, Bonn 1993, S. 289 ff.

Rich, Roland; Recognition of States: The Collapse of Yugoslavia and the Soviet Union, European Journal of International Law, Bd. 4, S. 36 ff.

Rieks, Ansgar / Weigold, Dieter; Der Kosovo-Konflikt – eine militärpolitische Auswertung, in: Krause, Joachim (Hrsg.), Kosovo – Humanitäre Intervention und kooperative Sicherheit in Europa, Leske + Budrich, Opladen 2000, S. 13 ff.

Roggemann (Hrsg.); Die Verfassungen der Sozialistischen Staaten

Rosas, Allan; Internal Self-Determination, in: Tomuschat, Christian (Hrsg.); Modern Law of Self-Determination, Martinus Nijhoff Publishers, Dordrecht 1993, S. 225 ff.

Rosenstock, Robert; The Declaration of Principles of International Law Concerning Friendly Relations: A Survey, American Journal of International Law Bd. 65 (1971), S. 713 ff.

Rousseau, J.J.; Der Gesellschaftsvertrag - oder Die Grundsätze des Staatsrechtes, Philipp Reclam Jun., Stuttgart 1975

Rumpf, Helmut; UNO-Prinzipien im Widerspruch – Zur Dialektik von Gewaltverbot, souveräner Gleichheit, Nichteinmischung und Selbstbestimmung in den politischen Organen der Vereinten Nationen in: Münch, Ingo von (Hrsg.); Staatsrecht – Völkerrecht – Europarecht, Festschrift für Hans Jürgen Schlochauer zum 75. Geburtstag, Walter de Gruyter, Berlin 1981, S. 577 ff.

Rüsen, Jörn / Rademacher, Vörös, Hildegard (Hrsg.); Südafrika - Apartheid und Menschenrechte in Geschichte und Gegenwart, Centaurus Verlagsgesellschaft, Pfaffenweiler 1992

Russel, Ruth / Muther, Jeannette; A History of the United Nations Charter – The Role of the United States 1940-1945, The Brookings Institution, Washington, D.C. 1958

Rychlik, Jan; From Autonomy to Federation, 1938-68 in: Musil, Jiri (Hrsg.); The End of Czechoslovakia, Central University Press, Budapest 1995, S. 180 ff.

Rychlik, Jan; National Consciousness and the Common State – a Historical-Ethnological Analysis, in: Musil, Jiri (Hrsg.); The End of Czechoslovakia, Central University Press, Budapest 1995, S. 97 ff.

Sager, Peter / Brügger, Christian (Hrsg.); Prag 1968 – Analyse, Verlag SOI Bern, Bern 1968

Said, Eward W.; Zionismus und palästinensische Selbstbestimmung, Klett Cotta, Österreich 1981

Saladin, Claudia; Self-Determination, Minority Rights, And Constitutional Accommodation: The Example Of The Czech And Slovak Federal Republic, Michigan Journal Of International Law Bd. 13 (1991/92), S. 172 ff.

Sapper, Manfred (Hrsg.); Rußland und der zweite Tschetschenienkrieg – Fakten, Hintergründe, Interpretationen, Forschungsschwerpunkt Konflikt- und Kooperationsstrukturen in Osteuropa an der Universität Mannheim, Mannheim 1999

Schindler, Dietrich; Regional International Law, in: Bernhardt, Rudolf (Hrsg.); Encyclopedia of Public International Law 12 (1990), Bd. 7 – History of International Law, Foundations and Principles of International Law, Sources of International Law, Law of Treaties, North-Holland, Amsterdam 1984, S. 404 ff.

Schlarp, Karl-Heinz; Ein Staat aus zwei Welten – Der Riß durch Jugoslawien und seine lange Geschichte, in: Furkes, Josip / Schlarp, Karl-Heinz (Hrsg.); Jugoslawien: Ein Staat zerfällt, Rowohlt, Reinbek 1991, S. 19 ff.

Schlichting, Ursel; Strukturprobleme der Perestrojka: Die Nationalitätenfrage, in : Ehrhart, Hans-Georg (Hrsg.); Die „sowjetische Frage“: Integration oder Zerfall?, Nomos Verlagsgesellschaft, Baden-Baden 1991, S. 19 ff.

Schmid, Karin; Untergang und Entstehung von Staaten in Mittel- und Osteuropa – Neue Entwicklungen in Staats- und Völkerrecht, Berichte des Bundesinstituts für ostwissenschaftliche und internationale Studien, Köln 1993

Schneckener, Ulrich; Das Recht auf Selbstbestimmung - Ethno-nationale Konflikte und internationale Politik, LIT Verlag, Hamburg 1996

Schönfelder, Roland; Die Auflösung der Tschechoslowakei – Glück und Ende eines Bundesstaates, Europa-Archiv Bd. 48 I (1993), Beiträge und Berichte, S. 228 ff.

Schreiber, Friedrich / Wolffsohn, Michael; Nahost, Geschichte und Struktur des Konflikts, Verlag Leske und Budrich, Obladen 1988

Schweisfurth, Theodor; Sozialistisches Völkerrecht? – Darstellung – Analyse – Wertung der sowjetmarxistischen Theorie vom Völkerrecht „neuen Typs“; Springer-Verlag, Berlin 1979

Schweisfurth, Theodor; Vom Einheitsstaat (UdSSR) zum Staatenbund (GUS) – Juristische Stationen eines Staatszerfalls und einer Staatenbundsentstehung, Zeitschrift für ausländisches öffentliches Recht und Völkerrecht, Bd. 52, (1992), S. 541 ff.

Schwirz, Wolfgang; Die Rolle der Europäischen Union und der Vereinten Nationen im Jugoslawien-Konflikt: Ein historischer Abriß, Politische Studien Bd. 46 (1995), Sonderheft 3, S. 12 ff.

Seiffert, Wolfgang; Von der Sowjetunion (UdSSR) zur Gemeinschaft Unabhängiger Staaten (GUS) – Das verfassungsrechtliche und völkerrechtliche Schicksal der Sowjetunion seit dem August Putsch 1991, Osteuropa Recht Bd. 38 (1992), S. 79 ff.

Seizew, Sergej; Vom Zerfall der UdSSR zur Auflösung der GUS?, Politische Studien Bd. 44 (1993), S. 59 ff.

Sekelj, Laslo; „Real-existing Selfmanagement“ and the Disintegration of Yugoslavia, Südosteuropa Bd. 41 (1992), S. 326 ff.

Selassie, Bereket Habte; Eritrea and the United Nations and other essays, The Red Sea Press, Inc, Trenton, New Jersey 1989

Sharaf, Shamil; Die Palästinenser - Geschichte der Entstehung eines nationalen Bewußtseins, Wilhelm Braumüller, Wien 1983

Sharoni, Simona/ Abu-Nimer, Mohammed; The Israeli-Palestinian Conflict, in: Gerner, Deborah J. (Hrsg.); Understanding The Contemporary Middle East, Lynne Rienner Publishers, Boulder 2000, S. 161 ff.

Shaw, Malcolm N.; International Law, Cambridge University Press, Cambridge 1997

Shaw, Malcolm N.; Peoples, Territorialism and Boundaries, European Journal of International Law Bd. 8 (1997), S. 478 ff.

Shaw, Malcolm N.; The Heritage Of States: The Principle Of Uti Possidetis Juris Today, British Yearbook Of International Law Vol. 67 (1996), S. 75 ff.

Shaw, Malcolm N.; Title to Territory in Africa: International Legal Issues, Clarendon Press, Oxford 1986

Sherr, James; Rußlands Politik im ehemaligen Jugoslawien, Politische Studien Bd. 46 (1995), Sonderheft 3, S. 45 ff.

Silde, Adolfs; Die Entwicklung der Republik Lettland, in: Meissner, Boris (Hrsg.); Die baltischen Nationen Estland Lettland Litauen, 2. Erweiterte Auflage, Markus Verlag, Köln 1991, S. 63 ff.

Simic, Predrag; Civil War in Yugoslavia: From Local Conflict to European Crisis, in: Clesse, Armand / Kortunov, Andrei (Hrsg.); The Political and Strategic Implications of the State Crises in Central and Eastern Europe, Institute for European and International Studies, Luxembourg 1993, S. 196 ff.

Simic, Predrag; Der Bürgerkrieg in Jugoslawien und die neuen Staaten auf dem Territorium der früheren Sozialistischen Föderativen Republik Jugoslawien, in: Weidenfeld, Werner (Hrsg.); Demokratie und Marktwirtschaft in Osteuropa – Strategien und Optionen für Europa, Verlag Bertelsmann Stiftung, Gütersloh 1993, S. 253 ff.

Simmler, Christiane; Das uti possidetis-Prinzip - Zur Grenzziehung zwischen neu entstandenen Staaten, Duncker & Humblot, Berlin 1999

Simmonds, R.; Legal Problems Arising from the United Nations Military Operations in the Congo, Martinus Nijhoff, The Hague 1968

Simon, Gerhard / Simon, Nadja; Verfall und Untergang des sowjetischen Imperiums, Deutscher Taschenbuch Verlag, München 1993

Simon, Gerhard; Der Zerfall des Sowjetischen Imperiums und die Sprengkraft der Nationalbewegungen, in: Meissner, Boris / Eisfeld, Alfred (Hrsg.); Die GUS-Staaten in Europa und Asien, Nomos Verlagsgesellschaft, Baden Baden 1995, S. 9 ff.

Simpson, Gerry J.; The Diffusion of Sovereignty: Self-Determinations in the Post-Colonial Age, in: Sellers, Mortimer (Hrsg.); The New World Order – Sovereignty, Human Rights, and the Self-Determination of Peoples, Berg, Oxford 1996, S. 35 ff.

Sitkoff, Harvard; The Struggle for Black Equality 1954-1992, Hill And Wang, New York 1993

Skalnik Leff, Carol; National Conflict in Czechoslovakia – The Making and Remaking of a State, 1918-1987, Princeton University Press, Princeton 1988

Sklar, Richard L. / Whitaker, Jr., C. S.; The Federal Republic of Nigeria, in: Carter, Gwendolen M. (Hrsg.); National Unity and Regionalism in Eight African States, Cornell University Press, Ithaca 1966, S. 7 ff.

Smith, Anthony D. Smith; Theories of Nationalism, Druckworth, London 1971

Stalin, J.W.; Marxismus und nationale Frage, in: Stalin, J.W.; Werke Bd. II, Druck-Verlags-Vertriebs-Kooperative, Frankfurt 1972, S. 266 ff.

Stalin, J.W.; Referat auf dem 3. Allrussischen Kongreß, in Stalin, J.W.; Werke Bd. IV, Druck-Verlags-Vertriebs-Kooperative, Frankfurt 1972, S. 26 ff.

Steinberger, Helmut; Sovereignty, in: Bernhardt, Rudolf (Hrsg.); Encyclopedia of Public International Law Bd. 10 – States, Responsibility of States, International and Municipal Law, North Holland, Amsterdam 1987, S. 397 ff.

Stremlau, John J.; The International Politics of the Nigerian Civil War 1967-1970, Princeton University Press, Princeton 1977

Suda, Zdenek, Slovakia in Czech National Consciousness, in: Musil, Jiri (Hrsg.); The End of Czechoslovakia, Central European University Press, Budapest 1995, S. 106 ff.

Sundhaussen, Holm; Experiment Jugoslawien – Von der Staatsgründung bis zum Staatszerfall, B.I.-Taschenbuchverlag; Mannheim 1993

Sundhaussen, Holm; Geschichte Jugoslawiens, Verlag W. Kohlhammer, Stuttgart 1982

Sunjic, Melita H.; Woher der Haß?, Amaltea, Wien 1992

Sureda, A. Rigo; The Evolution Of The Right Of Self-Determination - A study of United Nations Practice, A. W. Sijthoff International Publishing Company B. V., Leiden 1973

Synnestvedt, Sig; The White Response to Black Emancipation - Second-Class Citizenship in the United States Since Reconstruction, The Macmillan Company, New York 1972

Szlek Miller, Stefania; Self-Determination and Human Rights: Cold War Responses to Postcommunist Disintegration, Canadian Slavonic Papers Bd. 37(1995), S. 357 ff.

Taylor, Theodore W.; The Bureau of Indian Affairs, Westview Press, Boulder, Colorado 1984

Teles, Miguel Galvao / De Castro, Paulo Canelas; Portugal and the Right of Peoples to Self-Determination, Archiv des Völkerrechts Bd. 34 (1996), S. 2 ff.

The Covenant on Civil and Political Rights, Columbia University Press, Columbia 1981, S. 92 ff.

The Indian Society of International Law (Hrsg.); The Arab-Israeli Conflict – Documents and Comments, New Delhi 1967

The International Commission Of Jurists, East Pakistan Staff Study, The Review International Commission of Jurists Bd. 8 (June 1972), S. 23 ff.

Thornberry, Patrick; The Democratic or Internal Aspect of Self-Determination, in: Tomuschat, Christian (Hrsg.); Modern Law of Self-Determination, Martinus Nijhoff Publishers, Dordrecht 1993, S. 101 ff.

Thürer, Daniel; Das Selbstbestimmungsrecht der Völker - Ein Überblick, Archiv des Völkerrechts Bd. 22 (1984), S. 113 ff.

Thürer, Daniel; Das Selbstbestimmungsrecht der Völker Mit einem Exkurs zur Jurafrage, Verlag Stämpfli &Cie AG, Bern 1976

Thürer, Daniel; Der Wegfall effektiver Staatsgewalt: „The Failed State", Berichte der Deutschen Gesellschaft für Völkerrecht, Bd. 34, S. 9 ff.

Timmermann, Heinz; Proletarischer Internationalismus aus sowjetischer Sicht – eine historisch-politische Analyse, Berichte des Bundesinstituts für ostwissenschaftliche und internationale Studien, Köln 1993

Tomuschat, Christian; Self-Determination in a Post-Colonial World, in: Tomuschat, Christian (Hrsg.); Modern Law of Self-Determination, Martinus Nijhoff Publishers, Dordrecht 1993, S. 1 ff.

Tophoven, Rolf; Der israelisch-arabische Konflikt, Bundeszentrale für politische Bildung, Bonn 1990

Touval, Saadia; The Boundary Politics of Independent Africa, Harvard University Press, Cambridge, Massachusetts 1972

Trautmann, Günter; Das hilflose Europa – Illusionen und Realitäten internationaler Krisenpolitik, in: Furkes, Josip / Schlarp, Karl-Heinz (Hrsg.); Jugoslawien: Ein Staat zerfällt, Rowohlt, Reinbek 1991

Tscherwonnaja, Swetlana; Der Krieg in Tschetschenien – Ursache, Verlauf, Folgen, Ethnos-Nation Bd. 4 (1996), S. 75 ff.

Tseggai, Araya; The History of the Eritrean Struggle, in: Cliffe, Lionel/Davidson, Basil (Hrsg.); The Long Struggle of Eritrea for independence and constructive peace, The Red Sea Press, Inc., Trenton, New Jersey 1988, S. 67 ff.

Uibopuu, Henn-Jüri; Die Entwicklung des Freistaates Estland, in: Meissner, Boris (Hrsg.), Die baltischen Nationen Estland Lettland Litauen, 2. Erweiterte Auflage, Markus Verlag, Köln 1991, S. 52

Van der Meulen; Fremde im eigenen Land - Die Geschichte der Palästinenser und der PLO, Knesebeck & Schuler, München 1989

Veiter, Theodor; Die Entwicklung des Selbstbestimmungsrechts, in: Blumenwitz, Dieter / Meissner, Boris (Hrsg.); Das Selbstbestimmungsrecht der Völker und die deutsche Frage, Verlag Wissenschaft und Politik, Köln 1984, S. 9 ff.

Vickers, Miranda; Between Serb and Albanian – A History of Kosovo, Hurts & Company, London 1998

Vitzthum Graf, Wolfgang; Begriff, Geschichte und Quellen des Völkerrechts, in: Vitzthum Graf, Wolfgang (Hrsg.); Völkerrecht, Walter de Gruyter, Berlin 1997, Abschnitt 1

Vodopivec, Peter; Slowenien, in: Melcic, Dunja (Hrsg.); Der Jugoslawien-Krieg, Westdeutscher Verlag, Opladen 1999, S. 28 ff.

Vukadinovic, Radovan; The State Building Process and New Security Challenges in South Eastern Europe in: Hayashi, Tadayuki / Jukes, Geoffrey (Hrsg.); Building Nation, State and Regime: Post-Communist Examples, S. 95 ff.

Vukovic, Zeljko; Einstürzende Festungen – Über den jugoslawischen Zerfall und die europäischen Wirren, Verlag J.H.W. Dietz Nachfolger, Bonn 1996

Wagner, Claudia; Die Beziehungen zwischen Groznyi und Moskau in der Zwischenkriegszeit, in: Sapper, Manfred (Hrsg.); Rußland und der zweite Tschetschenienkrieg – Fakten, Hintergründe, Interpretationen, Forschungsschwerpunkt Konflikt- und Kooperationsstrukturen in Osteuropa an der Universität Mannheim, Mannheim 1999, S. 8 ff.

Wagner, Claudia; Rußlands Kriege in Tschetschenien – Politische Transformation und militärische Gewalt, LIT Verlag, Münster 2000

Wambough, Sarah; A Monograph On Plebiscites - With a Collection of Official Documents, Oxford University Press, New York 1920

Watzal, Ludwig; Frieden ohne Gerechtigkeit? Israel und die Menschenrechte der Palästinenser mit einem Vorwort von Arnold Hottinger, Böhlau Verlag, Köln 1994

Wehler, Hans-Ulrich; Sozialdemokratie und Nationalstaat - Nationalitätenfragen in Deutschland 1840-1914, Vandenhoeck & Ruprecht, Göttingen 1971

Wehser, Eckart; Das Staatsgebiet, in: Menzel, Eberhard/Ipsen, Knut (Hrsg.), Völkerrecht, C.H.Beck'sche Verlagsbuchhandlung, München 1979, Kapitel 7, § 23

Weiss, Egon; Institutionen des römischen Privatrechts als Einführung in die Privatrechtsordnung der Gegenwart, Mittelbach, Stuttgart 1949

Weller, Marc; The International Response To The Dissolution Of The Socialist Federal Republic Of Yugoslavia, The American Journal of International Law Bd. 86 (1992), S. 569 ff.

Wenzel, Uwe; Segregation/Desegregation, in: Wersich, Rüdiger W. (Hrsg.); USA-Lexikon: Schlüsselbegriffe zu Politik, Wirtschaft, Gesellschaft, Kultur, Geschichte und zu den deutsch-amerikanischen Beziehungen, Erich Schmidt Verlag, Berlin 1995, S. 655 ff.

Wenzel, Uwe; Voting Rights Act, in: Wersich, Rüdiger W. (Hrsg.); USA-Lexikon: Schlüsselbegriffe zu Politik, Wirtschaft, Gesellschaft, Kultur, Geschichte und zu den deutsch-amerikanischen Beziehungen, Erich Schmidt Verlag, Berlin 1995, S. 742 f

Wersich, Rüdiger; Reconstruction, in: Wersich, Rüdiger W. (Hrsg.); USA-Lexikon: Schlüsselbegriffe zu Politik, Wirtschaft, Gesellschaft, Kultur, Geschichte und zu den deutsch-amerikanischen Beziehungen, Erich Schmidt Verlag, Berlin 1995, S. 634 ff.

Whelan, Anthony; The Self-Determination of Peoples in European Legal Practice, Maastricht Journal of European and Comparative Law Bd. 3, S. 5 ff.

Witte, Eric A.; Die Rolle der Vereinigten Staaten im Jugoslawien-Konflikt und der außenpolitische Handlungsspielraum der Bundesrepublik Deutschland (1990-1996), Osteuropa-Institut München, München 2000

Wolchik, Sharon L.; The Politics of Transition and the Break-Up of Czechoslovakia, in: Musil, Jiri (Hrsg.); The End of Czechoslovakia, Central European University Press, Budapest 1995, S. 225 ff.

Wolfrum, Rüdiger; Article 1 in: Simma, Bruno (Hrsg.); Charter Of The United Nations - A Commentary, C.H. Beck, München 1995, Chapter I

Worku, Messeletch; Das Selbstbestimmungsrecht der Völker, Humanitäres Völkerrecht Bd. 5/6 (1992/'93), S. 92 f

Zak, Vaclav, The Velvet Divorce – Institutional Foundations, in: Musil, Jiri (Hrsg.); The End of Czechoslovakia, Central European University Press, Budapest 1995, S. 244 ff.

Zaslavsky, Victor; Das russische Imperium unter Gorbatschow – seine ethnische Struktur und ihre Zukunft, Verlag Klaus Wagenbach, Berlin 1991

Zieger, Gottfried; Gebietsveränderungen und Selbstbestimmungsrecht, in: Blumenwitz, Dieter / Meissner, Boris (Hrsg.); Das Selbstbestimmungsrecht der Völker und die deutsche Frage, Verlag Wissenschaft und Politik, Köln 1984, S. 73 ff.

Zippelius, Reinhold; Geschichte der Staatsideen, Verlag C.H. Beck, München 1991

Peter Lang · Europäischer Verlag der Wissenschaften

Katharina Wodarz

Gewaltverbot, Menschenrechtsschutz und Selbstbestimmungsrecht im Kosovo-Konflikt

Frankfurt am Main, Berlin, Bern, Bruxelles, New York, Oxford, Wien, 2002.
253 S.
Schriften zum Staats- und Völkerrecht.
Herausgegeben von Dieter Blumenwitz. Bd. 95
ISBN 3-631-39365-2 · br. € 45.50*

Der vom Sicherheitsrat der Vereinten Nationen nicht autorisierte Kosovo-Einsatz der NATO vom 24. März 1999 bis zum 10. Juni 1999 hat zu heftigen politischen und rechtlichen Diskussionen über die Vereinbarkeit des universellen Gewaltverbots mit der Verpflichtung zum Schutz fundamentaler Menschenrechte geführt. Die Arbeit untersucht die Argumente dieser Diskussionen auf der Grundlage des Völkerrechts und setzt Gewaltverbot und Menschenrechtsschutz ins Verhältnis zum Selbstbestimmungsrecht der Völker, auf welches die Kosovo-Albaner ihre Forderung nach staatlicher Unabhängigkeit stützen.

Aus dem Inhalt: Kosovo-Konflikt im Hinblick auf das Gewaltverbot, den Menschenrechtsschutz und das Selbstbestimmungsrecht der Völker · Historische Entwicklung des Konflikts · Der Kosovo-Einsatz der NATO · Die Forderung der Kosovo-Albaner nach staatlicher Unabhängigkeit

Frankfurt am Main · Berlin · Bern · Bruxelles · New York · Oxford · Wien
Auslieferung: Verlag Peter Lang AG
Moosstr. 1, CH-2542 Pieterlen
Telefax 00 41 (0) 32 / 376 17 27

*inklusive der in Deutschland gültigen Mehrwertsteuer
Preisänderungen vorbehalten

Homepage http://www.peterlang.de

FSC
www.fsc.org
MIX
Papier | Fördert gute Waldnutzung
FSC® C083411

Kolibri 360 GmbH
Ferdinand-Jühlke-Straße 7
99095 Erfurt, Deutschland
produktsicherheit@kolibri360.de

Druck:
CPI Druckdienstleistungen GmbH
im Auftrag der
Kolibri 360 GmbH
Ferdinand-Jühlke-Str. 7
99095 Erfurt